C/C++

Curso de programación

5.ª edición

C/C++

Curso de Programación

5.ª edición

Fco. Javier Ceballos Sierra
Profesor titular de la
Escuela Politécnica Superior
Universidad de Alcalá

Ra-Ma®

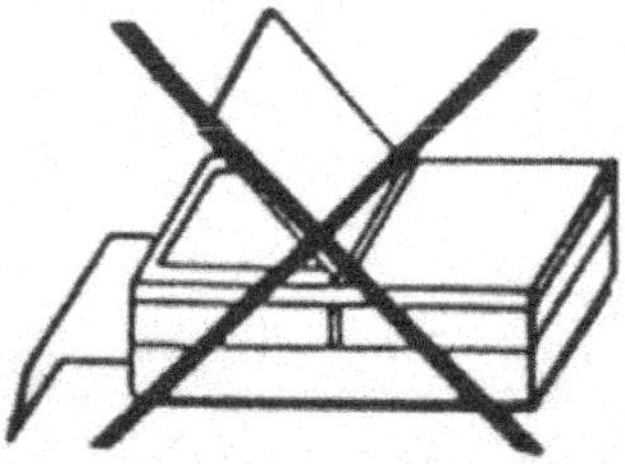

La ley prohíbe
fotocopiar este libro

C/C++: Curso de programación. 5.ª edición

Editado por:
RA-MA Editorial
C/ Jarama, 3A, Polígono industrial Igarsa
28860 Paracuellos del Jarama, Madrid
Teléfono: 91 658 42 80
Telefax: 91 662 81 39
Correo electrónico: *editorial@ra-ma.com*
Internet: *www.ra-ma.es* y *www.ra-ma.com*
ISBN: 978-84-9964-812-5
Depósito Legal: M-14322-2019
Autoedición: Fco. Javier Ceballos
Filmación e impresión: Safekat
Impreso en España
Primera impresión: mayo 2019

La mente es como un paracaídas.
Solo funciona si la tenemos abierta.
Einstein

Dedico esta obra
con mucho cariño, a mis nietos,
Isabella, Leanore, Daniel y Lucía.

CONTENIDO

PRÓLOGO

Aprender C nunca ha sido fácil. Por eso el autor, apoyándose en su experiencia docente, ha puesto todo su empeño en escribir un libro fácil de leer, progresivo en el aprendizaje y con muchos ejemplos que aclaren lo expuesto.

Para quién es este libro

Este libro está pensado para aquellas personas que quieran aprender a escribir programas, utilizando el lenguaje C, siguiendo una metodología fundamentada en técnicas de desarrollo que conducen a realizar una *programación estructurada*. Para ello, ¿qué debe hacer el lector? Pues simplemente leer ordenadamente los capítulos del libro, resolviendo cada uno de los ejemplos que en ellos se detallan.

Es evidente que el lenguaje C ha ido evolucionando a lo largo de su historia. Producto de esta evolución fue el estándar ISO/IEC 9899:2011 (tercera versión de C o C11, año 2011) y el lenguaje C++. De ahí que este libro sea el primero de una colección de tres libros orientados al desarrollo de aplicaciones con C/C++. Entre los tres, y en el orden comentado a continuación, cubren los siguientes aspectos: programación estructurada con C y programación orientada a objetos con C++.

Este es el primero, *C/C++: Curso de programación*. Abarca todo lo relativo a la programación estructurada con C. También incluye diversos algoritmos de uso común así como desarrollos con estructuras dinámicas de datos. ¿Por qué el título C/C++? Porque C++ fue desarrollado a partir del lenguaje de programación C y con pocas excepciones incluye a C. Esta parte de C incluida en C++ es conocida como C–, y podría compilarse bajo C++ sin problemas. No obstante, cuando C++ se utiliza para lo que fue pensado, para realizar una programación orientada a objetos, los conocimientos nuevos que hay que adquirir son cuantiosos.

El segundo, *Programación orientada a objetos con C++*, estudia, como su nombre indica, el desarrollo de aplicaciones orientadas a objetos. Esta tecnología es imprescindible conocerla si su propósito es llegar a desarrollar aplicaciones vistosas como lo son las aplicaciones a base de ventanas, más bien conocidas como aplicaciones para Windows.

Y el tercero, *Enciclopedia de C++*, incluye a los dos anteriores, pero con un nuevo enfoque, ya que a lo largo de todos los capítulos del libro solo se utiliza la biblioteca de C++.

Por el contrario, si lo que usted persigue es profundizar en aplicaciones C incluyendo llamadas al sistema UNIX, entonces le recomiendo el libro de Francisco Manuel Márquez titulado *UNIX, Programación Avanzada*, publicado también por la editorial RA-MA.

Cómo está organizado el libro

El libro se ha dividido en doce capítulos que van presentando el lenguaje poco a poco, empezando por lo más sencillo, viendo cada tema a su tiempo, hasta llegar al final donde se habrá visto todo lo referente a la programación con el lenguaje C, sin apenas encontrar dificultades. Se completa el estudio de C con un capítulo referente a estructuras dinámicas y otro de algoritmos de uso común. El lector podrá comprobar al final de esta obra que el nivel de conocimientos que ha adquirido es elevado.

El primer capítulo introduce al lector en el mundo de la programación C. El segundo capítulo presenta de una sola vez todos los elementos del lenguaje que el lector utilizará constantemente en el resto de los capítulos; por eso, debe simplemente leerse fijándose en los ejemplos y, por el momento, no preocuparse de más; posteriormente se podrá retornar a él todas las veces que sean necesarias. El tercer capítulo presenta la estructura general de un programa C con un ejemplo; el lector debe también leerlo con un objetivo: asimilar cómo es la estructura de un programa C y cuál es su secuencia de ejecución, sin tratar de aprender en este instante todos los conceptos que ahí se exponen. Leídos estos tres capítulos, el lector tendrá claro el escenario donde se va a mover. A partir del capítulo 4 empezará a aprender a programar; por lo tanto, el lector debe tener un poco de paciencia hasta que se inicie en este capítulo.

Este libro posee varias características dignas de resaltar. Es breve en teoría y abundante en ejemplos (más de 250 ejercicios resueltos), lo que le hará aún más fácil el aprendizaje.

Estos capítulos y apéndices que componen la materia total de *C/C++: Curso de programación* se resumen así:

1. Fases en el desarrollo de un programa.
2. Elementos del lenguaje C.
3. Estructura de un programa.
4. Entrada y salida estándar.
5. Sentencias de control.
6. Tipos estructurados de datos.
7. Punteros.
8. Más sobre funciones.
9. Trabajar con archivos.
10. El preprocesador de C.
11. Estructuras dinámicas.
12. Algoritmos de uso común.

A. Novedades de C.
B. Algunas funciones de la biblioteca de C.
C. Entornos de desarrollo.
D. Códigos de caracteres.

Todo esto se ha documentado con abundantes ejemplos, ejercicios resueltos y ejercicios propuestos, de los cuales también se da su solución en el material adicional que incluye el libro, muchos de ellos válidos como parte integrante en el desarrollo de aplicaciones.

Sobre los ejemplos del libro

El material adicional de este libro, con todos los ejemplos e indicaciones del software para reproducirlos, puede descargarlo desde *http://www.ra-ma.com* (en la página correspondiente al libro). La descarga consiste en un archivo ZIP con una contraseña `ddd-dd-dddd-ddd-d` que se corresponde con el ISBN de este libro (teclee los dígitos y los guiones).

Agradecimientos

He recibido ideas y sugerencias de algunas personas durante la preparación de este libro, entre las que se encuentran, cómo no, mis alumnos, que con su interés por aprender me hacen reflexionar sobre objetivos que a primera vista parecen inalcanzables, pero que una vez logrados sirven para que todos aprendamos; a todos ellos les estoy francamente agradecido.

En especial, quiero expresar mi agradecimiento a **Martín Knoblauch Revuelta**, por sus buenas recomendaciones y aportaciones, y a **Inmaculada Rodrí-**

guez Santiago, por sus consejos, así como a **Alfredo Gallego Gandarillas** y a **Francisco Manuel Márquez García**, por su participación en la corrección, de las versiones anteriores.

Francisco Javier Ceballos Sierra
http://fjceballos.es/

CAPÍTULO 1

FASES EN EL DESARROLLO DE UN PROGRAMA

En este capítulo aprenderá lo que es un programa, cómo escribirlo y qué hacer para que el ordenador lo ejecute y muestre los resultados perseguidos. También adquirirá conocimientos generales acerca de los lenguajes de programación utilizados para escribir programas. Después, nos centraremos en un lenguaje de programación específico y objetivo de este libro, *C/C++*, presentando sus antecedentes y marcando la pauta a seguir para realizar una programación estructurada.

QUÉ ES UN PROGRAMA

Probablemente alguna vez haya utilizado un ordenador para escribir un documento o para divertirse con algún juego. Recuerde que en el caso de escribir un documento, primero tuvo que poner en marcha un procesador de textos, y que si quiso divertirse con un juego, lo primero que tuvo que hacer fue poner en marcha el juego. Tanto el procesador de textos como el juego son *programas* de ordenador.

Poner un programa en marcha es sinónimo de ejecutarlo. Cuando ejecutamos un programa, nosotros solo vemos los resultados que produce (el procesador de textos muestra sobre la pantalla el texto que escribimos; el juego visualiza sobre la pantalla las imágenes que se van sucediendo) pero no vemos el guión seguido por el ordenador para conseguir esos resultados. Ese guión es el programa.

Ahora, si nosotros escribimos un programa, entonces sí que sabemos cómo trabaja y por qué trabaja de esa forma. Esto es una forma muy diferente y curiosa de ver un programa de ordenador, lo cual no tiene nada que ver con la experiencia adquirida en la ejecución de distintos programas.

Piense ahora en un juego cualquiera. La pregunta es: ¿qué hacemos si queremos enseñar a otra persona a jugar? Lógicamente le explicamos lo que debe hacer; esto es, los pasos que tiene que seguir. Dicho de otra forma, le damos instrucciones de cómo debe actuar. Esto es lo que hace un programa de ordenador. Un *programa* no es nada más que una serie de instrucciones dadas al ordenador en un lenguaje entendido por él, para decirle exactamente lo que queremos que haga. Si el ordenador no entiende alguna instrucción, lo comunicará generalmente mediante mensajes visualizados en la pantalla.

LENGUAJES DE PROGRAMACIÓN

Un programa tiene que escribirse en un lenguaje entendible por el ordenador. Desde el punto de vista físico, un ordenador es una máquina electrónica. Los elementos físicos (memoria, unidad central de proceso, etc.) de que dispone el ordenador para representar los datos son de tipo binario; esto es, cada elemento puede diferenciar dos estados (dos niveles de voltaje). Cada estado se denomina genéricamente *bit* y se simboliza por *0 o 1*. Por lo tanto, para representar y manipular información numérica, alfabética y alfanumérica se emplean cadenas de *bits*. Según esto, se denomina *byte* a la cantidad de información empleada por un ordenador para representar un carácter; generalmente un *byte* es una cadena de ocho *bits*.

Así, por ejemplo, cuando un programa le dice al ordenador que visualice un mensaje sobre el monitor, o que lo imprima sobre la impresora, las instrucciones correspondientes para llevar a cabo esta acción, para que puedan ser entendibles por el ordenador, tienen que estar almacenadas en la memoria como cadenas de *bits*. Esto hace pensar que escribir un programa utilizando ceros y unos (lenguaje máquina) llevaría mucho tiempo y con muchas posibilidades de cometer errores. Por este motivo, se desarrollaron los lenguajes *ensambladores*.

Un lenguaje *ensamblador* utiliza *códigos nemotécnicos* para indicarle al hardware (componentes físicos del ordenador) las operaciones que tiene que realizar. Un código nemotécnico es una palabra o abreviatura fácil de recordar que representa una tarea que debe realizar el procesador del ordenador. Por ejemplo:

```
MOV AH, 4CH
```

El código *MOV* expresa una operación consistente en mover alguna información desde una posición de memoria a otra.

Para traducir un programa escrito en *ensamblador* a lenguaje máquina (código binario), se utiliza un programa llamado *ensamblador* que ejecutamos mediante el propio ordenador. Este programa tomará como datos nuestro programa escrito en lenguaje ensamblador y dará como resultado el mismo programa, pero escrito en lenguaje máquina, lenguaje que entiende el ordenador.

Cada modelo de ordenador, dependiendo del procesador que utilice, tiene su propio lenguaje ensamblador. Debido a esto decimos que estos lenguajes están orientados a la máquina.

Hoy en día son más utilizados los lenguajes orientados al problema o lenguajes de alto nivel. Estos lenguajes utilizan una terminología fácilmente comprensible que se aproxima más al lenguaje humano. En este caso la traducción es llevada a cabo por otro programa denominado *compilador*.

Cada sentencia de un programa escrita en un lenguaje de alto nivel se descompone en general en varias instrucciones en ensamblador. Por ejemplo:

```
printf("hola");
```

La función **printf** del lenguaje C le dice al ordenador que visualice en el monitor la cadena de caracteres especificada. Lo mismo podríamos decir del método **WriteLine** de C#. Este mismo proceso escrito en lenguaje ensamblador necesitará de varias instrucciones.

```
System.Console.WriteLine("hola");
```

A diferencia de los lenguajes ensambladores, la utilización de lenguajes de alto nivel no requiere en absoluto del conocimiento de la estructura del procesador que utiliza el ordenador, lo que facilita la escritura de un programa.

Compiladores

Para traducir un programa escrito en un lenguaje de alto nivel (programa fuente) a lenguaje máquina se utiliza un programa llamado *compilador*. Este programa tomará como datos nuestro programa escrito en lenguaje de alto nivel y dará como resultado el mismo programa, pero escrito en lenguaje máquina, programa que ya puede ejecutar directa o indirectamente el ordenador.

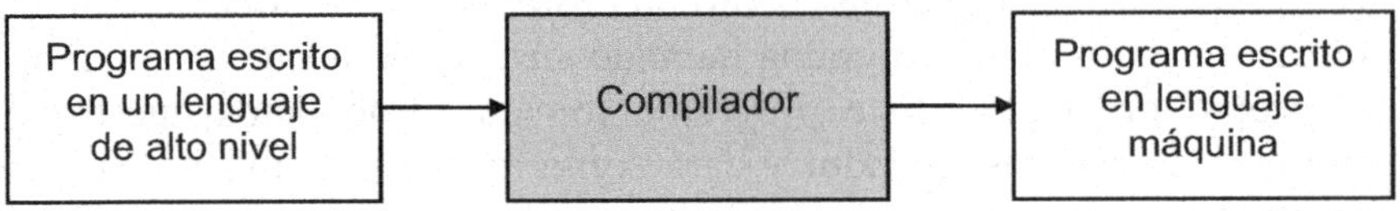

Por ejemplo, un programa escrito en el lenguaje C necesita del compilador C para poder ser traducido. Posteriormente, el programa traducido podrá ser ejecutado directamente por el ordenador. En cambio, para traducir un programa escrito en el lenguaje Java o C# necesita del compilador Java o C#, respectivamente.

Intérpretes

A diferencia de un compilador, un intérprete no genera un programa escrito en lenguaje máquina a partir del programa fuente, sino que efectúa la traducción y ejecución simultáneamente para cada una de las sentencias del programa. Por ejemplo, un programa escrito en el lenguaje *Basic* necesita el intérprete *Basic* para ser ejecutado. Durante la ejecución de cada una de las sentencias del programa, ocurre simultáneamente la traducción.

A diferencia de un compilador, un intérprete verifica cada línea del programa cuando se escribe, lo que facilita la puesta a punto del programa. En cambio, la ejecución resulta más lenta ya que acarrea una traducción simultánea.

¿QUÉ ES C?

C es un lenguaje de programación de alto nivel con el que se pueden escribir programas con fines muy diversos.

Una de las ventajas significativas de C sobre otros lenguajes de programación es que el código producido por el compilador C está muy optimizado en tamaño lo que redunda en una mayor velocidad de ejecución, y una desventaja es que C es independiente de la plataforma solo en código fuente, lo cual significa que cada plataforma diferente debe proporcionar el compilador adecuado para obtener el código máquina que tiene que ejecutarse.

¿Por qué no se diseñó C para que fuera un intérprete más entre los que hay en el mercado? La respuesta es porque la interpretación, si bien es cierto que proporciona independencia de la máquina (suponiendo que esta tiene instalado el intérprete), conlleva también un problema grave, que es la pérdida de velocidad en la ejecución del programa.

HISTORIA DEL LENGUAJE C

C es un lenguaje de programación de propósito general. Sus principales características son:

- Programación estructurada.
- Economía en las expresiones.
- Abundancia en operadores y tipos de datos.
- Codificación en alto y bajo nivel simultáneamente.
- Reemplaza ventajosamente la programación en ensamblador.
- Utilización natural de las funciones primitivas del sistema.
- No está orientado a ningún área en especial.
- Producción de código objeto altamente optimizado.
- Facilidad de aprendizaje.

El lenguaje C nació en los laboratorios Bell de AT&T y ha sido estrechamente asociado con el sistema operativo UNIX, ya que su desarrollo se realizó en este sistema y debido a que tanto UNIX como el propio compilador C y la casi totalidad de los programas y herramientas de UNIX fueron escritos en C. Su eficiencia y claridad han hecho que el lenguaje ensamblador apenas haya sido utilizado en UNIX.

Este lenguaje está inspirado en el lenguaje B escrito por *Ken Thompson* en 1970 con intención de recodificar UNIX, que en la fase de arranque estaba escrito en ensamblador, en vistas a su transportabilidad a otras máquinas. B era un lenguaje evolucionado e independiente de la máquina, inspirado en el lenguaje BCPL concebido por *Martin Richard* en 1967.

En 1972, *Dennis Ritchie* toma el relevo y modifica el lenguaje B, creando el lenguaje C y reescribiendo UNIX en dicho lenguaje. La novedad que proporcionó el lenguaje C sobre el B fue el diseño de tipos y estructuras de datos.

Los tipos básicos de datos eran **char** (carácter), **int** (entero), **float** (reales en precisión simple) y **double** (reales en precisión doble). Posteriormente se añadieron los tipos **short** (enteros de longitud ≤ longitud de un **int**), **long** (enteros de longitud ≥ longitud de un **int**), **unsigned** (enteros sin signo) y *enumeraciones*. Los tipos estructurados básicos de C son las *estructuras*, las *uniones* y las *matrices* (*arrays*). A partir de los tipos básicos es posible definir tipos derivados de mayor complejidad.

Las instrucciones para controlar el flujo de ejecución de un programa escrito en C son las habituales de la programación estructurada, **if**, **for**, **while**, **switch-case**, todas incluidas en su predecesor BCPL. Así mismo, C permite trabajar con direcciones de memoria, con funciones y soporta la recursividad.

Otra de las peculiaridades de C es su riqueza en operadores. Puede decirse que prácticamente dispone de un operador para cada una de las posibles operaciones en código máquina. Por otra parte, hay toda una serie de operaciones que pueden hacerse con el lenguaje C, que realmente no están incluidas en el compilador propiamente dicho, sino que las realiza un *preprocesador* justo antes de la compilación. Las dos más importantes son **#define** (directriz de sustitución simbólica o de definición) e **#include** (directriz de inclusión de un archivo fuente).

Finalmente, C, que ha sido pensado para ser altamente transportable a nivel de código fuente y para programar lo improgramable, igual que otros lenguajes, tiene sus inconvenientes. Por ejemplo, carece de instrucciones de entrada y salida, de instrucciones para manejo de cadenas de caracteres, etc., trabajo que queda para la biblioteca de funciones, lo que favorece la pérdida de transportabilidad. Además, la excesiva libertad en la escritura de los programas puede llevar a errores en la programación que, por ser correctos sintácticamente, no se detectan a simple vista. También, las precedencias de los operadores convierten a veces las expresiones en pequeños rompecabezas. A pesar de todo, C ha demostrado ser un lenguaje extremadamente eficaz y expresivo.

Lenguaje C++

C++ fue desarrollado a partir del lenguaje de programación C y, con pocas excepciones, incluye a C. Esta parte de C incluida en C++ es conocida como C–, y puede compilarse como C++ sin problemas.

En 1980, se añadieron al lenguaje C características como *clases* (concepto tomado de Simula 67), comprobación del tipo de los argumentos de una función y conversión, si es necesaria, de los mismos, así como otras características; el resultado fue el lenguaje denominado *C con Clases*.

En 1983/84, *C con Clases* fue rediseñado, extendido y nuevamente implementado. El resultado se denominó *Lenguaje C++*. Las extensiones principales fueron *funciones virtuales*, *funciones sobrecargadas* (un mismo identificador puede utilizarse para invocar a distintas formas de una función) y *operadores sobrecargados* (un mismo operador puede utilizarse en distintos contextos y con distintos significados). Después de algún otro refinamiento más, C++ quedó disponible en 1985. Este lenguaje fue creado por *Bjarne Stroustrup* (AT&T Bell Laboratories) y documentado en varios libros suyos.

El nombre de C++ se debe a *Rick Mascitti*, significando *el carácter evolutivo de las transformaciones de C* ("++" es el operador de incremento de C).

Posteriormente, C++ ha sido ampliamente revisado y refinado, lo que ha dado lugar a añadir nuevas características, como herencia múltiple, funciones miembro **static** y **const**, miembros **protected**, tipos genéricos de datos (también denominados plantillas) y manipulación de excepciones. Además de esto, también se han hecho pequeños cambios para incrementar la compatibilidad con C.

De lo expuesto se deduce que C++ es un lenguaje híbrido, que, por una parte, ha adoptado todas las características de la programación orientada a objetos que no perjudiquen su efectividad, y por otra, mejora sustancialmente las capacidades de C. Esto dota a C++ de una potencia, eficacia y flexibilidad que lo convierten en un estándar dentro de los lenguajes de programación orientados a objetos.

En este libro no abordaremos las nuevas aportaciones de C++ encaminadas a una programación orientada a objetos, sino que nos limitaremos a realizar programas estructurados utilizando lo que hemos denominado C– o simplemente C. Cuando haya aprendido a programar con C, puede dar un paso más e introducirse en la programación orientada a objetos para lo cual le recomiendo mi otro libro titulado *Programación orientada a objetos con C++* o bien, si prefiere un libro más completo, *Enciclopedia del lenguaje C++*.

REALIZACIÓN DE UN PROGRAMA EN C

En este apartado se van a exponer los pasos a seguir en la realización de un programa, por medio de un ejemplo. La siguiente figura muestra de forma esquemática lo que un usuario de C necesita y debe hacer para desarrollar un programa.

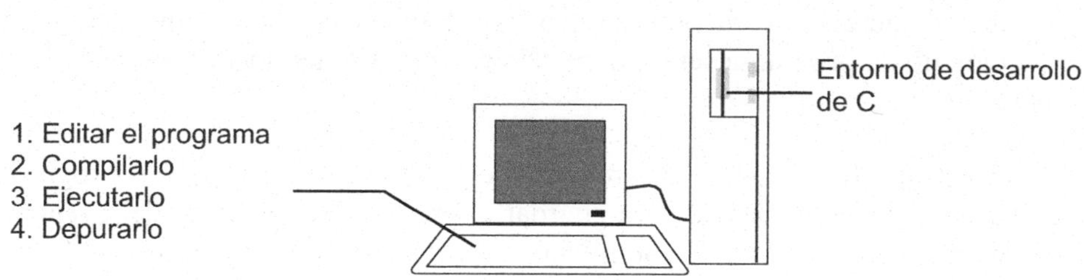

Evidentemente, para poder escribir programas se necesita un entorno de desarrollo C/C++; esto es: un editor de texto, el compilador C/C++ (incluyendo el enlazador del que hablaremos más adelante) y un depurador. Por lo tanto, en la unidad de disco de nuestro ordenador tienen que estar almacenadas las herramientas necesarias para editar, compilar y depurar nuestros programas. Por ejemplo, supongamos que queremos escribir un programa denominado *saludo.c* (o bien *saludo.cpp*). Las herramientas (programas) que tenemos que utilizar y los archivos que producen son:

Programa	**Produce el archivo**
Editor	*saludo.c* (o bien *saludo.cpp*)
Compilador C/C++	*saludo.obj* o *saludo.o*, dependiendo del compilador
Enlazador	*saludo.exe* o *a.out* por omisión, dependiendo del compilador
Depurador	ejecuta paso a paso el programa ejecutable

La tabla anterior indica que una vez editado el programa *saludo.c* o *saludo.cpp*, se compila obteniéndose el archivo objeto *saludo.obj* o *saludo.o*, el cual es enlazado con las funciones necesarias de la biblioteca de C dando lugar a un único archivo ejecutable *saludo.exe* o *a.out*.

Edición de un programa

Para *editar* un programa, primeramente, pondremos en marcha el editor o procesador de textos que vayamos a utilizar. Si disponemos de un entorno integrado (incluye el editor, el compilador y el depurador; vea el apéndice C) podemos utilizar el procesador de textos suministrado con él y si no, utilizaremos nuestro propio procesador, por ejemplo, uno de los proporcionados con el sistema operativo (vea la figura mostrada un poco más adelante; se trata del bloc de notas). El nombre del archivo que se elija para guardar el programa en el disco debe tener como extensión *.c* o *.cpp* (*cpp* es la extensión utilizada por *C++*).

El paso siguiente es escribir el texto correspondiente al programa fuente. Cada *sentencia* del lenguaje C finaliza con un *punto y coma* y cada *línea del programa* se finaliza pulsando la tecla *Entrar* (*Enter* o ↵).

Como ejercicio para practicar lo expuesto hasta ahora, empecemos con la creación de un programa sencillo: el clásico ejemplo de mostrar un mensaje de saludo.

Empecemos por editar el archivo fuente C correspondiente al programa. El nombre del archivo elegido para guardar el programa en el disco debe tener como extensión *c*, o bien *cpp* si el compilador soporta C++; por ejemplo, *saludo.c*.

Una vez visualizado el editor, escribiremos el texto correspondiente al programa fuente. Escríbalo tal como se muestra a continuación:

saludo.c: Bloc de notas

Archivo Edición Formato Ver Ayuda

```
/************************* Saludo *************************/
// saludo.c

#include <stdio.h>

int main(void)
{
  printf("Hola mundo!!!\n");
}
```

¿Qué hace este programa?

Comentamos brevemente cada línea de este programa. No hay que apurarse si algunos de los términos no quedan muy claros ya que todos ellos se verán con detalle en capítulos posteriores.

Las dos primeras líneas son simplemente comentarios: empiezan con /* y terminan con */ o, simplemente, empiezan con //. Los comentarios no son tenidos en cuenta por el compilador.

La tercera línea incluye el archivo de cabecera *stdio.h* que contiene las declaraciones necesarias para las funciones de entrada o salida (E/S) que aparecen en el programa; en nuestro caso para **printf**. Esto significa que, como regla general, antes de invocar a una función hay que declararla. Las palabras reservadas de C que empiezan con el símbolo # reciben el nombre de *directrices* del compilador y son procesadas por el *preprocesador* de C cuando se invoca al compilador, pero antes de iniciarse la compilación.

A continuación, se escribe la función principal **main**. Todo programa escrito en C tiene una función **main**. Observe que una función se distingue por el modificador () que aparece después de su nombre y que el cuerpo de la misma empieza con el carácter { y finaliza con el carácter }.

La función **printf** pertenece a la biblioteca de C y su cometido es escribir en el monitor la expresión que aparece especificada entre comillas. La secuencia de escape *\n* que aparece a continuación de la cadena de caracteres "Hola mundo!!!" indica al ordenador que después de escribir ese mensaje, avance el cursor de la pantalla al principio de la línea siguiente. Observe que la sentencia finaliza con punto y coma.

Guardar el programa escrito en el disco

El programa editado está ahora en la memoria. Para que este trabajo pueda tener continuidad, el programa escrito se debe grabar en el disco utilizando la orden correspondiente del editor. Muy importante: el nombre del programa fuente debe añadir la extensión *c*, o bien *cpp* si el compilador soporta C++.

Compilar y ejecutar el programa

El siguiente paso es *compilar* el programa; esto es, traducir el programa fuente a lenguaje máquina para posteriormente enlazarlo con las funciones necesarias de la biblioteca de C, proceso que generalmente se realiza automáticamente, y obtener así un programa ejecutable. Dependiendo del fabricante del compilador, la orden correspondiente para compilar y enlazar el programa *saludo.c* podría ser alguna de las siguientes:

- En un sistema Windows con un compilador de Microsoft, la orden *cl* del ejemplo siguiente invoca al compilador C (incluye el preprocesador, el compilador propiamente dicho y el enlazador) para producir el archivo ejecutable *saludo.exe* (véase *Interfaz de línea de órdenes en Windows* en el apéndice C).

  ```
  cl saludo.c
  ```

- En un sistema UNIX, la orden *cc* del ejemplo siguiente invoca al compilador C (incluye el preprocesador, el compilador propiamente dicho y el enlazador) para producir el archivo ejecutable *saludo*. Si no hubiéramos añadido la opción *-o saludo*, el archivo ejecutable se denominaría, por omisión, *a.out* (véase *Interfaz de línea de órdenes en Unix/Linux* en el apéndice C).

  ```
  cc saludo.c -o saludo
  ```

Al compilar un programa, se pueden presentar *errores de compilación* debidos a que el programa escrito no se adapta a la sintaxis y reglas del compilador. Estos errores tendremos que corregirlos hasta obtener una compilación sin errores.

Para ejecutar el archivo resultante, escriba el nombre de dicho archivo a continuación del símbolo del sistema, en nuestro caso *saludo*, y pulse *Entrar*. Para el ejemplo que nos ocupa, el resultado será que se visualizará sobre la pantalla el mensaje:

```
Hola mundo!!!
```

La siguiente figura muestra la consola de un sistema Windows desde la cual se ha realizado este proceso:

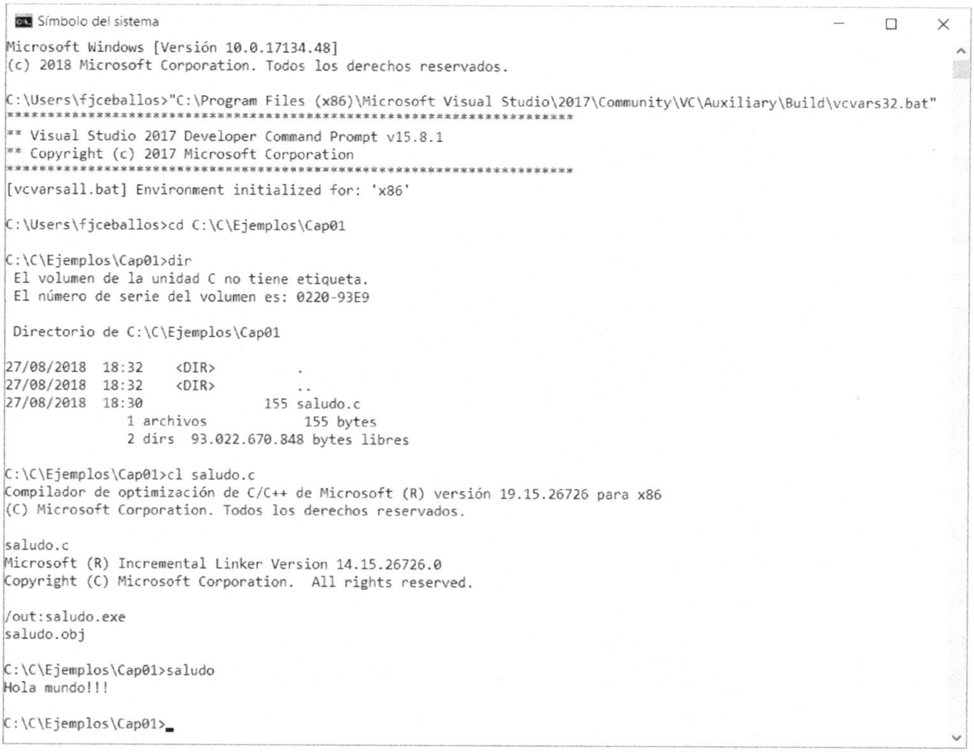

En esta figura puede observar que, después de establecer las variables de entorno del sistema operativo, nos hemos dirigido a la carpeta donde guardamos el archivo fuente *saludo.c* para compilarlo: *cl saludo.c*. El resultado es el archivo intermedio *saludo.obj* y el archivo ejecutable *saludo.exe*. Finalmente ejecutamos el programa: *saludo* (no hace falta especificar la extensión *.exe*).

Biblioteca de funciones

Como ya dijimos anteriormente, C carece de instrucciones de E/S, de instrucciones para manejo de cadenas de caracteres, etc., con lo que este trabajo queda para la biblioteca de funciones provista con el compilador. Una función es un conjunto de instrucciones que realizan una tarea específica. Una biblioteca es un archivo separado en el disco (generalmente con extensión *.lib* en Windows o con extensión *.a* en UNIX) que contiene las funciones que realizan las tareas más comunes, para que nosotros no tengamos que escribirlas. Como ejemplo, hemos visto anteriormente la función **printf**. Si esta función no existiera, sería labor nuestra escribir el código necesario para visualizar los resultados sobre la pantalla.

Para utilizar una función de la biblioteca simplemente hay que invocarla utilizando su nombre y pasar los argumentos necesarios entre paréntesis. Por ejemplo:

```
printf("Hola mundo!!!\n");
```

La figura siguiente muestra cómo el código correspondiente a las funciones de biblioteca invocadas en nuestro programa es añadido por el *enlazador* cuando se está creando el programa ejecutable.

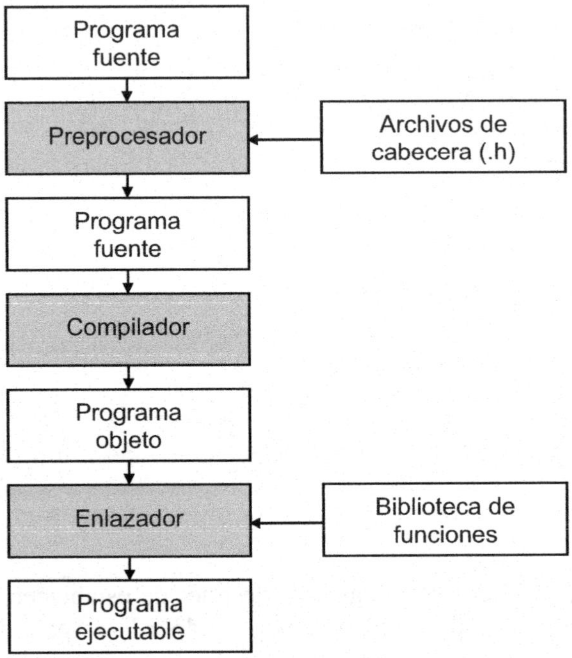

Guardar el programa ejecutable en el disco

Como hemos visto, cada vez que se realiza el proceso de *compilación* y *enlace* del programa actual, C genera automáticamente sobre el disco un archivo ejecutable. Este archivo puede ser ejecutado directamente desde el sistema operativo sin el soporte de C, escribiendo el nombre del archivo a continuación del símbolo del sistema (*prompt* del sistema) y pulsando la tecla *Entrar*.

Cuando se crea un archivo ejecutable, primero se utiliza el compilador C para compilar el programa fuente, dando lugar a un archivo intermedio conocido como archivo objeto (con extensión *.obj* o *.o* según el compilador). A continuación, se utiliza el programa *enlazador* (*linker*) para unir, en un único archivo ejecutable, el módulo o los módulos que forman el programa compilados separadamente y las funciones de la biblioteca del compilador C que el programa utilice.

Al ejecutar el programa, pueden ocurrir *errores durante la ejecución*. Por ejemplo, puede darse una división por 0. Estos errores solamente pueden ser detectados por C cuando se ejecuta el programa y serán notificados con el correspondiente mensaje de error.

Hay *otro tipo de errores* que no dan lugar a mensaje alguno. Por ejemplo, un programa que no termine nunca de ejecutarse, debido a que presenta un bucle o lazo donde no se llega a dar la condición de terminación. Para detener la ejecución se tienen que pulsar las teclas *Ctrl+C*.

Depurar un programa

Una vez ejecutado el programa, la solución puede ser incorrecta. Este caso exige un análisis minucioso de cómo se comporta el programa a lo largo de su ejecución; esto es, hay que entrar en la fase de *depuración* del programa.

La forma más sencilla y eficaz para realizar este proceso es utilizar un programa *depurador*. En el apéndice C se explica cómo utilizar el depurador del entorno de desarrollo integrado (EDI) Microsoft Visual Studio y el depurador *gdb* de un sistema UNIX.

UN AVANCE SOBRE LA PROGRAMACIÓN CON C

En este apartado vamos a exponer un pequeño avance sobre conceptos que se estudiarán con detenimiento en los capítulos siguientes. Este avance le proporcionará un conocimiento básico sobre aspectos que están presentes en todos los programas como son la definición de variables, la entrada/salida, las sentencias de control y las funciones.

Un programa C es un conjunto de funciones y una función es la unidad básica de un programa C.

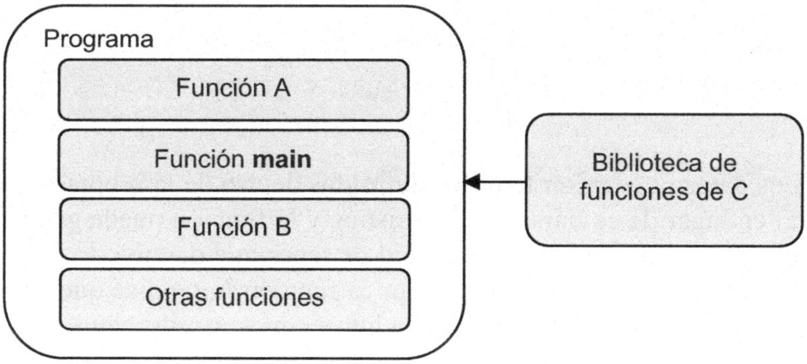

En un programa C tiene que haber obligatoriamente, al menos, una función llamada **main**, ya que es esta función la que define el compilador como punto por el cual empieza y finaliza la ejecución de todo programa. Un ejemplo puede verlo en el programa *saludo* que acabamos de exponer.

Una función incluye un conjunto de sentencias o instrucciones que al ejecutarse producen un resultado obtenido, generalmente, en base a unos datos. Puede pensar en una función como en una caja negra a la que le son entregados unos datos para que los procese y genere un resultado:

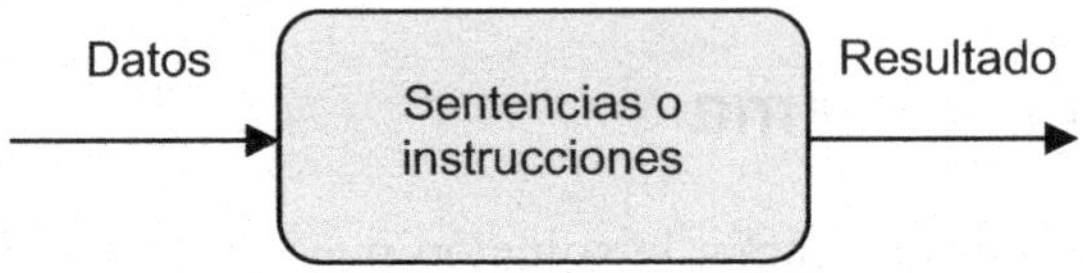

Un ejemplo: $x = log(y)$; en este caso, el dato es y y el resultado generado se guarda en x. Si tuviéramos que escribir esa función *log*, tendría la siguiente forma:

```
double log( double y )
{
  double resultado;
  // Sentencias que calculan el resultado (el logaritmo)
  // en función del parámetro y. Por ejemplo:
  resultado = log10(y);
  return resultado; // devolver el valor calculado
}
```

En este ejemplo, la función *log* recibe un dato en su parámetro *y* (el dato es de tipo **double**: valor real con decimales), ejecuta las sentencias que incluye el cuerpo de la misma (la caja) y devuelve un resultado que almacenamos en algún sitio (en *x*, por ejemplo). Una vez que la función existe, otra función del programa puede llamarla cuando requiera el cálculo del logaritmo de un valor. Por ejemplo:

```
int main(void)
{
  double x;
  x = log(2);
  printf("%f\n", x);
  return 0; // escribir esta línea y no hacerlo, es equivalente
}
```

Los datos pueden ser también definidos dentro de la propia función (en la caja negra) en lugar de enviárselos a la misma, y la función puede generar un resultado que ella misma controla sin necesidad de tener que devolverlo. Por ejemplo, en el código anterior podemos observar que la función *log* indica que devuelve un valor de tipo **double**; si no devolviera nada hubiéramos escrito: **void** *log*(**double** *y*).

Entrada y salida

Cuando resolvemos un determinado problema (por ejemplo, una ecuación de segundo grado) lo hacemos siguiendo una serie de operaciones (algoritmo) que nos conducen a la solución (la salida), lógicamente partiendo de unos datos de entrada. Los datos de entrada a los que nos referimos, los proporcionaremos por medio de variables (si fueran constantes, como en la función **main** anterior, el resultado sería siempre el mismo), datos que leeremos al inicio de la ejecución.

Ya hemos visto que la función **printf** de C sirve para mostrar resultados. Pues bien, para leer datos introducidos por el teclado, la biblioteca de C proporciona la función **scanf**. Como ejemplo, vamos a modificar la función **main** anterior para que permita mostrar el logaritmo de un valor *n* introducido por el teclado, para lo cual, utilizaremos la función **scanf**. La solución sería la siguiente:

```
int main(void)
{
  double x, n;
  scanf("%lf", &n);
  x = log(n);
  printf("%f\n", x);
}
```

Observemos los parámetros de la función **scanf**: el primero es una cadena de caracteres *%lf* que indica que el valor introducido será almacenado como un valor de tipo **double** (números decimales: poseen una parte decimal, en oposición a los números enteros), y el segundo parámetro es la dirección (posición en la memoria) de la variable donde queremos almacenar el resultado (*&n* se lee "dirección de *n*"). Para leer un decimal de tipo **float** emplearíamos el formato *%f*, para leer un entero (**int**) emplearíamos el formato *%d*, para leer un carácter (**char**) emplearíamos el formato *%c* y para leer una cadena de caracteres (por ejemplo, *Isabella*) emplearíamos el formato *%s*. Estos formatos también los utiliza **printf** para mostrar los valores de las variables o expresiones. En los siguientes capítulos veremos todo esto con detalle.

Sentencias de control

En ocasiones será necesario ejecutar unas sentencias u otras en función de otros resultados. Por ejemplo, cuando se introduzca el valor de *n* solicitado por una sentencia como *scanf("%lf", &n)*, puede suceder que nos equivoquemos y escribamos, por ejemplo, *x2* en lugar de *2*. Evidentemente *x2* no es un valor real de tipo **double**, por lo que **scanf** no podrá leerlo para almacenarlo en *n*. El programa continuaría, pero el resultado ya no sería el esperado, ya que *n* puede contener cualquier cosa (basura).

Para dar solución al problema expuesto, tenemos que saber que **scanf** devuelve un valor entero que coincide con el número de variables a las que ha podido asignar un valor (en el supuesto de haber especificado varias variables separadas por comas, cuando se produzca un fallo para una, se abandona la lectura y el programa continúa). En nuestro ejemplo, como solo estamos leyendo una variable, *n*, **scanf** devolverá *1* si el valor tecleado fue correcto y *0* si no fue correcto. Según esto vamos a modificar la función **main** del apartado anterior así:

```
int main(void)
{
  int r;
  double x, n;
  printf("Dato: ");
  r = scanf("%lf", &n);
  if (r == 1)
  {
    x = log(n);
    printf("El logaritmo de %g es %f\n", n, x);
  }
  else
  {
    printf("El dato introducido no es correcto.\n");
  }
}
```

Observemos el código anterior. Según lo explicado anteriormente, cuando se llame a la función **scanf**, ésta devolverá un valor *0* o *1* que se guardará en *r*. Entonces, si *r* es igual a *1* (*if (r == 1)*) se calcula e imprime el logaritmo de *n*, y si no (*else*), se muestra un mensaje indicando que el dato introducido no es correcto. La cláusula **else** es opcional.

En otras ocasiones necesitaremos repetir la ejecución de unas determinadas sentencias un número de veces. Por ejemplo, la función **main** anterior podría requerir repetir la entrada de datos siempre que el dato tecleado sea incorrecto, esto es, mientras el valor de *r* sea *0*. Esto lo podemos hacer así:

```
int main(void)
{
  int r = 0;
  double x, n;
  while (r == 0)
  {
    printf("Dato: ");
    r = scanf("%lf", &n);
    if (r == 0)
    {
      printf("El dato introducido no es correcto.\n");
    }
```

```
    while (getchar() != '\n'); // eliminar el dato incorrecto
  }
  x = log(n);
  printf("El logaritmo de %g es %f\n", n, x);
}
```

Ejecución del programa:

Dato: x2
El dato introducido no es correcto.
Dato: hola
El dato introducido no es correcto.
Dato: 2
El logaritmo de 2 es 0.301030

Ahora, en el código anterior, observamos que mientras el valor de *r* sea *0* (*while (r == 0) { ... }*) repetimos la ejecución de las sentencias que hay dentro del bloque (*{ ... }*) de la sentencia repetitiva **while**.

Funciones

El concepto básico de lo que es una función ya está explicado, pero tenemos que decir también que los compiladores C/C++, cuando una función llama (invoca) a otra para que se ejecute, requieren que el código de la función llamada (la definición de la función) esté escrito explícitamente antes de la sentencia de llamada a la misma; si está después, es necesario escribir antes la declaración o prototipo de dicha función (la cabecera empleada en la definición de la función). Esto, entre otras cosas, es lo que hacen los archivos de cabecera con respecto a las funciones de la biblioteca de C, como **scanf** y **printf**, que utilizamos. Por ejemplo, la operación de leer un dato de tipo **double** y verificar que el dato fue válido podríamos realizarla en una función, así podríamos utilizarla siempre que necesitemos leer un dato del tipo citado, lo que evita tener que repetir código. Esto lo haríamos así:

```
#include <stdio.h>
#include <math.h>

double leerDato(); // declaración de la función

double log(double y)
{
  double resultado;
  // Sentencias que calculan el resultado
  // en función del parámetro y. Por ejemplo:
  resultado = log10(y);
  return resultado;
}
```

```
int main(void)
{
  double x, n;
  printf("Dato: ");
  n = leerDato(); // llamada a la función
  x = log(n);
  printf("El logaritmo de %g es %f\n", n, x);
}

double leerDato() // definición de la función
{
  int r = 0;
  double dato;
  while (r == 0)
  {
    r = scanf("%lf", &dato);
    if (r == 0)
    {
      printf("Dato incorrecto. Introduzca otro: ");
    }
    while (getchar() != '\n'); // eliminar el dato incorrecto
  }
  return dato;
}
```

Ejecución del programa:

```
Dato: x2
Dato incorrecto. Introduzca otro: hola
Dato incorrecto. Introduzca otro: 2
El logaritmo de 2 es 0.301030
```

Observemos en el código anterior la declaración, la llamada y la definición de la función *leerDato*; como la llamada está antes que la definición, ha sido necesario añadir la declaración antes de la llamada. Lo mismo ocurre con las funciones de la biblioteca de C **scanf** y **printf**; sus prototipos son incluidos por la directriz *#include <stdio.h>*. En cambio, la función *log* está definida antes de ser invocada por **main**, por lo que no se requiere escribir su declaración.

Matrices

Una matriz de una dimensión (*array* en inglés) se define como una variable que contiene una serie de elementos del mismo tipo. Cada elemento es referenciado por la posición que ocupa dentro de la matriz; esa posición recibe el nombre de índice y los índices son correlativos, siendo el primero, generalmente, 0 o 1. Por ejemplo, la siguiente línea define una matriz m de n componentes m_0, m_1,..., m_{n-1}.

$$m = [m_0, m_1, m_2, m_3, \ldots, m_i, \ldots, m_{n-1}]$$

Las componentes m_i no son más que variables con subíndice. Entonces, en el lenguaje C, ¿cómo se define una matriz unidimensional? Pongamos un ejemplo concreto: ¿cómo definimos una matriz unidimensional *m* de *N=10* elementos de tipo **float** y cómo se denominan esos elementos?

```
#define N 10
float m[N]; // los elementos son m[0], m[1], m[2], m[3],..., m[9]
```

A continuación, vemos un ejemplo que muestra el uso de **printf** y **scanf** con distintos tipos de variables, incluida una matriz *cadena* para almacenar una cadena de caracteres y otra matriz *m* para almacenar datos de tipo **float**. Este ejemplo también muestra el uso de la función **setlocale** para, entre otras cosas, presentar los caracteres especiales como, por ejemplo, las letras acentuadas, ya que en un sistema Windows, debido a que utiliza el código de caracteres ANSI y su consola el ASCII, la presentación de estos caracteres en la misma no es trivial (este problema no se le presentará en un sistema UNIX/LINUX que utiliza el código de caracteres UTF-8).

```
/* Matrices */
#include <stdio.h>
#include <locale.h>
#define N 10   // todas las apariciones de N en el código serán
               // sustituidas por 10
int main(void)
{
  setlocale(0, ""); // configuración regional predeterminada
  char car = 'A';
  int ent = 0, r = 0;
  double real = 0.0;
  char cadena[80] = "hola";
  float m[N]; // los elementos son m[0], m[1], m[2],..., m[9]

  printf("%c", car); printf("\n");  // printf("%c\n", car);
  printf("%d\n", ent);
  printf("%lf\n", real);
  printf("%s\n", cadena);

  printf("Hola, ¿qué tal estás? ");
  printf("\n");
  printf("Cadena de caracteres: ");  scanf("%s", cadena);
  printf("La variable \"cadena\" contiene: %s\n", cadena);

  printf("Introduce datos para la matriz:\n");
  for (int i = 0; i < N; ++i)
  {
```

```
    printf("m[%d] = ", i);
    scanf("%f", &m[i]);
  }
  printf("Valores introducidos en la matriz m:\n");
  for (int i = 0; i < N; ++i)
    printf("%g ", m[i]);
  printf("\n");
}
```

```
Ejecución del programa:

A
0
0,000000
hola
Hola, ¿qué tal estás?
Cadena de caracteres: Isabella
La variable "cadena" contiene: Isabella
Introduce datos para la matriz:
m[0] = 0
m[1] = 1
m[2] = 2
m[3] = 3
m[4] = 4,5
m[5] = 5
m[6] = 6,78
m[7] = 7
m[8] = 8
m[9] = 9,1
Valores introducidos en la matriz m:
0 1 2 3 4,5 5 6,78 7 8 9,1
```

La sentencia **for** es una sentencia repetitiva como lo es **while**. En este caso, *for (int i = 0; i < N; ++i)* indica: repetir el bloque de sentencias escrito a continuación para *i = 0, 1, 2,..., N-1* (*++i* indica incrementar *i* en una unidad por cada iteración desde *i = 0* hasta *N*).

Finalmente, probemos a quitar la llamada a la función **setlocale** y comparemos los resultados que se obtienen con los anteriores.

EJERCICIOS RESUELTOS

Para practicar con un programa más, escriba el siguiente ejemplo y pruebe los resultados. Hágalo primero desde la línea de órdenes y después con el entorno de desarrollo integrado preferido por usted. El siguiente ejemplo visualiza como resultado la suma, la resta, la multiplicación y la división de dos cantidades enteras.

Abra el procesador de textos o el editor de su entorno de desarrollo integrado (EDI; véase el apéndice *C*) y edite el programa ejemplo que se muestra a continuación. Este ejemplo no le costará entenderlo puesto que las sentencias están escritas con una sintaxis ya conocida por usted.

```
/****************** Operaciones aritméticas ******************/
// aritmeti.c
#include <stdio.h>

int main(void)
{
  int dato1, dato2, resultado;
  dato1 = 20;
  dato2 = 10;
  // Suma
  resultado = dato1 + dato2;
  printf("%d + %d = %d\n", dato1, dato2, resultado);
  // Resta
  resultado = dato1 - dato2;
  printf("%d - %d = %d\n", dato1, dato2, resultado);
  // Producto
  resultado = dato1 * dato2;
  printf("%d * %d = %d\n", dato1, dato2, resultado);
  // Cociente
  resultado = dato1 / dato2;
  printf("%d / %d = %d\n", dato1, dato2, resultado);
}
```

Una vez editado el programa, guárdelo en el disco. Recuerde que el nombre del archivo fuente tiene que incluir la extensión *c*; por ejemplo, *aritmeti.c*.

¿Qué hace este programa?

Observando la función principal, **main**, vemos que se han declarado tres variables enteras (de tipo **int**): *dato1*, *dato2* y *resultado*.

```
int dato1, dato2, resultado;
```

El siguiente paso asigna el valor 20 a la variable *dato1* y el valor 10 a la variable *dato2*.

```
dato1 = 20;
dato2 = 10;
```

A continuación, se realiza la suma de esos valores y se escriben los datos y el resultado.

```
resultado = dato1 + dato2;
```

```
printf("%d + %d = %d\n", dato1, dato2, resultado);
```

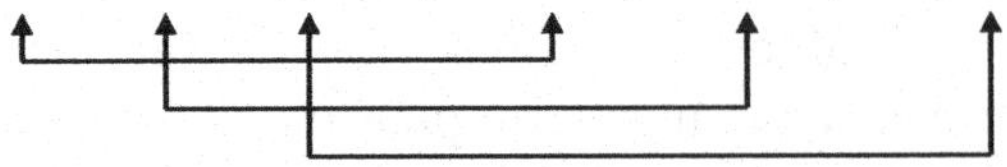

La expresión que aparece entre comillas en la función **printf** indica los caracteres que queremos visualizar sobre el monitor, con una particularidad, que un carácter % le indica al compilador que el siguiente carácter no es un carácter normal que tiene que visualizar (una *d* indica un valor entero en base 10), sino que se trata de un especificador de formato que será sustituido por el valor correspondiente de la lista de valores especificada a continuación. Según esto, la función **printf** anterior producirá el siguiente resultado:

```
20 + 10 = 30
```

porque, en este instante, *dato1* vale 20, *dato2* vale 10 y *resultado* vale 30. Un proceso similar se sigue para calcular la diferencia, el producto y el cociente.

Como siguiente paso, compilaremos el programa y cuando obtengamos una compilación sin errores lo ejecutaremos y verificaremos si el funcionamiento es el esperado.

EJERCICIOS PROPUESTOS

1. Responda a las siguientes preguntas:

   1) Un bit se simboliza por:
      a) Un estado.
      b) Un dato.
      c) Un 0 o un 1.
      d) Un carácter.

   2) ¿Qué es un *byte*?
      a) Un número.
      b) Generalmente un conjunto de ocho bits.
      c) Un componente electrónico.
      d) Un bit.

   3) ¿Qué es el hardware?
      a) Los componentes físicos del ordenador.
      b) Los programas.
      c) Un intérprete.
      d) Un compilador.

   4) ¿Qué es un compilador?

a) Un conjunto de *bytes*.
b) Un lenguaje de bajo nivel.
c) Un intérprete.
d) Un programa traductor.

5) ¿Qué es C?
a) Un programa.
b) Un intérprete.
c) Un lenguaje de alto nivel.
d) Un ordenador.

6) ¿Qué es UNIX?
a) Un sistema operativo.
b) Un compilador.
c) Un intérprete.
d) Un programa.

7) ¿Quién creó el lenguaje C?
a) Ken Thompson.
b) Martin Richard.
c) Dennis Ritchie.
d) Bjarne Stroustrup.

8) ¿C está incluido en C++?
a) Sí.
b) No.
c) Son dos lenguajes diferentes.
d) Son el mismo lenguaje.

9) Los pasos a seguir para obtener un programa C ejecutable son:
a) Editar el programa.
b) Editar el programa y compilarlo.
c) Editar el programa, compilarlo y ejecutarlo.
d) Editar el programa, compilarlo, ejecutarlo y depurarlo.

10) Cada sentencia del lenguaje C termina:
a) Con una coma.
b) Con un punto y coma.
c) Pulsando la tecla *Entrar*.
d) Con un espacio.

2. Practique la edición, la compilación y la ejecución con un programa similar al programa *aritmeti.c* realizado en el apartado anterior. Por ejemplo, modifíquelo para que solicite los datos a través del teclado y para que ahora realice las opera-

ciones de sumar, restar, multiplicar y dividir con tres datos: *dato1*, *dato2* y *dato3*, de tipo **double**. En un segundo intento, puede también combinar las operaciones aritméticas.

Nota: las soluciones de los ejercicios propuestos en este capítulo y sucesivos, las encontrará en un ZIP que se proporciona con el libro.

CAPÍTULO 2

© F.J.Ceballos/RA-MA

ELEMENTOS DEL LENGUAJE C

En este capítulo veremos los elementos que aporta C (caracteres, secuencias de escape, tipos de datos, operadores, etc.) para escribir un programa. El introducir este capítulo ahora es porque dichos elementos los tenemos que utilizar desde el principio; algunos ya han aparecido en los ejemplos del capítulo 1. Considere este capítulo como soporte para el resto de los capítulos; esto es, lo que se va a exponer en él, lo irá utilizando en menor o mayor medida en los capítulos sucesivos. Por lo tanto, limítese ahora simplemente a realizar un estudio para saber de forma genérica los elementos con los que contamos para desarrollar nuestros programas.

PRESENTACIÓN DE LA SINTAXIS DE C

Las palabras clave aparecerán en negrita y cuando se utilicen deben escribirse exactamente como aparecen. Por ejemplo,

```
char a;
```

El texto que aparece en cursiva significa que ahí debe ponerse la información indicada por ese texto. Por ejemplo,

```
typedef declaración_tipo sinónimo[, sinónimo]...;
```

Una información encerrada entre corchetes "[]" es opcional. Los puntos suspensivos "..." indican que pueden aparecer más elementos de la misma forma.

Cuando dos o más opciones aparecen entre llaves "{ }" separadas por "|", se elige una, la necesaria dentro de la sentencia. Por ejemplo,

```
constante_entera[{L|U|UL}]
```

CARACTERES DE C

Los caracteres de C pueden agruparse en letras, dígitos, espacios en blanco, caracteres especiales, signos de puntuación y secuencias de escape.

Letras, dígitos y carácter de subrayado

Estos caracteres son utilizados para formar las *constantes*, los *identificadores* y las *palabras clave* de C. Son los siguientes:

- Letras mayúsculas del alfabeto inglés:

  `A B C D E F G H I J K L M N O P Q R S T U V W X Y Z`

- Letras minúsculas del alfabeto inglés:

  `a b c d e f g h i j k l m n o p q r s t u v w x y z`

- Dígitos decimales:

  `0 1 2 3 4 5 6 7 8 9`

- Carácter de subrayado "_"

El compilador C trata las letras mayúsculas y minúsculas como caracteres diferentes. Por ejemplo, los identificadores *Pi* y *PI* son diferentes.

Espacios en blanco

Los caracteres espacio en blanco, tabulador horizontal, tabulador vertical, avance de página y nueva línea son caracteres denominados *espacios en blanco*, porque la labor que desempeñan es la misma que la del espacio en blanco: actuar como separadores entre los elementos de un programa, lo cual permite escribir programas más legibles. Por ejemplo, el siguiente código:

```
int main(void) { printf("Hola, qué tal estáis.\n"); }
```

puede escribirse de una forma más legible así:

```
int main(void)
{
  printf("Hola, qué tal estáis.\n");
}
```

Los espacios en blanco en exceso son ignorados por el compilador. Según esto, el código siguiente se comporta exactamente igual que el anterior:

```
int main(void)      líneas en blanco        espacios en blanco
{

  printf   ("Hola, qué tal estáis.\n");
}
```

La secuencia *Ctrl+Z* en Windows o *Ctrl+D* en UNIX es tratada por el compilador como un indicador de fin de archivo (*End Of File*).

Caracteres especiales y signos de puntuación

Este grupo de caracteres se utiliza de diferentes formas; por ejemplo, para indicar que un identificador es una función o una matriz; para especificar una determinada operación aritmética, lógica o de relación; etc. Son los siguientes:

```
,  .  ;  :  ?  '  "  (  )  [  ]  {  }  <  !  |  /  \  ~  +  #  %  &  ^  *  -  =  >
```

Secuencias de escape

Cualquier carácter de los anteriores puede también ser representado por una *secuencia de escape*. Una secuencia de escape está formada por el carácter \ seguido de una *letra* o de una *combinación de dígitos*. Son utilizadas para acciones como nueva línea, tabular y para hacer referencia a caracteres no imprimibles.

El lenguaje C tiene predefinidas las siguientes secuencias de escape:

Secuencia	Nombre
`\n`	Ir al principio de la siguiente línea.
`\t`	Tabulador horizontal.
`\v`	Tabulador vertical (solo para la impresora).
`\b`	Retroceso (*backspace*).
`\r`	Retorno de carro sin avance de línea.
`\f`	Alimentación de página (solo para la impresora).
`\a`	Alerta, pitido.
`\'`	Comilla simple.
`\"`	Comilla doble.
`\?`	Signo de interrogación.
`\\`	Barra invertida (*backslash*).
`\ddd`	Carácter ASCII. Representación octal (*d* es un dígito del *0* al *7*).
`\xdd`	Carácter ASCII. Representación hexadecimal (*d* es un dígito del *0* al *9* o una letra de la *A* a la *F*).
`\udddd`	Carácter Unicode (también `\Udddddddd`; ver apéndice *A*).

Observe en la llamada a **printf** del ejemplo anterior la secuencia de escape *\n*.

TIPOS DE DATOS

Recuerde las operaciones aritméticas que realizaba el programa *aritmeti.c* que vimos en el capítulo anterior. Por ejemplo, una de las operaciones que realizábamos era la suma de dos valores:

```
dato1 = 20;
dato2 = 10;
resultado = dato1 + dato2;
```

Para que el compilador C reconozca esta operación es necesario especificar previamente el tipo de cada uno de los operandos que intervienen en la misma, así como el tipo del resultado. Para ello, escribiremos una línea como la siguiente:

```
int dato1, dato2, resultado;
dato1 = 20;
dato2 = 10;
resultado = dato1 + dato2;
```

La declaración anterior le indica al compilador C que los valores binarios almacenados en las variables (u objetos) *dato1*, *dato2* y *resultado* serán interpretados como enteros de tipo **int**. Observe que se puede declarar más de una variable del mismo tipo utilizando una lista separada por comas.

Los tipos de datos en C se clasifican en: tipos *primitivos* y tipos *derivados*.

Tipos primitivos

Se les llama primitivos porque están definidos por el compilador. Los tipos primitivos de datos que podemos clasificar en: tipos enteros y tipos reales.

Tipos enteros: **char**, **short**, **int**, **long**, **long long** y **enum**.
Tipos reales: **float**, **double** y **long double**.

Cada tipo primitivo tiene un rango diferente de valores positivos y negativos (por ejemplo, una variable de tipo **int** puede almacenar un valor en el rango **INT_MIN** a **INT_MAX**, constantes definidas el archivo de cabecera *limits.h*). El tipo de datos que se seleccione para declarar las variables de un determinado programa dependerá del rango y tipo de valores que vayan a almacenar cada una de ellas y de si estos son enteros o fraccionarios. Los archivos de cabecera *limits.h* y *float.h* especifican los valores máximo y mínimo para cada tipo.

Cada tipo entero puede ser calificado por las palabras clave **signed** o **unsigned**. Un entero calificado **signed** es un entero con signo; esto es, un valor entero positivo o negativo. Un entero calificado **unsigned** es un valor entero sin signo, el cual es manipulado como un valor entero positivo. Esta calificación da lugar a los siguientes tipos extras:

```
signed char,       unsigned char
signed short,      unsigned short
signed int,        unsigned int
signed long,       unsigned long
signed long long,  unsigned long long
```

Dentro de los tipos enteros sin signo hay uno más: el tipo **bool** definido en el archivo de cabecera *<stdbool.h>*. Una variable de este tipo es una variable booleana que puede almacenar los valores **true** (1) o **false** (0). Por ejemplo:

```
bool b = true;
```

Si los calificadores **signed** y **unsigned** se utilizan sin un tipo entero específico, se asume el tipo **int**. Por este motivo, las siguientes declaraciones son equivalentes:

```
signed x;          /* es equivalente a */
signed int x;
```

Un tipo entero calificado con **signed** es equivalente a utilizarlo sin calificar. Según esto, las siguientes declaraciones son equivalentes:

```
char y;            /* es equivalente a */
signed char y;
```

char

El tipo **char** se utiliza para declarar datos enteros comprendidos entre *–128* y *+127*. Un **char** se define como un conjunto de ocho bits representados en complemento a 2 (C2); dicho conjunto de bits recibe el nombre de *byte*. El siguiente ejemplo declara la variable *c* de tipo **char** y le asigna el valor inicial *0*. Es recomendable iniciar toda variable que se declare.

```
char c = 0;
```

En cambio, el tipo **unsigned char** puede almacenar valores en el rango de *0* a *255*, ya que ahora no es necesario emplear un bit para el signo (el bit de mayor peso). Los valores *0* a *127* se corresponden con los 128 primeros caracteres de los códigos internacionales ASCII, ANSI o Unicode (ver el apéndice D) empleados para la representación de caracteres. En este conjunto de caracteres se encuentran todos los utilizados por el compilador C.

El siguiente ejemplo declara la variable *car* de tipo **char** a la que se le asigna el carácter *'a'* como valor inicial (observe que hay una diferencia entre *'a'* y *a*; *a* entre comillas simples es interpretada por el compilador C como un valor entero, un carácter, y *a* sin comillas sería interpretada como una variable). Las cuatro declaraciones siguientes son idénticas:

```
char car = 'a';
char car = 97;          /* la 'a' es el decimal 97 */
char car = 0x61;        /* la 'a' es el hexadecimal 0061 */
char car = 0141;        /* la 'a' es el octal 0141 */
```

Un carácter es representado internamente por un entero, que puede ser expresado en decimal, hexadecimal u octal, como veremos más adelante.

bool

El tipo **bool** o **_Bool**, definido en el archivo de cabecera *<stdbool.h>*, es un tipo entero sin signo que se utiliza para declarar variables booleanas que pueden almacenar el valor **true** o **false**. Por ejemplo:

```
bool b = false;
```

En el archivo de cabecera *<stdbool.h>* se pueden observar las definiciones siguientes:

```
#define bool       _Bool
#define true       1
#define false      0
```

short

El tipo **short**, abreviatura de **signed short int**, se utiliza para declarar datos enteros comprendidos entre *–32768* y *+32767*. Un valor **short** se define como un dato de 16 bits de longitud, independientemente de la plataforma utilizada. El siguiente ejemplo declara *i* y *j* como variables enteras de tipo **short**:

```
short i = 0, j = 0;
```

Evidentemente, el tipo **unsigned short** puede almacenar valores en el rango de *0* a *65535*, ya que ahora no es necesario emplear un bit para el signo.

int

El tipo **int**, abreviatura de **signed int**, se utiliza para declarar datos enteros comprendidos entre *–2147483648* y *+2147483647*. Un valor **int** se define como un dato de 32 bits de longitud. El siguiente ejemplo declara e inicia tres variables *a*, *b* y *c*, de tipo **int**:

```
int a = 2000;
int b = -30;
int c = 0xF003; /* valor en hexadecimal */
```

Evidentemente, el tipo **unsigned int** puede almacenar valores en el rango de *0* a *4294967295*, ya que ahora no es necesario emplear un bit para el signo.

En general, el uso de enteros de cualquier tipo produce un código compacto y rápido. Así mismo, podemos afirmar que la longitud de un **short** es siempre menor o igual que la longitud de un **int** (dependiendo de la arquitectura del procesador, la longitud de un **int** podría ser de 16 bits).

long

El tipo **long** se utiliza para declarar datos enteros comprendidos entre los valores *–2147483648* y *+2147483647*. Un valor **long** se define como un dato de 32 bits de longitud (en algunos compiladores es de 64 bits). El siguiente ejemplo declara e inicia las variables *a*, *b* y *c*, de tipo **long**:

```
long a = -1L; /* L indica que la constante -1 es long */
long b = 125;
long c = 0x1F00230F; /* valor en hexadecimal */
```

Evidentemente, el tipo **unsigned long** puede almacenar valores en el rango de *0* a *4294967295*, ya que ahora no es necesario emplear un bit para el signo.

En general, podemos afirmar que la longitud de un **int** es menor o igual que la longitud de un **long** (la longitud mínima para un **long** son 32 bits).

long long

El tipo **long long** se utiliza para declarar datos enteros comprendidos entre los valores *–9223372036854775808* y *+9223372036854775807*. Un valor **long long** se define como un dato de 64 bits de longitud. El siguiente ejemplo declara e inicia la variable *a* de tipo **long long**:

```
long long a = -1LL; /* LL indica que la constante -1 es long long*/
```

Evidentemente, el tipo **unsigned long long** puede almacenar valores en el rango de *0* a *18446744073709551615*, ya que ahora no es necesario emplear un bit para el signo.

En general, podemos afirmar que la longitud de un **long** es menor o igual que la longitud de un **long long**.

enum

La declaración de un *tipo enumerado* es simplemente una lista de valores que pueden ser tomados por una variable de ese tipo. Los valores de un tipo enumerado se representarán con identificadores, que serán las constantes del nuevo tipo. Por ejemplo:

```
enum dia_semana
{
  lunes,
  martes,
  miercoles,
  jueves,
  viernes,
  sabado,
  domingo
} hoy;

enum dia_semana ayer;
```

Este ejemplo declara las variables *hoy* y *ayer* del tipo enumerado *dia_semana*. Estas variables pueden tomar cualquier valor de los especificados, *lunes* a *domingo*. Los valores de las constantes que componen el tipo enumerado comienzan en 0 y aumentan de uno en uno según se lee la declaración de arriba abajo o de izquierda a derecha. Según esto, el valor de *lunes* es 0, el valor de *martes* es 1, el valor de *miercoles* es 2, etc.

Creación de una enumeración

Crear una enumeración supone definir un nuevo tipo de datos, denominado *tipo enumerado*, y declarar una variable de ese tipo. La sintaxis es la siguiente:

```
enum tipo_enumerado
{
  /* identificadores de las constantes enteras */
};
```

donde *tipo_enumerado* es un identificador que nombra el nuevo tipo definido.

Después de definir un tipo enumerado, podemos declarar una o más variables de ese tipo, de la forma:

```
enum tipo_enumerado [variable[, variable]...];
```

El siguiente ejemplo declara una variable llamada *color* del tipo enumerado *colores*, la cual puede tomar cualquier valor de los especificados en la lista.

```
enum colores
{
  azul, amarillo, rojo, verde, blanco, negro
};
enum colores color;

color = azul;
```

Como ya hemos dicho, cada identificador de la lista de constantes en una enumeración tiene asociado un valor. Por defecto, el primer identificador tiene asociado el valor 0, el siguiente el valor 1, y así sucesivamente. Según esto,

```
color = verde;        /* es equivalente a */
color = 3;
```

Nota: para el C estándar (véase el apéndice *A*) un tipo enumerado es un tipo **int**. Sin embargo, para C++ un tipo enumerado es un nuevo tipo entero diferente de los anteriores. Esto significa que en C++ un valor de tipo **int** no puede ser asignado directamente a una variable de un tipo enumerado, sino que habría que hacer una conversión explícita de tipo (vea *Conversión explícita del tipo de una expresión* al final de este capítulo). Por ejemplo:

```
color = (enum colores)3; /*conversión explícita de int a colores*/
```

A cualquier identificador de la lista se le puede asignar un valor inicial entero por medio de una expresión constante. Los identificadores sucesivos tomarán valores correlativos a partir de este. Por ejemplo:

```
enum colores
{
  azul, amarillo, rojo, verde = 0, blanco, negro
} color;
```

Este ejemplo define un tipo enumerado llamado *colores* y declara una variable *color* de ese tipo. Los valores asociados a los identificadores son los siguientes: *azul = 0*, *amarillo = 1*, *rojo = 2*, *verde = 0*, *blanco = 1* y *negro = 2*.

A los miembros de una enumeración se les aplican las siguientes reglas:

- Dos o más miembros pueden tener un mismo valor.
- Un identificador no puede aparecer en más de un tipo.
- Desafortunadamente, no es posible leer o escribir directamente un valor de un tipo enumerado. El siguiente ejemplo aclara este detalle.

```
/* enum.c
 */
#include <stdio.h>

enum colores
{
  azul, amarillo, rojo, verde, blanco, negro
};

int main(void)
{
  enum colores color;

  /* Leer un color introducido desde el teclado */
  printf("Color: ");
  scanf("%d", &color);
  /* Visualizar el color introducido */
  printf("%d\n", color);
  /* Si el color es verde... */
  if (color == verde) printf("esperanza\n");
}
```

Ejecución del programa:

```
Color: 3[Entrar]
3
esperanza
```

Cuando en el ejemplo anterior se ejecute la función **scanf**, no será posible asignar a la variable *color* directamente el valor *verde*, sino que habrá que asignarle la constante entera 3 equivalente. Igualmente, **printf** no escribirá *verde*, sino que escribirá 3. Según esto, se preguntará: ¿qué aportan, entonces, los tipos enumerados? Los tipos enumerados ayudan a acercar más el lenguaje de alto nivel a nuestra forma de expresarnos. Como puede ver en el ejemplo, la expresión "si el color es verde,..." (**if...**) dice más que la expresión "si el color es 3,...".

float

El tipo **float** se utiliza para declarar un dato en coma flotante de 32 bits en el formato IEEE 754 (este formato utiliza un bit para el signo, ocho bits para el exponente y 23 para la mantisa). Los datos de tipo **float** almacenan valores con una precisión aproximada de siete dígitos. Para especificar que una constante (un literal) es de tipo **float**, hay que añadir al final de su valor la letra 'f' o 'F'. El siguiente ejemplo declara las variables *a*, *b* y *c*, de tipo real de *precisión simple*:

```
float a = 3.141592F;
float b = 2.2e-5F; /* 2.2e-5 = 2.2 por 10 elevado a -5 */
float c = 2/3.0F;  /* 0.666667 */
```

double

El tipo **double** se utiliza para declarar un dato en coma flotante de 64 bits en el formato IEEE 754 (un bit para el signo, 11 bits para el exponente y 52 para la mantisa). Los datos de tipo **double** almacenan valores con una precisión aproximada de 16 dígitos. Por omisión, una constante es considerada de tipo **double**. El siguiente ejemplo declara las variables *a*, *b* y *c*, de tipo real de *precisión doble*:

```
double a = 3.141592; /* una constante es double por omisión */
double b = 2.2e+5;   /* 2.2e+5 = 2.2 por 10 elevado a 5 */
double c = 2.0/3.0;
```

long double

El tipo **long double** se utiliza para declarar un dato en coma flotante de 80 bits (10 bytes; a veces almacenado como 12 o 16 bytes para mantener la alineación de la estructura de datos; véase el apartado *Alineación* en el apéndice *A*) en el formato *precisión extendida* (un bit para el signo, 15 bits para el exponente y 64 (1+63) para la mantisa (bit 63 a 0: no normalizado, y a 1: normalizado)). Los datos de tipo **long double** almacenan valores con una precisión aproximada de 19 dígitos. Para especificar que una constante (un literal) es de tipo **long double**, hay que añadir al final de su valor la letra 'L'. El siguiente ejemplo declara la variable *a* de tipo real de *precisión extendida*:

```
long double a = 3.141592L; /* L indica long double */
```

Ejemplo: tipos de datos

El programa que se muestra a continuación ilustra los últimos conceptos expuestos; define variables de los tipos **char**, **int**, **float** y **double**, asigna un valor a cada una y muestra estos valores por la pantalla:

```
/* tipos1.c
 */
#include <stdio.h>
```

```
int main(void)
{
  /* Definir las variables c, i, f y d */
  char c;
  int i;
  float f;
  double d;
  /* Asignar valores a las variables c, i, f y d */
  c = 'a';
  i = 25;
  f = 3.1416F;
  d = 2.7172;

  /* Mostrar los valores de c, i, f y d por la pantalla */
  printf("c vale %c\n", c);
  printf("i vale %d\n", i);
  printf("f vale %f\n", f);
  printf("d vale %f\n", d);
}
```

Ejecución del programa:

```
c vale a
i vale 25
f vale 3.141600
d vale 2.717200
```

En el ejemplo anterior se puede observar una vez más que un programa C tiene al menos una función **main** que contiene el código que se ejecutará cuando pongamos en marcha el programa. En este código distinguimos una primera parte que define las variables que después utilizaremos en el programa, una segunda parte que asigna a esas variables valores de su tipo y dentro del rango permitido, y una tercera parte que invoca a la función **printf** de la biblioteca de C, una vez por cada variable, para mostrar el valor de cada una de ellas.

Un detalle más; observe el resultado que se obtiene y compárelo con los literales (expresiones entre comillas) especificados como argumentos en **printf**. El resultado coincide con esos literales excepto en que los caracteres de formato (*%c*, *%d* y *%f*) han sido reemplazados por los valores de las variables correspondientes. El hecho de que se muestre el resultado en líneas consecutivas es debido a la secuencia de escape *'\n'* que hay al final de cada expresión. En resumen, si se quiere mostrar un valor **char**, el especificador de formato es *%c*; para mostrar un valor de tipo **int**, el especificador de formato es *%d*; para mostrar un valor de tipo **float** o **double**, el especificador de formato es *%f*; y para cambiar a la siguiente línea se escribe la secuencia de escape *'\n'*. La función **printf** tiene muchas más posibilidades, como se verá en un próximo capítulo.

Otros tipos enteros

Hemos visto que C ofrece una variedad de tipos enteros; también sabemos que el tamaño en bytes de algunos de esos tipos puede ser diferente dependiendo de la arquitectura del procesador. Por ejemplo, un **long** puede tener un tamaño de 32 bits en una plataforma y de 64 en otra. Esto, en ocasiones, puede ser un inconveniente; por ejemplo, cuando necesitamos escribir código portable que se comporte de forma idéntica en varias plataformas. Por ello, el estándar C actual define:

- Tipos enteros de un ancho exacto de la forma **int*N*_t** y **uint*N*_t**, que permiten definir enteros con y sin signo de *N* bits (8, 16, 32, 64,...); por ejemplo, **int32_t** hace referencia a enteros de exactamente 32 bits, independiente de la plataforma.

- Tipos enteros de un ancho mínimo de la forma **int_least*N*_t** y **uint_least*N*_t**, que permiten definir enteros con y sin signo que tienen, al menos, *N* bits (8, 16, 32, 64,...); por ejemplo, **int_least32_t** hace referencia a enteros de, al menos, 32 bits, independiente de la plataforma.

- Los tipos enteros **char16_t** y **char32_t** permiten definir enteros de 16 y 32 bits, respectivamente. Están declarados en *uchar.h* y se definen como alternativa a **wchar_t** con el objetivo de proporcionar una representación inequívoca para representar caracteres en UTF-16 y UTF-32 respectivamente (UTF-8 seguirá usando un **char**), quedando **wchar_t** declarado por la implementación, en *wchar.h*, como un tipo entero de 16 o 32 bits. Véase también el apartado *Soporte para Unicode* en el apéndice *A*.

- Tipos enteros de un ancho mínimo, generalmente, más rápidos, de la forma **int_fast*N*_t** y **uint_fast*N*_t**, que permiten definir enteros con y sin signo que tienen, al menos, *N* bits (8, 16, 32, 64,...); por ejemplo, **int_fast32_t** hace referencia a enteros más rápidos de, al menos, 32 bits, independiente de la plataforma, pero no se garantiza que el tipo designado sea el más rápido para todos los propósitos; si la implementación no tiene motivos claros para elegir un tipo sobre otro, simplemente seleccionará un tipo entero que satisfaga los requisitos de signo y ancho.

Según el estándar C11, todos los tipos anteriores son opcionales, por lo tanto, la implementación de los mismos puede o no realizarse en un compilador determinado, y están declarados en el archivo de cabecera *<stdint.h>*. Es por esto que se aconseja utilizarlos sólo cuando no podamos obtener una solución portable con los tipos enteros primitivos del estándar C.

```
#include <stdint.h>
```

```
#include <stdio.h>

int main(void)
{
  int64_t i = 0;
  printf("%zu bytes\n", sizeof(i)); // 8 bytes
}
```

Tipos complejo e imaginario

Para identificar tipos complejos se utiliza la macro **complex** definida en el archivo de cabecera *<complex.h>*. Este archivo define también todas las operaciones que se pueden realizar con números complejos.

Un número complejo puede ser escrito como una suma de un número real y otro número real multiplicado por la unidad imaginaria: $a + bi$, donde bi es lo que se conoce como número imaginario (esto es, un número complejo cuya parte real es 0). Ambos números reales están expresados en alguno de los tipos de coma flotante vistos anteriormente. De ahí que dispongamos de los tipos complejos **float complex**, **double complex** y **long double complex** y de los tipos imaginarios **float imaginary**, **double imaginary** y **long double imaginary**. El siguiente ejemplo declara las variables *c1*, *c2* y *c3*, de tipo *complejo precisión doble*:

```
/* complejos.c
 */
#include <complex.h>
#include <stdio.h>

int main(void)
{
  double complex c1 = 1.5 + 2*I, c2 = -1.5 + 0.5I;
  double complex c3;
  c3 = c1 + c2;
  printf("c3 = %.2f%+.2fi\n", creal(c3), cimag(c3));
  c3 = 1/c2;
  printf("1/c2 = %.2f%+.2fi\n", creal(c3), cimag(c3));
  c3 = csqrt(c1);
  printf("Raíz cuadrada de c1 = %.2f%+.2fi\n",
         creal(c3), cimag(c3));
}
```

Resultado:

```
c3 = 0.00+2.50i
1/c2 = -0.60-0.20i
Raíz cuadrada de c1 = 1.41+0.71i
```

Los números complejos se pueden usar con los operadores aritméticos + - * y /, y es posible mezclarlos con números imaginarios y reales. Los operadores de incremento y decremento no están definidos para tipos complejos y los operadores relacionales tampoco. También hay definidas muchas funciones como, por ejemplo, **creal** (parte real), **cimag** (parte imaginaria), **csqrt** (raíz cuadrada), **cpow** (potencia), **clog** (logaritmo), **csin** (seno), etc.

Tipos derivados

Los tipos derivados son construidos a partir de los tipos primitivos. Algunos de ellos son: *estructuras*, *uniones*, *matrices* (*arrays*), *punteros* y *funciones*. Cada uno de estos tipos será estudiado con detalle en capítulos posteriores.

SINÓNIMOS DE UN TIPO

Utilizando la palabra reservada **typedef** podemos declarar nuevos nombres de tipos de datos; esto es, sinónimos de otro tipo ya sean primitivos o derivados, los cuales pueden ser utilizados más tarde para declarar variables de esos tipos. La sintaxis de **typedef** es la siguiente:

```
typedef declaración_tipo sinónimo[, sinónimo]...;
```

donde *declaración_tipo* es cualquier tipo definido en C, primitivo o derivado, y *sinónimo* es el nuevo nombre elegido para el tipo especificado.

Por ejemplo, la sentencia siguiente declara el nuevo tipo *ulong* como sinónimo del tipo primitivo **unsigned long**:

```
typedef unsigned long ulong;
```

Una vez definido el tipo *ulong* como sinónimo de **unsigned long**, sería posible declarar una variable *dni* de cualquiera de las dos formas siguientes:

```
unsigned long dni; /* es equivalente a */
ulong dni;
```

Las declaraciones **typedef** permiten parametrizar un programa para evitar problemas de portabilidad. Si utilizamos **typedef** con los tipos que pueden depender de la implementación, cuando se lleve el programa a otra implementación solo se tendrán que cambiar estas declaraciones.

El siguiente ejemplo declara el tipo enumerado *t_colores* como sinónimo de **enum** *colores* y define la variable *color* de este tipo:

```
enum colores
{
  azul, amarillo, rojo, verde, blanco, negro
};

typedef enum colores t_colores;

int main(void)
{
  t_colores color = azul;
  // ...
}
```

La declaración del tipo *t_colores* podría realizarse también así:

```
typedef enum colores
{
  azul, amarillo, rojo, verde, blanco, negro
} t_colores;
```

o simplemente así:

```
typedef enum
{
  azul, amarillo, rojo, verde, blanco, negro
} t_colores;
```

LITERALES

Un literal es la expresión de un valor de un tipo primitivo, o bien de una cadena de caracteres (conjunto de caracteres entre comillas dobles). Por ejemplo, son literales: *5*, *3.14*, *'a'* y *"hola"*. En realidad, son valores constantes.

Según lo expuesto, un literal en C puede ser: un entero, un real, un carácter y una cadena de caracteres.

Literales enteros

El lenguaje C permite especificar un literal entero en base 10, 8 y 16.

En general, el signo + es opcional si el valor es positivo y el signo – estará presente siempre que el valor sea negativo. El tipo de un literal entero depende de su base, de su valor y de su sufijo. La sintaxis para especificar un literal entero es:

```
{[+]|-}literal_entero[{L|U|UL|LL|ULL}]
```

Si el literal es decimal y no tiene sufijo, su tipo es el primero de los tipos **int**, **long int**, **unsigned long int**, o **long long int** en el que su valor pueda ser representado.

Si es octal o hexadecimal y no tiene sufijo, su tipo es el primero de los tipos **int**, **unsigned int**, **long int**, **unsigned long int**, **long long int** o **unsigned long long int** en el que su valor pueda ser representado.

También se puede indicar explícitamente el tipo de un literal entero, añadiendo los sufijos *L* (**long**), *U* (**unsigned int**), *UL* (**unsigned long**), *LL* (**long long**) o *ULL* (**unsigned long long**). Los sufijos se pueden escribir en mayúsculas o en minúsculas. Cuando se aplica un sufijo, si el valor no puede ser representado en este tipo, se utiliza el siguiente tipo compatible; por ejemplo, si el sufijo es *L*, su tipo es **long** cuando el valor puede ser representado en este tipo; si no, es **unsigned long** o **long long int**. Los sufijos pueden aparecer en cualquier orden; por ejemplo, *UL* o *LU*.

Un *literal entero decimal* puede tener uno o más dígitos de *0* a *9*, de los cuales el primero de ellos es distinto de *0*. Por ejemplo:

```
4326      constante entera int
1522U     constante entera unsigned int
1000L     constante entera long
325UL     constante entera unsigned long
```

Un *literal entero octal* puede tener uno o más dígitos de *0* a *7*, precedidos por *0* (cero). Por ejemplo:

```
0326      constante entera int en base 8
```

Un *literal entero hexadecimal* puede tener uno o más dígitos de *0* a *9* y letras de la *A* a la *F* (en mayúsculas o en minúsculas) precedidos por *0x* o *0X* (*cero* seguido de *x*). Por ejemplo:

```
256       número decimal 256
0400      número decimal 256 expresado en octal
0x100     número decimal 256 expresado en hexadecimal
-0400     número decimal -256 expresado en octal
-0x100    número decimal -256 expresado en hexadecimal
```

Literales reales

Un literal real está formado por una *parte entera*, seguido por un *punto decimal* y una *parte fraccionaria*. También se permite la notación científica, en cuyo caso se añade al valor una *e* o *E*, seguida por un exponente positivo o negativo.

```
{[+]|-}parte-entera.parte-fraccionaria[{e|E}{[+]|-}exponente]
```

donde *exponente* representa cero o más dígitos del *0* al *9* y *E* o *e* es el símbolo de exponente de la base 10 que puede ser positivo o negativo ($2E\text{–}5 = 2 \times 10^{-5}$). Si la constante real es positiva, no es necesario especificar el signo y si es negativa, lleva el signo menos (–). Por ejemplo:

```
-17.24
17.244283
.008e3
27E-3
```

Un literal real tiene siempre tipo **double**, a no ser que se añada al mismo una *f* o *F*, en cuyo caso será de tipo **float**, o una *L* para **long double**. Por ejemplo:

```
17.24F     constante real de tipo float
```

También es posible utilizar literales en coma flotante en hexadecimal (véase el apéndice *A*). Por ejemplo:

```
0x2C.ABp3  constante real en hexadecimal (p: exponente)
```

Literales de un solo carácter

Los literales de un solo carácter son de tipo **char**. Este tipo de literales está formado por un único carácter encerrado entre *comillas simples*. Una secuencia de escape es considerada como un único carácter. Algunos ejemplos son:

```
' '         espacio en blanco
'x'         letra minúscula x
'\n'        retorno de carro más avance de línea
'\x07'      pitido
'\x1B'      carácter ASCII Esc
U'❀'        carácter '\u2740' de tipo char32_t
```

También se pueden utilizar los prefijos *L* para indicar que el carácter es de tipo **wchar_t**, *u* de tipo **char16_t** y *U* de tipo **char32_t**.

El valor de una constante de un solo carácter es el valor que le corresponde en el juego de caracteres de la máquina.

Literales de cadenas de caracteres

Un literal de cadena de caracteres es una secuencia de caracteres encerrados entre *comillas dobles* (incluidas las secuencias de escape como \"). Por ejemplo:

```
"Esto es una constante de caracteres"
"3.1415926"
"Paseo de Pereda 10, Santander"
""                                  /* cadena vacía */
"Lenguaje \"C/C++\""                /* produce: Lenguaje "C/C++" */
U"w¶❀水🍌"                           /* cadena de tipo char32_t */
```

También se pueden utilizar los prefijos *L* para indicar que la cadena es de tipo **wchar_t**, *u* de tipo **char16_t**, *U* de tipo **char32_t** y **u8**, o nada, para indicar que la cadena es de tipo **char**.

En el ejemplo siguiente el carácter *\n* fuerza a que la cadena "O pulse Entrar" se escriba en una nueva línea:

```
printf("Escriba un número entre 1 y 5\nO pulse Entrar");
```

Cuando una cadena de caracteres es demasiado larga puede utilizarse el carácter "\" como carácter de continuación. Por ejemplo:

```
printf("Esta cadena de caracteres es dema\[Entrar]
siado larga.\n");
```

El ejemplo anterior daría lugar a una sola línea como la siguiente:

```
Esta cadena de caracteres es demasiado larga.
```

Dos o más cadenas separadas por un espacio en blanco serían concatenadas en una sola cadena. Por ejemplo:

```
printf("Primera cadena, "
       "segunda cadena.\n");
```

El ejemplo anterior daría lugar a una sola cadena:

```
Primera cadena, segunda cadena.
```

Los caracteres de una cadena de caracteres son almacenados en localizaciones sucesivas de memoria. Cada carácter ocupa un *byte* y cada cadena de caracteres es finalizada automáticamente por el carácter nulo representado por la secuencia de escape \0 ('\0' para diferenciarlo del cero: '0'). Por ejemplo, la cadena *"hola"* sería representada en memoria así:

	h	o	l	a	\0										

Véase también el apartado *Literales compuestos* del apéndice *A*.

IDENTIFICADORES

Los identificadores son nombres dados a tipos, literales, variables, funciones y etiquetas de un programa. La sintaxis para formar un identificador es la siguiente:

```
{letra|_}[{letra|dígito|_}]...
```

lo cual indica que un identificador consta de uno o más caracteres (véase el apartado anterior *Letras, dígitos y carácter de subrayado*) y que el *primer carácter* debe ser una *letra* o el *carácter de subrayado*. No pueden comenzar por un dígito ni pueden contener caracteres especiales (véase el apartado anterior *Caracteres especiales y signos de puntuación*).

Las letras pueden ser mayúsculas o minúsculas. Para C una letra mayúscula es un carácter diferente a esa misma letra en minúscula. Por ejemplo, los identificadores *Suma*, *suma* y *SUMA* son diferentes.

Los identificadores pueden tener cualquier número de caracteres, pero dependiendo del compilador que se utilice solamente los *n* caracteres primeros son significativos (desde C99 se permiten 31 caracteres en un identificador externo y 63 en uno interno: dentro de una función; Microsoft C permite 247 tanto en los identificadores internos como en los externos; etc.). Esto quiere decir que un identificador es distinto de otro cuando difieren al menos en uno de los *n* primeros caracteres significativos. Algunos ejemplos son:

```
Suma
Calculo_Numeros_Primos
ordenar
VisualizarDatos
```

PALABRAS CLAVE

Las palabras clave son identificadores predefinidos que tienen un significado especial para el compilador C. Por lo tanto, un identificador definido por el usuario no puede tener el mismo nombre que una palabra clave. El lenguaje C tiene las siguientes palabras clave:

```
auto        double      inline      sizeof      volatile
break       else        int         static      while
case        enum        long        struct
char        extern      register    switch
const       float       restrict    typedef
continue    for         return      union
default     goto        short       unsigned
do          if          signed      void
```

En el apéndice *A* pueden verse otras palabras clave (`_Alignas`, `_Alignof`, `_Bool`, `_Complex`, `_Generic`, `_Imaginary`, `_Noreturn`, `_Static_assert`, `_Thread_local`,...) y sus respectivas macros (`alignas`, `alignof`, `bool`, `complex`, (no macro), `imaginary`, `noreturn`, `static_assert`, `thread_local`,...).

Finalmente, en el capítulo titulado *El preprocesador de C* se verán las palabras clave utilizadas para nombrar las directrices del preprocesador de C:

```
#define         #endif          #ifdef          #line
#elif           #error          #ifndef         #pragma
#else           #if             #include        #undef
```

Las palabras clave deben escribirse respetando minúsculas y mayúsculas, como están.

COMENTARIOS

Un comentario es un mensaje a cualquiera que lea el código fuente. Añadiendo comentarios se hace más fácil la comprensión de un programa. La finalidad de los comentarios es explicar el código fuente. C soporta dos tipos de comentarios:

- *Comentario tradicional.* Un comentario tradicional empieza con los caracteres /* y finaliza con los caracteres */. Estos comentarios pueden ocupar más de una línea, pero no pueden anidarse, y pueden aparecer en cualquier lugar donde se permita aparecer un espacio en blanco. Por ejemplo:

```
/*
 * La ejecución del programa comienza con la función main.
 * La función main puede invocar a otras funciones
 * predefinidas o definidas por el usuario. La ejecución
 * del programa finaliza cuando finaliza la función main.
 */
```

- *Comentario de una sola línea*. Este tipo de comentario comienza con una doble barra (//) y se extiende hasta el final de la línea. Son denominados comentarios estilo C++. Esto quiere decir que C ha incorporado algunas características de interés de C++; una de ellas es esta. La siguiente línea muestra un ejemplo:

```
// Agregar aquí el código de iniciación
```

DECLARACIÓN DE CONSTANTES SIMBÓLICAS

Declarar una constante simbólica significa decirle al compilador C el nombre de la constante y su valor. Esto se hace generalmente antes de la función **main** utilizando la directriz **#define**, cuya sintaxis es así:

```
#define NOMBRE VALOR
```

El siguiente ejemplo declara la constante real *PI* con el valor 3.14159, la constante de un solo carácter *NL* con el valor '\n' y la constante de caracteres *MENSAJE* con el valor "Pulse una tecla para continuar\n":

```
#define PI 3.14159
#define NL '\n'
#define MENSAJE "Pulse una tecla para continuar\n"
```

Observe que no hay un punto y coma después de la declaración. Esto es así porque una directriz no es una sentencia C, sino una orden para el preprocesador. El tipo de una constante es el tipo del valor asignado. Suele ser habitual escribir el nombre de una constante en mayúsculas.

Constantes C++

Otra de las características de C++ incorporada por los compiladores C es la palabra reservada **const**. Utilizándola disponemos de una forma adicional de declarar una constante; basta con anteponer el calificador **const** al nombre de la constante precedido por el tipo de la misma; si el tipo se omite, se supone **int**. Por ejemplo, la línea siguiente declara la constante real *Pi* con el valor *3.14*:

```
const double Pi = 3.14;
```

Una vez declarada e iniciada una constante, ya no se puede modificar su valor. Por ello, al declararla debe ser iniciada. Por ejemplo, suponiendo declarada la constante *Pi*, la siguiente sentencia daría lugar a un error:

```
Pi = 3.1416;    /* error */
```

¿Por qué utilizar constantes?

Utilizando constantes es más fácil modificar un programa. Por ejemplo, supongamos que un programa utiliza N veces una constante de valor *3.14*. Si hemos definido dicha constante como *const double Pi = 3.14* y posteriormente necesitamos cambiar el valor de la misma a *3.1416*, solo tendremos que modificar una línea, la que define la constante. En cambio, si no hemos declarado *Pi*, sino que hemos utilizado el valor *3.14* directamente N veces, tendríamos que realizar N cambios.

DECLARACIÓN DE UNA VARIABLE

Una variable representa un espacio de memoria para almacenar un valor de un determinado tipo. El valor de una variable, a diferencia de una constante, puede cambiar durante la ejecución de un programa. Para utilizar una variable en un programa, primero hay que declararla. La declaración de una variable consiste en enunciar el nombre de la misma y asociarle un tipo:

```
tipo identificador[, identificador]...
```

En el ejemplo siguiente se declaran e inician cuatro variables: una de tipo **char**, otra **int**, otra **float** y otra **double**:

```
char c = '\n';

int main(void)
{
  int i = 0;
  float f = 0.0F;
  double d = 0.0;

  // ...
}
```

El tipo, primitivo o derivado, determina los valores que puede tomar la variable, así como las operaciones que con ella pueden realizarse. Los operadores serán expuestos un poco más adelante.

En el ejemplo anterior puede observar que hay dos lugares donde se puede realizar la declaración de una variable: fuera de todo bloque, entendiendo por bloque un conjunto de sentencias encerradas entre el carácter '{' y el carácter '}', y dentro de un bloque de sentencias.

La declaración de una variable dentro de un bloque, o fuera de todo bloque, puede realizarse en cualquier otra parte, siempre antes de ser utilizada. Es aconsejable declararla justo allí donde se necesita.

En nuestro ejemplo, se ha declarado la variable *c* antes de la función **main** (fuera de todo bloque) y las variables *i*, *f* y *d* dentro de la función (dentro de un bloque). Una variable declarada fuera de todo bloque se dice que es *global* porque es accesible en cualquier parte del código que hay desde su declaración hasta el final del archivo fuente. Por el contrario, una variable declarada dentro de un bloque se dice que es *local* porque solo es accesible dentro de este, desde el punto donde está declarada. Ídem para las constantes estilo C++. Para comprender esto mejor, piense que generalmente en un programa habrá más de un bloque de sentencias. No obstante, esto lo veremos con más detalle en el capítulo siguiente.

Según lo expuesto, la variable *c* es global y las variables *i*, *f* y *d* son locales.

Iniciación de una variable

Las variables globales son iniciadas por omisión por el compilador C: las variables numéricas con *0* y los caracteres con '*\0*'. También pueden ser iniciadas explícitamente, como hemos hecho en el ejemplo anterior con *c*. En cambio, las variables locales no son iniciadas por el compilador C. Por lo tanto, depende de nosotros iniciarlas o no; es aconsejable iniciarlas, ya que, como usted podrá comprobar, esta forma de proceder evitará errores en más de una ocasión, ya que una variable local no iniciada contendrá un valor impredecible que, genéricamente, denominamos "basura". Para verificarlo escriba y ejecute el siguiente ejemplo:

```
#include <stdio.h>

int main(void)
{
  int i;
  float f;
  double d;
  i = i + 1; // incrementar i en una unidad
  printf("i = %d, f = %g, d = %g\n", i, f, d);
}
```

Ejecución del programa:

i = 11480557, f = 5.60519e-44, d = 2.07508e-317

EXPRESIONES NUMÉRICAS

Una expresión es un conjunto de operandos unidos mediante operadores para especificar una operación determinada. Todas las expresiones cuando se evalúan retornan un valor. Por ejemplo:

```
a + 1
suma + c
cantidad * precio
x = 7 * sqrt(a) - b / 2        (sqrt es la función raíz cuadrada)
```

Cuando C tiene que evaluar una expresión en la que intervienen operandos de diferentes tipos, primero convierte, solo para realizar las operaciones solicitadas, los valores de los operandos al tipo del operando cuya precisión sea más alta (por ejemplo, un **int** es más preciso que un **char** y un **double** es más preciso que un **int**). Cuando se trate de una asignación, por ejemplo, *x* = ..., C convierte el valor de la derecha al tipo de la variable de la izquierda siempre que no haya pérdida de información. En otro caso, C sugiere que la conversión se realice explícitamente, cuestión que explicaremos al final de este capítulo.

OPERADORES

Los operadores son símbolos que indican cómo son manipulados los datos. Se pueden clasificar en los siguientes grupos: aritméticos, relacionales, lógicos, unitarios, a nivel de bits, de asignación, operador condicional y otros.

Operadores aritméticos

Los operadores aritméticos los utilizamos para realizar operaciones matemáticas y son los siguientes:

Operador	Operación
+	*Suma*. Los operandos pueden ser enteros, reales, complejos e imaginarios.
–	*Resta*. Los operandos pueden ser enteros, reales, complejos e imaginarios.
*	*Multiplicación*. Los operandos pueden ser enteros, reales, complejos e imaginarios.
/	*División*. Los operandos pueden ser enteros, reales, complejos e imaginarios. Si ambos operandos son enteros el resultado es entero. En el resto de los casos el resultado es real, complejo o imaginario.

%	*Módulo* o resto de una división entera. Los operandos tienen que ser enteros.

El siguiente ejemplo muestra cómo utilizar estos operadores. Como ya hemos venido diciendo, observe que primero se declaran las variables y después se realizan las operaciones deseadas con ellas.

```
int a = 10, b = 3, c;
float x = 2.0F, y;
y = x + a;          // El resultado es 12.0 de tipo float
c = a / b;          // El resultado es 3 de tipo int
c = a % b;          // El resultado es 1 de tipo int
y = a / b;          // El resultado es 3 de tipo int. Se
                    // convierte a float para asignarlo a y
c = x / y;          // El resultado es 0.666667 de tipo float. Se
                    // convierte a int para asignarlo a c (c = 0)
```

Cuando en una operación aritmética los operandos son de diferentes tipos, se realizan las conversiones necesarias para que dicha operación se realice con la precisión más alta de esos operandos. Por ejemplo, para realizar la suma $x + a$ el valor del entero *a* es convertido a **float**, tipo de *x*. No se modifica *a*, sino que su valor es convertido a **float** solo para realizar la suma. Los tipos **short** y **char** son convertidos de manera automática a **int**.

En una asignación, el resultado obtenido en una operación aritmética es convertido implícita o explícitamente al tipo de la variable que almacena dicho resultado (véase al final de este capítulo *Conversión entre tipos de datos*). Por ejemplo, del resultado de *x / y* solo la parte entera es asignada a *c*, ya que *c* es de tipo **int**. Esto indica que los reales son convertidos a enteros truncando la parte fraccionaria.

Un resultado real es redondeado. Observe la operación *x / y* para *x* igual a *2* e *y* igual a *3*; el resultado es *0.666667* en lugar de *0.666666* porque la primera cifra decimal suprimida es 6. Cuando la primera cifra decimal suprimida es 5 o mayor de 5, la última cifra decimal conservada se incrementa en una unidad.

Quizás ahora le resulte muy sencillo calcular el área de un determinado triángulo que tenga, por ejemplo, una base de 11,5 y una altura de 3. Veámoslo:

```
/* triangulo.c
 */
#include <stdio.h>

int main(void)
{
  double base = 11.5, altura = 3.0, area = 0.0;
```

```
  area = base * altura / 2;
  printf("Area = %f\n", area);
}
```

Ejecución del programa:

Area = 17.250000

Si desea que los ceros no significativos no aparezcan, utilice el formato *%g* en lugar de *%f*. Con este cambio el resultado que veríamos sería el siguiente:

Area = 17.25

Operadores de relación

Los operadores de relación o de comparación permiten evaluar la igualdad y la magnitud. El resultado de una operación de relación es un valor booleano verdadero o falso (**true** o **false**). Los operadores de relación son los siguientes:

Operador	Operación
<	¿Primer operando *menor que* el segundo?
>	¿Primer operando *mayor que* el segundo?
<=	¿Primer operando *menor o igual que* el segundo?
>=	¿Primer operando *mayor o igual que* el segundo?
!=	¿Primer operando *distinto* del segundo?
==	¿Primer operando *igual que* el segundo?

Los operandos tienen que ser de un tipo primitivo. Por ejemplo:

```
int x = 10, y = 0;
bool r = false;

r = x == y;   // r = false (0) porque x no es igual a y
r = x > y;    // r = true (1) porque x es mayor que y
r = x != y;   // r = true (1) porque x no es igual a y
```

En expresiones largas o confusas, el uso de paréntesis y espacios puede añadir claridad, aunque no sean necesarios. Por ejemplo, las sentencias anteriores serían más fáciles de leer si las escribiéramos así:

```
r = (x == y); // r = false (0) porque x no es igual a y
r = (x > y);  // r = true (1) porque x es mayor que y
r = (x != y); // r = true (1) porque x no es igual a y
```

Estas sentencias producen los mismos resultados que las anteriores, lo que quiere decir que los paréntesis no son necesarios. ¿Por qué? Porque como veremos un poco más adelante, la prioridad de los operadores ==, > y != es mayor que la del operador =, por lo que se evalúan antes que este.

Un operador de relación equivale a una pregunta relativa a cómo son dos operandos entre sí. Por ejemplo, la expresión *x==y* equivale a la pregunta *¿x* es igual a *y*? Una respuesta *sí* equivale a un valor verdadero (**true**) y una respuesta *no* equivale a un valor falso (**false**).

Operadores lógicos

El resultado de una operación lógica (AND, OR y NOT) es un valor *booleano* verdadero o falso (**true** o **false**). Las expresiones que dan como resultado valores *booleanos* (véanse los operadores de relación) pueden combinarse para formar expresiones *booleanas* utilizando los operadores lógicos indicados a continuación. Los operandos deben ser expresiones que den un resultado verdadero o falso.

En C, toda expresión numérica con un valor distinto de 0 se corresponde con un valor verdadero y toda expresión numérica de valor 0, con falso.

Operador	Operación
&&	*AND*. Da como resultado verdadero si al evaluar cada uno de los operandos el resultado es verdadero. Si uno de ellos es falso, el resultado es falso. Si el primer operando es falso, el segundo operando no es evaluado.
||	*OR*. El resultado es falso si al evaluar cada uno de los operandos el resultado es falso. Si uno de ellos es verdadero, el resultado es verdadero. Si el primer operando es verdadero, el segundo operando no es evaluado (el carácter | es el ASCII 124).
!	*NOT*. El resultado de aplicar este operador es falso si al evaluar su operando el resultado es verdadero, y verdadero en caso contrario.

El resultado de una operación lógica es de tipo **int**. Por ejemplo:

```
int p = 10, q = 0, r = 0; // r puede también ser declarada bool

r = (p != 0) && (q != 0);    // r = 0 (false)
```

Los operandos del operador *&&* son: *p != 0* y *q != 0*. El resultado de la expresión *p != 0* es verdadero porque *p* vale 10 y el de *q != 0* es falso porque *q* es 0. Por lo tanto, el resultado de *verdadero && falso* es falso. Análogamente:

```
r = (p != 0) || (q > 0);     // r = 1 (true)
r = (q < p) && (p <= 10);    // r = 1 (true)
r = !r;                      // si r es 1 (true), !r es 0 (false),
                             // y viceversa
```

Los paréntesis que aparecen en las sentencias anteriores no son necesarios, pero añaden claridad. No son necesarios porque, como veremos un poco más adelante, la prioridad de los operadores de relación es mayor que la de los operadores lógicos, lo que quiere decir que se ejecutan antes.

Operadores unitarios

Los operadores unitarios se aplican a un solo operando y son los siguientes: !, –, ~, ++ y ––. El operador ! ya lo hemos visto y los operadores ++ y –– los veremos más adelante.

Operador	Operación
~	Complemento a 1 (cambiar ceros por unos y unos por ceros). El carácter ~ es el ASCII 126. El operando debe ser de un tipo primitivo entero.
–	Cambia de signo al operando (esto es, con enteros se calcula el complemento a 2 que es el complemento a 1 más 1). El operando puede ser de un tipo primitivo entero o real.

El siguiente ejemplo muestra cómo utilizar estos operadores:

```
int a = 2, b = 0, c = 0;

c = -a;   // resultado c = -2
c = ~b;   // resultado c = -1
```

Operadores a nivel de bits

Estos operadores permiten realizar con sus operandos las operaciones AND, OR, XOR y desplazamientos, bit por bit. Los operandos tienen que ser enteros.

Operador	Operación
&	Operación AND a nivel de bits.
|	Operación OR a nivel de bits (carácter ASCII 124).
^	Operación XOR a nivel de bits.
<<	Desplazamiento a la izquierda rellenando con ceros por la derecha.

>>	Desplazamiento a la derecha rellenando con el bit de signo por la izquierda.

Los operandos tienen que ser de un tipo primitivo entero.

```
int a = 255, r = 0, m = 32;

r = a & 017; // r=15. Pone a cero todos los bits de a
             // excepto los 4 bits de menor peso.
r = r | m;   // r=47. Pone a 1 todos los bits de r que
             // estén a 1 en m.
r = a & ~07; // r=248. Pone a 0 los 3 bits de menor peso de a.
r = a >> 7;  // r=1. Desplazamiento de 7 bits a la derecha.
r = m << 1;  // r=64. Equivale a r = m * 2
r = m >> 1;  // r=16. Equivale a r = m / 2
```

Operadores de asignación

El resultado de una operación de asignación es el valor almacenado en el operando izquierdo, lógicamente después de que la asignación se ha realizado. El valor que se asigna es convertido implícita o explícitamente al tipo del operando de la izquierda (véase el apartado *Conversión entre tipos de datos*). Incluimos aquí los operadores de incremento y decremento porque implícitamente estos operadores realizan una asignación sobre su operando.

Operador	**Operación**
++	Incremento.
--	Decremento.
=	Asignación simple.
*=	Multiplicación más asignación.
/=	División más asignación.
%=	Módulo más asignación.
+=	Suma más asignación.
-=	Resta más asignación.
<<=	Desplazamiento a izquierdas más asignación.
>>=	Desplazamiento a derechas más asignación.
&=	Operación AND sobre bits más asignación.
|=	Operación OR sobre bits más asignación.
^=	Operación XOR sobre bits más asignación.

Los operandos pueden ser de un tipo primitivo o derivado, dependiendo de la operación. A continuación, se muestran algunos ejemplos con estos operadores.

```
int x = 0, n = 10, i = 1;
n++;          // Incrementa el valor de n en 1.
++n;          // Incrementa el valor de n en 1.
x = ++n;      // Incrementa n en 1 y asigna el resultado a x.
x = n++;      // Equivale a realizar las dos operaciones
              // siguientes en este orden: x = n; n++.
i += 2;       // Realiza la operación i = i + 2.
x *= n - 3;   // Realiza la operación x = x * (n-3) y no
              // x = x * n - 3.
n >>= 1;      // Realiza la operación n = n >> 1 la cual desplaza
              // el contenido de n 1 bit a la derecha.
```

El operador de incremento incrementa su operando en una unidad independientemente de que se utilice como sufijo o como prefijo; esto es, *n++* y *++n* producen el mismo resultado. Ídem para el operador de decremento.

Ahora bien, cuando se asigna a una variable una expresión en la que intervienen operadores de incremento o de decremento, el resultado difiere según se utilicen estos operadores como sufijo o como prefijo. Si se utilizan como prefijo, primero se realizan los incrementos o decrementos y después la asignación (ver más adelante la tabla de prioridad de los operadores); ídem si se utilizan como sufijo, pero, en este caso, el valor asignado corresponde a la evaluación de la expresión antes de aplicar los incrementos o los decrementos.

Según lo expuesto, ¿cuál es el valor de *x* después de evaluar la siguiente expresión?

```
x = (a - b++) * (--c - d) / 2
```

Comprobemos el resultado evaluando esta expresión mediante el siguiente programa. Observamos que en el cálculo de *x* intervienen los valores de *b* sin incrementar y de *c* decrementado, con lo que el resultado será *x* igual a 30.

```
int main(void)
{
  float x = 0, a = 15, b = 5, c = 11, d = 4;

  x = (a - b++) * (--c - d) / 2;
  printf("x = %g, b = %g, c = %g\n", x, b, c);
}
```

Ejecución del programa:

x = 30, b = 6, c = 10

Una expresión de la complejidad de la anterior equivale a calcular la misma expresión sin operadores ++ y ––, pero incrementando/decrementando antes las variables afectadas por ++ y –– como prefijo e incrementando/decrementando después las variables afectadas por ++ y –– como sufijo. Esto equivale a escribir el programa anterior así:

```
#include <stdio.h>

int main(void)
{
  float x = 0, a = 15, b = 5, c = 11, d = 4;

  --c; // o bien c--
  x = (a - b) * (c - d) / 2;
  b++;
  printf("x = %g, b = %g, c = %g\n", x, b, c);
}
```

La aplicación de la regla anterior se complica cuando una misma variable aparece en la expresión, afectada varias veces por los operadores ++ y –– (incluso, reutilizada a la izquierda del signo igual). Por ejemplo:

```
x = (a - b++) * (--b - d) * b++ / (b - d);
```

Cuando se aplica la regla anterior a un caso como este, hay que tener en cuenta que los incrementos/decrementos como prefijo afectan a los cálculos que le siguen en la propia expresión; por eso habrá que intercalarlos en el lugar adecuado. Pero, además, hay que tener también en cuenta que el orden de evaluación de los operandos de cualquier operador C, incluido el orden de evaluación de los argumentos de función en una expresión de llamada a función, y el orden de evaluación de las sub-expresiones dentro de cualquier expresión, en general, no está especificado. Esto es, el compilador los evaluará en cualquier orden, y puede elegir otro orden cuando la misma expresión se evalúa nuevamente, incluso diferentes compiladores pueden arrojar comportamientos diferentes.

Lo anterior indica que no existe en C un concepto de evaluación de izquierda a derecha o de derecha a izquierda, que no debe confundirse con la asociatividad de izquierda a derecha y de derecha a izquierda de los operadores (este concepto se ve un poco más adelante); por ejemplo, la expresión *f1() + f2() + f3()* se analiza como *(f1() + f2()) + f3()* debida a la asociatividad de izquierda a derecha del operador +, pero la llamada a la función *f3* durante la ejecución se puede realizar en primer, segundo o tercer lugar. Lo mismo ocurre con el orden de evaluación de las sub-expresiones dentro de cualquier expresión, lo cual puede conducir a que, por ejemplo, dos compiladores diferentes, al evaluar la expresión:

```
x = (a - b++) * (--b - d) * b++ / (b - d);
```

generen resultados distintos. Por todo ello, se sugiere realizar una codificación, según vimos en un ejemplo anterior, del tipo de la siguiente:

```
--c; // o bien c--
x = (a - b) * (c - d) / 2;
b++;
```

en lugar de esta otra:

```
x = (a - b++) * (--c - d) / 2;
```

Operador condicional

El operador condicional (?:), llamado también operador ternario, se utiliza en expresiones condicionales, que tienen la forma siguiente:

operando1 ? operando2 : operando3

La expresión *operando1* debe ser una expresión *booleana*. La ejecución se realiza de la siguiente forma:

- Si el resultado de la evaluación de *operando1* es verdadero, el resultado de la expresión condicional es *operando2*.

- Si el resultado de la evaluación de *operando1* es falso, el resultado de la expresión condicional es *operando3*.

El siguiente ejemplo asigna a *mayor* el resultado de *(a > b) ? a : b*, que será *a* si *a* es mayor que *b* y *b* si *a* no es mayor que *b*.

```
double a = 10.2, b = 20.5, mayor = 0;
mayor = (a > b) ? a : b;
```

Este otro ejemplo elige para imprimir la palabra "euro" o "euros" en función del valor de *n*.

```
int n;
// ...
printf("%d %s\n", n, (n == 1) ? "euro" : "euros");
```

Otros operadores

Finalmente vamos a exponer el operador *tamaño de*, el operador *coma* y los operadores *dirección de* y *contenido de*.

Operador sizeof

El operador **sizeof** da como resultado el tamaño en *bytes* de su operando. Dicho operando puede ser el *identificador* de una variable previamente declarada o simplemente un *tipo*. Por ejemplo:

```
#include <stdio.h>

int main(void)
{
  int a = 0, t = 0;
  t = sizeof a;
  printf("El tamaño del entero 'a' es: %d bytes\n", t);
  printf("El tamaño de un entero es: %d bytes\n", sizeof(int));
}
```

```
Ejecución del programa:

El tamaño del entero 'a' es: 4 bytes
El tamaño de un entero es: 4 bytes
```

Observe que los paréntesis son opcionales, excepto cuando el operando se corresponde con un tipo de datos. El operador **sizeof** se puede aplicar a cualquier variable de un tipo primitivo o de un tipo derivado, excepto a una matriz de dimensión no especificada, a un campo de bits o a una función.

Operador coma

La coma se utiliza para encadenar varias operaciones, las cuales se ejecutarán de izquierda a derecha. El uso más común de la coma es en la sentencia **for** que veremos más adelante. Algunos ejemplos son:

```
aux = v1, v1 = v2, v2 = aux;
for (a = 256, b = 1; b < 512; a /= 2, b *= 2) { // ... }
```

El ejemplo siguiente es una llamada a una función *fx* (proceso análogo a cuando se llama a la función **printf**). En la llamada se pasan cuatro argumentos, de los cuales el segundo, *(b = 10, b – 3)*, tiene un valor 7.

```
fx(a, (b = 10, b - 3), c, d);
```

Operador dirección-de

El operador & (dirección de) permite obtener la dirección de su operando. Por ejemplo:

```
int a = 7; // la variable entera 'a' almacena el valor 7
printf("dirección de memoria = %d, dato = %d\n", &a, a);
```

El resultado de las sentencias anteriores puede ser similar al siguiente:

```
dirección de memoria = 1245048, dato = 7
```

El resultado desde el punto de vista gráfico puede verlo en la figura siguiente. La figura representa un segmento de memoria de *n bytes*. En este segmento localizamos el entero 7 de cuatro *bytes* de longitud en la dirección 1245048. La variable *a* representa al valor 7 y la *&a* es 1245048 (*&a*: *dirección de a* es la celda de memoria en la que se localiza *a*).

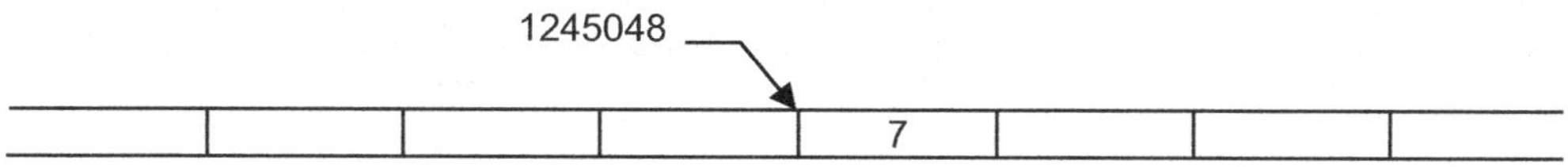

Este operador no se puede aplicar a un campo de bits perteneciente a una estructura o a un identificador declarado con el calificador **register**, conceptos que veremos más adelante.

Operador de indirección

El operador * (indirección) accede a un valor indirectamente a través de una dirección (un puntero). El resultado es el valor direccionado por el operando; dicho de otra forma, el valor apuntado por el puntero.

Un *puntero* es una variable capaz de contener una dirección de memoria que indica dónde se localiza un dato de un tipo especificado (por ejemplo, un entero). La sintaxis para definir un puntero es:

```
tipo *identificador;
```

donde *tipo* es el tipo del dato apuntado e *identificador* el nombre del puntero (la variable que contiene la dirección de memoria donde está el dato).

El siguiente ejemplo declara un puntero *px* a un valor entero *x* y después asigna este valor al entero *y*.

```
#include <stdio.h>
int main(void)
{
  int *px, x = 7, y = 0; // px es un puntero a un valor entero.

  px = &x;               // en el puntero px se almacena la
                         // dirección del entero x.
```

```
  y = *px;                // en y se almacena el valor localizado
                          // en la dirección almacenada en px.
  printf("dirección de memoria = %d, dato = %d\n", &x, x);
  printf("dirección de memoria = %d, dato = %d\n", px, *px);
}
```

Ejecución del programa:

dirección de memoria = 1245048, dato = 7
dirección de memoria = 1245048, dato = 7

Observando el resultado se ve perfectamente que el contenido de *px* (**px*) es 7. La sentencia *y = *px* se lee "*y* igual al contenido de *px*". De una forma más explícita diríamos "*y* igual al contenido de la dirección especificada por *px*". Gráficamente puede imaginarse esta situación de la forma siguiente:

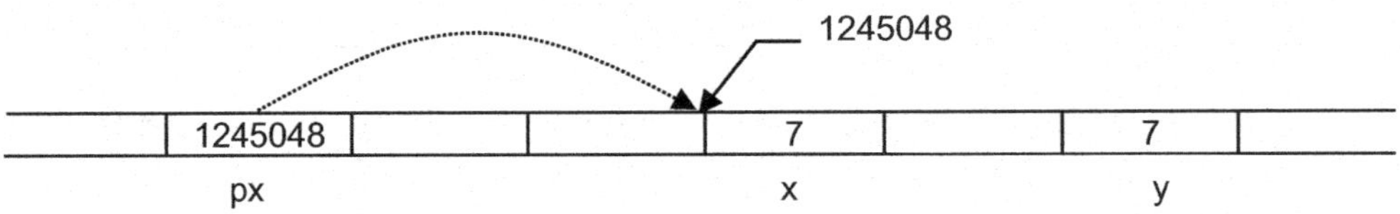

Observe que una vez que *px* contiene la dirección de *x*, **px* y *x* hacen referencia al mismo dato, por lo tanto, utilizar **px* o *x* es indistinto.

PRIORIDAD Y ORDEN DE EVALUACIÓN

Cuando escribimos una expresión como la siguiente, $f = a + b * c / d$, es porque conocemos perfectamente el orden en el que se ejecutan las operaciones. Si este orden no fuera el que esperamos, tendríamos que utilizar paréntesis para modificarlo, ya que una expresión entre paréntesis siempre se evalúa primero.

Esto quiere decir que el compilador C atribuye a cada operador un nivel de prioridad; de esta forma puede resolver qué operación se ejecuta antes que otra en una expresión. Esta prioridad puede ser modificada utilizando paréntesis. Los paréntesis tienen mayor prioridad y son evaluados de más internos a más externos. Como ejemplo de lo expuesto, la expresión anterior puede escribirse también así: $f = (a +((b * c) / d))$, lo cual indica que primero se evalúa $b * c$, el resultado se divide por *d*, el resultado se suma con *a* y finalmente el resultado se asigna a *f*.

La tabla que se presenta a continuación resume las reglas de prioridad y asociatividad de todos los operadores. Las líneas se han colocado de mayor a menor prioridad. Los operadores escritos sobre una misma línea tienen la misma prioridad.

Operador	Asociatividad
Operadores como sufijo:	
`() [] . -> ++ -- (tipo){lista}`	izquierda a derecha
Operadores como prefijo:	
`++ -- + - ~ ! (tipo) * & sizeof _Alignof`	derecha a izquierda
Resto de operadores:	
`* / %`	izquierda a derecha
`+ -`	izquierda a derecha
`<< >>`	izquierda a derecha
`< <= > >=`	izquierda a derecha
`== !=`	izquierda a derecha
`&`	izquierda a derecha
`^`	izquierda a derecha
`|`	izquierda a derecha
`&&`	izquierda a derecha
`||`	izquierda a derecha
`?:`	derecha a izquierda
`= *= /= %= += -= <<= >>= &= |= ^=`	derecha a izquierda
`,`	izquierda a derecha

En C, todos los operadores binarios excepto los de asignación son evaluados de izquierda a derecha. En el siguiente ejemplo, primero se asigna *z* a *y* y a continuación *y* a *x*.

```
int x = 0, y = 0, z = 15;
x = y = z;     // resultado x = y = z = 15
```

CONVERSIÓN ENTRE TIPOS DE DATOS

Anteriormente mencionamos que cuando C tiene que evaluar una expresión en la que intervienen operandos de diferentes tipos, primero convierte, solo para realizar las operaciones solicitadas, los valores de los operandos al tipo del operando cuya precisión sea más alta. Cuando se trate de una asignación, convierte el valor de la derecha al tipo de la variable de la izquierda siempre que no haya pérdida de información. En otro caso, C exige que la conversión se realice explícitamente.

Las reglas que se exponen a continuación se aplican en el orden indicado, para cada operación binaria perteneciente a una expresión (dos operandos y un operador), siguiendo el orden de evaluación expuesto en la tabla anterior.

1. Si un operando es de tipo **long double**, el otro operando es convertido a tipo **long double**.

2. Si un operando es de tipo **double**, el otro operando es convertido a tipo **double**.

3. Si un operando es de tipo **float**, el otro operando es convertido a tipo **float**.

4. Un **char** o un **short**, con o sin signo, se convertirán a un **int**, si el tipo **int** puede representar todos los valores del tipo original, o a **unsigned int** en caso contrario.

5. Si un operando es de tipo **unsigned long**, el otro operando es convertido a **unsigned long**.

6. Si un operando es de tipo **long**, el otro operando es convertido a tipo **long**.

7. Si un operando es de tipo **unsigned int**, el otro operando es convertido a tipo **unsigned int**.

8. Si un operando es de tipo **long long**, el otro operando es convertido a tipo **long long**.

   Por ejemplo:

```
long a;
unsigned char b;
int c;
float d;
int f;
f = a + b * c / d;
```

En la expresión anterior se realiza primero la multiplicación, después la división y, por último, la suma. Según esto, el proceso de evaluación será de la forma siguiente:

1. *b* es convertido a **int** (paso 4).

2. *b* y *c* son de tipo **int**. Se ejecuta la multiplicación (*) y se obtiene un resultado de tipo **int**.

3. Como *d* es de tipo **float**, el resultado de *b * c* es convertido a **float** (paso 3). Se ejecuta la división (/) y se obtiene un resultado de tipo **float**.

4. *a* es convertido a **float** (paso 3). Se ejecuta la suma (+) y se obtiene un resultado de tipo **float**.

5. El resultado de *a + b * c / d*, para ser asignado a *f*, es pasado a entero por truncamiento, esto es, eliminando la parte fraccionaria.

Cuando el compilador C requiere realizar una conversión y no puede, avisará de tal acontecimiento. En estos casos, lo más normal es resolver tal situación realizando una conversión explícita.

C/C++ permite una conversión explícita (conversión forzada) del tipo de una expresión mediante una construcción denominada *cast*, que tiene la forma:

```
(tipo)expresión
```

Por ejemplo, el siguiente programa escribe la raíz cuadrada de *i/2* para *i* igual a *9*:

```
/* raiz_cuadrada.c
 */
#include <stdio.h> // necesaria para printf
#include <math.h>  // necesaria para sqrt (raíz cuadrada)

int main(void)
{
  int i = 9;
  double r = 0;

  r = sqrt(i/2);
  printf("La raíz cuadrada es %g\n", r);
}
```

Ejecución del programa:

La raíz cuadrada es 2

Es probable que usted esperara como resultado la raíz cuadrada de 4,5 y no de 4. Esto ha sucedido porque la división de dos enteros (*i/2*) da otro entero. Para obtener el resultado esperado tendríamos, por ejemplo, que convertir *i* a **double** justo para realizar la operación *i/2*, lo que, según lo estudiado en este apartado, obligaría al compilador a resolver la operación *i/2* como si de dos operandos **double** se tratara. Para ello, tendríamos que escribir:

```
r = sqrt((double)i/2); // conversión forzada de un int a un double
```

Ahora, si ejecutamos el programa de nuevo, obtendríamos el siguiente resultado:

```
La raíz cuadrada es 2.12132
```

Cuando se ejecute una conversión explícita, la expresión es convertida al tipo especificado si esa conversión está permitida; en otro caso, se obtendrá un error. La utilización apropiada de construcciones *cast* garantiza una evaluación consistente, pero siempre que se pueda, es mejor evitarla ya que suprime la verificación de tipo proporcionada por el compilador y por consiguiente puede conducir a resultados inesperados.

Resumiendo:

- Los operandos que intervienen en una determinada operación son convertidos al tipo del operando de precisión más alta.

- En C, las constantes reales son de tipo **double** por defecto.

- Una expresión de *Boole* da como resultado **true** (1) si es verdadera y **false** (0) si es falsa.

- En una asignación, el valor de la parte derecha es convertido al tipo de la variable de la izquierda, de acuerdo con las siguientes reglas:

  ◊ Los caracteres se convierten a enteros con o sin extensión de signo, dependiendo esto de la instalación. Generalmente la conversión se hace con extensión de signo.

  ◊ Los enteros se convierten a caracteres preservando los bits de menor peso, esto es, desechando los bits de mayor peso en exceso.

  ◊ Los reales son convertidos a enteros, truncando la parte fraccionaria.

  ◊ Un **double** pasa a **float**, redondeando y perdiendo precisión si el valor **double** no puede ser representado exactamente como **float**.

  ◊ Un **long double** pasa a **double**, redondeando y perdiendo precisión si el valor **long double** no puede ser representado exactamente como **double**.

- También ocurre conversión cuando un valor es pasado como argumento a una función. Estas conversiones son ejecutadas independientemente sobre cada argumento en la llamada.

Para clarificar algunos de los puntos expuestos referidos a conversiones implícitas, analicemos el ejemplo siguiente. En él, almacenamos un valor **int** (4 *bytes*) en una variable de tipo **unsigned char** (1 *byte*) y en otra variable de tipo **char** (1 *byte*), y visualizamos el resultado obtenido, como entero y como carácter.

```
/********** Conversiones implícitas **********/
// conver_impl.c
#include <stdio.h>

int main(void)
{
  unsigned char uc = 0;
  char c = 0;

  int i = 1985; // 0x000007C1
  printf("%d %08X\n", i, i); // 1985 000007C1

  uc = i;         // unsigned char <-- int
  printf("%u %c\n", uc, uc); // 193 ┴

  c = i;          // char <-- int
  printf("%d %c\n", c, c); // -63 ┴
}
```

Conclusiones: el compilador admite conversiones implícitas, en este caso de **int** a **unsigned char** y a **char**; se almacena el *byte* de menor peso, en el ejemplo *C1* (en hexadecimal); el valor *C1* de la variable **unsigned char** se corresponde con un entero sin signo y el mismo valor *C1* de la variable **char** se corresponde con un entero con signo expresado en complemento a 2.

En cuanto a conversiones explícitas, analicemos el ejemplo siguiente. En él, almacenamos un valor **int** (4 *bytes*) en una variable de tipo **float** (4 *bytes*) y en otra variable de tipo **double** (8 *bytes*), y visualizamos el resultado obtenido. Cuando compilamos este programa, el compilador C nos avisa de que en la conversión **int** a **float** puede haber pérdida de datos. Una conversión explícita de **int** a **float** suprime el aviso, pero no el problema, según vemos a continuación.

```
/********** Conversiones explícitas **********/
// conver_expl.c
#include <stdio.h>

int main(void)
{
  int i = 1234567890;
  float f = 0;
  double d = 0;

  f = (float)i;       // float <-- int (pérdida de precisión)
```

```
  printf("%f\n", f); // 1234567936.000000
  d = i;             // double <-- int (correcto)
  printf("%f\n", d); // 1234567890.000000
}
```

¿Por qué puede ocurrir esa pérdida de precisión? Veamos. El valor máximo para un valor de tipo **int** es 2^{31}-1 = 2147483647, valor que tiene 10 dígitos, y el número máximo de dígitos que tiene la mantisa (23 bits) de un valor de tipo **float** es 7 dígitos (2^{23}-1 = 8388608), lo que nos dice que solo podremos mostrar con exactitud 7 dígitos, por eso el aviso de pérdida de precisión, problema que pone de manifiesto el ejemplo anterior. En cambio, ese problema no se presenta en la conversión **int** a **double** porque el número máximo de dígitos significativos que tiene la mantisa (52 bits) de un valor de tipo **double** es 15 dígitos (2^{52}-1 = 4503599627370495).

EJERCICIOS RESUELTOS

1. Calcular e imprimir los 10 primeros elementos de la serie *a(i) = a(i-1) + 2* para *i* igual a 1, 2,..., 9. El resultado sería: 1, 3, 5, 7, 9, 11, 13, 15, 17 y 19, donde:

   a(0) = 1
   a(1) = a(0) + 2
   a(2) = a(1) + 2
   ...

   De lo anterior deducimos que siendo *a* el último elemento calculado, el siguiente elemento es *a + 2*. Según esto, el programa podría ser así:

```
// serie.c
#include <stdio.h>

int main(void)
{
  int i = 0, a = 0;
  // Mostrar los 10 primeros números de la serie
  a = 1;                      // a(0)
  printf("%d ", a);
  for (i = 1; i <= 9; i++)
  {
    a = a + 2;                // a(1), a(2),...
    printf("%d ", a);
  }
  printf("\n");
}
```

2. Realizar otra versión del ejercicio anterior utilizando ahora una matriz de una dimensión para almacenar la serie.

   Según el avance que dimos sobre matrices en el capítulo 1, el ejercicio anterior también podríamos hacerlo así:

```
// matriz.c
#include <stdio.h>
#define N 10

int main(void)
{
  int i = 0, a[N] = {0}; // i y a son iniciadas a cero

  // Mostrar los N primeros números de la serie
  a[0] = 1;

  for (i = 1; i < N; i++)
  {
    a[i] = a[i-1] + 2;
  }

  for (i = 0; i < N; i++)
  {
    printf("%d ", a[i]);
  }
  printf("\n");
}
```

EJERCICIOS PROPUESTOS

1. Responda a las siguientes preguntas:

   1) ¿Cuál de las siguientes expresiones se corresponde con una secuencia de escape?

      a) ESC.
      b) \n.
      c) \0x07.
      d) n.

   2) Los tipos primitivos en C son:

      a) int, float y void.
      b) boolean, char, short, int, long, float y double.
      c) char, short, int, long, enum, float y double.

d) caracteres, variables y constantes.

3) C asume que un tipo enumerado es:

a) Un tipo entero.
b) Un tipo real.
c) Un tipo nuevo.
d) Una constante.

4) 01234 es un literal:

a) Decimal.
b) Octal.
c) Hexadecimal.
d) No es un literal.

5) 17.24 es un literal de tipo:

a) char.
b) int.
c) float.
d) double.

6) La expresión 's' es:

a) Una variable.
b) Una cadena de caracteres.
c) Un entero.
d) Un valor de tipo long.

7) Se define *a = 5* y *b = 2* de tipo **int**. El resultado de *a/b* es:

a) 2 de tipo int.
b) 2.5 de tipo double.
c) 2 de tipo float.
d) 2.5 de tipo float.

8) Se define *a = 5*, *b = 2* y *c = 0* de tipo **int**. El valor de *c = a > b* es:

a) 3.
b) 2.
c) 1.
d) 0.

9) Se define *a = 5* y *b = 0* de tipo **int**. El valor de *b = a++* es:

a) 4.

   b) 0.
   c) 6.
   d) 5.

10) Se define *a = 5* de tipo **int**. El resultado de *a/(double)2* es:

   a) 2.
   b) 2.5.
   c) 3.
   d) 0.

2. Escriba un programa que visualice los siguientes mensajes:

```
Los programas escritos en C
son portables en código fuente.
```

3. Defina un tipo enumerado *vehículos* con los valores que desee.

4. ¿Qué resultados se obtienen al realizar las operaciones siguientes?

```
int a = 10, b = 3, c, d, e;
float x, y;
x = a / b;
c = a < b && 25;
d = a + b++;
e = ++a b;
y = (float)a / b;
```

5. Escriba las sentencias necesarias para visualizar el tamaño en *bytes* de cada uno de los tipos primitivos de C.

6. Escriba un programa que visualice su nombre, dirección y teléfono en líneas diferentes y centrados en la pantalla.

7. Escriba un programa que calcule la suma y la media de cuatro valores de tipo **int**.

8. Escriba un programa que visualice el resultado de la expresión:

$$\frac{b^2 - 4ac}{2a}$$

para valores de $a = 1$, $b = 5$ y $c = 2$.

9. Escriba un programa que imprima los 10 primeros elementos de la serie de *Fibonacci*: $f(0) = 0, f(1) = 1, f(2) = f(0) + f(1), \ldots, f(i) = f(i\text{-}2) + f(i\text{-}1)$. Haga una versión que no utilice una matriz y otra que utilice una matriz unidimensional.

CAPÍTULO 3

ESTRUCTURA DE UN PROGRAMA

En este capítulo estudiará cómo es la estructura de un programa C. Partiendo de un programa ejemplo sencillo analizaremos cada una de las partes que componen su estructura, así tendrá un modelo para realizar sus propios programas. También veremos cómo se construye un programa a partir de varios módulos fuente. Por último, estudiaremos los conceptos de ámbito y accesibilidad de las variables.

ESTRUCTURA DE UN PROGRAMA C

Un programa fuente C está formado por una o más funciones. Hasta ahora, algunos de los programas que hemos realizado solo incluían la función **main**. Piense que una función no es más que un conjunto de instrucciones que realizan una tarea específica. Muchas de las funciones que utilizaremos en nuestros programas pertenecen a la biblioteca de C, por ejemplo, **printf**, por lo tanto, ya están escritas y compiladas. En cambio, otras tendremos que escribirlas nosotros mismos cuando necesitemos ejecutar alguna tarea que no esté en la biblioteca de C.

Ahora bien, si un programa incluye varias funciones, ¿por cuál de ellas comienza su ejecución? El compilador C/C++ fue escrito para que el punto de entrada a la hora de iniciar la ejecución de un programa fuera siempre una función **main**. Por eso, todo programa C o C++ debe contener una función nombrada **main**, como se muestra a continuación:

```
int main(void)
{
  // escriba aquí el código que quiere ejecutar
}
```

Los paréntesis después de **main** indican que ese identificador corresponde a una función. Esto es así para todas las funciones. A continuación y antes de la primera línea de código fuente hay que escribir una llave de apertura –{– que es el punto por donde empezará a ejecutarse el programa. Después se escriben las sentencias requeridas para ejecutar la tarea deseada y se finaliza con una llave de cierre –}– que es el punto donde finalizará la ejecución del programa.

Según lo expuesto, la solución de cualquier problema no debe considerarse inmediatamente en términos de sentencias correspondientes a un lenguaje, sino de elementos naturales del problema mismo, abstraídos de alguna manera, que darán lugar al desarrollo de las funciones mencionadas.

El diseño *top down* de programas consiste precisamente en encontrar la solución de un problema mediante la aplicación sistemática de descomposición del problema en subproblemas cada vez más simples, aplicando la máxima de "dividir para vencer". Estos subproblemas desembocarán en las denominadas funciones o procedimientos.

El empleo de esta técnica de desarrollo de programas, así como la utilización únicamente de estructuras secuenciales, alternativas y repetitivas, nos conduce a la denominada *programación estructurada*. Esta ha sido la técnica empleada para desarrollar todos los ejemplos de este libro.

Para explicar cómo es la estructura de un programa C, vamos a plantear un ejemplo sencillo de un programa que presente una tabla de equivalencia entre grados centígrados y grados Fahrenheit, como indica la figura siguiente:

```
-30 C     -22.00 F
-24 C     -11.20 F
  .
  .
  .
 90 C     194.00 F
 96 C     204.80 F
```

La relación entre los grados centígrados y los grados Fahrenheit viene dada por la expresión *grados Fahrenheit = 9/5 * grados centígrados + 32*. Los cálculos los vamos a realizar para un intervalo de –30 a 100 grados centígrados con incrementos de 6.

Analicemos el problema. ¿Qué debe hacer el programa? (el interés es primero por los procedimientos y después por los datos). En este caso la respuesta es: escribir cuántos grados *Fahrenheit* son –30 C, –24 C,..., *n* grados centígrados,..., 96 C. Y, ¿cómo hacemos esto? Aplicando la fórmula:

```
GradosFahrenheit = 9/5 * nGradosCentígrados + 32
```

una vez para cada valor de *nGradosCentígrados*, desde –30 a 100 con incrementos de 6. Para entender con claridad lo expuesto, hagamos un alto y pensemos en un problema análogo; por ejemplo, cuando nos piden calcular el logaritmo de 2, en general de *n*, ¿qué hacemos? Utilizar la función *log*; esto es:

```
x = log(n)
```

Análogamente, si tuviéramos una función *convertir* que hiciera los cálculos para convertir *n* grados centígrados en grados Fahrenheit, escribiríamos:

```
GradosFahrenheit = convertir(nGradosCentígrados)
```

Sin casi darnos cuenta, estamos haciendo una descomposición del problema general en subproblemas más sencillos de resolver. Recordando que un programa C tiene que tener una función **main**, además de otras funciones si lo consideramos necesario, ¿cómo se ve de una forma gráfica la sentencia anterior? La figura siguiente da respuesta a esta pregunta:

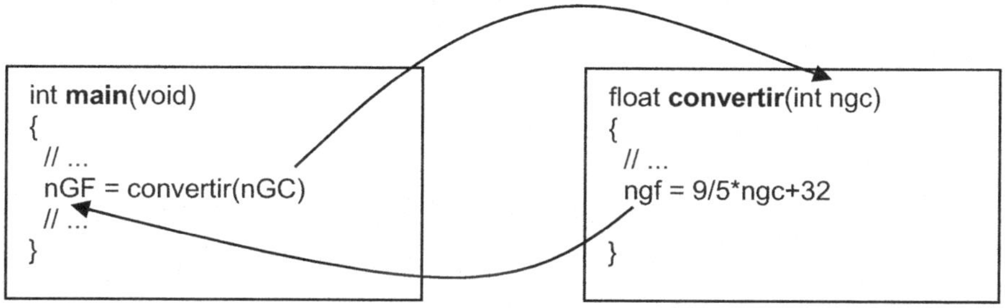

Análogamente a como hacíamos con la función logaritmo, aquí, desde la función **main**, se llama a la función *convertir* pasándola como argumento el valor en grados centígrados a convertir. La función logaritmo devolvía como resultado el logaritmo del valor pasado. La función *convertir* devuelve el valor en grados Fahrenheit correspondiente a los grados centígrados pasados. Solo queda visualizar este resultado y repetir el proceso para cada uno de los valores descritos. Seguramente pensará que todo este proceso se podría haber hecho utilizando solamente la función **main**, lo cual es cierto. Pero, lo que se pretende es que pueda ver de una forma clara que, en general, un programa C/C++ es un conjunto de funciones que se llaman entre sí con el fin de obtener el resultado perseguido, y que la forma sencilla de resolver un problema es descomponerlo en subproblemas más pequeños y por lo tanto más fáciles de solucionar; cada subproblema será resuelto por una función C.

Otro detalle importante es que las funciones que escribamos deben ser autónomas, para posteriormente poderlas utilizar sin dificultades en otros programas. Una función es autónoma cuando depende única y exclusivamente de sus propios parámetros. Por ejemplo, independientemente de que no sepamos cómo está hecha la función logaritmo, cuando la invocamos nos limitamos a pasar el valor del cual queremos calcular el logaritmo; nuestra calculadora no requiere de ninguna otra operación previa. Análogamente tienen que actuar las funciones que nosotros escribamos, porque si además de pasar los argumentos tuviéramos que realizar alguna operación externa a la misma, por ejemplo, declarar en **main** una determinada constante o variable, que al usuario de la función se le olvidara este requisito sería una fuente de errores. En cambio, cuando una función es autónoma solo tenemos que conocer qué valores hay que pasarla y qué resultado devuelve la misma; sirva de ejemplo la función *convertir*.

Una vez analizado el problema, vamos a escribir el código. Ahora lo que importa es que aprenda cómo es la estructura de un programa, no por qué se escriben unas u otras sentencias, cuestión que aprenderá más tarde en este y en sucesivos capítulos. Este ejemplo le servirá como plantilla para inicialmente escribir sus propios programas. Posiblemente en un principio, sus programas utilicen solamente la función **main**, pero con este ejemplo tendrá un concepto más real de lo que es un programa C.

```
/* Paso de grados Centígrados a Fahrenheit (F=9/5*C+32)
 *
 * grados.c
 */
/* Directrices para el preprocesador */
#include <stdio.h> /* declaraciones de las funciones estándar
                    * de entrada salida (E/S) de C.
                    */
/* Definición de constantes */
#define INF -30     /* límite inferior del intervalo de ºC */
#define SUP 100     /* límite superior */

/* Declaración de funciones */
float convertir(int c);  /* prototipo de la función convertir */

int main(void)   /* función principal - comienzo del programa */
{
  /* Declaración de variables locales */
  int nGradosCentigrados = 0;
  int incremento = 6; /* iniciar incremento con el valor 6 */
  float GradosFahrenheit = 0;

  nGradosCentigrados = INF;  /* sentencia de asignación */
  while (nGradosCentigrados <= SUP)
  {
```

```
        /* Se llama a la función convertir */
        GradosFahrenheit = convertir(nGradosCentigrados);
        /* Se escribe la siguiente línea de la tabla */
        printf("%10d C %10.2f F\n", nGradosCentigrados, GradosFahrenheit);
        /* Siguiente valor a convertir */
        nGradosCentigrados += incremento;
    }
}   /* fin de la función principal y del programa */

/************** Definición de la función convertir **************/
float convertir(int gcent)
{
  /* Declaración de variables locales */
  float gfahr; /* variable local accesible solamente aquí,
                  en la función */
  /* Los operandos son convertidos al tipo del operando de
     precisión más alta (float) */
  gfahr = (float)9 / (float)5 * gcent + 32;
  return (gfahr);  /* valor que retorna la función convertir */
} /* Fin de la función de convertir */
```

En el ejemplo realizado podemos observar que un programa C consta de:

- Directrices para el preprocesador.
- Definiciones y/o declaraciones.
- Función **main**.
- Otras funciones: funciones de biblioteca y definidas por el usuario.

El orden establecido no es esencial, aunque sí bastante habitual. Así mismo, cada función consta de:

- Definiciones y/o declaraciones.
- Sentencias a ejecutar.

Cuando se escribe una función C, las definiciones y/o declaraciones de los elementos que se van a utilizar en el código (por ejemplo, variables) hay que realizarlas antes de que sean utilizados. Un buen estilo de programación es realizarlas justo en lugar donde se necesitan.

Directrices para el preprocesador

La finalidad de las directrices es facilitar el desarrollo, la compilación y el mantenimiento de un programa. Una directriz se identifica porque empieza con el carácter #. Las más usuales son la directriz de inclusión, **#include**, y la directriz de sustitución, **#define**. Las directrices son procesadas por el *preprocesador* de C, que es invocado por el compilador antes de proceder a la traducción del programa fuente. Más adelante, dedicaremos un capítulo para ver con detalle todas las directrices para el preprocesador de C.

Directriz de inclusión

En general, cuando se invoca una función antes de su definición, es necesario incluir previamente a la llamada el prototipo de la función, para que el compilador C/C++ pueda realizar una validación del número y tipos de los argumentos especificados en la llamada anticipándose así a los posibles errores que por esta causa pudieran ocurrir durante la ejecución. Como ejemplo observe la función *convertir* del programa anterior: la definición de la función *convertir* está escrita a continuación de la función **main** y esta llama a *convertir*; entonces, como la llamada a la función *convertir* está antes que su definición, es necesario escribir previamente el prototipo de dicha función. Esto es así para todas las funciones, incluidas las funciones de la biblioteca de C, como **printf**. Las declaraciones de las funciones de la biblioteca de C se localizan en los archivos de cabecera (archivos normalmente con extensión *.h*). Estos archivos generalmente se encuentran en la carpeta *include* de la instalación del compilador o en el directorio de trabajo.

Según lo expuesto en el apartado anterior, para incluir la declaración de una función de la biblioteca de C antes de la primera llamada a la misma, basta con incluir el archivo de cabecera que la contiene. Esto se hace utilizando la directriz **#include** de alguna de las dos formas siguientes:

```
#include <stdio.h>
#include "misfuncs.h"
```

Si el archivo de cabecera se delimita por los caracteres <>, el preprocesador de C buscará ese archivo directamente en el directorio predefinido *include*. En cambio, si el archivo de cabecera se delimita por los caracteres "", el preprocesador de C buscará ese archivo primero en el directorio actual de trabajo y si no lo localiza aquí, entonces continúa la búsqueda en el directorio predefinido *include*. En cualquier caso, si el archivo no se encuentra se mostrará un error.

Lógicamente, con esta directriz se puede incluir cualquier archivo que contenga código fuente, independientemente de la extensión que tenga.

Directriz de sustitución

Mediante la directriz **#define** *identificador valor* se indica al compilador que toda aparición en el programa de *identificador* debe ser sustituida por *valor*. Esta labor la hace el preprocesador. Por ejemplo:

```
#define INF -30
#define SUP 100
```

Cuando el *preprocesador* de C procese las directrices mostradas en el ejemplo anterior, todas las apariciones de *INF* y de *SUP* en el programa fuente son sustituidas, como puede ver a continuación, por sus valores correspondientes.

```
nGradosCentigrados = -30;
while (nGradosCentigrados <= 100)
{
  // ...
```

Definiciones y declaraciones

Una declaración introduce uno o más nombres en un programa. Una declaración es una definición, a menos que no haya asignación de memoria como ocurre cuando se declara una función, cuando se define un nuevo tipo, cuando se declara un sinónimo de un tipo o cuando con una variable definida en alguna parte se utiliza el calificador **extern** para hacerla accesible.

Toda variable debe ser definida antes de ser utilizada. La definición de una variable declara la variable y además le asigna memoria (al definir la variable, el compilador le asigna los *bytes* necesarios para almacenar un valor del tipo de la misma). Además, una variable puede ser iniciada en la propia definición:

```
int nGradosCentigrados = 0;
int incremento = 6;
float GradosFahrenheit = 0;
```

La definición de una función declara la función y además incluye el cuerpo de la misma:

```
float convertir(int gcent)
{
  float gfahr;
  gfahr = (float)9 / (float)5 * gcent + 32;
  return (gfahr);
}
```

La declaración o la definición de una variable, así como la declaración de una función, puede realizarse a *nivel interno* (dentro de la definición de una función) o a *nivel externo* (fuera de toda definición de función). En cambio, la definición de una función siempre ocurre a nivel externo (esto es, una función no puede contener a otra función).

Sentencia simple

Una *sentencia simple* es la unidad ejecutable más pequeña de un programa C. Las sentencias controlan el flujo u orden de ejecución. Una sentencia C puede formarse a partir de: una palabra clave (**for**, **while**, **if ... else**, etc.), expresiones, declaraciones o llamadas a funciones. Cuando se escriba una sentencia hay que tener en cuenta las siguientes consideraciones:

- Toda sentencia simple, independientemente de que se escriba en una o más líneas, termina con un punto y coma (;).
- Dos o más sentencias pueden aparecer sobre una misma línea, separadas una de otra por un punto y coma, aunque esta forma de proceder no es aconsejable porque va en contra de la claridad que se necesita cuando se lee el código de un programa.
- Una sentencia nula consta solamente de un punto y coma. Por ejemplo:

```
while (getchar() != '\n')
  ;
```

Sentencia compuesta o bloque

Una *sentencia compuesta* o bloque es una colección de sentencias simples incluidas entre llaves –{}–. Un bloque puede contener a otros bloques. Un ejemplo de una sentencia de este tipo es el siguiente:

```
{
  GradosFahrenheit = convertir(nGradosCentigrados);
  printf("%10d C %10.2f F\n", nGradosCentigrados, GradosFahrenheit);
  nGradosCentigrados += incremento;
}
```

Funciones

Una función es un bloque de sentencias que ejecuta una tarea específica y al que nos referimos mediante un nombre. El bloque es el cuerpo de la función y el nombre del bloque es el nombre de la función. Cuando se escribe una función, además del cuerpo y del nombre de la misma, en general hay que especificar también los parámetros en los que se apoyan las operaciones que tiene que realizar y el tipo del resultado que retornará. Por ejemplo:

Tipo del valor retornado

Parámetro que se pasará como argumento cuando se invoque a la función

```
float convertir(int gcent)
{
  float gfahr;
  gfahr = (float)9 / (float)5 * gcent + 32;
  return (gfahr);
}
```

Valor devuelto por la función

Un argumento es el valor que se pasa a una función cuando esta es invocada. Por ejemplo:

Argumento

```
GradosFahrenheit = convertir(nGradosCentigrados);
```

Dicho valor será almacenado en el parámetro correspondiente de la función (en el ejemplo, en el parámetro *gcent* de la función *convertir*).

En un programa C se distinguen dos clases de funciones, las funciones definidas por el usuario y las funciones de biblioteca:

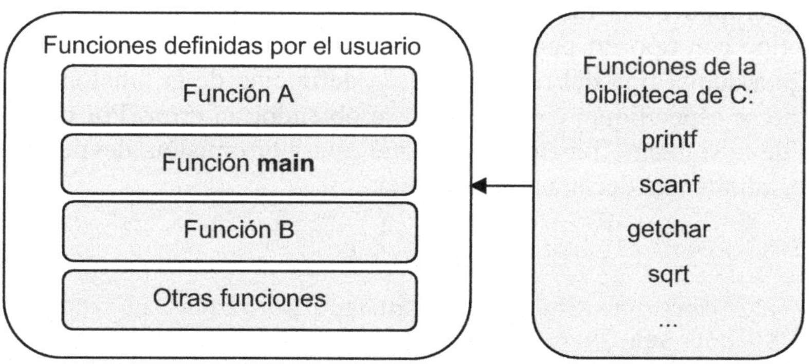

Puesto que la función es la unidad fundamental de un programa C, vamos a describir cómo se declaran, cómo se definen y cómo se invocan. Posteriormente dedicaremos un capítulo para estudiar otros detalles.

Declaración de una función

La declaración de una función, también conocida como *prototipo de la función*, indica, además del nombre de la función, cuántos parámetros tiene y de qué tipo son, así como el tipo del valor retornado. Su sintaxis es:

```
tipo-resultado nombre-función([lista de parámetros]);
```

El prototipo de una función es una plantilla que se utiliza para asegurar que una sentencia de invocación escrita antes de la definición de la función es correcta; esto es, que son pasados los argumentos adecuados para los parámetros especificados en la función y que el valor retornado se trata correctamente (localice en el ejemplo anterior, *grados.c*, la declaración, la llamada y la definición de la función *convertir*). Este chequeo de tipos y número de argumentos permite detectar durante la compilación si se ha cometido algún error (por ejemplo, alguno de los argumentos especificados en la llamada a la función no era del tipo requerido).

Por ejemplo, la declaración siguiente, correspondiente a la función *convertir*, indica que cuando sea invocada esa función hay que pasarla un argumento entero, y que dicha función retornará un valor real cuando finalice su ejecución.

```
float convertir(int c);
```

En conclusión, la declaración de una función permite conocer las características de la misma, pero no define la tarea que realiza.

Una función puede ser declarada implícitamente o explícitamente. La *declaración implícita* se da cuando la función es llamada y no existe una declaración previa (prototipo de la función). En este caso C, por omisión, supone una función prototipo con tipo **int** para el resultado y no chequea la lista de parámetros. Esto obliga a que el tipo del resultado en la definición de la función sea **int**, o bien a que no se especifique; en otro caso, se obtendrá un error. Por ejemplo, la definición de la siguiente función indica que esta, por omisión, devuelve un **int**, por lo tanto, admite una declaración implícita:

```
funcion_x(int p1, float p2, char p3)
{
  // Por omisión, el valor retornado por esta función
  // cuando sea invocada debe ser de tipo int.
}
```

La declaración implícita de una función ya no forma parte del estándar a partir de C99 y tampoco se contempla en C++. Entonces, para asegurar la portabilidad del código, se recomienda realizar siempre una declaración explícita de la función. La *declaración explícita* especifica el número y el tipo de los parámetros de la función, así como el tipo del valor retornado. Por ejemplo, el siguiente prototipo indica que *funcion_x* tiene tres parámetros de tipos **int**, **float** y **char**, respectivamente, y que debe devolver un resultado de tipo **float**.

```
float funcion_x(int p1, float p2, char p3);
```

La *lista de parámetros* normalmente consiste en una lista de identificadores con sus tipos, separados por comas. En el caso del prototipo de una función, se pueden omitir los identificadores. Por ejemplo:

```
float funcion_x(int, float, char);
```

No obstante, si se especifican, su ámbito queda restringido a la propia declaración; esto es, no son accesibles en otra parte (su presencia simplemente aporta una sintaxis más clara).

De lo expuesto se deduce que los identificadores utilizados en la declaración de la función y los utilizados después en la definición de la misma no necesariamente tienen que nombrarse igual. Observe como ejemplo la declaración y la definición de la función *convertir* del programa anterior:

```
float convertir(int c);  /* prototipo de la función convertir */
// ...

float convertir(int gcent) /* definición de la función convertir */
{
  // ...
}
```

La lista de parámetros puede también estar vacía. Por ejemplo:

```
float funcion_x();
```

No obstante, la ausencia de parámetros en una *declaración* de función en C indica un número indeterminado de ellos y en C++ que no hay parámetros. Por lo tanto, cuando una función no tiene parámetros, para asegurar la portabilidad de los programas, se sugiere utilizar la palabra reservada **void**, que en todos los casos indica que no hay parámetros:

```
float funcion_x(void);
```

Así mismo, para indicar que una función no devuelve nada, se utiliza también la palabra reservada **void**. Por ejemplo:

```
void funcion_x(void)
```

Finalmente, cuando desde una función definida en nuestro programa se invoca a una función de la biblioteca de C, ¿es necesario añadir su prototipo? Sí es necesario, exactamente igual que para cualquier otra función. Pero no se preocupe, esta tarea resulta sencilla porque las declaraciones de las funciones pertenecientes a la biblioteca estándar de C, como **printf**, son proporcionadas por los archivos de cabecera (generalmente archivos con extensión *.h*). Por eso, cuando un programa utiliza, por ejemplo, la función **printf**, observará que, previamente a la llamada a esta función, se incluye el archivo de cabecera *stdio.h*.

```
#include <stdio.h>
```

¿Cómo conocemos el archivo de cabecera en el que está el prototipo de una determinada función de la biblioteca de C? Pues por medio de la documentación, porque al describir una función, también se indica el archivo de cabecera donde está declarada.

Definición de una función

La definición de una función consta de una *cabecera* de función y del *cuerpo* de la función encerrado entre llaves.

```
tipo-resultado nombre-función ([parámetros formales])
{
  declaraciones de variables locales;
  sentencias;
  [return [(]expresión[)]];
}
```

Las variables declaradas en el cuerpo de la función son locales y por definición solamente son accesibles dentro del mismo.

El *tipo del resultado* especifica el tipo de los datos retornados por la función. Este puede ser cualquier tipo primitivo o derivado, pero no puede ser una matriz o una función. Si no se especifica, se supone que es **int**, aunque esta forma de proceder ya no forma parte del estándar a partir de C99 y tampoco se contempla en C++. Para indicar que no devuelve nada, se utiliza la palabra reservada **void**. Por ejemplo, la siguiente función no acepta argumentos y tampoco devuelve ningún valor:

```
void mensaje(void)
{
  printf("Ocurrió un error al realizar los cálculos\n");
}
```

El resultado de una función es devuelto por medio de la sentencia **return** al punto donde se realizó la llamada. La sintaxis de esta sentencia es la siguiente:

```
return [(]expresión[)];
```

La sentencia **return** puede ser o no la última y puede aparecer más de una vez en el cuerpo de la función; cuando se ejecuta se da por finalizada la ejecución de la función.

```
int funcion_x(int p1, float p2, char p3)
{
  // ...
  if (a < 0) return 0;
  // ...
  return 1;
}
```

En el ejemplo anterior, si *a < 0* la función devuelve *0* dando su ejecución por finalizada; si *a >= 0* la ejecución continúa y devolverá *1*. La sentencia **if** ya fue expuesta en el capítulo *Fases en el desarrollo de un programa*.

Es un error especificar más de un elemento de datos a continuación de **return** (por ejemplo, *return x, y*) ya que el tipo retornado se refiere solo a uno.

En el caso de que la función no retorne un valor (**void**), se puede especificar simplemente **return**, o bien, si se trata de la última sentencia, omitir. Por ejemplo:

```
void escribir(void)
{
  // ...
  if (a < 0) return; // salir de la función si se cumple la condición
  // ...
  return; // no es necesaria, por lo que normalmente se omite
}
```

La *lista de parámetros* de una función está compuesta por las variables que reciben los valores especificados cuando es invocada. Consiste en una lista de uno o más identificadores con sus tipos, separados por comas. La ausencia de parámetros en una *definición* de función en C (no en una declaración) indica, igual que en C++, que no hay parámetros. El ejemplo siguiente muestra la lista de parámetros de *funcion_x* formada por las variables *p1*, *p2* y *p3*:

```
float funcion_x(int p1, float p2, char p3)
{
  // Cuerpo de la función
}
```

Los parámetros formales de una función son variables locales a dicha función. Esto significa que solo son visibles dentro de la función; dicho de otra forma, solo tienen vida durante la ejecución de la función.

Llamada a una función

Llamar a una función es sinónimo de ejecutarla. La llamada se hará desde otra función o, como veremos más adelante, incluso desde ella misma. Dicha llamada está formada por el nombre de la función seguido de una lista de argumentos, denominados también *parámetros actuales*, encerrados entre paréntesis y separados por comas. Por ejemplo:

```
/* Se llama a la función convertir */
GradosFahrenheit = convertir(nGradosCentigrados);
```

El argumento *nGradosCentigrados* es la variable, lógicamente definida previamente, que almacena el dato que se desea pasar a la función *convertir*. Una vez finalizada la ejecución de la función *convertir*, el resultado devuelto por esta es almacenado en la variable *GradosFahrenheit* especificada.

Función main

Todo programa C tiene una función denominada **main** (función principal) y solo una. Esta función es el punto de entrada al programa y también el punto de salida. Dicho de otra forma, cuando se inicia la ejecución de un programa C se invoca (se llama) automáticamente a la función **main**. Esta función será definida con un tipo **int** para el valor retornado y sin parámetros:

```
int main(void)
{
  // Cuerpo de la función
}
```

o con dos parámetros, generalmente denominados *argc* y *argv*, aunque se puede utilizar cualquier otro nombre:

```
int main(int argc, char *argv[])
{
  // Cuerpo de la función
}
```

Como se puede observar, la función **main** está diseñada para devolver un entero (**int**) que define el estado de terminación (por ejemplo, podemos elegir un *0* para indicar que el programa terminó satisfactoriamente y un *-1* en caso contrario) y puede tener dos parámetros que almacenarán los argumentos pasados en la línea de órdenes cuando desde el sistema operativo se invoca al programa para su ejecución, concepto que estudiaremos posteriormente en otro capítulo.

Si el tipo del valor retornado es compatible con **int**, el retorno desde **main**, para la llamada inicial, es equivalente a llamar a la función **exit** (esta función termina la ejecución del programa) pasando como argumento, justamente, el valor devuelto por **main**; si al finalizar la ejecución de **main** se alcanza }, porque no hay un **return**, **main** devuelve un valor 0:

```
int main(void)
{
  // Cuerpo de la función
}
```

Si el tipo para el valor retornado no es compatible con **int**, el estado de terminación devuelto al entorno desde donde se hizo la llamada (sistema operativo) no está especificado.

Un ejemplo

Para clarificar lo expuesto, vamos a realizar un programa sencillo que contenga tres funciones: **main**, *sumar* y *restar*. La función *sumar* recibirá como parámetros dos valores reales y devolverá su suma. De forma análoga, *restar* devolverá la resta. El código de este programa podría ser así:

```
/* aritmetica.c */
#include <stdio.h>

double sumar(double, double);
double restar(double, double);

int main(void)
{
  double op1 = 0, op2 = 0, resultado = 0;

  // Introducir datos:
  printf("Operando 1: "); scanf("%lf", &op1);
  printf("Operando 2: "); scanf("%lf", &op2);
  // Suma
  resultado = sumar(op1, op2);
  printf("Suma = %g\n", resultado);
  // Resta
  resultado = restar(op1, op2);
  printf("Resta = %g\n", resultado);
}

double sumar(double x, double y)
{
  double z;
  z = x + y;
```

```
  return z;
}

double restar(double x, double y)
{
  double z;
  z = x - y;
  return z;
}
```

```
Ejecución del programa:

Operando 1: 225
Operando 2: 100
Suma = 325
Resta = 125
```

Cuando ejecutamos este programa, la ejecución se inicia en **main**. Esta función primero define las variables *op1*, *op2* y *resultado*. Después solicita los dos operandos: *op1* y *op2*. A continuación llama a la función *sumar* y le pasa los valores *op1* y *op2*; el primer valor se copia en su primer parámetro, *x*, y el segundo valor se copia en su segundo parámetro, *y*. La función *sumar* realiza la suma de esos valores, que almacena en su variable local *z*, y devuelve (**return**) ese resultado, finalizando así su ejecución. El valor devuelto es almacenado en la variable local *resultado* definida en **main**. A continuación, **main** llama a la función **printf** y visualiza el valor almacenado en *resultado*. Finalmente, el proceso descrito se repite, pero ahora invocando a la función *restar*. Obsérvese que, en este último cálculo, *resultado* cambia de valor, almacenando el resultado de la resta.

PASANDO ARGUMENTOS A LAS FUNCIONES

Cuando se llama a una función, el primer argumento en la llamada es pasado al primer parámetro de la función, el segundo argumento al segundo parámetro y así sucesivamente. Por defecto, todos los argumentos, excepto las matrices, son pasados *por valor*. Esto significa que a la función se pasa una copia del valor del argumento. Esto supone que la función invocada trabaje sobre la copia, no pudiendo de esta forma alterar las variables de donde proceden los valores pasados.

En el siguiente ejemplo, puede observar que la función **main** llama a la función *intercambio* y le pasa los argumentos *a* y *b*. La función *intercambio* almacena en *x* el valor de *a* y en *y* el valor de *b*. Esto significa que los datos *a* y *b* se han duplicado.

```
/* valor.c - Paso de parámetros por valor */
#include <stdio.h>
```

```
void intercambio(int, int); /* prototipo de la función */

int main(void)
{
  int a = 20, b = 30;
  intercambio(a, b); /* a y b son pasados por valor */
  printf("a vale %d y b vale %d\n", a, b);
}

void intercambio(int x, int y)
{
  int z = x;
  x = y;
  y = z;
}
```

Veámoslo gráficamente. Supongamos que la figura siguiente representa el segmento de la memoria de nuestro ordenador utilizado por nuestro programa. Cuando se inicia la ejecución de la función **main** se definen las variables *a* y *b* y se inician con los valores 20 y 30, respectivamente. Cuando **main** llama a la función *intercambio*, se definen dos nuevas variables, *x* e *y*, las cuales se inician con los valores de *a* y *b*, respectivamente. El resultado es el siguiente:

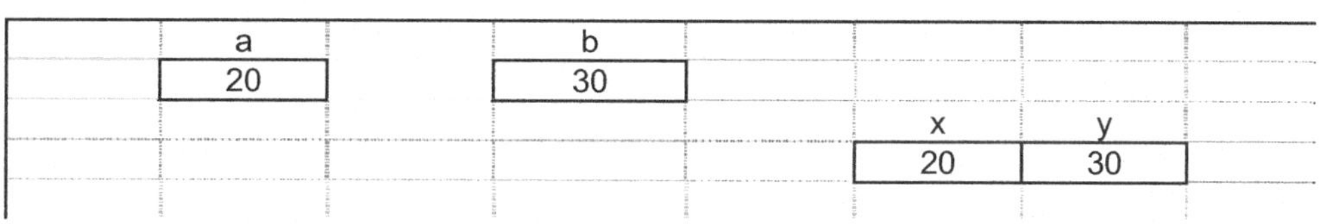

Continúa la ejecución de *intercambio*. Se define una nueva variable *z* que se inicia con el valor de *x*. A continuación, en *x* se copia el valor de *y*, y en *y* el valor de *z* (el que tenía *x* al principio). Gráficamente el resultado es el siguiente:

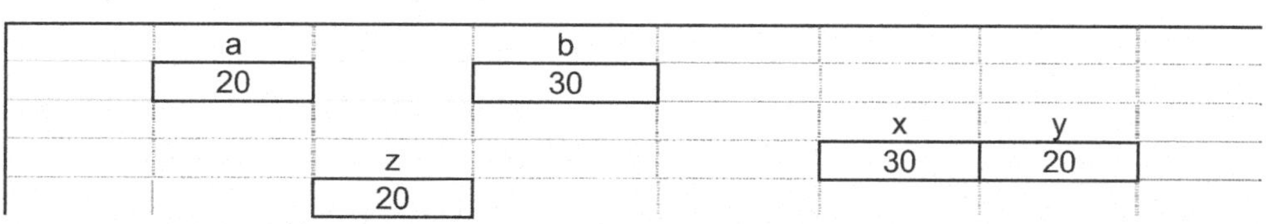

Los parámetros *x* e *y* de la función *intercambio* son variables locales a dicha función; lo mismo sucede con *z*. Esto significa que solo son accesibles dentro de la propia función. Esto se traduce en que las variables locales se crean cuando se ejecuta la función y se destruyen cuando finaliza dicha ejecución. Por lo tanto, una vez que el flujo de ejecución es devuelto a la función **main**, porque *intercambio* finalizó, el estado de la memoria podemos imaginarlo como se observa a continuación, donde se puede ver que *a* y *b* mantienen intactos sus contenidos, independientemente de lo que ocurrió con *x* y con *y*:

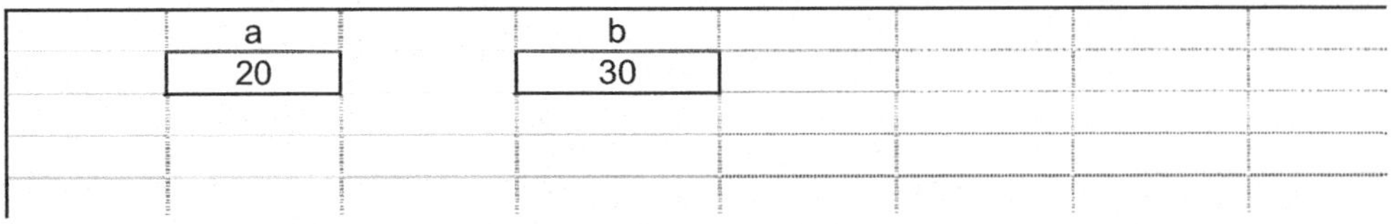

Si lo que se desea es alterar los contenidos de los argumentos especificados en la llamada, entonces hay que pasar dichos argumentos *por referencia*. Esto es, a la función hay que pasarla la *dirección* de cada argumento y no su valor, lo que exige que los parámetros formales correspondientes sean punteros. Para pasar la dirección de un argumento utilizaremos el operador &.

Aclaremos esto apoyándonos en el ejemplo anterior. Si lo que queremos es que el intercambio de datos realizado por la función *intercambio* suceda sobre las variables *a* y *b* de **main**, lo que tiene que conocer la función *intercambio* es la posición física que ocupan *a* y *b* en la memoria; de esta forma podrá dirigirse a ellas y alterar su valor. Esa posición física es lo que llamamos dirección de memoria.

Recuerde, en el capítulo *Elementos del lenguaje C* se expuso que para que una variable pueda contener una dirección (una dirección es un valor ordinal) hay que definirla así: *tipo *var*. Esta variable recibe el nombre de puntero (apunta al dato) porque su contenido es la posición en la memoria de un determinado dato, no el dato.

Atendiendo a lo expuesto, modifiquemos el ejemplo anterior como se muestra a continuación:

```
/* referen.c - Paso de parámetros por referencia */
#include <stdio.h>

void intercambio(int *, int *); /* prototipo de la función */

int main(void)
{
  int a = 20, b = 30;
  intercambio(&a, &b); /* a y b son pasados por referencia */
  printf("a es %d y b es %d\n", a, b);
}

void intercambio(int *x, int *y)
{
  int z = *x; /* z = contenido de la dirección x */
  *x = *y;    /* contenido de x = contenido de y */
  *y = z;     /* contenido de y = z */
}
```

En el ejemplo expuesto podemos ver que la función *intercambio* tiene dos parámetros *x* e *y* de tipo *puntero a un entero* (**int** *), que reciben las direcciones de *a* y de *b*, respectivamente (dirección de *a*: *&a* y dirección de *b*: *&b*). Esto quiere decir que cuando modifiquemos el contenido de las direcciones *x* e *y* (contenido de *x*: **x* y contenido de *y*: **y*), indirectamente estamos modificando los valores *a* y *b*.

Cuando ejecutemos el programa, la función **main** definirá las variables *a* y *b* y llamará a la función *intercambio* pasando las direcciones de dichas variables como argumento. El valor del primer argumento será pasado al primer parámetro y el valor del segundo argumento, al segundo parámetro. Suponiendo que esas direcciones son 1638250 y 1638258, respectivamente, lo que ocurre es lo siguiente:

```
x = &a; // x = 1638250
y = &b; // y = 1638258
```

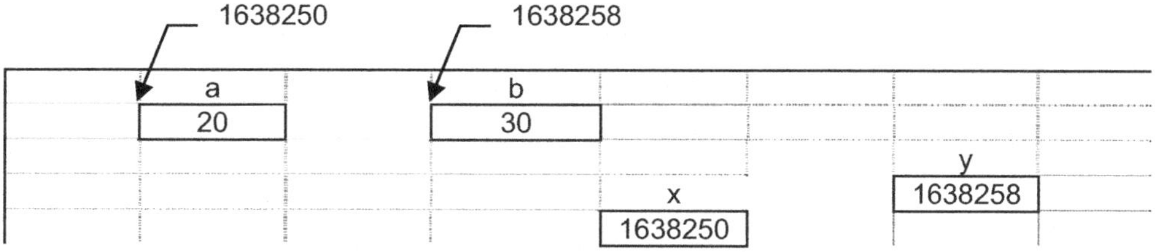

Ahora *x* apunta al dato *a*; esto es, el valor de *x* especifica el lugar donde se localiza *a* en la memoria. Análogamente, diremos que *y* apunta a *b*.

Observe que **x* (contenido de la dirección 1638250; esto es, lo que hay en la casilla situada en esta posición) hace referencia al mismo dato que *a* y que **y* hace referencia al mismo dato que *b*. Dicho de otra forma **x* y *a* representan el mismo dato, 20. Análogamente, **y* y *b* también representan el mismo dato, 30.

Según lo expuesto, cuando se ejecuten las sentencias de la función *intercambio* indicadas a continuación, el estado de la memoria se modificará como se indica en el gráfico siguiente:

```
int z = *x; /* z = contenido de la dirección x */
*x = *y;    /* contenido de x = contenido de y */
*y = z;     /* contenido de y = z */
```

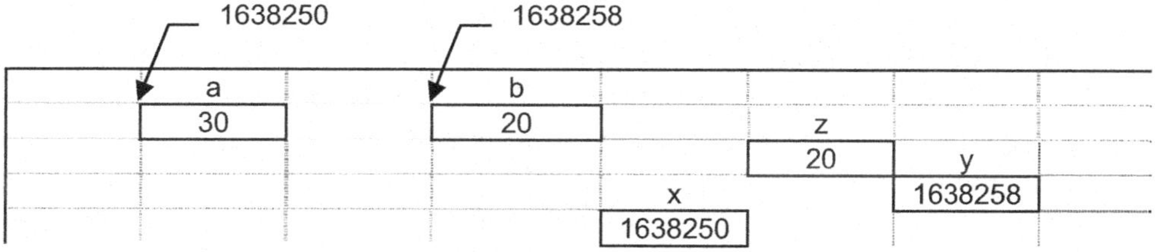

Cuando la función *intercambio* finaliza, los valores de *a* y *b* han sido intercambiados y las variables *z*, *x* e *y*, por el hecho de ser locales, son destruidas.

Por lo tanto, pasar parámetros por referencia a una función es hacer que la función pueda acceder indirectamente a las variables pasadas; y a diferencia de cuando se pasan los parámetros por valor, no hay duplicidad de datos.

Un ejemplo de la vida ordinaria que explique esto puede ser el siguiente. Un individuo A realiza un programa en C. Posteriormente envía por correo electrónico a otro individuo B una copia para su corrección. Evidentemente, las correcciones que el individuo B realice sobre la copia recibida no alterarán la que tiene A. Esto es lo que sucede cuando se pasan parámetros por valor.

Ahora, si en lugar de enviar una copia, A le dice a B que se conecte a su máquina 190.125.12.78 y que corrija el programa que tiene almacenado en tal o cual carpeta, ambos, A y B, están trabajando sobre una única copia del programa. Esto es lo que sucede cuando se pasan los argumentos por referencia.

Cuando se trate de funciones de la biblioteca de C, también se le presentarán ambos casos. Por ejemplo, suponga que desea escribir un programa que lea dos valores *a* y *b* y que escriba la suma de ambos. La solución es la siguiente:

```
/* sumar.c - Sumar dos valores */
#include <stdio.h>

int main(void)
{
  int a = 0, b = 0, s = 0;

  printf("Valores de a y b: ");
  scanf("%d %d", &a, &b); /* leer desde el teclado a y b */
  s = a + b;
  printf("La suma es %d\n", s);
}
```

La ejecución de este programa puede ser así:

```
Valores de a y b: 10 20[Entrar]
La suma es 30
```

La función **scanf** lee los valores introducidos por el teclado y los asigna a las variables especificadas; en el ejemplo, a las variables *a* y *b*. Ahora bien, observe que dichas variables son pasadas por referencia y no por valor, lo cual es lógico ya que siendo *a* y *b* variables locales a **main**, su valor tiene que ser asignado por **scanf**. Por el contrario, la función **printf** escribe los valores de las expresiones especificadas; en este caso de la variable *s* que es pasada por valor, lo cual también es lógico porque siendo *s* una variable local a **main**, su valor no tiene que ser modificado por **printf**, simplemente es obtenido y visualizado.

Más adelante estudiaremos con más detalle las funciones **printf** y **scanf**.

PROGRAMA C FORMADO POR MÚLTIPLES ARCHIVOS

Según lo que hemos visto, un programa C es un conjunto de funciones que se llaman entre sí. Lo que no debemos pensar es que todo el programa tiene que estar escrito en un único archivo *.c*. De hecho, en la práctica no es así, ya que además del archivo *.c*, intervienen uno o más archivos de cabecera (*.h*). Por ejemplo, en el último programa está claro que intervienen los archivos *sumar.c* y *stdio.h*, pero, ¿dónde está el código de las funciones de la biblioteca de C invocadas? El programa *sumar* invoca a dos funciones de la biblioteca de C, **scanf** y **printf**, que no están escritas en el archivo *sumar.c*, sino que están escritas en otro archivo separado que forma parte de la biblioteca de C, al que se accede durante el proceso de enlace para obtener el código correspondiente a dichas funciones. Análogamente, nosotros podemos hacer lo mismo; esto es, podemos optar por escribir las funciones que nos interesen en uno o más archivos separados y utilizar para las declaraciones y/o definiciones uno o más archivos de cabecera.

Un archivo fuente puede contener cualquier combinación de directrices para el compilador, declaraciones y definiciones. Pero, una función o una estructura no puede ser dividida entre dos archivos fuente. Por otra parte, un archivo fuente no necesita contener sentencias ejecutables; esto es, un archivo fuente puede estar formado, por ejemplo, solamente por declaraciones de funciones que son utilizadas desde otros archivos fuente.

Como ejemplo de lo expuesto, vamos a escribir un programa C que visualice como resultado el mayor de tres valores dados. Para ello, escribiremos una función *max* que devuelva el mayor de dos valores pasados como argumentos en la llamada. Esta función será invocada dos veces por la función **main**; la primera para calcular el mayor de los dos primeros valores, y la segunda para calcular el mayor del resultado anterior y del tercer valor. Los tres valores serán introducidos por el teclado. El código correspondiente lo escribiremos en dos archivos *.c*:

- El archivo *modulo01.c* contendrá, además de la función **main**, otras declaraciones.
- El archivo *modulo02.c* contendrá la definición de la función *max*.
- El archivo *modulo02.h* contendrá la declaración de la función *max*.

Según lo expuesto, escriba el código siguiente en un archivo llamado *modulo01.c*.

```
/* modulo01.c */

/* Declaración de funciones */
#include <stdio.h>    // declaración de printf y scanf
#include "modulo02.h" // declaración de max

int main(void) /* función principal */
{
  int a = 0, b = 0, c = 0; /* definición de variables */
  int mayor = 0;

  printf("Valores a, b y c: ");
  scanf("%d %d %d", &a, &b, &c);

  mayor = max(a, b);     /* mayor de a y b */
  mayor = max(mayor, c); /* mayor del resultado anterior y de c */
  printf("Mayor = %d\n", mayor);
}
```

A continuación, escriba este otro código en los archivos *modulo02.h* y *modulo02.c* y guárdelos en la misma carpeta de *modulo01.c*.

```
/* modulo02.h - Declaración de la función max */
int max(int x, int y);

/* modulo02.c - Definición de la función max.
 * Toma dos valores, x e y, y devuelve el mayor */
int max(int x, int y)
{
  int z = 0;
  z = (x > y) ? x : y;
  return z;
}
```

Para compilar un programa formado por varios archivos *.c*, se deben compilar por separado cada uno de los archivos y, a continuación, enlazarlos para formar un único archivo ejecutable. Por ejemplo, para compilar y enlazar los archivos *modulo01.c* y *modulo02.c*, utilice alguna de las órdenes siguientes:

```
cl modulo01.c modulo02.c /Femayor
cc modulo01.c modulo02.c -o mayor.exe
```

La primera orden, *cl*, es válida cuando se invoca al compilador C de Microsoft desde la línea de órdenes y la segunda, *cc*, cuando se invoca al compilador C de UNIX/LINUX, también desde la línea de órdenes. Ambas órdenes generan el programa ejecutable *mayor.exe*. Todo este trabajo resulta muy sencillo si para la construcción del programa emplea un EDI según se explica en el apéndice *C*. La siguiente figura muestra paso a paso la forma de obtener el archivo ejecutable.

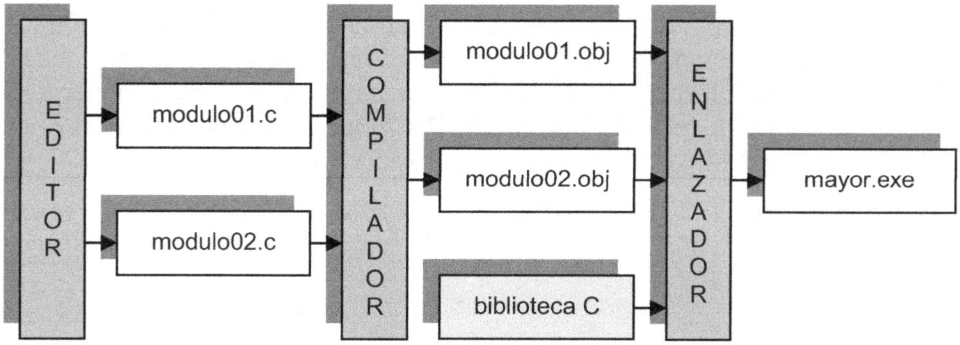

La figura anterior indica que una vez editados los archivos *modulo01.c* y *modulo02.c*, se compilan obteniéndose como resultado los archivos objeto *modulo01* y *modulo02* (la extensión de estos archivos es *.obj* o *.o* dependiendo del compilador que se utilice), los cuales se enlazan con las funciones necesarias de la biblioteca de C, obteniéndose finalmente el archivo ejecutable *mayor.exe*.

La ejecución del programa *mayor* puede ser así:

```
Valores a, b y c: 35 4 112[Entrar]
Mayor = 112
```

ÁMBITO DE UNA VARIABLE

Se denomina ámbito de una variable a la parte de un programa donde dicha variable puede ser referenciada por su nombre. Una variable puede ser limitada a un bloque, a un archivo, a una función o a una declaración de una función.

Variables globales y locales

Cuando una variable se declara en un programa fuera de todo bloque, es accesible desde su punto de definición o declaración hasta el final del archivo fuente. Esta variable recibe el calificativo de *global*.

Una *variable global* existe y tiene valor desde el principio hasta el final de la ejecución del programa.

Si la declaración de una variable se hace dentro de un bloque, el acceso a dicha variable queda limitado a ese bloque y a los bloques contenidos dentro de este por debajo de su punto de declaración. En este caso, la variable recibe el calificativo de *local* o *automática*.

Una *variable local* existe y tiene valor desde su punto de declaración hasta el final del bloque donde está definida. Cada vez que se ejecuta el bloque que la contiene, la variable local es nuevamente definida, y cuando finaliza la ejecución del mismo, la variable local deja de existir. Por lo tanto, una variable local es accesible solamente dentro del bloque al que pertenece.

```
/* vars01.c - Variables globales y locales
 */
#include <stdio.h>

/* Definición de var1 como variable GLOBAL */
int var1 = 50;

int main(void)
{ /* COMIENZO DE main Y DEL PROGRAMA */

  printf("%d\n", var1); /* se escribe 50 */

  { /* COMIENZO DEL BLOQUE 1 */

    /* Definición de var1 y var2 como variables
       LOCALES en el BLOQUE 1 y en el BLOQUE 2 */
    int var1 = 100, var2 = 200;

    printf("%d %d\n", var1, var2); /* escribe 100 y 200 */

    { /* COMIENZO DEL BLOQUE 2 */
      /* Redefinición de la variable LOCAL var1 */
      int var1 = 0;

      printf("%d %d\n", var1, var2); /* escribe 0 y 200 */

    } /* FINAL DEL BLOQUE 2 */

    printf("%d\n", var1); /* se escribe 100 */

  } /* FINAL DEL BLOQUE 1 */

  printf("%d\n", var1); /* se escribe 50 */

} /* FINAL DE main Y DEL PROGRAMA */
```

Este ejemplo muestra el ámbito de las variables, dependiendo de si están definidas en un bloque o fuera de todo bloque. Analizando el ámbito de las variables, distinguimos cuatro niveles:

- El nivel externo (fuera de todo bloque).

Las variables definidas en este nivel son accesibles desde el punto de definición hasta el final del programa.

- El nivel del bloque de la función **main**.

  Las variables definidas en este nivel solamente son accesibles desde la propia función **main** y, por lo tanto, son accesibles en los bloques 1 y 2.

- El nivel del bloque 1 (sentencia compuesta).

  Las variables definidas en este nivel solamente son accesibles en el interior del bloque 1 y, por lo tanto, en el bloque 2.

- El nivel del bloque 2 (sentencia compuesta).

  Las variables definidas en este nivel solamente son accesibles en el interior del bloque 2.

También se observa que una variable *global* y otra *local* pueden tener el mismo nombre, pero no guardan relación una con otra, lo cual da lugar a que la variable *global* quede anulada en el ámbito de la *local* del mismo nombre. Como ejemplo observe lo que ocurre en el programa anterior con *var1*.

Los parámetros declarados en la lista de parámetros de la declaración de una función o prototipo de la función tienen un ámbito restringido a la propia declaración de la función. Por ejemplo:

```
int max(int x, int y); /* declaración de la función max */
```

Los parámetros *x* e *y* en la declaración de la función *max* están restringidos a la propia declaración. Por esta razón se pueden omitir; esto es, la siguiente línea sería equivalente a la anterior:

```
int max(int, int); /* declaración de la función max */
```

Los parámetros formales declarados en la lista de parámetros de la definición de una función son locales a la función. Por ejemplo:

```
int max(int x, int y) /* definición de la función max */
{
  int z = 0;
  z = (x > y) ? x : y;
  return z;
}
```

Los parámetros *x* e *y* en la definición de la función *max* son locales a la función; esto es, *x* e *y* se crean cuando se llama a la función para su ejecución y dejan de existir cuando finaliza la ejecución de la función. Esta es la razón por la que *x* e *y* solo son accesibles dentro de la propia función.

CLASES DE ALMACENAMIENTO DE UNA VARIABLE

Por defecto, todas las variables llevan asociada una clase de almacenamiento que determina su accesibilidad y existencia. Los conceptos de accesibilidad y de existencia de las variables pueden alterarse por los calificadores:

auto almacenamiento automático
register almacenamiento en un registro
static almacenamiento estático
extern almacenamiento externo

El calificador **auto** puede ser utilizado con variables locales a nivel de bloque y no se puede utilizar en la lista de parámetros de una función; **register** puede ser utilizado con variables locales a nivel de bloque y también se puede utilizar en la lista de parámetros de una función; y **static** y **extern** pueden ser utilizados con variables locales y globales, también con funciones, pero no en la lista de parámetros de una función.

Calificación de variables globales

Con una variable global se pueden utilizar los calificadores **static** y **extern**. No se pueden utilizar los calificadores **auto** o **register**.

Una variable declarada a nivel global es una *definición* de la variable o una *referencia* a una variable definida en otra parte. Las variables definidas a nivel global son iniciadas a 0 por omisión.

Una variable global puede hacerse accesible antes de su definición (si esto tiene sentido) o en otro archivo fuente, utilizando el calificador **extern**. Esto quiere decir que el calificador **extern** se utiliza para hacer visible una variable global allí donde no lo sea.

El siguiente ejemplo formado por dos archivos fuente, *uno.c* y *dos.c*, muestra con claridad lo expuesto. El archivo fuente *uno.c* define la variable *var* de tipo **int** y le asigna el valor 5. Así mismo, utiliza la declaración **extern int** *var* para hacer visible *var* antes de su definición.

```
/*************************************************************
                        Archivo fuente uno.c
*************************************************************/
#include <stdio.h>

void funcion_1();
void funcion_2();
```

```
extern int var; /* declaración de var que hace referencia a la
                   variable var definida a continuación */
int main(void)
{
  var++;
  printf("%d\n", var); /* se escribe 6 */
  funcion_1();
}

int var = 5; /* definición de var */

void funcion_1()
{
  var++;
  printf("%d\n", var); /* se escribe 7 */
  funcion_2();
}
```

El archivo fuente *dos.c* utiliza la declaración **extern int** *var* para poder acceder a la variable *var* definida en el archivo fuente *uno.c*.

```
/***************************************************************
                      Archivo fuente dos.c
***************************************************************/
#include <stdio.h>

extern int var; /* declaración de var. Referencia a la variable var
                   definida en el archivo uno.c */
void funcion_2()
{
  var++;
  printf("%d\n", var); /* se escribe 8 */
}
```

Observe que en el programa anterior, formado por los archivos fuente *uno.c* y *dos.c*:

1. Existen tres declaraciones externas de *var*: dos en el archivo *uno.c* (una definición es también una declaración) y otra en el archivo *dos.c*.
2. La variable *var* se define e inicia a nivel global una sola vez; en otro caso se obtendría un error.
3. La declaración **extern** en el archivo *uno.c* permite acceder a la variable *var* antes de su definición. Sin la declaración **extern**, la variable global *var* no sería accesible en la función **main**.
4. La declaración **extern** en el archivo *dos.c* permite acceder a la variable *var* en este archivo.

5. Si la variable *var* no hubiera sido iniciada explícitamente, C le asignaría automáticamente el valor 0 por ser global.

Si se utiliza el calificador **static** en la declaración de una variable a nivel global, esta solamente es accesible dentro de su propio archivo fuente. Esto permite declarar otras variables **static** con el mismo nombre en otros archivos correspondientes al mismo programa.

Como ejemplo, sustituya, en los archivos *uno.c* y *dos.c* del programa anterior, el calificador **extern** por **static**. Si ahora ejecuta el programa observará que la solución es 6, 7, 1 en lugar de 6, 7, 8, lo que demuestra que el calificador **static** restringe el acceso a la variable al propio archivo fuente.

Calificación de variables locales

Con una variable local se puede utilizar cualquiera de los cuatro calificadores u omitir el calificador, en cuyo caso se considera **auto** (automática o local).

Una variable local declarada como **auto** solamente es visible dentro del bloque donde está definida (se crean en la pila cuando se inicia la ejecución del bloque y se destruyen cuando finaliza la ejecución del mismo). Este tipo de variables no son iniciadas automáticamente, por lo que hay que iniciarlas explícitamente. Es recomendable iniciarlas siempre.

Una variable local declarada **static** solamente es visible dentro del bloque donde está definida; pero, a diferencia de las automáticas, su existencia es permanente, en lugar de aparecer y desaparecer al iniciar y finalizar la ejecución del bloque que la contiene.

Una variable declarada **static** es iniciada solamente una vez, la primera vez que se ejecuta el bloque que la contiene, y no es reiniciada cada vez que se ejecuta ese bloque, sino que la siguiente ejecución del bloque comienza con el valor que tenía la variable cuando finalizó la ejecución anterior. Si la variable no es iniciada explícitamente, C la inicia automáticamente a 0.

Una variable local declarada **register** es una recomendación al compilador para que almacene dicha variable, si es posible, en un registro de la máquina, lo que producirá programas más cortos y más rápidos. El número de registros utilizables para este tipo de variables depende de la máquina. Si no es posible almacenar una variable **register** en un registro, se le da el tratamiento de automática. Este tipo de declaración es válido para variables de tipo **int** y de tipo puntero, debido al tamaño del registro.

Una variable declarada **extern** a nivel local hace referencia a una variable definida con el mismo nombre a nivel global en cualquier parte del programa. La finalidad de **extern** en este caso es hacer accesible una variable global, en una función o módulo que no lo es.

El siguiente ejemplo clarifica lo anteriormente expuesto.

```
/* vars02.c - Variables locales: clases de almacenamiento
 */
#include <stdio.h>

void funcion_1();

int main(void)
{
  /* Declaración de var1 que se supone definida en otro sitio */
  extern int var1;

  /* Variable estática var2: es accesible solamente
     dentro de main. Su valor inicial es 0. */
  static int var2;

  /* var3 se corresponderá con un registro si es posible */
  register int var3 = 0;

  /* var4 es declarada auto, por defecto */
  int var4 = 0;

  var1 += 2;

  /* Se escriben los valores 7, 0, 0, 0 */
  printf("%d  %d  %d  %d\n", var1, var2, var3, var4);
  funcion_1();
}

int var1 = 5;

void funcion_1()
{
  /* Se define la variable local var1 */
  int var1 = 15;

  /* Variable estática var2; accesible solo en este bloque */
  static var2 = 5;

  var2 += 5;

  /* Se escriben los valores 15, 10 */
  printf("%d  %d\n", var1, var2);
}
```

En este ejemplo, la variable global *var1* se define después de la función **main**. Por eso, para hacerla accesible dentro de **main** se utiliza una declaración **extern**. La variable *var2* declarada **static** en **main** es iniciada, por defecto, a 0. La clase de almacenamiento de la variable *var3* es **register** y la de *var4*, **auto**.

En *funcion_1* se define la variable local *var1*; esta definición oculta a la variable global del mismo nombre haciéndola inaccesible dentro de este bloque. La variable *var2*, declarada **static**, es iniciada a 5. Esta definición no entra en conflicto con la variable *var2* de la función **main**, ya que ambas son locales. A continuación, *var2* es incrementada en 5. Entonces, la próxima vez que sea invocada *funcion_1*, iniciará su ejecución con *var2* igual a 10, puesto que las variables locales **static** persisten durante toda la ejecución del programa, por lo que conservan el valor adquirido en una ejecución para la siguiente.

Calificación de funciones

Todas las funciones tienen carácter global; esto es, una función no puede definirse dentro de un bloque.

Una función calificada **static** es accesible solamente dentro del archivo fuente en el que está definida. En cambio, si es calificada **extern**, entonces es accesible desde todos los archivos fuente que componen un programa.

Calificar una función **static** o **extern** puede hacerse en la función prototipo o en la definición de la función. Por omisión, una función es **extern**. Por ejemplo, la siguiente declaración indica que *funcion_1* es **static**.

```
static void funcion_1();
```

EJERCICIOS RESUELTOS

1. Escriba un programa que utilice:

   - Una función llamada *par_impar* con un parámetro de tipo **int**, que visualice "par" o "impar" respecto del valor pasado como argumento.
   - Una función llamada *positivo_negativo* con un parámetro de tipo **int**, que visualice "positivo" o "negativo" respecto del valor pasado como argumento.
   - Una función llamada *cuadrado* con un parámetro de tipo **int**, que devuelva el cuadrado del valor pasado como argumento.
   - Una función llamada *cubo* con un parámetro de tipo **int**, que devuelva el cubo del valor pasado como argumento.

- Una función llamada *contar* sin parámetros, que devuelva el siguiente ordinal al último devuelto; el primer ordinal devuelto será el 1.

La función **main** llamará a cada una de estas funciones para un valor determinado y finalmente, utilizando la función *contar*, realizará una cuenta hasta 3.

```
/* funciones.c - Cómo es un número. Contar.
 */
#include <stdio.h>

void par_impar(int);
void positivo_negativo(int);
int cuadrado(int);
int cubo(int);
int contar(void);

int main(void)
{
  int n = 10;
  par_impar(n);
  positivo_negativo(n);
  printf("cuadrado de %d = %d\n", n, cuadrado(n));
  printf("cubo de %d = %d\n", n, cubo(n));
  printf("\nContar hasta tres: ");
  for (int i = 0; i < 3; ++i)
    printf("%d ", contar());
}

void par_impar(int n)
{
  printf("%d es %s\n", n, (n % 2 == 0) ? "par" : "impar");
}

void positivo_negativo(int n)
{
  printf("%d es %s\n", n, (n >= 0) ? "positivo" : "negativo");
}

int cuadrado(int n)
{
  return n * n;
}

int cubo(int n)
{
  return n * n * n;
}

int contar(void)
{
```

```
  static int n = 1;
  return n++;
}
```

```
Ejecución del programa:

10 es par
10 es positivo
cuadrado de 10 = 100
cubo de 10 = 1000

Contar hasta tres: 1 2 3
```

Este programa, partiendo de un valor *n* visualiza, invocando a las funciones correspondientes, si este valor es par o impar, positivo o negativo, su cuadrado, su cubo y finalmente realiza una cuenta hasta 3. Observe que la función **printf** utiliza el formato *%s* para imprimir una cadena de caracteres.

2. Vamos a realizar otra versión del programa que hicimos anteriormente compuesto por tres funciones: **main**, *sumar* y *restar*, utilizando el paso de parámetros por referencia. La función *sumar* recibirá como parámetros dos valores reales y la dirección de la variable donde se almacenará el resultado (de tipo puntero a **double**). De forma análoga, *restar* devolverá la resta. La función principal, **main**, solicitará del teclado dos valores reales y mostrará como resultado la suma y la resta de ambos valores. El código de este programa podría ser así:

```
/* por_referencia.c
 */
#include <stdio.h>

void sumar(double, double, double *);
void restar(double, double, double *);

int main(void)
{
  double op1 = 0, op2 = 0, resultado = 0;

  // Introducir datos:
  printf("Operando 1: ");
  scanf("%lf", &op1);
  printf("Operando 2: ");
  scanf("%lf", &op2);

  // Suma
  sumar(op1, op2, &resultado);
  printf("Suma = %g\n", resultado);

  // Resta
```

```
  restar(op1, op2, &resultado);
  printf("Resta = %g\n", resultado);
}

void sumar(double x, double y, double *p)
{
  double z;
  z = x + y;
  *p = z;
}

void restar(double x, double y, double *p)
{
  double z;
  z = x - y;
  *p = z;
}
```

Ejecución del programa:

```
Operando 1: 347.7
Operando 2: -23
Suma = 324.7
Resta = 370.7
```

Cuando ejecutamos el programa anterior, la ejecución se inicia en **main**. Esta función primero define las variables *op1*, *op2* y *resultado*. A continuación, llama a la función *sumar* y le pasa los valores *op1* y *op2* y la dirección de la variable *resultado*; el primer valor se copia en su primer parámetro, *x*, el segundo valor se copia en su segundo parámetro, *y*, y la dirección de *resultado* se copia en el tercer parámetro, *p*. La función *sumar* realiza la suma de esos valores, que almacena en su variable local *z*, valor que, a su vez, almacena en la variable apuntada por *p* (*resultado*), finalizando así su ejecución. A continuación, **main** llama a la función **printf** y visualiza el valor almacenado en *resultado*. Finalmente, el proceso descrito se repite, pero ahora invocando a la función *restar* para realizar la resta.

EJERCICIOS PROPUESTOS

1. Responda a las siguientes preguntas:

   1) Un programa C compuesto por dos o más funciones, ¿por dónde empieza a ejecutarse?

      a) Por la primera función que aparezca en el programa.
      b) Por la función **main** solo si aparece en primer lugar.

c) Por la función **main** independientemente del lugar que ocupe en el programa.
d) Por la función **main** si existe, si no por la primera función que aparezca en el programa.

2) ¿Qué se entiende por preprocesador?

a) Un programa de depuración.
b) Un programa cuya tarea es procesar las directrices de un programa C.
c) Una herramienta para editar un programa C.
d) Una herramienta para compilar un programa C.

3) ¿Cuál de las siguientes afirmaciones es correcta?

a) Las directrices incluidas en un programa finalizan con un punto y coma.
b) Una sentencia compuesta debe finalizar con un punto y coma.
c) Las directrices deben colocarse al principio del programa.
d) Una sentencia simple debe finalizar con un punto y coma.

4) La línea siguiente se trata de:

```
float funcion_x(int, float, char);
```

a) La definición de *funcion_x*.
b) La declaración de *funcion_x*.
c) La definición de *funcion_x*, pero falta el cuerpo de la misma.
d) La declaración de *funcion_x*, pero faltan los nombres de los parámetros.

5) ¿Cuál es el significado que tiene **void**?

a) Es un tipo de datos.
b) Permite definir una variable de la cual no se sabe qué tipo de datos va a contener.
c) Cuando se utiliza en una función permite especificar que no tiene parámetros y/o que no devuelve un resultado.
d) Cuando se utiliza en una función específica cualquier número de parámetros.

6) Dado el siguiente código:

```
#include <stdio.h>

/* Declaración de sumar */

int main(void)
{
  double a = 10, b = 20, c = 0;
```

```
  c = sumar(a, b);
  printf("suma = %g\n", c);
}

double sumar(double x, double y)
{
  return x + y;
}
```

¿Cuál o cuáles de las siguientes declaraciones pueden ser escritas en el lugar indicado por el comentario?

```
1.- double sumar(double x, double y);
2.- double sumar(double, double);
3.- double sumar(double a, b);
4.- double sumar(double a, double b);
```

a) Todas menos la 3.
b) Todas.
c) Todas menos la 1 y la 3.
d) Todas menos la 1, la 2 y la 3.

7) Dado el siguiente código:

```
#include <stdio.h>
void poner_a_cero(double);

int main(void)
{
  double a = 10;
  poner_a_cero(a);
  printf("%g\n", a);
}

void poner_a_cero(double a)
{
  double a = 0;
  return;
}
```

Al compilar y ejecutar este programa:

a) Se visualizará 0.
b) Se visualizará 10.
c) Se obtendrá un error: sobra la sentencia **return**.
d) Se obtendrá un error: redefinición del parámetro formal *a*.

8) Dado el siguiente código:

```
#include <stdio.h>
void poner_a_cero(double);

int main(void)
{
  double a = 10;

  poner_a_cero(a);
  printf("%g\n", a);
}

void poner_a_cero(double a)
{
  a = 0;
  return;
}
```

Al compilar y ejecutar este programa:

a) Se visualizará 0.
b) Se visualizará 10.
c) Se obtendrá un error: sobra la sentencia **return**.
d) Se obtendrá un error: redefinición del parámetro formal *a*.

9) Dado el siguiente código:

```
#include <stdio.h>
void poner_a_cero(double *);

int main(void)
{
  double a = 10;
  poner_a_cero(&a);
  printf("%g\n", a);
}

void poner_a_cero(double *a)
{
  *a = 0;
  return;
}
```

Al compilar y ejecutar este programa:

a) Se visualizará 0.
b) Se visualizará 10.
c) Se obtendrá un error: sobra la sentencia **return**.
d) Se obtendrá un error: redefinición del parámetro formal *a*.

10) Dado el siguiente código:

```
#include <stdio.h>

void funcion_x(void);

int main(void)
{
  double a = 10;

  funcion_x();
  funcion_x();
  printf("%g\n", a);
}

void funcion_x(void)
{
  static double a = 5;
  printf("%g\n", a);
  a++;
}
```

Al compilar y ejecutar este programa:

a) Se visualizará 5, 5, 10.
b) Se visualizará 5, 6, 10.
c) Se visualizará 6, 6, 10.
d) Se visualizará 10, 11, 12.

2. Escriba el programa *grados.c* y compruebe cómo se ejecuta.

3. De acuerdo con lo expuesto en el apéndice C acerca del depurador, pruebe a ejecutar el programa anterior paso a paso y verifique los valores que van tomando las variables a lo largo de la ejecución.

4. Modifique en el programa *grados.c* los límites inferior y superior de los grados centígrados, el incremento, y ejecute de nuevo el programa.

5. Modifique en el programa *grados.c* la sentencia

```
gfahr = (float)9 / (float)5 * gcent + 32;
```

y escríbala así:

```
gfahr = 9/5 * gcent + 32;
```

Explique lo que sucede.

6. Escriba el programa formado por los archivos *modulo01.c* y *modulo02.c* y construya el archivo ejecutable.

7. Escriba un programa que imprima los 10 primeros elementos de la serie de *Fibonacci*: *f(0) = 0, f(1) = 1, f(2) = f(0) + f(1), ... , f(i) = f(i-2) + f(i-1)*. Utilice una función *serieFibonacci* que proporciona la serie de *n* elementos en una matriz unidimensional.

CAPÍTULO 4

ENTRADA Y SALIDA ESTÁNDAR

Cuando se ejecuta un programa, se suceden fundamentalmente tres tareas: entrada de los datos, proceso de los mismos y salida o presentación de los resultados.

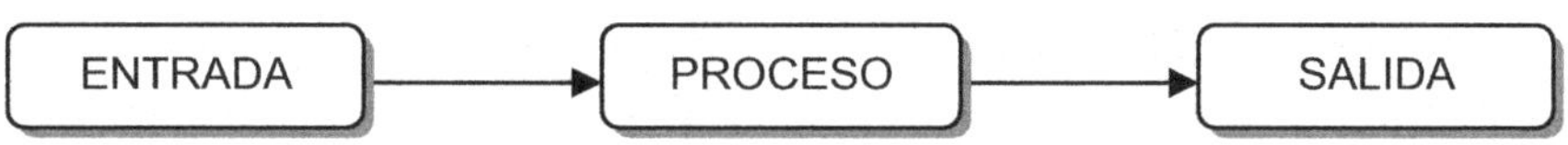

La tarea de entrada obtiene los datos necesarios para el programa de algún medio externo (por ejemplo, del teclado o de un archivo en disco) y los almacena en la memoria del ordenador para que sean procesados; por omisión el medio de donde se obtienen es el teclado. Por ejemplo:

```
scanf("%g %g", &a, &b); // leer a y b desde el teclado
```

El proceso de los datos dará lugar a unos resultados que serán almacenados temporalmente en memoria. Por ejemplo:

```
c = a + b; // sumar a y b; el resultado se almacena en c
```

La tarea de salida envía los resultados obtenidos a otro lugar; por ejemplo, los visualiza en el monitor, los escribe por la impresora o los guarda en un archivo en disco. La operación de salida no borra los datos de la memoria ni cambia la forma en la que están almacenados. Simplemente hace una copia de los mismos para enviarlos al lugar especificado; por omisión, este lugar es la pantalla. Por ejemplo:

```
printf("%g\n", c); // mostrar el resultado
```

En este capítulo estudiaremos las funciones de la biblioteca de C que permiten realizar operaciones de entrada y de salida (E/S) sobre los dispositivos estándar del ordenador; esto es, funciones para introducir datos desde el teclado y funciones para visualizar datos en la pantalla.

DATOS NUMÉRICOS Y CADENAS DE CARACTERES

La finalidad de una aplicación es procesar los datos, que generalmente serán obtenidos de algún medio externo por la propia aplicación, para obtener unos resultados. Estos datos y resultados serán normalmente de algunos de estos tipos: *numéricos* o *cadenas de caracteres*.

Así mismo, tanto los datos leídos como los resultados obtenidos serán almacenados en variables declaradas en las funciones que componen el programa. Los datos serán leídos y/o escritos a través de las funciones de E/S proporcionadas por la biblioteca de C y serán asignados a las variables utilizando una sentencia de asignación de la forma:

variable operador_de_asignación valor

Una sentencia de asignación es asimétrica. Esto quiere decir que se evalúa la expresión de la derecha y el resultado se asigna a la variable especificada a la izquierda. Por ejemplo:

```
d = a + b * c; // el valor de a + b * c se asigna a d
```

Pero no sería válido escribir:

```
a + b * c = d; // el valor de d no se puede asignar a a + b * c
```

Los datos numéricos serán almacenados en variables de alguno de los tipos primitivos expuestos en el capítulo *Elementos del lenguaje C*. Por ejemplo:

```
double radio, area;
// ...
area = 3.141592 * radio * radio;
```

Las cadenas de caracteres serán almacenadas en matrices, cuyo estudio lo dejamos para un capítulo posterior. Por ejemplo:

```
char nombre[80] = {0}; // cadena de caracteres 'nombre' vacía
// ...
gets_s(nombre, sizeof(nombre)); // entrada desde el teclado
```

Cuando se asigna un valor a una variable estamos colocando ese valor en una localización de memoria asociada con esa variable.

```
int nvar = 10;          // variable de un tipo primitivo (int)
```

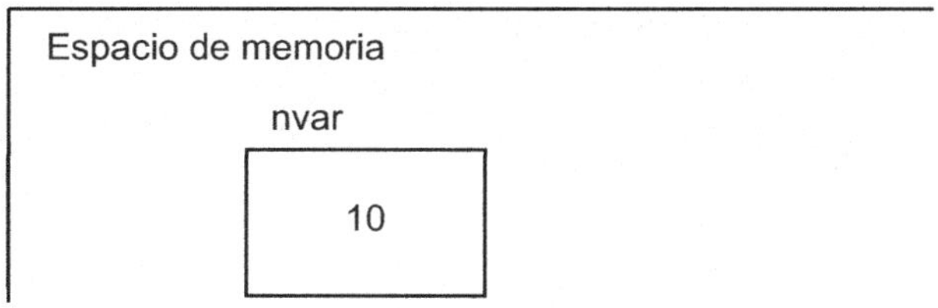

Lógicamente, cuando la variable tiene asignado un valor y se le asigna uno nuevo, el valor anterior es destruido ya que el valor nuevo pasa a ocupar la misma localización de memoria. En el ejemplo siguiente, se puede observar con respecto a la situación anterior, que el contenido de *nvar* se modifica con un nuevo valor.

```
nvar = 20;
```

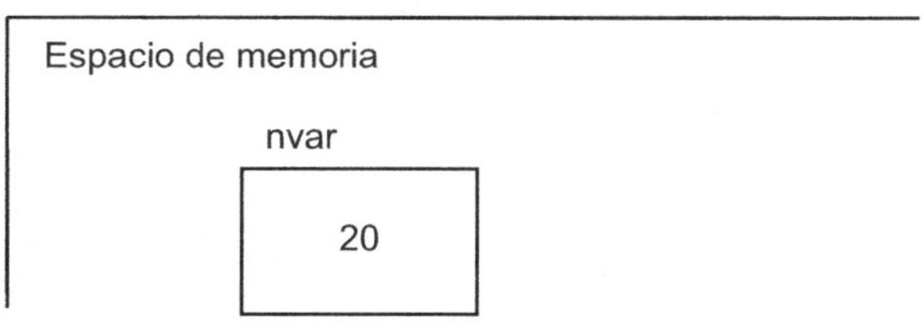

FLUJOS DE E/S ESTÁNDAR

Según lo expuesto, un programa necesitará frecuentemente obtener información desde un origen o enviar información a un destino. Por ejemplo, obtener información desde, o enviar información a: un archivo en el disco, otro dispositivo de E/S como el teclado o la pantalla, etc.

La comunicación entre el origen de cierta información y el destino se realiza mediante un *flujo* de información (en inglés *stream*).

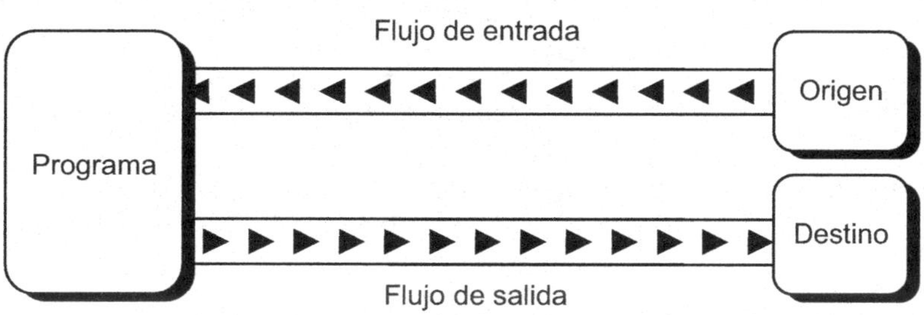

Un *flujo* es una estructura de datos que hace de intermediario entre el programa y el origen o el destino de la información. Esto es, el programa leerá o escribirá en el *flujo* sin importarle desde dónde viene la información o a dónde va y tampoco importa el tipo de los datos que se leen o escriben. Este nivel de abstracción hace que el programa no tenga que saber nada ni del dispositivo ni del tipo de información (simplemente, lee *bytes* o escribe *bytes*), lo que se traduce en una facilidad más a la hora de escribir programas.

Entonces, para que un programa pueda obtener información desde un origen tiene que abrir un flujo y análogamente para que pueda enviar información a un destino. En el caso de C/C++, cuando se ejecuta un programa son abiertos automáticamente dos flujos: **stdin** (***standard input***) es el flujo desde el origen, y **stdout** (***standard output***) es el flujo hacia el destino.

En C, **stdin** está vinculado con el teclado y **stdout** con la pantalla. Esto es, todos los datos que un programa lee de **stdin** proceden del teclado y todos los datos que escribe en **stdout** son mostrados en la pantalla.

SALIDA CON FORMATO

La función **printf** permite escribir *bytes* (caracteres) en **stdout** utilizando el formato especificado. Esta función devuelve un valor entero igual al número de caracteres escritos. Su declaración se encuentra en *stdio.h* y es la siguiente:

```
#include <stdio.h>
int printf(const char * restrict formato[, argumento]...);
```

formato Especifica cómo va a ser la salida. Es una cadena de caracteres formada por caracteres ordinarios, secuencias de escape y especificaciones de formato. El formato se lee de izquierda a derecha.

```
unsigned int edad = 0;
float peso = 0;
```

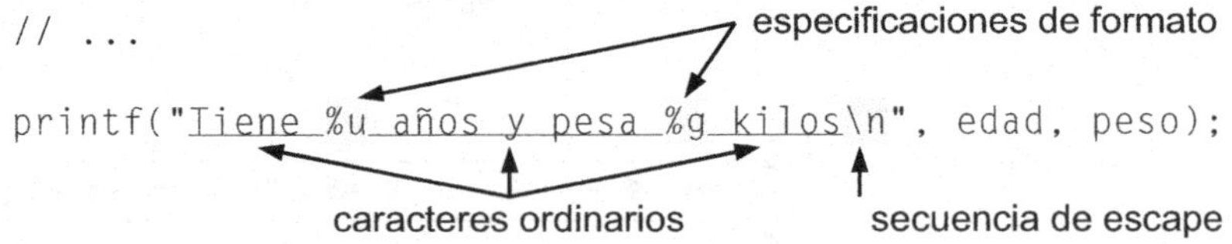

argumento Representa el valor o valores a escribir. Cada argumento debe tener su correspondiente especificación de formato y en el mismo orden. Si hay más argumentos que especificaciones de formato, los argumentos en exceso se ignoran.

```
printf("Tiene %u años y pesa %g kilos\n", edad, peso);
```

Cuando se ejecute la sentencia anterior, los caracteres ordinarios se escribirán tal cual, las especificaciones de formato serán sustituidas por los valores correspondientes en la lista de argumentos y las secuencias de escape darán lugar al carácter o acción que representan. Así, para *edad* igual a 20 y *peso* igual a 70.5 el resultado será:

```
Tiene 20 años y pesa 70.5 kilos
```

Una especificación de formato es introducida por el carácter **%** y está compuesta por (los elementos entre [] son opcionales):

```
%[flags][ancho][.precisión][tamaño]tipo
```

El significado de cada uno de los elementos se indica a continuación:

flags	**significado**
–	Justifica el resultado a la izquierda, dentro del *ancho* especificado. Por defecto la justificación se hace a la derecha.
+	Antepone el signo + o – al valor de salida. Por defecto solo se pone signo – a los valores negativos.
0	Rellena la salida con ceros no significativos hasta alcanzar el ancho mínimo especificado.
espacio	Antepone un espacio en blanco al valor de salida si es positivo. Si se utiliza junto con + entonces se ignora.
#	Cuando se utiliza con la especificación de formato **o**, **x** o **X**, antepone al valor de salida **0**, **0x** o **0X**, respectivamente. Cuando se utiliza con la especificación de formato **a**, **A**, **e**, **E**, **f** o **F** fuerza a que el valor de salida contenga un punto decimal en todos los casos. Cuando se utiliza con la especificación de formato **g** o **G**, fuerza a que el valor de salida contenga un punto decimal en todos los casos y evita que los ceros arrastrados sean truncados. Se ignora con **c**, **d**, **i**, **u** o **s**.

ancho	Mínimo número de posiciones para la salida. Si el valor a escribir ocupa más posiciones de las especificadas, el ancho es incrementado en lo necesario.

precisión El significado depende del tipo de la salida.

tipo Es uno de los siguientes caracteres:

carácter	*salida*
d, **i**	(**int**) enteros con signo en base 10.
u	(**int**) enteros sin signo en base 10.
o	(**int**) enteros sin signo en base 8.
x	(**int**) enteros sin signo en base 16 (01...abcdef).
X	(**int**) enteros sin signo en base 16 (01...ABCDEF).
f, **F**	(**double**) valor con signo de la forma: [−]*dddd.dddd*. El número de dígitos antes del punto decimal depende de la magnitud del número y el número de decimales de la precisión, la cual es 6 por defecto.
e, **E**	(**double**) valor con signo, de la forma [−]*d.dddd*e±*ddd* o [−]*d.dddd*E±*ddd*, respectivamente (equivale a [−]*d.dddd* x $10^{\pm ddd}$).
g	(**double**) valor con signo, en formato **f** o **e** (el que sea más compacto para el valor y precisión dados).
G	(**double**) igual que **g**, excepto que **G** introduce el exponente **E** en vez de **e**.
a, **A**	(**double**) valor hexadecimal con signo, de la forma [−]*0xh.hhhh*p±*dd* o [−]*0Xh.hhhh*P±*dd*, respectivamente (equivale a [−]*0Xh.hhhh* x $2^{\pm dd}$).
c	(**int**) un solo carácter, correspondiente al *byte* menos significativo.
s	(*cadena de caracteres*) escribir una cadena de caracteres hasta el primer carácter nulo ('\0').
p	El argumento para este formato debe ser un puntero (por ejemplo, *printf("%**p**", &a);* escribe la dirección en hexadecimal).
n	El argumento para este formato debe ser un puntero a un entero (por ejemplo, *printf("%d%**n**", a, &c); c*, de tipo **int**, almacenará el número de caracteres escritos).

El siguiente ejemplo clarifica lo más significativo de lo expuesto hasta ahora.

```
/* salida01.c
 */
#include <stdio.h>

int main(void)
{
  int a = 12345;
```

```
    float b = 54.865F;

    printf("%d\n", a);        /* escribe 12345\n */
    printf("\n%10s\n%10s\n", "abc", "abcdef");
    printf("\n%-10s\n%-10s\n", "abc", "abcdef");
    printf("\n");             /* avanza a la siguiente línea */

    printf("%.2f\n", b);      /* escribe b con dos decimales */
}
```

Al ejecutar este programa se obtendrán los resultados mostrados a continuación. Observe que *\n* avanza al principio de la línea siguiente; si en este instante se envía a la salida otro *\n*, este da lugar a una línea en blanco.

```
12345

       abc
    abcdef

abc
abcdef

54.87
```

A continuación, damos una explicación de cada uno de los formatos empleados.

La línea: `printf("%d\n", a); /* escribe 12345\n */`

utiliza un formato compuesto por:

- *%d* para escribir el entero *a* (*d* indica base decimal).
- *\n* para avanzar a la línea siguiente.

La línea: `printf("\n%10s\n%10s\n", "abc", "abcdef");`

utiliza un formato compuesto por:

- *\n* para avanzar a la línea siguiente.
- *%10s* para escribir la cadena "abc" sobre un ancho de 10 posiciones. La cadena se ajusta por defecto a la derecha.
- *\n* para avanzar a la línea siguiente.
- *%10s* para escribir la cadena "abcdef" sobre un ancho de 10 posiciones. La cadena se ajusta por defecto a la derecha.
- *\n* para avanzar a la línea siguiente.

La línea: `printf("\n%-10s\n%-10s\n", "abc", "abcdef");`

utiliza un formato igual que el anterior, con la diferencia de que ahora se ha añadido el *flag* – después del carácter de formato para ajustar las cadenas a la izquierda en lugar de a la derecha.

La línea: `printf("\n");`

utiliza un formato compuesto por:

- *\n* para avanzar a la línea siguiente.

La línea: `printf("%.2f\n", b);`

utiliza un formato compuesto por:

- *%.2f* para escribir el valor del real *b* (*f* representa a un valor real, **float** o **double**). El formato no especifica el ancho, lo que significa que se utilizarán tantas posiciones como se necesiten para visualizar el resultado, pero sí se especifica el número de decimales, 2. Para escribir la parte decimal se truncan las cifras decimales que sobran y se redondea el resultado; esto es, si la primera cifra decimal truncada es 5 o mayor, la anterior se incrementa en una unidad.
- *\n* para avanzar a la línea siguiente.

En una especificación de formato, el *ancho* y/o la *precisión* pueden ser sustituidos por un ∗. Si el *ancho* y/o la *precisión* se especifican con el carácter ∗, el valor para estos campos se toma del siguiente argumento entero. Por ejemplo:

```
int ancho = 15, precision = 2;
double valor = -12.346;
printf("%*.*f", ancho, precision, valor);
```

									-	1	2	.	3	5	

El resultado queda justificado por defecto a la derecha en un ancho de 15 posiciones, de las cuales dos de ellas son decimales. Para que el resultado hubiera quedado justificado a la izquierda tendríamos que haber utilizado el formato:

```
printf("%-*.*f", ancho, precision, valor);
```

Continuando con la explicación, la *precisión*, en función del tipo, tiene el siguiente significado:

Tipo	*Significado de la precisión*
d,i,u,o,x,X	Especifica el mínimo número de dígitos que se tienen que escribir. Si es necesario se rellena con ceros a la izquierda. Si el valor excede de la precisión, no se trunca.
e,E,f,F	Especifica el número de dígitos que se tienen que escribir después del punto decimal. Por defecto es 6. El valor es redondeado.
a,A	Especifica el número de dígitos que se tienen que escribir después del punto decimal.
g,G	Especifica el máximo número de dígitos significativos (por defecto 6) que se tienen que escribir.
c	La precisión no tiene efecto.
s	Especifica el máximo número de caracteres que se escribirán. Los caracteres que excedan este número se ignoran.

Continuando con la explicación, los modificadores del *tamaño* del argumento tienen el siguiente significado:

Tamaño	*Significado*
hh	Se utiliza como prefijo con los tipos **d**, **i**, **o**, **x** o **X**, para especificar que el argumento es **char** o con **u** para especificar un **unsigned char**.
h	Se utiliza como prefijo con los tipos **d**, **i**, **o**, **x** o **X**, para especificar que el argumento es **short int** o con **u** para especificar un **short unsigned int**.
l	Se utiliza como prefijo con los tipos **d**, **i**, **o**, **x** o **X**, para especificar que el argumento es **long int** o con **u** para especificar un **unsigned long int**. También se utiliza con los tipos **a**, **A**, **e**, **E**, **f**, **F**, **g** o **G** para especificar un **double** antes que un **float**.
ll	Se utiliza como prefijo con los tipos **d**, **i**, **o**, **x** o **X**, para especificar que el argumento es **long long int** o con **u** para especificar un **unsigned long long int**.
L	Se utiliza como prefijo con los tipos **e**, **E**, **f**, **g** y **G**, para especificar **long double**.
z	Se utiliza como prefijo con los tipos **d**, **i**, **o**, **u**, **x** o **X**, para especificar que el argumento es de tipo **size_t**.
j	Se utiliza como prefijo con los tipos **d**, **i**, **o**, **x** o **X**, para especificar que el argumento es **intmax_t** (ancho máximo de un tipo entero) o con **u** para especificar un **uintmax_t**.

t	Se utiliza como prefijo con los tipos **d**, **i**, **o**, **u**, **x** o **X**, para especificar que el argumento es **ptrdiff_t** (es el tipo entero con signo del resultado de restar dos punteros).

Las siguientes sentencias muestran algunos ejemplos de cómo utilizar la función **printf**.

```
/* salida02.c
 */
#include <stdio.h>

int main(void)
{
  char car;
  static char nombre[] = "La temperatura ambiente";
  int a, b, c;
  float x, y, z;
  car = 'C'; a = 20; b = 350; c = 4995;
  x = 34.5; y = 1234; z = 1.248;
  printf("\n%s es de ", nombre);
  printf("%d grados %c\n", a, car);
  printf("\n");
  printf("a = %6d\tb = %6d\tc = %6d\n", a, b, c);
  printf("\nLos resultados son los siguientes:\n");
  printf("\n%5s\t\t%5s\t\t%5s\n", "x", "y", "z");
  printf("________________________________________________\n");
  printf("\n%8.2f\t%8.2f\t%8.2f", x, y, z);
  printf("\n%8.2f\t%8.2f\t%8.2f\n", x+y, y/5, z*2);
  printf("\n\n");
  z *= (x + y);
  printf("Valor resultante: %.3f\n", z);
}
```

Como ejercicio, escriba los resultados que se tienen que visualizar cuando se ejecute el programa anterior. Recuerde que *\t* es una secuencia de escape que da lugar a un tabulador horizontal. El resultado correcto se muestra a continuación.

```
La temperatura ambiente es de 20 grados C

a =     20      b =    350      c =   4995

Los resultados son los siguientes:

    x                   y                   z
__________________________________________________

   34.50            1234.00             1.25
 1268.50             246.80             2.50
```

```
Valor resultante: 1583.088
```

Para escribir el carácter % se debe especificar %%. Por ejemplo:

```
printf("%g%%\n", tp); // para tp = 4.5 escribe 4.5%
```

Infinito y NaN

A partir del estándar C99, si el argumento correspondiente a un especificador de conversión de coma flotante (**a**, **A**, **e**, **E**, **f**, **F**, **g**, **G**) es *infinito* o *NaN* (*Not **a** Number*), la salida con formato se ajusta a: **inf** o **nan**. Estos valores surgen de cálculos cuyo resultado no está definido o no se puede representar con precisión. Por ejemplo:

```
float f1 = 10.0f, f2 = 0.0f;
printf("%f\n", f1/f2);      // inf
printf("%f\n", f2/f2);      // nan
printf("%F\n", log(f2));    // -INF
printf("%F\n", sqrt(-f1)); // NAN
```

Macros para código independiente de la plataforma

El estándar C99 incluyó el archivo de cabecera **inttypes.h** que aporta varias macros para su uso en una codificación de **printf/scanf** independiente de la plataforma. Si echamos una ojeada a ese archivo, encontraremos definiciones como estas:

```
#define PRId8          "hhd"
#define PRId16         "hd"
#define PRId32         "d"
#define PRId64         "lld"
```

A continuación, se expone un resumen de estas macros:

```
PRIdN     PRIdLEASTN     PRIdFASTN     PRIdMAX     PRIdPTR
PRIiN     PRIiLEASTN     PRIiFASTN     PRIiMAX     PRIiPTR
PRIoN     PRIoLEASTN     PRIoFASTN     PRIoMAX     PRIoPTR
PRIuN     PRIuLEASTN     PRIuFASTN     PRIuMAX     PRIuPTR
PRIxN     PRIxLEASTN     PRIxFASTN     PRIxMAX     PRIxPTR
PRIXN     PRIXLEASTN     PRIXFASTN     PRIXMAX     PRIXPTR
SCNdN     SCNdLEASTN     SCNdFASTN     SCNdMAX     SCNdPTR
SCNiN     SCNiLEASTN     SCNiFASTN     SCNiMAX     SCNiPTR
SCNoN     SCNoLEASTN     SCNoFASTN     SCNoMAX     SCNoPTR
SCNuN     SCNuLEASTN     SCNuFASTN     SCNuMAX     SCNuPTR
SCNxN     SCNxLEASTN     SCNxFASTN     SCNxMAX     SCNxPTR
```

Estos nombres de macro tienen la forma general de *PRI* (literales de cadena de caracteres para la familia **printf**, **fprintf**,...) o *SCN* (literales de cadena de caracteres para la familia **scanf**, **fscanf**,...) seguidos del especificador de tipo, seguido de un nombre (véase el apartado *Otros tipos enteros* del capítulo *Elementos del lenguaje C*). En estos nombres, *N* representa el número de bits del tipo (8, 16, 32, 64,...); por ejemplo, *SCNd32* o *PRId32* hacen referencia a enteros de 32 bits, independiente de la plataforma. Cuando las utilicemos no deben incluirse entre comillas dobles, por ejemplo:

```
scanf("%" SCNd32 , &var);
printf("%" PRId32 "\n", var);
```

ENTRADA CON FORMATO

La función **scanf** lee *bytes* (caracteres ASCII) de **stdin**, los interpreta de acuerdo con el formato indicado y los almacena en los argumentos especificados. Cada argumento debe ser la dirección de una variable cuyo tipo debe corresponderse con el tipo especificado en el formato; dicho de otra forma, cada argumento es pasado por referencia (puede repasar este concepto en el capítulo *Estructura de un programa*), porque **scanf** necesita conocer su posición en memoria para poder almacenar en él los *bytes* obtenidos de **stdin** (entrada estándar).

Esta función devuelve el entero correspondiente al número de argumentos leídos y asignados. Si este valor es 0, significa que no se pudo asignar datos a ningún argumento; seguramente porque los *bytes* obtenidos de **stdin** no son compatibles con el tipo del argumento donde había que almacenarlos. Cuando se intenta leer un carácter fin de archivo (*end-of-file*, marca de fin de archivo) la función **scanf** retorna la constante **EOF**, definida en el archivo *stdio.h*. Más adelante, en este mismo capítulo, explicaremos este último concepto.

```
#include <stdio.h>
int scanf(const char * restrict formato[, argumento]...);
```

formato Interpreta cada dato de entrada. Está formado por caracteres que genéricamente se denominan espacios en blanco (' ', *\t*, *\n*), caracteres ordinarios y especificaciones de formato. El formato se lee de izquierda a derecha.

Cada argumento debe tener su correspondiente especificación de formato y en el mismo orden (véase también la función **printf**).

Si un carácter en **stdin** no es compatible con el tipo especificado por el formato, la entrada de datos se interrumpe.

argumento Es la variable pasada por referencia que se quiere leer.

Cuando se especifica más de un argumento, los valores tecleados en la entrada hay que separarlos por uno o más espacios en blanco (' ', *\t*, *\n*) o por el carácter que se especifique en el formato.

Un espacio en blanco antes o después de una especificación de formato hace que **scanf** lea, pero no almacene, todos los caracteres espacio en blanco, hasta encontrar un carácter distinto de espacio en blanco. Por ejemplo, siendo *a* de tipo **int**, *b* de tipo **float** y *c* de tipo **char**, vamos a analizar el comportamiento de las sentencias de la tabla siguiente:

Sentencia	Entrada de datos
`scanf("%d %f %c", &a, &b, &c);`	`5 23.4 z`*[Entrar]*
`scanf("%d , %f , %c", &a, &b, &c);`	`5, 23.4 , z`*[Entrar]*
`scanf("%d : %f : %c", &a, &b, &c);`	`5:23.4 : z`*[Entrar]*

La primera sentencia leerá del teclado un valor entero (*%d*) para *a*, un valor real (*%f*) para *b* y un carácter (*%c*) para *c*. Obsérvese que las especificaciones de formato ("*%d %f %c*") van separadas por un espacio en blanco; esto es lo más habitual. Quiere esto decir que los datos tecleados para las variables citadas tienen que introducirse separados por al menos un espacio en blanco. Si se utiliza otro separador, como ocurre en las dos sentencias siguientes, entonces en la entrada de datos se utilizará ese separador. Es conveniente que cuando utilice otro separador ponga en la especificación de formato un espacio antes y otro después de él. Esto le permitirá en la entrada separar los datos por el separador especificado seguido y precedido, si lo desea, por espacios en blanco.

Las especificaciones de formato que no incluyan espacios en blanco como separadores no son aconsejables por ser muy rígidas en su uso. Por ejemplo:

Sentencia	Entrada de datos
`scanf("%d%f%c", &a, &b, &c);`	`5 23.4z`*[Entrar]*
`scanf("%d,%f,%c", &a, &b, &c);`	`5,23.4,z`*[Entrar]*

La primera sentencia del ejemplo anterior no incluye separadores entre las especificaciones de formato. Esto hace que en la entrada los valores numéricos sí tengan que ser separados por al menos un espacio en blanco para diferenciar uno de otro, pero no sucede lo mismo con el carácter *z*. Si se pone un espacio en blanco antes de *z*, a la variable *c* se le asignará el espacio en blanco y no la *z*. La segunda sentencia incluye como separador el carácter "coma" sin espacios en blanco. Por lo tanto, por la misma razón expuesta anteriormente, no podemos escribir un espacio en blanco antes del carácter *z*.

Cuando un programa invoca a una función de entrada, como **scanf**, la ejecución de dicho programa se detiene hasta que tecleemos los datos que hay que introducir y pulsemos la tecla *Entrar*. Los datos tecleados no son inmediatamente asignados a las variables especificadas y procesados; piense que si esto sucediera no tendríamos opción de corregir un dato equivocado. Realmente, los datos se escriben en un *buffer* o memoria intermedia asociada con **stdin** y son enviados a la unidad central de proceso cuando se pulsa la tecla *Entrar* para ser asignados a las variables y procesados. Esos datos, según se escriben, son visualizados en el monitor con el fin de ver lo que estamos haciendo.

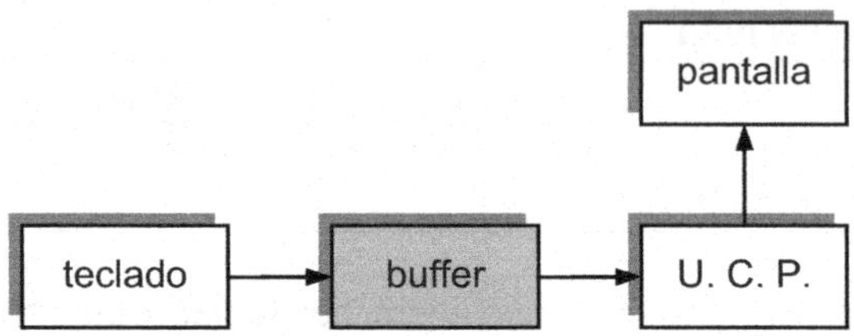

Según lo expuesto, lo que realmente hay en el *buffer* es una cadena de caracteres. Para diferenciar un dato de otro dentro de la cadena, utilizamos los caracteres genéricamente denominados espacios en blanco (espacio en blanco, nueva línea, etc.). Por ejemplo, cuando se ejecuta una sentencia como:

```
scanf("%d %f %c", &a, &b, &c);
```

lo que hacemos es responder a la petición de entrada de datos tecleando una cadena de caracteres, similar a la siguiente, finalizando con *Entrar*:

```
5 23.4 z[Entrar]
```

Dicha cadena también podría introducirse así:

```
5[Entrar]
23.4[Entrar]
z[Entrar]
```

La diferencia es que ahora el separador es el carácter nueva línea (*\n*), en lugar del espacio en blanco.

Cuando se pulsa *Entrar*, lo que hace **scanf** es leer caracteres del *buffer* y convertirlos al formato especificado para la variable que va a almacenarlos. En condiciones normales, la asignación a una variable finaliza cuando se llega a un separador. Este proceso se repite para cada una de las variables especificadas.

La ejecución de la función **scanf** finaliza cuando se han asignado valores a todas las variables o cuando se lee un carácter que no se corresponde con la entrada especificada por el formato. Por ejemplo, si para la misma sentencia anterior introducimos los datos:

```
cinco 23.4 z[Entrar]
```

la ejecución de **scanf** se interrumpe porque el formato *%d* espera un carácter válido para formar un entero y '*c*' (de *cinco*) no lo es. El resultado es que no se asigna ningún valor y la ejecución continúa en la siguiente sentencia del programa, con los valores que tengan en ese instante las variables *a*, *b* y *c*. Si introducimos los datos:

```
5 tm 23.4 z[Entrar]
```

la ejecución de **scanf** se interrumpe porque el formato *%f* espera un carácter válido para formar un real y '*t*' no lo es. El resultado es que *a* vale 5 y no se asigna ningún valor ni a *b* ni a *c*. La ejecución continúa en la siguiente sentencia del programa, con los valores que tengan las variables *a*, *b* y *c*. Si introducimos los datos:

```
5 23,4 z[Entrar]
```

se asigna a la variable *a* el entero 5, a *b* el real 23 y a *c* la coma (','). El resultado final será inesperado porque no eran estos los valores que deseábamos leer.

Recuerde que la función **scanf** devuelve el número de datos leídos y asignados. Esto es, si escribimos las sentencias:

```
int a, r;
float b;
char c;

// ...

r = scanf("%d %f %c", &a, &b, &c);
```

el valor de *r* será 0, 1, 2 o 3. Por ejemplo:

Entrada	**Valor devuelto (*r*)**
5 23.4 z[Entrar]	3
cinco 23.4 z[Entrar]	0
5 tm 23.4 z[Entrar]	1
5 23,4 z[Entrar]	3

No se puede escribir una sentencia como la siguiente:

```
scanf("Introducir los valores de a, b y c: %d %f %c", &a, &b, &c);
```

ya que esta forma de proceder no visualizaría el mensaje especificado, sino que obligaría a escribir la cadena "*Introducir los valores de a, b y c:* " como separador, antes de teclear el valor de *a*. Si lo que quiere es visualizar este mensaje para informar al usuario de lo que tiene que hacer, procederemos así:

```
printf("Introducir los valores de a, b y c: ");
scanf("%d %f %c", &a, &b, &c);
```

Lógicamente, cuando una variable tiene asignado un valor y utilizando una sentencia de entrada se le asigna uno nuevo, el valor anterior es destruido porque el nuevo valor pasa a ocupar la misma localización de memoria.

Una especificación de formato está compuesta por:

%[*][*ancho*][*tamaño*]*tipo*

Una especificación de formato siempre comienza con %. El resto de los elementos que puede incluir se explican a continuación:

* Un *asterisco* a continuación del símbolo % suprime la asignación del siguiente dato en la entrada. Por ejemplo:

```
#include <stdio.h>

int main(void)
{
  int horas, minutos;
  scanf("%d %*s %d %*s", &horas, &minutos);
  printf("horas = %d, minutos = %d\n", horas, minutos);
}
```

Ejecución del programa:

12 horas 30 minutos[Entrar]
horas = 12, minutos = 30

Las cadenas "horas" y "minutos" especificadas después de los valores 12 y 30 no se asignan.

ancho Máximo número de caracteres a leer de la entrada. Los caracteres en exceso no se tienen en cuenta.

En cuanto al *tamaño*, los modificadores que se utilizan son los mismos que expusimos para **printf**:

Tamaño	*Significado*
hh	Se utiliza como prefijo con los tipos **d**, **i**, **o**, **x** o **X**, para especificar que el argumento es **char** o con **u** para especificar un **unsigned char**.
h	Se utiliza como prefijo con los tipos **d**, **i**, **o**, **x** o **X**, para especificar que el argumento es **short int** o con **u** para especificar un **short unsigned int**.
l	Se utiliza como prefijo con los tipos **d**, **i**, **o**, **x** o **X**, para especificar que el argumento es **long int** o con **u** para especificar un **unsigned long int**. También se utiliza con los tipos **a**, **A**, **e**, **E**, **f**, **F**, **g** o **G** para especificar un **double** antes que un **float**.
ll	Se utiliza como prefijo con los tipos **d**, **i**, **o**, **x** o **X**, para especificar que el argumento es **long long int** o con **u** para especificar un **unsigned long long int**.
L	Se utiliza como prefijo con los tipos **e**, **E**, **f**, **g** y **G**, para especificar **long double**.
z	Se utiliza como prefijo con los tipos **d**, **i**, **o**, **u**, **x** o **X**, para especificar que el argumento es **size_t**.
j	Se utiliza como prefijo con los tipos **d**, **i**, **o**, **x** o **X**, para especificar que el argumento es **intmax_t** (ancho máximo de un tipo entero) o con **u** para especificar un **uintmax_t**.
t	Se utiliza como prefijo con los tipos **d**, **i**, **o**, **u**, **x** o **X**, para especificar que el argumento es **ptrdiff_t** (es el tipo entero con signo del resultado de restar dos punteros).

tipo El tipo determina cómo tiene que ser interpretado el dato de entrada: como un carácter, como una cadena de caracteres o como un número. El formato más simple contiene el símbolo *%* y el *tipo*. Por ejemplo, *%i*. Los tipos que se pueden utilizar son los siguientes:

Carácter	**El argumento es un puntero a**	**Entrada esperada**
d	**int**	enteros con signo en base 10.
o	**int**	enteros con signo en base 8.
x, X	**int**	enteros con signo en base 16.
i	**int**	enteros con signo en base 10, 16 u 8. Si el entero comienza con **0**, se toma el valor en octal y si empieza con **0x** o **0X**, el valor se toma en hexadecimal.
u	**unsigned int**	enteros sin signo en base 10.

a, A, f, F		
e, E, g, G	**float**	valor con signo de la forma $[-]d.dddd[\{e\vert E\}[\pm]ddd]$.
c	**char**	un solo carácter.
s	**char**	cadena de caracteres.

Véanse también las macros que tienen la forma general de *SCN* expuestas anteriormente en el apartado *Macros para código independiente de la plataforma.*

El siguiente ejemplo muestra cómo utilizar la función **scanf**.

```
/* entrada2.c
 */
#include <stdio.h>
int main(void)
{
  int a, r; float b; char c;
  printf("Introducir un valor entero, un real y un char\n=>");
  r = scanf("%d %f %c", &a, &b, &c);
  printf("\nNúmero de datos leídos: %d\n", r);
  printf("Datos leídos: %d %f %c\n", a, b, c);
  printf("\nValor hexadecimal: ");
  scanf("%i", &a);
  printf("Valor decimal:      %i\n", a);
}
```

Cuando ejecute este programa, el resultado que se visualizará será así:

```
Introducir un valor entero, un real y un char
=>1880 3.14159 z

Número de datos leídos: 3
Datos leídos: 1880 3.141590 z

Valor hexadecimal: -0x100
Valor decimal:     -256
```

Con la especificación de formato *%c*, se puede leer cualquier carácter, incluidos los caracteres denominados genéricamente espacios en blanco (' ', *\t*, *\n*). Por ejemplo, si en un instante determinado durante la ejecución de un programa quiere hacer una pausa, puede intercalar las dos sentencias siguientes:

```
printf("Pulse <Entrar> para continuar ");
scanf("%c", &car);
```

Cuando se ejecuten estas sentencias se visualizará el mensaje:

```
Pulse <Entrar> para continuar
```

y se hará una pausa mientras **scanf** no tenga un carácter que leer en el *buffer* de entrada. Cuando pulsemos la tecla *Entrar* habremos enviado el carácter nueva línea al *buffer* de entrada, que será leído por la función **scanf** y asignado a la variable *car*, reanudándose la ejecución del programa.

Véase también **scanf_s** en el apartado *Funciones seguras* del apéndice *A*.

Otra función de interés es **sscanf** (o bien **sscanf_s**). A diferencia de **scanf** que lee los datos desde el teclado, esta otra función lee los datos de la cadena de caracteres especificada como primer parámetro; el resto de los parámetros son los mismos de **scanf**.

```
#include <stdio.h>
int scanf(const char * restrict buffer,
          const char * restrict formato[, argumento]...);
```

El parámetro *buffer* hace referencia a una cadena de caracteres formada por los datos que se desean asignar a las variables especificadas en **sscanf**, incluyendo los separadores (como si los estuviera introduciendo desde el teclado). A continuación, se muestra un ejemplo que clarifica lo expuesto:

```
/* sscanf.c
 */
#include <stdio.h>
#include <locale.h>

int main(void)
{
    setlocale(0, "");
    int i1, i2;
    float f1, f2;
    char str1[10], str2[4];

    char datos[] = "13 25,07e-1 dígitos 23456 7890 34";
    int r = sscanf(datos, "%d%f%9s%2d%f%*d %3[0-9]",
                          &i1, &f1, str1, &i2, &f2, str2);
    /*
       los datos se leen así:
       %d: un entero
       %f: un valor con decimales
       %9s: una cadena de como mucho 9 caracteres
            que no sean espacios en blanco
       %2d: un entero de dos dígitos (dígitos 2 y 3)
       %f:  un valor con decimales (dígitos 4, 5, 6)
       %*d: un entero que no se almacena (*)
       ' ': todos los espacios en blanco consecutivos
```

```
       %3[0-9]: una cadena de como mucho 3 dígitos (3 y 4)
    */

    printf("%d datos leídos:\ni = %d\nx = %f\nstr1 = %s\n"
           "j = %d\ny = %f\nstr2 = %s\n",
           r, i1, f1, str1, i2, f2, str2);
}
```

Obsérvese que al establecer la configuración regional predeterminada el separador de los decimales es la coma. Esta forma de proceder es, también, una buena opción para poner a punto un programa en el que los datos tengan que ser introducidos finalmente por el teclado.

CARÁCTER FIN DE ARCHIVO

Desde el punto de vista del desarrollador de una aplicación, un dispositivo de entrada o de salida estándar es manipulado por el lenguaje C como si de un archivo de datos en el disco se tratara. Un archivo de datos no es más que una colección de información. Los datos que introducimos por el teclado son una colección de información y los datos que visualizamos en el monitor son también una colección de información.

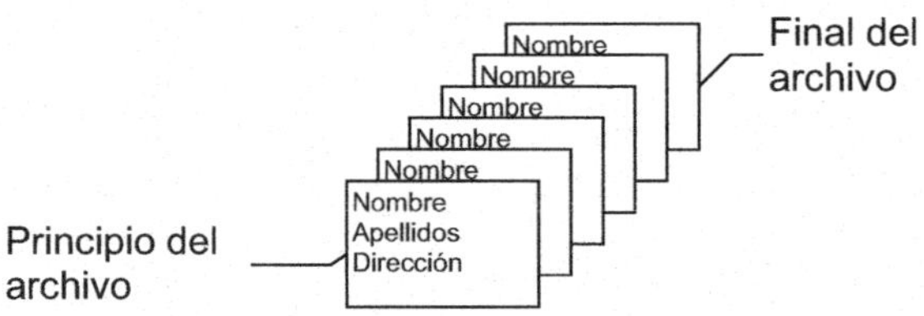

Todo archivo tiene un principio y un final. ¿Cómo sabe un programa que está leyendo datos de un archivo que se ha llegado al final del mismo y, por lo tanto, no hay más datos? Por una marca de fin de archivo. En el caso de un archivo grabado en un disco esa marca estará escrita al final del mismo. En el caso del teclado la información procede de lo que nosotros tecleamos, por lo tanto si nuestro programa requiere detectar la marca de fin de archivo, tendremos que teclearla cuando demos por finalizada la introducción de información. Esto se hace pulsando las teclas *Ctrl+D* en UNIX o *Ctrl+Z* en una aplicación de consola en Windows.

Ya que un archivo o un dispositivo siempre es manejado a través de un flujo, hablar del final del flujo es sinónimo de hablar del final del archivo. Por eso, de ahora en adelante, siempre que tengamos que realizar algún tipo de operación sobre un dispositivo o sobre un archivo, nos referiremos indistintamente a ellos o al flujo que los representa.

Recuerde que cuando la función **scanf** intenta leer un carácter fin de archivo, retorna la constante **EOF** definida en el archivo *stdio.h*. El ejemplo siguiente escribe el mensaje "Fin de la entrada de datos", si al mensaje "Precio: " respondemos pulsando las teclas correspondientes al carácter *fin de archivo* seguido de la tecla *Entrar*; en otro caso, se escribirá el precio tecleado.

```
/* eof.c
 */
#include <stdio.h>

int main(void)
{
  int r = 0;
  float precio = 0;

  printf("Precio: ");
  r = scanf("%g", &precio);

  (r == EOF) ? printf("Fin de la entrada de datos\n")
             : printf("%g\n", precio);
}
```

En capítulos posteriores utilizaremos el carácter fin de archivo como condición para finalizar la entrada de un número de datos, en principio indeterminado.

CARÁCTER \n

Cuando se están introduciendo datos a través del teclado y pulsamos la tecla *Entrar* se introduce también el carácter *\n*. Mientras que en la salida *\n* produce un *CR+LF* (*CR* es el ASCII 13 y *LF* es el ASCII 10), en la entrada se corresponde con un *LF*; esto es, una expresión C como *'\n' == 10* daría como resultado **true**.

En algunas ocasiones, este carácter *\n* puede tener efectos indeseables. Vamos a explicar esto con el siguiente ejemplo que, inicialmente, lee un número real:

```
#include <stdio.h>

int main(void)
{
  float precio = 0;

  printf("Precio: ");
  scanf("%g", &precio);
  printf("Precio = %g\n", precio);
}
```

Cuando se ejecute la función **scanf** del programa anterior, si tecleamos *1000* y pulsamos la tecla *Entrar*, antes de la lectura habrá en el *buffer* de entrada (*buffer* asociado con **stdin**) la siguiente información:

1	0	0	0	\n											

y después de la lectura,

\n															

ya que el carácter *\n* no es un carácter válido para la especificación de formato *%g*; por lo tanto, aquí se interrumpe la lectura. Este carácter sobrante puede ocasionarnos problemas si a continuación se ejecuta otra sentencia de entrada que admita datos que sean caracteres. Por ejemplo, para ver este detalle vamos a modificar el programa anterior de la siguiente forma:

```
#include <stdio.h>

int main(void)
{
  float precio = 0;
  char car = 0;

  printf("Precio: ");
  scanf("%g", &precio);

  printf("Pulse <Entrar> para continuar ");
  scanf("%c", &car);

  printf("Precio = %g\n", precio);
}
```

Si ejecutamos este programa y tecleamos el dato *1000*, se producirá el siguiente resultado:

```
Precio: 1000[Entrar]
Pulse <Entrar> para continuar Precio = 1000
```

A la vista del resultado, se observa que no se ha hecho una pausa. ¿Por qué? Porque el carácter sobrante nueva línea es un carácter válido para la especificación de formato *%c*, razón por la que **scanf** no necesita esperar a que introduzcamos un carácter para la variable *car*.

Una solución al problema planteado se expone a continuación. Al explicar la especificación de formato para **scanf** dijimos que un * a continuación del símbolo

% suprime la asignación del siguiente dato en la entrada. Según esto, el programa anterior lo modificaríamos así:

```
#include <stdio.h>

int main(void)
{
  float precio = 0;
  char car = 0;

  printf("Precio: ");
  scanf("%g", &precio);

  printf("Pulse <Entrar> para continuar ");
  scanf("%*c%c", &car);

  printf("Precio = %g\n", precio);
}
```

Otra solución es limpiar el *buffer* de la entrada estándar, cuestión que exponemos a continuación, después de exponer la función **getchar**.

LEER UN CARÁCTER DE LA ENTRADA ESTÁNDAR

Para leer un carácter de la entrada estándar (**stdin**), C proporciona la función **getchar**. Cada vez que se ejecute la función **getchar** se leerá el siguiente carácter al último leído. La sintaxis para esta función es:

```
#include <stdio.h>
int getchar(void);
```

Observe que la función no tiene argumentos. El carácter leído se corresponde con el valor **int** devuelto por la función. Por ejemplo:

```
#include <stdio.h>

int main(void)
{
  char car;

  printf("Introducir un carácter: ");
  car = getchar(); /* lee un carácter y lo almacena en
                      la variable car */
  printf("Carácter: %c, valor ASCII: %d\n", car, car);
}
```

Ejecución del programa

```
Introducir un carácter: a
Carácter: a, valor ASCII: 97
```

En el ejemplo anterior la variable *car* ha sido definida de tipo **char** en lugar de **int**. Esto no altera el resultado ya que, según dijimos en el capítulo *Elementos del lenguaje C*, los datos de tipo **int** se convierten a **char** preservando los bits de menor peso; esto es, desechando los bits de mayor peso en exceso. Así mismo se puede observar que dependiendo del formato que se utilice para visualizar *car*, *%c* o *%d*, el resultado puede ser el propio carácter o su valor ASCII. Internamente, refiriéndonos a la memoria del ordenador, no hay más que un conjunto de 0 y 1 (*01100001*).

Suponiendo que el *buffer* de **stdin** está vacío, cuando en el programa anterior se invoque a la función **getchar**, su ejecución se detendrá hasta que tecleemos un carácter y pulsemos la tecla *Entrar*. El carácter leído será almacenado en la variable *car*. La sentencia a la que nos acabamos de referir es equivalente a esta otra:

```
scanf("%c", &car);
```

por lo que todo lo expuesto para **scanf** con respecto a los caracteres *\n* y fin de archivo también es aplicable a **getchar**.

La función **getchar** devuelve el carácter leído, o un **EOF** si se detecta el final del archivo o si ocurre un error. ¿Cómo saber qué es lo que ocurrió? El siguiente programa lo expone con claridad:

```
/* getchar.c
 */
#include <stdio.h>
#include <stdlib.h> // para EXIT_FAILURE (1) y EXIT_SUCCESS (0)

int main(void)
{
  int car;
  // Leer/escribir caracteres desde stdin
  while ((car = getchar()) != EOF)
    printf("%c", car);

  // Verificar si devolvió EOF
  if (feof(stdin))
     printf("El programa finalizó correctamente\n");
  // Si no EOF, ocurrió un error
  else if (ferror(stdin))
  {
    printf("Ocurrió un error\n");
    exit(EXIT_FAILURE);
  }
```

```
  return EXIT_SUCCESS;
}
```

```
Ejecución del programa

abcd
abcd
^Z
El programa finalizó correctamente
```

En este ejemplo, la función **feof** devuelve **true** si el último carácter leído de **stdin** fue la marca de fin de archivo (*end-of-file*: se pulsó Ctrl+z); en otro caso, la función **ferror** devuelve **true** porque ocurrió un error y se llama a la función **exit** para terminar la ejecución del programa.

LIMPIAR EL BUFFER DE LA ENTRADA ESTÁNDAR

Para limpiar el *buffer* asociado con el flujo **stdin**, algunos compiladores antiguos permitían utilizar la sentencia **fflush(stdin)**, pero esta sentencia no es admitida por el estándar de C. Explicamos el porqué. La sintaxis de esta función es como se indica a continuación:

```
#include <stdio.h>
int fflush(FILE *flujo);
```

Cuando se trata de un flujo desde el origen (flujo desde el que el programa lee los datos), como ocurre con **stdin**, que está vinculado con el teclado, la función **fflush** simplemente no tiene efecto. Ahora bien, cuando se trata de un flujo hacia el destino (flujo en el que el programa escribe los resultados), **fflush** escribe el contenido del *buffer* en el archivo o dispositivo ligado con ese flujo y limpia el *buffer*. Esta función retorna un valor 0 si se ejecuta satisfactoriamente o el valor **EOF** si ocurre un error.

Un *buffer* asociado con un flujo de salida se limpia automáticamente cuando está lleno, cuando se cierra el flujo o cuando el programa finaliza normalmente.

Entonces, para limpiar el *buffer* vinculado con **stdin** podemos utilizar, según ya hemos visto en los capítulos anteriores, la sentencia *while (getchar() != '\n');* o bien alguna otra función que lea datos (que obtenga los datos) del flujo **stdin**, según veremos en el capítulo *Tipos estructurados de datos*.

La sentencia *while (getchar() != '\n');* lee del flujo **stdin**, carácter a carácter, la información que haya hasta leer el carácter *'\n'*, instante en el que finaliza la sentencia repetitiva **while**.

Según lo expuesto, el problema anterior podría resolverse también así:

```
/* nl.c - Carácter \n
 */
#include <stdio.h>

int main(void)
{
  float precio = 0;
  char car = 0;

  printf("Precio: ");
  scanf("%g", &precio);
  while (getchar() != '\n');

  printf("Pulse <Entrar> para continuar ");
  scanf("%c", &car);

  printf("Precio = %g\n", precio);
}
```

Si lo prefiere, puede añadir una función que haga esa tarea. Ahora que conocemos cómo se ejecuta **getchar**, esa función puede ser así:

```
void fflushstdin(void)
{
  if (!feof(stdin) && !ferror(stdin))
    while ((getchar()) != '\n');
}
```

ESCRIBIR UN CARÁCTER EN LA SALIDA ESTÁNDAR

Para escribir un carácter en la salida estándar (**stdout**) C proporciona la función **putchar**. Cada vez que se ejecute la función **putchar** se escribirá en el monitor un carácter a continuación del último escrito. La sintaxis para esta función es:

```
#include <stdio.h>
int putchar(int c);
```

La función **putchar** devuelve el carácter escrito, o un **EOF** si ocurre un error. Observe que la función tiene un argumento de tipo entero que almacena el carácter que se quiere escribir. Por ejemplo:

```
putchar('\n'); /* avanza a la siguiente línea */
putchar(car);  /* escribe el carácter contenido en la
                  variable car */
```

Las sentencias anteriores son equivalentes a:

```
printf("\n");
printf("%c", car);
```

o simplemente:

```
printf("\n%c", car);
```

LEER UNA CADENA DE CARACTERES

Según se expuso al principio de este capítulo, las cadenas de caracteres no son más que matrices unidimensionales de caracteres, cuyo estudio detallado se ha pospuesto para un capítulo posterior. También, en el apartado *Matrices* del capítulo *Fases en el desarrollo de un programa* se definió lo que es una matriz de una dimensión. Gráficamente nos la podemos imaginar así:

F	r	a	n	c	i	s	c	o		J	a	v	i	e	r	\n		...

Entonces, para almacenar una cadena de caracteres primero tenemos que definir una matriz unidimensional, generalmente, de tipo **char** o **unsigned char**:

```
char nombre[80] = {0}; // cadena de caracteres 'nombre' vacía
```

Una vez definida, utilizando algunas de las funciones estudiadas hasta ahora, podremos almacenar los caracteres que introduzcamos a través del teclado.

```
/* LeerCadena.c */
#include <stdio.h>
#define LF 10

int main(void)
{
  char nombre[80] = { 0 }; // cadena de caracteres 'nombre' vacía
  int i = 0;
  printf("Nombre: ");
  nombre[i] = getchar(); // primer carácter
  while (nombre[i] != LF) // tecla [Entrar] implica LF
  {
    i++;
    nombre[i] = getchar(); // siguientes caracteres
  }
  nombre[i] = '\0'; // carácter de terminación de una cadena
  printf("%s\n", nombre);
}
```

Ejecución del programa

```
Nombre: Francisco Javier[Entrar]
Francisco Javier
```

Este programa lee uno a uno los caracteres tecleados hasta encontrar el carácter LF (consecuencia de haber pulsado la tecla *Entrar*) y los va almacenando consecutivamente en la matriz *nombre* empezando en la posición cero. Finalmente, a modo de prueba, escribe el contenido de la cadena.

No obstante, según expusimos anteriormente, el trabajo de leer carácter a carácter una cadena de caracteres ya está programado bajo la función de la biblioteca de C **scanf(***"%s", cadena***)**. Según esto, el ejemplo anterior resulta más sencillo utilizando esta función:

```
/* scanf01.c */
#include <stdio.h>

int main(void)
{
  char nombre[80] = { 0 }; // cadena de caracteres 'nombre' vacía

  printf("Nombre: ");
  scanf("%s", nombre);
  printf("%s\n", nombre);
}
```

En este caso, la variable *nombre* no necesita ser precedida por el operador **&**, porque el identificador de una matriz es la dirección de comienzo de la matriz, esto es, la dirección simbólica del principio de la cadena de caracteres. Ahora bien, si ejecuta el código anterior y realiza una entrada como la siguiente:

```
Francisco Javier
```

no se sorprenda cuando al visualizar la cadena vea que solo se escribe *Francisco*. Recuerde que la función **scanf** lee datos delimitados por espacios en blanco. Para solucionar este problema, **scanf** admite una especificación de formato personalizada que tiene la sintaxis siguiente:

```
%[caracteres]
```

Esta especificación de formato indica leer caracteres hasta que se lea uno que no esté especificado en el conjunto indicado por *caracteres*. Por ejemplo:

`%[a-z]` caracteres válidos: a, b, c..., z

`%[A-Za-z\n]` caracteres válidos: A, B, C..., Z, a, b, c..., z, \n

```
%[0-9]                  caracteres válidos: 0, 1, 2..., 9
```

Lo inverso sería:

```
%[^caracteres]
```

que indica leer caracteres hasta que se lea uno que esté especificado en el conjunto indicado por *caracteres*. Por ejemplo:

```
#include <stdio.h>

int main(void)
{
  char nombre[80] = { 0 }; // cadena de caracteres 'nombre' vacía

  printf("Nombre: ");
  scanf("%[^\n]", nombre);
  printf("%s\n", nombre);
}
```

En este ejemplo, **scanf** leerá caracteres de la entrada estándar hasta encontrar un carácter *\n*. Para este caso hay una alternativa que es utilizar la función **fgets** o **gets_s** de la biblioteca de C y que veremos más adelante en otro capítulo.

Según lo expuesto, podemos decir que una sentencia como la siguiente:

```
double dato;
scanf("%lf", &dato);
```

es equivalente al código siguiente:

```
double dato;
char sdato[20];
scanf("%19[+-.0123456789]", sdato);
dato = atof(sdato); // convertir la cadena de caracteres a double
```

En el apéndice *B* puede ver algunas funciones de la biblioteca de C, como, por ejemplo, **atof**.

VALIDAR UN DATO DE ENTRADA

Una operación que se repite constantemente en el desarrollo de programas es la entrada de datos. Acabamos de ver unas cuantas funciones que permiten almacenar en una variable del programa los datos introducidos a través del teclado. Pues bien, si queremos blindar nuestro programa contra entradas indeseadas (por ejemplo, introducir "hola" cuando lo que se requiere es un valor decimal), los datos introducidos tendrán que ser validados, proceso que resultará repetitivo, por lo que se sugiere escribir una o más funciones de validación que puedan ser reutilizadas.

Veamos un ejemplo. Si recuerda, en el capítulo *Estructura de un programa* realizamos un programa que contenía tres funciones: **main**, *sumar* y *restar*. La función **main** solicitaba dos valores y, utilizando las funciones *sumar* y *restar*, mostraba la suma y la resta de dichos valores.

```
/* aritmetica.c */
#include <stdio.h>

double sumar(double, double);
double restar(double, double);

int main(void)
{
  double op1 = 0, op2 = 0, resultado = 0;

  // Introducir datos:
  printf("Operando 1: "); scanf("%lf", &op1);
  printf("Operando 2: "); scanf("%lf", &op2);
  // Suma
  resultado = sumar(op1, op2);
  printf("Suma = %g\n", resultado);
  // Resta
  resultado = restar(op1, op2);
  printf("Resta = %g\n", resultado);
}

double sumar(double x, double y)
{
  double z;
  z = x + y;
  return z;
}

double restar(double x, double y)
{
  double z;
  z = x - y;
  return z;
}
```

Ejecución del programa

```
Operando 1: hhjss[Entrar]
Operando 2: Suma = 0
Resta = 0
```

Pero piense, ¿qué sucedería si, como muestra el ejemplo anterior, la persona que utiliza el programa, cuando le son solicitados los datos, no introduce los valores decimales esperados, sino que introduce "basura" (*hhjss*)? Pues, muy sencillo, que el programa no reacciona ante tal situación y continúa su ejecución con los valores que actualmente tenían las variables. Evidentemente, no es esto lo que deseamos. ¿Solución? Validar los datos introducidos por el usuario del programa. En este caso, la función **main** solicita, invocando a la función **scanf**, dos valores de tipo **double**. Entonces, vamos a sustituir la función **scanf** por otra, *leerDouble*, que apoyándose en el valor devuelto por **scanf** garantice que devuelve un valor del tipo esperado, en este caso **double**.

```
/* aritmetica.c */
#include <stdio.h>

double sumar(double, double);
double restar(double, double);
int leerDouble(double *);
void fflushstdin(void);

int main(void)
{
  double op1 = 0, op2 = 0, resultado = 0;

  // Introducir datos:
  printf("Operando 1: "); leerDouble(&op1);
  printf("Operando 2: "); leerDouble(&op2);
  // ...
}

...

int leerDouble(double *pdato)
{
  int r = 0;
  while (r == 0)
  {
    r = scanf("%lf", pdato);
    if (r == 0)
    {
      printf("Dato incorrecto. Introduzca otro: ");
    }
    fflushstdin(); // eliminar el dato incorrecto
  }
  return r;
}

void fflushstdin(void)
{
  if (!feof(stdin) && !ferror(stdin))
```

```
    while ((getchar()) != '\n');
}
```

Observe como la función *leerDouble* almacena en la variable pasada por referencia un valor que satisfaga lo requerido por el formato *%lf*, formato correspondiente a un valor de tipo **double**. Mientras no se satisfaga este requisito, *r* valdrá cero y se volverá a solicitar de nuevo el dato, limpiando previamente el *buffer* de entrada para eliminar el dato no aceptado. Observe que la sintaxis para invocar a *leerDouble* es análoga a la empleada por **scanf**, en cuanto a que la variable a leer se pasa por referencia y devuelve el mismo valor entero (por ejemplo, EOF).

La validación de datos es imprescindible en cualquier aplicación profesional. Si el autor de esta obra no la aplica en cada uno de los ejemplos de este libro es simplemente por presentar un código lo más simple posible centrado en el tema que trata de explicar.

REUTILIZAR CÓDIGO

Las funciones *leerDouble* y *fflushstdin* anteriores, y otras análogas, por ejemplo, *leerInt*, pueden ser reutilizadas en todos los programas en los que sean necesarias. Una forma sencilla de hacer esto es aplicando la teoría expuesta en el apartado *Programa C formado por múltiples archivos* del capítulo *Estructura de un programa*. Según lo expuesto allí, escribiríamos dos archivos: *entrada-salida.h* y *entrada-salida.c*, el primero con las declaraciones de las funciones y el segundo con las definiciones, análogamente a como C proporciona *stdio.h* y *stdio.c* (la biblioteca C no proporciona el código fuente de los archivos *.c*, sino los compilados).

```
/* entrada-salida.h */
#pragma once

int leerInt(int *);
int leerDouble(double *);
void fflushstdin(void);
```

La directriz **#pragma once** instruye al compilador C para que el archivo de cabecera, en este caso *entrada-salida.h*, no se pueda incluir accidentalmente dos o más veces en una misma unidad de traducción (en un archivo *.c*), sino solo una. Las directrices serán estudiadas en el capítulo *El preprocesador de C*.

```
/* entrada-salida.c */
#include <stdio.h>

int leerInt(int *pdato)
{
  int r = 0;
```

```
  while (r == 0)
  {
    r = scanf("%d", pdato);
    if (r == 0)
    {
      printf("Dato incorrecto. Introduzca otro: ");
    }
    fflushstdin();
  }
  return r;
}

int leerDouble(double *pdato)
{
  int r = 0;
  while (r == 0)
  {
    r = scanf("%lf", pdato);
    if (r == 0)
    {
      printf("Dato incorrecto. Introduzca otro: ");
    }
    fflushstdin();
  }
  return r;
}

void fflushstdin(void)
{
  if (!feof(stdin) && !ferror(stdin))
    while ((getchar()) != '\n');
}
```

Ahora, cuando hagamos un programa que necesite utilizar esas funciones, simplemente tendremos que incluir, en la unidad de traducción (archivo *.c*) donde se invoquen, el archivo de cabecera *entrada-salida.h*, y compilar *entrada-salida.c* junto con todas las unidades de traducción que forman nuestro programa.

```
/* aritmetica2.c */
#include <stdio.h>
#include "entrada-salida.h"
double sumar(double, double);
double restar(double, double);

int main(void)
{
  double op1 = 0, op2 = 0, resultado = 0;

  // Introducir datos:
  printf("Operando 1: "); leerDouble(&op1);
```

```
  printf("Operando 2: "); leerDouble(&op2);
  // ...
}

double sumar(double x, double y)
{
  // ...
}

double restar(double x, double y)
{
  // ...
}
```

Más adelante aprenderemos cómo hacer una biblioteca con todas estas funciones reutilizables. De momento sepa que junto con el archivo de cabecera podría suministrar la unidad de traducción compilada (archivo objeto) en lugar del archivo fuente *.c*.

LIMPIAR LA PANTALLA

Aunque la biblioteca de C no proporciona una función específica para limpiar la pantalla, sí proporciona la función **system** que permite enviar cualquier orden al sistema operativo; por ejemplo, la orden de limpiar la pantalla. Esta función tiene un argumento que es una cadena de caracteres. Su sintaxis es la siguiente:

```
#include <stdlib.h>
int system(const char *cadena-de-caracteres);
```

Como ejemplo, las siguientes sentencias permiten limpiar la pantalla:

```
system("cls");   // limpiar la pantalla en Windows
system("clear"); // limpiar la pantalla en UNIX
```

Cuando se invoca a la función **system** la cadena de caracteres es pasada al intérprete de órdenes del sistema operativo, que ejecuta la orden especificada por dicha cadena.

EJERCICIOS RESUELTOS

1. Realizar un programa que dé como resultado los intereses producidos y el capital total acumulado de una cantidad *c*, invertida a un interés *r* durante *t* días.

   La fórmula utilizada para el cálculo de los intereses es:

$$I = \frac{c * r * t}{360 * 100}$$

siendo:

I = Total de intereses producidos.
c = Capital.
r = Tasa de interés nominal en tanto por ciento.
t = Período de cálculo en días.

La solución de este problema puede ser de la siguiente forma:

- Primero definimos las variables que vamos a utilizar en los cálculos.

```
double c, intereses, capital;
float r;
int t;
```

- A continuación, leemos los datos *c*, *r* y *t*.

```
printf("Capital invertido ");
scanf("%lf", &c);
printf("\nA un %% anual del ");
scanf("%f", &r);
printf("\nDurante cuántos días ");
scanf("%d", &t);
```

  En el ejemplo anterior, %% da lugar a que se visualice un %. Para que un carácter con un significado especial para el compilador, como es %, sea tratado como un carácter ordinario, hay que duplicarlo.

- Conocidos los datos, realizamos los cálculos. Nos piden los intereses producidos y el capital acumulado. Los intereses producidos los obtenemos aplicando directamente la fórmula. El capital acumulado es el capital inicial más los intereses producidos.

```
intereses = c * r * t / (360 * 100);
capital = c + intereses;
```

- Finalmente, escribimos el resultado.

```
printf("Intereses producidos...%10.2f\n", intereses);
printf("Capital acumulado......%10.2f\n", capital);
```

Observe que el desarrollo de un programa, en general, consta de tres bloques colocados en el siguiente orden:

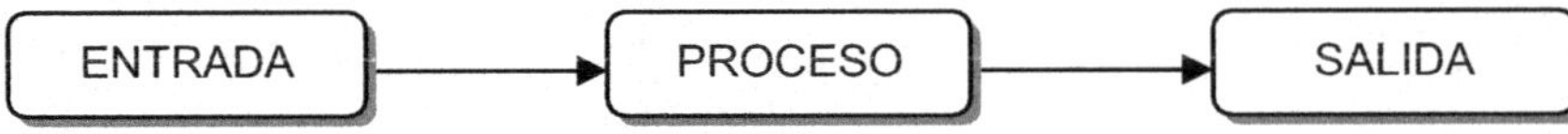

El programa completo se muestra a continuación.

```
/******************** Capital e Intereses ********************/
/* capital.c
 */
#include <stdio.h>
#include <stdlib.h>

int main(void)
{
  double c, intereses, capital;
  float r;
  int t;

  system("cls"); /* limpiar pantalla */
  /* Entrada de datos */
  printf("Capital invertido         ");
  scanf("%lf", &c);
  printf("\nA un %% anual del          ");
  scanf("%f", &r);
  printf("\nDurante cuántos días      ");
  scanf("%d", &t);
  printf("\n\n");

  /* Cálculos */
  intereses = c * r * t / (360L * 100);
  capital = c + intereses;

  /* Escribir resultados */
  printf("Intereses producidos...%10.2f\n", intereses);
  printf("Capital acumulado......%10.2f\n", capital);
}
```

Ejecución del programa:

```
Capital invertido         1000000

A un % anual del          1.5

Durante cuántos días      360


Intereses producidos...   15000.00
Capital acumulado......1015000.00
```

2. Realizar un programa que dé como resultado las soluciones reales x_1 y x_2 de una ecuación de segundo grado, de la forma:

$$ax^2 + bx + c = 0$$

Las soluciones de una ecuación de segundo grado vienen dadas por la fórmula:

$$x_i = \frac{-b \pm \sqrt{b^2 - 4ac}}{2a}$$

Las soluciones son reales solo si $b^2–4ac$ es mayor o igual que 0. Con lo aprendido hasta ahora, la solución de este problema puede desarrollarse de la forma siguiente:

- Primero definimos las variables necesarias para los cálculos:

```
double a, b, c, d, x1, x2;
```

- A continuación, leemos los coeficientes *a*, *b* y *c* de la ecuación:

```
printf("Introducir los coeficientes a b c: ");
scanf("%lf %lf %lf", &a, &b, &c);
```

Observe que el tipo especificado es *lf* (**double**). Especificar un tipo *f* sería un error, porque las variables han sido definidas de tipo **double**. El formato utilizado por el ordenador internamente para almacenar un **float** es diferente al utilizado para almacenar un **double**.

- Nos piden calcular las raíces reales. Lo haremos mediante una función *ec2grado*. Para que existan raíces reales tiene que cumplirse que $b^2–4ac \geq 0$; si no, las raíces son complejas conjugadas. Entonces, si hay raíces reales las calculamos; en otro caso, salimos del programa.

Para salir de una función sin hacer nada más, C proporciona la sentencia **return** y para salir totalmente del programa la función **exit**:

```
#include <stdlib.h>
void exit(int estado);
```

El argumento *estado* es un valor que se devuelve al proceso que invocó al programa para su ejecución.

```
d = b * b - 4 * a * c;
```

```
(d < 0) ? printf("Las raíces son complejas\n"), exit(0)
        : printf("Las raíces reales son:\n");
```

Como ejercicio puede reemplazar el operador ternario *:?* por una sentencia **if**. En otro ejercicio, más adelante, calcularemos las raíces complejas también.

- Si hay raíces reales las calculamos aplicando la fórmula.

```
d = sqrt(d);
x1 = (-b + d) / (2 * a);
x2 = (-b - d) / (2 * a);
```

La función **sqrt** calcula la raíz cuadrada de su argumento. En el ejemplo, se calcula la raíz cuadrada de *d* y se almacena el resultado de nuevo en *d*.

- Por último, escribimos los resultados obtenidos.

```
printf("x1 = %g\nx2 = %g\n", x1, x2);
```

El programa completo se muestra a continuación:

```
/********** Solución de una ecuación de segundo grado **********/
/* ecuacion.c
*/
#include <stdio.h>  // necesario para scanf y printf
#include <stdlib.h> // necesario para system
#include <math.h>   // necesario para sqrt
void ec2grado(double, double, double, double *, double *);

int main(void)
{
  double a, b, c, x1, x2;

  system("cls");

  /* Entrada de datos */
  printf("Introducir los coeficientes a b c: ");
  scanf("%lf %lf %lf", &a, &b, &c);

  ec2grado(a, b, c, &x1, &x2);

  /* Escribir resultados */
  printf("x1 = %g\nx2 = %g\n", x1, x2);
}

void ec2grado(double a, double b, double c, double *px1, double *px2)
{
  double d;
```

```
  /* Comprobar si las raíces son reales */
  d = b * b - 4 * a * c;
  (d < 0) ? printf("Las raíces son complejas\n"), exit(0)
    : printf("Las raíces reales son:\n");

  /* Cálculo de las soluciones */
  d = sqrt(d);
  *px1 = (-b + d) / (2 * a);
  *px2 = (-b - d) / (2 * a);
}
```

Ejecución del programa:

```
Introducir los coeficientes a b c: 1 -1 -6
Las raíces reales son:
x1 = 3
x2 = -2
```

Obsérvese los parámetros de la función *ec2grado*. Los tres primeros, los coeficientes de la ecuación, se pasan por valor, y los dos últimos, donde se almacenarán los valores de las raíces reales obtenidos, se pasan por referencia.

EJERCICIOS PROPUESTOS

1. Responda a las siguientes preguntas:

   1) ¿Cuál es el resultado del siguiente programa?

```
#include <stdio.h>
int main(void)
{
  float a = 0.0F;
  a = 1/3;
  printf("%f\n", a);
}
```

   a) 0.000000.
   b) 0.333333.
   c) 1.0.
   d) 0.33333.

   2) ¿Cuál es el resultado del siguiente programa?

```
#include <stdio.h>
int main(void)
{
  float a = 10.0F, b;
  b = a/2;
```

```
  printf("%g\n", b);
}
```

a) 5.000000.
b) 5.
c) 5.0.
d) 5.00000.

3) ¿Cuál es el resultado del siguiente programa?

```
#include <stdio.h>
int main(void)
{
  double a = 20.0, b;
  b = a/3;
  printf("%f\n", b);
}
```

a) Error. El formato tiene que ser %lf.
b) 6.66666.
c) 6.666666.
d) 6.666667.

4) ¿Cuál es el resultado del siguiente programa?

```
#include <stdio.h>
int main(void)
{
  int a = 10;
  printf("%X\n", a);
}
```

a) 10.
b) 0xA.
c) A.
d) a.

5) ¿Cuál es el resultado del siguiente programa?

```
#include <stdio.h>
int main(void)
{
  double a = 20.0, b;
  b = a/3;
  printf("%20.2f\n", b);
}
```

a) 6.666666 ajustado al margen izquierdo de la pantalla.

b) 6.666666 ajustado a la derecha en un ancho de 20 posiciones.
c) 6.67 ajustado a la derecha en un ancho de 22 posiciones.
d) Ninguno de los anteriores.

6) ¿Cuál es el resultado del siguiente programa suponiendo que se teclea el valor 3.1416?

```
#include <stdio.h>
int main(void)
{
  double a = 0.0;
  scanf("%f", a);
  printf("%g\n", a);
}
```

a) 3.1416.
b) Error durante la ejecución.
c) 3.142.
d) 0.0.

7) ¿Cuál es el resultado del siguiente programa suponiendo que se teclea el valor 3.1416?

```
#include <stdio.h>
int main(void)
{
  double a = 0.0;
  scanf("%f", &a);
  printf("%g\n", a);
}
```

a) 3.1416.
b) Error durante la ejecución.
c) Resultado inesperado.
d) 0.0.

8) ¿Cuál es el resultado del siguiente programa suponiendo que se teclean los valores: *3.1416 x6A –3.1*?

```
#include <stdio.h>
int main(void)
{
  double a = 0.0, b = 0.0, c = 0.0;
  int r = 0;
  r = scanf("%lf %lf %lf", &a, &b, &c);
  printf("%d\n", r);
}
```

a) 0.
b) 1.
c) 2.
d) Ninguno de los anteriores.

9) ¿Cuál es el resultado del siguiente programa suponiendo que el valor ASCII del 0 es 48 y que se teclea el valor 2?

```
#include <stdio.h>
int main(void)
{
  char c = 0;
  c = getchar();
  printf("%d\n", c * 2);
}
```

a) 100.
b) 96.
c) 4.
d) Ninguno de los anteriores.

10) ¿Cuál es el resultado que se ve en la pantalla cuando se ejecuta el siguiente programa suponiendo que se teclean los valores: 2 s?

```
#include <stdio.h>
int main(void)
{
  int a = 0, c = 0;
  scanf("%d", &a);
  c = getchar();
  printf("%d %c\n", a, c);
}
```

a) 2 s.
b) 2.
c) s.
d) Ninguno de los anteriores.

2. Realizar un programa que calcule el volumen de una esfera, que viene dado por la fórmula:

$$v = \frac{4}{3}\pi r^3$$

3. Realizar un programa que pregunte el nombre, el año de nacimiento y el año actual, y dé como resultado:

```
Hola nombre, en el año 2030 cumplirás n años
```

4. Realizar un programa que evalúe el polinomio $p = 3x^5 - 5x^3 + 2x - 7$ y visualice el resultado con el siguiente formato:

```
Para x = valor, 3x^5 - 5x^3 + 2x - 7 = resultado
```

5. Realizar el mismo programa anterior, pero empleando ahora coeficientes variables *a*, *b* y *c*.

6. Ejecute el siguiente programa, explique lo que ocurre y realice las modificaciones que sean necesarias para su correcto funcionamiento.

```
#include <stdio.h>
int main(void)
{
  int car = 0;
  car = getchar();
  putchar(car);
  car = getchar();
  putchar(car);
}
```

7. Indique qué resultado da el siguiente programa. A continuación, ejecute el programa y compare los resultados.

```
#include <stdio.h>
int main(void)
{
  char car1 = 'A', car2 = 65, car3 = 0;
  car3 = car1 + 'a' - 'A';
  printf("%d %c\n", car3, car3);
  car3 = car2 + 32;
  printf("%d %c\n", car3, car3);
}
```

8. Escriba un programa que imprima los *n* primeros elementos de la serie de *Fibonacci*: $f(0) = 0, f(1) = 1, f(2) = f(0) + f(1), \ldots, f(i) = f(i\text{-}2) + f(i\text{-}1)$. Utilice las funciones:

   - *leerEntero* para leer un valor entero validado.
   - *serieFibonacci* para guardar los elementos de la serie en una matriz unidimensional (tamaño máximo 100 elementos).
   - *escribirResultado* para mostrar los elementos de la serie.

   La ejecución del programa tendrá que comportarse según se indica a continuación:

```
Número de elementos a calcular de la serie: hola
El dato no es correcto, vuélvalo a introducir: 101
El valor introducido no puede ser mayor que 100. Introduzca otro: 10
Calculando los elementos de la serie.
```

```
Elementos de la serie:
0 1 1 2 3 5 8 13 21 34
```

CAPÍTULO 5

SENTENCIAS DE CONTROL

Un programa C es un conjunto de funciones, una función agrupa un conjunto de instrucciones o sentencias para llevar a cabo una tarea específica, la realizada por la función, y una instrucción o sentencia define una o más operaciones a realizar con las expresiones que forman parte de la misma. Durante la ejecución del programa, el cuerpo de cada una de estas funciones, cuando sea invocada, será ejecutado en el mismo orden de arriba abajo en el que fueron escritas las sentencias. Pero, seguro que en algún momento nos surgirá la necesidad de ejecutar unas sentencias u otras en función de unos criterios que deben cumplirse. Por ejemplo, en el capítulo anterior, cuando calculábamos las raíces de una ecuación de segundo grado, vimos que en función del valor del discriminante las raíces podían ser reales o complejas. En un caso como este, surge la necesidad de que sea el propio programa el que tome la decisión, en función del valor del discriminante, de si lo que tiene que calcular son dos raíces reales o dos raíces complejas conjugadas.

Así mismo, en más de una ocasión necesitaremos ejecutar un conjunto de sentencias un número determinado de veces, o bien hasta que se cumpla una condición determinada. Por ejemplo, en el capítulo anterior hemos visto cómo leer una cadena de caracteres, carácter a carácter, de la entrada estándar, o cómo repetir la entrada de un dato numérico mientras el dato introducido no se correspondiera con lo esperado; en todos estos casos utilizamos una sentencia repetitiva.

En este capítulo profundizaremos en estos aspectos: toma decisiones para ejecutar una u otra tarea, y ejecutar una determinada tarea repetidas veces.

SENTENCIA if

La sentencia **if** permite a un programa tomar una decisión para ejecutar una acción u otra, basándose en el resultado verdadero o falso de una expresión. La sintaxis para utilizar esta sentencia es la siguiente:

```
if (condición)
  sentencia 1;
[else
  sentencia 2];
```

donde *condición* es una expresión numérica, relacional o lógica y *sentencia 1* y *sentencia 2* representan a una sentencia simple o compuesta. Cada sentencia simple debe finalizar con un punto y coma.

Una sentencia **if** se ejecuta de la forma siguiente:

1. Se evalúa la *condición*.

2. Si el resultado de la evaluación de la *condición* es verdadero (resultado distinto de 0: **true**), se ejecutará lo indicado por la *sentencia 1*.

3. Si el resultado de la evaluación de la *condición* es falso (resultado 0: **false**), se ejecutará lo indicado por la *sentencia 2*, si la cláusula **else** se ha especificado.

4. Si el resultado de la evaluación de la *condición* es falso, y la cláusula **else** se ha omitido, la *sentencia 1* se ignora.

5. En cualquier caso, la ejecución continúa en la siguiente sentencia ejecutable.

A continuación se exponen algunos ejemplos para que vea de una forma sencilla cómo se utiliza la sentencia **if**.

```
if (x)            /* es lo mismo que if (x != 0) */
  b = a / x;
b = b + 1;
```

En este ejemplo, la condición viene impuesta por una expresión numérica *x*. Entonces *b* = *a* / x, que sustituye a la *sentencia 1* del formato general, se ejecutará si la expresión es verdadera (*x* distinta de 0) y no se ejecutará si la expresión es falsa (*x* igual a 0). En cualquier caso, se continúa la ejecución en la línea siguiente, *b* = *b* + *1*. Veamos otro ejemplo:

```
if (a < b) c = c + 1;
// siguiente línea del programa
```

En este otro ejemplo, la condición viene impuesta por una expresión de relación. Si al evaluar la condición se cumple que *a* es menor que *b*, entonces se ejecuta la sentencia *c* = *c* + *1*. En otro caso, esto es, si *a* es mayor o igual que *b*, se ignora la sentencia *c* = *c* + *1*. En ambos casos se continúa en la línea siguiente.

En el ejemplo siguiente, la condición viene impuesta por una expresión lógica. Si al evaluar la condición se cumple que *a* y *b* son distintas de 0, entonces se ejecuta la sentencia *x = i*. En otro caso, la sentencia *x = i* se ignora. En ambos casos se continúa en la línea siguiente.

```
if (a && b)
  x = i;
// siguiente línea del programa
```

En el ejemplo siguiente, si se cumple que *a* es igual a *b * 5*, se ejecutan las sentencias *x = 4* y *a = a + x*. En otro caso, se ejecuta la sentencia *b = 0*. En ambos casos, la ejecución continúa en la siguiente línea del programa.

```
if (a == b * 5)
{
  x = 4;
  a = a + x;
}
else
  b = 0;
// siguiente línea del programa
```

Un error típico es escribir, en lugar de la condición del ejemplo anterior, lo siguiente, con la idea de saber si *a* es igual a *b*5*:

```
if (a = b * 5)
// ...
```

¿Por qué es un error? Porque esa sentencia es equivalente a:

```
a = b * 5;
if (a)
// ...
```

En este otro ejemplo que se muestra a continuación, la sentencia **return** se ejecutará solamente cuando *car* sea igual al carácter '*s*'.

```
if (car == 's')
  return;
```

ANIDAMIENTO DE SENTENCIAS if

Observando el formato general de la sentencia **if** cabe una pregunta: como *sentencia 1* o *sentencia 2*, ¿se puede escribir otra sentencia **if**? La respuesta es sí. Esto es, las sentencias **if ... else** pueden estar anidadas. Por ejemplo:

```
if (condición 1)
{
  if (condición 2)
    sentencia 1;
}
else
  sentencia 2;
```

Al evaluarse las condiciones anteriores, pueden presentarse los casos que se indican en la tabla siguiente:

condición 1	condición 2	se ejecuta: sentencia 1	sentencia 2
F	F	no	sí
F	V	no	sí
V	F	no	no
V	V	sí	no

(V = verdadero, F = falso, no = no se ejecuta, sí = sí se ejecuta)

En el ejemplo anterior las llaves definen perfectamente que la cláusula **else** está emparejada con el primer **if**. ¿Qué sucede si quitamos las llaves?

```
if (condición 1)
  if (condición 2)
    sentencia 1;
  else
    sentencia 2;
```

Ahora podríamos dudar de a qué **if** pertenece la cláusula **else**. Cuando en el código de un programa aparecen sentencias **if ... else** anidadas, la regla para diferenciar cada una de estas sentencias es que "cada **else** se corresponde con el **if** más próximo que no haya sido emparejado". Según esto la cláusula **else** está emparejada con el segundo **if**. Entonces, al evaluarse ahora las *condiciones 1* y *2*, pueden presentarse los casos que se indican en la tabla siguiente:

condición 1	condición 2	se ejecuta: sentencia 1	sentencia 2
F	F	no	no
F	V	no	no
V	F	no	sí
V	V	sí	no

(V = verdadero, F = falso, no = no se ejecuta, sí = sí se ejecuta)

Como ejemplo se puede observar el siguiente segmento de programa que escribe un mensaje indicando cómo es un número *a* con respecto a otro *b* (mayor, menor o igual):

```
if (a > b)
  printf("%d es mayor que %d\n", a, b);
else if (a < b)
  printf("%d es menor que %d\n", a, b);
else
  printf("%d es igual a %d\n", a, b);
// siguiente línea del programa
```

Es importante observar que una vez que se ejecuta una acción como resultado de haber evaluado las condiciones impuestas, la ejecución del programa continúa en la siguiente línea a la estructura a que dan lugar las sentencias **if ... else** anidadas. En el ejemplo anterior si se cumple que *a* es mayor que *b*, se escribe el mensaje correspondiente y se continúa en la siguiente línea del programa.

Así mismo, si en el ejemplo siguiente ocurre que *a* no es igual a *0*, la ejecución continúa en la siguiente línea del programa.

```
if (a == 0)
  if (b != 0)
    s = s + b;
  else
    s = s + a;
// siguiente línea del programa
```

Si en lugar de la solución anterior, lo que deseamos es que se ejecute $s = s + a$ cuando *a* no es igual a *0*, entonces tendremos que incluir entre llaves el segundo **if** sin la cláusula **else**; esto es:

```
if (a == 0)
{
  if (b != 0)
    s = s + b;
}
else
  s = s + a;
// siguiente línea del programa
```

Como ejercicio sobre la teoría expuesta, vamos a realizar una aplicación que dé como resultado el menor de tres números *a*, *b* y *c*. La forma de proceder es comparar cada número con los otros dos una sola vez. La simple lectura del código que se muestra a continuación es suficiente para entender el proceso seguido.

```
/*************** Menor de tres números a, b y c ***************/
```

```
/* menor.c
 */
#include <stdio.h>

int main(void)
{
  float a, b, c, menor;

  printf("Números a b c: ");
  scanf("%g %g %g", &a, &b, &c);

  if (a < b)
    if (a < c)
      menor = a;
    else
      menor = c;
  else
    if (b < c)
      menor = b;
    else
      menor = c;

  printf("Menor = %g\n", menor);
}
```

Ejecución del programa:

```
Números a b c: 25.84 -3.1 18
Menor = -3.1
```

ESTRUCTURA else if

La estructura presentada a continuación aparece con bastante frecuencia y es por lo que se le da un tratamiento por separado. Esta estructura es consecuencia de las sentencias **if** anidadas. Su formato general es:

```
if (condición 1)
  sentencia 1;
else if (condición 2)
  sentencia 2;
else if (condición 3)
  sentencia 3;
.
.
.
else
  sentencia n;
```

La evaluación de esta estructura sucede así: si se cumple la *condición 1*, se ejecuta la *sentencia 1* y si no se cumple, se examinan secuencialmente las condiciones siguientes hasta el último **else**, ejecutándose la sentencia correspondiente al primer **else if** cuya *condición* sea cierta. Si todas las condiciones son falsas, se ejecuta la *sentencia n* correspondiente al último **else**. En cualquier caso, se continúa en la primera sentencia ejecutable que haya a continuación de la estructura. Las *sentencias 1, 2, ..., n* pueden ser sentencias simples o compuestas.

Por ejemplo, al efectuar una compra en un cierto almacén, si adquirimos más de 100 unidades de un mismo artículo, nos hacen un descuento de un 40%; entre 25 y 100 un 20%; entre 10 y 24 un 10%; y no hay descuento para una adquisición de menos de 10 unidades. Se pide calcular el importe a pagar. La solución se presentará de la siguiente forma:

```
Código artículo....... 111
Cantidad comprada..... 100
Precio unitario....... 100


  Artículo   Cantidad      P. U.       Dto.      Total

       111        100     100.00        20%    8000.00
```

En la solución presentada como ejemplo, se puede observar que como la cantidad comprada está entre 25 y 100, el descuento aplicado es de un 20%.

La solución de este problema puede ser de la forma siguiente:

- Primero definimos las variables que vamos a utilizar en los cálculos.

```
int ar, cc;
float pu, desc;
```

- A continuación, leemos los datos *ar*, *cc* y *pu*.

```
printf("Código artículo....... ");
scanf("%d", &ar);
printf("Cantidad comprada..... ");
scanf("%d", &cc);
printf("Precio unitario....... ");
scanf("%f", &pu);
```

- Conocidos los datos, realizamos los cálculos y escribimos el resultado. Esto exige escribir primero la cabecera mostrada en la solución del ejemplo y los datos leídos.

```
printf("\n\n%10s %10s %10s %10s %10s\n\n",
       "Artículo", "Cantidad", "P. U.", "Dto.", "Total");

printf("%10d %10d %10.2f", ar, cc, pu);

if (cc > 100)
  printf(" %9d%% %10.2f\n", 40, cc * pu * 0.6);
else if (cc >= 25)
  printf(" %9d%% %10.2f\n", 20, cc * pu * 0.8);
else if (cc >= 10)
  printf(" %9d%% %10.2f\n", 10, cc * pu * 0.9);
else
  printf(" %10s %10.2f\n", "--", cc * pu);if (cc > 100)
```

Se puede observar que las condiciones se han establecido según los descuentos de mayor a menor. Como ejercicio, piense o pruebe qué ocurriría si establece las condiciones según los descuentos de menor a mayor. El programa completo se muestra a continuación.

```
/**** Cantidad a pagar en función de la cantidad comprada ****/
/* else_if.c
 */
#include <stdio.h>

int main(void)
{
  int ar, cc; /* código y cantidad */
  float pu;   /* precio unitario */

  printf("Código artículo....... ");
  scanf("%d", &ar);
  printf("Cantidad comprada..... ");
  scanf("%d", &cc);
  printf("Precio unitario....... ");
  scanf("%f", &pu);

  printf("\n\n%10s %10s %10s %10s %10s\n\n",
         "Artículo", "Cantidad", "P. U.", "Dto.", "Total");
  printf("%10d %10d %10.2f", ar, cc, pu);

  if (cc > 100)
    printf(" %9d%% %10.2f\n", 40, cc * pu * 0.6);
  else if (cc >= 25)
    printf(" %9d%% %10.2f\n", 20, cc * pu * 0.8);
  else if (cc >= 10)
    printf(" %9d%% %10.2f\n", 10, cc * pu * 0.9);
  else
    printf(" %10s %10.2f\n", "--", cc * pu);
}
```

Para poder imprimir un símbolo que tiene un significado especial para C, hay que duplicarlo en la expresión correspondiente. Como ejemplo, observe en el programa anterior el formato *%9d%%*; distinguimos dos partes: *%9d*, que es el formato utilizado para escribir el tanto por ciento del descuento, y *%%*, que hace que se escriba a continuación el carácter "%".

SENTENCIA switch

La sentencia **switch** permite ejecutar una de varias acciones, en función del valor de una expresión. Es una sentencia especial para decisiones múltiples. La sintaxis para utilizar esta sentencia es:

```
switch (expresión)
{
  [case expresión-constante 1:]
    [sentencia 1;]
  [case expresión-constante 2:]
    [sentencia 2;]
  [case expresión-constante 3:]
    [sentencia 3;]
  .
  .
  .
  [default:]
    [sentencia n;]
}
```

donde *expresión* es una expresión entera y *expresión-constante* es una constante entera, una constante de un solo carácter o una expresión constante, en cuyo caso, el valor resultante tiene que ser entero. Por último, *sentencia* es una sentencia simple o compuesta; en el caso de tratarse de una sentencia compuesta, no hace falta incluir las sentencias simples entre {}. Por ejemplo:

```
switch (e)
{
  case 1:
    z = x;
    x = y;
    y = z;
    break;
  case 2:
    ...
```

La sentencia **switch** evalúa la expresión entre paréntesis y compara su valor con las constantes de cada **case**. La ejecución de las sentencias del bloque de la sentencia **switch** comienza en el **case** cuya constante coincida con el valor de la expresión y continúa hasta el final del bloque o hasta una sentencia que transfiera el control fuera del bloque de **switch**; por ejemplo, **break**. La sentencia **switch** puede incluir cualquier número de cláusulas **case**.

Si no existe una constante igual al valor de la expresión, entonces se ejecutan las sentencias que están a continuación de **default**, si esta cláusula ha sido especificada. La cláusula **default** puede colocarse en cualquier parte del bloque y no necesariamente al final.

En una sentencia **switch** es posible hacer declaraciones en el bloque de cada **case** siempre y cuando se utilicen llaves para delimitar ese bloque, así como al principio del bloque **switch**, antes del primer **case**; no obstante, en este último caso, las iniciaciones si las hubiere son ignoradas. Por ejemplo:

```
switch (m)
{
  int n=0, k=2; // declaración permitida (iniciaciones ignoradas)
  case 7:
  {
    int i = 0;  // declaración permitida
    while ( i < m )
    {
      n += (k + i) * 3;
      i++;
    }
    break;
  }
  case 13:
    // ...
    break;
  // ...
}
```

El problema que se ha presentado en el ejemplo anterior puede solucionarse así:

```
int n = 0, k = 2;
switch (m)
{
  // ...
}
```

Para ilustrar la sentencia **switch**, vamos a realizar un programa que lea una fecha representada por dos enteros, *mes* y *año*, y dé como resultado los días correspondientes al *mes*. Esto es:

```
Introducir mes (##) y año (####): 5 2025
```

```
El mes 5 del año 2025 tiene 31 días
```

Hay que tener en cuenta que febrero puede tener 28 días, o bien 29 si el año es bisiesto. Un año es bisiesto cuando es múltiplo de 4 y no de 100 o cuando es múltiplo de 400. Por ejemplo, el año 2000 por las dos primeras condiciones no sería bisiesto, pero sí lo es porque es múltiplo de 400; el año 2100 no es bisiesto porque, aunque sea múltiplo de 4, también lo es de 100 y no es múltiplo de 400.

La solución de este problema puede ser de la siguiente forma:

- Primero definimos las variables que vamos a utilizar en los cálculos.

```
int dd = 0, mm = 0, aa = 0;
```

- A continuación, leemos los datos mes (*mm*) y año (*aa*).

```
printf("Introducir mes (##) y año (####): ");
scanf("%d %d", &mm, &aa);
```

- Después comparamos el *mes* con las constantes 1, 2, ..., 12. Si *mes* es 1, 3, 5, 7, 8, 10 o 12, asignamos a *días* el valor 31. Si *mes* es 4, 6, 9 u 11, asignamos a *días* el valor 30. Si *mes* es 2, verificaremos si el *año* es bisiesto, en cuyo caso asignamos a *días* el valor 29 y si no es bisiesto, asignamos a *días* el valor 28. Si *mes* no es ningún valor de los anteriores, enviaremos un mensaje al usuario indicándole que el mes no es válido. Todo este proceso lo realizaremos con una sentencia **switch**.

```
switch (mm)
{
  case 1: case 3: case 5: case 7: case 8: case 10: case 12:
    dd = 31;
    break;
  case 4: case 6: case 9: case 11:
    dd = 30;
    break;
  case 2:
    // ¿Es el año bisiesto?
    if ((aa % 4 == 0) && (aa % 100 != 0) || (aa % 400 == 0))
      dd = 29;
    else
      dd = 28;
    break;
  default:
    printf("\nEl mes no es válido\n");
    break;
}
```

Cuando una constante coincida con el valor de *mm*, se ejecutan las sentencias especificadas a continuación de la misma, siguiendo la ejecución del programa por los bloques de las siguientes cláusulas **case**, a no ser que se tome una acción explícita para abandonar el bloque de la sentencia **switch**. Esta es precisamente la función de la sentencia **break** al final de cada bloque **case**.

- Por último, si el *mes* es válido, escribimos el resultado solicitado.

```
if (mes >= 1 && mes <= 12)
  printf("\nEl mes %d del año %d tiene %d días\n",mm,aa,dd);
```

El programa completo se muestra a continuación, pero definiendo las constantes 1, 2,... mediante un tipo enumerado *meses*.

```
/******* Días correspondientes a un mes de un año dado *******/
/* switch.c
 */
#include <stdio.h>

enum meses {ninguno, enero, febrero, marzo, abril, mayo, junio,
        julio, agosto, septiembre, octubre, noviembre, diciembre};

int main(void)
{
  int dd = 0, mm = 0, aa = 0;

  printf("Introducir mes (##) y año (####): ");
  scanf("%d %d", &mm, &aa);
  switch (mm)
  {
    case enero:
    case marzo:
    case mayo:
    case julio:
    case agosto:
    case octubre:
    case diciembre:
      dd = 31;
      break;
    case abril:
    case junio:
    case septiembre:
    case noviembre:
      dd = 30;
      break;
    case febrero:
      // ¿Es el año bisiesto?
      if ((aa % 4 == 0) && (aa % 100 != 0) || (aa % 400 == 0))
        dd = 29;
```

```
        else
          dd = 28;
          break;
      default:
        printf("\nEl mes no es válido\n");
        break;
    }
    if (mm >= enero && mm <= diciembre)
      printf("\nEl mes %d del año %d tiene %d días\n",mm,aa,dd);
  }
```

El que las cláusulas **case** estén una a continuación de otra o una debajo de otra no es más que una cuestión de estilo, ya que C interpreta cada carácter nueva línea como un espacio en blanco; esto es, el código al que llega el compilador es el mismo en cualquier caso.

La sentencia **break** que se ha puesto a continuación de la cláusula **default** no es necesaria; simplemente obedece a un buen estilo de programación. Así, cuando tengamos que añadir otro caso ya tenemos puesto **break**, con lo que hemos eliminado una posible fuente de errores.

SENTENCIA while

La sentencia **while** ejecuta una sentencia, simple o compuesta, cero o más veces, dependiendo de una condición. Su sintaxis es:

```
while (condición)
  sentencia;
```

donde *condición* es cualquier expresión numérica, relacional o lógica y *sentencia* es una sentencia simple o compuesta.

La ejecución de la sentencia **while** sucede así:

1. Se evalúa la *condición*.
2. Si el resultado de la evaluación es 0 (**false**), la sentencia no se ejecuta y se pasa el control a la siguiente sentencia en el programa.
3. Si el resultado de la evaluación es distinto de 0 (**true**), se ejecuta la sentencia y el proceso descrito se repite desde el punto 1.

Por ejemplo, el siguiente código, que podrá ser incluido en cualquier programa, solicita obligatoriamente una de las dos respuestas posibles: *s/n* (sí o no).

```
#include <stdio.h>
```

```
int main(void)
{
  char car = '\0';

  printf("Desea continuar s/n (sí o no) ");
  car = getchar();
  while (car != 's' && car != 'n')
  {
    while (getchar() != '\n'); // limpiar buffer de stdin
    printf("Desea continuar s/n (sí o no) ");
    car = getchar();
  }
}
```

Ejecución del programa

Desea continuar s/n (sí o no) x
Desea continuar s/n (sí o no) c
Desea continuar s/n (sí o no) n

Observe que antes de ejecutarse la sentencia **while** se visualiza el mensaje "Desea continuar s/n (sí o no)" y se inicia la condición; esto es, se asigna un carácter a la variable *car* que interviene en la condición de la sentencia **while**.

La sentencia **while** se interpreta de la forma siguiente: mientras el valor de *car* no sea igual ni al carácter '*s*' ni al carácter '*n*', visualizar el mensaje "Desea continuar *s/n* (sí o no)" y leer otro carácter. Esto obliga al usuario a escribir el carácter '*s*' o '*n*' en minúsculas.

El ejemplo expuesto puede escribirse de forma más simplificada así:

```
#include <stdio.h>

int main(void)
{
  char car = '\0';

  printf("Desea continuar s/n (sí o no) ");
  while ((car = getchar()) != 's' && car != 'n')
  {
    while (getchar() != '\n'); // limpiar buffer de stdin
    printf("Desea continuar s/n (sí o no) ");
  }
}
```

La diferencia de este ejemplo con respecto al anterior es que ahora la *condición* incluye la lectura de la variable *car*, que se ejecuta primero por estar entre paréntesis. A continuación se compara *car* con los caracteres '*s*' y '*n*'.

El siguiente ejemplo, que visualiza el código ASCII de cada uno de los caracteres de una cadena de texto introducida por el teclado, da lugar a un bucle infinito, porque la condición es siempre cierta (**true**, valor distinto de 0). Para salir del bucle infinito tiene que pulsar las teclas *Ctrl+C*.

```
/* Código ASCII de cada uno de los caracteres de un texto
 * while03.c
 */
#include <stdio.h>

int main(void)
{
  char car = 0; // car = carácter nulo (\0)

  printf("Introduzca una cadena de texto: ");

  while (true) // es lo mismo que while (1)
  {
    car = getchar();
    if (car != '\n')
      printf("El código ASCII de %c es %d\n", car, car);
    else
      printf("Introduzca una cadena de texto: ");
  }
}
```

A continuación, ejecutamos la aplicación. Introducimos, por ejemplo, el carácter 'a' y observamos los siguientes resultados:

```
Introduzca una cadena de texto: a[Entrar]
El código ASCII de a es 97
Introduzca una cadena de texto:
```

Este resultado demuestra que cuando escribimos 'a' y pulsamos la tecla *Entrar* para validar la entrada, solo se visualiza el código ASCII de ese carácter; el carácter *\n* introducido al pulsar *Entrar* es ignorado porque así se ha programado. Cuando se han leído todos los caracteres del flujo de entrada, se solicitan nuevos datos. Lógicamente, habrá comprendido que, aunque se lea carácter a carácter, se puede escribir, hasta pulsar *Entrar*, un texto cualquiera. Por ejemplo:

```
Introduzca una cadena de texto: hola[Entrar]
El código ASCII de h es 104
El código ASCII de o es 111
El código ASCII de l es 108
El código ASCII de a es 97
Introduzca una cadena de texto:
```

El resultado obtenido permite observar que el bucle **while** se está ejecutando sin pausa mientras hay caracteres en el flujo de entrada (*stdin*). Cuando el *buffer* de dicho flujo queda vacío y se ejecuta la función **getchar** de nuevo, la ejecución se detiene a la espera de nuevos datos.

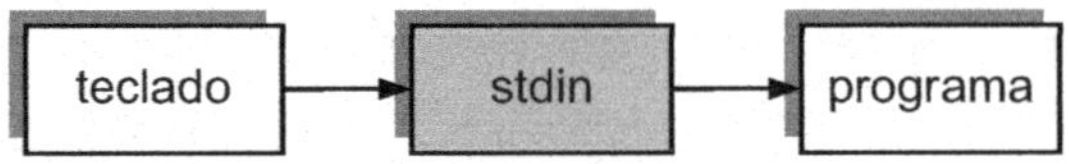

Modifiquemos ahora el ejemplo anterior con el objetivo de eliminar el bucle infinito. Esto se puede hacer incluyendo en el **while** una condición de terminación; por ejemplo, leer datos hasta alcanzar la marca de fin de archivo. Recuerde que, para el flujo estándar de entrada, esta marca se produce cuando se pulsan las teclas *Ctrl+D* en UNIX, o bien *Ctrl+Z* en aplicaciones Windows de consola, y que cuando **getchar** lee una marca de fin de archivo, devuelve el valor **EOF**.

```
/* Código ASCII de cada uno de los caracteres de un texto
 * while04.c
 */
#include <stdio.h>

int main(void)
{
  char car = 0; // car = carácter nulo (\0)

  printf("Introduzca una cadena de texto.\n");
  printf("Para terminar EOF\n"); // Windows: Ctrl+z, Linux: Ctrl+d
  while ((car = getchar()) != EOF)
  {
    if (car != '\n')
      printf("El código ASCII de %c es %d\n", car, car);
  }
}
```

Una solución posible de este programa es la siguiente:

```
Introduzca una cadena de texto.
Para terminar EOF

hola[Entrar]
El código ASCII de h es 104
El código ASCII de o es 111
El código ASCII de l es 108
El código ASCII de a es 97
adiós[Entrar]
El código ASCII de a es 97
El código ASCII de d es 100
El código ASCII de i es 105
```

```
El código ASCII de ó es 162
El código ASCII de s es 115
[Ctrl] [z]
```

Bucles anidados

Cuando se incluye una sentencia **while** dentro de otra sentencia **while**, en general una sentencia **while**, **do** o **for** dentro de otra de ellas, estamos en el caso de bucles anidados. Por ejemplo:

```
#include <stdio.h>

int main(void)
{
  int i = 1, j = 1;

  while ( i <= 3 )    // mientras i sea menor o igual que 3
  {
    printf("Para i = %d: ", i);
    while ( j <= 4 ) // mientras j sea menor o igual que 4
    {
      printf("j = %d, ", j);
      j++;            // aumentar j en una unidad
    }
    printf("\n");     // avanzar a una nueva línea
    i++;              // aumentar i en una unidad
    j = 1;            // iniciar j de nuevo a 1
  }
}
```

Al ejecutar este programa se obtiene el siguiente resultado:

```
Para i = 1: j = 1, j = 2, j = 3, j = 4,
Para i = 2: j = 1, j = 2, j = 3, j = 4,
Para i = 3: j = 1, j = 2, j = 3, j = 4,
```

Este resultado demuestra que el bucle exterior se ejecuta tres veces, y por cada una de estas, el bucle interior se ejecuta a su vez cuatro veces. Es así como se ejecutan los bucles anidados: por cada iteración del bucle externo, el interno se ejecuta hasta finalizar todas sus iteraciones.

Observe también que cada vez que finaliza la ejecución de la sentencia **while** interior, avanzamos a una nueva línea, incrementamos el valor de *i* en una unidad e iniciamos de nuevo *j* al valor 1.

Como aplicación de lo expuesto, vamos a realizar un programa que imprima los números *z*, comprendidos entre *1* y *50*, que cumplan la expresión:

$$z^2 = x^2 + y^2$$

donde z, x e y son números enteros positivos. El resultado se presentará de la forma siguiente:

```
Z           X           Y
________________________
5           3           4
13          5           12
10          6           8
...         ...         ...
50          30          40
```

La solución de este problema puede ser de la siguiente forma:

- Primero definimos las variables que vamos a utilizar en los cálculos.

```
unsigned int x = 1, y = 1, z = 0;
```

- A continuación, escribimos la cabecera de la solución.

```
printf("%10s %10s %10s\n", "Z", "X", "Y");
printf("         ______________________________\n");
```

- Después, para $x = 1$, e $y = 1, 2, 3, ...$, para $x = 2$, e $y = 2, 3, 4, ...$, para $x = 3$, e $y = 3, 4, ...$, hasta $x = 50$, calculamos la $\sqrt{x^2 + y^2}$; llamamos a este valor z (observe que y es igual o mayor que x para evitar que se repitan pares de valores como $x = 3$, $y = 4$ y $x = 4$, $y = 3$). Si z es exacto, escribimos z, x e y. Esto es, para los valores descritos de x e y, hacemos los cálculos:

```
z = (int)sqrt(x * x + y * y); // z es una variable entera
if (z > 50) break;
if (z * z == x * x + y * y)    // ¿la raíz cuadrada fue exacta?
  printf("%10d %10d %10d\n", z, x, y);
```

Además, siempre que obtengamos un valor z mayor que 50 lo desecharemos y continuaremos con un nuevo valor de x y los correspondientes valores de y.

El programa completo se muestra a continuación:

```
/* Teorema de Pitágoras.
 * pitagoras.c
 */
#include <stdio.h>
#include <math.h>
```

```
int main(void)
{
  unsigned int x = 1, y = 1, z = 0;
  printf("%10s %10s %10s\n", "Z", "X", "Y");
  printf("       _____________________________\n");

  while (x <= 50)
  {
    while (y <= 50)
    {
      /* Calcular z. Como z es un entero, almacena
      la parte entera de la raíz cuadrada */
      z = (int)sqrt(x * x + y * y);
      if (z > 50) break; // salir del bucle while (y <= 50)
      /* Si la raíz cuadrada anterior fue exacta,
      escribir z, x e y */
      if (z * z == x * x + y * y)
        printf("%10d %10d %10d\n", z, x, y);
      y = y + 1;
    }
    x = x + 1; y = x;
  }
}
```

SENTENCIA do ... while

La sentencia **do ... while** ejecuta una sentencia, simple o compuesta, una o más veces dependiendo del valor de una expresión. Su sintaxis es la siguiente:

```
do
  sentencia;
while (condición);
```

donde *condición* es cualquier expresión numérica, relacional o lógica y *sentencia* es una sentencia simple o compuesta. Observe que la estructura **do ... while** finaliza con un punto y coma.

La ejecución de una sentencia **do ... while** sucede de la siguiente forma:

1. Se ejecuta el bloque (sentencia simple o compuesta) de **do**.
2. Se evalúa la expresión correspondiente a la *condición* de finalización del bucle.
3. Si el resultado de la evaluación es 0 (**false**), se pasa el control a la siguiente sentencia en el programa.
4. Si el resultado de la evaluación es distinto de 0 (**true**), el proceso descrito se repite desde el punto 1.

Por ejemplo, el siguiente código obliga al usuario a introducir un valor positivo:

```
double n;
do // ejecutar las sentencias siguientes
{
  printf("Número: ");
  scanf("%lf", &n);
}
while ( n < 0 ); // mientras n sea menor que 0
```

Cuando se utiliza una estructura **do ... while** el bloque de sentencias se ejecuta al menos una vez, porque la condición se evalúa al final. En cambio, cuando se ejecuta una estructura **while** puede suceder que el bloque de sentencias no se ejecute, lo que ocurrirá siempre que la condición sea inicialmente falsa.

Como ejercicio, vamos a realizar un programa que calcule la raíz cuadrada de un número *n* por el método de Newton. Este método se enuncia así: sea r_i la raíz cuadrada aproximada de *n*. La siguiente raíz aproximada r_{i+1} se calcula en función de la anterior así:

$$r_{i+1} = \frac{\frac{n}{r_i} + r_i}{2}$$

El proceso descrito se repite hasta que la diferencia en valor absoluto de las dos últimas aproximaciones calculadas sea tan pequeña como nosotros queramos (teniendo en cuenta los límites establecidos por el tipo de datos utilizado). Según esto, la última aproximación será una raíz válida, cuando se cumpla que:

$$abs(r_i - r_{i+1}) \leq \varepsilon$$

La solución de este problema puede ser de la siguiente forma:

- Primero definimos las variables que vamos a utilizar en los cálculos.

```
double n;         // número
double aprox;     // aproximación a la raíz cuadrada
double antaprox;  // anterior aproximación a la raíz cuadrada
double epsilon;   // coeficiente de error
```

- A continuación, leemos los datos *n*, *aprox* y *epsilon*.

```
printf("Número: ");
scanf("%lf", &n);
printf("Raíz cuadrada aproximada: ");
```

```
scanf("%lf", &aprox);
printf("Coeficiente de error: ");
scanf("%lf", &epsilon);
```

- Después, se aplica la fórmula de Newton.

```
do
{
  antaprox = aprox;
  aprox = (n/antaprox + antaprox) / 2;
}
while (fabs(aprox - antaprox) > epsilon);
```

  Al aplicar la fórmula por primera vez, la variable *antaprox* contiene el valor aproximado a la raíz cuadrada que hemos introducido a través del teclado. Para sucesivas veces, *antaprox* contendrá la última aproximación calculada.

- Cuando la condición especificada en la estructura **do ... while** mostrada anteriormente sea falsa, el proceso habrá terminado. Solo queda imprimir el resultado.

```
printf("La raíz cuadrada de %.2lf es %.2lf\n", n, aprox);
```

El programa completo se muestra a continuación. Para no permitir la entrada de números negativos, se ha utilizado una estructura **do ... while** que preguntará por el valor solicitado mientras el introducido sea negativo.

```
/****** Raíz cuadrada de un número. Método de Newton ******/
/* do.c
 */

#include <stdio.h>
#include <math.h>

int main(void)
{
  double n;        // número
  double aprox;    // aproximación a la raíz cuadrada
  double antaprox; // anterior aproximación a la raíz cuadrada
  double epsilon;  // coeficiente de error

  do
  {
    printf("Número: ");
    scanf("%lf", &n);
  }
  while ( n < 0 );
```

```
  do
  {
    printf("Raíz cuadrada aproximada: ");
    scanf("%lf", &aprox);
  }
  while ( aprox <= 0 );

  do
  {
    printf("Coeficiente de error: ");
    scanf("%lf", &epsilon);
  }
  while ( epsilon <= 0 );

  do
  {
    antaprox = aprox;
    aprox = (n/antaprox + antaprox) / 2;
  }
  while (fabs(aprox - antaprox) > epsilon);

  printf("La raíz cuadrada de %.2lf es %.2lf\n", n, aprox);
}
```

Si ejecuta este programa para un valor de *n* igual a *10*, obtendrá la siguiente solución:

```
Número: 10
Raíz cuadrada aproximada: 1
Coeficiente de error: 1e-4
La raíz cuadrada de 10.00 es 3.16
```

SENTENCIA for

La sentencia **for** permite ejecutar una sentencia simple o compuesta, repetidamente un número de veces conocido. Su sintaxis es la siguiente:

```
for ([v1=e1[, v2=e2]...];[condición];[progresión-condición])
  sentencia;
```

- *v1*, *v2*,..., representan variables de control que serán iniciadas con los valores de las expresiones *e1*, *e2*,...
- *condición* es una expresión *booleana* que si se omite, se supone verdadera.
- *progresión-condición* es una o más expresiones separadas por comas cuyos valores evolucionan en el sentido de que se cumpla la condición para finalizar la ejecución de la sentencia **for**.
- *sentencia* es una sentencia simple o compuesta.

La ejecución de la sentencia **for** sucede de la siguiente forma:

1. Se inician las variables *v1*, *v2*,...
2. Se evalúa la condición:
   a) Si el resultado es distinto de 0 (**true**), se ejecuta el bloque de sentencias, se evalúa la expresión que da lugar a la progresión de la condición y se vuelve al punto 2.
   b) Si el resultado es 0 (**false**), la ejecución de la sentencia **for** se da por finalizada y se pasa el control a la siguiente sentencia del programa.

Por ejemplo, la siguiente sentencia **for** imprime los números del *1* al *100*. Literalmente dice: desde *i* igual a *1*, mientras *i* sea menor o igual que *100*, incrementando la *i* de uno en uno, escribir el valor de *i*.

```
int i;
for (i = 1; i <= 100; i++)
  printf("%d ", i);
```

La variable de control puede, también, ser declarada en la propia sentencia **for**. En este caso, su ámbito, queda restringido a la sentencia **for** donde ha sido definida. Por ejemplo, la siguiente sentencia **for** define la variable de control *k* que, después, utiliza para imprimir los múltiplos de *7* que hay entre *7* y *112*. Esta variable sólo es visible en la propia sentencia **for** (fuera del **for** no existe).

```
for (int k = 7; k <= 112; k += 7)
  printf("%d ", k);
```

En el siguiente ejemplo se puede observar la utilización de la coma como separador de las variables de control y de las expresiones que hacen que evolucionen los valores que intervienen en la condición de finalización.

```
for (int f = 3, c = 6; f + c < 40; f++, c += 2)
  printf("f = %d\tc = %d\n", f, c);
```

Este otro ejemplo que se expone a continuación imprime los valores desde *1* hasta *10* con incrementos de *0.5*.

```
float i;
for (i = 1; i <= 10; i += 0.5)
  printf("%g ", i);
```

El siguiente ejemplo imprime las letras del abecedario en orden inverso.

```
for (char car = 'z'; car >= 'a'; car--)
  printf("%c ", car);
```

En una sentencia **for** la expresión de la que forma parte la variable de control, la expresión que da lugar a la condición y la expresión que forma la progresión de la condición, son todas opcionales. Por ejemplo, la siguiente sentencia **for** da lugar a un bucle infinito:

```
for (;;)
{
  sentencias;
}
```

Para salir de un bucle infinito tiene que pulsar las teclas *Ctrl+C*.

Si la ejecución de un bucle necesita finalizarse en algún punto, se puede utilizar una sentencia **break**. Como ejemplo, veamos a continuación otra versión del programa *pitagoras.c*:

```
* Teorema de Pitágoras.
 * pitagoras-for.c
 */
#include <stdio.h>
#include <math.h>

int main(void)
{
  printf("%10s %10s %10s\n", "Z", "X", "Y");
  printf("           ____________________________\n");

  for (int x = 1; x <= 50; x++)
  {
    for (int y = x; y <= 50; y++)
    {
      int z = (int)sqrt(x*x + y*y);
      if (z > 50) break;
      if (z*z == x*x + y*y)
        printf("%10d %10d %10d\n", z, x, y);
    }
  }
}
```

Como aplicación de la sentencia **for** vamos a imprimir un tablero de ajedrez en el que las casillas blancas se simbolizarán con una B y las negras con una N. Así mismo, el programa deberá marcar con * las casillas a las que se puede mover un alfil desde una posición dada. La solución será similar a la siguiente:

```
Posición del alfil:
  fila    3
  columna 4
```

```
B * B N B * B N
N B * B * B N B
B N B * B N B N
N B * B * B N B
B * B N B * B N
* B N B N B * B
B N B N B N B *
N B N B N B N B
```

Desarrollo del programa:

- Primero definimos las variables que vamos a utilizar en los cálculos.

```
int falfil, calfil; // posición inicial del alfil
// Posición actual: fila, columna
```

- Leer la fila y la columna en la que se coloca el alfil.

```
printf("Posición del alfil (fila, columna): ");
scanf("%d %d", &falfil, &calfil);
```

- Partiendo de la fila 1, columna 1 y recorriendo el tablero por filas,

```
for (int fila = 1; fila <= 8; fila++)
{
  for (int columna = 1; columna <= 8; columna++)
  {
    // Pintar el tablero de ajedrez
  }
  printf("\n");  // cambiar de fila
}
```

imprimir un *, una B o una N dependiendo de las condiciones especificadas a continuación:

◊ Imprimir un * si se cumple que la suma o diferencia de la fila y columna actuales coincide con la suma o diferencia de la fila y columna donde se coloca el alfil.

◊ Imprimir una B si se cumple que la fila más columna actuales es par.

◊ Imprimir una N si se cumple que la fila más columna actuales es impar.

```
// Pintar el tablero de ajedrez
if ((fila + columna == falfil + calfil) ||
   (fila - columna == falfil - calfil))
  printf("* ");
else if ((fila + columna) % 2 == 0)
  printf("B ");
```

```
else
  printf("N ");
```

El programa completo se muestra a continuación.

```
/******************** Tablero de ajedrez ********************/
/* for.c
 */
#include <stdio.h>

int main(void)
{
  int falfil, calfil;  // posición del alfil
  // Posición actual: fila, columna
  printf("Posición del alfil (fila, columna): ");
  scanf("%d %d", &falfil, &calfil);
  printf("\n");  // dejar una línea en blanco
  // Pintar el tablero de ajedrez
  for (int fila = 1; fila <= 8; fila++)
  {
    for (int columna = 1; columna <= 8; columna++)
    {
      if ((fila + columna == falfil + calfil) ||
          (fila - columna == falfil - calfil))
         printf("* ");
      else if ((fila + columna) % 2 == 0)
         printf("B ");
      else
         printf("N ");
    }
    printf("\n");  // cambiar de fila
  }
}
```

SENTENCIA break

Anteriormente vimos que la sentencia **break** finaliza la ejecución de una sentencia **switch**. Pues bien, cuando se utiliza **break** en el bloque correspondiente a una sentencia **while**, **do** o **for**, hace lo mismo: finaliza la ejecución del bucle.

Cuando las sentencias **switch**, **while**, **do** o **for** estén anidadas, la sentencia **break** solamente finaliza la ejecución del bucle donde esté incluida.

Sirva como ejemplo los programas *pitagoras.c* y *pitagoras-for.c* expuestos anteriormente.

SENTENCIA continue

La sentencia **continue** obliga a ejecutar la siguiente iteración del bucle **while**, **do** o **for**, en el que está contenida. Su sintaxis es:

```
continue;
```

Como ejemplo, vea el siguiente programa que imprime todos los números entre *1* y *100* que son múltiplos de *5*.

```
#include <stdio.h>

int main(void)
{
  int n;
  for (n = 0; n <= 100; n++)
  {
    // Si n no es múltiplo de 5, siguiente iteración
    if (n % 5 != 0) continue;
    // Imprime el siguiente múltiplo de 5
    printf("%d  ", n);
  }
}
```

Ejecute este programa y observe que cada vez que se ejecuta la sentencia **continue**, se inicia la ejecución del bloque de sentencias de **for** para el siguiente valor de *n*.

SENTENCIA goto

La sentencia **goto** transfiere el control a una línea específica del programa, identificada por una *etiqueta*. Su sintaxis es la siguiente:

```
goto etiqueta;
.
.
.
etiqueta: sentencia;
```

Si la línea a la que se transfiere el control es una sentencia ejecutable, se ejecuta esa sentencia y las que le siguen. Si no es ejecutable, la ejecución se inicia en la primera sentencia ejecutable que se encuentre a continuación de dicha línea.

No se puede transferir el control fuera del cuerpo de la función en la que nos encontramos.

Un uso abusivo de esta sentencia da lugar a programas difíciles de interpretar y de mantener. Por ello, en programación estructurada, se utiliza solamente en ocasiones excepcionales. La función que desempeña una sentencia **goto** puede suplirse utilizando las sentencias **if ... else**, **do**, **for**, **switch** o **while**.

El uso más normal consiste en abandonar la ejecución de alguna estructura profundamente anidada, cosa que no puede hacerse mediante la sentencia **break**, ya que esta se limita únicamente a un solo nivel de anidamiento.

El siguiente ejemplo muestra cómo se utiliza la sentencia **goto**. Consta de dos bucles **for** anidados. En el bucle interior hay una sentencia **goto** que se ejecutará si se cumple la condición especificada. Si se ejecuta la sentencia **goto**, el control es transferido a la primera sentencia ejecutable que haya a continuación de la etiqueta *salir*.

```
/* Utilización de la sentencia goto
 * goto.c
 */
#include <stdio.h>
#define K 8

int main(void)
{
  int f, c, n;

  printf("Valor de n: ");
  scanf("%d", &n);

  for (f = 0; f < K; f++)
  {
    for (c = 0; c < K; c++)
    {
      if (f*c > n) goto salir;
    }
  }
  salir:
  if (f < K && c < K)
    printf("(%d, %d)\n", f, c);
}
```

Ejecución del programa

```
Valor de n: 20
(3, 7)
```

EJERCICIOS RESUELTOS

1. Las funciones de validación que realizamos en el apartado *Validar un dato de entrada* del capítulo *Entrada y salida estándar*, al apoyarse en la función **scanf**, presentan el mismo problema que esta, esto es, interrumpen la lectura de caracteres del flujo de entrada *stdin* cuando se lee un carácter que no pertenece al conjunto indicado por el formato. Por ejemplo, el formato *%lf* hace referencia implícitamente al conjunto de caracteres +-.0123456789 (véase el apartado *Leer una cadena de caracteres* del capítulo *Entrada y salida estándar*); entonces, cuando se ejecuta una sentencia como *scanf("%lf", &dato)* o como *leerDouble(&dato)* y el usuario responde escribiendo en el teclado un valor como *3,14*, el resultado es que en *dato* se almacena *3* porque el siguiente carácter en el *buffer* de *stdin* es la coma, que no pertenece al conjunto de caracteres a los que implícitamente hace referencia el formato. Si lo que queremos es que, ante situaciones como esta, la entrada realizada por el usuario se considere incorrecta tendremos que escribir código adicional que valide carácter a carácter dicha entrada.

   El ejercicio mostrado a continuación da solución al problema presentado. Dicha solución pasa por implementar las funciones siguientes:

```
void leerInt(int *pdato);
void leerDouble(double *pdato);
int cadenaValida(char cadena[], char cars[]);
int posCar(char cadena[], int c);
int conCar(char cadena[], int c);
```

   La función *leerInt* permite leer un valor **int** validado, *leerDouble* permite leer un valor **double** validado, *cadenaValida* permite validar la cadena referenciada por su primer parámetro contra la especificada por su segundo parámetro (devuelve **true** si la cadena es válida y **false** en caso contrario), *posCar* devuelve la posición en la cadena referenciada por su primer parámetro del carácter especificado por su segundo parámetro, o *−1* si el carácter no está, y *conCar* devuelve el número de apariciones en la cadena referenciada por su primer parámetro del carácter especificado por su segundo parámetro.

   Las funciones *leerInt* y *leerDouble* invocarán primero a *cadenaValida* pasando como argumentos la cadena a validar (cadena introducida por el usuario) y el conjunto de caracteres admitidos; si la cadena introducida por el usuario no es válida, se le solicitará que la vuelva a introducir y si es válida, invocarán a *conCar* y *posCar* para verificar, por ejemplo, reglas como que un punto decimal no puede aparecer más de una vez o que un signo menos solo puede aparecer una vez y en la posición cero de la cadena. Si algunas de estas reglas no se cumplen, se le solicitará al usuario que vuelva a introducir la cadena.

La declaración y la definición de estas funciones, con el fin de reutilizarlas las guardaremos en los archivos *entrada-salida.h* y *entrada-salida.c*, según expusimos en el apartado *Reutilizar código* del capítulo *Entrada y salida estándar*.

```
/* entrada-salida.h */
#pragma once

void leerInt(int *pdato);
void leerDouble(double *pdato);
int cadenaValida(char cadena[], char cars[]);
int posCar(char cadena[], int c);
int conCar(char cadena[], int c);
```

```
/* entrada-salida.c */
#include <stdio.h>
#include <stdbool.h>
#include <stdlib.h>
#include <string.h>
#include "entrada-salida.h"

void leerInt(int *pdato)
{
  char sdato[20];
  bool error = false;

  while (true)
  {
    error = false;
    scanf("%s", sdato);
    if (cadenaValida(sdato, "+-0123456789"))
    {
      if (conCar(sdato, '+') > 1 || posCar(sdato, '+') > 0)
        error = true;
      else if (conCar(sdato, '-') > 1 || posCar(sdato, '-') > 0)
        error = true;
    }
    else
      error = true;
    if (error)
    {
      printf("Dato incorrecto. Introduzca otro: ");
    }
    else
      break;
  }
  *pdato = atoi(sdato);
}

void leerDouble(double *pdato)
{
```

```
  char sdato[20];
  bool error = false;

  while (true)
  {
    error = false;
    scanf("%s", sdato);
    if (cadenaValida(sdato, "+-.0123456789"))
    {
      if (conCar(sdato, '+') > 1 || posCar(sdato, '+') > 0)
        error = true;
      else if (conCar(sdato, '-') > 1 || posCar(sdato, '-') > 0)
        error = true;
      else if (conCar(sdato, '.') > 1) error = true;
    }
    else
      error = true;
    if (error)
    {
      printf("Dato incorrecto. Introduzca otro: ");
    }
    else
      break;
  }
  *pdato = atof(sdato);
}

int cadenaValida(char cadena[], char cars[])
{
  int lon1 = strlen(cadena), lon2 = strlen(cars), i, j;
  bool continuar;
  for (i = 0; i < lon1; ++i)
  {
    continuar = false;
    for (j = 0; j < lon2; ++j)
    {
      if (cadena[i] == cars[j])
      {
        continuar = true;
        break;
      }
    }
    if (!continuar) break;
  }
  return continuar;
}

int posCar(char cadena[], int c)
{
  int lon = strlen(cadena), i, pos = -1;
```

```
  for (i = 0; i < lon; ++i)
  {
    if (cadena[i] == c)
    {
      pos = i;
      break;
    }
  }
  return pos;
}

int conCar(char cadena[], int c)
{
  int lon = strlen(cadena), i, cont = 0;
  for (i = 0; i < lon; ++i)
    if (cadena[i] == c) ++cont;
  return cont;
}
```

Para probar el código anterior puede crear un nuevo archivo *.c* con el código indicado a continuación:

```
#include <stdio.h>
#include "entrada-salida.h"

int main(void)
{
  int i;
  double d;

  printf("Introducir un valor int: "); leerInt(&i);
  printf("Correcto: %d\n", i);
  printf("Introducir un valor double: "); leerDouble(&d);
  printf("Correcto: %g\n", d);
}
```

Ejecución del programa:

```
Introducir un valor int: hola
Dato incorrecto. Introduzca otro: 5a8
Dato incorrecto. Introduzca otro: -58
Correcto: -58
Introducir un valor double: 3,14
Dato incorrecto. Introduzca otro: 3.14.7
Dato incorrecto. Introduzca otro: 3.14-7
Dato incorrecto. Introduzca otro: -3.14
Correcto: -3.14
```

2. Realizar un programa que calcule las raíces de la ecuación:

$$ax^2 + bx + c = 0$$

teniendo en cuenta los siguientes casos:

1. Si *a* es igual a *0* y *b* es igual a *0*, imprimiremos un mensaje diciendo que la ecuación es degenerada.

2. Si *a* es igual a *0* y *b* no es igual a *0*, existe una raíz única con valor $-c / b$.

3. En los demás casos, utilizaremos la fórmula siguiente:

$$x_i = \frac{-b \pm \sqrt{b^2 - 4ac}}{2a}$$

   La expresión $d = b^2 - 4ac$ se denomina discriminante.

   - Si *d* es mayor o igual que *0*, entonces hay dos raíces reales.
   - Si *d* es menor que *0*, entonces hay dos raíces complejas de la forma:

$$x + yj,\ x - yj$$

Indicar con literales apropiados los datos a introducir, así como los resultados obtenidos.

La solución de este problema puede ser de la siguiente forma:

- Primero definimos las variables que vamos a utilizar en los cálculos.

```
double a, b, c; // coeficientes de la ecuación
double d;       // discriminante
double re, im;  // parte real e imaginaria de la raíz
```

- A continuación leemos los datos *a*, *b* y *c*.

```
printf("Coeficientes a, b y c de la ecuación: ");
scanf("%lf %lf %lf", &a, &b, &c);
```

- Leídos los coeficientes, pasamos a calcular las raíces.

```
if (a == 0 && b == 0)
  printf("La ecuación es degenerada\n");
else if (a == 0)
  printf("La única raíz es: %.2lf\n", -c / b);
else
{
```

```
    // Evaluar la fórmula. Cálculo de d, re e im
    if (d >= 0)
    {
      // Imprimir las raíces reales
    }
    else
    {
      // Imprimir las raíces complejas conjugadas
    }
  }
```

- Cálculo de $\frac{-b}{2a} \pm \frac{\sqrt{b^2 - 4ac}}{2a}$

  re (primer término) *im* (segundo término)

```
  re = -b / (2 * a);
  d = b * b - 4 * a * c;
  im = sqrt(fabs(d)) / (2 * a);
```

- Imprimir las raíces reales.

```
  printf("Raíces reales:\n");
  printf("%.2lf    %.2lf\n", re + im, re - im);
```

- Imprimir las raíces complejas conjugadas.

```
  printf("Raíces complejas:\n");
  printf("%.2lf + %.2lf j\n", re, fabs(im));
  printf("%.2lf - %.2lf j\n", re, fabs(im));
```

El programa completo se muestra a continuación.

```
/****** Calcular las raíces de una ecuación de 2.º grado ******/
/* ecu2gra.c
 */
#include <stdio.h>
#include <math.h>

int main(void)
{
  double a, b, c;  // coeficientes de la ecuación
  double d;        // discriminante
  double re, im;   // parte real e imaginaria de la raíz

  printf("Coeficientes a, b y c de la ecuación: ");
  scanf("%lf %lf %lf", &a, &b, &c);
  printf("\n");
```

```
  if (a == 0 && b == 0)
    printf("La ecuación es degenerada\n");
  else if (a == 0)
    printf("La única raíz es: %.2lf\n", -c / b);
  else
  {
    re = -b / (2 * a);
    d = b * b - 4 * a * c;
    im = sqrt(fabs(d)) / (2 * a);
    if (d >= 0)
    {
      printf("Raíces reales:\n");
      printf("%.2lf    %.2lf\n", re + im, re - im);
    }
    else
    {
      printf("Raíces complejas:\n");
      printf("%.2lf + %.2lf j\n", re, fabs(im));
      printf("%.2lf - %.2lf j\n", re, fabs(im));
    }
  }
}
```

Ejecución del programa:

```
Coeficientes a, b y c de la ecuación: 1 -2 3

Raíces complejas:
1.00 + 1.41 j
1.00 - 1.41 j
```

3. Escribir un programa para que lea un texto y dé como resultado el número de palabras con al menos cuatro vocales diferentes. Suponemos que una palabra está separada de otra por uno o más espacios (' '), tabuladores (\t) o caracteres '\n'. La entrada de datos finalizará cuando se detecte la marca de fin de archivo. La ejecución será de la forma siguiente:

```
Introducir texto. Para finalizar introducir la marca EOF.
En la Universidad hay muchos
estudiantes de Telecomunicación
[Ctrl]+[z]/[d]

Número de palabras con 4 o más vocales distintas: 3
```

La solución de este problema puede ser de la siguiente forma:

- Primero definimos las variables que vamos a utilizar en el programa.

```
int np = 0; // número de palabras con 4 o más vocales distintas
int a = 0, e = 0, i = 0, o = 0, u = 0;
char car;
```

- A continuación, leemos el texto carácter a carácter.

```
printf("Introducir texto. ");
printf("Para finalizar introducir la marca EOF\n\n");
while ((car = getchar()) != EOF)
{
  /*
     Si el carácter leído es una 'a' hacer a = 1
     Si el carácter leído es una 'e' hacer e = 1
     Si el carácter leído es una 'i' hacer i = 1
     Si el carácter leído es una 'o' hacer o = 1
     Si el carácter leído es una 'u' hacer u = 1
     Si el carácter leído es un espacio en blanco,
     un \t o un \n, acabamos de leer una palabra. Entonces,
     si a+e+i+o+u >= 4, incrementar el contador de palabras
     de cuatro vocales diferentes y poner a, e, i, o y u de
     nuevo a cero.
  */
} // fin del while
```

- Si la marca de fin de archivo está justamente a continuación de la última palabra (no se pulsó *Entrar* después de la última palabra), entonces se sale del bucle **while** sin verificar si esta palabra tenía o no cuatro vocales diferentes. Por eso este proceso hay que repetirlo fuera del **while**.

```
if ((a + e + i + o + u) >= 4) np++;
```

- Finalmente, escribimos el resultado.

```
printf("Número de palabras con 4 o más vocales distintas: %d\n", np);
```

El programa completo se muestra a continuación.

```
/******** Palabras con cuatro o más vocales diferentes ********/
/* vocales.c
 */
#include <stdio.h>

int main(void)
{
  int np = 0;  // número de palabras con 4 o más vocales distintas
  int a = 0, e = 0, i = 0, o = 0, u = 0;
  char car;
```

```
    printf("Introducir texto. ");
    printf("Para finalizar introducir la marca EOF\n\n");
    while ((car = getchar()) != EOF)
    {
      switch (car)
      {
        case 'A': case 'a': case 'á':
          a = 1;
          break;
        case 'E': case 'e': case 'é':
          e = 1;
          break;
        case 'I': case 'i': case 'í':
          i = 1;
          break;
        case 'O': case 'o': case 'ó':
          o = 1;
          break;
        case 'U': case 'u': case 'ú':
          u = 1;
          break;
        default:
          if (car == ' ' || car == '\t' || car == '\n')
          {
            if ((a + e + i + o + u) >= 4) np++;
            a = e = i = o = u = 0;
          }
      } // fin del switch
    } // fin del while
    if ((a + e + i + o + u) >= 4) np++;
    printf("Número de palabras con 4 o más vocales distintas: %d\n", np);
}
```

4. Escribir un programa para que lea un texto y dé como resultado el número de caracteres, palabras y líneas del mismo. Suponemos que una palabra está separada de otra por uno o más espacios (' '), caracteres *tab* (\t) o caracteres '\n'. La ejecución será de la forma siguiente:

```
Introducir texto. Pulse [Entrar] después de cada línea.
Para finalizar introducir la marca EOF.

Este programa cuenta los caracteres, las palabras y
las líneas de un documento.
[Ctrl]+[z]/[d]
80 13 2
```

El programa completo se muestra a continuación. Como ejercicio analice paso a paso el código del programa.

```
/****** Contar caracteres, palabras y líneas en un texto ******/
/* palabras.c
 */
#include <stdio.h>

int main(void)   // función principal
{
  const int SI = 1;
  const int NO = 0;

  char car;
  int palabra = NO;
  int ncaracteres = 0, npalabras = 0, nlineas = 0;

  printf("Introducir texto. ");
  printf("Pulse Entrar después de cada línea.\n");
  printf("Para finalizar introducir la marca EOF.\n\n");

  while ((car = getchar()) != EOF)
  {
    ++ncaracteres;              // contador de caracteres

    // Eliminar blancos, tabuladores y finales de línea
    // entre palabras
    if (car == ' ' || car == '\n' || car == '\t')
      palabra = NO;
    else if (palabra == NO) // comienza una palabra
    {
      ++npalabras;              // contador de palabras
      palabra = SI;
    }

    if (car == '\n')            // finaliza una línea
      ++nlineas;                // contador de líneas
  }
  printf("%d %d %d\n", ncaracteres, npalabras, nlineas);
}
```

5. Escribir un programa que calcule la serie:

$$e^x = 1 + \frac{x}{1!} + \frac{x^2}{2!} + \frac{x^3}{3!} + \ldots$$

Para un valor de x dado, se calcularán y sumarán términos sucesivos de la serie, hasta que el último término sumado sea menor o igual que una constante de error predeterminada (por ejemplo *1e–7*). Observe que cada término es igual al anterior por x/n para $n = 1, 2, 3, \ldots$ El primer término es el 1. Para ello se pide:

a) Escribir una función que tenga el siguiente prototipo:

```
double exponencial(double x);
```

Esta función devolverá como resultado el valor aproximado de e^x.

b) Escribir la función **main** para que invoque a la función *exponencial.* Compruebe que para *x* igual a *1* el resultado es el número *e*.

El programa completo se muestra a continuación.

```
/********************* Cálculo de exp(x) ********************/
/* exp.c
 */
#include <stdio.h>

double exponencial(double x);

int main(void)
{
  double exp, x;
  printf("Valor de x: "); scanf("%lf", &x);
  exp = exponencial(x);
  printf("exp(%g) = %g\n", x, exp);
}

double exponencial(double x)
{
  int n = 1;
  double exp = 0.0, termino = 1.0;
  exp = termino;      // primer término
  while (termino > 1e-7)
  {
    termino *= x/n; // siguiente término
    exp += termino; // sumar otro término
    n++;
  }
  return exp;
}
```

Ejecución del programa:

Valor de x: 1
exp(1) = 2.71828

6. Realizar un programa que a través de un menú permita realizar las operaciones de *sumar*, *restar*, *multiplicar*, *dividir* y *salir*. Las operaciones constarán solamente de

dos operandos. El menú será visualizado por una función sin argumentos, que devolverá como resultado la opción elegida. La ejecución será de la forma siguiente:

```
        1. sumar
        2. restar
        3. multiplicar
        4. dividir
        5. salir

Seleccione la operación deseada: 3
Dato 1: 2.5
Dato 2: 10
Resultado = 25.0
Pulse [Entrar] para continuar
```

La solución de este problema puede ser de la siguiente forma:

- Declaramos las funciones que van a intervenir en el programa.

```
double sumar(double dato1, double dato2);
double restar(double dato1, double dato2);
double multiplicar(double dato1, double dato2);
double dividir(double dato1, double dato2);
int menu(void);
```

- Definimos las variables que van a intervenir en el programa.

```
double dato1 = 0, dato2 = 0, resultado = 0;
int operación = 0;
```

- A continuación, presentamos el menú en la pantalla para poder elegir la operación a realizar.

```
operacion = menu();
```

La definición de la función *menu* puede ser así:

```
int menu()
{
  int op;
  do
  {
    system("cls"); // en Linux: clear
    printf("\t1. sumar\n");
    printf("\t2. restar\n");
    printf("\t3. multiplicar\n");
    printf("\t4. dividir\n");
    printf("\t5. salir\n");
```

```
    printf("\nSeleccione la operación deseada: ");
    scanf("%d", &op);
  }
  while (op < 1 || op > 5);
  return op;
}
```

- Si la operación elegida no ha sido *salir*, leemos los operandos *dato1* y *dato2*.

```
if (operacion != 5)
{
  // Leer datos
  printf("Dato 1: "); scanf("%lf", &dato1);
  printf("Dato 2: "); scanf("%lf", &dato2);

  // Realizar la operación
}
else
  break; // salir
```

- A continuación, realizamos la operación elegida con los datos leídos e imprimimos el resultado.

```
switch (operacion)
{
  case 1:
    resultado = sumar(dato1, dato2);
    break;
  case 2:
    resultado = restar(dato1, dato2);
    break;
  case 3:
    resultado = multiplicar(dato1, dato2);
    break;
  case 4:
    resultado = dividir(dato1, dato2);
    break;
}
// Escribir el resultado
printf("Resultado = %g\n", resultado);
// Hacer una pausa
printf("Pulse <Entrar> para continuar ");
getchar();
```

- Las operaciones descritas formarán parte de un bucle infinito formado por una sentencia **while** con el fin de poder encadenar distintas operaciones.

```
while (true)
{
```

```
    // sentencias
}
```

El programa completo se muestra a continuación.

```
/**************** Simulación de una calculadora ****************/
/* calcula.c
 */
#include <stdio.h>
#include <stdlib.h>
#include <stdbool.h>
// Declaración de funciones
double sumar(double dato1, double dato2);
double restar(double dato1, double dato2);
double multiplicar(double dato1, double dato2);
double dividir(double dato1, double dato2);
int menu(void);

int main(void)
{
  double dato1 = 0, dato2 = 0, resultado = 0;
  int operacion = 0;

  while (true)
  {
    operacion = menu();
    if (operacion != 5)
    {
      // Leer datos
      printf("Dato 1: "); scanf("%lf", &dato1);
      printf("Dato 2: "); scanf("%lf", &dato2);
      // Limpiar el buffer del flujo de entrada
      while (getchar() != '\n');

      // Realizar la operación
      switch (operacion)
      {
          case 1:
            resultado = sumar(dato1, dato2);
            break;
          case 2:
            resultado = restar(dato1, dato2);
            break;
          case 3:
            resultado = multiplicar(dato1, dato2);
            break;
          case 4:
            resultado = dividir(dato1, dato2);
            break;
      }
```

```
      // Escribir el resultado
      printf("Resultado = %g\n", resultado);
      // Hacer una pausa
      printf("Pulse <Entrar> para continuar ");
      getchar();
    }
    else
      break;
  }
}

int menu(void)
{
  int op;
  do
  {
    system("cls");// en Linux: clear
    printf("\t1. sumar\n");
    printf("\t2. restar\n");
    printf("\t3. multiplicar\n");
    printf("\t4. dividir\n");
    printf("\t5. salir\n");
    printf("\nSeleccione la operación deseada: ");
    scanf("%d", &op);
  }
  while (op < 1 || op > 5);
  return op;
}

double sumar(double a, double b)
{
  double c;
  c = a + b;
  return(c);
}

double restar(double a, double b)
{
  double c;
  c = a - b;
  return(c);
}

double multiplicar(double a, double b)
{
  double c;
  c = a * b;
  return(c);
}
```

```
double dividir(double a, double b)
{
  double c;
  c = a / b;
  return(c);
}
```

EJERCICIOS PROPUESTOS

1. Responda a las siguientes preguntas:

   1) ¿Cuál es el resultado del siguiente programa?

```
#include <stdio.h>
int main(void)
{
  int x = 1, y = 1;
  if (x = y * 5)
    x = 0;
  else
    x = -1;
  printf("%d\n", x);
}
```

   a) 1.
   b) 5.
   c) 0.
   d) –1.

   2) ¿Cuál es el resultado del siguiente programa?

```
#include <stdio.h>
int main(void)
{
  int x = 1, y = 1;
  if (x == 1)
    if (y == 0)
      x = 10;
  else
    x = -1;
  printf("%d\n", x);
}
```

   a) 1.
   b) 5.
   c) 0.
   d) –1.

3) ¿Cuál es el resultado del siguiente programa?

```
#include <stdio.h>
int main(void)
{
  int x = 1;

  switch (x)
  {
    case 1:
      x++;
    case 2:
      x++;
  }
  printf("%d\n", x);
}
```

a) 1.
b) 2.
c) 3.
d) Ninguno de los anteriores.

4) ¿Cuál es el resultado del siguiente programa?

```
#include <stdio.h>
int main(void)
{
  int x = 1;

  while (x <= 5)
  {
    printf("%d ", ++x);
  }
}
```

a) 1 2 3 4 0.
b) 2 3 4 5 6.
c) 0 1 2 3 4.
d) Ninguno de los anteriores.

5) ¿Cuál es el resultado del siguiente programa?

```
#include <stdio.h>
int main(void)
{
  int x = 0;

  for (x = 'a'; x <= 'z'; x += 10)
  {
    printf("%c ", x);
```

```
    }
}
```

a) a b c d e ... x y z.
b) 97 98 99 ... 120 121 122.
c) 97 107 117.
d) a k u.

6) ¿Cuál es el resultado del siguiente programa?

```
#include <stdio.h>
int main(void)
{
  int x = 0, y = 0;

  for (x = 6; x > 0; x -= 2)
    for (y = 0; y < 2; y++)
      printf("%d ", x-y);
}
```

a) 6 5 4 3 2 1.
b) 6 4 2.
c) 6 2.
d) Ninguno de los anteriores.

7) ¿Cuál es el resultado del siguiente programa?

```
#include <stdio.h>
int main(void)
{
  int x = 0, y = 1;

  for (x = 6; x > 0; x -= 2)
  {
    if (x < y * 3) continue;
    printf("%d ", x);
  }
}
```

a) 6 4 2.
b) 6 4.
c) 6.
d) Ninguno de los anteriores.

8) ¿Cuál es el resultado del siguiente programa?

```
#include <stdio.h>
void fnx(int x)
{
```

```
  if (x) printf("%d ", x);
}

int main(void)
{
  int i, a = 1234;
  for (i = 0; i < 4; i++)
    fnx(a = a/10);
}
```

a) 123 12 1.
b) 1 2 3 4.
c) 4 3 2 1.
d) Ninguno de los anteriores.

9) ¿Cuál es el resultado del siguiente programa?

```
#include <stdio.h>

void fnx(int x)
{
  int i = 0;
  for (i = x; i > 0; i--)
    printf("%d ", i);
}

int main(void)
{
  int x;

  for (x = 0; x < 3; x++)
    fnx(x);
}
```

a) 0.
b) 1 2 1.
c) 1 2.
d) Ninguno de los anteriores.

10) ¿Cuál es el resultado del siguiente programa?

```
#include <stdio.h>
void fnx(int x)
{
  printf("%c ", x);
}

int main(void)
{
```

```
  int i, x = 65;
  for (i = 0; i < 3; i++)
    fnx(x++);
}
```

a) A B C.
b) 65 66 67.
c) a b c.
d) Ninguno de los anteriores.

2. Realizar un programa que calcule e imprima la suma de los múltiplos de 5 comprendidos entre dos valores *a* y *b*. El programa no permitirá introducir valores negativos para *a* y *b*, y verificará que *a* es menor que *b*. Si *a* es mayor que *b*, intercambiará estos valores.

3. Realizar un programa que permita evaluar la serie:

$$\sum_{a=0}^{b} \frac{1}{x + ay}$$

4. Si quiere averiguar su número de tarot, sume los números de su fecha de nacimiento y a continuación redúzcalos a un único dígito; por ejemplo, si su fecha de nacimiento fuera 17 de octubre de 1992, los cálculos a realizar serían:

$$17 + 10 + 1992 = 2019 \Rightarrow 2 + 0 + 1 + 9 = 12 \Rightarrow 1 + 2 = 3$$

lo que quiere decir que su número de tarot es el 3.

Realizar un programa que pida una fecha, de la forma:

día mes año

donde *día*, *mes* y *año* son enteros, y dé como resultado el número de tarot. El programa verificará si la fecha es correcta, esto es, los valores están dentro de los rangos permitidos.

5. Realizar un programa que genere la siguiente secuencia de dígitos:

```
                  1
                2 3 2
              3 4 5 4 3
            4 5 6 7 6 5 4
          5 6 7 8 9 8 7 6 5
        6 7 8 9 0 1 0 9 8 7 6
      7 8 9 0 1 2 3 2 1 0 9 8 7
```

```
            8 9 0 1 2 3 4 5 4 3 2 1 0 9 8
          9 0 1 2 3 4 5 6 7 6 5 4 3 2 1 0 9
        0 1 2 3 4 5 6 7 8 9 8 7 6 5 4 3 2 1 0
      1 2 3 4 5 6 7 8 9 0 1 0 9 8 7 6 5 4 3 2 1
    2 3 . . . . . . . . . . . . . . . . . . . . .
```

El número de filas estará comprendido entre 11 y 20 y el resultado aparecerá centrado en la pantalla como se indica en la figura.

6. Un centro numérico es un número que separa una lista de números enteros (comenzando en 1) en dos grupos de números, cuyas sumas son iguales. El primer centro numérico es el 6, el cual separa la lista (1 a 8) en los grupos: (1, 2, 3, 4, 5) y (7, 8) cuyas sumas son ambas iguales a 15. El segundo centro numérico es el 35, el cual separa la lista (1 a 49) en los grupos: (1 a 34) y (36 a 49) cuyas sumas son ambas iguales a 595. Escribir un programa que calcule los centros numéricos entre 1 y *n*.

7. Realizar un programa que solicite un texto (suponer que los caracteres que forman el texto son solo letras, espacios en blanco, comas y el punto como final del texto) y a continuación lo escriba modificado de forma que a la A le corresponda la K, a la B la L,..., a la O la Y, a la P la Z, a la Q la A,... y a la Z la J, e igual para las letras minúsculas. Suponga que la entrada no excede de una línea y que finaliza con un punto.

   Al realizar este programa tenga en cuenta que el tipo **char** es un tipo entero, por lo tanto las afirmaciones en los ejemplos siguientes son correctas:

   - 'A' es menor que 'a'; es equivalente a decir que 65 es menor que 97, porque el valor ASCII de 'A' es 65 y el de 'a' es 97.

   - 'A' + 3 es igual a 'D'; es equivalente a decir que 65 + 3 es igual a 68, y este valor es el código ASCII del carácter 'D'.

8. Realizar un programa que calcule el importe a pagar por un vehículo al circular por una autopista. El vehículo puede ser una bicicleta, una moto, un coche o un camión. Para definir el conjunto *vehículos* utilizaremos un tipo enumerado (vea en el capítulo *Elementos del lenguaje C* los tipos enumerados). El importe se calculará según los siguientes datos:

   - Un importe fijo de 100 unidades para las bicicletas.
   - Las motos y los coches pagarán 30 unidades por km.
   - Los camiones pagarán 30 unidades por km más 25 unidades por tm.

   La presentación en pantalla de la solución será de la forma siguiente:

```
        1 - bicicleta
        2 - moto
        3 - coche
        4 - camión
        5 - salir

Seleccione la opción deseada: 4
¿Kilómetros y toneladas? 100 50
Importe = 4250
```

CAPÍTULO 6

TIPOS ESTRUCTURADOS DE DATOS

Hasta ahora solo hemos tenido que trabajar con algunas variables en cada uno de los programas que hemos realizado. Sin embargo, en más de una ocasión tendremos que manipular conjuntos más grandes de valores. Por ejemplo, para calcular la temperatura media del mes de agosto necesitaremos conocer los 31 valores correspondientes a la temperatura media de cada día. En este caso, podríamos utilizar una variable para introducir los 31 valores, uno cada vez, y acumular la suma en otra variable. Pero, ¿qué ocurrirá con los valores que vayamos introduciendo? Que cuando tecleemos el segundo valor, el primero se perderá; cuando tecleemos el tercero, el segundo se perderá, y así sucesivamente. Cuando hayamos introducido todos los valores podremos calcular la media, pero las temperaturas correspondientes a cada día se habrán perdido. ¿Qué podríamos hacer para almacenar todos esos valores? Pues, podríamos utilizar 31 variables diferentes; pero, ¿qué pasaría si fueran 100 o más valores los que tuviéramos que registrar? Además de ser muy laborioso el definir cada una de las variables, el código se vería enormemente incrementado.

En este capítulo, aprenderá a registrar conjuntos de valores, todos del mismo tipo, en unas estructuras de datos llamadas *matrices*. Así mismo, aprenderá a registrar cadenas de caracteres, que no son más que conjuntos de caracteres, o bien, si lo prefiere, matrices de caracteres.

Si las matrices son la forma de registrar conjuntos de valores, todos del mismo tipo (**int**, **float**, **double**, **char**, etc.), ¿qué haremos para almacenar un conjunto de valores relacionados entre sí, pero de diferentes tipos? Por ejemplo, almacenar los datos relativos a una persona como su *nombre*, *dirección*, *teléfono*, etc. Veremos que esto se hace definiendo otro tipo de estructura de datos; en este caso, poдría ser del tipo **struct** *persona*. Posteriormente podremos crear también matrices de este tipo de estructuras, cuestión que aprenderemos más adelante.

INTRODUCCIÓN A LAS MATRICES

Una matriz es una estructura homogénea, compuesta por varios elementos, todos del mismo tipo y almacenados consecutivamente en memoria. Cada elemento puede ser accedido directamente por el nombre de la variable matriz seguido de uno o más subíndices encerrados entre corchetes.

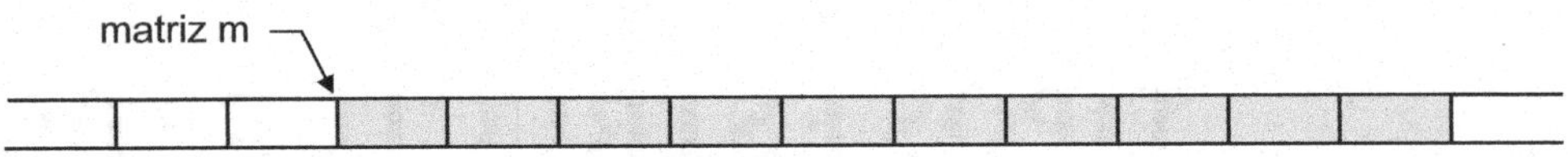

En general, la representación de las matrices se hace mediante variables suscritas (variables con subíndices) y pueden tener una o varias dimensiones (se utilizarán uno o varios subíndices). A las matrices de una dimensión se les llama también listas y a las de dos dimensiones, tablas.

Desde un punto de vista matemático, en más de una ocasión necesitaremos utilizar variables subindicadas tales como:

$$v = [a_0, a_1, a_2, ..., a_i, ..., a_n]$$

en el caso de un subíndice, o bien:

$$m = \begin{pmatrix} a_{00} & a_{01} & a_{02} & \dots & a_{0j} & \dots & a_{0n} \\ a_{10} & a_{11} & a_{12} & \dots & a_{1j} & \dots & a_{1n} \\ \dots & \dots & \dots & \dots & \dots & \dots & \dots \\ a_{i0} & a_{i1} & a_{i2} & \dots & a_{ij} & \dots & a_{in} \end{pmatrix}$$

si se utilizan dos subíndices. Esta misma representación se puede utilizar desde un lenguaje de programación recurriendo a las matrices que acabamos de definir y que a continuación se estudian.

Por ejemplo, supongamos que tenemos una matriz unidimensional de enteros llamada *m*, la cual contiene 10 elementos. Estos elementos se identificarán de la siguiente forma:

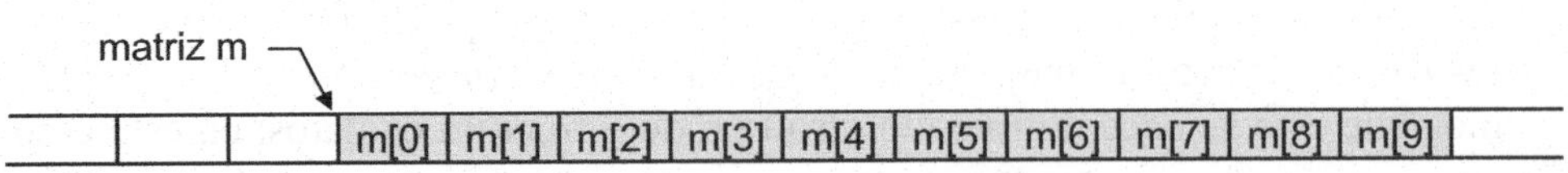

Observe que los subíndices son enteros consecutivos y que el primer subíndice vale 0. Un subíndice puede ser cualquier expresión entera positiva.

Así mismo, una matriz de dos dimensiones se representa mediante una variable con dos subíndices (filas, columnas); una matriz de tres dimensiones se representa mediante una variable con tres subíndices, etc. El número máximo de dimensiones o el número máximo de elementos, dentro de los límites establecidos por el compilador, para una matriz depende de la memoria disponible.

Entonces, las matrices según su dimensión se clasifican en unidimensionales y multidimensionales; y según su contenido, en numéricas, de caracteres, de estructuras y de punteros. A continuación se estudia todo esto detalladamente.

MATRICES NUMÉRICAS UNIDIMENSIONALES

Igual que sucede con otras variables, antes de utilizar una matriz hay que definirla. La definición de una matriz especifica el nombre de la matriz, el número de elementos de la misma y el tipo de estos.

Definir una matriz

La definición de una matriz de una dimensión se hace de la forma siguiente:

```
tipo nombre[tamaño];
```

donde *tipo* indica el tipo de los elementos de la matriz, que pueden ser de cualquier tipo primitivo o definido por el usuario; *nombre* es un identificador que nombra a la matriz y *tamaño* es una constante entera que especifica el número de elementos de la matriz. Los corchetes modifican la definición normal del identificador para que sea interpretado por el compilador como una matriz.

Veamos algunos ejemplos. Las siguientes líneas de código son ejemplos de definiciones de matrices:

```
int m[10];
float temperatura[31];
struct ordenador acer[25];
```

La primera línea crea una matriz identificada por *m* con 10 elementos de tipo **int**; es decir, puede almacenar 10 valores enteros; el primer elemento es *m[0]* (se lee: *m sub-cero*), el segundo *m[1]*,..., y el último *m[9]*. La segunda crea una matriz *temperatura* de 31 elementos de tipo **float**. Y la tercera crea una matriz *acer* de 25 elementos, cada uno de los cuales es una estructura de tipo **struct** *ordenador*. Las **struct** serán expuestas más adelante en este mismo capítulo.

Acceder a los elementos de una matriz

Para acceder al valor de un elemento de una matriz se utiliza el nombre de la matriz, seguido de un subíndice entre corchetes. Esto es, un elemento de una matriz no es más que una variable subindicada; por lo tanto, se puede utilizar exactamente igual que cualquier otra variable. Por ejemplo, en las operaciones que se muestran a continuación intervienen elementos de una matriz *m*:

```
int m[100], k = 0, a = 0;
// ...
a = m[1] + m[99];
k = 50;
m[k]++;
m[k+1] = m[k];
```

Observe que para referenciar un elemento de una matriz se puede emplear como subíndice una constante, una variable o una expresión de tipo entero. El subíndice especifica la posición del elemento dentro de la matriz. La primera posición es la 0.

Si se intenta acceder a un elemento con un subíndice menor que 0 o mayor que el número de elementos de la matriz menos 1, C no informa de ello porque no realiza ese tipo de chequeo; es el sistema operativo el que lo notificará mediante un mensaje de error, solo si ese intento transgrede los límites de la zona de memoria asignada por él a dicha aplicación. Por lo tanto, es responsabilidad del programador escribir el código necesario para detectar este tipo de error. Por ejemplo, la última línea de código del ejemplo siguiente dará lugar a un resultado impredecible, puesto que intenta asignar el valor del elemento de subíndice 99 al elemento de subíndice 100, que está fuera del rango 0 a 99 válido.

```
int m[100], k = 0, a = 0;
// ...
k = 99;
m[k+1] = m[k];
```

¿Cómo podemos asegurarnos de no exceder accidentalmente los límites de una matriz? Verificando en todo momento que el índice está entre 0 y la longitud de la matriz menos 1. Por ejemplo:

```
#define N 100
// ...
```

```
int m[N], k = 0, a = 0;
// ...
k = 99;
if (k >=0 && k < N-1)
  m[k+1] = m[k];
else
  printf("índice fuera de límites\n");
```

Trabajar con matrices unidimensionales

Para practicar la teoría expuesta hasta ahora, vamos a realizar un programa que asigne datos a una matriz unidimensional *m* de *N_ELEMENTOS* y, a continuación, como comprobación del trabajo realizado, escriba el contenido de dicha matriz. La solución será similar a la siguiente:

```
La matriz tiene 10 elementos.
Introducir los valores de la matriz.
m[0] = 1
m[1] = 2
m[2] = 3
...

1 2 3 ...

Fin del proceso.
```

Para ello, en primer lugar, definimos la constante *N_ELEMENTOS* para fijar el número de elementos de la matriz:

```
#define N_ELEMENTOS 10;
```

Después creamos la matriz *m* con ese número de elementos y definimos el subíndice *i* para acceder a los elementos de dicha matriz.

```
int m[N_ELEMENTOS]; // crear la matriz m
int i = 0; // subíndice
```

El paso siguiente es asignar un valor desde el teclado a cada elemento de la matriz.

```
for (i = 0; i < N_ELEMENTOS; i++)
{
  printf("m[%d] = ", i);
  scanf("%d", &m[i]);
}
```

Una vez leída la matriz la visualizamos para comprobar el trabajo realizado.

```
for (i = 0; i < N_ELEMENTOS; i++)
  printf("%d  ", m[i]);
```

El programa completo se muestra a continuación:

```
/************* Creación de una matriz unidimensional *************/
/* matriz_unidim.c
 */
#include <stdio.h>
#define N_ELEMENTOS 10 // número de elementos de la matriz

int main(void)
{
  int m[N_ELEMENTOS]; // crear la matriz m
  int i = 0;          // subíndice

  printf("Introducir los valores de la matriz.\n");

  // Entrada de datos
  for (i = 0; i < N_ELEMENTOS; i++)
  {
    printf("m[%d] = ", i);
    scanf("%d", &m[i]);
  }

  // Salida de datos
  printf("\n\n");
  for (i = 0; i < N_ELEMENTOS; i++)
    printf("%d  ", m[i]);
  printf("\n\nFin del proceso.\n");
}
```

El ejercicio anterior nos enseña cómo leer una matriz y cómo escribirla. El paso siguiente es aprender a trabajar con los valores almacenados en la matriz. Por ejemplo, pensemos en un programa que lea la nota media obtenida por cada alumno de un determinado curso, las almacene en una matriz y dé como resultado la nota media del curso.

Igual que hicimos en el programa anterior, en primer lugar, crearemos una matriz *nota* con un número máximo de elementos. Después solicitaremos a través del teclado el número real de elementos que coincidirá con el número de alumnos y que en ningún caso será mayor que el valor máximo ni menor que 1. En este caso interesa que la matriz sea de tipo **float** para que sus elementos puedan almacenar un valor con decimales. También definiremos un índice *i* para acceder a los elementos de la matriz y una variable *suma* para almacenar la suma total de todas las notas.

```
#define N_ALUMNOS 100;     // número máximo de alumnos
```

```
float notas[N_ALUMNOS]; // matriz notas
int i = 0;              // índice
int nalumnos = 0;       // número real de alumnos
float suma = 0;         // suma total de todas las notas medias

do
{
  printf("Número de alumnos: ");
  scanf("%d", &nalumnos);
}
while (nalumnos < 1 || nalumnos > N_ALUMNOS);
```

El paso siguiente será almacenar en la matriz las notas introducidas a través del teclado.

```
for (i = 0; i < nalumnos; i++)
{
  printf("Alumno número %3d, nota media: ", i+1);
  scanf("%f", &notas[i]);
}
```

Finalmente se suman todas las notas y se visualiza la nota media. La suma se almacenará en la variable *suma*. Una variable utilizada de esta forma recibe el nombre de acumulador. Es importante que observe que inicialmente su valor es 0.

```
for (i = 0; i < nalumnos; i++)
  suma += notas[i];
printf("\n\nNota media del curso: %5.2f\n", suma / nalumnos);
```

El programa completo se muestra a continuación.

```
/******************* Nota media del curso *******************/
/* notas.c
 */
#include <stdio.h>

#define N_ALUMNOS 100  // número máximo de alumnos

int main(void)
{
  float notas[N_ALUMNOS]; // matriz notas
  int i = 0;              // índice
  int nalumnos = 0;       // número real de alumnos
  float suma = 0;         // suma total de todas las notas medias

  do
  {
    printf("Número de alumnos: ");
    scanf("%d", &nalumnos);
```

```
  }
  while (nalumnos < 1 || nalumnos > N_ALUMNOS);

  // Entrada de datos
  for (i = 0; i < nalumnos; i++)
  {
    printf("Alumno número %3d, nota media: ", i+1);
    scanf("%f", &notas[i]);
  }

  // Sumar las notas
  for (i = 0; i < nalumnos; i++)
    suma += notas[i];

  // Escribir resultados
  printf("\n\nNota media del curso: %5.2f\n", suma / nalumnos);
}
```

Ejecución del programa

```
Número de alumnos: 5
Alumno número   1, nota media: 5.5
Alumno número   2, nota media: 9
Alumno número   3, nota media: 7.5
Alumno número   4, nota media: 6
Alumno número   5, nota media: 8


Nota media del curso:  7.20
```

Los dos bucles **for** de la aplicación anterior podrían reducirse a uno como se indica a continuación. No se ha hecho por motivos didácticos.

```
for (i = 0; i < nalumnos; i++)
{
  printf("Alumno número %3d, nota media: ", i+1);
  scanf("%f", &notas[i]);
  suma += notas[i];
}
```

También, se puede evitar solicitar al usuario el número de alumnos si utiliza la constante **EOF** (devuelta por **scanf** al pulsar *Ctrl+z* en Windows o *Ctrl+d* en Linux) como condición de terminación. Por ejemplo:

```
printf("Puede finalizar la entrada de datos introduciendo la marca EOF.\n");

while (i < N_ALUMNOS && r != EOF)
{
  printf("Alumno número %3d, nota media: ", i + 1);
```

```
  r = scanf("%f", &notas[i]);
  if (r != EOF) ++i;
}
nalumnos = i;
```

Los objetos de tipo matriz no se pueden utilizar a la izquierda del operador de asignación, lo cual significa que a una matriz de un determinado tipo no se le puede asignar otra de su mismo tipo. Por ejemplo:

```
float notas[N_ALUMNOS];
// Asignar datos a la matriz notas
// Operar con la matriz
// ...
float notas2[N_ALUMNOS];
notas2 = notas; // error: no se permite la asignación
```

Para copiar una matriz en otra, tendría que hacerlo elemento a elemento. Por ejemplo:

```
#include <stdio.h>
#define N_ALUMNOS 100

int main(void)
{
  float notas[N_ALUMNOS];
  // Asignar datos a la matriz notas
  // Operar con la matriz
  // ...

  float notas2[N_ALUMNOS];
  // Copiar notas en notas2
  for (int i = 0; i < N_ALUMNOS; ++i)
    notas2[i] = notas[i];
  // ...
}
```

Matrices de longitud variable

Hay varios tipos de matrices: matrices de un tamaño constante conocido (son las matrices que acabamos de exponer en los apartados anteriores), matrices de longitud variable y matrices de tamaño desconocido (eche una ojeada al apartado *Matrices de longitud variable* del apéndice *A*), aunque, en el momento de escribir este libro, no todos los compiladores soportaban un tamaño variable.

Cuando el tamaño de la matriz no es una expresión constante, sino una variable, estaremos declarando una matriz de tamaño variable. Por ejemplo:

```
{
  int nalumnos = 0;          // número real de alumnos
  do
  {
    printf("Número de alumnos: ");
    scanf("%d", &nalumnos);
  }
  while (nalumnos < 1);
  float notas[nalumnos]; // matriz notas
  // ...
}
```

Cada vez que el flujo de control pase por el bloque de código anterior, se asignará un valor mayor que cero a la variable *nalumnos*, variable que define el tamaño de la matriz *notas*. Evidentemente, como ya sabemos, al tratarse de una matriz local, su duración o tiempo de vida finalizará cuando el flujo de ejecución salga fuera del bloque donde fue definida.

Como ejemplo, podemos realizar una nueva versión del ejemplo *notas.c* utilizando ahora una matriz de longitud variable, lo que nos evitará tener que asignar un tamaño máximo de elementos a la matriz. Esta nueva versión puede ser así:

```
/******************* Nota media del curso *******************/
/* notas2.c
 */
#include <stdio.h>

int main(void)
{
  // Definición de la matriz
  int nalumnos = 0;          // número real de alumnos
  do
  {
    printf("Número de alumnos: ");
    scanf("%d", &nalumnos);
  }
  while (nalumnos < 1);
  float notas[nalumnos]; // matriz notas

  // Entrada de datos
  for (int i = 0; i < nalumnos; i++)
  {
    printf("Alumno número %3d, nota media: ", i+1);
    scanf("%f", &notas[i]);
  }

  // Sumar las notas
  float suma = 0;            // suma total de todas las notas medias
  for (int i = 0; i < nalumnos; i++)
```

```
    suma += notas[i];

  // Escribir resultados
  printf("\n\nNota media del curso: %5.2f\n", suma / nalumnos);
}
```

En este ejemplo también podemos observar que las variables *i* y *suma* se han definido justo en el lugar donde se necesitan. Esta forma de proceder facilita el mantenimiento del código.

Iniciar una matriz

Cuando durante la ejecución de un programa tiene lugar la definición de una matriz, sus elementos son automáticamente iniciados solo si la definición se ha realizado a nivel global; en este caso, igual que sucedía con las variables globales, si la matriz es numérica, sus elementos son iniciados a 0; si es de caracteres, al valor '\0' y si es de punteros, a **NULL**. Cuando la matriz sea local sus elementos no serán iniciados automáticamente; en este caso, ¿qué valores almacenarán? Valores indeterminados; dicho de otra forma, almacenarán basura. Si la matriz es local pero se declara **static**, entonces se inicia igual que si fuera global.

Ahora bien, si deseamos iniciar una matriz con unos valores determinados en el momento de definirla, podemos hacerlo de la siguiente forma:

```
float temperatura[6] = {10.2F, 12.3F, 3.4F, 14.5F, 15.6F, 16.7F};
```

En el ejemplo anterior, el tamaño de la matriz debe ser igual o mayor que el número de valores especificados. Cuando es mayor, solo serán iniciados explícitamente tantos elementos como valores. El resto de los elementos serán iniciados implícitamente, dependiendo del tipo, a 0, a '\0' o a **NULL**. Según esto, resulta muy sencillo iniciar una matriz, por ejemplo, numérica, a cero:

```
int m[100] = {0}; // matriz m con todos sus elementos iniciados a 0
```

La definición anterior equivale a esta otra:

```
int m[100] = { [0]=0 }; // matriz iniciada a 0
```

Esto quiere decir que también es posible iniciar determinados elementos de la matriz haciendo referencia a los mismos por medio del índice. En este caso la iniciación comienza, con el valor especificado, en elemento correspondiente al índice especificado y continúa con asignaciones implícitas hasta la siguiente asignación explícita. Por ejemplo:

```
int m[100] = { [99]=-1, [0]=1,2,3 }; // m: {1,2,3,0,0,0,0,…,-1}
```

Siempre que se inicie una matriz en el instante de su definición, el tamaño puede omitirse (estaríamos en el caso de una matriz de tamaño desconocido); en este caso el número de elementos se corresponderá con el número de valores especificados. También puede omitirse el tamaño en los siguientes casos: cuando se declara como un parámetro formal en una función y cuando se hace referencia a una matriz declarada en otra parte del programa.

Por ejemplo, en el siguiente programa se puede observar que la función **main** define e inicia una matriz *x* sin especificar explícitamente su tamaño y que los parámetros de tipo matriz de las funciones *CopiarMatriz* y *VisualizarMatriz* tampoco especifican su tamaño. Esto es así porque, para parámetros de tipo matriz, lo que se pasa en la llamada a la función es la dirección de una matriz (obsérvese que en la llamada a la función sólo se especifica el nombre de la matriz) de la que su tamaño ya es conocido porque ya está definida.

```
/* parametro.c
 */
#include <stdio.h>
void CopiarMatriz(int [], int [], int);
void VisualizarMatriz(int [], int);

int main(void)
{
  int x[] = { 10, 20, 30, 40, 50 };
  int t = sizeof(x)/sizeof(int);
  int y[t]; // algunos compiladores aún no admiten esta definición
  CopiarMatriz(y, x, t); // copiar x en y
  VisualizarMatriz(y, t);
}

void CopiarMatriz(int a[], int b[], int n)
{
  // Copiar b en a
  for (int i = 0; i < n; ++i)
    a[i] = b[i];
}

void VisualizarMatriz(int m[], int n)
{
  for (int i = 0; i < n; i++)
    printf("%d ", m[i]);
}
```

Así mismo, en el ejemplo anterior se puede observar que cuando **main** invoca a *VisualizarMatriz* le pasa dos argumentos: la matriz *x* y el número de elementos. Por lo tanto, el argumento *x* es copiado en el parámetro *m* y el argumento *t* en *n*. Dos preguntas: ¿qué se ha copiado en *m*? ¿Se ha hecho un duplicado de la matriz?

No, no se ha hecho un duplicado. Cuando el argumento es una matriz lo que se pasa es la dirección de esa matriz; esto es, la posición donde comienza el bloque de memoria que ocupa físicamente esa matriz. Dicha dirección viene dada por el nombre de la matriz. Esto quiere decir que C siempre pasa las matrices por referencia. Según lo expuesto, ¿qué conoce *VisualizarMatriz* de la matriz *x*? Pues la dirección de comienzo, *m*, y su número de elementos, *n*; entonces *m[i]* en esta función y *x[i]* en **main**, ¿son el mismo elemento? Sí, porque las dos funciones trabajan a partir de la misma posición de memoria y sobre el mismo número de elementos. Quiere esto decir que si *VisualizarMatriz* modificara la matriz, esas modificaciones afectarían también a **main**. Como ejercicio puede comprobarlo (para la función *CopiarMatriz* se puede hacer un análisis análogo). También sabemos que una dirección puede almacenarse en un puntero; entonces, las funciones anteriores también puede escribirse así:

```
void CopiarMatriz(int *a, int *b, int n)
{
  // ...
}

void VisualizarMatriz(int *m, int n)
{
  // ...
}
```

Esto es, cuando se usa un tipo de matriz en una lista de parámetros de función, éste se transforma en el tipo de puntero correspondiente: *int a[]* se transforma en *int *a*, *int b[]* se transforma en *int *b* e *int m[]* se transforma en *int *m*.

Matrices asociativas

En una matriz asociativa el acceso a los elementos se hace por valor en lugar de por posición. Un ejemplo puede ser una matriz *diasMes[13]* que almacene en el elemento de índice 1 los días del mes 1, en el de índice 2 los días del mes 2 y así sucesivamente (ignoramos el elemento de índice 0):

```
/* matriz-asociatica.c
*/
#include <stdio.h>

int diasMes(int);
unsigned char *nombreMes(int mes);

int main(void)
{
  int mes, r;
```

```
  do
  {
    printf("Introduce el mes (1 = enero, 0 = salir): ");
    r = scanf("%d", &mes);
    if (r == 1 && mes >= 1 && mes <= 12)
      printf("El mes de %s tiene %d dias\n",
      nombreMes(mes), diasMes(mes));
  } while (mes != 0);
}

int diasMes(int mes)
{
  int dias_mes[13] =
  { 0, 31, 28, 31, 30, 31, 30, 31, 31, 30, 31, 30, 31 };
  if (mes >= 1 && mes <= 12)
    return dias_mes[mes];
  else
    return dias_mes[0];
}

unsigned char *nombreMes(int mes)
{
  static unsigned char nombre_mes[13][12] =
  { "error",
  "enero", "febrero", "marzo", "abril",
  "mayo", "junio", "julio", "agosto",
  "septiembre", "octubre", "noviembre", "diciembre" };
  if (mes >= 1 && mes <= 12)
    return nombre_mes[mes];
  else
    return nombre_mes[0];
}
```

Ejecución del programa:

```
Introduce el mes (1 = enero, 0 = salir): 8
El mes de agosto tiene 31 dias
Introduce el mes (1 = enero, 0 = salir): 0
```

Obsérvese en el ejemplo anterior que la matriz *nombre_mes* es **static** con el fin de que persista entre llamadas consecutivas. Dese cuenta de que esta función no puede devolver la dirección de un elemento que ya no existe, ya que si la matriz no fuera **static** desaparecería al finalizar la ejecución de la función.

En casos como el del ejemplo, la solución del problema resultará más fácil si utilizamos esa coincidencia dato-índice. Por ejemplo, vamos a realizar un programa que cuente el número de veces que aparece cada una de las letras de un texto introducido por el teclado y a continuación imprima el resultado. Para hacer el ejemplo sencillo, vamos a suponer que el texto solo contiene letras minúsculas del alfabeto inglés (no hay ni letras acentuadas, ni la *ll*, ni la *ñ*). La solución podría ser de la forma siguiente:

```
Introducir texto.
Para finalizar introducir la marca EOF

las matrices mas utilizadas son las unidimensionales
y las bidimensionales.
[Ctrl]+[z]/[d]

 a  b  c  d  e  f  g  h  i  j  k  l  m  n  o  p  q  r  s  t  u  v  w  x  y  z
 ----------------------------------------------------------------------------
 9  1  1  3  5  0  0  0  9  0  0  6  4  6  3  0  0  1 11  2  2  0  0  0  1  1
```

Antes de empezar el problema, vamos a analizar algunas de las operaciones que después utilizaremos en el programa. Por ejemplo, la expresión:

```
'z' - 'a' + 1
```

da como resultado 26. Recuerde que cada carácter tiene asociado un valor entero (código ASCII) que es el que utiliza la máquina internamente para manipularlo. Así, por ejemplo, la '*z*' tiene asociado el entero 122, la '*a*' el 97, etc. Según esto, la evaluación de la expresión anterior es: 122 – 97 + 1 = 26.

Por la misma razón, si realizamos las declaraciones:

```
int c[256];       // la tabla ASCII tiene 256 caracteres
char car = 'a';   // car tiene asignado el entero 97
```

la siguiente sentencia asigna a *c[97]* el valor 10:

```
c['a'] = 10;
```

y esta otra sentencia que se muestra a continuación realiza la misma operación, lógicamente, suponiendo que *car* tiene asignado el carácter '*a*'.

```
c[car] = 10;
```

Entonces, si leemos un carácter (de la '*a*' a la '*z*'):

```
car = getchar();
```

y a continuación realizamos la operación:

```
c[car]++;
```

¿qué elemento de la matriz *c* se ha incrementado? La respuesta es el de subíndice igual al código correspondiente al carácter leído. Hemos hecho coincidir el carácter leído con el subíndice de la matriz. Así, cada vez que leamos una '*a*' se incrementará el contador *c[97]* o lo que es lo mismo *c['a']*; tenemos entonces un contador de '*a*'. Análogamente diremos para el resto de los caracteres.

Pero, ¿qué pasa con los elementos *c[0]* a *c[96]*? Según hemos planteado el problema inicial quedarían sin utilizar (el enunciado decía: con qué frecuencia aparecen los caracteres de la '*a*' a la '*z*'). Esto, aunque no presenta ningún problema, se puede evitar así:

```
c[car - 'a']++;
```

Para *car* igual a '*a*' se trataría del elemento *c[0]* y para *car* igual a '*z*' se trataría del elemento *c[25]*. De esta forma podemos definir una matriz de enteros justamente con un número de elementos igual al número de caracteres de la '*a*' a la '*z*' (26 caracteres según la tabla ASCII). El primer elemento será el contador de '*a*', el segundo el de '*b*', y así sucesivamente.

Un contador es una variable que inicialmente vale 0 (suponiendo que la cuenta empieza desde 1) y que después se incrementa en una unidad cada vez que ocurre el suceso que se desea contar.

El programa completo se muestra a continuación.

```
/**** Frecuencia con la que aparecen las letras en un texto ****/
/* letras.c
 */
#include <stdio.h>
#define N_ELEMENTOS ('z'-'a'+1)  // número de elementos

int main(void)
{
  int c[N_ELEMENTOS] = { 0 }; // matriz c iniciada a cero
  char car;                   // índice

  // Entrada de datos y cálculo de la tabla de frecuencias
  printf("Introducir texto.\n");
  printf("Para finalizar introducir la marca EOF\n\n");
  while ((car = getchar()) != EOF)
  {
    // Si el carácter leído está entre la 'a' y la 'z'
    // incrementar el contador correspondiente
    if (car >= 'a' && car <= 'z')
      c[car - 'a']++;
  }
```

```
    // Escribir la tabla de frecuencias
    for (car = 'a'; car <= 'z'; car++)
      printf("  %c", car);
    printf("\n  -------------------------------------"
           "-------------------------------------\n");

    for (car = 'a'; car <= 'z'; car++)
      printf("%3d", c[car - 'a']);
    putchar('\n');
  }
```

CADENAS DE CARACTERES

Cuando expusimos los literales en el apartado *Literales de cadenas de caracteres* del capítulo *Elementos del leguaje C* ya hablamos de las cadenas de caracteres. Por ejemplo, la línea de código siguiente visualiza el literal "Fin del proceso.". Dicho literal es una cadena de caracteres constante.

```
printf("Fin del proceso.");
```

Básicamente, una cadena de caracteres se almacena como una matriz unidimensional de elementos de tipo **unsigned char** o **char**:

```
char cadena[10]; // o también: unsigned char cadena[10];
```

Igual que sucedía con las matrices numéricas, una matriz unidimensional de caracteres puede ser iniciada en el momento de su definición. Por ejemplo:

```
char cadena[] = {'a', 'b', 'c', 'd', '\0'};
```

Este ejemplo define *cadena* como una matriz de caracteres con cinco elementos (*cadena[0]* a *cadena[4]*) y asigna al primer elemento el carácter 'a', al segundo el carácter 'b', al tercero el carácter 'c', al cuarto el carácter 'd' y al quinto el carácter nulo (no olvide que el tipo **char** es un tipo entero).

Puesto que cada carácter es un entero, el ejemplo anterior podría escribirse también así:

```
char cadena[] = {97, 98, 99, 100, 0};
```

Cada carácter tiene asociado un entero entre 0 y 255 (código ASCII). Por ejemplo, a la '*a*' le corresponde el valor 97, a la '*b*' el valor 98, etc. Entonces, una cadena de caracteres no es más que una matriz de enteros.

Si se crea una matriz de caracteres y se le asigna un número de caracteres menor que su tamaño, el resto de los elementos queda con el valor '\0' independientemente de que la matriz sea global o local. Por ejemplo:

```
char cadena[40] = {0}; // todos los elementos se inician a '\0'
```

Para visualizar una cadena invocaremos a **printf** utilizando los caracteres de formato *%s*. Se visualizarán todos los caracteres de la cadena hasta encontrar un carácter nulo ('\0'). Las funciones de la biblioteca de C como **scanf** finalizan automáticamente las cadenas leídas con un carácter '\0'. En los casos en los que esto no suceda, ¿qué ocurriría? Veamos un ejemplo:

```
char cadena[10];
cadena[0] = 'a'; cadena[1] = 'b'; cadena[2] = 'c'; cadena[3] = 'd';
cadena[4] = '\0'; // asignar el valor ASCII 0
printf("%s\n", cadena);
```

En el ejemplo anterior, suponiendo que *cadena* sea una variable local, si no asignamos explícitamente a *cadena[4]* un carácter '\0', lo más seguro es que **printf** escriba *abcd* seguido de basura. Incluso podría escribir más allá del límite de la cadena, lo que de por sí ya es una operación errónea.

El proceso de iniciación descrito anteriormente lo tiene automatizado C si se inicia la cadena como se indica a continuación:

```
char cadena[10] = "abcd";
printf("%s\n", cadena);
```

Este ejemplo define la matriz de caracteres *cadena* con 10 elementos (*cadena[0]* a *cadena[9]*) y asigna al primer elemento el carácter 'a', al segundo el carácter 'b', al tercero el carácter 'c', al cuarto el carácter 'd' y al quinto y siguientes el carácter nulo (valor ASCII 0 o secuencia de escape \0), con el que C finaliza todas las cadenas de caracteres de forma automática. Por lo tanto, **printf** dará como resultado la cadena *abcd*. Otro ejemplo:

```
char cadena[] = "abcd";
printf("%s\n", cadena);
```

Este otro ejemplo es igual que el anterior, excepto que ahora la matriz *cadena* tiene justamente cinco elementos dispuestos como indica la figura siguiente:

	a	b	c	d	\0										

Leer y escribir una cadena de caracteres

En el capítulo *Entrada y salida estándar*, cuando se expusieron los flujos de entrada, vimos que una forma de leer una cadena de caracteres del flujo **stdin** era invocando repetidas veces a la función **getchar** o invocando la función **scanf** con el especificador de formato *%s* o *%[*. Hay otra alternativa más sencilla que es utilizar la función **gets**, **gets_s** o **fgets** de la biblioteca de C.

```
#include <stdio.h>
char *gets(char *str);
char *gets_s(char *str, rsize_t n);
char *fgets(char *restrict str, int n, FILE *restrict f);
```

Observe que el parámetro *str* está definido como un puntero a un **char**; esto es, una dirección que hace referencia al lugar donde está almacenado un carácter. Esto es así porque como ya hemos dicho en más de una ocasión, el nombre de una matriz es la dirección de comienzo de la matriz. Para el caso de una matriz de caracteres, esa dirección coincide con la dirección de su primer carácter; el final de la matriz estará marcado por un carácter nulo ('\0').

Todas estas funciones devuelven un puntero a la cadena de caracteres leída; dicho de otra forma, devuelve la cadena de caracteres leída. Un valor nulo para este puntero indica un error o que se ha alcanzado el final de archivo (*eof*). Un puntero nulo está definido en *stdio.h* por la constante **NULL**.

Por ejemplo, las siguientes líneas de código leen y visualizan la cadena de caracteres *nombre*:

```
char nombre[41];
gets(nombre);
printf("%s\n", nombre);
```

Lo que sucede es que la función **gets** no realiza la comprobación de límites, lo cual es extremadamente peligroso porque se pueden almacenar caracteres más allá del final de la matriz utilizada; por lo tanto, esta función es extremadamente vulnerable a los ataques de desbordamiento de *buffer*; esto es, por sí sola no se puede usar de forma segura. Por esta razón, la función ha quedado obsoleta en el estándar C99 y se eliminó por completo en el estándar C11 (eche una ojeada a los apartados *Funciones seguras* y *Se elimina la función gets* del apéndice *A*). Para reemplazarla se puede utilizar la función **gets_s** o **fgets**.

Funciones gets_s y fgets

Ambas funciones, **gets_s** y **fgets**, utilizan un segundo parámetro, *n*, para delimitar el número de caracteres que se quiere leer; *n-1* es el máximo número de caracteres que se pueden leer (para poder añadir automáticamente el carácter *'\0'* con el que C finaliza las cadenas) y, en el caso de **fgets**, el tercer parámetro, *f*, es el flujo de donde se van a leer los datos (por ejemplo, **stdin**, flujo predeterminado para **gets_s**).

La diferencia entre **fgets** y **gets_s** es que **fgets** incluye al final el carácter *'\n'* seguido de *'\0'*, mientras que **gets_s** reemplaza ese carácter *'\n'* por el carácter *'\0'*. También, para una entrada con un número de caracteres superior a los que caben en la matriz, **fgets** acepta la cantidad de caracteres que caben en la matriz y deja el resto en el *buffer* de entrada para próximas lecturas, mientras que **gets_s** pone el primer carácter de la matriz a *'\0'* y no deja nada en el *buffer* de entrada y, dependiendo del compilador, puede lanzar una excepción indicando que se ha sobrepasado el límite o puede devolver el valor **NULL**. Por ejemplo:

```
/* gets_s.c
 */
#include <stdio.h>
#include <string.h>

int main(void)
{
  char str[10];
  printf("Introduce una cadena (fgets): ");
  fgets(str, sizeof(str), stdin);
  puts(str);
  printf("longitud = %d\n", strlen(str));

  printf("Introduce una cadena (gets_s): ");
  gets_s(str, sizeof(str));
  puts(str);
  printf("longitud = %d\n", strlen(str));
}
```

Resultado:

```
Introduce una cadena (fgets): 12345
12345

longitud = 6
Introduce una cadena (gets_s): 12345
12345
longitud = 5
```

Ahora bien, **gets_s**, al igual que sucede con todas las funciones con comprobación de límites, proporcionadas a partir de C11, son opcionales en el estándar C11. Por eso, para garantizar tanto la seguridad como la compatibilidad se sugiere utilizar la función **fgets**.

Hemos visto que utilizando **fgets** la cadena puede incluir el carácter *'\n'*. Cuando ese carácter resulte molesto, se puede suprimir utilizando la función **strchr** como se indica a continuación; **strchr** devuelve un puntero a la primera ocurrencia del carácter buscado en *str* o un valor **NULL** si el carácter no es encontrado (se puede ver un resumen de las funciones de C en el apéndice *B*).

```
char str[10], *c = 0;
printf("Introduce una cadena: ");
fgets(str, sizeof(str), stdin);
if (c = strchr(str, '\n')) *c = 0; // reemplazar '\n' si existe
puts(str);
printf("longitud = %d\n", strlen(str));
```

El siguiente ejemplo lee cadenas de caracteres de la entrada estándar hasta que se introduzca la marca de fin de archivo.

```
/* fgets.c
 */
#include <stdio.h>
#include <string.h>

int main(void)
{
  char texto[40];
  char *c = NULL;

  printf("Introducir líneas de texto.\n");
  printf("Para finalizar introducir la marca EOF\n\n");
  do
  {
    // Leer una línea de texto
    fgets(texto, sizeof(texto), stdin);
    if (feof(stdin) || ferror(stdin)) break;
    if (c = strchr(texto, '\n')) *c = 0;
    // Operaciones con la línea de texto leída
    // ...
  }
  while (!feof(stdin) && !ferror(stdin));
}
```

Ejecución del programa

```
Introducir líneas de texto.
Para finalizar introducir la marca EOF

línea 1
línea 2
línea 3
[Ctrl]+[z]
```

Comparando la función **scanf** o **getchar** con la función **fgets**, se puede observar que esta última proporciona una forma más cómoda y segura de leer cadenas de caracteres y, además, permite la entrada de una cadena de caracteres formada por varias palabras separadas por espacios en blanco, sin ningún tipo de formato.

Obsérvese que la función **fgets** permite especificar en su segundo parámetro la longitud máxima de la cadena. En el ejemplo anterior, **fgets** deja de leer caracteres de **stdin** cuando haya leído 39 caracteres (los caracteres no leídos quedan en el *buffer* de **stdin**; si fuera necesario, se pueden eliminar), cuando haya leído el carácter '\n' o cuando encuentre la marca *eof*. Esta función añade siempre, automáticamente, al final el carácter *'\0'* con el que C finaliza las cadenas.

Función puts

Otra forma de escribir una cadena de caracteres en **stdout** es utilizando la función **puts**, cuya sintaxis es la siguiente:

```
#include <stdio.h>
int puts(const char *str);
```

La función **puts** de la biblioteca de C escribe una cadena de caracteres en la salida estándar, **stdout**, y reemplaza el carácter *\0* de terminación de la cadena por el carácter *\n*, lo que quiere decir que después de escribir la cadena, se avanza automáticamente a la siguiente línea. Esta función retorna un valor positivo si se ejecuta satisfactoriamente y el valor **EOF** en caso contrario.

Por ejemplo, las siguientes líneas de código leen y visualizan la cadena de caracteres *nombre*:

```
char nombre[41];
fgets(nombre, sizeof(nombre), stdin);
puts(nombre);
```

Este otro ejemplo que se muestra a continuación utiliza el valor retornado por la función **fgets** para visualizar la cadena leída:

```
/* puts.c
 */
#include <stdio.h>

int main(void)
{
  char *c = NULL; // para almacenar el valor retornado por fgets
  char texto[80];

  printf("Introducir una línea de texto:\n");
```

```
  c = fgets(texto, sizeof(texto), stdin);
  printf("\nEl texto introducido es:\n");
  puts(texto);    // equivalente a: printf("%s\n", texto);
  puts("\nSe escribe por segunda vez:");
  puts(c);
}
```

```
Ejecución del programa

Introducir una línea de texto:
hola


El texto introducido es:
hola


Se escribe por segunda vez:
hola
```

En el capítulo *Entrada y salida estándar* se expuso el efecto que producía el carácter *\n* que quedaba en el *buffer* de entrada después de ejecutar la función **scanf** o **getchar**, si a continuación se ejecutaba otra vez cualquiera de ellas con la intención de leer caracteres. Lo que sucedía era que al ser *\n* un carácter válido para esas funciones, era leído y no se solicitaba la entrada que el usuario esperaba. Esto mismo ocurrirá con la función **fgets**, si cuando se vaya a ejecutar hay un carácter *\n* en el *buffer* de entrada, porque previamente se haya ejecutado alguna de las funciones mencionadas. La solución a esto es limpiar el *buffer* asociado con **stdin** después de haber invocado a las funciones **scanf** o **getchar**. Para hacer esto, hasta ahora, hemos utilizado la sentencia *while (getchar() != '\n')*. Pero, ya dijimos en el capítulo *Entrada y salida estándar* que había otras soluciones a este problema; por ejemplo, se puede utilizar la función **fgets** con la única finalidad de dejar el *buffer* de entrada vacío. Puede probar esto en el siguiente ejercicio sustituyendo *while (getchar() != '\n')* por *fgets(cadena, sizeof(cadena), stdin)*.

El siguiente ejemplo trata de aclarar los conceptos expuestos en el párrafo anterior. En él se combinan las funciones **scanf**, **getchar** y **fgets** para ver la necesidad de limpiar el *buffer* de entrada.

```
/************* Limpiar el buffer asociado con stdin ************/
/* fflushstdin.c
 */
#include <stdio.h>

int main(void)
{
  int entero;
```

```
    double real;
    char respuesta = 's', cadena[81];

    // Introducir números
    printf("Introducir un nº entero y un nº real:\n");
    scanf("%d %lf", &entero, &real);
    printf("%d + %f = %f\n\n", entero, real, entero + real);

    fgets(cadena, sizeof(cadena), stdin); // limpiar el buffer de entrada
    // Leer una cadena con fgets
    printf("Introducir cadenas para fgets.\n");
    while (respuesta == 's' && fgets(cadena, sizeof(cadena), stdin) != NULL)
    {
      printf("%s\n", cadena);
      do
      {
        printf("¿Desea continuar? (s/n) ");
        respuesta = getchar();
        while (getchar() != '\n'); // limpiar el buffer de entrada
      }
      while ((respuesta != 's') && (respuesta != 'n'));
    }
  }
```

```
Ejecución del programa:

Introducir un nº entero y un nº real:
4 5.7
4 + 5.700000 = 9.700000

Introducir cadenas para fgets.
hola
hola
¿Desea continuar? (s/n) s
adiós
adiós
¿Desea continuar? (s/n) n
```

Trabajar con cadenas de caracteres

En el siguiente ejemplo se trata de escribir un programa que lea una línea de la entrada estándar y la almacene en una matriz de caracteres. A continuación, utilizando una función, deseamos convertir los caracteres escritos en minúsculas a mayúsculas.

Si observa la tabla ASCII en los apéndices de este libro, comprobará que los caracteres *'A'*,..., *'Z'*, *'a'*,..., *'z'* están consecutivos y en orden ascendente de su código (valores 65 a 122). Entonces, pasar un carácter de minúsculas a mayúsculas supone restar al valor entero (código ASCII) asociado con el carácter la diferencia entre los códigos de ese carácter en minúscula y el mismo en mayúscula. Por ejemplo, la diferencia *'a'–'A'* es *97 – 65 = 32*, y es la misma que *'b'–'B'*, que *'c'–'C'*, etc. Como ayuda relacionada con lo expuesto, puede repasar los conceptos que se expusieron anteriormente en este mismo capítulo en el apartado *Matrices asociativas*.

La función que realice esta operación recibirá como parámetro la matriz de caracteres que contiene el texto a convertir. Si la función se llama *minusculasMayusculas* y la matriz *cadena*, la llamada será así:

```
minusculasMayusculas(cadena);
```

Como se puede observar en el código mostrado a continuación, la función recibirá la cadena que se desea pasar a mayúsculas. A continuación, accederá al primer elemento de la matriz y comprobará si se trata de una minúscula, en cuyo caso cambiará el valor ASCII almacenado en dicho elemento por el valor ASCII correspondiente a la mayúscula. Esto es:

```
void minusculasMayusculas(char str[])
{
  int i = 0, desp = 'a' - 'A';

  for (i = 0; str[i] != '\0'; ++i)
    if (str[i] >= 'a' && str[i] <= 'z')
      str[i] = str[i] - desp;
}
```

Obsérvese que cuando se llama a la función *minusculasMayusculas*, lo que en realidad se pasa es la dirección de la matriz. Por lo tanto, la función llamada y la función que llama trabajan sobre la misma matriz, con lo que los cambios realizados por una u otra son visibles para ambas.

El programa completo se muestra a continuación.

```
/*********** Conversión de minúsculas a mayúsculas ***********/
/* strupr.c
 */
#include <stdio.h>

#define LONG_MAX 81           // longitud máxima de la cadena
void minusculasMayusculas(char str[]);

int main(void) // función principal
{
  char cadena[LONG_MAX];
```

```
  printf ("Introducir una cadena: ");
  fgets(cadena, sizeof(cadena), stdin);
  minusculasMayusculas(cadena); // llamada a la función
  printf ("%s\n", cadena);
}

/****************************************************************
                 Función minusculasMayusculas
****************************************************************/
// Convierte minúsculas a mayúsculas

void minusculasMayusculas(char str[])
{
  int i = 0, desp = 'a' - 'A';

  for (i = 0; str[i] != '\0'; ++i)
    if (str[i] >= 'a' && str[i] <= 'z')
      str[i] = str[i] - desp;
}
```

Ejecución del programa

```
Introducir una cadena: hola
HOLA
```

La solución que se ha dado al problema planteado no contempla los caracteres típicos de nuestra lengua como la *ñ* o las vocales acentuadas. Este trabajo queda como ejercicio para el lector.

Funciones de la biblioteca de C

La biblioteca de C proporciona un amplio número de funciones que permiten realizar diversas operaciones con cadenas de caracteres, como copiar una cadena en otra, añadir una cadena a otra, comparar dos cadenas, etc. A continuación se enumeran las más utilizadas. En el apéndice *B* podrá ver una descripción detallada de estas y otras funciones.

Función C	Descripción
strcpy	Copiar cadenas.
strcmp	Comparar dos cadenas.
strlen	Longitud o número de caracteres de una cadena.
strchr	Buscar un carácter en una cadena.
strstr	Buscar una subcadena en una cadena.
atof	Convertir una cadena a un valor **double**.
atoi	Convertir una cadena a un valor **int**.
atol	Convertir una cadena a un valor **long**.

sprintf	Convertir un valor, desde cualquier formato admitido por **printf**, a cadena de caracteres.
tolower	Convertir un carácter a minúscula.
toupper	Convertir un carácter a mayúscula.

TIPO Y TAMAÑO DE UNA MATRIZ

En el capítulo *Elementos del lenguaje C* vimos que utilizando **typedef** podíamos declarar sinónimos de otros tipos fundamentales o derivados. El tipo matriz es un tipo derivado (por ejemplo, **int []** para una matriz de una dimensión). Entonces, se puede declarar un sinónimo de un tipo matriz así:

```
typedef double t_matriz_1d[100];
typedef double t_matriz_2d[10][10];
```

Las líneas anteriores definen dos nuevos tipos, *t_matriz_1d* y *t_matriz_2d*, que definen matrices unidimensionales y bidimensionales, respectivamente, de 100 elementos de tipo **double**. Y las siguientes sentencias utilizan este tipo para definir las matrices *m* y *m2*:

```
t_matriz_1d m;
t_matriz_2d m2;
```

Así mismo, vimos que el operador **sizeof** daba como resultado el tamaño en *bytes* de su operando. Pues bien, cuando el operando es una matriz, el resultado es el tamaño en *bytes* de dicha matriz. Por ejemplo, la siguiente línea de código visualiza el número de elementos de la matriz *m* definida anteriormente:

```
printf("Nº de elementos: %d\n", sizeof(m)/sizeof(m[0]));
```

o bien, podemos escribir también:

```
printf("Nº de elementos: %d\n", sizeof(m)/sizeof(double));
```

Y las siguientes líneas de código visualizan el número de filas y de columnas de la matriz *m2* definida anteriormente:

```
printf("Nº de filas de m2: %d\n", sizeof(m2)/sizeof(m2[0]));
printf("Nº de columnas de m2: %d\n", sizeof(m2[0])/sizeof(double));
```

Las matrices multidimensionales las explicamos a continuación.

Con las matrices de caracteres (cadenas de caracteres) la explicación es análoga, porque un carácter se corresponde con un entero (el correspondiente a su valor ASCII). Por ejemplo:

```
#include <stdio.h>
#include <string.h>

int main(void)
{
  char c1[81] = "abcdefghijk";
  char *c2 = "abcdefghijk";
  char c3[] = "abcdefghijk";
  char *c4 = c3;

  printf("c1: %s, tamaño: %zd, longitud: %zd\n", c1, sizeof(c1), strlen(c1));
  printf("c2: %s, tamaño: %zd, longitud: %zd\n", c2, sizeof(c2), strlen(c2));
  printf("c3: %s, tamaño: %zd, longitud: %zd\n", c3, sizeof(c3), strlen(c3));
  printf("c4: %s, tamaño: %zd, longitud: %zd\n", c4, sizeof(c4), strlen(c4));
}
```

Ejecución del programa

```
c1: abcdefghijk, tamaño: 81, longitud: 11
c2: abcdefghijk, tamaño: 4, longitud: 11
c3: abcdefghijk, tamaño: 12, longitud: 11
c4: abcdefghijk, tamaño: 4, longitud: 11
```

Analicemos este resultado. Está claro que *c1* es una matriz de tipo **char** de tamaño 81 bytes (*81 x sizeof(char) = 81*) y que la longitud de la cadena es de 11 caracteres (el carácter *'\0'* no se contabiliza). En cambio, *c2* es un puntero a una cadena de 11 caracteres (un puntero contiene la dirección, de 4 u 8 *bytes* dependiendo de que el compilador sea de 32 o de 64 bits, de un objeto); en el ejemplo, el puntero necesita 4 bytes para almacenar la dirección del primer carácter de la cadena, esto es, del comienzo de la cadena. Continuando con el análisis, *c3* es una matriz de tamaño desconocido que se inicia con una cadena de 11 caracteres a la que se añade automáticamente el carácter de terminación *'\0'*, de ahí que el tamaño de la matriz sea 12. Finalmente, *c4* es un puntero que necesita 4 bytes para almacenar la dirección de comienzo de la cadena que almacena la matriz *c3* (recordemos que el nombre de una matriz es la dirección de comienzo de esa matriz y coincide con la dirección del primer elemento de la misma).

MATRICES MULTIDIMENSIONALES

Según lo estudiado a lo largo de este capítulo podemos decir que cada elemento de una matriz unidimensional es de un tipo primitivo. Entonces, ¿cómo procederíamos si necesitáramos almacenar las temperaturas medias de cada día durante los 12 meses de un año?, o bien, ¿cómo procederíamos si necesitáramos almacenar la lista de nombres de los alumnos de una determinada clase? Razonando un poco, llegaremos a la conclusión de que utilizar matrices unidimensionales para resolver los problemas planteados supondrá posteriormente un difícil acceso a los datos almacenados; esto es, responder a las preguntas: ¿cuál es la temperatura media del 10 de mayo?, o bien, ¿cuál es el nombre del alumno número 25 de la lista? será mucho más sencillo si los datos los almacenamos en forma de tabla; en el caso de las temperaturas, una tabla de 12 filas (tantas como meses) por 31 columnas (tantas como los días del mes más largo); y en el caso de los nombres, una tabla de tantas filas como alumnos, y tantas columnas como el número de caracteres del nombre más largo. Por lo tanto, una solución fácil para los problemas planteados exige el uso de matrices de dos dimensiones.

Esto es, una matriz multidimensional, como su nombre indica, es una matriz de dos o más dimensiones.

Matrices numéricas multidimensionales

La definición de una matriz numérica de varias dimensiones se hace de la forma siguiente:

```
tipo nombre_matriz[expr-1][expr-2]...;
```

donde *tipo* es un tipo primitivo entero o real. El número de elementos de una matriz multidimensional es el producto de las dimensiones indicadas por *expr-1*, *expr-2*,... Por ejemplo, la línea de código siguiente crea una matriz de dos dimensiones con $2 \times 3 = 6$ elementos de tipo **int**:

```
int m[2][3];
```

A partir de la línea de código anterior, C/C++ crea una matriz bidimensional *m* con dos filas *m[0]* y *m[1]* que son otras dos matrices unidimensionales de tres elementos cada una. Esto es, cuando los elementos de una matriz son matrices, se dice que la matriz es multidimensional. Gráficamente podemos imaginarlo así:

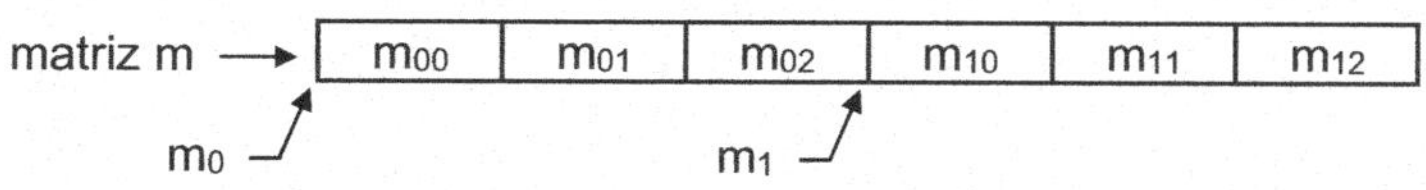

Una matriz multidimensional también puede iniciarse cuando es definida. Por ejemplo, la primera línea de código mostrada a continuación indica cómo iniciar todos los elementos de la matriz *m* a 0 y la segunda, cómo iniciarlos con unos valores determinados:

```
int m[2][3] = { 0 };
```

```
int m[2][3] = { {1,2,3}, {4,5,6} };
```

De la figura anterior se deduce que los elementos de una matriz bidimensional son colocados por filas consecutivas en memoria. El nombre de la matriz representa la dirección donde se localiza la primera fila de la matriz, o el primer elemento de la matriz; esto es, *m*, *m[0]* y *&m[0][0]* son la misma dirección.

Evidentemente, el tipo de *m[0]* y *m[1]* es **int[]** y el tipo de los elementos de las matrices referenciadas por *m[0]* y *m[1]* es **int**. Además, puede comprobar la existencia y la longitud de las matrices *m*, *m[0]* y *m[1]* utilizando el código siguiente:

```
int m[2][3];
printf("filas de m: %d\n", sizeof(m)/sizeof(m[0]));
printf("elementos de la fila 0: %d\n", sizeof(m[0])/sizeof(int));
printf("elementos de la fila 1: %d\n", sizeof(m[1])/sizeof(int));
```

El resultado que se obtiene después de ejecutar el código anterior puede verlo a continuación:

```
filas de m: 2
elementos de la fila 0: 3
elementos de la fila 1: 3
```

Dicho resultado pone de manifiesto que una matriz bidimensional es en realidad una matriz unidimensional cuyos elementos son a su vez matrices unidimensionales.

Desde nuestro punto de vista, cuando se trate de matrices de dos dimensiones, es más fácil pensar en ellas como si de una tabla de *f* filas por *c* columnas se tratara. Por ejemplo:

matriz m

	col 0	col 1	col 2
fila 0	m_{00}	m_{01}	m_{02}
fila 1	m_{10}	m_{11}	m_{12}

Para acceder a los elementos de la matriz *m*, puesto que se trata de una matriz de dos dimensiones, utilizaremos dos subíndices: el primero indicará la fila y el segundo la columna donde se localiza el elemento, según se puede observar en la figura anterior. Por ejemplo, la primera sentencia del ejemplo siguiente asigna el valor *x* al elemento que está en la fila 1, columna 2; y la segunda, asigna el valor de este elemento al elemento *m[0][1]*.

```
m[1][2] = x;
m[0][1] = m[1][2];
```

El cálculo que hace el compilador para saber cuántos elementos tiene que avanzar desde *m* para acceder a un elemento cualquiera *m[fila][col]* en la matriz anterior es: *fila* × *elementos por fila* + *col*.

Como ejemplo de aplicación de matrices multidimensionales, vamos a realizar un programa que asigne datos a una matriz *m* de dos dimensiones y a continuación escriba las sumas correspondientes a las filas de la matriz. La ejecución del programa presentará el aspecto siguiente:

```
Número de filas de la matriz:    2
Número de columnas de la matriz: 2
Introducir los valores de la matriz.
m[0][0] = 2
m[0][1] = 5
m[1][0] = 3
m[1][1] = 6
Suma de la fila 0 = 7
Suma de la fila 1 = 9

Fin del proceso.
```

En primer lugar, creamos la matriz *m* con el número de filas y columnas especificado, definimos las variables *fila* y *col* que utilizaremos para manipular los subíndices correspondientes a la fila y a la columna, y la variable *sumafila* para almacenar la suma de los elementos de una fila:

```
float m[FILAS_MAX][COLS_MAX];  // matriz m de dos dimensiones
float sumafila;        // suma de los elementos de una fila
int filas, cols;       // filas y columnas de la matriz de trabajo
int fila, col;         // fila y columna del elemento accedido
```

Después, leemos el número de filas y de columnas que vamos a utilizar de la matriz desechando cualquier valor menor que 1 o mayor que el máximo permitido.

```
do
{
  printf("Número de filas de la matriz:    ");
  scanf("%d", &filas);
}
while (filas < 1 || filas > FILAS_MAX);

do
{
  printf("Número de columnas de la matriz: ");
  scanf("%d", &cols);
}
while (cols < 1 || cols > COLS_MAX);
```

El paso siguiente es asignar un valor desde el teclado a cada elemento de la matriz.

```
for (fila = 0; fila < filas; fila++)
  for (col = 0; col < cols; col++)
  {
    printf("m[%d][%d] = ", fila, col);
    scanf("%f", &m[fila][col]);
  }
```

Una vez leída la matriz, calculamos la suma de cada fila y visualizamos los resultados para comprobar el trabajo realizado.

```
for (fila = 0; fila < filas; fila++)
{
  sumafila  = 0;
  for (col = 0; col < cols; col++)
    sumafila += m[fila][col];
  printf("Suma de la fila %d = %g\n", fila, sumafila);
}
```

El programa completo se muestra a continuación.

```
/********* Suma de las filas de una matriz bidimensional *********/
/* matrizbi.c
 */
#include <stdio.h>

#define FILAS_MAX 10  // número máximo de filas
#define COLS_MAX  10  // número máximo de columnas

int main(void)
{
  float m[FILAS_MAX][COLS_MAX];  // matriz m de dos dimensiones
  float sumafila;       // suma de los elementos de una fila
  int filas, cols;      // filas y columnas de la matriz de trabajo
  int fila, col;        // fila y columna del elemento accedido

  do
  {
    printf("Número de filas de la matriz:    ");
    scanf("%d", &filas);
  }
  while (filas < 1 || filas > FILAS_MAX);

  do
  {
    printf("Número de columnas de la matriz: ");
    scanf("%d", &cols);
```

```
  }
  while (cols < 1 || cols > COLS_MAX);

  // Entrada de datos
  printf("Introducir los valores de la matriz.\n");
  for (fila = 0; fila < filas; fila++)
    for (col = 0; col < cols; col++)
    {
      printf("m[%d][%d] = ", fila, col);
      scanf("%f", &m[fila][col]);
    }

  // Escribir la suma de cada fila
  for (fila = 0; fila < filas; fila++)
  {
    sumafila  = 0;
    for (col = 0; col < cols; col++)
      sumafila += m[fila][col];
    printf("Suma de la fila %d = %g\n", fila, sumafila);
  }
  printf("\nFin del proceso.\n");
}
```

Seguramente habrá pensado que la suma de cada fila se podía haber hecho simultáneamente a la lectura tal como se indica a continuación:

```
for (fila = 0; fila < filas; fila++)
{
  sumafila  = 0;
  for (col = 0; col < cols; col++)
  {
    printf("c[%d][%d] = ", fila, col);
    scanf("%f", &m[fila][col]);
    sumafila += m[fila][col];
  }
  printf("Suma de la fila %d = %g\n", fila, sumafila);
}
```

No obstante, esta forma de proceder presenta una diferencia a la hora de visualizar los resultados, y es que la suma de cada fila se muestra a continuación de haber leído los datos de la misma.

```
Número de filas de la matriz:    2
Número de columnas de la matriz: 2
Introducir los valores de la matriz.
m[0][0] = 2
m[0][1] = 5
Suma de la fila 0: 7
m[1][0] = 3
```

```
m[1][1] = 6
Suma de la fila 1: 9

Fin del proceso.
```

Con este último planteamiento, una solución para escribir los resultados al final sería almacenarlos en una matriz unidimensional y mostrar posteriormente esta matriz. Este trabajo se deja como ejercicio para el lector.

Matrices de cadenas de caracteres

Las matrices de cadenas de caracteres son matrices multidimensionales, generalmente de dos dimensiones, en las que cada fila se corresponde con una cadena de caracteres. Entonces según lo estudiado, una fila será una matriz unidimensional de tipo **char** o **unsigned char**.

Haciendo un estudio análogo al realizado para las matrices numéricas multidimensionales, la definición de una matriz de cadenas de caracteres puede hacerse de la forma siguiente:

```
[unsigned] char nombre_matriz[filas][longitud_fila];
```

Por ejemplo, la línea de código siguiente crea una matriz de cadenas de caracteres de *F* filas por *C* caracteres máximo por cada fila.

```
char m[F][C]; // o también: unsigned char m[F][C];
```

A partir de la línea de código anterior, C/C++ crea una matriz unidimensional *m* con los elementos, *m[0]*, *m[1]*,..., *m[F–1]*, que a su vez son matrices unidimensionales de *C* elementos de tipo **char**. Gráficamente podemos imaginarlo así:

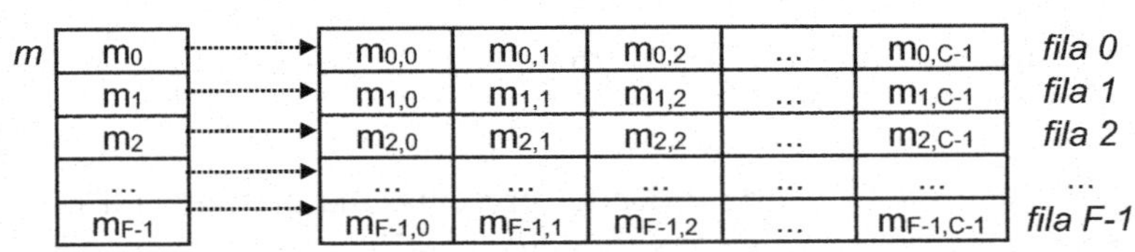

Evidentemente, el tipo de los elementos de *m* es **char[]** y el tipo de los elementos de las matrices referenciadas por *m[0]*, *m[1]*,..., es **char**. Desde nuestro punto de vista, es más fácil imaginarse una matriz de cadenas de caracteres como una lista. Por ejemplo, la matriz *m* del ejemplo anterior estará compuesta por las cadenas de caracteres *m[0]*, *m[1]*, *m[2]*, *m[3]*, etc.

m_0
m_1
m_2
m_3
...

Para acceder a los elementos de la matriz *m*, puesto que se trata de una matriz de cadenas de caracteres, utilizaremos solo el primer subíndice, el que indica la fila. Solo utilizaremos dos subíndices cuando sea necesario acceder a un carácter individual. Por ejemplo, la primera sentencia del ejemplo siguiente crea una matriz de cadenas de caracteres. La segunda asigna una cadena de caracteres a *m[0]* desde el teclado; la cadena tendrá *nCarsPorFila* caracteres como máximo y será almacenada a partir de la posición *0* de *m[0]*. Y la tercera sentencia reemplaza el último carácter de *m[0]* por '\0'.

```
char m[nFilas][nCarsPorFila];
fgets(m[0], sizeof(m[0], stdin)); // acceso a la cadena m[0]
m[0][nCarsPorFila-1] = '\0'; // acceso a un solo carácter
```

Es importante que asimile que *m[0]*, *m[1]*, etc., son cadenas de caracteres y que, por ejemplo, *m[1][3]* es un carácter; el que está en la fila 1, columna 3.

Para ilustrar la forma de trabajar con cadenas de caracteres, vamos a realizar un programa que lea una lista de nombres y los almacene en una matriz. Una vez construida la matriz, visualizaremos su contenido.

La solución tendrá el aspecto siguiente:

```
Número de filas de la matriz:  10
Número de caracteres por fila: 40
Escriba los nombres que desea introducir.
Puede finalizar introduciendo la marca EOF.
Nombre[0]: Mª del Carmen
Nombre[1]: Francisco
Nombre[2]: Javier
Nombre[3]: [Ctrl][z]
¿Desea visualizar el contenido de la matriz? (s/n): S

Mª del Carmen
Francisco
Javier
```

La solución pasa por realizar los siguientes puntos:

1. Definir una matriz de cadenas, los índices y demás variables necesarias.

2. Establecer un bucle para leer las cadenas de caracteres utilizando la función **fgets**. La entrada de datos finalizará al introducir la marca de fin de archivo.

3. Preguntar al usuario del programa si quiere visualizar el contenido de la matriz.

4. Si la respuesta anterior es afirmativa, establecer un bucle para visualizar las cadenas de caracteres almacenadas en la matriz.

   El programa completo se muestra a continuación.

```
/****************** Leer una lista de nombres ******************/
/* cadenas.c
*/
#include <stdio.h>
#include <string.h>
#include <ctype.h>
#define FILAS_MAX 100
#define COLS_MAX 40

char *leerCadena(char *, int);

int main(void)
{
  // Matriz de cadenas de caracteres
  char nombre[FILAS_MAX][COLS_MAX];
  int nFilas = 0;
  int fila = 0, r = 0;
  char *fin, respuesta;

  do
  {
    printf("Número de filas de la matriz:  ");
    r = scanf("%d", &nFilas);
    while (getchar() != '\n'); // limpiar '\n'
  }
  while (nFilas < 1 || nFilas > FILAS_MAX || r == 0);

  printf("Escriba los nombres que desea introducir.\n");
  printf("Puede finalizar introduciendo la marca EOF.\n");
  for (fila = 0; fila < nFilas; fila++)
  {
    printf("Nombre[%d]: ", fila);
    fin = leerCadena(nombre[fila], COLS_MAX);
    // Si se pulsó [Ctrl][z], salir del bucle
    if (fin == NULL) break;
  }

  nFilas = fila; // número de filas leídas
```

```
  do
  {
    printf("¿Desea visualizar el contenido de la matriz? (s/n): ");
    respuesta = tolower(getchar());
    while (getchar() != '\n');
  }
  while (respuesta != 's' && respuesta != 'n');

  if (respuesta == 's')
  {
    // Visualizar la lista de nombres
    printf("\n");
    for (fila = 0; fila < nFilas; fila++)
      printf("%s\n", nombre[fila]);
  }
}

char *leerCadena(char *str, int n)
{
  char *fin, *c = 0;
  fin = fgets(str, n, stdin);
  if (c = strchr(str, '\n'))
    *c = 0; // reemplazar '\n'
  else if (!feof(stdin))
    while (getchar() != '\n'); // limpiar buffer stdin
  return fin;
}
```

El identificador *nombre* hace referencia a una matriz de caracteres de dos dimensiones. Una fila de esta matriz es una cadena de caracteres (una matriz de caracteres unidimensional) y la biblioteca de C/C++ provee las funciones **gets_s** y **fgets** para leer matrices unidimensionales de caracteres. Por eso, para leer una fila (una cadena de caracteres) utilizamos solo un índice. Esto no es aplicable a las matrices numéricas de dos dimensiones, ya que, en este caso, la biblioteca de C/C++ no proporciona funciones para leer filas completas, lo cual es lógico.

Siguiendo con el análisis del programa anterior, la entrada de datos finalizará cuando se haya introducido la marca de fin de archivo, o bien cuando se hayan introducido la totalidad de los nombres.

Así mismo, una vez finalizada la entrada de datos, se lanza una pregunta acerca de si se desea visualizar el contenido de la matriz. En este caso la respuesta tecleada se obtiene con **getchar**.

Observe la sentencia:

```
respuesta = tolower(getchar());
```

Es equivalente a:

```
respuesta = getchar();          // leer un carácter
respuesta = tolower(respuesta); // convertirlo a minúsculas
```

COPIAR MATRICES

La biblioteca de C no incluye una función que permita copiar una matriz en otra, excepto para las matrices de caracteres o cadenas de caracteres que sí incluye una: **strcpy**. Por lo tanto, para copiar una matriz en otra tendremos que añadir a nuestro programa el código que permita tal operación.

Como ejemplo, vamos a realizar un programa que lea una matriz *a* de dos dimensiones de un tipo especificado, copie la matriz *a* en otra matriz *c* de las mismas características y visualice la matriz *c* por filas.

Leer una matriz y escribirla ya lo hemos hecho en programas anteriores. Copiar una matriz en otra es un proceso similar, pero utilizando una sentencia de asignación. Así, para copiar una matriz *a* de dos dimensiones en una matriz *c* de las mismas características, podemos proceder de la forma siguiente:

```
for (int fila = 0; fila < FILAS; fila++)
{
  for (int col = 0; col < COLS; col++)
    c[fila][col] = a[fila][col];
}
```

Según hemos dicho anteriormente, la biblioteca de C proporciona una función para copiar matrices de caracteres. Análogamente, podemos realizar una función que copie una matriz en otra y modificar el programa anterior para que la operación de copiar la haga utilizando esta función.

Una función que copie una matriz en otra tiene que tener dos parámetros, la matriz destino y la matriz origen. Según esto, dicha función podría ser así:

```
void copiarMatriz( float destino[][COLS], float origen[][COLS] )
{
  for (int fila = 0; fila < FILAS; fila++)
  {
    for (int col = 0; col < COLS; col++)
      destino[fila][col] = origen[fila][col];
  }
}
```

Al hablar de matrices unidimensionales dijimos que cuando se declaraba la matriz como un parámetro formal en una función, el tamaño se podía omitir. Esta misma teoría puede aplicarse también a las matrices multidimensionales, pero solo sobre la primera dimensión (ya que en una matriz multidimensional la primera dimensión es el tamaño de la matriz, cuyos elementos son a su vez matrices) y eso es lo que hemos hecho en la función *copiarMatriz*.

El programa completo se muestra a continuación.

```
/****************** Copiar matrices ******************/
/* copiar_matrices.c
 */
#include <stdio.h>
#define FILAS 3
#define COLS 3

void copiarArray( float destino[][COLS], float origen[][COLS] );

int main(void)
{
  static float a[FILAS][COLS], c[FILAS][COLS];

  // Leer datos para la matriz a
  for (int fila = 0; fila < FILAS; fila++)
  {
    for (int col = 0; col < COLS; col++)
    {
      printf("a[%d][%d] = ", fila, col);
      scanf("%f", &a[fila][col]);
    }
  }

  // Copiar la matriz a en c
  copiarArray(c, a);

  // Escribir los datos de la matriz c
  for (int fila = 0; fila < FILAS; fila++)
  {
    // Escribir una fila
    for (int col = 0; col < COLS; col++)
      printf("%10g", c[fila][col]);
    printf("\n"); // fila siguiente
  }
}

void copiarArray( float destino[][COLS], float origen[][COLS] )
{
  for (int fila = 0; fila < FILAS; fila++)
  {
```

```
      for (int col = 0; col < COLS; col++)
        destino[fila][col] = origen[fila][col];
  }
}
```

Ejecución del programa

```
a[0][0] = 1
a[0][1] = 2
a[0][2] = 3
a[1][0] = 4
a[1][1] = 5
a[1][2] = 6
a[2][0] = 7
a[2][1] = 8
a[2][2] = 9
         1         2         3
         4         5         6
         7         8         9
```

TRABAJAR CON BLOQUES DE BYTES

Un inconveniente de la función *copiarMatriz* realizada en el apartado anterior es que no es autónoma, porque depende de las constantes *FILAS* y *COLS*. Cuando estudiemos punteros un poco más a fondo, aprenderemos a solucionar este problema. No obstante, se puede dar una solución inmediata ahora si utilizamos la función **memcpy** de la biblioteca de C/C++; esta función permite copiar un bloque de memoria en otro (en el apéndice *B* podrá ver una descripción detallada de esta y otras funciones), entendiendo por bloque un conjunto de *bytes* consecutivos en memoria, definición que se ajusta a lo que es una matriz.

El siguiente ejemplo utiliza, primero, la función **memset** para iniciar a 0 dos matrices *a* y *c* de las mismas características; después, **memcpy** para copiar la matriz *a* en la matriz *c* y, finalmente, **memcmp** para comparar *byte* a *byte* si tienen el mismo contenido.

```
/****************** Copiar una matriz en otra ******************/
/* memxxx.c
 */
#include <stdio.h>
#include <string.h>

#define FILAS 3
#define COLS 3

int main(void)
{
```

```
  float a[FILAS][COLS], c[FILAS][COLS];
  int fila = 0, col = 0;

  // Poner las matrices a y c a cero
  memset(a, 0, sizeof(a));
  memset(c, 0, sizeof(c));

  // Leer datos para la matriz a
  for (fila = 0; fila < FILAS; fila++)
  {
    for (col = 0; col < COLS; col++)
    {
      printf("a[%d][%d] = ", fila, col);
      scanf("%f", &a[fila][col]);
    }
  }

  // Copiar la matriz a en c
  memcpy(c, a, sizeof(a));

  if ( memcmp(a, c, sizeof(a)) == 0 )
    printf("Las matrices a y c contienen los mismos datos\n");
  else
    printf("Las matrices a y c no contienen los mismos datos\n");

  // Escribir los datos de la matriz c
  for (fila = 0; fila < FILAS; fila++)
  {
    // Escribir una fila
    for (col = 0; col < COLS; col++)
      printf("%10g", c[fila][col]);
    printf("\n"); // fila siguiente
  }
}
```

ESTRUCTURAS

Todas las variables que hemos utilizado hasta ahora permiten almacenar un dato y de un único tipo, excepto las matrices que almacenan varios datos, pero también todos del mismo tipo. La finalidad de una estructura es agrupar una o más variables, generalmente de diferentes tipos, bajo un mismo nombre para hacer más fácil su manejo.

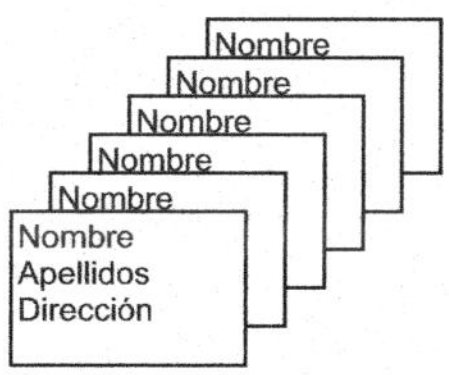

El ejemplo típico de una estructura es una ficha que almacena datos relativos a una persona, como *Nombre*, *Apellidos*, *Dirección*, etc. En otros compiladores diferentes a C, este tipo de construcciones son conocidas como *registros*.

Algunos de estos datos podrían ser a su vez estructuras. Por ejemplo, la *fecha de nacimiento* podría ser una estructura con los datos *día*, *mes* y *año*.

Acceso a los miembros de una estructura

Un miembro de una estructura se utiliza exactamente igual que cualquier otra variable. Para acceder a cualquiera de ellos se utiliza el operador punto (.):

variable_estructura.miembro

Por ejemplo, la primera sentencia del código mostrado a continuación asigna el valor 232323 al miembro *telefono* de *var1* y la segunda lee de la entrada estándar información para el miembro *nombre* de la estructura *var1*. Las dos siguientes sentencias realizan la misma operación, pero sobre *var2*.

```
var1.telefono = 232323;                          // telefono de var1
fgets(var1.nombre, sizeof(var1.nombre), stdin); // nombre de var1
var2.telefono = 332343;                          // telefono de var2
fgets(var2.nombre, sizeof(var2.nombre), stdin); // nombre de var2
```

En C, el identificador de una estructura no comparte el espacio de almacenamiento del resto de los identificadores, y el nombre de un miembro de una estructura es local a la misma y puede ser utilizado solamente después del operador punto (.) o después del operador –> que veremos en el capítulo de punteros. Por ejemplo:

```
#include <stdio.h>

typedef struct ficha
{
  char nombre[40];
  char direccion[40];
  long telefono;
} tficha;

int ficha = 1;

int main(void)
{
  tficha var1;
  char nombre[40] = "Javier";
  printf("Nombre: ");
```

```
  fgets(var1.nombre, sizeof(var1.nombre), stdin);
  printf("%s\n", var1.nombre);
  printf("%s\n", nombre);
  printf("%d\n", ficha);
}
```

En el programa anterior se ha declarado el tipo *tficha*. Es bueno declarar el nuevo tipo a nivel global para que después podamos utilizarlo en cualquier función del programa. Obsérvese que en **main** se ha definido una matriz, *nombre*, con el mismo identificador que un miembro de la estructura y una variable global entera *ficha* con el mismo identificador empleado para declarar la estructura. Según lo dicho anteriormente, esto no supone ningún problema. Así, por ejemplo, si ejecuta el programa anterior e introduce el dato *Carmen* para que sea leído por **fgets**, el resultado será:

```
Nombre: Carmen
Carmen

Javier
1
```

donde se observa que no hay conflicto al utilizar identificadores iguales a los utilizados por los miembros de la estructura o por el nombre empleado en la declaración de la misma. No obstante, para evitar confusiones es aconsejable evitar la utilización de un mismo identificador en más de una declaración.

Crear una estructura

Para crear una estructura hay que definir un nuevo tipo de datos y declarar una variable de este tipo. La declaración de un tipo de estructura incluye tanto los elementos que la componen como sus tipos. Cada elemento de una estructura recibe el nombre de *miembro* (o bien *campo* si hablamos de registros). La sintaxis es la siguiente:

```
struct tipo_estructura
{
  tipo miembro_1;
  tipo miembro_2;
  // ...
  tipo miembro_n;
}[lista de variables];
```

La palabra reservada **struct** indica al compilador que se está definiendo una estructura; *tipo_estructura* es un identificador que nombra el nuevo tipo definido;

y cada miembro puede ser de un tipo primitivo (**char**, **int**, **float**, etc.) o un tipo derivado: matriz, puntero, unión, estructura o función. Por ejemplo:

```
struct tficha /* declaración del tipo de estructura tficha */
{
  char nombre[40];
  char direccion[40];
  long telefono;
};
```

La declaración de un miembro de una estructura no puede contener calificadores de clase de almacenamiento como **extern**, **static**, **auto** o **register** y no se le puede asignar un valor inicial.

```
struct tficha /* declaración del tipo de estructura tficha */
{
  static char nombre[40]; // error
  char direccion[40];
  long telefono = 0;      // error
};
```

Una estructura en C solo puede contener miembros que se correspondan con definiciones de variables. En cambio, C++ permite que una estructura contenga, además, miembros que sean definiciones de funciones.

Definir variables de un tipo de estructura

Las reglas para utilizar el nuevo tipo son las mismas que las seguidas para los tipos predefinidos como **float**, **int** o **char**, entre otros. Esto es, después de definir un tipo de estructura, podemos declarar variables de ese tipo así:

```
struct tipo_estructura [variable[, variable]...];
```

Por ejemplo, el siguiente código define las variables *var1* y *var2*, de tipo **struct** *tficha* definido en un ejemplo anterior; por lo tanto, *var1* y *var2* son estructuras de datos con los miembros *nombre*, *dirección* y *teléfono*.

```
struct tficha var1, var2;
```

Obsérvese que en la definición de *var1* y *var2* se ha especificado la palabra **struct** cuando parece lógico escribir:

```
tficha var1, var2;
```

Esto no es posible en C, pero sí se permite en C++. No obstante, utilizando **typedef**, como veremos a continuación, podemos conseguir la forma de definición anterior. Por ejemplo:

```
struct ficha
{
  char nombre[40];
  char direccion[40];
  long telefono;
};
typedef struct ficha tficha;

tficha var1, var2;
```

La declaración **typedef** anterior declara un sinónimo *tficha* de **struct** *ficha*. Esto mismo puede hacerse de la forma siguiente:

```
typedef struct ficha
{
  char nombre[40];
  char direccion[40];
  long telefono;
} tficha;
tficha var1, var2;
```

O también, puede omitirse el identificador *ficha*, puesto que, ahora, al declarar un sinónimo, no tiene sentido:

```
typedef struct
{
  char nombre[40];
  char direccion[40];
  long telefono;
} tficha;
```

La definición de las estructuras *var1* y *var2* puede realizarse también justamente a continuación de la declaración del nuevo tipo como se puede observar en el ejemplo siguiente, aunque no es lo habitual:

```
struct tficha
{
  char nombre[40];
  char direccion[40];
  long telefono;
} var1, var2;
```

También se podría realizar la definición de *var1* y *var2* como se indica a continuación; esto es, sin dejar constancia del nuevo tipo declarado (estructura anónima), forma que no se aconseja porque posteriormente no podríamos definir otras variables de este tipo, pero estas estructuras anónimas sí son útiles, como veremos más adelante, para definir miembros de una estructura que son, a su vez, estructuras o uniones.

```
struct // estructura anónima
{
  char nombre[40];
  char direccion[40];
  long telefono;
} var1, var2;
```

Miembros que son estructuras

Para que un miembro de una estructura pueda ser declarado como otra estructura, es necesario haber declarado previamente ese tipo de estructura. En particular un tipo de estructura *st* no puede incluir un miembro del mismo tipo *st*, pero sí podría contener un puntero a un objeto de tipo *st*. Por ejemplo:

```
struct fecha
{
  int dia, mes, anyo;
};

struct ficha
{
  char nombre[40];
  char direccion[40];
  long telefono;
  struct fecha fecha_nacimiento;
};

struct ficha persona;
```

Este ejemplo define la estructura *persona*, en la que el miembro *fecha_nacimiento* es a su vez una estructura. En este caso, si quisiéramos acceder, por ejemplo, al miembro *anyo* de *persona* tendríamos que escribir:

```
persona.fecha_nacimiento.anyo
```

Obsérvese que *persona.fecha_nacimiento* es una estructura de tipo **struct** *fecha*; esto es, una estructura formada por los miembros *dia*, *mes* y *anyo* de tipo **int**.

Se puede dar el caso de que una estructura *A* haga referencia a otra *B* y viceversa. ¿Cómo se resuelve este caso? Con una declaración adelantada. Una declaración adelantada de una estructura es un tipo incompleto hasta que más adelante aparezca la definición; entonces, no se pueden declarar miembros de un tipo incompleto, pero si punteros. El siguiente ejemplo aclara lo expuesto:

```
struct B; // declaración adelantada
struct A
{
  struct B *b;
  // ...
};

struct B
{
  struct A *a;
  // ...
};

int main(void)
{
  // ...
}
```

Las declaraciones adelantadas ya las hemos venido utilizando con funciones, lo que hemos denominado función prototipo o declaración de función, necesarias cuando la llamada a una función es previa a su definición.

Finalmente, decir que los miembros de una estructura son almacenados secuencialmente *byte* a *byte*, en el mismo orden en el que son declarados. Vea la figura siguiente:

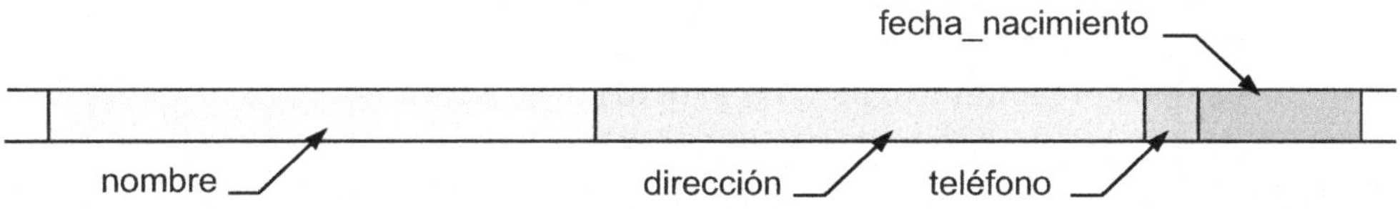

Véase también el apartado *Alineación* del apéndice *A* en lo que se refiere a la alineación de estructuras.

Operaciones con estructuras

Una variable que sea una estructura permite las siguientes operaciones:

- Iniciarla en el momento de definirla:

  ```
  struct ficha persona =
    { "Francisco", "Santander 1", 232323, 25, 8, 1982 };
  ```

  o bien:

```
struct ficha persona =
  { "Francisco", "Santander 1", 232323, {25, 8, 1982} };
```

Otras iniciaciones posibles:

```
struct ficha persona =
  { "Francisco" }; // {"Francisco","",0,0,0,0}

struct ficha persona =
  { .direccion="Santander 1" }; // {"","Santander 1",0,0,0,0}

struct ficha persona =
  { .fecha_nacimiento.dia = 1, 2, 2000 }; // {"","",0,1,2,2000}
```

- Obtener su dirección mediante el operador &:

```
struct ficha *ppersona = &persona;
```

- Acceder a uno de sus miembros:

```
long tel = persona.telefono;
```

- Asignar una estructura a otra utilizando el operador de asignación:

```
struct ficha otra_persona;
// ...

otra_persona = persona;
```

Cuando se asigna una estructura a otra estructura se copian uno a uno todos los miembros de la estructura fuente en la estructura destino, independientemente de cuál sea el tipo de los miembros; esto es, se duplica la estructura.

- Realizar operaciones con tipos abstractos de datos. Un tipo abstracto de datos es un modelo matemático compuesto por una colección de operaciones definidas sobre un conjunto de datos. Este modelo, en C/C++, está definido para los tipos predefinidos, pero no para los tipos definidos por el usuario.

```
typedef struct
{
  float r; // parte real de un número complejo
  float i; // parte imaginaria de un número complejo
} tcomplejo;
```

- Transferir múltiples datos de diferentes tipos entre funciones.

```
typedef struct
{
  int filas;    // filas de la matriz
  int columnas; // columnas de la matriz
  tcomplejo c[MAX][MAX]; // matriz de complejos
} tmatriz;

...
```

```
tmatriz Multiplicar(tmatriz a, tmatriz b)
{
  ...
}
```

Por ejemplo, el siguiente programa define la estructura *persona* del tipo *tficha*, asigna los datos introducidos a través del teclado a cada uno de sus miembros, copia la estructura *persona* en otra estructura *otra_persona* del mismo tipo y visualiza en pantalla los datos almacenados en esta última estructura.

```
/********** Operaciones con estructuras **********/
/* estructuras.c
 */
#include <stdio.h>
#include <locale.h>
#include <string.h>
char *leerCadena(char *, int);

typedef struct
{
  int dia, mes, anyo;
} tfecha;

typedef struct
{
  char nombre[40];
  char direccion[40];
  long telefono;
  tfecha fecha_nacimiento;
} tficha;

int main(void)
{
  setlocale(0, ""); // configuración regional predeterminada
  tficha persona, otra_persona;
  // Introducir datos
  printf("Nombre:           ");
  leerCadena(persona.nombre, sizeof(persona.nombre));
  printf("Dirección:        ");
  leerCadena(persona.direccion, sizeof(persona.direccion));
  printf("Teléfono:         ");
  scanf("%ld", &persona.telefono);
  printf("Fecha de nacimiento:\n");
  printf("  Día:            ");
  scanf("%d", &persona.fecha_nacimiento.dia);
  printf("  Mes:            ");
  scanf("%d", &persona.fecha_nacimiento.mes);
  printf("  Año:            ");
  scanf("%d", &persona.fecha_nacimiento.anyo);
```

```
  // Copiar una estructura en otra
  otra_persona = persona;

  // Escribir los datos de la nueva estructura
  printf("\n\n");
  printf("Nombre:       %s\n", otra_persona.nombre);
  printf("Dirección:    %s\n", otra_persona.direccion);
  printf("Teléfono:     %ld\n", otra_persona.telefono);
  printf("Fecha de nacimiento:\n");
  printf("  Día:        %d\n", otra_persona.fecha_nacimiento.dia);
  printf("  Mes:        %d\n", otra_persona.fecha_nacimiento.mes);
  printf("  Año:        %d\n", otra_persona.fecha_nacimiento.anyo);
}

char *leerCadena(char *str, int n)
{
  char *fin, *c = 0;
  fin = fgets(str, n, stdin);
  if (c = strchr(str, '\n'))
    *c = 0; // reemplazar '\n'
  else if (!feof(stdin))
    while (getchar() != '\n'); // limpiar buffer stdin
  return fin;
}
```

Ejecución del programa:

```
Nombre:          Javier
Dirección:       Paseo de Pereda 10, Santander
Teléfono:        942232323
Fecha de nacimiento:
  Día:           12
  Mes:           7
  Año:           1987


Nombre:      Javier
Dirección:   Paseo de Pereda 10, Santander
Teléfono:    942232323
Fecha de nacimiento:
  Día:       12
  Mes:       7
  Año:       1987
```

Las estructuras son también útiles para transferir múltiples datos de diferentes tipos entre funciones (pasar o devolver datos), o para facilitar determinadas operaciones con tipos abstractos de datos que definen objetos pertenecientes al campo de las matemáticas; por ejemplo, operaciones con números complejos, con números racionales, etc.

Como ejemplo, vamos a escribir un programa que permita realizar la suma y la multiplicación de números complejos. Un número complejo estará definido por una variable (un objeto) de un tipo *tcomplejo* y para realizar las operaciones solicitadas tendremos que escribir tantas funciones como operaciones queramos realizar. Por ejemplo, el siguiente programa realiza la suma y la multiplicación de dos complejos y muestra el resultado:

```
/* Operaciones con complejos: test.c */
#include <stdio.h>
#include "complejo.h"

int main(void)
{
  tcomplejo c1, c2, c3;

  c1 = leerComplejo();
  c2 = leerComplejo();
  c3 = sumarComplejos(c1, c2);
  printf("La suma es: ");
  mostrarComplejo(c3);
  c3 = multiplicarComplejos(c1, c2);
  printf("\nEl producto es: ");
  mostrarComplejo(c3);
  printf("\n");
}
```

Evidentemente, para que el programa anterior funcione tendremos que definir tanto el tipo *tcomplejo* como las operaciones *sumarComplejos*, *multiplicarComplejos*, *leerComplejo* y *mostrarComplejo*. Para poder reutilizar este código, vamos a implementar este modelo matemático según explicamos en el apartado *Reutilizar código* del capítulo *Entrada y salida estándar*. Según lo allí expuesto podemos escribir dos archivos: *complejo.h* y *complejo.c*, el primero con las declaraciones de las funciones y el segundo con las definiciones.

El archivo *complejo.h* declarará el tipo de datos *tcomplejo* y los prototipos de las funciones correspondientes a las operaciones con complejos:

```
/* complejo.h */
#pragma once

typedef struct
{
  float r; // parte real de un número complejo
  float i; // parte imaginaria de un número complejo
} tcomplejo;

tcomplejo leerComplejo();
void mostrarComplejo(tcomplejo c);
```

```
tcomplejo multiplicarComplejos(tcomplejo a, tcomplejo b);
tcomplejo sumarComplejos(tcomplejo a, tcomplejo b);
// Otras operaciones...
```

El archivo *complejo.c* definirá las funciones correspondientes a las operaciones con complejos:

```
/* complejo.c */
#include <stdio.h>
#include "complejo.h"

tcomplejo leerComplejo()
{
  tcomplejo c = { 0.0F, 0.0F };
  int r = 0;

  printf("Introducir complejo de la forma: x yj\n");
  do
  {
    r = scanf("%f %f", &c.r, &c.i);
    while (getchar() != '\n');
  } while (r != 2);
  return c;
}

void mostrarComplejo(tcomplejo c)
{
  printf("%8.2f%+8.2fj", c.r, c.i);
}

tcomplejo multiplicarComplejos(tcomplejo a, tcomplejo b)
{
  tcomplejo c;
  c.r = a.r * b.r - a.i * b.i;
  c.i = a.r * b.i + a.i * b.r;
  return c;
}

tcomplejo sumarComplejos(tcomplejo a, tcomplejo b)
{
  tcomplejo c;
  c.r = a.r + b.r;
  c.i = a.i + b.i;
  return c;
}

// Otras operaciones...
```

Finalmente, compile el programa formado por las unidades de traducción *test.c* y *complejo.c* y ejecútelo. El resultado se verá de forma parecida a como se muestra a continuación:

```
Introducir complejo de la forma: x yj
1 -1j
Introducir complejo de la forma: x yj
-3 +0.7j
La suma es:     -2.00   -0.30j
El producto es:     -2.30   +3.70j
```

Matrices de estructuras

Cuando los elementos de una matriz son de algún tipo de estructura, la matriz recibe el nombre de *matriz de estructuras* o matriz de registros. Esta es una construcción muy útil y potente ya que nos permite manipular los datos en bloques que en muchos casos se corresponderán con objetos, en general, de la vida ordinaria.

Para definir una matriz de estructuras, primero hay que declarar un tipo de estructura que coincida con el tipo de los elementos de la matriz. Por ejemplo:

```
typedef struct
{
  char nombre[60];
  float nota;
} tficha;
```

y después, se define la matriz análogamente a como se muestra a continuación:

```
tficha alumno[100];
```

Si lo desea puede iniciar los elementos de la matriz (véase también el apartado *Iniciadores designados* del apéndice *A*). El siguiente ejemplo declara la matriz *alumno* e inicia todos sus elementos a cero:

```
tficha alumno[100] = { 0 };
```

Este ejemplo define la matriz de estructuras denominada *alumno* con 100 elementos (*alumno[0]*, *alumno[1]*,..., *alumno[i]*,..., *alumno[99]*) cada uno de los cuales es una estructura con los datos miembro *nombre* y *nota*. Para acceder al *nombre* y a la *nota* del elemento *i* de la matriz utilizaremos la notación:

```
alumno[i].nombre
alumno[i].nota
```

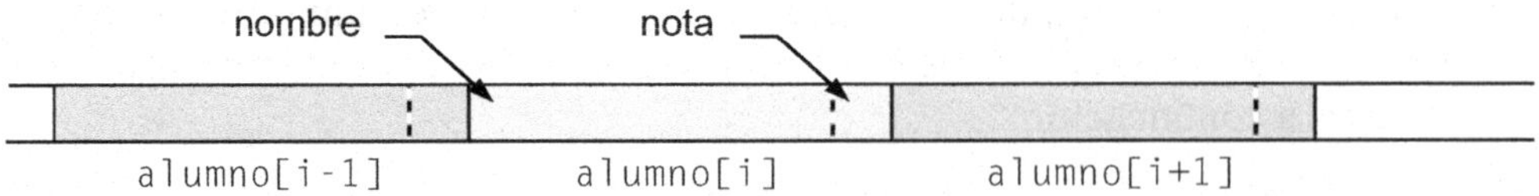

Por ejemplo, para aplicar lo expuesto hasta ahora vamos a realizar un programa que lea una lista de alumnos y las notas correspondientes a una determinada asignatura; el resultado será el tanto por ciento de los alumnos aprobados y suspendidos. Los pasos a seguir para realizar este programa pueden ser:

- Declarar el tipo de la estructura y definir la matriz de estructuras, además de definir cualquier otra variable que sea necesaria.

- Establecer un bucle para leer y almacenar en la matriz el *nombre* y la *nota* de cada alumno.

- Establecer un bucle para recorrer todos los elementos de la matriz y contar los aprobados (*nota* mayor o igual que 5) y los suspendidos (el resto).

  ```
  for (i = 0; i < n; i++)
    if (alumno[i].nota >= 5)
      aprobados++;
    else
      suspendidos++;
  ```

- Escribir el tanto por ciento de aprobados y suspendidos.

  El programa completo se muestra a continuación.

```
/********** Calcular el % de aprobados y suspendidos **********/
/* matriz_de_st.c
 */
#include <stdio.h>
#include <string.h>

#define NA 100       // número máximo de alumnos
char *leerCadena(char *, int);

typedef struct
{
  char nombre[60];
  float nota;
} tficha;

int main(void)
{
  static tficha alumno[NA]; // matriz de estructuras o registros
  int n = 0; // número de alumnos introducidos
```

```
  char *fin = NULL; // para almacenar el valor devuelto por fgets
  int aprobados = 0, suspendidos = 0;

  // Entrada de datos
  printf("Introducir datos. ");
  printf("Para finalizar teclear la marca de fin de fichero\n\n");

  printf("Nombre: ");
  fin = leerCadena(alumno[n].nombre, sizeof(alumno[n].nombre));
  while (fin != NULL)
  {
    printf("Nota:   ");
    scanf("%f", &alumno[n++].nota);
    while (getchar() != '\n'); // eliminar el carácter \n
    if (n == NA) break;
    // Siguiente alumno
    printf("Nombre: ");
    fin = leerCadena(alumno[n].nombre, sizeof(alumno[n].nombre));
  }

  // Contar los aprobados y suspendidos
  for (int i = 0; i < n; i++)
    if (alumno[i].nota >= 5)
      aprobados++;
    else
      suspendidos++;

  // Escribir resultados
  printf("Aprobados:   %.4g %%\n", (float)aprobados/n*100);
  printf("Suspendidos: %.4g %%\n", (float)suspendidos/n*100);
}

char *leerCadena(char *str, int n)
{
  char *fin, *c = 0;
  fin = fgets(str, n, stdin);
  if (c = strchr(str, '\n'))
    *c = 0; // reemplazar '\n'
  else if (!feof(stdin))
    while (getchar() != '\n'); // limpiar buffer stdin
  return fin;
}
```

Ejecución del programa:

Introducir datos. Para finalizar teclear la marca de fin de archivo

Nombre: Elena
Nota: 10
Nombre: Pedro

```
Nota:    4
Nombre: Patricia
Nota:    7
Nombre: Daniel
Nota:    5
Nombre: Irene
Nota:    3
Nombre: Manuel
Nota:    6
Nombre: ^Z
Aprobados:    66.67 %
Suspendidos: 33.33 %
```

Como las variables *aprobados* y *suspendidos* son enteras, para hacer los cálculos del tanto por ciento de aprobados y suspendidos tendremos que convertir explícitamente estas variables al tipo **float** con el fin de que los cálculos se hagan en esta precisión. Si no se hace esa conversión explícita, el cociente de la división de enteros que interviene en los cálculos dará siempre 0, excepto cuando el número de aprobados sea *n*, que dará 1, o el número de suspendidos sea *n*, que también dará 1.

UNIONES

Una *unión* es una región de almacenamiento compartida por dos o más miembros generalmente de diferentes tipos. Esto permite manipular diferentes tipos de datos utilizando una misma zona de memoria, la reservada para la variable *unión*.

La declaración de una unión tiene la misma forma que la declaración de una estructura, excepto que en lugar de la palabra reservada **struct** se utiliza la palabra reservada **union**. Por lo tanto, todo lo expuesto para las estructuras es aplicable a las uniones, con la excepción de que los miembros de una *unión* no tienen cada uno su propio espacio de almacenamiento, sino que todos comparten un único espacio de tamaño igual al del miembro de mayor longitud en *bytes*. La sintaxis para declarar una unión es así:

```
union tipo_union
{
  /* declaraciones de los miembros */
};
```

donde *tipo_union* es un identificador que nombra el nuevo tipo definido. Después de definir un tipo *unión*, podemos declarar una o más variables de ese tipo, así:

```
union tipo_union [variable[, variable]...];
```

Para acceder a un determinado miembro de una *unión*, se utiliza la notación:

variable_unión.miembro

El siguiente ejemplo clarifica lo expuesto. Se trata de una variable *var1* de tipo **union** *tmes* que puede almacenar una cadena de caracteres, un entero o un real, pero solo un dato, no los tres a la vez; o dicho de otra forma, *var1* almacena un dato que puede ser procesado como una cadena de caracteres, como un entero o como un real, según el miembro que se utilice para acceder al mismo.

```
union tmes
{
  char cmes[12];
  int nmes;
  float temperatura;
};
union tmes var1;
```

En la figura siguiente se observa que los miembros correspondientes a *var1* no tienen cada uno su propio espacio de almacenamiento, sino que todos comparten un único espacio de tamaño igual al del miembro de mayor longitud en *bytes* que en este caso es *cmes* (12 *bytes*). Este espacio permitirá almacenar una cadena de 12 caracteres incluido el '\0', un entero o un real en simple precisión.

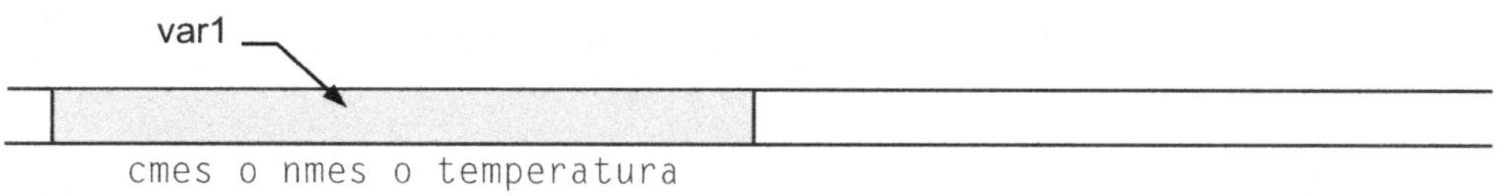

Si *var1* fuera una estructura en lugar de una unión, se requeriría, según se observa en la figura siguiente, un espacio de memoria igual a 12 + 4 + 4 *bytes*, suponiendo que un **int** ocupa 4 *bytes*.

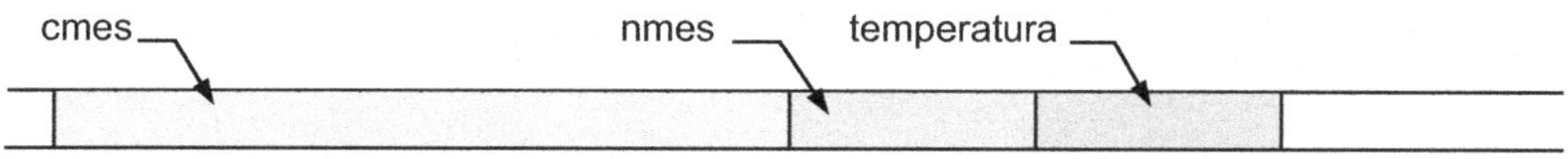

Resumiendo, en una unión todos los miembros comparten el mismo espacio de memoria. El valor almacenado es sobrescrito cada vez que se asigna un valor al mismo miembro o a un miembro diferente. Por ejemplo, ¿qué resultado piensa que da el siguiente programa?

```
#include <stdio.h>

typedef union
{
  int a;
  int b;
} tunion;
```

```
int main(void)
{
  tunion var1;
  var1.a = 10;
  var1.b = 100;
  printf("%d ", var1.a);
  printf("%d ", var1.b);
}
```

Este ejemplo define una unión *var1* cuyos miembros *a* y *b* comparten un espacio de memoria de cuatro *bytes* (suponiendo que un **int** ocupa cuatro *bytes*). La ejecución es de la forma siguiente:

1. La sentencia *var1.a = 10* almacena en el espacio común el valor 10.
2. La sentencia *var1.b = 100* almacena en el espacio común el valor 100, sobrescribiendo el dato anterior.

Según lo expuesto, el resultado que se obtendrá al ejecutar el programa será:

```
100 100
```

Esta solución no significa que haya dos datos. Lo que hay es un único dato accedido desde dos miembros, en este caso del mismo tipo. Según esto, ¿qué explicación tiene el resultado de este otro programa?

```
#include <stdio.h>

typedef union
{
  float a;
  int b;
} tunion;

int main(void)
{
  tunion var1;

  var1.a = 10.5;
  printf("%g\n", var1.a);
  printf("%d\n", var1.b);
}
```

Ejecución del programa:

```
10.5
1093140480
```

En este ejemplo la unión tiene también dos miembros: uno de tipo **float** y otro de tipo **int**, por lo tanto, el espacio de memoria compartido es de cuatro *bytes*. En ese espacio de memoria, después de ejecutar la sentencia *var1.a = 10.5* hay almacenado el siguiente valor expresado en binario:

```
01000001001010000000000000000000
```

Como los dos miembros son de cuatro *bytes*, este valor accedido desde *var1.a* de tipo **float** y visualizado dará como resultado *10.5*, pero accedido desde *var1.b* de tipo **int** y visualizado dará como resultado *1093140480*, resultados que usted mismo podrá verificar si realiza las conversiones manualmente a los formatos respectivos de **float** e **int**.

Estructuras variables

Una aplicación de las uniones puede ser definir estructuras de datos con un conjunto de miembros variable. Esto es, una estructura que permita utilizar unos miembros u otros en función de las necesidades del programa. Para ello, alguno de sus miembros tiene que ser una unión.

Por ejemplo, supongamos que deseamos diseñar una ficha para almacenar datos relativos a los libros o revistas científicas de una biblioteca. Por cada libro o revista, figurará la siguiente información:

1. Número de referencia.
2. Título.
3. Nombre del autor.
4. Editorial.
5. Clase de publicación (libro o revista).
6. Número de edición (solo libros).
7. Año de publicación (solo libros).
8. Nombre de la revista (solo revistas).

Está claro que cada ficha contendrá siempre los miembros 1, 2, 3, 4 y 5 y además, si se trata de un libro, los miembros 6 y 7, o si se trata de una revista, el miembro 8. Esta disyunción da lugar a una unión con dos miembros: una estructura con los miembros 6 y 7 y el miembro 8. Veamos:

```
struct libro
{
  unsigned edicion;
  unsigned anyo;
};
```

```
union libro_revista
{
  struct libro libros;
  char nomrev[30];
};
```

Según lo expuesto, el diseño de la ficha quedará de la forma siguiente:

```
struct ficha
{
  unsigned numref;
  char titulo[30];
  char autor[20];
  char editorial[25];
  int clase_publicacion;
  union libro_revista lr;
};
```

La declaración del tipo **struct** *ficha* declara una estructura variable, apoyándose en una variable *lr* de tipo **unión**. Esta variable contendrá, o bien los datos *edición* y *anyo*, o bien *nomrev*.

La estructura anterior podría escribirse también de una sola vez utilizando estructuras y uniones anónimas según se muestra a continuación (véase el apartado *Estructuras y uniones anónimas* del apéndice *A*):

```
struct ficha
{
  unsigned numref;
  char titulo[30];
  char autor[20];
  char editorial[25];
  int clase_publicacion;
  union // unión anónima
  {
    struct // estructura anónima
    {
      unsigned edicion;
      unsigned anyo;
    };
    char nomrev[30];
  };
};
```

No obstante, en el momento de escribir este libro, había compiladores que no admitían anidar una estructura/unión anónima si no se declaraba explícitamente un miembro de ese tipo. Por ello, el ejemplo que se expone a continuación incluye esta variante. Pues bien, para aclarar todo lo expuesto, vamos a realizar un programa que utilizando la estructura *ficha* anterior permita:

- Almacenar en una matriz la información correspondiente a la biblioteca.
- Listar dicha información.

La estructura del programa constará de las funciones siguientes:

1. Una función principal **main** que llamará a una función *leer* para introducir los datos que almacenarán los elementos de la matriz, y a una función *escribir* para visualizar todos los elementos de la misma. Además, para limpiar el *buffer* de **stdin** utilizaremos la función *fflushstdin* y para leer una cadena, la función *leerCadena*, las cuales ya han sido expuestas anteriormente.

2. Una función *leer* con el prototipo siguiente:

   ```
   int leer(struct ficha bibli[], int n);
   ```

   Esta función recibe como parámetros la matriz donde hay que almacenar los datos de los libros o revistas leídos y el número máximo de elementos que admite dicha matriz. La función devolverá como resultado el número de elementos leídos (valor menor o igual que el número máximo de elementos). Cada vez que se introduzcan los datos de un libro o revista, la función visualizará un mensaje preguntando si se quieren introducir más datos.

3. Una función *escribir* con el prototipo siguiente:

   ```
   void escribir(struct ficha bibli[], int n);
   ```

   Esta función recibirá como parámetros la matriz cuyos elementos hay que visualizar y el número real de elementos que tiene la matriz. Cada vez que se visualice un libro o una revista se mostrará un mensaje que diga “Pulse <Entrar> para continuar” de forma que al pulsar la tecla *Entrar* se limpie la pantalla y se visualice el siguiente elemento de la matriz.

El programa completo se muestra a continuación. Obsérvese que las funciones son autónomas, esto es, dependen exclusivamente de sus parámetros.

```
/************************** BIBLIOTECA *************************/
/* estr_variables.c
 */
#include <stdio.h>
#include <stdlib.h>
#include <string.h>
#include <ctype.h>
```

```
#include <locale.h>
#define N 100 // máximo número de elementos de la matriz

enum clase // tipo enumerado
{
  libro, revista
};

typedef struct // estructura variable
{
  unsigned numref;
  char titulo[30];
  char autor[20];
  char editorial[25];
  enum clase libro_revista;
  union
  {
    struct
    {
      unsigned edicion;
      unsigned anyo;
    } libros;
    char nomrev[30];
  } lr;
} tficha;

// Prototipos de las funciones
void escribir(tficha[], int);
int leer(tficha[], int);
void fflushstdin(void);
char *leerCadena(char *, int);

int main(void) // función principal
{
  setlocale(0, ""); // configuración regional predeterminada
  static tficha biblioteca[N]; // matriz de estructuras
  int n = 0; // número actual de elementos de la matriz
  system("cls");
  printf("Introducir datos.\n");
  n = leer(biblioteca, N);
  system("cls");
  printf("Listado de libros y revistas\n");
  escribir(biblioteca, n); // listar todos los libros y revistas
}

/****************************************************************
     Función para leer los datos de los libros y revistas
****************************************************************/
int leer(tficha bibli[], int NMAX)
{
```

```
  int clase;
  char resp = 's';
  int k = 0; // número de elementos introducidos

  while( tolower(resp) == 's' && k < NMAX )
  {
    system("cls");
    printf("Número de refer. ");
    scanf("%u",&bibli[k].numref); fflushstdin();
    printf("Título           ");
    leerCadena(bibli[k].titulo, sizeof(bibli[k].titulo));
    printf("Autor            ");
    leerCadena(bibli[k].autor, sizeof(bibli[k].autor));
    printf("Editorial        ");
    leerCadena(bibli[k].editorial, sizeof(bibli[k].editorial));

    do
    {
      printf("Libro o revista (0 = libro, 1 = revista) ");
      scanf("%d", &clase); fflushstdin();
    }
    while (clase != 0 && clase != 1);
    if (clase == libro)
    {
      bibli[k].libro_revista = libro;
      printf("Edición          ");
      scanf("%u", &bibli[k].lr.libros.edicion);
      printf("Año de public.   ");
      scanf("%u", &bibli[k].lr.libros.anyo); fflushstdin();
    }
    else
    {
      bibli[k].libro_revista = revista;
      printf("Nombre revista   ");
      leerCadena(bibli[k].lr.nomrev, sizeof(bibli[k].lr.nomrev));
    }

    k++;

    do
    {
      printf("\n¿Más datos a introducir? s/n ");
      resp = getchar();
      fflushstdin();
    }
    while( tolower(resp) != 's' && tolower(resp) != 'n' );
  }
  return k;
}
```

```
/**********************************************************
      Función para listar todos los elementos de la matriz
 **********************************************************/
void escribir(tficha bibli[], int n)
{
  int k = 0;
  for (k = 0; k < n; k++)
  {
    printf("%d  %s\n", bibli[k].numref, bibli[k].titulo);
    printf("%s - Ed. %s\n", bibli[k].autor,  bibli[k].editorial);

    switch (bibli[k].libro_revista)
    {
      case libro :
        printf("Edición %u - año %u\n",
        bibli[k].lr.libros.edicion,
        bibli[k].lr.libros.anyo);
        break;
      case revista :
        printf("%s\n", bibli[k].lr.nomrev);
    }
    printf("\nPulse <Entrar> para continuar");
    getchar();
    system("cls");
  }
}

void fflushstdin(void)
{
  if (!feof(stdin) && !ferror(stdin))
    while ((getchar()) != '\n');
}

char *leerCadena(char *str, int n)
{
  char *fin, *c = 0;
  fin = fgets(str, n, stdin);
  if (c = strchr(str, '\n'))
    *c = 0; // reemplazar '\n'
  else if (!feof(stdin))
    while (getchar() != '\n'); // limpiar buffer stdin
  return fin;
}
```

Ejecución del programa:

```
Número de refer. 1001
Título           C/C++. Curso de Programación
Autor            Ceballos
Editorial        RA-MA
```

```
Libro o revista (0 = libro, 1 = revista) 0
Edición          3
Año de public.   2007

¿Más datos a introducir? s/n s

// ...

Listado de libros y revistas
1001  C/C++. Curso de Programación
Ceballos - Ed. RA-MA
Edición 3 - año 2007

Pulse <Entrar> para continuar

// ...
```

Observe que el tipo *tficha* se ha declarado a nivel global con el fin de poder utilizarlo en cualquier función del programa donde sea necesario.

CAMPOS DE BITS

Un miembro de una estructura (no de una unión) puede ser también un *campo de bits*, entendiendo por campo de bits un conjunto de bits adyacentes dentro de una unidad direccionable, generalmente un **int**. La sintaxis para declarar un campo de bits es la siguiente:

```
tipo [identificador] : tamaño
```

El *tamaño* especifica el número de bits correspondientes al campo y debe ser una constante entera no negativa que no debe sobrepasar el tamaño físico de la palabra máquina; es decir, el tamaño de un **int**. El *tipo* tiene que ser entero. A diferencia de C, que restringe los tipos de los campos de bits a **int**, o **unsigned int**, C++ permite que un campo de bits sea de cualquier tipo entero; es decir, **char**, **short**, **int**, **long**, con signo o sin signo, o un tipo enumerado. No se permiten matrices de campos de bits, punteros a campos de bits o funciones que retornen un campo de bits. El *identificador* del campo es opcional; un campo no identificado sirve de relleno.

La asignación de los campos de bits depende del hardware; esto es, los campos de bits son asignados del más significativo al menos significativo o viceversa, caso del ejemplo mostrado a continuación, según la máquina que se emplee. El siguiente ejemplo clarifica lo expuesto.

```
/********************** Campos de bits **********************/
/* campos_de_bits.c
 */
#include <stdio.h>

struct palabra            // palabra de 32 bits: 0 a 31
{
  unsigned car_ascii   : 7; // bits 0 a 6
  unsigned bit_paridad : 1; // bit 7
  unsigned operacion   : 5; // bits 8 a 12
  unsigned             :18; // bits 13 a 30 de relleno
  unsigned bit_signo   : 1; // bit 31
};

int main(void)  //  función principal
{
  struct palabra cb = { 'C', 1, 0x1E, 0 };

  printf("campos de bits : %x\n\n", cb);
  printf("bit de signo   : %x\n", cb.bit_signo);
  printf("operación      : %x\n", cb.operacion);
  printf("bit de paridad : %x\n", cb.bit_paridad);
  printf("carácter %c     : %x\n", cb.car_ascii, cb.car_ascii);
}
```

```
Ejecución del programa:

campos de bits : 1ec3

bit de signo   : 0
operación      : 1e
bit de paridad : 1
carácter C     : 43
```

La asignación en memoria se ha efectuado de la forma siguiente:

31	30	29	28	27	26	25	24	23	22	21	20	19	18	17	16	15	14	13	12	11	10	9	8	7	6	5	4	3	2	1	0
0	0	0	0	0	0	0	0	0	0	0	0	0	0	0	0	0	0	0	1	1	1	1	0	1	1	0	0	0	0	1	1
	0				0				0				0				1				e				c				3		

Si al definir una estructura de campos de bits, el espacio que queda en la unidad direccionable no es suficiente para ubicar el siguiente campo de bits, este se alinea con respecto a la siguiente unidad direccionable (**int** o **unsigned int**). Un campo de bits sin nombre y de tamaño 0 garantiza que el siguiente miembro de la estructura comience en la siguiente unidad direccionable. Por ejemplo:

```
struct bits
{
  unsigned cb1 : 24; // bits 0 a 23 de una palabra
```

```
  unsigned cb2 : 16; // bits 0 a 15 de la siguiente palabra
  unsigned cb3 : 5;  // bits 16 a 20 de la misma palabra anterior
};
```

En un sistema de 32 bits que asigne los campos de bits del menos significativo al más significativo, una variable del tipo **struct** *bits* se almacenará en palabras adyacentes como muestra la figura siguiente:

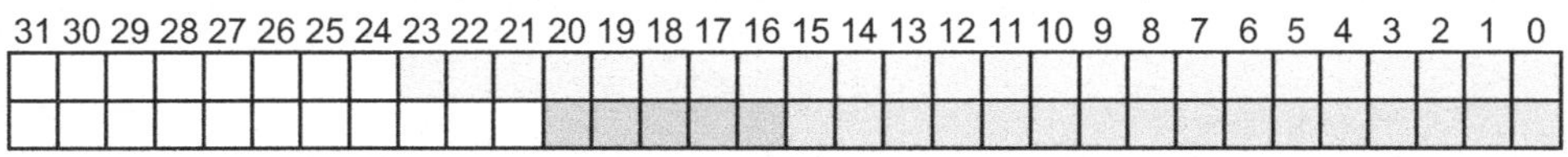

Utilizar un campo de bits para economizar espacio es una tarea ingenua y puede conducir a una pérdida de tiempo de ejecución. En muchas máquinas un *byte* o una palabra es la cantidad de memoria más pequeña que se puede acceder sin tiempo de procesamiento adicional. En cambio, extraer un campo de bits puede suponer instrucciones extra y, por lo tanto, un tiempo adicional. Quiere esto decir que un campo de bits debe utilizarse en problemas que lo requieran; por ejemplo, cuando necesitamos utilizar un conjunto de indicadores de un bit agrupados en un entero (*flags*).

Como aplicación vamos a realizar un programa que solicite introducir un carácter por el teclado y que dé como resultado el carácter reflejado mostrado en binario. La solución del problema será análoga a la siguiente:

```
Introducir un carácter: A
el valor ASCII de A es 41h; en binario: 01000001
Carácter reflejado: é
el valor ASCII de é es 82h; en binario: 10000010
```

La estructura del programa constará de las funciones siguientes:

1. Una función principal **main** que llamará a una función *presentar* para visualizar el carácter introducido y el reflejado de la forma expuesta anteriormente (simbólicamente en hexadecimal y en binario), y a una función *ReflejarByte* que invierta el orden de los bits (el bit 0 pasará a ser el bit 7, el bit 1 pasará a ser el bit 6, el bit 2 pasará a ser el bit 5, etc.).

2. Una función *presentar* con el prototipo siguiente:

   ```
   void presentar( unsigned char c );
   ```

   Esta función recibirá como parámetro el carácter que se quiere visualizar y lo presentará simbólicamente en hexadecimal y en binario.

3. Una función *ReflejarByte* con el prototipo siguiente:

```
unsigned char ReflejarByte( union byte b );
```

Esta función recibirá como parámetro una unión *byte* que permita disponer del carácter como un dato de tipo **unsigned char** o bit a bit, y devolverá como resultado el *byte* reflejado.

```
union byte
{
  unsigned char byte;

  struct
  {
    unsigned char b0 : 1;
    unsigned char b1 : 1;
    unsigned char b2 : 1;
    unsigned char b3 : 1;
    unsigned char b4 : 1;
    unsigned char b5 : 1;
    unsigned char b6 : 1;
    unsigned char b7 : 1;
  } bits;
};
```

El programa completo se muestra a continuación:

```
********************* Reflejar un byte *********************/
/* reflejar.c
 */
#include <stdio.h>

union byte
{
  unsigned char byte;
  struct
  {
    unsigned char b0 : 1;
    unsigned char b1 : 1;
    unsigned char b2 : 1;
    unsigned char b3 : 1;
    unsigned char b4 : 1;
    unsigned char b5 : 1;
    unsigned char b6 : 1;
    unsigned char b7 : 1;
  } bits;
};

void presentar( unsigned char c );
unsigned char ReflejarByte( union byte b );
```

```
int main(void)
{
  union byte b;
  printf("Introducir un carácter: ");
  b.byte = getchar();
  presentar(b.byte);
  b.byte = ReflejarByte(b);
  printf("Carácter reflejado: %c\n", b.byte);
  presentar(b.byte);
}

void presentar( unsigned char c )
{
  printf("El valor ASCII de %c es %Xh; en binario: ", c, c);
  for (int i = 7; i >= 0; i--)
    printf("%d", (c & (1 << i)) ? 1 : 0);
  printf("\n");
}

unsigned char ReflejarByte( union byte b )
{
  union byte c;

  c.bits.b0 = b.bits.b7;
  c.bits.b1 = b.bits.b6;
  c.bits.b2 = b.bits.b5;
  c.bits.b3 = b.bits.b4;
  c.bits.b4 = b.bits.b3;
  c.bits.b5 = b.bits.b2;
  c.bits.b6 = b.bits.b1;
  c.bits.b7 = b.bits.b0;

  return (c.byte);
}
```

Si recuerda cómo trabaja el operador condicional, sabrá que la operación:

```
(c & (1 << i)) ? 1 : 0
```

da como resultado, en este caso, *1* si la expresión *(c & (1 << i))* es cierta (valor distinto de 0) y *0* si la expresión es falsa (valor 0). La expresión *1* << *i* desplaza el *1* (0000000**1**) *i* veces a la izquierda. El objetivo es visualizar *c* en binario. La ejecución del bucle **for** que la contiene se desarrolla de la forma siguiente:

i	**c & (1 << i) =**	**(c & (1 << i)) ? 1 : 0**
7	01000001 & 10000000 = 00000000	0
6	01000001 & 01000000 = 01000000	1
5	01000001 & 00100000 = 00000000	0
4	01000001 & 00010000 = 00000000	0

3	01000001 & 00001000 = 00000000	0
2	01000001 & 00000100 = 00000000	0
1	01000001 & 00000010 = 00000000	0
0	01000001 & 00000001 = 00000001	1

EJERCICIOS RESUELTOS

1. Realizar un programa que lea y almacene una lista de valores introducida por el teclado. Una vez leída, buscará los valores máximo y mínimo, y los imprimirá.

   La solución de este problema puede ser de la siguiente forma:

   - Definimos la matriz que va a contener la lista de valores y el resto de las variables necesarias en el programa.

```
float dato[NMAX];     // matriz de datos
float max, min;       // valor máximo y valor mínimo
int nElementos = 0; // número de elementos de la matriz leídos
int i = 0;            // índice
```

   - A continuación, leemos los valores que forman la lista.

```
printf("dato[%d] = ", i);
while (i < NMAX && scanf("%f", &dato[i]) != EOF)
{
  i++;
  printf("dato[%d]= ", i);
}
```

   - Una vez leída la lista de valores, calculamos el máximo y el mínimo. Para ello suponemos inicialmente que el primer valor es el máximo y el mínimo (como si todos los valores fueran iguales). Después comparamos cada uno de estos valores con los restantes de la lista. El valor de la lista comparado pasará a ser el nuevo mayor si es más grande que el mayor actual y pasará a ser el nuevo menor si es más pequeño que el menor actual.

```
max = min = dato[0];
for (i = 1; i < nElementos; i++)
{
  if (dato[i] > max)
    max = dato[i];
  if (dato[i] < min)
    min = dato[i];
}
```

   - Finalmente, escribimos el resultado.

```
printf("Valor máximo: %g, valor mínimo: %g\n", max, min);
```

El programa completo se muestra a continuación.

```
/************* Valor máximo y mínimo de una lista *************/
/* maxmin.c
 */
#include <stdio.h>
#define NMAX 100 // máximo número de elementos de la matriz

int main(void)
{
  float dato[NMAX];    // matriz de datos
  float max, min;      // valor máximo y valor mínimo
  int nElementos = 0; // número de elementos de la matriz leídos
  int i = 0;           // índice

  // Entrada de datos
  printf("Introducir datos. Para finalizar introducir la marca EOF\n");
  printf("dato[%d] = ", i);
  while (i < NMAX && scanf("%f", &dato[i]) != EOF)
  {
    i++;
    printf("dato[%d]= ", i);
  }

  // Encontrar los valores máximo y mínimo
  nElementos = i;
  if (nElementos > 0)
  {
    max = min = dato[0];
    for (i = 1; i < nElementos; i++)
    {
      if (dato[i] > max)
        max = dato[i];
      if (dato[i] < min)
        min = dato[i];
    }
    // Escribir resultados
    printf("Valor máximo: %g, valor mínimo: %g\n", max, min);
  }
  else
    printf("No hay datos.\n");
}
```

Ejecución del programa:

```
Introducir datos. Para finalizar introducir la marca EOF
dato[0] = 87
dato[1] = 45
```

```
dato[2] = 68
dato[3] = 1
dato[4] = 23
dato[5] = 90
dato[6] = 7
dato[7] = 52
dato[8] = ^Z
Valor máximo: 90, valor mínimo: 1
```

2. Escribir un programa que dé como resultado la frecuencia con la que aparece cada una de las parejas de letras adyacentes de un texto introducido por el teclado. No se hará diferencia entre mayúsculas y minúsculas. El resultado se presentará en forma de tabla, de la manera siguiente:

```
  a b c d e f ... z
a 0 4 0 2 1 0 ... 1
b 8 0 0 0 3 1 ... 0
c       .
d       .
e       .
f       .
.
.
.
z
```

Por ejemplo, la tabla anterior dice que la pareja de letras *ab* ha aparecido cuatro veces. La tabla resultante contempla todas las parejas posibles de letras, desde la *aa* hasta la *zz*.

Las parejas de letras adyacentes de "*hola que tal*" son: *ho*, *ol*, *la*, *a blanco* no se contabiliza por estar el carácter espacio en blanco fuera del rango 'a' - 'z', *blanco q* no se contabiliza por la misma razón, *qu*, etc.

Para realizar este problema, en función de lo expuesto necesitamos una matriz de enteros de dos dimensiones. Cada elemento actuará como contador de la pareja de letras correspondiente. Por lo tanto, todos los elementos de la matriz deben valer inicialmente 0.

```
#define DIM ('z' - 'a' + 1) // filas/columnas de la tabla
int tabla[DIM][DIM]; // tabla de contingencias
```

Para que la solución sea fácil, aplicaremos el concepto de matrices asociativas visto anteriormente en este mismo capítulo; es decir, la pareja de letras a contabilizar serán los índices del elemento de la matriz que actúa como contador de dicha pareja. Observe la tabla anterior y vea que el contador de la pareja *aa* es el elemento (0,0) de la supuesta matriz. Esto supone restar una constante de valor '*a*' a los valores de los índices (*carant*, *car*) utilizados para acceder a un elemento. La variable *carant* contendrá el primer carácter de la pareja y *car* el otro carácter.

```
if ((carant>='a' && carant<='z') && (car>='a' && car<='z'))
  tabla[carant - 'a'][car - 'a']++;
```

El problema completo se muestra a continuación.

```
/**** Tabla de frecuencias de letras adyacentes en un texto ****/
/* parejas.c
 */
#include <stdio.h>
#include <ctype.h>
#define DIM ('z' - 'a' + 1) // filas/columnas de la tabla

int main(void)
{
  static int tabla[DIM][DIM]; // tabla de contingencias
  char car;                   // carácter actual
  char carant = ' ';          // carácter anterior

  printf("Introducir texto. Para finalizar introducir la marca EOF\n");
  while ((car = getchar()) != EOF)
  {
    car = tolower(car); // convertir a minúsculas si procede
    if ((carant >= 'a' && carant <= 'z') && (car >= 'a' && car <= 'z'))
      tabla[carant - 'a'][car - 'a']++;
    carant = car;
  }

  // Escribir la tabla de frecuencias
  printf(" ");
  for (char c = 'a'; c <= 'z'; c++)
    printf("  %c", c);
  putchar('\n');
  for (char f = 'a'; f <= 'z'; f++)
  {
    putchar(f);
    for (char c = 'a'; c <= 'z'; c++)
      printf("%3d", tabla[f - 'a'][c - 'a']);
    putchar('\n');
  }
}
```

Analizando el código que muestra la tabla de frecuencias, observamos un primer bucle **for** que visualiza la cabecera "a b c ..."; esta primera línea especifica el segundo carácter de la pareja de letras que se contabiliza; el primer carácter aparece a la izquierda de cada fila de la tabla. Después observamos dos bucles **for** anidados cuya función es escribir los valores de la matriz *tabla* por filas; nótese que antes de cada fila se escribe el carácter primero de las parejas de letras que se contabilizan en esa línea.

```
  a  b  c  d  e  f  ...  z
a 0  4  0  2  1  0  ...  1
b 8  0  0  0  3  1  ...  0
c          .
d          .
e          .
f          .
.
.
.
z
```

3. Visualizar la representación interna de un valor **float**. Por ejemplo, para un valor –10.5 el resultado que se obtendría al ejecutar el programa sería:

```
real = 1100 0001 0010 1000 0000 0000 0000 0000
```

Este resultado está representado en coma flotante, bajo el formato estándar IEEE754 que emplea mantisa fraccionaria normalizada en signo y magnitud, y sin almacenar el bit implícito que es igual a 1. El exponente está representado en el código *exceso 127*. Por tanto, el valor viene dado por $(-1)^S \times 1.M \times 2^{E-127}$ para $0 < E < 255$.

```
Signo:     1 ............................... S = 1
Exponente: 100 0001 0 ...................... E = 3
Mantisa:   010 1000 0000 0000 0000 0000 ..... M = 0.3125
```

Aplicado a nuestro ejemplo, obtenemos:

$$(-1)^1 \times 1.3125 \times 2^3 = -10.5$$

Más que entender la fórmula de conversión, el propósito de este problema es visualizar el valor binario de un número **float** almacenado en una variable en memoria. Recuerde que un **float** ocupa cuatro *bytes*.

Para realizar este problema de una manera sencilla utilizaremos una unión *ufl* que permita ver su contenido como un dato **float**, o bien como una estructura cuyos miembros sean campos de bits de longitud 1.

```
union ufl // unión con dos miembros: un float y una estructura
{
  float x; // dato de tipo float
  struct   // dato bit a bit
  {
```

```
    unsigned b0 : 1;
    // ...
    unsigned b31: 1;
  } s;
};
```

El programa completo se muestra a continuación.

```
/********** Mostrar bit a bit un valor float **********/
/* float.c
 */
#include <stdio.h>

struct sfl
{
  unsigned b0 : 1; unsigned b1 : 1;
  unsigned b2 : 1; unsigned b3 : 1;
  unsigned b4 : 1; unsigned b5 : 1;
  unsigned b6 : 1; unsigned b7 : 1;
  unsigned b8 : 1; unsigned b9 : 1;
  unsigned b10: 1; unsigned b11: 1;
  unsigned b12: 1; unsigned b13: 1;
  unsigned b14: 1; unsigned b15: 1;
  unsigned b16: 1; unsigned b17: 1;
  unsigned b18: 1; unsigned b19: 1;
  unsigned b20: 1; unsigned b21: 1;
  unsigned b22: 1; unsigned b23: 1;
  unsigned b24: 1; unsigned b25: 1;
  unsigned b26: 1; unsigned b27: 1;
  unsigned b28: 1; unsigned b29: 1;
  unsigned b30: 1; unsigned b31: 1;
};

union ufl
{
  float x;
  struct sfl s;
};

int main(void)
{
  union ufl real; // valor de tipo float

  real.x = -10.5F;
  printf("real = ");
  printf("%d", real.s.b31); printf("%d",  real.s.b30);
  printf("%d", real.s.b29); printf("%d ", real.s.b28);
  printf("%d", real.s.b27); printf("%d",  real.s.b26);
  printf("%d", real.s.b25); printf("%d ", real.s.b24);
  printf("%d", real.s.b23); printf("%d",  real.s.b22);
```

```
  printf("%d", real.s.b21); printf("%d ", real.s.b20);
  printf("%d", real.s.b19); printf("%d",  real.s.b18);
  printf("%d", real.s.b17); printf("%d ", real.s.b16);
  printf("%d", real.s.b15); printf("%d",  real.s.b14);
  printf("%d", real.s.b13); printf("%d ", real.s.b12);
  printf("%d", real.s.b11); printf("%d",  real.s.b10);
  printf("%d", real.s.b9 ); printf("%d ", real.s.b8 );
  printf("%d", real.s.b7 ); printf("%d",  real.s.b6 );
  printf("%d", real.s.b5 ); printf("%d ", real.s.b4 );
  printf("%d", real.s.b3 ); printf("%d",  real.s.b2 );
  printf("%d", real.s.b1 ); printf("%d\n",real.s.b0 );
}
```

4. Queremos escribir un programa para operar con matrices de números complejos. Las estructuras de datos que vamos a manejar están basadas en las siguientes definiciones:

```
#define MAX 10 // máximo número de filas y columnas

typedef struct
{
  float r; // parte real de un número complejo
  float i; // parte imaginaria de un número complejo
} tcomplejo;

typedef struct
{
  int filas;    // filas que actualmente tiene la matriz
  int columnas; // columnas que actualmente tiene la matriz
  tcomplejo c[MAX][MAX]; // matriz de complejos
} tmatriz;
```

Se pide:

a) Escribir una función para leer una matriz. El prototipo de esta función será de la forma:

```
tmatriz LeerMatriz();
```

Esta función solicitará el número de *filas* y de *columnas* de la matriz y leerá todos sus elementos.

b) Escribir una función que visualice una matriz determinada. El prototipo de esta función será así:

```
void VisualizarMatriz(tmatriz m);
```

c) Escribir una función para multiplicar dos matrices. El prototipo de esta función será:

```
tmatriz Multiplicar(tmatriz a, tmatriz b);
```

Para invocar a la función *Multiplicar* proceda como se indica a continuación:

```
tmatriz a, b, c;
// ...
c = Multiplicar(a, b);
```

Tenga presente que la matriz es de números complejos. Para hacer fácil el desarrollo de esta función utilice las funciones correspondientes a operaciones con complejos aportadas por los archivos *complejo.h* y *complejo.c* que implementamos anteriormente en el apartado *Operaciones con estructuras*:

```
tcomplejo sumarComplejos(tcomplejo a, tcomplejo b);
tcomplejo multiplicarComplejos(tcomplejo a, tcomplejo b);
```

d) Utilizando las funciones anteriores, escribir un programa que lea dos matrices y visualice el producto de ambas.

El programa completo se muestra a continuación.

```
/*************** Matrices de números complejos ***************/
/* matrices-de-complejos.c
 */
#include <stdio.h>
#include <stdlib.h>
#include "complejo.h"

#define MAX 10 // máximo número de filas y columnas

typedef struct
{
  int filas;    // filas que actualmente tiene la matriz
  int columnas; // columnas que actualmente tiene la matriz
  tcomplejo c[MAX][MAX]; // matriz de complejos
} tmatriz;

tmatriz LeerMatriz()
{
  tmatriz m;
  int r = 0;
  do
  {
    printf("\nNúmero de filas: ");
    r = scanf("%d", &m.filas);
```

```
    fflushstdin();
  } while (r != 1 || m.filas > MAX);

  do
  {
    printf("Número de columnas: ");
    r = scanf("%d", &m.columnas);
    fflushstdin();
  } while (r != 1 || m.columnas > MAX);

  // Leer los datos para la matriz
  for (int f = 0; f < m.filas; f++)
  {
    for (int c = 0; c < m.columnas; c++)
    {
      m.c[f][c] = leerComplejo();
    }
  }
  return m;
}

void VisualizarMatriz(tmatriz m)
{
  printf("\n");
  for (int f = 0; f < m.filas; f++)
  {
    for (int c = 0; c < m.columnas; c++)
      mostrarComplejo(m.c[f][c]);
    printf("\n");
  }
}

tmatriz Multiplicar(tmatriz a, tmatriz b)
{
  tmatriz m;

  if (a.columnas != b.filas)
  {
    printf("No se pueden multiplicar las matrices.\n");
    exit(-1);
  }

  m.filas = a.filas;
  m.columnas = b.columnas;

  // Multiplicar las matrices
  for (int f = 0; f < m.filas; f++)
  {
    for (int c = 0; c < m.columnas; c++)
    {
```

```
      m.c[f][c].r = 0;
      m.c[f][c].i = 0;
      for (int k = 0; k < a.columnas; k++)
        m.c[f][c] = sumarComplejos(m.c[f][c],
                      multiplicarComplejos(a.c[f][k], b.c[k][c]));
    }
  }
  return m;
}

int main(void)
{
  static tmatriz a, b, c;

  printf("Matriz [a]:\n");  a = LeerMatriz();
  VisualizarMatriz(a);
  printf("\nMatriz [b]:\n");  b = LeerMatriz();
  VisualizarMatriz(b);
  c = Multiplicar(a, b);
  printf("\nMatriz [c]=[a]x[b]:\n");  VisualizarMatriz(c);
}
```

Ejecución del programa:

```
Matriz [a]:

Número de filas: 2
Número de columnas: 2
Introducir complejo de la forma: x yj
1 1j
Introducir complejo de la forma: x yj
2j 2
2 2j
Introducir complejo de la forma: x yj
-1 1j
Introducir complejo de la forma: x yj
2 -2j

    1.00   +1.00j    2.00   +2.00j
   -1.00   +1.00j    2.00   -2.00j

Matriz [b]:

Número de filas: 2
Número de columnas: 2
Introducir complejo de la forma: x yj
1.5 1.5j
Introducir complejo de la forma: x yj
-0.5 1j
Introducir complejo de la forma: x yj
```

```
-2.2 0j
Introducir complejo de la forma: x yj
0 -0.5j

   1.50   +1.50j   -0.50   +1.00j
  -2.20   +0.00j    0.00   -0.50j

Matriz [c]=[a]x[b]:

  -4.40   -1.40j   -0.50   -0.50j
  -7.40   +4.40j   -1.50   -2.50j
```

Una diferencia que observará en la estructura de este programa, con respecto a los que hemos escrito hasta ahora, es que las definiciones de las funciones se han escrito antes de la función **main**. En C, el orden en el que se escriban las funciones no es trascendente. Además, recuerde que los prototipos de las funciones solo son necesarios cuando las llamadas a esas funciones se hacen antes de su definición. Las operaciones con complejos se introducen por medio de los archivos *complejo.h* y *complejo.c* que tenemos que añadir al proyecto.

5. Queremos escribir una función para ordenar alfabéticamente una matriz de cadenas de caracteres.

   Para ello, primero diríjase al capítulo *Algoritmos*, y estudie, si aún no lo conoce, el algoritmo de ordenación basado en el "método de la burbuja". Segundo, utilice el código del programa *cadenas.c* que hemos realizado anteriormente para leer y visualizar una matriz de cadenas de caracteres. Tercero, utilizando el método de la burbuja, escriba una función *ordenar* que se ajuste al prototipo siguiente:

```
void ordenar(char cad[][COLS_MAX], int nc);
```

   El argumento *cad* es la matriz de cadenas de caracteres que queremos ordenar alfabéticamente y *nc* es el número total de cadenas a ordenar.

   La función *ordenar* será invocada desde la función **main** una vez leída la matriz de cadenas de caracteres.

   El programa completo se muestra a continuación.

```
/*********** Leer una lista de nombres y ordenarlos ***********/
/* ordenar.c
 */
#include <stdio.h>
#include <stdlib.h>
#include <string.h>
#include <ctype.h>
```

```
#define FILAS_MAX 100
#define COLS_MAX 80

void fflushstdin(void);
char *leerCadena(char *, int);
void ordenar(char [][COLS_MAX], int);

int main(void)
{
  // Matriz de cadenas de caracteres
  char nombre[FILAS_MAX][COLS_MAX];
  int nFilas = 0;
  int fila = 0, r = 0;
  char *fin, respuesta;

  do
  {
    printf("Número de filas de la matriz:  ");
    r = scanf("%d", &nFilas);
    fflushstdin(); // limpiar '\n'
  }
  while (nFilas < 1 || nFilas > FILAS_MAX || r == 0);

  printf("Escriba los nombres que desea introducir.\n");
  printf("Puede finalizar introduciendo la marca EOF.\n");
  for (fila = 0; fila < nFilas; fila++)
  {
    printf("Nombre[%d]: ", fila);
    fin = leerCadena(nombre[fila], COLS_MAX);
    // Si se pulsó [Ctrl][Z], salir del bucle
    if (fin == NULL) break;
  }

  nFilas = fila; // número de filas leídas

  ordenar(nombre, nFilas);

  do
  {
    printf("¿Desea visualizar el contenido de la matriz? (s/n): ");
    respuesta = tolower(getchar());
    fflushstdin();
  }
  while (respuesta != 's' && respuesta != 'n');

  if ( respuesta == 's' )
  {
    // Visualizar la lista de nombres
    printf("\n");
    for (fila = 0; fila < nFilas; fila++)
```

```
      printf("%s\n", nombre[fila]);
  }
}

void fflushstdin(void)
{
  if (!feof(stdin) && !ferror(stdin))
    while ((getchar()) != '\n');
}

char *leerCadena(char *str, int n)
{
  char *fin, *c = 0;
  fin = fgets(str, n, stdin);
  if (c = strchr(str, '\n'))
    *c = 0; // reemplazar '\n'
  else if (!feof(stdin))
    while (getchar() != '\n'); // limpiar buffer stdin
  return fin;
}

/**************************************************************
                    Función ordenar
**************************************************************/
// Ordenar cadenas de caracteres por orden alfabético
void ordenar(char cad[][COLS_MAX], int nc)
{
  char aux[COLS_MAX];
  int i, s = 1;

  while ((s == 1) && (--nc > 0))
  {
    s = 0;  // no permutación
    for (i = 1; i <= nc; i++)
      if (strcmp(cad[i-1], cad[i]) > 0)
      {
        strcpy(aux, cad[i-1]);
        strcpy(cad[i-1], cad[i]);
        strcpy(cad[i], aux);
        s = 1;  // permutación
      }
  }
}
```

Ejecución del programa:

Número de filas de la matriz: 50
Escriba los nombres que desea introducir.
Puede finalizar introduciendo la marca EOF.
Nombre[0]: Elena

```
Nombre[1]: Javier
Nombre[2]: Beatriz
Nombre[3]: José
Nombre[4]: Isabel
Nombre[5]: ^Z
¿Desea visualizar el contenido de la matriz? (s/n): s

Beatriz
Elena
Isabel
Javier
José
```

EJERCICIOS PROPUESTOS

1. Responda a las siguientes preguntas:

   1) ¿Cuál es el resultado del siguiente programa?

```
#include <stdio.h>
int main(void)
{
  int a[5] = {1, 2, 3, 4, 5}, i = 0;
  for (i = 0; i <= 5; i++)
    printf("%d ", a[i]);
}
```

   a) 1 2 3 4 5.
   b) Impredecible porque se accede a un elemento fuera de los límites de la matriz.
   c) No se puede ejecutar porque hay errores durante la compilación.
   d) 2 3 4 5 6.

   2) ¿Qué hace el siguiente programa?

```
#include <stdio.h>
int main(void)
{
  int n = 0, i = 0;
  scanf("%d", &n);
  int a[n];
  for (i = 0; i < n; i++)
    scanf("%d", &a[i]);
}
```

   a) Lee una matriz de *n* elementos de tipo entero.
   b) Lee una matriz de cero elementos de tipo entero.
   c) Produce un error durante la ejecución.

d) Produce un error durante la compilación.

3) ¿Cuál es el resultado del siguiente programa?

```
#include <stdio.h>
#define n 5
int main(void)
{
  static int a[n], i = 0;
  for (i = 0; i < n; i++)
    printf("%d ", a[i]);
}
```

a) Imprime basura (valores no predecibles).
b) Imprime 0 0 0 0 0.
c) Produce un error durante la compilación.
d) Ninguno de los anteriores.

4) ¿Cuál es el resultado del siguiente programa si tecleamos *hola* y a continuación pulsamos la tecla *Entrar*?

```
#include <stdio.h>
int main(void)
{
  char a[10], car, i = 0;
  while (i < 10 && (car = getchar()) != '\n')
    a[i++] = car;
  printf("%s\n", a);
}
```

a) hola seguido de 6 espacios en blanco.
b) hola.
c) Impredecible porque la cadena no finaliza con 0.
d) El programa produce un error durante la compilación.

5) ¿Cuál es el comportamiento del siguiente programa?

```
#include <stdio.h>
int main(void)
{
  int n;
  char a[10];
  printf("Entero: "); scanf("%d", &n);
  printf("Literal: "); fgets(a, sizeof(a), stdin);
  printf("%d %s\n", n, a);
}
```

a) Permite al usuario introducir un dato de tipo entero y a continuación un literal. Después los escribe.

b) Produce un error porque **fgets** devuelve un valor que no se almacena.
c) Solo permite al usuario introducir un literal. Después lo escribe.
d) Solo permite al usuario introducir un entero. Después lo escribe.

6) ¿Cuál es el resultado del siguiente programa?

```
#include <stdio.h>
typedef float matriz1df[10];
int main(void)
{
  matriz1df a = {1.0F, 2.0F};
  printf("%d\n", sizeof(a));
}
```

a) 40.
b) 8.
c) 4.
d) Produce un error durante la compilación porque *matriz1df* no es un tipo.

7) ¿Cuál es el resultado del siguiente programa?

```
#include <stdio.h>
#define n 2
int main(void)
{
  int a[][n] = {1, 2, 3, 4, 5, 6};
  printf("%d\n", sizeof(a)/sizeof(a[0]));
}
```

a) 1.
b) 2.
c) 3.
d) Produce un error durante la compilación.

8) ¿Cuál es el resultado del siguiente programa?

```
#include <stdio.h>
typedef struct
{
  int a = 0;
  float b = 0;
} tdato;

int main(void)
{
  tdato s;
  printf("%d %d\n", s.a, s.b);
}
```

a) 0 0.

b) Imprime basura.
c) Produce un error durante la compilación porque falta el nombre de la estructura.
d) Produce un error durante la compilación porque se han iniciado los miembros *a* y *b* a 0.

9) ¿Cuál es el resultado del siguiente programa?

```
#include <stdio.h>
typedef struct
{
  int a;
  float b;
} tdato;

int main(void)
{
  tdato s = {0, 0};
  printf("%d %d\n", s.a, s.b);
}
```

a) 0 0.
b) Imprime basura (valores indeterminados).
c) Produce un error durante la compilación porque falta el nombre de la estructura.
d) Produce un error durante la compilación porque *tdato* es una variable.

10) ¿Cuál es el resultado del siguiente programa?

```
#include <stdio.h>
typedef union
{
  int a;
  float b;
} tdato;

int main(void)
{
  tdato s;
  s.a = 0;
  printf("%d %g\n", s.a, s.b);
}
```

a) Imprime 0 y un valor indeterminado.
b) 0 0.
c) Imprime basura (valores indeterminados).
d) Produce un error durante la compilación porque falta el nombre de la unión.

2. Se desea realizar un histograma con los pesos de los alumnos de un determinado curso.

```
Peso     Número de alumnos
---------------------------
 21      **
 22      ****
 23      ***************
 24      ******
 ..      ...
```

El número de asteriscos se corresponde con el número de alumnos del peso especificado.

Realizar un programa que lea los pesos e imprima el histograma correspondiente. Suponer que los pesos están comprendidos entre los valores 10 y 100 kg. En el histograma solo aparecerán los pesos que se corresponden con uno o más alumnos.

3. Realizar un programa que lea una cadena de caracteres e imprima el resultado que se obtiene cada vez que se realice una rotación de un carácter a la derecha sobre dicha cadena. El proceso finalizará cuando se haya obtenido nuevamente la cadena de caracteres original. Por ejemplo:

```
HOLA AHOL LAHO OLAH HOLA
```

4. Realizar un programa que lea una cadena de caracteres y la almacene en una matriz. A continuación, utilizando una función, deberá convertir los caracteres escritos en mayúsculas a minúsculas. Finalmente imprimirá el resultado.

5. La mediana de una lista de *n* números se define como el valor que es menor o igual que los valores correspondientes a la mitad de los números, y mayor o igual que los valores correspondientes a la otra mitad. Por ejemplo, la mediana de:

```
16 12 99 95 18 87 10
```

es 18, porque este valor es menor que 99, 95 y 87 (mitad de los números) y mayor que 16, 12 y 10 (otra mitad).

Realizar un programa que lea un número impar de valores y dé como resultado la mediana. La entrada de valores finalizará cuando se detecte la marca de fin de archivo.

6. Escribir un programa que utilice una función para leer una línea de la entrada y dé como resultado la línea leída y su longitud o número de caracteres.

7. Analice el programa que se muestra a continuación e indique el significado que tiene el resultado que se obtiene.

```
#include <stdio.h>

void Visualizar( unsigned char c );
unsigned char fnxxx( unsigned char c );

int main(void)
{
  unsigned char c;
  printf("Introducir un carácter: ");
  c = getchar();
  Visualizar(c);

  printf("\nCarácter resultante:\n");
  c = fnxxx(c);
  Visualizar(c);
}

void Visualizar( unsigned char c )
{
  int i = 0;
  for (i = 7; i>=0; i--)
    printf("%d", (c & (1 << i)) ? 1 : 0);
  printf("\n");
}

unsigned char fnxxx( unsigned char c )
{
  return ((((c)&0x01) << 7) | (((c)&0x02) << 5) |
          (((c)&0x04) << 3) | (((c)&0x08) << 1) |
          (((c)&0x10) >> 1) | (((c)&0x20) >> 3) |
          (((c)&0x40) >> 5) | (((c)&0x80) >> 7));
}
```

8. En el apartado de ejercicios resueltos se ha presentado un programa para visualizar la representación interna de un **float**. ¿Se podría resolver este problema utilizando una función como la siguiente? Razone la respuesta.

```
void presentar( float c )
{
  int i = 0;

  for (i = 31; i>=0; i--)
    printf("%d", (c & (1 << i)) ? 1 : 0);
  printf("\n");
}
```

9. Para almacenar una matriz bidimensional que generalmente tiene muchos elementos nulos (matriz *sparse*) se puede utilizar una matriz unidimensional en la que solo se guarden los elementos no nulos precedidos por sus índices, *fila* y *columna*, lo que redunda en un aprovechamiento de espacio. Por ejemplo, la matriz:

```
6 0 0 0 4
0 5 0 0 2
2 0 0 0 0
0 0 7 0 0
0 0 0 8 0
```

se guardará en una matriz unidimensional así:

fila, columna, valor (señalando los elementos 3, 2, 7)

0	0	6	0	4	4	1	1	5	1	4	2	2	0	2	3	2	7	4	3	8

Para trabajar con esta matriz utilizaremos la siguiente declaración:

```
typedef int tMatrizU[300];
```

Se pide:

a) Escribir una función que lea una matriz bidimensional por filas y la almacene en una matriz *m* de tipo *tMatrizU*. El prototipo de esta función será:

```
int CrearMatrizUni( tMatrizU m, int fi, int co );
```

Los parámetros *fi* y *co* se corresponden con el número de filas y de columnas de la supuesta matriz bidimensional.

b) Escribir una función que permita representar en pantalla la matriz bidimensional por filas y columnas. El prototipo de esta función será:

```
int Visualizar(int f, int c, tMatrizU m, int n );
```

Los parámetros *f* y *c* se corresponden con la fila y la columna del elemento que se visualiza. El valor del elemento que se visualiza se obtiene, lógicamente, de la matriz unidimensional creada en el apartado *a*, así: buscamos por los índices *f* y *c*; si se encuentran, la función *Visualizar* devuelve el valor almacenado justamente a continuación; si no se encuentran, entonces devuelve un 0. El parámetro *n* indica el número de elementos no nulos de la matriz bidimensional.

Escribir un programa que, utilizando la función *CrearMatrizUni*, cree una matriz unidimensional a partir de una supuesta matriz *sparse* bidimensional y a continuación, utilizando la función *Visualizar*, muestre en pantalla la matriz bidimensional.

CAPÍTULO 7

PUNTEROS

Un puntero es una variable que contiene la *dirección* de memoria de un dato o de otro objeto que contiene al dato. Quiere esto decir que el puntero apunta al espacio físico donde está el dato o el objeto. Un puntero puede apuntar a un objeto de cualquier tipo, como, por ejemplo, a una estructura o a una función. Los punteros se pueden utilizar para referenciar y manipular estructuras de datos, para referenciar bloques de memoria asignados dinámicamente y para proveer el paso de argumentos por referencia en las llamadas a funciones.

Muchas funciones de la biblioteca de C tienen parámetros que son punteros y devuelven un puntero. Como ejemplo, recuerde la sintaxis de la función **scanf** o de la función **strcpy**.

Cuando se trabaja con punteros son frecuentes los errores por utilizarlos sin haberles asignado una dirección válida; esto es, punteros que por no estar iniciados apuntan no se sabe a dónde, produciéndose accesos a zonas de memoria no permitidas. Por lo tanto, debe ponerse la máxima atención para que esto no ocurra, iniciando adecuadamente cada uno de los punteros que utilicemos.

La primera parte de este capítulo expone en qué contextos tienen sentido los punteros y qué operaciones se pueden realizar con ellos, con el propósito de facilitar el estudio y la comprensión de una segunda parte dedicada a la creación de estructuras dinámicas de datos (matrices, estructuras, etc.) y manipulación de las mismas, que es donde realmente se ve la necesidad del uso de punteros.

CREACIÓN DE PUNTEROS

Un puntero es una variable que guarda la dirección de memoria de otro objeto. Para declarar una variable que sea un puntero, la sintaxis es la siguiente:

```
tipo *var-puntero;
```

En la declaración se observa que el nombre de la variable puntero, *var-puntero*, va precedido del modificador *, el cual significa "puntero a"; *tipo* especifica el tipo del objeto apuntado, puede ser cualquier tipo primitivo o derivado. Por ejemplo, si una variable *pint* contiene la dirección de otro objeto *a*, entonces se dice que *pint* apunta a *a*. Esto mismo expresado en código C es así:

```
int a = 0;      // "a" es una variable entera (un objeto de tipo int)
int *pint;      // pint es un puntero a un entero
pint = &a;      // pint igual a la dirección de a; entonces,
                // pint apunta al entero "a"
```

La declaración de *a* ya nos es familiar. La declaración del puntero *pint*, aunque también la hemos visto en más de una ocasión, quizás no estemos tan familiarizados con ella como con la anterior, pero si nos fijamos, ambas declaraciones tienen mucho en común. Obsérvese la sintaxis:

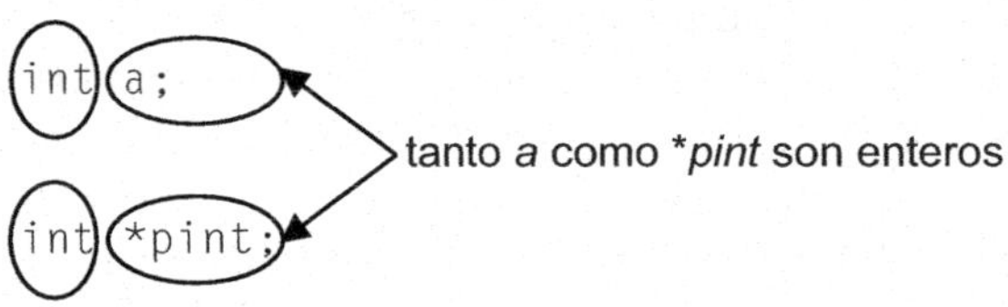

Observamos que **pint* es un nemotécnico que hace referencia a un objeto de tipo **int**, por lo tanto, puede aparecer en los mismos lugares donde puede aparecer un entero. Es decir, si *pint* apunta al entero *a*, entonces **pint* puede aparecer en cualquier lugar donde puede hacerlo *a*. Por ejemplo, en la siguiente tabla ambas columnas son equivalentes:

```
#include <stdio.h>

int main(void)
{
  int a = 0;

  a = 10;
  a = a - 3;
  printf("%d\n", a);
}
```

```
#include <stdio.h>

int main(void)
{
  int a = 0, *pint = &a;

  *pint = 10;
  *pint = *pint - 3;
  printf("%d\n", *pint);
}
```

Suponiendo definida la variable *a*, la definición:

```
int *pint = &a;
```

es equivalente a:

```
int *pint;
pint = &a;
```

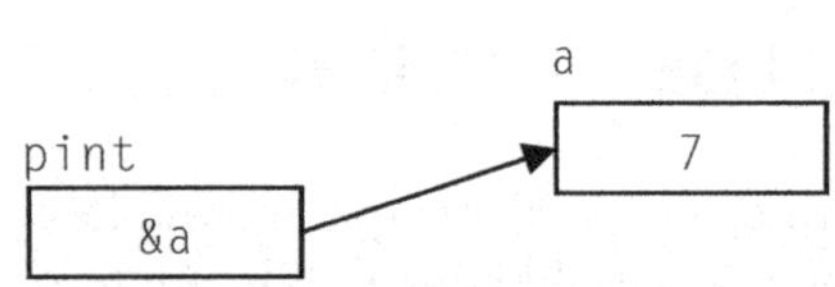

Las siguientes declaraciones son idénticas, porque los espacios en blanco no alteran el significado de las mismas. Elegir una forma u otra es cuestión de gustos o de costumbres. Quizás, las más utilizadas son las dos primeras. En esta obra vamos a utilizar la primera, porque, a simple vista, parece que es la que deja más claro que **pint* es un **int**, siendo *pint* un puntero a un entero.

```
int *pint;
int* pint;
int * pint;
int*pint;
```

En conclusión **pint* (se lee: contenido de *pint*) es un entero que está localizado en la dirección de memoria almacenada en *pint*.

Este razonamiento es aplicable a cualquier declaración por complicada que sea. Otro ejemplo:

```
#include <stdio.h>
#include <math.h> // necesaria para sqrt

int main(void)
{
  double *p = NULL, d = 44, x = 100;
  p = &x;                  // 'x' y '*p' son lo mismo: 100
  *p = sqrt(x) + *p - d;
  printf("%g\n", *p);      // imprime el valor actual de x
}
```

Este ejemplo pone de manifiesto que *sqrt(x)* y **p* representan valores de tipo **double** en la expresión donde aparecen; es decir, se comportan igual que variables de tipo **double**.

El espacio de memoria requerido para un puntero es el número de *bytes* necesarios para especificar una dirección máquina, que generalmente son 4 u 8 *bytes* dependiendo de que el compilador sea de 32 o de 64 bits.

Un puntero iniciado correctamente siempre apunta a un objeto de un tipo particular. Un puntero no iniciado no se sabe a dónde apunta, lo que supone una fuente de errores.

Operadores

Los ejemplos que hemos visto hasta ahora ponen de manifiesto que en las operaciones con punteros intervienen frecuentemente el operador *dirección de* (&) y el operador de *indirección* (*).

El operador unitario & devuelve como resultado la dirección de su operando y el operador unitario * interpreta su operando como una dirección y nos da como resultado su contenido (para más detalles, véase el capítulo *Elementos del lenguaje C*). Por ejemplo:

```
/* punteros.c
 */
#include <stdio.h>

int main(void)
{
  // Las dos líneas siguientes declaran la variable entera a,
  // los punteros p y q a enteros y la variable real b.
  int a = 10, *p, *q;
  double b = 0.0;
  q = &a;  // asigna la dirección de a a la variable q;
           // q apunta al entero a
  b = *q;  // asigna a b el valor de a
  *p = 20; // error: asignación no válida
           // ¿a dónde apunta p?
  printf("En la dirección %p está el dato %g\n", q, b);
  printf("En la dirección %p está el dato %d\n", p, *p);
}
```

En teoría, lo que esperamos al ejecutar este programa es un resultado análogo al siguiente:

```
En la dirección 0012FF7C está el dato 10
En la dirección 0012FF78 está el dato 20
```

Pero en la práctica, cuando lo ejecutamos ocurre un error por utilizar un puntero *p* sin saber a dónde apunta. Sabemos que *q* apunta al entero *a*; dicho de otra forma, *q* contiene una dirección válida, pero no podemos decir lo mismo de *p* ya que no ha sido iniciado y, por lo tanto, su valor es desconocido para nosotros (se dice que contiene basura); posiblemente sea una dirección ocupada por el sistema y entonces lo que se intentaría hacer sería sobrescribir el contenido de esa dirección con el valor 20, lo que ocasionaría graves problemas. Quizás lo vea más claro si realiza la definición de las variables así:

```
int a = 10, b = 0, *p = NULL, *q = NULL;
// ...
*p = 20;
```

El error se producirá igual que antes, pero ahora es claro que *p* almacena la dirección 0, dirección en la que no se puede escribir por estar reservada por el sistema.

Importancia del tipo del objeto al que se apunta

¿Cómo sabe C cuántos *bytes* tiene que asignar a una variable desde una dirección? Por ejemplo, observe el siguiente programa:

```
#include <stdio.h>

int main(void)
{
  int a = 10, *q = NULL;
  double b = 0.0;
  q = &a;  // q apunta al entero a
  b = *q;  // asigna a b el valor de a convertido a double
  printf("En la dirección %p está el dato %g\n", q, b);
}
```

Se habrá dado cuenta de que en la sentencia *b* = **q*, *b* es de tipo **double** y *q* apunta a un **int**. La pregunta es: ¿cómo sabe C cuántos *bytes* tiene que asignar a *b* desde la dirección *q*? La respuesta es que C toma como referencia el tipo del objeto para el que fue declarado el puntero (**int**) y asigna el número de *bytes* correspondiente a ese tipo (cuatro en el ejemplo, valor que convertirá a **double**).

Así mismo, de lo expuesto se deduce que si se asigna a un puntero la dirección de un objeto de tipo diferente al del objeto al que él tiene que apuntar, las operaciones con el mismo darán lugar a resultados inesperados. Por ejemplo:

```
#include <stdio.h>

int main(void)
{
  double a = 10.33, b = 0; // variables de tipo double
  int *p = NULL;           // puntero a un int
  p = &a;
  b = *p;
  printf("b = %g\n", b);
}
```

Al compilar este programa, la sentencia *p* = *&a* dará lugar a un aviso indicando que se está realizando una asignación de un puntero (una dirección) de tipo incompatible, debido a que *p* apunta a un **int** y *&a* es la dirección de un **double**.

Cuando se ejecute el programa, el resultado será impredecible porque al ejecutarse la sentencia *b* = **p*, C toma como referencia el tipo **int** (*p* fue declarado para apuntar a un **int**) y asigna un número de *bytes* correspondiente a este tipo (cuatro *bytes*), cuando en realidad tendría que asignar ocho *bytes* interpretados como un valor **double**. Aún más, los 32 bits correspondientes a los cuatro *bytes* obtenidos por medio de *p* serán interpretados como si de un valor **int** se tratara, cuando en realidad son parte de un valor en formato **double**, valor que para ser asignado será convertido a **double** que utiliza un formato IEEE 754 de 64 bits.

OPERACIONES CON PUNTEROS

A las variables de tipo puntero, además de los operadores &, * y el operador de asignación, se les puede aplicar los operadores aritméticos + y – (solo con enteros), los operadores unitarios ++ y –– y los operadores de relación.

Operación de asignación

El lenguaje C permite que un puntero pueda ser asignado a otro puntero. Por ejemplo:

```
#include <stdio.h>
int main(void)
{
  int a = 10, *p, *q;
  p = &a;
  q = p; // la dirección que contiene p se asigna a q
  printf("En la dirección %p está el valor %d\n", q, *q);
}
```

Ejecución del programa

En la dirección 0012FF7C está el valor 10

Después de ejecutarse la asignación *q* = *p*, *p* y *q* apuntan a la misma localización de memoria, al entero *a*. Por lo tanto, *a*, **p* y **q* son el mismo dato; es decir, 10. Gráficamente puede imaginarse esto así:

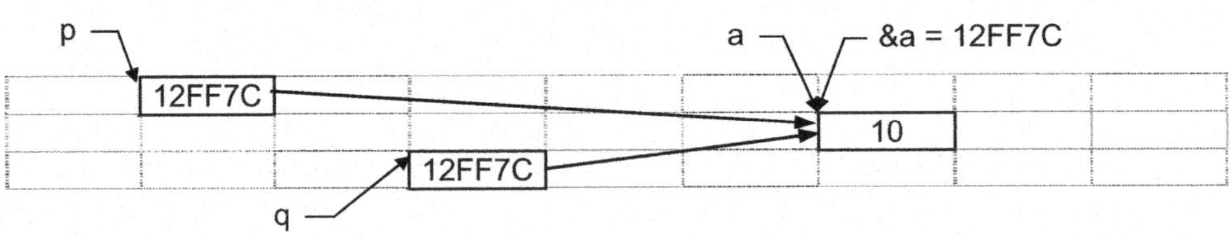

Operaciones aritméticas

A un puntero se le puede sumar o restar un entero. La aritmética de punteros difiere de la aritmética normal en que aquí la unidad equivale a un objeto del tipo del puntero; esto es, sumar 1 implica que el puntero pasará a apuntar al siguiente objeto, del tipo del puntero, más allá del apuntado actualmente.

Por ejemplo, supongamos que *p* y *q* son variables de tipo puntero que apuntan a elementos de una misma matriz *x*:

```
int x[100];
int *p, *q; // declara p y q como punteros a enteros
p = &x[3];  // p apunta a x[3]
q = &x[0];  // q apunta a x[0]
```

La operación *p* + *n*, siendo *n* un entero, avanzará el puntero *n* enteros más allá del actualmente apuntado. Por ejemplo:

```
p = p + 3; // hace que p avance tres enteros; ahora apunta a x[6]
```

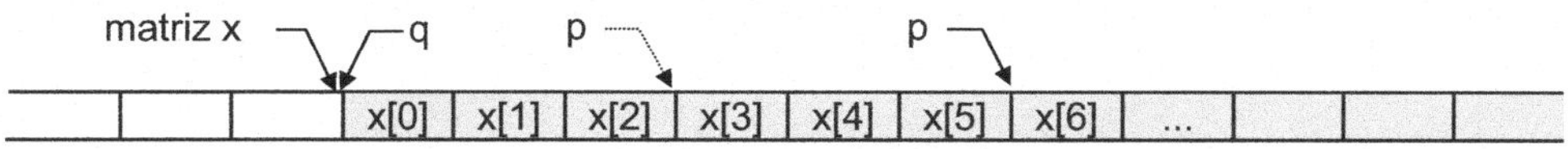

Así mismo, la operación *p* – *q*, después de la operación *p* = *p* + *3* anterior, dará como resultado 6 (elementos de tipo **int**).

La operación *p* – *n*, siendo *n* un entero, también es válida; partiendo de que *p* apunta a *x[6]*, el resultado de la siguiente operación será el comentado.

```
p = p - 3; // hace que p retroceda tres enteros; ahora apuntará a x[3]
```

Si *p* apunta a *x[3]*, *p++* hace que *p* apunte a *x[4]*, y partiendo de esta situación, *p––* hace que *p* apunte de nuevo a *x[3]*:

```
p++; // hace que p apunte al siguiente entero; a x[4]
p--; // hace que p apunte al entero anterior; a x[3]
```

No se permite sumar, multiplicar, dividir o rotar punteros y tampoco se permite sumarles un real.

Los operadores unitarios ∗ y & tienen prioridad mayor que los operadores aritméticos + y – e igual prioridad que ++ y ––.

Veamos a continuación algunos ejemplos más de operaciones con punteros. Definimos la matriz *x* y dos punteros *pa* y *pb* a datos de tipo entero.

```
int x[100], b, *pa, *pb;

// ...
x[50] = 10;
pa = &x[50];
```

```
b = *pa + 1;      // el resultado de la suma del entero *pa más 1
                  // se asigna a b; es decir, b = x[50] + 1

b = *(pa + 1);    // el siguiente entero al apuntado por pa
                  // es asignado a b; esto es, b = x[51]

pb = &x[10];      // a pb se le asigna la dirección de x[10]

*pb = 0;          // el elemento x[10] es puesto a 0

*pb += 2;         // x[10] se incrementa en dos unidades

(*pb)--;          // x[10] se decrementa en una unidad

x[0] = *pb--;     // a x[0] se le asigna el valor de x[10] y pb
                  // pasa a apuntar al entero anterior (a x[9])
```

Comparación de punteros

Cuando se comparan dos punteros, en realidad se están comparando dos enteros, puesto que una dirección se corresponde con un valor entero de 4 u 8 *bytes* dependiendo de que el compilador sea de 32 o de 64 bits. Esta operación tiene sentido si ambos punteros apuntan a elementos de una misma matriz. Por ejemplo:

```
int n = 10, *p = NULL, *q = NULL, x[100];
// ...
p = &x[99];
q = &x[0];
// ...
if (q + n <= p)
  q += n;
if (q != NULL && q <= p) // NULL es una constante que identifica
  q++;                   // a un puntero nulo
```

La primera sentencia **if** indica que el puntero *q* avanzará *n* elementos si se cumple que la dirección *q* + *n* es menor o igual que *p*. La segunda sentencia **if** indica que *q* pasará a apuntar al siguiente elemento de la matriz si la dirección por él especificada no es nula y es menor o igual que la especificada por *p*.

Punteros genéricos

Un puntero a cualquier tipo de objeto puede ser convertido al tipo **void** *. Por eso, un puntero de tipo **void** * recibe el nombre de puntero genérico. Por ejemplo:

```
void fnx(void *, int);
int main(void)
{
```

```
  int x[100], *q = x; // se declara q y se le asigna la dirección x
                      // (el nombre de una matriz es la dirección
                      // de comienzo de la matriz)
  // ...
  fnx(q, 100); // implícitamente se convierte (int *) a (void *)
  // ...
}

void fnx(void *p, int n)
{
  // ...
}
```

ANSI C permite una conversión implícita de un puntero genérico, **void** *, a un puntero a cualquier tipo de objeto. En C++ un puntero genérico no puede ser asignado a otro puntero de otro tipo sin realizar una conversión explícita. Por ejemplo, lo siguiente está permitido en ANSI C, pero no en C++:

```
void fnx(void *p, int n)
{
  int *q = p;
  // ...
}
```

Para que la función *fnx* fuera válida en C++ tendríamos que escribirla así:

```
void fnx(void *p, int n)
{
  int *q = (int *)p;
  // ...
}
```

En este ejemplo se observa que para convertir un puntero genérico a un puntero a un **int** se ha realizado una conversión explícita (conversión *cast*). De esto se deduce que, por compatibilidad, es aconsejable realizar la conversión explícita.

Un puntero a **void** no se puede utilizar para acceder al contenido apuntado por él o para hacer aritmética de punteros con él; para esto hay que convertirlo a un puntero al tipo de datos que estemos utilizando. Tiene aplicación allí donde se necesite trabajar con diferentes tipos de punteros. Por ejemplo, podríamos escribir una función *leerDato* como alternativa a la función **scanf**, pero aportando validación de datos. Esta función podría reemplazar a las funciones *leerDouble* y *leerInt* que implementamos en los archivos *entrada-salida.h* y *entrada-salida.c*, en el capítulo *Entrada y salida estándar*.

```
int leerDato(char *formato, void *pdato)
{
```

```
  int r = 0;
  while (r == 0)
  {
    r = scanf(formato, pdato);
    if (r == 0)
    {
      printf("Dato incorrecto. Introduzca otro: ");
    }
    fflushstdin();
  }
  return r;
}
```

Ahora puede utilizar esta función como una función **scanf** mejorada, ya que valida el dato introducido por el usuario, según muestra el ejemplo siguiente:

```
/* test.c */
#include <stdio.h>
#include <stdbool.h>
#include "entrada-salida.h"

int main(void)
{
  double dato;
  int m[100] = { 0 }, i = 0, r = 0, n = 0;

  printf("Dato: "); leerDato("%lf", &dato);
  while (true)
  {
    printf("m[%d]: ", i); r = leerDato("%d", &m[i]);
    if (r == EOF) break;
    i++;
  }
  n = i;
  printf("%g ", dato);
  for (i = 0; i < n; ++i)
    printf("%d ", m[i]);
  printf("\n");
}
```

Ejecución del programa:

```
Dato: hola
Dato incorrecto. Introduzca otro: 3.1416
m[0]: a45
Dato incorrecto. Introduzca otro: 7
m[1]: 2.35
m[2]: 44
m[3]: ^Z
3.1416 7 2 44
```

Puntero nulo

En general, un puntero se puede iniciar como cualquier otra variable, aunque los únicos valores significativos son **NULL** o la dirección de un objeto previamente definido. **NULL** es una constante definida en el archivo *stdio.h* así:

```
#define NULL ((void *)0) // definición de NULL en C
#define NULL 0           // definición de NULL en C++
```

El lenguaje C garantiza que un puntero que apunte a un objeto válido nunca tendrá un valor 0. El valor 0 se utiliza para indicar que ha ocurrido un error; en otras palabras, que una determinada operación no se ha podido realizar. Por ejemplo, recuerde que la función **fgets** cuando lee la marca de fin de archivo retorna un puntero nulo (**NULL**), indicando así que no hay más datos para leer.

En general, no tiene sentido asignar enteros a punteros porque quien gestiona la memoria es el sistema operativo y por lo tanto es él el que sabe en todo momento qué direcciones están libres y cuáles están ocupadas. Por ejemplo:

```
int *px = 103825; // se inicia px con la dirección 103825
```

La asignación anterior no tiene sentido porque, ¿qué sabemos nosotros acerca de la dirección 103825?

Calificadores

Una declaración de un puntero precedida por **const** hace que el objeto apuntado sea tratado como constante, no sucediendo lo mismo con el puntero. Por ejemplo:

```
int a = 10, b = 20;
const int *p = &a; // objeto constante y p variable

*p = 15; // error; el objeto apuntado por p es constante
p = &b;  // correcto; p pasa a apuntar a un nuevo objeto
```

Si lo que se pretende es declarar un puntero constante, procederemos así:

```
int a = 10, b = 20;
int * const p = &a; // objeto variable y p constante

*p = 15; // correcto; el objeto apuntado por p es variable
p = &b;  // error; p es constante
```

Los calificadores que aparecen entre * y el identificador califican el tipo de puntero que se está declarando. Veamos un ejemplo más:

```
int * const * p2 = &p;
```

Esta línea define *p2* como un puntero no constante a un puntero constante a un entero no constante (los punteros a punteros serán estudiados a continuación).

Otro calificador es **restrict** que califica a un puntero como restrictivo con la intención de permitir al compilador realizar optimizaciones para mejorar los tiempos de ejecución (véase el apartado *Punteros restrictivos* del apéndice *A*).

PUNTEROS Y MATRICES

En C existe una relación entre punteros y matrices tal que cualquier operación que se pueda realizar mediante la indexación de una matriz se puede hacer también utilizando aritmética de punteros.

Para clarificar lo expuesto, analicemos el siguiente programa, realizado primeramente utilizando indexación y a continuación con aritmética de punteros.

```
/* Escribir los valores de una matriz.
 * Versión utilizando indexación.
/* punt01.c
 */
#include <stdio.h>

int main(void)
{
  int lista[] = {24, 30, 15, 45, 34};

  for (int ind = 0; ind < 5; ind++)
    printf("%d  ", lista[ind]);
}
```

Ejecución del programa:

24 30 15 45 34

En este ejemplo se ha utilizado la indexación, expresión *lista[ind]*, para acceder a los elementos de la matriz *lista*. Cuando C interpreta esa expresión sabe que, a partir de la dirección de comienzo de la matriz, esto es, a partir de *lista*, tiene que avanzar *ind* elementos para acceder al contenido del elemento especificado por ese índice. Dicho de otra forma, con la expresión *lista[ind]* se accede al contenido de la dirección *lista* + *ind* (ver operaciones aritméticas con punteros).

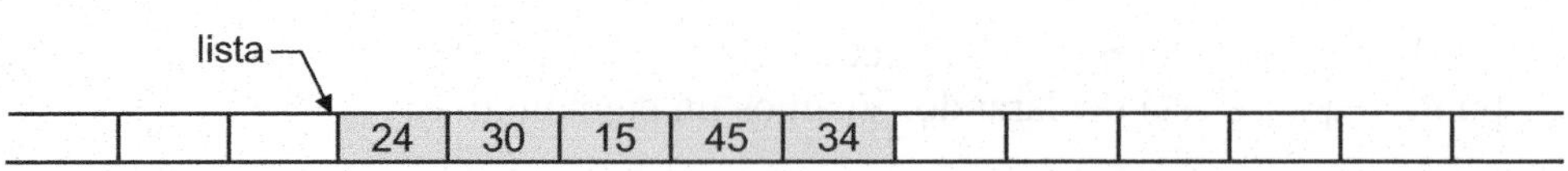

Veamos ahora la versión que utiliza aritmética de punteros:

```
/* Escribir los valores de una matriz.
 * Versión con aritmética de punteros.
 * punt02.c
 */
#include <stdio.h>

int main(void)
{
  int lista[] = {24, 30, 15, 45, 34};
  int *plista = &lista[0];

  for (int ind = 0; ind < 5; ind++)
    printf("%d  ", *(plista+ind));  // equivalente a plista[ind]
}
```

Ejecución del programa:

24 30 15 45 34

Esta versión es idéntica a la anterior, excepto que la expresión para acceder a los elementos de la matriz es ahora **(plista+ind)*.

La asignación *plista = &lista[0]* hace que *plista* apunte al primer elemento de *lista*; es decir, *plista* contiene la dirección del primer elemento, que coincide con la dirección de comienzo de la matriz; esto es, con *lista*. Por lo tanto, en lugar de la expresión **(plista+ind)*, podríamos utilizar también la expresión **(lista+ind)*. Según lo expuesto, las siguientes expresiones dan lugar a idénticos resultados:

```
lista[ind], *(lista+ind), plista[ind], *(plista+ind)
```

El mismo resultado se obtendría con esta otra versión del programa:

```
/* Escribir los valores de una matriz.
 * Versión con aritmética de punteros.
 * punt03.c
 */
#include <stdio.h>

int main(void)
{
  int lista[] = {24, 30, 15, 45, 34};
  int *plista = lista;

  for (int ind = 0; ind < 5; ind++)
    printf("%d  ", *plista++);
}
```

La asignación *plista = lista* hace que *plista* apunte al comienzo de la matriz *lista*; es decir, al elemento primero de la matriz, y la expresión **plista++* da lugar a las dos operaciones siguientes en el orden descrito: **plista*, que es el valor apuntado por *plista*, y a *plista++*, que hace que *plista* pase a apuntar al siguiente elemento de la matriz. Esto es, el bucle se podría escribir también así:

```
for (int ind = 0; ind < 5; ind++)
{
  printf("%d ", *plista);
  plista++;
}
```

Sin embargo, hay una diferencia entre el identificador de una matriz y un puntero. El identificador de una matriz es una constante y un puntero es una variable. Esto quiere decir que el siguiente bucle daría lugar a un error, porque *lista* es constante y no puede cambiar de valor.

```
for (int ind = 0; ind < 5; ind++)
  printf("%d ", *lista++);
```

En cambio, un parámetro de una función que sea una matriz se considera una variable (un puntero) que almacenará la dirección de la matriz que se pase como argumento. Por lo tanto, ahora sí podríamos cambiar de valor a esa variable:

```
void VisualizarMatriz(int lista[], int n) // también: int *lista
{
  for (int ind = 0; ind < n; ind++)
    printf("%d  ", *lista++);
}
```

Otro detalle a recordar es el resultado que devuelve el operador **sizeof** aplicado a una matriz o a un puntero que apunta a una matriz:

```
int lista[] = {24, 30, 15, 45, 34};
int *plista = lista;
printf("%d  %d\n", sizeof(lista), sizeof(plista));
```

El operador **sizeof** aplicado a una matriz devuelve el tamaño en *bytes* de la matriz, en el ejemplo 20 (5 elementos × 4 *bytes*), y aplicado a un puntero que apunta a una matriz devuelve el tamaño en *bytes* del puntero, en el ejemplo 4.

Como aplicación de lo expuesto vamos a realizar una función *CopiarMatriz* que permita copiar una matriz de cualquier tipo de datos y de cualquier número de dimensiones en otra (será una función análoga a **memcpy**). En el capítulo anterior, la función *CopiarMatriz* que allí desarrollamos presentaba los inconvenientes de que no era autónoma, porque dependía de las constantes *FILAS* y *COLS*, y de que el tamaño de la matriz estaba fijado por esas constantes. Estos inconvenientes pueden superarse ahora fácilmente utilizando punteros, como podrá comprobar a continuación. La función *CopiarMatriz* tendrá el siguiente prototipo:

```
void CopiarMatriz(void *dest, void *orig, int n);
```

El parámetro *dest* es un puntero genérico que almacenará la dirección de la matriz destino de los datos y *orig* es un puntero también genérico que almacenará la dirección de la matriz origen. El tamaño en *bytes* de ambas matrices es proporcionado a través del parámetro *n*.

Según lo estudiado anteriormente en el apartado de *Punteros genéricos*, la utilización de estos como parámetros permitirá pasar argumentos que sean matrices de cualquier tipo. Así mismo, según lo estudiado en este apartado, el nombre de una matriz es siempre su dirección de comienzo, independientemente del tamaño y del número de dimensiones que tenga.

¿Qué tiene que hacer la función *CopiarMatriz*? Sencillamente copiar *n bytes* desde *orig* a *dest*. Piense que una matriz, sin pensar en el tipo de datos que contiene, no es más que un bloque de *bytes* consecutivos en memoria. Pensando así, *orig* es la dirección de comienzo del bloque de *bytes* a copiar y *dest* es la dirección del bloque donde se quieren copiar. La copia se realizará *byte* a *byte*, lo que garantiza independencia del tipo de datos (el tamaño de cualquier tipo de datos es múltiplo de un *byte*). Esto exige, según se explicó anteriormente en este mismo capítulo en el apartado *Importancia del tipo del objeto al que se apunta*, convertir *dest* y *orig* a punteros a **char**. Según lo expuesto, la solución puede ser así:

```
void CopiarMatriz( void *dest, void *orig, int n )
{
  char *destino = (char *)dest;
  char *origen = (char *)orig;

  for (int i = 0; i < n; i++)
  {
    destino[i] = origen[i];
  }
}
```

El siguiente programa utiliza la función *CopiarMatriz* para copiar una matriz *m1* de dos dimensiones de tipo **int** en otra matriz *m2* de iguales características.

```
/* Copiar una matriz en otra.
 * copiarmatrices.c
 */
#include <stdio.h>
#define FILAS 2
```

```
#define COLS 3

void CopiarMatriz( void *dest, void *orig, int n );

int main(void)
{
  int m1[FILAS][COLS] = {24, 30, 15, 45, 34, 7};
  int m2[FILAS][COLS];

  CopiarMatriz(m2, m1, sizeof(m1));

  for (int f = 0; f < FILAS; f++)
  {
    for (int c = 0; c < COLS; c++)
      printf("%d  ", m2[f][c]);
    printf("\n");
  }
}

void CopiarMatriz( void *dest, void *orig, int n )
{
  char *destino = (char *)dest;
  char *origen =  (char *)orig;

  for (int i = 0; i < n; i++)
  {
    destino[i] = origen[i];
  }
}
```

Ejecución del programa:

```
24  30  15
45  34  7
```

Punteros a cadenas de caracteres

Puesto que una cadena de caracteres es una matriz de caracteres, es correcto pensar que la teoría expuesta anteriormente es perfectamente aplicable a cadenas de caracteres. Un puntero a una cadena de caracteres puede definirse de alguna de las dos formas siguientes:

```
char *cadena;
unsigned char *cadena;
```

¿Cómo se identifica el principio y el final de una cadena? La dirección de memoria donde comienza una cadena viene dada por el nombre de la matriz que la contiene y el final, por el carácter *\0* con el que C finaliza todas las cadenas. El siguiente ejemplo define e inicia la cadena de caracteres *nombre*.

```
char *nombre = "Francisco Javier";
printf("%s", nombre);
```

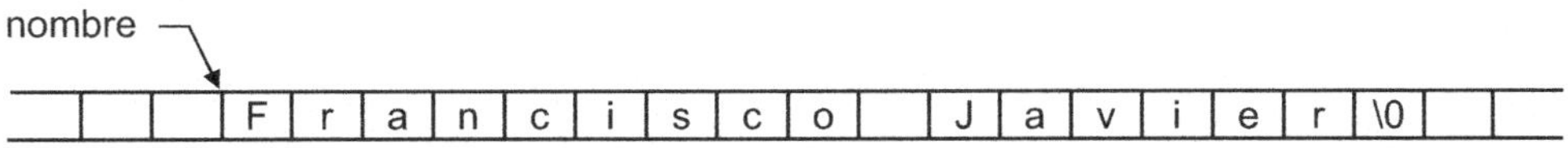

En el ejemplo anterior *nombre* es un puntero a una cadena de caracteres. El compilador C asigna la dirección de comienzo del literal "Francisco Javier" al puntero *nombre* y finaliza la cadena con el carácter *\0*. Por lo tanto, la función **printf** sabe que la cadena de caracteres que tiene que visualizar empieza en la dirección *nombre* y que, a partir de aquí, tiene que ir accediendo a posiciones sucesivas de memoria hasta encontrar el carácter *\0*.

Es importante tomar nota de que *nombre* no contiene una copia de la cadena asignada, sino la dirección de memoria del lugar donde la cadena está almacenada, que coincide con la dirección del primer carácter; los demás caracteres, por definición de matriz, están almacenados consecutivamente. Según esto, en el ejemplo siguiente, *nombre* apunta inicialmente a la cadena de caracteres "Francisco Javier" y, a continuación, reasigna el puntero para que apunte a una nueva cadena. La cadena anterior se pierde porque el contenido de la variable *nombre* ha sido sobrescrito con una nueva dirección, la de la cadena "Carmen".

```
char *nombre = "Francisco Javier";
printf("%s", nombre);
nombre = "Carmen";
```

Un literal, por tratarse de una constante de caracteres, no se puede modificar. Por ejemplo, si intenta ejecutar el código siguiente obtendrá un error:

```
char *nombre = "Francisco Javier";
nombre[9] = '-'; // error en ejecución
```

Lógicamente, el error comentado anteriormente no ocurre cuando la cadena de caracteres viene dada por una matriz que no haya sido declarada constante (**const**), según muestra el ejemplo siguiente:

```
char nombre[] = "Francisco Javier";
char *pnombre = nombre;
pnombre[9] = '-'; // se modifica el elemento de índice 9
```

El siguiente ejemplo presenta una función que devuelve como resultado el número de caracteres de una cadena, lo que se conoce como longitud de una cadena de caracteres. Recuerde que la biblioteca de C proporciona la función **strlen** que da el mismo resultado.

```
/* Función "longcad":
 *   devuelve la longitud de una cadena.
 * longcad.c
 */
#include <stdio.h>

int longcad(char *);

int main(void)
{
  char *cadena = "abcd"; // el carácter de terminación '\0'
                         // es añadido automáticamente
  printf("%d\n", longcad(cadena)); // escribe: 4
}

int longcad(char *cad)
{
  char *p = cad;           // p apunta al primer carácter
  while (*p != '\0')       // *p != 0 es equivalente
    p++;                   // siguiente carácter
  return (p - cad);
}
```

El valor *p – cad* devuelto por la función *longcad* da la longitud de la cadena. Esta función realiza las siguientes operaciones:

1. Asigna a *p* la dirección del primer carácter de la cadena, que coincide con la dirección de comienzo de la misma, e inicia la ejecución del bucle **while**.

2. Cuando se ejecuta la condición del bucle **while**, se compara el carácter **p* apuntado por *p* con el carácter nulo. Si **p* es el carácter nulo el bucle finaliza; si no, se incrementa el valor de *p* en una unidad para que apunte al siguiente carácter, y se vuelve a evaluar la condición.

La expresión **p != '\0'* es cierta cuando **p* es un carácter distinto de nulo y es falsa cuando **p* es el carácter nulo (ASCII cero). Por lo tanto, en lugar de hacer la comparación explícitamente, se podría hacer implícitamente así:

```
int longcad(char *cad)
{
  char *p = cad;
  while (*p)
    p++;
  return (p - cad);
}
```

Ahora la condición está formada por la expresión **p*. Si esta expresión es distinta de 0 (carácter distinto de nulo) la condición es cierta. En cambio, si es cero (carácter nulo) la condición es falsa. También podríamos escribir:

```
int longcad(char *cad)
{
  char *p = cad;
  while (*p++);
  return (p - cad - 1);
}
```

Ahora el resultado vendrá dado por la expresión *p – cad – 1*, ya que después de examinar si **p* es 0, se efectúa la operación *p++*. La expresión **++p* no daría el mismo resultado en todos los casos, porque primero se efectúa la operación *++p* y después se examina **p* y esto no sería válido para cadenas de longitud 1 (ver los operadores de incremento y decremento, así como la prioridad y precedencia de los operadores en el capítulo *Elementos del lenguaje C*).

El siguiente ejemplo presenta una función que copia una cadena en otra. Recuerde que la biblioteca de C proporciona la función **strcpy** para realizar esta misma operación. Primeramente se presenta una versión utilizando la indexación y después otra con aritmética de punteros. La primera versión puede ser así:

```
/* Función para copiar una cadena en otra.
 * copicad.c
 */
#include <stdio.h>
#define LONGCAD 81

void copicad(char [], char []);

int main(void)
{
  char cadena1[LONGCAD], cadena2[LONGCAD];

  printf("Introducir una cadena: ");
  fgets(cadena1, LONGCAD, stdin);
  copicad(cadena2, cadena1); // copia la cadena1 en la cadena2
  printf("La cadena copiada es: %s\n", cadena2);
}

void copicad(char p[], char q[])  // copia la cadena q en p
{
  int i = 0;
  while ((p[i] = q[i]) != '\0')
    i++;
}
```

```
Ejecución del programa

Introducir una cadena: hola
La cadena copiada es: hola
```

La función *copicad* recibe dos parámetros: la matriz destino y la matriz origen de la cadena a copiar. Observe la llamada a la función:

```
copicad(cadena2, cadena1);
```

Como ya hemos indicado en otras ocasiones anteriormente, *p* recibe el argumento *cadena2*, que es la dirección de comienzo de la matriz destino, no una copia de la matriz, y lo mismo diremos con respecto a *q*. Esto es lo que en el capítulo *Estructura de un programa* estudiamos como paso de parámetros por referencia.

Así mismo, observe que en la condición del bucle **while** hay implícitas dos operaciones, una asignación y una comparación. Por lo tanto, podríamos escribirlo también así:

```
p[i] = q[i];
while (p[i] != '\0') // p[i] != 0 es equivalente
{
  i++;
  p[i] = q[i];
}
```

Aplicando aritmética de punteros, la función *copicad* podríamos escribirla también así:

```
void copicad(char *p, char *q)  // copia la cadena q en p
{
  while ((*p = *q) != '\0')
  {
    p++;
    q++;
  }
}
```

Y aplicando los mismos razonamientos que hicimos al exponer tanto la función *longcad* del ejemplo anterior, como la función *copicad* de la versión con matrices, una nueva versión de la función *copicad* podría ser así:

```
void copicad(char *p, char *q) // copia la cadena q en p
{
  while (*p++ = *q++);
}
```

En la versión con aritmética de punteros de la función *copicad* resulta evidente que los parámetros *p* y *q* son dos variables que tienen que recibir dos direcciones, las de las matrices destino y fuente, respectivamente.

MATRICES DE PUNTEROS

En capítulos anteriores, hemos trabajado con matrices multidimensionales, aunque en muchas ocasiones sería más óptimo trabajar con matrices de punteros por las ventajas que esto reporta, como verá más adelante.

Se puede definir una matriz para que sus elementos contengan en lugar de un dato de un tipo primitivo, una dirección o puntero. Por ejemplo:

```
int *p[5];              // matriz de 5 elementos de tipo (int *)
int b = 30;             // variable de tipo int

p[0] = &b;              // p[0] apunta al entero b
printf("%d", *p[0]);    // escribe 30
```

Este ejemplo define una matriz *p* de cinco elementos, cada uno de los cuales es un puntero a un **int**, y una variable entera *b*. A continuación asigna al elemento *p[0]* la dirección de *b* y escribe su contenido. Análogamente podríamos proceder con el resto de los elementos de la matriz. Así mismo, si un elemento como *p[0]* puede apuntar a un entero, también puede apuntar a una matriz de enteros; en este caso, el entero apuntado se corresponderá con el primer elemento de dicha matriz.

Según lo expuesto, una matriz de dos dimensiones y una matriz de punteros se pueden utilizar de forma parecida, pero no son lo mismo. Por ejemplo,

```
int a[5][5]; // matriz de dos dimensiones
int *p[5];   // matriz de punteros
```

Las declaraciones anteriores dan lugar a que el compilador de C reserve memoria para una matriz *a* de 25 elementos de tipo entero y para una matriz *p* de cinco elementos declarados como punteros a objetos de tipo entero (**int** *). Gráficamente puede imaginarse estas estructuras de datos así:

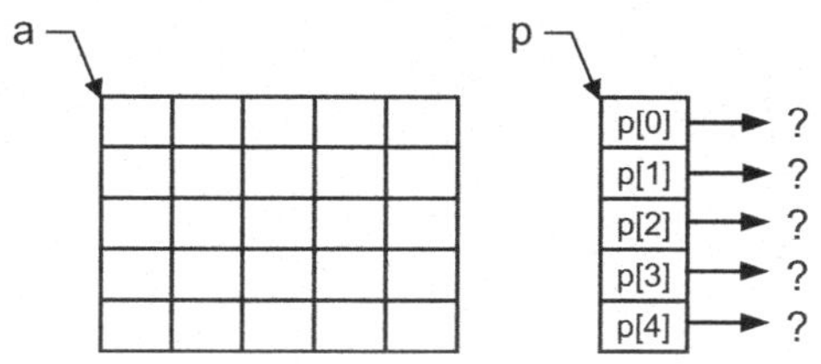

Supongamos ahora que cada uno de los objetos apuntados por los elementos de la matriz *p* es a su vez una matriz de cinco elementos de tipo entero. Por ejemplo, hagamos que los objetos apuntados sean las filas de *a*:

```
int a[5][5]; // matriz de dos dimensiones
int *p[5];   // matriz de punteros a int

for (int i = 0; i < 5; i++)
  p[i] = a[i]; // asignar a p las filas de a
```

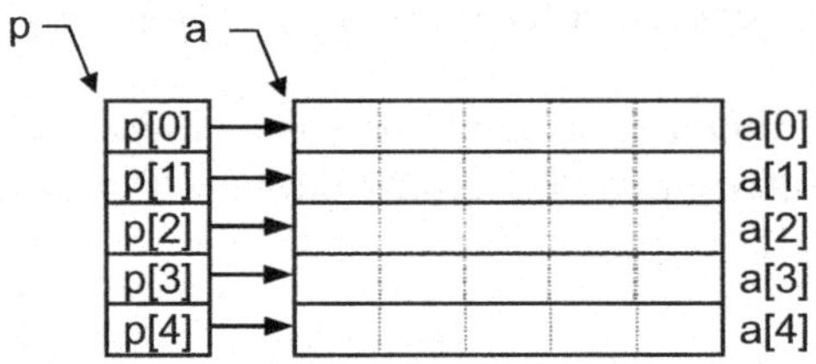

El bucle que asigna a los elementos de la matriz *p* las filas de *a* (*p[i]* = *a[i]*), ¿podría sustituirse por una sola asignación *p* = *a*? No, porque los niveles de indirección son diferentes; dicho de otra forma, los tipos de *p* y *a* no son iguales ni admiten una conversión entre ellos. Veamos:

Tipo de *p*	int * [5]	(matriz de cinco elementos de tipo puntero a **int**)
Tipo de *p[i]*	int *	(puntero a **int**)
Tipo de *a*	int (*)[5]	(puntero a una matriz de cinco elementos de tipo **int**; compatible con **int [][5]**; los elementos de *a* (*a[i]*) son matrices unidimensionales)
Tipo de *a[i]*	int *	(puntero a **int**; compatible con **int []**)

A la vista del estudio de tipos anterior, la única asignación posible es la realizada: *p[i]* = *a[i]*.

El acceso a los elementos de la matriz *p* puede hacerse utilizando la notación de punteros o utilizando la indexación igual que lo haríamos con *a*. Por ejemplo, para asignar valores a los enteros referenciados por la matriz *p* y después visualizarlos, podríamos escribir el siguiente código:

```
for (int i = 0; i < 5; i++)
  for (int j = 0; j < 5; j++)
    scanf("%d", &p[i][j]);

for (int i = 0; i < 5; i++)
{
  for (int j = 0; j < 5; j++)
    printf("%7d", p[i][j]);
```

```
  printf("\n");
}
```

Según lo expuesto, ¿qué diferencias hay entre *p* y *a*? En la matriz *p* el acceso a un elemento se efectúa mediante una indirección a través de un puntero y en la matriz *a*, mediante una multiplicación y una suma. Por otra parte, como veremos más adelante, las matrices apuntadas por *p*, que asignaremos dinámicamente, pueden ser de longitud diferente, en cambio, en una matriz como *a* todas las filas tienen que ser de la misma longitud.

Supongamos ahora que necesitamos almacenar la dirección *p*, dirección de comienzo de la matriz de punteros, en otra variable *q*; esto es, *q = p*. ¿Cómo definiríamos esa variable *q*? La respuesta la obtendrá si responde a esta otra pregunta: ¿a qué apunta *p*? Evidentemente habrá respondido: al primer elemento de la matriz de punteros; esto es, a *p[0]* que es un puntero a un **int**. Entonces *p* apunta a un puntero que a su vez apunta a un entero. Por lo tanto, *q* tiene que ser definida para que pueda almacenar un puntero a un puntero a un **int**.

Punteros a punteros

Para especificar que una variable es un puntero a un puntero, la sintaxis utilizada es la siguiente:

```
tipo **varpp;
```

donde *tipo* especifica el tipo del objeto apuntado después de una doble indirección (puede ser cualquier tipo incluyendo tipos derivados) y *varpp* es el identificador de la variable puntero a puntero. Por ejemplo:

```
int a, *p, **pp;
a = 10;  // dato
p = &a;  // puntero que apunta al dato
pp = &p; // puntero que apunta al puntero que apunta al dato
```

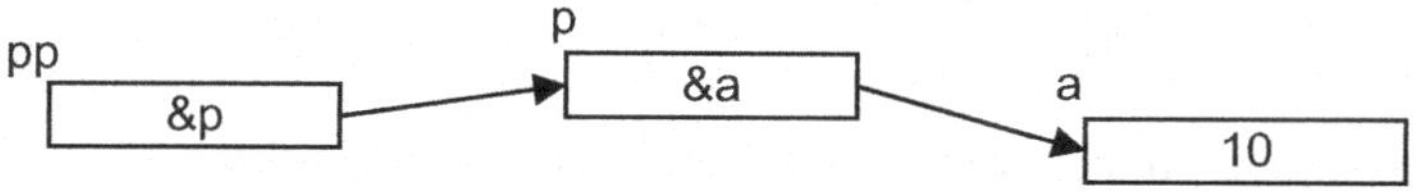

Se dice que *p* es una variable con un nivel de indirección; esto es, a través de *p* no se accede directamente al dato, sino a la dirección que indica dónde está el dato. Haciendo un razonamiento similar diremos que *pp* es una variable con dos niveles de indirección.

El código siguiente resuelve el mismo ejemplo anterior, pero utilizando ahora dos funciones, *leerMatriz* y *visualizarMatriz*, con un parámetro *q* declarado como un puntero a un puntero.

```
/* Puntero a puntero.
 * puntero_a_puntero.c
 */
#include <stdio.h>

void leerMatriz(int **q, int f, int c)
{
  for (int i = 0; i < f; i++)
  {
    for (int j = 0; j < c; j++)
    {
      printf("Elemento [%d][%d]: ", i, j);
      scanf("%d", &q[i][j]);
    }
  }
}

void visualizarMatriz(int **q, int f, int c)
{
  for (int i = 0; i < f; i++)
  {
    for (int j = 0; j < c; j++)
      printf("%7d", q[i][j]);
    printf("\n");
  }
}

int main(void)
{
  int a[5][5]; // matriz de dos dimensiones
  int *p[5];   // matriz de punteros

  for (int i = 0; i < 5; i++)
    p[i] = a[i]; // asignar a p las filas de a

  leerMatriz(p, 5, 5);
  visualizarMatriz(p, 5, 5);
}
```

Piense que cuando **main** llama a la función *leerMatriz* o a *visualizarMatriz* se realiza implícitamente la asignación $q = p$, y observe que el acceso a los elementos de la matriz *a* utilizando el puntero a puntero *q* puede hacerse utilizando la indexación, igual que lo haríamos con *a*, o utilizando la notación de punteros.

Seguramente habrá pensado: ¿por qué no se asigna a *q* directamente *a* ($q=a$)? Pues porque *q* es una variable con dos niveles de indirección y *a* es una variable con un solo nivel de indirección. En otras palabras el tipo de *q* es **int **** y el tipo de *a* es **int (*)[5]**. En cambio, *p* sí es una variable con dos niveles de indirección; su tipo es **int *[5]**, que significa matriz de cinco elementos de tipo **int ***; pero como el nombre de la matriz es un puntero a su primer elemento que es de tipo puntero a **int**, estamos en el caso de un puntero a un puntero.

A continuación, modifiquemos el ejemplo anterior para realizar el acceso a los elementos de la matriz *p* utilizando la notación de punteros.

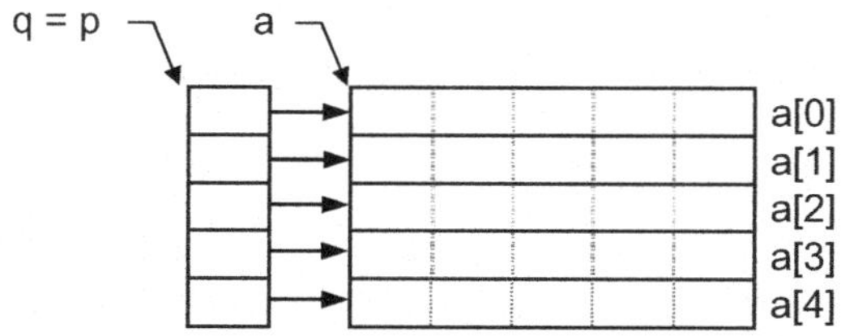

En la figura anterior podemos observar que la dirección de comienzo de la matriz es *q* o *p*. Entonces, si la dirección de comienzo de la matriz de punteros es *q*, suponiendo un valor entero *i* entre 0 y 4, ¿cuál es la dirección de su elemento *i*? Evidentemente *q+i*. Y, ¿cuál es el contenido de esta dirección? Esto es, ¿cuál es el valor de **(q+i)* o *q[i]*? Pues la dirección de la fila *a[i]* de la matriz *a*; esto es, *q[i]* y *a[i]* son la misma dirección, la de la fila *i* de la matriz *a*. Si a esta dirección le sumamos un entero *j* entre 0 y 4 (**(q+i)+j* o *q[i]+j*), ¿cuál es el resultado? Pues otra dirección; la que corresponde al elemento *j* de la fila *a[i]*. Y, ¿cuál es el contenido de esta dirección? Esto es, ¿cuál es el valor de **(*(q+i)+j)* o **(q[i]+j)* o *q[i][j]*? Pues el valor del elemento *a[i][j]* de la matriz *a*. De este análisis se deduce que las siguientes expresiones representan todas ellas el mismo valor:

```
q[i][j], *(q[i]+j), *(*(q+i)+j)
```

Según lo expuesto, observe que las direcciones *q+1* y **(q+1)* tienen significados diferentes. Por ejemplo:

q+1+2	es la dirección del elemento *q[3]* de la matriz de punteros.
**(q+1)+2*	es la dirección del elemento *q[1][2]*.
**(*(q+1)+2)*	es el valor del elemento *q[1][2]*.

De acuerdo con lo expuesto la versión con punteros del ejemplo anterior presenta solamente la siguiente modificación:

```
for (int i = 0; i < f; i++)
{
  for (int j = 0; j < c; j++)
  {
    printf("Elemento [%d][%d]: ", i, j);
    scanf("%d", *(q+i)+j);
  }
}
```

```
for (int i = 0; i < f; i++)
{
  for (int j = 0; j < c; j++)
    printf("%7d", *(*(q+i)+j));
  printf("\n");
}
```

Matriz de punteros a cadenas de caracteres

Haciendo un estudio análogo al realizado para las matrices de punteros numéricas, diremos que una matriz de punteros a cadenas de caracteres es una matriz unidimensional en la que cada elemento es de tipo **char *** o **unsigned char ***. Por ejemplo:

```
char *p[5];            // matriz de cinco elementos de tipo (char *)
char c = 'z';          // variable c de tipo char
p[0] = &c;             // p[0] apunta al carácter 'z'
printf("%c\n", *p[0]); // escribe: z
```

Este ejemplo define una matriz *p* de cinco elementos, cada uno de los cuales es un puntero a un carácter (**char ***), y una variable *c* de tipo **char** iniciada con el valor 'z'. A continuación asigna al elemento *p[0]* la dirección de *c* y escribe su contenido. Análogamente podríamos proceder con el resto de los elementos de la matriz. Así mismo, si un elemento como *p[0]* puede apuntar a un carácter, también puede apuntar a una cadena de caracteres o matriz unidimensional de caracteres; en este caso, el carácter apuntado se corresponderá con el primer elemento de la cadena. Por ejemplo:

```
p[0] = "hola";         // p[0] apunta a la cadena hola
printf("%s\n", p[0]); // escribe: hola
```

Una asignación de la forma *p[0] = "hola"* asigna la dirección de la cadena especificada al elemento de la matriz indicado, que tiene que ser de tipo **char ***. Por otra parte, si en algún momento ha pensado en escribir una sentencia como:

```
p[1] = 'a';
```

sería un error proceder así porque se está intentando asignar un valor **int** (valor ASCII del carácter *a*) a una variable de tipo **char ***, y a un puntero solo se le puede asignar una dirección válida.

Quizás también haya pensado en escribir el siguiente código para leer todas las cadenas de caracteres:

```
#include <stdio.h>
```

```
int main(void)
{
  char *p[5]; // matriz de punteros
  for (int i = 0; i < 5; i++)
    fgets(p[i], 81, stdin);
}
```

Escribir el código anterior es un error, porque la función **fgets** lee una cadena de caracteres de la entrada estándar y la almacena en la cadena de caracteres especificada; en nuestro caso la tiene que colocar a partir de la dirección especificada por *p[i]*, pero, ¿qué dirección es esta si la matriz no ha sido iniciada? La solución pasa por almacenar en *p[i]* la dirección de un bloque de memoria que pueda ser utilizado por el programa. Por ejemplo, supongamos que cada uno de los objetos apuntados por los elementos de la matriz *p* es a su vez una matriz de 81 elementos de tipo **char**. Para ello, podemos hacer que los objetos apuntados sean las filas de otra matriz bidimensional *cad* de tipo **char**. Más adelante aprenderemos a dar solución a este problema creando matrices dinámicamente; esto es, creando y asignando estas filas durante la ejecución.

```
char cad[5][81]; // matriz de cadenas de caracteres
char *p[5];      // matriz de punteros

for (int i = 0; i < 5; i++)
  p[i] = cad[i];

for (int i = 0; i < 5; i++)
  fgets(p[i], 81, stdin);
```

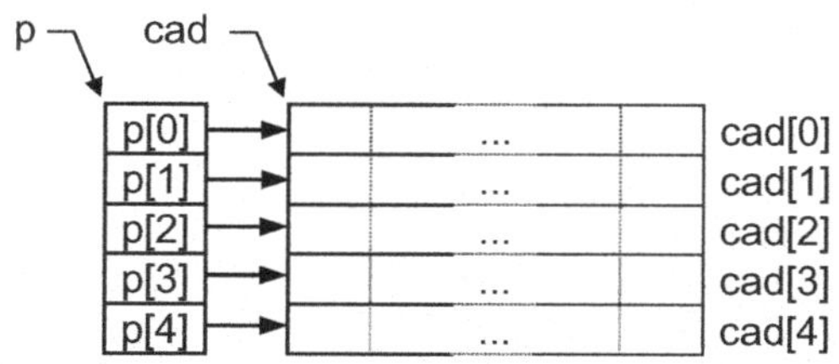

Según explicamos al hablar de matrices de punteros, el bucle que asigna a los elementos de la matriz *p* las filas de *cad* (*p[i] = cad[i]*) no podría sustituirse por una sola asignación *p = cad* porque los niveles de indirección son diferentes. Esto deja claro que una matriz de cadenas de caracteres y una matriz de punteros a cadenas de caracteres se pueden utilizar de forma parecida, pero no son lo mismo.

Supongamos ahora que necesitamos almacenar la dirección *p*, dirección de comienzo de la matriz de punteros, en otra variable *q*. ¿Cómo definiríamos esa variable *q*? Según lo estudiado tenemos que definirla para que pueda almacenar un puntero a un puntero a un **char**, ya que *p* apunta a un puntero, *p[0]*, que a su vez apunta a un **char**. El ejemplo siguiente clarifica lo expuesto.

```
/* Escribir el contenido de una matriz de cadenas de caracteres.
 * Versión con punteros.
 * punteros_a_cadenas.c
 */
#include <stdio.h>
#include <string.h>
#define CADS 5
#define TCAD 81
char *leerCadena(char *, int);

void leerCadenas(char **q, int f)
{
  for (int i = 0; i < f; i++)
  {
    printf("Cadena [%d]: ", i);
    leerCadena(q[i], TCAD);
  }
}

void mostrarCadenas(char **q, int f)
{
  for (int i = 0; i < f; i++)
    printf("%s\n", q[i]);
}

int main(void)
{
  char cad[CADS][TCAD]; // matriz de cadenas de caracteres
  char *p[CADS];        // matriz de punteros

  for (int i = 0; i < CADS; i++)
    p[i] = cad[i];

  leerCadenas(p, CADS);
  mostrarCadenas(p, CADS);
}

char *leerCadena(char *str, int n)
{
  char *fin, *c = 0;
  fin = fgets(str, n, stdin);
  if (c = strchr(str, '\n'))
    *c = 0; // reemplazar '\n'
  else if (!feof(stdin))
    while (getchar() != '\n'); // limpiar buffer stdin
  return fin;
}
```

En el ejercicio anterior se puede observar que la dirección de comienzo de una matriz de punteros, *p*, puede almacenarse en una variable definida como un puntero a un puntero, *q*, porque ambos tipos definen variables con dos niveles de indirección. Pero esto no quiere decir que sean lo mismo, de hecho, no lo son; *p* define una matriz y *q* no. Veamos un ejemplo en el que podemos comprobar esto. El siguiente programa muestra una función que recibe como parámetro el entero correspondiente a un mes y nos devuelve como resultado un puntero a la cadena de caracteres que nombra a dicho mes.

```
/*** Función que devuelve el nombre del mes 1 a 12 dado ***/
/* ptrcads.c
 */
#include <stdio.h>

// Función que devuelve una cadena de caracteres
char *nombre_mes(unsigned int mm);

int main(void)
{
  unsigned int dia, mes, anyo, r;
  char *m;

  printf("Introducir una fecha (dd-mm-aaaa): ");
  // Los datos en la entrada irán separados por '-'
  do
  {
    r = scanf("%u-%u-%u", &dia, &mes, &anyo);
    if (r != 3) printf("formato: dd-mm-aaaa\n");
    while (getchar() != '\n');
  }
  while (r != 3);

  m = nombre_mes(mes);
  printf("\nMes: %s\n", m);
}

char *nombre_mes(unsigned int mm)
{
  // mes es una matriz de punteros a cadenas de caracteres
  static char *mes[] = { "Mes no correcto",
                         "Enero", "Febrero", "Marzo",
                         "Abril", "Mayo", "Junio", "Julio",
                         "Agosto", "Septiembre", "Octubre",
                         "Noviembre", "Diciembre"               };
  return ((mm > 0 && mm <= 12) ? mes[mm] : mes[0]);
}
```

En este ejemplo, *mes* es una matriz de 13 elementos (0 a 12) que son punteros a cadenas de caracteres. Cada elemento de la matriz ha sido iniciado con un literal. Como se ve, estos son de diferente longitud y todos serán finalizados automáticamente por C con el carácter nulo. Si en lugar de utilizar una matriz de punteros hubiéramos utilizado una matriz de dos dimensiones, el número de columnas tendría que ser el del literal más largo, más uno para el carácter nulo, con lo que la ocupación de memoria sería mayor.

Siguiendo con el ejemplo, es fácil comprobar que las declaraciones **char** **mes[]* y **char** ***mes* no son equivalentes. La primera declara una matriz de punteros a cadenas de caracteres y la segunda, un puntero a un puntero a una cadena de caracteres. Por lo tanto, sería un error sustituir en el código **mes[]* por ***mes*.

Ordenar matrices de cadenas de caracteres

Para ilustrar la utilización de las matrices de punteros a cadenas de caracteres vamos a escribir un programa que ordene alfabéticamente un conjunto de cadenas de caracteres referenciadas por una matriz de punteros. En el capítulo anterior, en el apartado de *Ejercicios resueltos*, escribimos una función para ordenar alfabéticamente una matriz de cadenas de caracteres. Para realizar este proceso de una forma más eficiente, vamos a guardar las direcciones de las cadenas, almacenadas en la matriz de caracteres de dos dimensiones, en una matriz de punteros. Esto es:

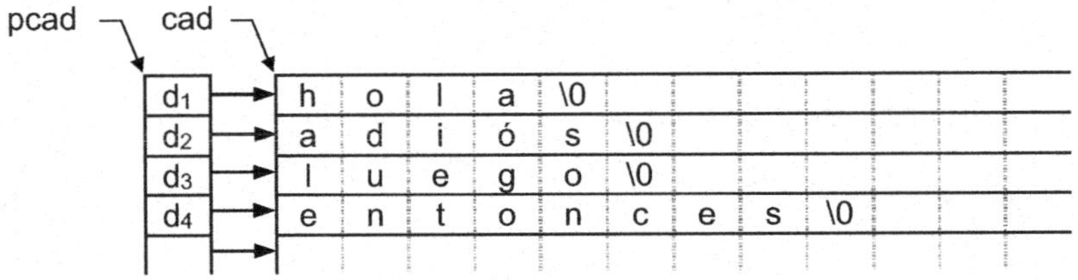

Esto permite realizar la ordenación comparando las cadenas y modificando el orden de los elementos de la matriz de punteros, evitando así cambiar el orden de las cadenas de caracteres, lo que da lugar a una mayor velocidad de ejecución. Más adelante realizaremos este mismo proceso, almacenando las cadenas de caracteres dinámicamente en memoria con lo que ganaremos en velocidad y optimizaremos el espacio requerido para almacenamiento.

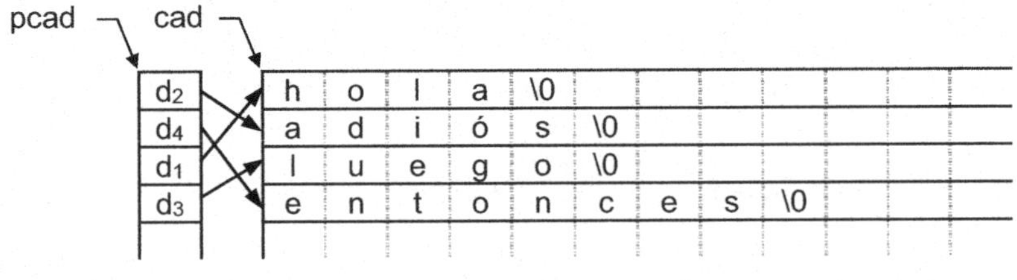

Observe en la figura anterior que el orden de los elementos de la matriz de punteros se corresponde con el orden alfabético de las cadenas de caracteres. Por ejemplo, si visualizamos las cadenas de caracteres utilizando la matriz de punteros, las cadenas aparecerán en pantalla ordenadas alfabéticamente.

La estructura del programa estará formada por la función **main** y por las funciones:

```
char *leerCadena(char *str, int n);
int leerCadenas(char cad[][TCAD], char *pcad[], int nmc);
void ordenarCadenas(char *pcad[], int nc);
void visualizarCadenas(char *pcad[], int nc);
```

La función *leerCadenas* recibe como parámetros la matriz donde hay que almacenar las cadenas de caracteres, la matriz de punteros a las cadenas y el número máximo de cadenas que se pueden almacenar en la matriz. Esta función devolverá el número de cadenas leídas o el valor –1 si el valor del parámetro *nmc* no es válido. Por cada cadena leída, se almacenará su dirección en la matriz de punteros. La entrada finalizará cuando al introducir una nueva cadena pulsemos solamente la tecla *Entrar*. Según lo expuesto, la función puede escribirse así:

```
int leerCadenas(char cad[][TCAD], char *pcad[], int nmc)
{
  // nmc = número máximo de cadenas que se pueden leer
  int longitud = 0, ncads = 0;
  if (nmc < 1) return -1; // error
  while ((longitud = strlen(leerCadena(cad[ncads], TCAD))) > 0)
  {
    // guardar la dirección de comienzo de la cadena leída en
    // en el siguiente elemento de la matriz de punteros
    pcad[ncads] = cad[ncads++];
    if (ncads == nmc) break; // matriz llena
  }
  return (ncads);  // número de cadenas leídas
}
```

La variable *longitud* valdrá 0 cuando al introducir una nueva cadena pulsemos solamente la tecla *Entrar*, finalizando así el bucle **while**.

La función *ordenarCadenas* recibe como parámetros la matriz de punteros a las cadenas de caracteres y el número de cadenas a ordenar. Esta función ya fue desarrollada en los *Ejercicios resueltos* del capítulo anterior (vea también en el capítulo *Algoritmos* el algoritmo de ordenación basado en el método de la burbuja). El código de esta función puede ser el siguiente:

```
void ordenarCadenas(char *pcad[], int nc)
{
```

```
  char *aux = NULL;  // puntero auxiliar
  int i = 0, s = 1;
  while ((s == 1) && (--nc > 0))
  {
    s = 0;  // no permutación
    for (i = 1; i <= nc; i++)
      if (strcmp(pcad[i-1], pcad[i]) > 0)
      {
        aux = pcad[i-1];
        pcad[i-1] = pcad[i];
        pcad[i] = aux;
        s = 1;  // permutación
      }
  }
}
```

Observe que el bucle **while** finaliza cuando al recorrer la matriz para comparar las cadenas entre sí, no se detecta ninguna desordenación (la variable *s* que inicialmente vale 0, seguirá valiendo 0) o, en el caso más desfavorable, cuando se han comparado todas las cadenas con todas, lo que ocurre al recorrer la matriz *nc – 1* veces.

La función *visualizarCadenas* recibe como parámetros la matriz de punteros a las cadenas de caracteres y el número de elementos de la misma, que coincide con el número de cadenas de caracteres. Esta función puede ser así:

```
void visualizarCadenas(char *pcad[], int nc)
{
  // nc = número de cadenas a visualizar
  while (--nc >= 0)
    printf("%s\n", *pcad++);
}
```

La función **main** utilizará las funciones anteriores para realizar el proceso descrito. El programa completo se muestra a continuación.

```
/**************** Ordenar cadenas de caracteres ****************/
/* ordcads.c
 */
#include <stdio.h>
#include <stdlib.h>
#include <string.h>
#include <locale.h>

#define CADS  25    // número máximo de cadenas
#define TCAD  81    // número máximo de caracteres por cadena

char *leerCadena(char *str, int n);
```

```
int  leerCadenas(char cad[][TCAD], char *pcad[], int nmc);
void ordenarCadenas(char *pcad[], int nc);
void visualizarCadenas(char *pcad[], int nc);

int main(void)
{
  setlocale(0, ""); // configuración regional predeterminada
  char cad[CADS][TCAD];  // matriz de cadenas
  char *pcad[CADS];      // matriz de punteros a las cadenas
  int  ncads = 0;        // número de cadenas leídas

  printf("Ordenación de cadenas de caracteres.\n");
  printf("Introduzca las cadenas a ordenar.\n");
  printf("Pulse <Entrar> para salir.\n");
  if ((ncads = leerCadenas(cad, pcad, CADS)) > 0)
  {
    printf("Cadenas leídas %d\n\n", ncads);
    printf("Proceso de ordenación.\n\n");
    ordenarCadenas(pcad, ncads);
    visualizarCadenas(pcad, ncads);
  }
  else
    printf("Matriz vacía\n");
}

char *leerCadena(char *str, int n)
{
  char *fin, *c = 0;
  fin = fgets(str, n, stdin);
  if (c = strchr(str, '\n'))
    *c = 0; // reemplazar '\n'
  else if (!feof(stdin))
    while (getchar() != '\n'); // limpiar buffer stdin
  return fin;
}

/*****************************************************************
                    Función leer cadenas
*****************************************************************/
int leerCadenas(char cad[][TCAD], char *pcad[], int nmc)
{
  // nmc = número máximo de cadenas que se pueden leer
  int ncads = 0;
  if (nmc < 1) return -1; // error
  while (strlen(leerCadena(cad[ncads], TCAD)) > 0)
  {
    // guardar la dirección de comienzo de la cadena leída en
    // el siguiente elemento de la matriz de punteros
    pcad[ncads] = cad[ncads]; ncads++;
    if (ncads == nmc) break; // matriz llena
```

```
  }
  return (ncads);  // número de cadenas leídas
}

/*****************************************************************
                    Función ordenar cadenas
*****************************************************************/
void ordenarCadenas(char *pcad[], int nc)
{
  char *aux = NULL;  // puntero auxiliar
  int i = 0, s = 1;
  while ((s == 1) && (--nc > 0))
  {
    s = 0;  // no permutación
    for (i = 1; i <= nc; i++)
      if (strcmp(pcad[i-1], pcad[i]) > 0)
      {
        aux = pcad[i-1];
        pcad[i-1] = pcad[i];
        pcad[i] = aux;
        s = 1;  // permutación
      }
  }
}

/*****************************************************************
                    Función visualizar cadenas
*****************************************************************/
void visualizarCadenas(char *pcad[], int nc)
{
  // nc = número de cadenas a visualizar
  while (--nc >= 0)
    printf("%s\n", *pcad++);
}
```

ASIGNACIÓN DINÁMICA DE MEMORIA

C cuenta fundamentalmente con dos métodos para almacenar información en la memoria. El primero utiliza variables globales y locales. En el caso de variables globales, el espacio es fijado para ser utilizado a lo largo de toda la ejecución del programa; y en el caso de variables locales, la asignación se hace a través de la pila del sistema; en este caso, el espacio es fijado temporalmente, mientras la variable existe. El segundo método utiliza funciones pertenecientes a la biblioteca de C, como **malloc** y **free**. Como es lógico, estas funciones utilizan el área de memoria libre para realizar las asignaciones de memoria y liberarla cuando sea preciso.

La *asignación dinámica de memoria* consiste en asignar la cantidad de memoria necesaria para almacenar un objeto durante la ejecución del programa, en vez de hacerlo en el momento de la compilación del mismo. Cuando se asigna memoria para un objeto de un tipo cualquiera, se devuelve un puntero al bloque de memoria asignado. Según esto, lo que tiene que hacer el compilador es asignar una cantidad fija de memoria para almacenar la dirección del objeto asignado dinámicamente, en vez de hacer una asignación para el objeto en sí. Esto implica declarar un puntero a un tipo de datos igual al tipo del objeto que se quiere crear dinámicamente. Por ejemplo, si queremos asignar memoria dinámicamente para una matriz de enteros, el objeto apuntado será el primer entero lo que implica declarar un puntero a un entero; esto es:

```
int *p;
```

Funciones para administrar dinámicamente la memoria

La biblioteca de C proporciona fundamentalmente una función para asignar memoria dinámicamente, **malloc**, y otra para liberar el espacio de memoria asignado para un objeto cuando este ya no sea necesario, **free**.

malloc

La función **malloc** permite asignar un bloque de memoria de *nbytes bytes* consecutivos en memoria para almacenar uno o más objetos de un tipo cualquiera. Esta función devuelve un puntero genérico (**void ***) que referencia el espacio asignado. Su sintaxis es así:

```
#include <stdlib.h>
void *malloc( size_t nbytes );
```

En C, el valor devuelto será convertido implícitamente al tipo de la variable utilizada para almacenar ese valor, pero en C++ esta conversión hay que realizarla explícitamente (véase *Importancia del tipo del objeto al que se apunta* en este mismo capítulo). Por lo tanto, por compatibilidad, se recomienda realizar siempre la conversión explícita al tipo de la variable utilizada para almacenar el resultado. Si hay insuficiente espacio de memoria, la función **malloc** retorna un puntero nulo (valor **NULL** o **0**) y si el parámetro *nbytes* es 0, asigna un bloque de tamaño 0 devolviendo un puntero válido.

El tipo **size_t** del parámetro *nbytes* es un sinónimo de un tipo entero sin signo (por ejemplo *typedef unsigned long size_t*, definido en *stddef.h* y en otros archivos de cabecera) utilizado para indicar el tamaño de cualquier objeto en *bytes*: **size_t** es el tipo del valor devuelto por el operador **sizeof** y se utiliza ampliamente en la biblioteca estándar de C/C++.

Por ejemplo, las siguientes líneas de código asignan un bloque de memoria de 100 *bytes* consecutivos. Como veremos a continuación, dicho espacio, más grande o más pequeño, podrá ser utilizado para ubicar la estructura de datos que necesitemos en cada caso. La dirección devuelta por **malloc**, correspondiente al bloque de memoria asignado, es almacenada en un puntero cuyo tipo dependerá del tipo de los datos que almacenemos en ese bloque (en el ejemplo, datos de tipo **int**).

```
#include <stdio.h>
#include <stdlib.h>

int main(void)
{
  int *p = NULL; // NULL o 0
  int nbytes = 100;

  p = (int *)malloc(nbytes);

  if (p == NULL ) // p == 0 es equivalente
  {
    printf("Insuficiente espacio de memoria\n");
    return -1;
  }
  printf("Se han asignado %d bytes de memoria\n", nbytes);
  // ...
  return 0;
}
```

Observe que el argumento pasado a **malloc** es el tamaño en *bytes* del bloque que se asignará dinámicamente y que a dicho bloque se accederá a través de *p*.

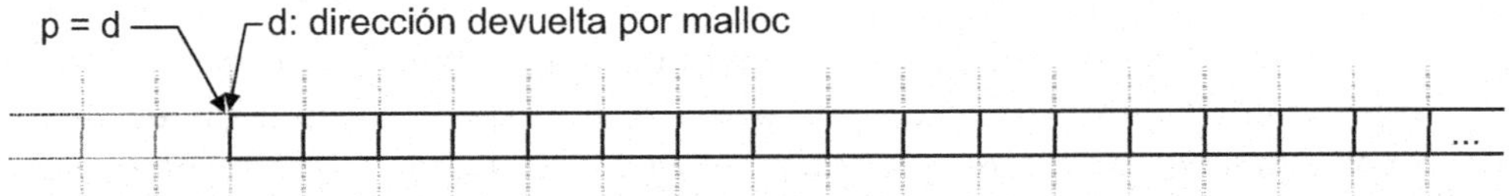

Después de invocar a la función **malloc** hay que verificar si ha sido posible realizar la asignación de memoria solicitada. Si el valor devuelto por **malloc** es un puntero nulo (valor **NULL** o **0**) quiere decir que la asignación de memoria no se pudo realizar, en cuyo caso, lo más probable es que no tenga sentido continuar con la ejecución del programa.

free

La función **free** permite liberar un bloque de memoria asignado por las funciones **malloc**, **calloc** o **realloc** (estas dos últimas las veremos a continuación), pero no pone el puntero a **NULL**. Si el puntero que referencia el bloque de memoria que deseamos liberar es nulo, la función **free** no hace nada. Su sintaxis es así:

```
#include <stdlib.h>
void free( void *vpuntero );
```

Si la memoria liberada por **free** no ha sido previamente asignada por **malloc**, **calloc** o **realloc**, se pueden producir errores durante la ejecución del programa. Por ejemplo, si a un puntero le asignamos la dirección de una matriz estática ese espacio de memoria no hay que liberarlo (estática, en contraposición a dinámica, significa que el recuento de la memoria necesaria para almacenar los elementos de la tabla tiene lugar durante la compilación, se reserva cuando se carga el programa en memoria y se mantiene constante durante la ejecución del programa).

El siguiente ejemplo es continuación del anterior. Además de asignar un bloque de memoria, utiliza la función **free** para liberarlo. Es un buen estilo de programación liberar la memoria asignada cuando ya no se necesite. Tenga presente que los sistemas operativos cuando reciben una petición de memoria desde un programa en ejecución, simplemente intentan satisfacerla; una vez satisfecha, es el programa el que gestiona ese bloque de memoria, por lo tanto, si esa memoria no es liberada dará lugar a lagunas de memoria o fugas de memoria; esto quiere decir que los bloques de memoria no liberados no estarán disponibles hasta que no se reinicie la máquina. Piense ahora qué ocurriría si este programa que genera lagunas de memoria estuviera en un servidor de aplicaciones y su ejecución se lanzara una y otra vez las veces que fueran necesarias.

```
#include <stdio.h>
#include <stdlib.h>
int main(void)
{
  int *p = NULL;
  int nbytes = 100;

  if ((p = (int *)malloc(nbytes)) == NULL )
  {
    printf("Insuficiente espacio de memoria\n");
    exit(-1);
  }
  printf("Se han asignado %d bytes de memoria\n", nbytes);
  // ...
  free(p);
  return 0;
}
```

Ahora, hemos realizado una pequeña variación: la asignación de memoria se ha integrado en la condición de la sentencia **if**. Igual que antes, se ha realizado una conversión *cast* para convertir el tipo **void *** devuelto por **malloc** a **int *** (tipo de los objetos apuntados). También, como otra alternativa, se ha utilizado la función **exit** en lugar de la sentencia **return**. La función **exit** finaliza el programa y está declarada en *stdlib.h*; en cambio la sentencia **return** devuelve el control a la función que invocó a esta que se está ejecutando; si la sentencia **return** pertenece a la función **main**, lógicamente el programa finaliza.

Reasignar un bloque de memoria

En alguna ocasión necesitaremos cambiar el tamaño de un bloque de memoria previamente asignado. Para realizar esto, la biblioteca de C proporciona la función **realloc** que tiene la siguiente sintaxis:

```
#include <stdlib.h>
void *realloc( void *pBlomem, size_t nBytes );
```

El parámetro *pBlomem* es un puntero que apunta al comienzo del bloque de memoria actual. Si *pBlomem* es **NULL**, esta función se comporta igual que **malloc** y asigna un nuevo bloque de *nBytes bytes*. Si *pBlomem* no es un puntero nulo, entonces tiene que ser un puntero devuelto por las funciones **malloc**, **calloc** o por la propia función **realloc**. El bloque ha podido, incluso, ser liberado por la función **free**. El argumento *nBytes* da el nuevo tamaño del bloque en *bytes*. El contenido del bloque no cambia en el espacio conservado.

La función **realloc** devuelve un puntero al espacio asignado. El bloque puede ser movido a otro lugar en la memoria al modificar su tamaño, esto quiere decir que *pBlomem* puede cambiar.

El valor retornado será **NULL** si *nBytes* es 0 y *pBlomem* no es **NULL**, o si no hay bastante memoria disponible para expandir el bloque. En el primer caso, el bloque original es liberado; en el segundo, el bloque original no cambia.

El cuadro siguiente resume lo expuesto respecto a **realloc** en función del valor de sus argumentos:

pBlomem	nBytes	Acción
NULL	0	Asigna cero *bytes* (igual que **malloc**).
NULL	Distinto de 0	Asigna *nBytes bytes* (igual que **malloc**). Si no es posible, devuelve **NULL**.
Distinto de **NULL**	0	Devuelve **NULL** y libera el bloque original.
Distinto de **NULL**	Distinto de 0	Reasigna *nBytes bytes*. El contenido del espacio conservado no cambia. Si la reasignación no es posible, devuelve **NULL** y el bloque original no cambia.

El siguiente programa muestra cómo realizar una reasignación de memoria y pone de manifiesto que después de una reasignación, la información no varía en el espacio de memoria conservado. Por último, el bloque de memoria es liberado.

```
/******************** Función realloc ********************/
/* realloc.c
 */
#include <stdio.h>
#include <stdlib.h>
#include <string.h>

int main(void)
{
  int *p = NULL, *q = NULL;
  int nbytes = 100;

  // Asignar nbytes bytes
  if ((p = (int *)malloc(nbytes)) == NULL )
  {
    printf("Insuficiente espacio de memoria\n");
    return -1;
  }

  printf("Se han asignado %d bytes de memoria\n", nbytes);

  // Operaciones sobre el bloque de memoria
  // ...

  // Reasignar el bloque para que pueda contener más datos
  nbytes = nbytes * 2;
  if (nbytes == 0)
  {
    free(p);
    printf("\nEl bloque ha sido liberado\n");
    return -1;
  }

  q = (int *)realloc(p, nbytes);
  if (q == NULL)
  {
    printf("La reasignación no ha sido posible\n");
    printf("Se conserva el bloque original\n");
  }
  else
  {
    p = q;
    printf("Bloque reasignado\n");
    printf("Nuevo tamaño %d bytes\n", nbytes);
  }
```

```
  // Operaciones sobre el bloque de memoria
  // ...

  free(p);
  printf("\nEl bloque ha sido liberado\n");
  return 0;
}
```

Obsérvese que para garantizar la conservación del bloque original en el supuesto de que **realloc** devolviera **NULL** se ha utilizado un puntero auxiliar *q*, ya que si procediéramos como se indica a continuación y se diera ese supuesto, el bloque original se perdería, originando lagunas de memoria:

```
p = (int *)realloc(p, nbytes);
```

MATRICES DINÁMICAS

Hasta ahora todas las matrices que hemos manipulado eran estáticas. Esto exigía conocer, en el momento de escribir el código del programa, cuál era la dimensión de la matriz y expresar esta dimensión como una constante entera (a excepción de las matrices de longitud variable). Por ejemplo:

```
#define NMAX 100
// ...
int m[NMAX];
```

Ahora, utilizando la técnica de asignar memoria dinámicamente, podremos decidir durante la ejecución cuántos elementos queremos que tenga nuestra matriz. Este tipo de matrices recibe el nombre de *matrices dinámicas* porque se crean durante la ejecución del programa. Igual que ocurría con las matrices estáticas, los elementos de una matriz dinámica pueden ser de cualquier tipo.

Para asignar memoria dinámicamente para una matriz, además de la función **malloc**, la biblioteca de C proporciona la función **calloc** cuya sintaxis es:

```
#include <stdlib.h>
void *calloc( size_t nelementos, size_t tamelem );
```

El primer parámetro, *nelementos*, especifica el número de elementos de la matriz y el segundo, *tamelem*, el tamaño en *bytes* de cada elemento. La función **calloc** devuelve un puntero a **void** que referencia el espacio de memoria asignado o **NULL** si no hay un bloque de memoria del tamaño solicitado. Según esto, el código:

```
int *p = NULL;
```

```
if ((p = (int *)malloc(100 * sizeof(int))) == NULL)
{
  printf("Insuficiente espacio de memoria\n");
  return -1;
}
```

es equivalente a este otro código:

```
int *p = NULL;

if ((p = (int *)calloc(100, sizeof(int))) == NULL )
{
  printf("Insuficiente espacio de memoria\n");
  return -1;
}
```

En el ejemplo anterior, ambas versiones solicitan reservar un bloque de memoria de *100 * sizeof(int) bytes* consecutivos, o lo que es lo mismo, una matriz de 100 elementos de tipo **int**. El espacio de memoria quedará referenciado por *p*.

Matrices dinámicas numéricas

Para crear una matriz durante la ejecución del programa basta con declarar una variable que apunte a objetos del tipo de los elementos de la matriz, e invocar a alguna de las funciones, **malloc**, **calloc** o **realloc**, estudiadas anteriormente. Para liberar el espacio de memoria asignado cuando ya no se necesite la matriz, se invocará a la función **free**.

Matrices dinámicas de una dimensión

Como ejemplo vamos a realizar un programa que cree una matriz dinámica unidimensional de tipo **int**, la inicie a cero, almacene valores en la misma, inserte nuevos elementos en la matriz y, finalmente, la muestre. El número de elementos de la misma será solicitado desde el teclado. Para realizar los procesos descritos, la función **main** se apoyará en las siguientes funciones:

```
void asignarValoresAleatorios(int *m, int n);
```

Esta función asignará a cada elemento de la matriz *m* de *n* elementos un valor obtenido aleatoriamente.

```
void mostrarMatriz(int *m, int n);
```

Esta otra función mostrará el valor de los *n* elementos de la matriz *m*.

```
void *insertarElemento(int *m, int *pnElementos, int pos);
```

Y esta otra función permitirá insertar un nuevo elemento en la posición *pos* de la matriz *m* de *n* elementos; devuelve la dirección de la nueva matriz o **NULL**, si no fue posible realizar la operación.

A continuación se muestra el código completo del programa:

```
/************** Matriz dinámica de una dimensión **************/
/* matrizdin01.c
*/
#include <stdio.h>
#include <stdlib.h>
// #include <memory.h> // necesaria para memset

void *insertarElemento(int *m, int *pnElementos, int pos);
void asignarValoresAleatorios(int *m, int n);
void mostrarMatriz(int *m, int n);

int main(void)
{
  int *m = NULL, *q = NULL;
  int correcto = 0, nElementos = 0;

  do
  {
    printf("Número de elementos de la matriz: ");
    correcto = scanf("%d", &nElementos);
    while (getchar() != '\n'); // limpiar buffer
  } while (!correcto || nElementos < 1);

  // Crear la matriz
  if ((m = (int *)malloc(nElementos * sizeof(int))) == NULL)
  {
    printf("Insuficiente espacio de memoria\n");
    return -1;
  }

  // Iniciar los elementos de la matriz a 0
  for (int i = 0; i < nElementos; i++)
    m[i] = 0;

  // Los elementos de la matriz pueden también ser puestos
  // a 0 así:
  // memset(m, 0, nBytes);

  // Operaciones
  // ...
```

```
  asignarValoresAleatorios(m, nElementos);
  mostrarMatriz(m, nElementos);

  // Insertar un elemento en la posición 5
  int pos = 5;
  if ((q = (int *)insertarElemento(m, &nElementos, pos)) == NULL)
    printf("No es posible realizar la inserción\n");
  else
    m = q;

  // Insertar un elemento al final
  pos = nElementos;
  if ((q = (int *)insertarElemento(m, &nElementos, pos)) == NULL)
    printf("No es posible realizar la inserción\n");
  else
    m = q;

  mostrarMatriz(m, nElementos);

  free(m);
  return 0;
}

void *insertarElemento(int *m, int *pnElementos, int pos)
{
  int n = *pnElementos;

  if (pos < 0 || pos > n) return 0;
  m = (int *)realloc(m, (n + 1)*sizeof(int));
  if (m != 0)
  {
    for (int i = n; i > pos; i--)
      m[i] = m[i-1];
    m[pos] = 0; // elemento insertado
    // Actualizar el número de elementos de la matriz
    *pnElementos = n + 1;
  }

  return m; // puntero al nuevo bloque de memoria asignado
}

void asignarValoresAleatorios(int *m, int n)
{
  srand((unsigned)time(NULL));
  for (int i = 0; i < n; i++)
    m[i] = rand();
}

void mostrarMatriz(int *m, int n)
{
```

```
  for (int i = 0; i < n; i++)
    printf("%d ", m[i]);
  printf("\n");
}
```

Ejecución del programa:

```
Número de elementos de la matriz: 10
28815 28062 18396 12497 2831 2163 18851 236 13749 26076
28815 28062 18396 12497 2831 0 2163 18851 236 13749 26076 0
```

El ejemplo que acabamos de exponer solicita del usuario el número de elementos de la matriz. Después, verifica el valor introducido para asegurar que se trata de un valor válido y, a continuación, asigna memoria para la matriz; si la asignación es posible, se inician los elementos de la matriz con el valor 0. Se muestran dos formas de realizar esta operación: con un bucle o utilizando la función **memset**.

A continuación se asigna un valor a cada elemento de la matriz y se muestra su contenido. Después, se insertan dos nuevos elementos en la matriz iniciados a cero, uno de ellos en la última posición, y se muestra de nuevo la matriz. Finalmente, se libera la memoria asignada para no generar lagunas de memoria.

Analicemos la función *insertarElemento*. Observe que su prototipo es igual que el de la función **realloc**, pero con un parámetro más: la posición donde se quiere insertar el nuevo elemento. Si esta posición es válida, se incrementa el tamaño de la matriz en un elemento cuyo espacio se añade al final; los valores actuales permanecen en el espacio conservado. A continuación se deja libre la posición del nuevo elemento desplazando el resto una posición hacia el final, empezando por el último (el desplazamiento no tiene lugar si el nuevo elemento se añade al final). Finalmente se inicia a cero el elemento que se dejó libre (el nuevo elemento).

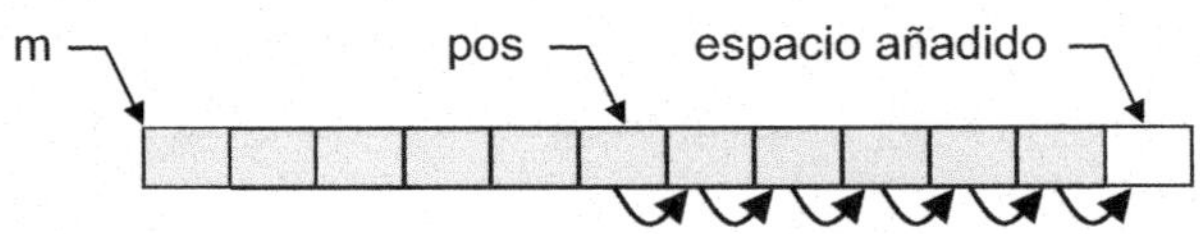

El número de elementos de la matriz se pasa por referencia para que la función lo pueda modificar. Podríamos haber hecho lo mismo con el puntero a la matriz, pasarlo por referencia para que la función pudiera modificarlo, en lugar de devolverlo, según muestra esta otra versión de la función:

```
void * insertarElemento(int **pm, int *pnElementos, int pos)
{
  int n = *pnElementos;
```

```
  int *m = *pm;
  if (pos < 0 || pos > n) return 0;

  m = realloc(m, (n + 1)*sizeof(int));
  if (m != 0)
  {
    for (int i = n; i > pos; i--)
      m[i] = m[i-1];
    m[pos] = 0; // elemento insertado
    // Actualizar el puntero y el número de elementos de la matriz
    *pnElementos = n + 1;
    *pm = m;
  }

  return m;
}
```

En este caso, la función devuelve un valor distinto de cero (la dirección del nuevo bloque de memoria) si la operación de inserción se efectuó correctamente o un cero si no se pudo realizar. Ahora, la función se llamaría así:

```
// Insertar un elemento en la posición 5
int pos = 5;
if (insertarElemento(&m, &nElementos, pos) == 0)
  printf("No es posible realizar la inserción\n");
```

Es importante observar que se puede utilizar la indexación de la matriz, *m[i]*, para acceder a los elementos de la misma, concepto que ya fue explicado anteriormente en este mismo capítulo. También es importante saber que cuando se accede a un elemento de una matriz dinámica a través de un puntero, C toma como referencia el tipo del objeto apuntado para asignar el número de *bytes* correspondiente a ese tipo. En el ejemplo que estamos analizando, *m* es un puntero a un **int**, por lo tanto *m[i]* accede a un número de *bytes* igual al tamaño de un **int** (4 *bytes*) localizados a partir de la dirección *m + i*.

Matrices dinámicas de dos dimensiones

Para asignar memoria para una estructura de datos equivalente a una matriz de dos dimensiones, el proceso se divide en dos partes:

- Asignar memoria para una matriz de punteros, cuyos elementos referenciarán cada una de las filas de la matriz de dos dimensiones que se desea crear.

- Asignar memoria para cada una de las filas. El número de elementos de cada fila puede ser variable.

Gráficamente podemos ver que tenemos que construir una estructura como la siguiente:

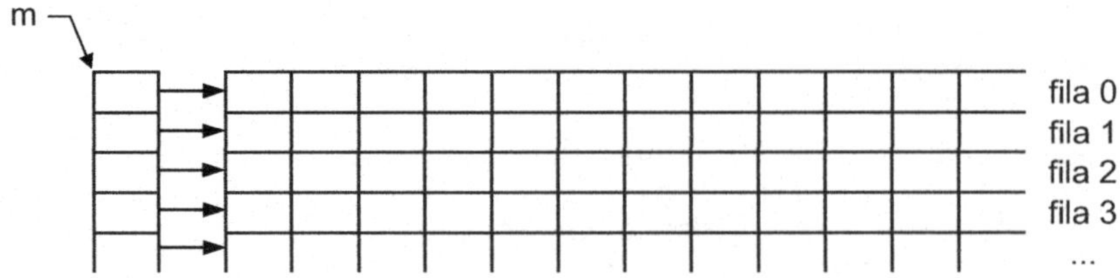

Esta estructura hace el mismo papel que una matriz de dos dimensiones, con una ventaja, que las filas pueden ser de cualquier longitud.

Según lo expuesto, para crear la matriz de punteros, primero tenemos que declarar un puntero a un puntero, puesto que sus elementos van a ser punteros a objetos de un determinado tipo. Por ejemplo, si suponemos que los objetos van a ser enteros, declararemos un puntero así:

```
int **m; // puntero que referencia la matriz de punteros
```

El paso siguiente es asignar memoria para la matriz de punteros. Supongamos que la matriz de dos dimensiones que deseamos construir tiene *nFilas*. Esto implica que la matriz de punteros tiene que tener *nFilas* elementos y que cada uno de los elementos será un puntero a un entero (al primer entero de cada fila). Según esto, para asignar memoria para la matriz de punteros escribiremos:

```
m = (int **)malloc(nFilas * sizeof(int *));
```

Evidentemente, el tipo de *m* es **int **** y el tipo de *m[i]* es **int ***. Por último, escribimos el código necesario para asignar memoria para cada una de las filas. Supongamos que todas tienen *nCols* elementos de tipo **int**.

```
for (int f = 0; f < nFilas; f++)
  m[f] = (int *)malloc(nCols * sizeof(int));
```

Todas estas operaciones podemos incluirlas en una función, como veremos a continuación.

Como ejemplo, el programa que se muestra a continuación crea dinámicamente una estructura de datos equivalente a una matriz de dos dimensiones, inicia todos sus elementos a cero, muestra la matriz y finalmente libera la memoria asignada. La operación de poner a cero la matriz se muestra de dos formas: con un bucle o utilizando la función **memset**. La función **main**, para realizar las operaciones especificadas, se apoya en las siguientes funciones:

```
void **asignarMemoriaMatriz2D(int nFilas, int nCols, size_t tamElemento);
```

Esta función permite asignar memoria para una estructura de datos que representa a una matriz de dos dimensiones de *nFilas* filas por *nCols* columnas; el tamaño de cada elemento de la misma será de *tamElemento bytes*. Este tercer parámetro permitirá crear matrices de diferentes tipos de datos. La función inicia la matriz a cero y devuelve un puntero a puntero a **void** que, cuando se invoque la función, será convertido al tipo adecuado.

```
void liberarMemoriaMatriz2D(void **pm, int nFilas);
```

Esta otra función permite liberar la memoria asignada a la estructura de datos que representa a la matriz de dos dimensiones de *nFilas*.

```
void mostrarMatriz(int **pm, int nFilas, int nCols);
```

Y esta otra función permite mostrar los valores de la estructura de datos que representa a la matriz de dos dimensiones de *nFilas* filas por *nCols* columnas.

A continuación se muestra el código completo del programa:

```
/************** Matriz dinámica de dos dimensiones **************/
/* matrizdin02.c
*/
#include <stdio.h>
#include <stdlib.h>
#include <time.h>
#include <memory.h> // necesaria para memset

void **asignarMemoriaMatriz2D(int nFilas, int nCols, size_t tamElemento);
void liberarMemoriaMatriz2D(void **pm, int nFilas);
void mostrarMatriz(int **pm, int nFilas, int nCols);

int main(void)
{
  int **m = NULL;
  int nFilas = 0, nCols = 0;
  int correcto = 0;

  do
  {
    printf("Número de filas de la matriz:    ");
    correcto = scanf("%d", &nFilas);
    while (getchar() != '\n'); // limpiar buffer
  }
  while (!correcto || nFilas < 1);

  do
```

```
  {
    printf("Número de columnas de la matriz: ");
    correcto = scanf("%d", &nCols);
    while (getchar() != '\n'); // limpiar buffer
  }
  while (!correcto || nCols < 1);

  // Asignar memoria para la matriz 2D
  m = (int **)asignarMemoriaMatriz2D(nFilas, nCols, sizeof(double));
  if (m == NULL)
  {
    printf("Insuficiente espacio de memoria\n");
    return -1;
  }

  // Operaciones
  // ...

  // Visualizar la matriz 2D
  mostrarMatriz(m, nFilas, nCols);

  // Liberar la memoria asignada
  liberarMemoriaMatriz2D(m, nFilas);

  return 0;
}

void **asignarMemoriaMatriz2D(int nFilas, int nCols, size_t tamElemento)
{
  void **p = 0;

  // Asignar memoria para la matriz de punteros
  p = (void **)malloc(nFilas * sizeof(void *));
  if (p == NULL) return NULL;
  // Asignar memoria para cada una de las filas
  for (int i = 0; i < nFilas; i++)
  {
    p[i] = malloc(nCols * tamElemento);
    if (p[i] == NULL)
    {
      // Liberar la memoria asignada hasta este instante
      liberarMemoriaMatriz2D(p, i);
      return NULL;
    }
    // Iniciar la fila con ceros
    memset(p[i], 0, nCols * tamElemento);
  }
  return p;
}
```

```
void liberarMemoriaMatriz2D(void **pm, int nFilas)
{
  // Liberar la memoria asignada a cada una de las filas
  for (int f = 0; f < nFilas; f++)
    free(pm[f]);
  // Liberar la memoria asignada a la matriz de punteros
  free(pm);
}

void mostrarMatriz(int **pm, int nFilas, int nCols)
{
  for (int f = 0; f < nFilas; f++)
  {
    for (int c = 0; c < nCols; c++)
      printf("%d  ", pm[f][c]);
    printf("\n");
  }
}
```

Observe que para liberar la memoria ocupada por la matriz, el proceso que se sigue es lógicamente inverso al realizado para crear la matriz; esto es, primero liberamos la memoria asignada a cada una de las filas y después la asignada a la matriz de punteros. Así mismo, cuando la función *asignarMemoriaMatriz2D* está asignando memoria para las filas, verifica si la asignación ha sido posible para cada una de ellas, con el fin de liberar la memoria asignada hasta entonces en el caso de que no hubiera sido posible la asignación para una determinada fila.

Matrices dinámicas de cadenas de caracteres

Una matriz dinámica de cadenas de caracteres es una matriz de dos dimensiones cuyos elementos son de tipo **char** o **unsigned char**. Por lo tanto, su construcción es idéntica a las matrices de dos dimensiones que acabamos de ver.

Una matriz de cadenas de caracteres es un caso típico donde las filas tienen un número de elementos variable, dependiendo esto del número de caracteres que se almacene en cada fila. Por lo tanto, si definiéramos una matriz *nombre* así:

```
char nombre[FILAS_MAX][COLS_MAX];
```

¿De qué tamaño son las cadenas de caracteres *nombre[0]*, *nombre[1]*, etc.? Independientemente del número de caracteres leídos para cada uno de los nombres solicitados, todas son del mismo tamaño: *COLS_MAX* caracteres; para verificarlo puede recurrir al operador **sizeof**. Evidentemente, esta forma de proceder supone un derroche de espacio de memoria, que se puede evitar haciendo que cada fila de la matriz *nombre* tenga un tamaño igual al número de caracteres del nombre que almacena más el carácter nulo de terminación.

Apliquemos la teoría expuesta en el siguiente programa. Vamos a realizar un ejemplo que cree una matriz dinámica de cadenas de caracteres, asigne las cadenas de caracteres correspondientes (en nuestro caso nombres), las ordene alfabéticamente en orden ascendente y, finalmente, visualice las cadenas de caracteres ordenadas. La estructura del programa estará formada por la función **main** y por las funciones:

```
char *leerCadena(char *str, int n);
int leerCadenas(char **nombre, unsigned nFilas);
void ordenarCadenas(char **nombre, unsigned filas);
void visualizarCadenas(char **nombre, unsigned filas);
void liberarMemoria(char **nombre, int filas);
```

El proceso que seguiremos para solucionar el problema planteado es el siguiente:

- Definimos la matriz de punteros a las matrices unidimensionales que serán las filas de una supuesta lista de nombres.

  ```
  char **nombre = (char **)malloc(nFilas * sizeof(char *));
  ```

  No asignamos memoria para cada una de las cadenas porque hasta que no se lean, no conoceremos su longitud. Por lo tanto, este proceso lo desarrollaremos paralelamente a la lectura de cada una de ellas.

- Leemos las cadenas de caracteres. Para poder leer una cadena, necesitamos definir una matriz de caracteres que vamos a denominar *cadena*. Esta será una matriz unidimensional de longitud 81 caracteres, por ejemplo.

  ```
  char cadena[81];
  ```

  Una vez leída la cadena, conoceremos cuántos caracteres se han leído; entonces, reservamos memoria para almacenar ese número de caracteres, almacenamos la dirección del bloque de memoria reservado en el siguiente elemento vacío de la matriz de punteros *nombre* y copiamos *cadena* en el nuevo bloque asignado (fila de la matriz *nombre*). Este proceso lo repetiremos para cada uno de los nombres que leamos.

  ```
  f = 0;
  while (f < nFilas && (longitud = strlen(leerCadena(cadena, 81))) > 0)
  {
    // Asignar espacio para una cadena de caracteres
    if ((nombre[f] = (char *)malloc(longitud + 1)) == NULL)
    {
      printf("Insuficiente espacio de memoria disponible\n");
      // Liberar la memoria asignada
  ```

```
      liberarMemoria(nombre, f);
      return -1; // terminar el proceso
    }
    // Copiar la cadena en el espacio de memoria asignado
    strcpy(nombre[f], cadena);
    f++;
  }
```

Gráficamente puede imaginarse el proceso descrito de acuerdo a la siguiente estructura de datos:

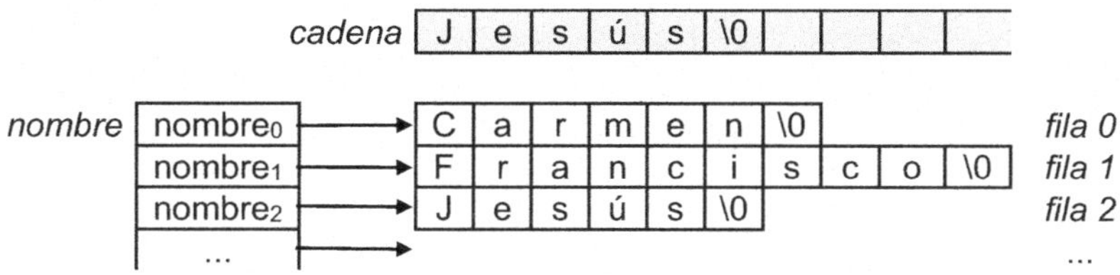

La sentencia *nombre[f] = (char *)malloc(longitud + 1)* asigna para cada valor de *f* un espacio de memoria de *longitud + 1* caracteres (en la figura: *fila 0*, *fila 1*, *fila 2*, etc.) para copiar la cadena leída a través de *cadena*. Recuerde que la función **strlen** devuelve el número de caracteres de una cadena.

- Una vez leída la matriz, la visualizamos con la intención de verificar que todo el proceso se desarrolló normalmente.

  El programa completo se muestra a continuación.

```
/*********** Matriz dinámica de cadenas de caracteres ***********/
/* matrizdin03.c
*/
#include <stdio.h>
#include <stdlib.h>
#include <string.h>
#include <locale.h>

char *leerCadena(char *str, int n);
int leerCadenas(char **nombre, int nFilas);
void ordenarCadenas(char **nombre, int filas);
void visualizarCadenas(char **nombre, int filas);
void liberarMemoria(char **nombre, int filas);

int main(void)
{
  setlocale(0, ""); // configuración regional predeterminada
  char **nombre = NULL;
  int nFilas = 0;
  int correcto = 0, filas = 0;
```

```
  do
  {
    printf("Número de filas de la matriz:    ");
    correcto = scanf("%d", &nFilas);
    while (getchar() != '\n'); // limpiar buffer
  }
  while (!correcto || nFilas < 1);
  // Asignar memoria para la matriz de punteros
  if ((nombre = (char **)malloc(nFilas * sizeof(char *))) == NULL)
  {
    printf("Insuficiente espacio de memoria\n");
    return -1;
  }
  // Operaciones
  filas = leerCadenas(nombre, nFilas);
  if (filas == -1) return -1;
  ordenarCadenas(nombre, filas);
  visualizarCadenas(nombre, filas);
  // Liberar la memoria asignada
  liberarMemoria(nombre, filas);

  return 0;
}

char *leerCadena(char *str, int n)
{
  char *fin, *c = 0;
  fin = fgets(str, n, stdin);
  if (c = strchr(str, '\n'))
    *c = 0; // reemplazar '\n'
  else if (!feof(stdin))
    while (getchar() != '\n'); // limpiar buffer stdin
  return fin;
}

int leerCadenas(char **nombre, int nFilas)
{
  int f = 0, longitud = 0;
  char cadena[81];
  printf("Introducir cadenas de caracteres.\n");
  printf("Para finalizar introduzca una cadena nula.\n");
  printf("Esto es, pulse solo <Entrar>.\n\n");
  while (f < nFilas && (longitud = strlen(leerCadena(cadena, 81))) > 0)
  {
    // Asignar espacio para una cadena de caracteres
    if ((nombre[f] = (char *)malloc(longitud + 1)) == NULL)
    {
      printf("Insuficiente espacio de memoria disponible\n");
      // Liberar la memoria asignada
      liberarMemoria(nombre, f);
```

```
      return -1;  // terminar el proceso
    }
    // Copiar la cadena en el espacio de memoria asignado
    strcpy(nombre[f], cadena);
    f++;
  }
  return f;
}

void ordenarCadenas(char **nombre, int filas)
{
  char *aux;  // puntero auxiliar
  int i = 0, s = 1;
  while ((s == 1) && (--filas > 0))
  {
    s = 0;  // no permutación
    for (i = 1; i <= filas; i++)
    if (strcmp(nombre[i - 1], nombre[i]) > 0)
    {
      aux = nombre[i - 1];
      nombre[i - 1] = nombre[i];
      nombre[i] = aux;
      s = 1;  // permutación
    }
  }
}

void visualizarCadenas(char **nombre, int filas)
{
  for (int f = 0; f < filas; f++)
    printf("%s\n", nombre[f]);
}

void liberarMemoria(char **nombre, int filas)
{
  // Liberar la memoria asignada a cada una de las filas
  for (int f = 0; f < filas; f++)
    free(nombre[f]);
  // Liberar la memoria asignada a la matriz de punteros
  free(nombre);
}
```

Ejecución del programa:

```
Número de filas de la matriz:    10
Introducir cadenas de caracteres.
Para finalizar introduzca una cadena nula.
Esto es, pulse solo <Entrar>.

nombre 3
```

```
nombre 1
nombre 2
[Entrar]
nombre 1
nombre 2
nombre 3
```

PUNTEROS A ESTRUCTURAS

Los punteros a estructuras se declaran igual que los punteros a otros tipos de datos. Para referirse a un miembro de una estructura apuntada por un puntero hay que utilizar el operador ->.

Por ejemplo, el siguiente programa declara un puntero *hoy* a una estructura de tipo **struct** *fecha*, asigna memoria para la estructura, lee valores para cada miembro de la misma y, apoyándose en una función, escribe su contenido.

```
/****************** Punteros a estructuras ******************/
/* pstruct.c
 */
#include <stdio.h>
#include <stdlib.h>

struct fecha
{
  unsigned int dd;
  unsigned int mm;
  unsigned int aa;
};

void escribir(struct fecha *f);

int main(void)
{
  struct fecha *hoy; // hoy es un puntero a una estructura

  // Asignación de memoria para la estructura
  hoy = (struct fecha *)malloc(sizeof(struct fecha));
  if (hoy == NULL) return -1;

  printf("Introducir fecha (dd-mm-aa): ");
  scanf("%u-%u-%u", &hoy->dd, &hoy->mm, &hoy->aa);
  escribir(hoy);

  free(hoy);
  return 0;
}
```

```
void escribir(struct fecha *f)
{
  printf("Día %u del mes %u del año %u\n", f->dd, f->mm, f->aa);
}
```

```
Ejecución del programa:

Introducir fecha (dd-mm-aa): 10-10-2020
Día 10 del mes 10 del año 2020
```

Observe que el tipo **struct** *fecha* se ha declarado al principio, antes de cualquier función, lo que permite utilizarlo en cualquier parte.

Otro detalle importante es comprender que el simple hecho de declarar un puntero a una estructura no significa que dispongamos de la estructura; es necesario asignar al puntero un bloque de memoria del tamaño de la estructura donde se almacenarán los datos de la misma (este concepto es aplicable a cualquier tipo de objetos). Esto es, la declaración siguiente crea un puntero para apuntar a una estructura, pero no la estructura.

```
struct fecha *hoy;
```

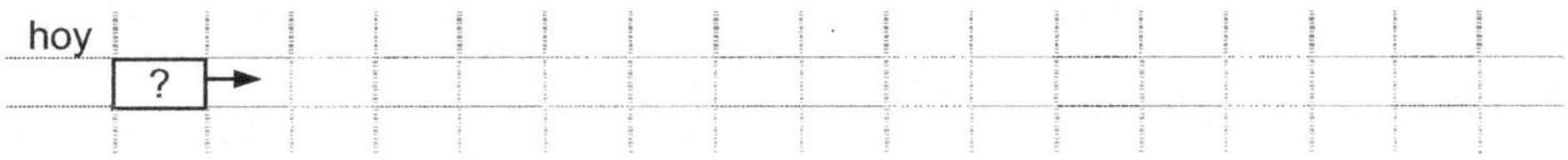

Por lo tanto, sería un error ejecutar una sentencia como:

```
scanf("%u-%u-%u", &hoy->dd, &hoy->mm, &hoy->aa);
```

porque *dd*, *mm* y *aa*, ¿a qué estructura pertenecen? La respuesta es: a ninguna porque al puntero *hoy* no se le ha asignado una estructura. Si al declarar el puntero lo iniciamos a **NULL**, entonces no ha lugar a pensar que apunta a una estructura:

```
struct fecha *hoy = NULL;
```

Si hubiéramos hecho una declaración como la siguiente:

```
struct fecha f, *hoy = &f;
```

sí sería válido ejecutar la sentencia:

```
scanf("%u-%u-%u", &hoy->dd, &hoy->mm, &hoy->aa);
```

porque ahora *hoy* apunta a la estructura *f*. Pero si procedemos así, se preguntará, y con razón: ¿para qué queremos el puntero a la estructura? ¿Por qué no utilizar directamente la estructura *f* así?:

```
scanf("%u-%u-%u", &f.dd, &f.mm, &f.aa);
```

Esto evidencia que cuando declaramos un puntero a un objeto, casi siempre es porque el objeto va a ser creado durante la ejecución. Es decir:

```
struct fecha *hoy = NULL;
hoy = (struct fecha *)malloc(sizeof(struct fecha));
```

Después de ejecutarse la función **malloc**, *hoy* almacena la dirección *d* de un bloque de memoria reservado para almacenar una estructura del tipo **struct** *fecha*. Por lo tanto, ahora sí es correcto ejecutar una sentencia como:

```
scanf("%u-%u-%u", &hoy->dd, &hoy->mm, &hoy->aa);
```

Es posible que a lo largo de esta explicación le haya surgido la duda siguiente: si *hoy* es un puntero, cuando invocamos a la función **scanf**, ¿por qué tenemos que utilizar el operador **&**? Por ejemplo, *&hoy−>dd*. La respuesta es muy sencilla: porque *hoy−>dd* es una variable miembro (el miembro *dd*) de la estructura apuntada por *hoy* de tipo **unsigned int**, no un puntero. Observe la figura anterior, donde se ve claramente que *hoy* es un puntero y *dd*, *mm* y *aa* no.

Si en lugar de trabajar con estructuras tenemos que trabajar con uniones, no hay diferencias; los punteros a uniones se manipulan exactamente igual que los punteros a estructuras.

Como conclusión podemos decir que declarar un puntero a un objeto de cualquier tipo no sirve de nada mientras no le asignemos un bloque de memoria capaz de almacenar un objeto de ese tipo. Esto es, en la mayoría de los casos, la declaración de un puntero implica llamar a continuación a la función **malloc** para asignarle el bloque de memoria que va a contener al objeto apuntado.

PUNTEROS COMO PARÁMETROS EN FUNCIONES

Volvamos al ejemplo anterior y fijémonos en la función *escribir*. Tiene un parámetro que es un puntero.

```
int main(void)
{
  struct fecha *hoy; // hoy es un puntero a una estructura
  // ...
  escribir(hoy);
  // ...
}

void escribir(struct fecha *f)
{
  printf("Día %u del mes %u del año %u\n", f->dd, f->mm, f->aa);
}
```

Cuando **main** invoca a la función *escribir*, ¿qué ocurre?

1. El parámetro *f* almacena el valor del argumento *hoy*; esto es, se realiza la operación *f* = *hoy*.
2. Ahora, *f* y *hoy* apuntan a la misma estructura de datos. Por lo tanto, la función *escribir* utilizando el puntero *f* puede acceder a los mismos datos miembro de la estructura que la función **main** utilizando el puntero *hoy*.

¿Cómo se ha pasado el argumento *hoy*? Evidentemente por valor. Según hemos dicho, en la llamada a la función *escribir* se realizó la operación *f* = *hoy*.

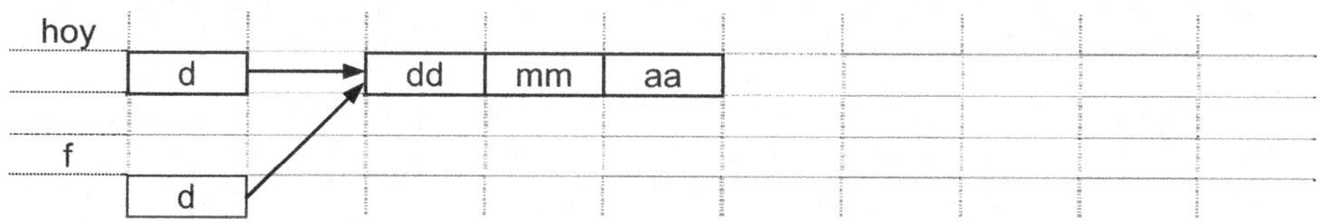

¿Cómo se ha pasado la estructura? Evidentemente por referencia, porque *escribir* no recibe una copia de la estructura, sino la dirección *hoy* donde está ubicada la misma.

Por lo tanto, si *escribir* cambiara algún miembro de la estructura, esos cambios también serían vistos desde **main**, pero si cambiara el valor de *f*, el puntero *hoy* no se modificaría en el mismo sentido. Piénselo sobre la figura anterior.

En el supuesto de que hubiéramos pasado el puntero *hoy* por referencia (*escribir(&hoy)*) se habría realizado la operación *f* = *&hoy* y entonces *f* tendría que haber sido declarado como un puntero a un puntero.

Pongamos otro ejemplo para aclarar este último aspecto. Vamos a escribir una función *asigmem* a la que **main** debe invocar para reservar memoria para una estructura. Analicemos esta primera versión:

```
int main(void)
{
  struct fecha *hoy = NULL; // hoy es un puntero a una estructura
  // Asignación de memoria para la estructura
  asigmem(hoy);
  if (hoy == NULL) return -1;
  // ...
  return 0;
}

void asigmem(struct fecha *p)
{
  p = (struct fecha *)malloc(sizeof(struct fecha));
}
```

¿Cómo se pasa el argumento *hoy*? Evidentemente por valor, porque cuando se ejecuta la llamada a la función *asigmem* se realiza la operación *p* = *hoy*. Como *hoy* vale **NULL**, *p* inicialmente también valdrá **NULL**.

Se ejecuta la función *asigmem* y *p* toma un nuevo valor: la dirección del bloque de memoria reservado para una estructura de tipo **struct** *fecha*. ¿Ha cambiado *hoy* al mismo valor? Pues no, ya que *p* es una copia de *hoy*; *hoy* sigue valiendo **NULL**, por lo tanto, el programa no funciona. Además, cuando la función *asigmem* finalice, la variable local *p* será destruida y quedará un bloque de memoria sin referenciar y sin liberar (se ha generado una laguna de memoria).

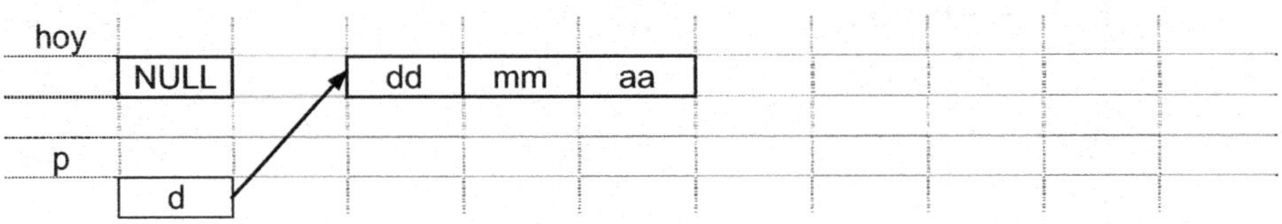

Hagamos otra versión en la que se pase el puntero *hoy* por referencia, con la intención de que *asigmem* pueda acceder a su contenido y modificarlo almacenando en él la dirección del bloque de memoria reservado por ella.

```
/***************** Punteros como parámetros *****************/
/* pparam01.c
*/
#include <stdio.h>
#include <stdlib.h>

struct fecha
{
  unsigned int dd;
  unsigned int mm;
  unsigned int aa;
};
```

```
void escribir(struct fecha *f);
void asigmem(struct fecha **p);

int main(void)
{
  struct fecha *hoy = NULL; // hoy es un puntero a una estructura

  // Asignación de memoria para la estructura
  asigmem(&hoy);
  if (hoy == NULL) return -1;

  printf("Introducir fecha (dd-mm-aa): ");
  scanf("%u-%u-%u", &hoy->dd, &hoy->mm, &hoy->aa);
  escribir(hoy);

  free(hoy);
  return 0;
}

void escribir(struct fecha *f)
{
  printf("Día %u del mes %u del año %u\n", f->dd, f->mm, f->aa);
}

void asigmem(struct fecha **p)
{
  *p = (struct fecha *)malloc(sizeof(struct fecha));
}
```

Observando la función *asigmem*, vemos que ahora *p* se ha definido como un puntero a un puntero para almacenar la dirección de *hoy*, que a su vez es un puntero. Entonces, si *p* es la dirección de *hoy*, el contenido de esa dirección (**p*) será *hoy*, variable en la cual se almacena la dirección de memoria devuelta por **malloc**.

Una ayuda más para interpretar las declaraciones de punteros. En las siguientes líneas, la parte sombreada indica el tipo de la no sombreada:

```
struct fecha **p
struct fecha **p
struct fecha **p
```

p es un puntero a un puntero a una estructura **struct** *fecha*.
p* es un puntero a una estructura **struct *fecha*.
***p* se refiere a una estructura **struct** *fecha*.

A continuación se presenta otro ejemplo en el que podemos ver otra versión de la función *asigmem*. Esta nueva versión no tiene parámetros y devuelve la dirección del bloque de memoria reservado para una estructura **struct** *fecha*.

Este otro ejemplo define una estructura de tipo *tpersona* que incluye dos miembros: uno de tipo **long** y otro de tipo **char *** (un puntero), y para manipularla hemos añadido, además de la función **main**, cuatro funciones:

- *asigmem*. Permite crear dinámicamente una estructura *tpersona*, asignando la memoria necesaria para la misma e iniciando sus miembros a cero.

  ```
  tpersona *asigmem(void);
  ```

  Devuelve un puntero al bloque de memoria asignado.

- *asignarDni*. Permite asignar el dato "DNI de la persona" a la estructura pasada como argumento, almacenando este valor en su miembro *dni*.

  ```
  int asignarDni(tpersona *, long);
  ```

  Para que esta función pueda modificar el miembro *dni* de la estructura es necesario pasar esta por referencia. Devuelve 0 si el DNI no es mayor que 0.

- *asignarNombre*. Permite asignar el dato "nombre de la persona" a la estructura pasada como argumento, asignando a su miembro *nombre* el bloque de memoria que almacenará este dato. Si la estructura ya contenía un nombre, entonces, la función primero destruirá el nombre actual liberando el bloque de memoria que lo contiene y asignará un nuevo bloque para el nombre nuevo.

  ```
  char *asignarNombre(tpersona *, char *);
  ```

  Para que esta función pueda modificar la dirección almacenada en el miembro *nombre* de la estructura es necesario pasar esta por referencia. Devuelve 0 si no hay memoria suficiente para asignación.

- *mayusculas*. Cambia a letras mayúsculas el nombre almacenado en la estructura pasada como argumento.

  ```
  void mayusculas(tpersona);
  ```

  Para que la función pueda modificar el contenido almacenado en el bloque de memoria referenciado por el miembro *nombre* de la estructura, no es necesario pasar esta por referencia, basta con pasarla por valor porque solo necesita conocer la dirección del bloque de memoria en el que hay que escribir.

A continuación se muestra el programa completo:

```
/***************** Miembros que son punteros *****************/
/* pparam02.c
```

```
*/
#include <stdio.h>
#include <stdlib.h>
#include <memory.h>
#include <string.h>
#include <ctype.h>

typedef struct persona
{
  unsigned long dni;
  char *nombre;
} tpersona;

tpersona *asigmem(void);
int asignarDni(tpersona *, long);
char *asignarNombre(tpersona *, char *);
void mayusculas(tpersona);

int main(void)
{
  tpersona per1 = {0, 0};
  unsigned long DNI;
  char nombre[80];

  // Asignar datos y mostrar resultados
  do
  {
    printf("DNI: "); scanf("%lu", &DNI); while (getchar() != '\n');
  }
  while (!asignarDni(&per1, DNI));

  printf("Nombre: "); fgets(nombre, sizeof(nombre), stdin);
  if (!asignarNombre(&per1, nombre)) return -1;
  mayusculas(per1);
  printf("%lu %s\n", per1.dni, per1.nombre);

  // Cambiar el nombre
  printf("Nombre: "); fgets(nombre, sizeof(nombre), stdin);
  asignarNombre(&per1, nombre);
  printf("%lu %s\n", per1.dni, per1.nombre);

  // Liberar la memoria asignada
  free(per1.nombre);
  return 0;
}

tpersona *asigmem(void)
{
  tpersona *p = (tpersona *)malloc(sizeof(tpersona));
  memset(p, 0, sizeof(tpersona));
```

```
  return p;
}

int asignarDni(tpersona *p, long n)
{
  if (n > 0) p->dni = n;
  return n > 0;
}

char *asignarNombre(tpersona *p, char * nom)
{
  if (p->nombre != 0) free(p->nombre);
  if ((p->nombre = (char *)malloc(strlen(nom)+1)) == 0)
    return 0;
  return strcpy(p->nombre, nom);
}

void mayusculas(tpersona per)
{
  for (int i = 0; per.nombre[i]; i++)
    per.nombre[i] = toupper(per.nombre[i]);
}
```

Supongamos ahora que en la función **main** definimos otra estructura; esta vez dinámica:

```
tpersona *pper2 = 0;
// Asignar memoria para otra estructura
pper2 = asigmem();
if (pper2 == NULL) return -1;
```

¿Qué ocurre si ahora realizamos la siguiente operación?

```
*pper2 = per1;
```

Ahora, las dos estructuras comparten el mismo bloque de memoria que almacena el nombre. Para evitarlo hay que realizar la copia así:

```
pper2->dni = per1.dni;
asignarNombre(pper2, per1.nombre);
```

Partiendo de estas dos estructuras, ¿qué sentencias hay que escribir para liberar la memoria asignada?

```
free(per1.nombre);
free(pper2->nombre);
free(pper2);
```

En el caso de la estructura referenciada por *pper2* es necesario invocar a la función **free** en el orden expuesto; de otra forma, el bloque de memoria asignado a *nombre* no podría ser liberado.

Resumiendo, si estamos escribiendo una función *func* que tiene un parámetro de tipo *unTipo* y, cuando llamemos a esta función, nos hacemos la pregunta, ¿será necesario pasar el argumento por referencia? La respuesta será sí, si la función necesita modificar ese argumento pasado. Evidentemente, *unTipo* puede ser cualquier tipo predefinido o definido por el usuario, por ejemplo, un puntero.

También, cuando el argumento pasado a una función tiene un tamaño en *bytes* grande, por ejemplo, una estructura, será más eficiente pasarlo por referencia (aunque no fuera necesario) para evitar hacer una copia; es más eficiente copiar una dirección que hacer una copia de todos esos *bytes*.

DECLARACIONES COMPLEJAS

Entendemos por declaración compleja un identificador calificado por más de un operador (matriz: [], puntero: *, o función: ()). Se pueden aplicar varias combinaciones con estos operadores sobre un identificador; sin embargo, los elementos de una matriz no pueden ser funciones y una función no puede devolver como resultado una matriz o una función.

Para interpretar estas declaraciones, hay que saber que los corchetes y paréntesis (operadores a la derecha del identificador) tienen prioridad sobre los asteriscos (operadores a la izquierda del identificador). Los paréntesis y corchetes tienen la misma prioridad y se evalúan de izquierda a derecha. Como último paso se aplica el tipo especificado. Utilizando paréntesis, podemos cambiar el orden de prioridades. Las expresiones entre paréntesis se evalúan primero, de más internas a más externas.

Una forma sencilla de interpretar declaraciones complejas es leerlas desde dentro hacia fuera, siguiendo los pasos indicados a continuación:

1. Comenzar con el identificador y mirar si hacia la derecha hay corchetes o paréntesis.
2. Interpretar esos corchetes o paréntesis y mirar si hacia la izquierda del identificador hay asteriscos.
3. Dentro de cada nivel de paréntesis, de más internos a más externos, aplicar las reglas 1 y 2.

El siguiente ejemplo clarifica lo expuesto. En él se han enumerado el identificador *var*, los calificadores *[]*, *()* y *, y el tipo **char**, en el orden de interpretación resultado de aplicar las reglas anteriores.

```
char *(*(*var)())[10]
 ↑   ↑ ↑ ↑ ↑  ↑  ↑
 7   6 4 2 1  3  5
```

La lectura que se hace al interpretar la declaración anterior es:

1. el identificador *var* es declarado como
2. un puntero a
3. una función que devuelve
4. un puntero a
5. una matriz de 10 elementos, los cuales son
6. punteros a
7. objetos de tipo **char**.

EJERCICIOS RESUELTOS

1. Se quiere escribir un programa para manipular polinomios. Para ello, vamos a utilizar una estructura de datos como la siguiente:

```
typedef struct
{
  int grado;    // grado del polinomio
  float *coef; // coeficientes del polinomio
} tpolinomio;
```

El miembro *grado* es un valor mayor que 0 que especifica el grado del polinomio. El miembro *coef* es un puntero que referencia una matriz cuyos elementos contienen los coeficientes del polinomio. El número de elementos de la matriz es el número de coeficientes del polinomio y depende del grado de este. Por ejemplo, sea el polinomio: $x^5 + 5x^3 - 7x^2 + 4$.

Como el grado del polinomio es 5, la matriz de los coeficientes tendrá seis elementos cuyos valores serán: 1, 0, 5, –7, 0 y 4.

Se pide:

a) Escribir una función *LeerPol* que lea a través del teclado un polinomio y lo almacene en una estructura del tipo *tpolinomio* anteriormente descrito. La función *LeerPol* devolverá el polinomio leído. Para el polinomio que hemos puesto como ejemplo anteriormente, la entrada de datos se efectuaría así:

```
Coeficientes de mayor a menor grado: 1 0 5 -7 0 4
```

El prototipo de la función será el siguiente:

```
tpolinomio LeerPol(int grado);
```

b) Escribir una función *VisualizarPol* que visualice en pantalla un polinomio. Por ejemplo, el polinomio puesto como ejemplo anteriormente sería visualizado así:

```
+1x^5 +5x^3 -7x^2 +4
```

El prototipo de la función será el siguiente:

```
void VisualizarPol(tpolinomio pol);
```

El parámetro *pol* es una estructura que especifica el polinomio a visualizar.

c) Escribir una función *SumarPols* que devuelva como resultado la suma de dos polinomios. El prototipo de esta función será:

```
tpolinomio SumarPols(tpolinomio polA, tpolinomio polB);
```

Los parámetros *polA* y *polB* son estructuras que especifican los polinomios a sumar.

d) Utilizando las funciones anteriores, escribir un programa que lea dos polinomios y visualice en pantalla su suma.

El programa completo se muestra a continuación.

```
/************************ Polinomios ************************/
/* polinom.c
 */
#include <stdio.h>
#include <stdlib.h>

typedef struct
{
  int grado;    // grado del polinomio
  float *coef; // coeficientes del polinomio
} tpolinomio;

tpolinomio LeerPol(int grado)
{
  tpolinomio pol = { grado, NULL };
  // Asignar memoria para la matriz de coeficientes
```

```
  pol.coef = (float *)malloc((pol.grado + 1) * sizeof(float));
  if ( pol.coef != NULL )
  {
    // Leer los coeficientes de mayor a menor grado
    printf("Coeficientes de mayor a menor grado: ");
    for ( int i = pol.grado; i >= 0; i-- )
      scanf("%g", &pol.coef[i]);
  }
  return pol;
}

void VisualizarPol(tpolinomio pol)
{
  int i = 0;
  // Escribir los términos de pol de mayor a menor grado
  for ( i = pol.grado; i > 0; i-- )
    if ( pol.coef[i] ) printf("%+gx^%d ", pol.coef[i], i);
  // Escribir el término independiente
  if ( pol.coef[i] ) printf("%+g\n", pol.coef[i]);
}

tpolinomio SumarPols(tpolinomio polA, tpolinomio polB)
{
  int i = 0;
  tpolinomio polresu = {0, NULL}, polaux = {0, NULL};
  // Hacer que polA sea el de mayor grado
  if ( polA.grado < polB.grado )
  {
    polaux = polA;
    polA = polB;
    polB = polaux;
  }
  // El polinomio resultante tendrá como grado el mayor
  polresu.grado = polA.grado;

  // Asignar memoria para la matriz de coeficientes de polresu
  polresu.coef = (float *)malloc((polresu.grado + 1) * sizeof(float));
  if ( polresu.coef != NULL )
  {
    // Sumar polB con los coeficientes correspondientes de polA
    for ( i = 0; i <= polB.grado; i++ )
      polresu.coef[i] = polB.coef[i] + polA.coef[i];
    // A partir del valor actual de i, copiar
    // los coeficientes restantes de polA
    for ( ; i <= polA.grado; i++ )
      polresu.coef[i] = polA.coef[i];
  }
  return polresu;
}
```

```
main(void)
{
  tpolinomio polA, polB, polR;
  int grado;

  printf("Grado del polinomio A: ");
  scanf("%d", &grado);
  polA = LeerPol(grado);
  if (polA.coef != NULL)
  {
    printf("Grado del polinomio B: ");
    scanf("%d", &grado);
    polB = LeerPol(grado);
    if (polB.coef != NULL)
    {
      polR = SumarPols(polA, polB);
      if (polR.coef != NULL)
      {
        VisualizarPol(polR);
      }
    }
  }
  if ((polA.coef == NULL) || (polB.coef == NULL) || (polR.coef == NULL))
    printf("Insuficiente memoria\n");

  // Liberar la memoria asignada
  free(polA.coef);
  free(polB.coef);
  free(polR.coef);
}
```

Ejecución del programa

```
Grado del polinomio: 5
Coeficientes de mayor a menor grado: 1 0 5 -7 0 4
Grado del polinomio: 3
Coeficientes de mayor a menor grado: -3 7 1 -3
+1x^5 +2x^3 +1x^1 +1
```

2. Un algoritmo que genere una secuencia aleatoria o aparentemente aleatoria de números se llama generador de números aleatorios. Muchos programas requieren de un algoritmo como este. El algoritmo más comúnmente utilizado para generar números aleatorios es el de congruencia lineal que se enuncia de la forma siguiente:

$$r_k = (multiplicador * r_{k-1} + incremento) \% módulo$$

donde se observa que cada número en la secuencia r_k es calculado a partir de su predecesor r_{k-1} (% es el operador módulo o resto de una división entera). La secuencia, así generada, es llamada más correctamente secuencia seudoaleatoria, ya que cada número generado depende del anteriormente generado.

La función **rand** de la biblioteca de C está basada en este algoritmo.

La siguiente función utiliza el algoritmo de *congruencia lineal* para generar un número aleatorio entre 0 y 1, y no causará sobrepasamiento en un ordenador que admita un rango de enteros de -2^{31} a $2^{31}-1$.

```
double rnd(long *prandom)
{
  *prandom = (25173 * *prandom + 13849) % 65536;
  return((double)*prandom / 65535);
}
```

La función *rnd* anterior tiene un parámetro de tipo **long** que permitirá pasar un argumento entero por referencia. De esta forma, la función podrá modificar el argumento pasado con el valor del último número seudoaleatorio calculado, lo que permitirá calcular el siguiente número seudoaleatorio en función del anterior. Se puede observar que, en realidad, el número seudoaleatorio calculado es un valor entre 0 y 65535 y que para convertirlo a un valor entre 0 y 1 lo dividimos por 65535; el cociente de tipo **double** es el valor devuelto por la función.

El siguiente programa muestra cómo utilizar la función *rnd* para generar números seudoaleatorios entre 0 y 1:

```
/******************** Valores entre 0 y 1 ********************/
/* rnd.c
 */
#include <stdio.h>
#include <time.h>
double rnd(long *prandom);

int main(void)
{
  long inicio = time(NULL) % 65536;  // semilla
  long random = inicio; // random = número entre 0 y 65535
  double n;

  for (short i = 10; i; i--)
  {
    n = rnd(&random);
    printf("%.8g\n", n);
  }
}

double rnd(long *prandom)
{
```

```
    *prandom = (25173 * *prandom + 13849) % 65536;
    return((double)*prandom / 65535);
}
```

```
Ejecución del programa

0.15791562
0.36050965
0.18229953
0.16748302
0.19716182
0.29013504
0.66930648
0.40619516
0.20613413
0.14651713
```

La función **main** del ejemplo anterior primero calcula un valor entre 0 y 65535 a partir del cual se generará el primer número seudoaleatorio; este valor, que es el resto de dividir el número de milisegundos transcurridos desde el 1 de enero de 1970 devuelto por la función **time** de la biblioteca de C entre 65536, se almacena en la variable *random*. Después, para calcular cada número seudoaleatorio, invoca a la función *rnd* pasando el argumento *random* por referencia; de esta forma, la función *rnd* podrá modificarlo con el número seudoaleatorio que calcule, lo que garantizará calcular cada número seudoaleatorio en función del anterior.

3. Supongamos que tenemos un sólido irregular *S*, el cual puede encerrarse en un cubo *C*. Puede demostrarse que la probabilidad de que un punto al azar dentro de *C* esté también dentro de *S* es:

```
Volumen_sólido/Volumen_cubo
```

Partiendo de un cubo *C* definido por $x <= 1$, $y <= 1$, $z <= 1$, y de la esfera definida por $x^2 + y^2 + z^2 <= 1$, se cumple que un octavo de la esfera así definida está dentro del cubo de lado *1*. Por lo que si generamos un punto al azar dentro del cubo, la probabilidad de que este se encuentre también dentro del sector esférico es:

```
Volumen_sólido = Volumen_esfera / 8
Volumen_cubo = 1
P = Volumen_sólido / Volumen_cubo = Volumen_esfera / 8
```

Según lo expuesto, para saber el volumen de la esfera, bastará con calcular esa probabilidad. Para ello, la función **main** invocará a una función denominada *DentroEsfera* que generará *TOTAL* puntos (x, y, z) y contará cuántos de esos puntos están dentro del octavo de esfera. Una vez hecho este cálculo, la probabilidad *P* y el volumen de la esfera vendrán dados por las expresiones:

```
P = dentro/TOTAL;
volumen = 8.0 * P;
```

El prototipo de la función *DentroEsfera* será el siguiente:

```
int DentroEsfera(const int);
```

Esta función tiene un parámetro que se corresponde con el número total de puntos a generar. Para generar los valores *x*, *y*, *z* (valores entre 0 y 1) la función *DentroEsfera* invocará a la función *rnd* descrita anteriormente.

A continuación se muestra el programa completo.

```
/******* Números seudoaleatorios - Volumen de una esfera *******/
/* esfera.c
 */
#include <stdio.h>
#include <time.h>

double rnd(long *);
int DentroEsfera(const int);

int main(void)
{
  const int TOTAL = 1000; // ensayos a realizar
  double Volumen_esfera;  // volumen de la esfera
  int dentro;             // número de puntos dentro de la esfera

  printf("Ensayos a realizar:  %d\n", TOTAL);
  dentro = DentroEsfera(TOTAL);
  // Es necesario poner 8.0 para que el resultado sea real
  Volumen_esfera =  8.0 * dentro / TOTAL;
  printf("\nVolumen estimado = %g\n", Volumen_esfera);
}

int DentroEsfera(const int total)
{
  // Calcular cuántos del total de puntos generados
  // están dentro de la esfera
  long random = time(NULL);
  int i, dentro = 0;
  double x, y, z;

  for (i = 1; i <= total; i++)
  {
    printf("Realizando cálculos... %d\r ", i);
    x = rnd(&random); y = rnd(&random); z = rnd(&random);
    if (x*x + y*y + z*z <= 1)
      dentro = dentro + 1;
```

```
  }
  return dentro;
}

double rnd(long *prandom)
{
  // Generador de números seudoaleatorios
  *prandom = (25173 * *prandom + 13849) % 65536;
  return (double)*prandom / 65535;
}
```

```
Ejecución del programa

Ensayos a realizar:  1000
Realizando cálculos... 1000
Volumen estimado = 4.192
```

4. Queremos generar un diccionario inverso. Estos diccionarios se caracterizan por presentar las palabras en orden alfabético ascendente pero observando las palabras desde su último carácter hasta el primero (por ejemplo: hola –> aloh). En la tabla siguiente podemos ver un ejemplo de este tipo de ordenación:

DICCIONARIO NORMAL	DICCIONARIO INVERSO
adiós	hola
camión	rosa
geranio	camión
hola	geranio
rosa	tractor
tractor	adiós

Una aplicación de este curioso diccionario es buscar palabras que rimen. Para escribir un programa que genere un diccionario de este tipo, se pide:

a) Escribir la función *Comparar* cuyo prototipo es el siguiente:

```
int comparar(char *cad1, char *cad2);
```

Esta función comparará *cadena1* y *cadena2*, pero observando las palabras desde su último carácter hasta el primero. La función devolverá los siguientes resultados:

> 0 Si *cadena1* está alfabéticamente después que *cadena2*.
0 Si *cadena1* y *cadena2* son iguales.
< 0 Si *cadena1* está alfabéticamente antes que *cadena2*.

b) Escribir la función *ordenarCadenas* con el prototipo que se indica a continuación, para ordenar las palabras de la matriz *palabra* en orden alfabético ascendente:

```
void ordenarCadenas(char **palabra, int filas);
```

El parámetro *filas* indica el número total de palabras que tiene la matriz *palabra*. Para ordenar las palabras se empleará el *método de inserción* (para detalles sobre este método de ordenación, vea el capítulo de *Algoritmos*).

c) Escribir un programa que lea palabras desde la entrada estándar y las almacene en una matriz dinámica de cadenas de caracteres, y tras ordenarlas utilizando las funciones anteriores, las visualice en la salida estándar. Para ello escriba, además de las funciones anteriores, las siguientes funciones:

```
int leerCadenas(char **palabra, int nFilas);
void visualizarCadenas(char **palabra, unsigned filas);
```

El programa completo se muestra a continuación.

```
/******************** Diccionario inverso ********************/
/* dicinver.c
 */
#include <stdio.h>
#include <stdlib.h>
#include <string.h>
#include <locale.h>

char *leerCadena(char *str, int n);
int leerPalabras(char **palabra, int nFilas);
int comparar(char *cad1, char *cad2);
void ordenarPalabras(char **palabra, int filas);
void visualizarPalabras(char **palabra, int filas);

int main(void)
{
  setlocale(0, ""); // configuración regional predeterminada
  char **palabra = NULL;
  int nFilas = 0;
  int correcto = 0, filas = 0;
  do
  {
    printf("Número de filas de la matriz:    ");
    correcto = scanf("%u", &nFilas);
    while (getchar() != '\n') continue;
  }
  while ( !correcto || nFilas < 1 );
```

```
  // Asignar memoria para la matriz de punteros
  if ((palabra = (char **)malloc(nFilas * sizeof(char *))) == NULL)
  {
    printf("Insuficiente espacio de memoria\n");
    return -1;
  }

  // Operaciones
  filas = leerPalabras(palabra, nFilas);
  ordenarPalabras(palabra, filas);
  visualizarPalabras(palabra, filas);

  // Liberar la memoria asignada a cada una de las filas
  for ( int f = 0; f < filas; f++ )
    free(palabra[f]);
  // Liberar la memoria asignada a la matriz de punteros
  free(palabra);
  return 0;
}

char *leerCadena(char *str, int n)
{
  char *fin, *c = 0;
  fin = fgets(str, n, stdin);
  if (c = strchr(str, '\n'))
    *c = 0; // reemplazar '\n'
  else if (!feof(stdin))
    while (getchar() != '\n'); // limpiar buffer stdin
  return fin;
}

int leerPalabras(char **palabra, int nFilas)
{
  int f = 0, longitud = 0;
  char pal[81];

  printf("Introducir palabras.\n");
  printf("Para finalizar introduzca una palabra nula.\n");
  printf("Esto es, pulse solo <Entrar>.\n");

  while (f < nFilas && (longitud = strlen(leerCadena(pal, 81))) > 0)
  {
    // Asignar espacio para una palabra
    if ((palabra[f] = (char *)malloc(longitud + 1)) == NULL)
    {
      printf("Insuficiente espacio de memoria disponible\n");
      return -1;  // terminar el proceso
    }
    // Copiar la palabra en el espacio de memoria asignado
    strcpy(palabra[f], pal);
```

```
    f++;
  }
  return f;
}

int comparar(char *cad1, char *cad2)
{
  int i, j;
  i = strlen(cad1) - 1;
  j = strlen(cad2) - 1;
  // Comparar las palabras de atrás hacia delante
  while( i > 0 && j > 0 )
  {
    if ( cad1[i] != cad2[j] )
      return (cad1[i] - cad2[j]);
    i--;
    j--;
  }
  return (cad1[i] == cad2[j]) ? i - j : cad1[i] - cad2[j];
  // (i - j) para parejas como "centrar" y "entrar"
}

void ordenarPalabras(char **palabra, int filas)
{
  char *aux;  // puntero auxiliar
  int i = 0, k = 0;
  // Método de inserción
  for ( i = 1; i < filas; i++ )
  {
    aux = palabra[i];
    k = i - 1;
    while ( (k >= 0) && (comparar(aux, palabra[k]) < 0) )
    {
      palabra[k+1] = palabra[k];
      k--;
    }
    palabra[k+1] = aux;
  }
}

void visualizarPalabras(char **palabra, int filas)
{
  for ( int f = 0; f < filas; f++ )
    printf("%s\n", palabra[f]);
}
```

Ejecución del programa

```
Número de filas de la matriz:    10
Introducir palabras.
```

```
Para finalizar introduzca una palabra nula.
Esto es, pulse solo <Entrar>.
adiós
camión
geranio
hola
rosa
tractor

hola
rosa
camión
geranio
tractor
adiós
```

EJERCICIOS PROPUESTOS

1. Responda a las siguientes preguntas:

   1) ¿Cuál es el resultado del siguiente programa?

```
#include <stdio.h>
int main(void)
{
  int *p = NULL, a = 0;
  *p = 101;
  a = *p;
  printf("%d\n", a);
}
```

   a) 0.
   b) 101.
   c) No se puede ejecutar porque hay errores durante la compilación.
   d) No se puede ejecutar porque hay errores durante la ejecución.

   2) ¿ Cuál es el resultado del siguiente programa?

```
#include <stdio.h>
int main(void)
{
  double d = 1024.77;
  int *p, a = 0;
  p = (int *)&d;
  a = *p;
  printf("%d\n", a);
}
```

a) Imprime 1024.77.
b) Imprime 1024.
c) Imprime un valor absurdo.
d) Produce un error durante la ejecución.

3) ¿Cuál es el resultado del siguiente programa?

```
#include <stdio.h>
int main(void)
{
  int a[5] = { 10, 20, 30, 40, 50 };
  int *p = a;
  printf("%d\n", *(p + 2));
}
```

a) Imprime basura (valor no predecible).
b) Imprime 30.
c) Produce un error durante la compilación.
d) Ninguno de los anteriores.

4) ¿Cuál es el resultado del siguiente programa?

```
#include <stdio.h>
int main(void)
{
  int a[5] = { 10, 20, 30, 40, 50 };
  int *p = a;
  printf("%d\n", p + 1);
}
```

a) La dirección de a[1].
b) 10.
c) El programa produce un error durante la ejecución.
d) El programa produce un error durante la compilación.

5) ¿Cuál es el resultado del siguiente programa?

```
#include <stdio.h>
int main(void)
{
  int a[5] = { 10, 20, 30, 40, 50 };
  printf("%d\n", *a++);
}
```

a) 20.
b) 10.
c) El programa produce un error durante la ejecución.
d) El programa produce un error durante la compilación.

6) ¿Cuál es el resultado del siguiente programa?

```
#include <stdio.h>
int main(void)
{
  int a[2][3] = { 10, 20, 30, 40, 50, 60 };
  int **p = a;
  printf("%d\n", p[1][1]);
}
```

a) 50.
b) 20.
c) El programa produce un error durante la compilación.
d) El programa produce un error durante la ejecución.

7) ¿Cuál es el resultado del siguiente programa?

```
#include <stdio.h>
int main(void)
{
  int a[2][3] = { 10, 20, 30, 40, 50, 60 };
  int *p[2];
  p[0] = a[0], p[1] = a[1];
  printf("%d\n", p[1][1]);
}
```

a) 50.
b) 20.
c) El programa produce un error durante la compilación.
d) El programa produce un error durante la ejecución.

8) ¿Cuál es el resultado del siguiente programa?

```
#include <stdio.h>
int main(void)
{
  char *c[] = { "abc", "def", "ghi" };
  printf("%s\n", c[1]);
}
```

a) abc.
b) def.
c) Produce un error durante la compilación.
d) Produce un error durante la ejecución.

9) ¿Cuál es el resultado del siguiente programa?

```
#include <stdio.h>
#include <stdlib.h>
```

```
void asigmem(int *p, int t);

int main(void)
{
  int *p = NULL;
  asigmem(p, 3);
  p[0] = 10, p[1] = 20, p[2] = 30;
  printf("%d\n", p[1]);
}

void asigmem(int *p, int t)
{
  p = (int *)malloc(t * sizeof(int));
}
```

a) 20.
b) Imprime basura (valor indeterminado).
c) Produce un error durante la compilación.
d) Produce un error durante la ejecución.

10) ¿Cuál es el resultado del siguiente programa?

```
#include <stdio.h>
typedef union
{
  int a;
  float b;
} tdato;

int main(void)
{
  tdato *s = NULL;
  s->a = 0;
  printf("%d %g\n", s->a, s->b);
}
```

a) Imprime 0 y un valor indeterminado.
b) 0 0.
c) Produce un error durante la ejecución.
d) Imprime basura (valor indeterminado).

2. Realizar un programa que permita utilizar el terminal como un diccionario Inglés-Español; esto es, al introducir una palabra en inglés, se escribirá la correspondiente palabra en español. El número de parejas de palabras es variable, pero limitado a un máximo de 100. La longitud máxima de cada palabra será de 40 caracteres. Como ejemplo, supongamos que introducimos las siguientes parejas de palabras:

book	libro
green	verde
mouse	ratón

Una vez finalizada la introducción de la lista, pasamos al modo traducción, de forma que si tecleamos *green*, la respuesta ha de ser *verde*. Si la palabra no se encuentra, se emitirá un mensaje que lo indique.

El programa constará al menos de dos funciones:

a) *CrearDiccionario*. Esta función creará el diccionario.

b) *Traducir*. Esta función realizará la labor de traducción.

3. Un cuadrado mágico se compone de números enteros comprendidos entre *1* y n^2, donde n es un número impar que indica el orden de la matriz cuadrada que contiene los números que forman dicho cuadrado mágico. La matriz que forma este cuadrado mágico cumple que la suma de los valores que componen cada fila, cada columna y cada diagonal es la misma. Por ejemplo, un cuadrado mágico de orden 3, $n = 3$, implica una matriz de 3 por 3. Por lo tanto, los valores de la matriz estarán comprendidos entre 1 y 9 y dispuestos de la siguiente forma:

```
8 1 6
3 5 7
4 9 2
```

Realizar un programa que visualice un cuadrado mágico de orden impar n. El programa verificará que n es impar y está comprendido entre 3 y 15.

Una forma de construirlo consiste en situar el número 1 en el centro de la primera línea, el número siguiente en la casilla situada encima y a la derecha, y así sucesivamente. Es preciso tener en cuenta que el cuadrado se cierra sobre sí mismo; esto es, la línea encima de la primera es la última y la columna a la derecha de la última es la primera. Siguiendo esta regla, cuando el número caiga en una casilla ocupada, se elige la casilla situada debajo del último número situado.

Se deberán realizar al menos las siguientes funciones:

a) *Es_impar*. Esta función verificará si n es impar.
b) *Cuadrado_mágico*. Esta función construirá el cuadrado mágico.

4. Se define la función $f(t)$ como:

$$f(t) = \begin{cases} \int e^{-t^2} dt & si \quad t \geq 0 \\ 0 & si \quad t < 0 \end{cases}$$

Se pide escribir un programa que nos permita evaluar *f(t)*. Para ello se realizarán los siguientes pasos:

a) Escribir una función que permita evaluar el integrando e^{-t^2}. El prototipo de esta función será así:

```
double f(double t);
```

Para implementar esta función se aconseja utilizar la función *exp(t)*, que permite evaluar e^t y que se encuentra declarada en el archivo de cabecera *math.h* así:

```
double exp(double t);
```

b) Escribir una función que genere números seudoaleatorios dentro de un determinado rango. El prototipo de esta función será así:

```
double rnd(long& r);
```

La función *rnd*, cada vez que se invoque, generará un número seudoaleatorio comprendido entre *0* y *t*.

c) Escribir un programa que pida un valor de *t* y utilizando las funciones anteriores calcule *f(t)*.

- La función e^{-t^2} es positiva monótona decreciente. En *0* vale *1* y tiende a *0* cuando *t* crece. La primitiva de esta función no se conoce.

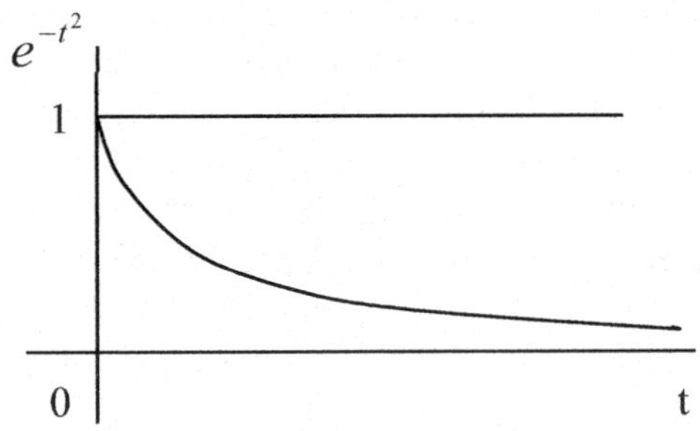

- La forma de solucionar este problema es análoga al cálculo del volumen de una esfera realizado en el apartado *Ejercicios resueltos*.

5. Una empresa dedicada a la venta de electrodomésticos y a su posterior mantenimiento desea tener una aplicación que automatice todos sus procesos de gestión.

Esto supone tener la información de todos los clientes que compran electrodomésticos, junto con los contratos de mantenimiento (esta última información, lógicamente, solo estará disponible en los casos en que el cliente contrate un seguro de mantenimiento para los electrodomésticos adquiridos), almacenada en una matriz dinámica de estructuras.

Cada cliente podrá asegurar o no el electrodoméstico comprado y cada electrodoméstico asegurado dará lugar a un contrato de mantenimiento.

La estructura *tcon* almacena la información de cada electrodoméstico comprado y asegurado:

```
typedef struct
{
  char Descripcion[80];  // Descripción del electrodoméstico
  int ValorCompra;       // Valor del electrodoméstico
  int ImpContrato;       // Importe del contrato de mantenimiento
  char NumSerie[15];     // Número de serie del aparato
  char NumContrato[10];  // Número del contrato
} tcon;
```

Para almacenar los contratos de mantenimiento suscritos por cada cliente, se define una estructura *tcontrato* así:

```
typedef struct
{
  tcon *Contrato;        // Puntero a una estructura tcon
  int nContratosAct;     // Número actual de contratos por cliente
} tcontrato;
```

Para almacenar los datos de los clientes que han comprado electrodomésticos aunque no hayan asegurado ninguno, se define una estructura *tcliente* así:

```
typedef struct
{
  char Nombre[35];       // Nombre del cliente
  char Apellidos[55];    // Apellidos del cliente
  char Direccion[35];    // Dirección del cliente
  char Codigo[15];       // Código del cliente
  tcontrato ContratoCli; // Estructura de tipo tcontrato
} tcliente;
```

La matriz dinámica de estructuras con la información de los clientes estará referenciada por la variable *pcliente* definida a continuación:

```
tcliente *pcliente;
```

Partiendo de las declaraciones anteriores y suponiendo que existe una matriz apuntada por *pcliente* correctamente iniciada, implemente las siguientes funciones:

a) Función *AutorizaReparacion*. Indica si se autoriza o no una reparación de un electrodoméstico dependiendo de los siguientes requisitos:

- Existe un contrato para el electrodoméstico con el número de serie especificado.
- El coste de la reparación no excede del 25% del valor de compra.

```
int AutorizaReparacion(tcliente *pcliente,
                       char numSerie[15],
                       int numClientes,
                       int impReparacion);
```

Parámetros:

pcliente	puntero a la matriz de estructuras *tcliente*.
numSerie	número de serie del aparato.
numClientes	número de clientes existentes.
impReparacion	coste de la reparación.

Valor retornado:
Un 0 si el importe de la reparación excede el 25% de la compra, un 1 si se autoriza y un 2 si el número de serie no existe.

b) Función *DarDeAltaUnContrato*. Dará de alta un contrato para un cliente existente en *pcliente*, solicitando los datos desde el teclado. El prototipo de la función *DarDeAltaUnContrato* se indica a continuación:

```
void DarDeAltaUnContrato(tcliente *pcliente, int i);
```

Parámetros:

pcliente	puntero a la matriz de estructuras *tcliente*.
i	posición del cliente poseedor del nuevo contrato.

Valor retornado: ninguno.

Nota: el nuevo contrato introducido se insertará en la posición primera si este cliente no tuviera contratos vigentes. En caso contrario, se insertará después del último contrato existente (se sugiere utilizar la función **realloc**).

c) Función *BuscarPosicion*. Permite encontrar la posición de un determinado cliente en la matriz dinámica de estructuras. El prototipo para esta función es el siguiente:

```
int BuscarPosicion(tcliente *pcliente,
                   char *codigo, int numClientes);
```

Parámetros:

pcliente	puntero a la matriz de estructuras *tcliente*.
codigo	código del cliente.
numClientes	número de clientes existentes.

Valor retornado:
Un entero que indica la posición que ocupa el cliente en la matriz, o –1 si el cliente no se encuentra.

d) Función *Listar*. Mostrará en pantalla un listado de todos los datos de los clientes. En el caso de que un cliente no tenga ningún contrato mostrará un mensaje indicándolo.

```
void Listar(tcliente *pcliente, int numClientes);
```

Parámetros:

pcliente	puntero a la matriz de estructuras *tcliente*.
numClientes	número de clientes existentes.

Valor retornado: ninguno.

e) Función *LiberarMemoria*. Liberará toda la memoria que se haya asignado durante la ejecución del programa. Su prototipo es:

```
void LiberarMemoria(tcliente *pcliente, int numClientes);
```

Parámetros:

pcliente	puntero a la matriz de estructuras *tcliente*.
numClientes	número de clientes existentes.

Valor retornado: ninguno.

CAPÍTULO 8

MÁS SOBRE FUNCIONES

En los capítulos anteriores hemos aprendido lo que es un programa, cómo escribirlo y qué hacer para que el ordenador lo ejecute y muestre los resultados perseguidos; aprendimos acerca de los elementos que aporta C; analizamos cómo era la estructura de un programa C; aprendimos a leer datos desde el teclado y a visualizar resultados sobre el monitor; estudiamos las estructuras de control; trabajamos con matrices y aprendimos a utilizar punteros.

Así mismo, en los capítulos *Fases en el desarrollo de un programa* y *Estructura de un programa* se introdujo el concepto de función como unidad independiente de un programa C. Desde entonces sabemos que todo programa C está formado además de por la función **main**, que es el punto de entrada y de salida del programa, por otras funciones, las cuales se comunican entre sí pasándose argumentos siempre que sean requeridos. Todo ello lo hemos venido aplicando en los ejercicios realizados en los capítulos estudiados hasta aquí.

Por eso, en este capítulo vamos a centrarnos en cuestiones más específicas, como estudiar la problemática que se nos puede presentar al pasar argumentos a funciones que sean matrices, estructuras y punteros, o bien devolver estos tipos de datos. También abordaremos el paso de argumentos a través de la línea de órdenes, las funciones recursivas y los punteros a funciones.

PASAR UNA MATRIZ COMO ARGUMENTO A UNA FUNCIÓN

Atendiendo al instante en el que se hace la reserva de memoria para una matriz, la denominaremos estática cuando sea el compilador el que hace el recuento de la memoria necesaria y dinámica cuando la reserva se haga durante la ejecución del programa utilizando las funciones **malloc**, **calloc** o **realloc**. Recordar que el nombre de una matriz estática es una constante, no sucediendo lo mismo con una dinámica por utilizar un puntero para hacer referencia a la misma.

Matrices estáticas

Ya hemos dicho en numerosas ocasiones que el nombre de una matriz es la dirección de comienzo de dicha matriz y también hemos visto que cuando pasamos una matriz a una función el argumento especificado en la llamada a esa función es exclusivamente el nombre de la matriz; esto significa que lo que se pasa es la dirección de la matriz, por lo tanto, el parámetro formal correspondiente en la definición de la función debe ser una variable del mismo tipo que la matriz que se pasa, la cual, después de la llamada, quedará iniciada con esa dirección. Por eso se dice que las matrices son siempre pasadas por referencia. Si fueran pasadas por valor, se pasaría una copia de todos sus elementos con el consiguiente coste de recursos y de tiempo.

Por lo tanto, cuando se pasa una matriz a una función, lo que esta conoce es el lugar de la memoria donde está ubicada esa matriz. De esta forma, tanto la función que llama como la llamada trabajan sobre el mismo espacio de memoria; en otras palabras, sobre la misma matriz. Cualquier cambio que haga una de ellas sobre la matriz será visto por la otra en el instante de su ejecución. Por ejemplo, en el capítulo *Tipos estructurados de datos* implementamos funciones como estas:

```
// ...
int main(void) // función principal
{
  static tficha biblioteca[N]; // matriz de estructuras
  int n = 0; // número actual de elementos de la matriz

  system("cls");
  printf("Introducir datos.\n");
  n = leer(biblioteca, N);
  system("cls");
  printf("Listado de libros y revistas\n");
  escribir(biblioteca, n); // listar todos los libros y revistas
}

int leer(tficha bibli[], int NMAX)
{
  // ...
}

void escribir(tficha bibli[], int n)
{
  // ...
}
```

En este ejemplo, el primer parámetro de las funciones *leer* y *escribir* es una matriz de una dimensión. Recuerde que cuando se declara una matriz unidimensional como parámetro de una función, no se requiere que se especifique su dimensión, simplemente porque la matriz ya existe y lo único que se necesita es declarar una variable del tipo de la matriz, en el ejemplo del tipo *tficha []*, para almacenar la dirección de la misma. Si la matriz es multidimensional, entonces no se requiere que se especifique la primera dimensión, pero sí las restantes, como puede ver a continuación; el razonamiento es el mismo, como la matriz existe, lo único que se requiere es una variable del tipo de la matriz, en el ejemplo *float [][COLS]*, para almacenar la dirección de la misma.

```
// ...
int main(void)
{
  static float a[FILAS][COLS], c[FILAS][COLS];

  // Leer datos para la matriz a
  for (int fila = 0; fila < FILAS; fila++)
  {
    for (int col = 0; col < COLS; col++)
    {
      printf("a[%d][%d] = ", fila, col);
      scanf("%f", &a[fila][col]);
    }
  }

  // Copiar la matriz a en c
  copiarMatriz(c, a);
  // ...

void copiarMatriz(float destino[][COLS], float origen[][COLS])
{
  // ...
}
```

En este otro ejemplo, desarrollado también en el capítulo *Tipos estructurados de datos*, los dos parámetros de la función *copiarMatriz* son matrices de dos dimensiones. El tener que especificar la segunda dimensión hace que la función dependa de ese valor externo lo que supone declarar esa constante cuando utilicemos esta función en otros programas. Esto podría solucionarse con un archivo de cabecera en el que se incluyera tanto el prototipo de la función como la definición de la constante.

Por otra parte, si el nombre de una matriz representa una dirección de un nivel de indirección, ¿podríamos almacenar esa dirección en un puntero con un nivel de indirección? Sí, si se define adecuadamente el puntero. Para matrices de una dimensión, como el nombre de una matriz direcciona el primer elemento de dicha matriz, bastaría con definir un puntero al tipo del elemento. Como ejemplo, obsérvese el parámetro *bibli* de la función *leer* que anteriormente fue declarado como una matriz, y ahora es declarado como un puntero; el comportamiento es el mismo en ambos casos.

```
int leer(tficha *bibli, int NMAX)
{
  // ...
}
```

En cambio, no podríamos hacer exactamente lo mismo con *copiarMatriz*, porque, según aprendimos en el capítulo anterior, el nombre de una matriz de dos dimensiones también define un nivel de indirección, pero no a un elemento, sino a una fila (una matriz de dos dimensiones es una matriz de matrices de una dimensión). Según esto, la función *copiarMatriz* podría ser así:

```
void copiarMatriz(float (*destino)[COLS], float (*origen)[COLS])
{
  for (int fila = 0; fila < FILAS; fila++)
  {
    for (int col = 0; col < COLS; col++)
      destino[fila][col] = origen[fila][col];
  }
}
```

No obstante, si sustituimos el acceso indexado por un acceso a través de la dirección de cada elemento, calculada mediante aritmética de punteros a partir de la dirección de la matriz, el problema también queda resuelto. El ejemplo siguiente muestra esta otra forma de proceder:

```
void copiarMatriz(float *destino, float *origen, int filas, int cols)
{
  for (int fila = 0; fila < filas; fila++)
  {
    for (int col = 0; col < cols; col++)
      *(destino + (fila*cols) + col) = *(origen + (fila*cols) + col);
  }
}
```

Matrices dinámicas

Una matriz dinámica está referenciada por una variable de tipo puntero con tantos niveles de indirección como dimensiones tenga la matriz. Por lo tanto, pasar una matriz dinámica como argumento a una función simplemente requiere que el parámetro formal correspondiente sea un puntero del mismo tipo. Por ejemplo, el programa siguiente crea una matriz dinámica de una dimensión y después invoca a una función para visualizarla. Observar que el puntero utilizado para referenciar la matriz tiene un nivel de indirección y que la función *visualizar* define un parámetro del mismo tipo.

```
// punteros1.c
//
#include <stdio.h>
#include <stdlib.h>
#include <memory.h>

void visualizar(double *, int);

int main(void)
{
  int elems = 6; // número de elementos de la matriz
  // Crear una matriz unidimensional dinámicamente
  double *m = (double *)malloc(elems * sizeof(double));
  if ( m == NULL )
  {
    printf("Insuficiente memoria\n");
    return -1;
  }

  // Iniciar la matriz con ceros
  memset(m, 0, elems * sizeof(double));
  // ...

  // Visualizar la matriz
  visualizar(m, elems);

  free(m);
  return 0;
}

void visualizar(double *x, int elems)
{
  for (int i = 0; i < elems; i++)
    printf("%5g", x[i]);
  printf("\n");
}
```

En el caso de que la matriz fuera de dos dimensiones, se procede de forma análoga. Por ejemplo, el programa siguiente crea una matriz dinámica de dos dimensiones y después invoca a una función para visualizarla. Observar que el puntero utilizado para referenciar la matriz tiene dos niveles de indirección y que la función *visualizar* define un parámetro del mismo tipo.

```
// punteros2.c
//
```

```
#include <stdio.h>
#include <stdlib.h>
#include <memory.h>

void visualizar(double **, int, int);
void **asignarMemoriaMatriz2D(int, int, size_t);
void liberarMemoriaMatriz2D(void **, int);

int main(void)
{
  int filas = 2, cols = 3; // número filas y columnas de la matriz
  // Crear una matriz bidimensional dinámicamente
  double **m = (double **)asignarMemoriaMatriz2D(filas, cols, sizeof(double));
  if (m == NULL)
  {
    printf("Insuficiente memoria\n");
    return -1;
  }
  // ...

  // Visualizar la matriz
  visualizar(m, filas, cols);

  // Liberar la memoria asignada a la matriz
  liberarMemoriaMatriz2D(m, filas);
  return 0;
}

void visualizar(double **x, int filas, int cols)
{
  int f = 0, c = 0;
  for (f = 0; f < filas; f++)
  {
    for (c = 0; c < cols; c++)
      printf("%5g", x[f][c]);
    printf("\n");
  }
}
```

Las funciones *asignarMemoriaMatriz2D* y *liberarMemoriaMatriz2D* fueron expuestas en el capítulo *Punteros*.

PASAR UN PUNTERO COMO ARGUMENTO A UNA FUNCIÓN

Un puntero, igual que otros tipos de variables, puede ser pasado por valor o por referencia. *Por valor* significa que el valor almacenado (una dirección) en el parámetro actual (argumento especificado en la llamada a la función) se copia en el parámetro formal correspondiente (parámetro declarado en la cabecera de la función); si ahora modificamos el valor de este parámetro formal, el parámetro actual correspondiente no se ve afectado. En el programa anterior, cuando **main** invoca a la función *visualizar*, el parámetro actual *m* es pasado por valor. Esto quiere decir que la dirección almacenada en *m* se copia en el parámetro formal *x* de *visualizar*, de tal forma que, aunque esta función modificara la dirección almacenada en *x*, *m* permanecería invariable. *Por referencia* lo que se copia no es la dirección almacenada en el parámetro actual, sino la dirección en la que se localiza ese parámetro actual, de tal forma que una referencia al contenido del parámetro formal es una referencia al parámetro actual.

Para clarificar lo expuesto, hagamos otra versión de la función *asignarMemoriaMatriz2D* en la que se pase el puntero *m* por referencia, con la intención de que *asignarMemoriaMatriz2D* pueda acceder a su contenido y modificarlo almacenando en él la dirección del bloque de memoria reservado por ella.

```
int main(void)
{
  // ...
  // Crear una matriz bidimensional dinámicamente
  asignarMemoriaMatriz2D(&m, filas, cols, sizeof(double));
  // ...
}

void asignarMemoriaMatriz2D(void ***x, int nFilas, int nCols,
size_t tamElemento)
{
  void **p = 0;

  // Asignar memoria para la matriz de punteros
  p = (void **)malloc(nFilas * sizeof(void *));
  if (p == NULL)  return NULL;
  // Asignar memoria para cada una de las filas
  for (int i = 0; i < nFilas; i++)
  {
    p[i] = malloc(nCols * tamElemento);
    if (p[i] == NULL)
    {
      // Liberar la memoria asignada hasta este instante
      liberarMemoriaMatriz2D(p, i);
      return NULL;
    }
    // Iniciar la fila con ceros
    memset(p[i], 0, nCols * tamElemento);
  }
  *x = p; // guardar la dirección de la matriz en el parámetro
          // pasado por referencia a esta función.
          // El tipo de *x es void **, igual que el de p.
}
```

Ahora, cuando **main** invoca a la función *asignarMemoriaMatriz2D*, ¿cómo se pasa el argumento *m*? Evidentemente por referencia, porque cuando se ejecuta la llamada se realiza la operación *x = &m*. Por lo tanto, *asignarMemoriaMatriz2D* puede ahora acceder a *m*, puesto que conoce su dirección. Esto es, cuando *asignarMemoriaMatriz2D* quiera acceder a *m* lo hará a través de la expresión **x* (el contenido de la dirección *x* es *m*, puesto que *x* es la dirección de *m*).

Se puede observar que *asignarMemoriaMatriz2D* define un puntero *p* del mismo tipo que **x* y, por lo tanto, del mismo tipo que *m*, para guardar la dirección del bloque de memoria que hay que reservar para la matriz. Esto evitará tener que utilizar reiteradamente **x* en el resto de la función, lo que hará más fácil la interpretación del código. Por lo tanto, la última sentencia de esta función tiene que ser **x = p*, que lo que hace en realidad es guardar *p* en *m*.

A diferencia de la función *asignarMemoriaMatriz2D*, las funciones *liberarMemoriaMatriz2D* y *visualizar* son invocadas pasando *m* por valor, lo que es totalmente correcto porque ninguna de esas funciones necesita modificar la dirección *m*. Ahora si cualquiera de esas funciones ejecutara, por ejemplo, una operación como *x[0][0] = −1*, ¿el elemento *m[0][0]* sería modificado en el mismo sentido? Evidentemente sí, porque *x* y *m* apuntan a la misma matriz.

Conclusión, cuando a una función se le pasa un puntero por valor, lógicamente los datos apuntados le son pasados por referencia, porque es la dirección de esos datos la que se le ha pasado, y cuando se le pasa un puntero por referencia, además de este, los datos apuntados también le son pasados por referencia.

PASAR UNA ESTRUCTURA A UNA FUNCIÓN

Una estructura puede ser pasada a una función, igual que cualquier otra variable, por valor o por referencia (en el capítulo *Punteros* ya introducimos este tema). Cuando pasamos una estructura por valor, el parámetro actual que representa la estructura se copia en el correspondiente parámetro formal, produciéndose un duplicado de la estructura. Por eso, si alguno de los miembros del parámetro formal se modifica, estos cambios no afectan al parámetro actual correspondiente. Si pasamos la estructura por referencia, lo que recibe la función es el lugar de la memoria donde se localiza dicha estructura. Entonces, conociendo su dirección, sí es factible alterar su contenido.

Como ejemplo vamos a realizar otra versión del programa anterior que utilice una estructura que defina la matriz; esto es, la estructura tendrá tres miembros: uno para almacenar la dirección de comienzo de la matriz, otro para almacenar el número de filas y otro más para el número de columnas.

```
typedef struct
{
  double **p; // dirección de comienzo de la matriz
  int filas;  // número de filas
  int cols;   // número de columnas
} tmatriz2D;  // tipo
```

Con el fin de reutilizar las funciones *visualizar*, *asignarMemoriaMatriz2D* y *liberarMemoriaMatriz2D* ya implementadas en este y en el anterior capítulo, vamos a incluir sus declaraciones en un archivo *misFunciones.h* y sus definiciones en un archivo *misFunciones.c*:

```
/* misFunciones.h */
#pragma once
void visualizar(double **, int, int);
void **asignarMemoriaMatriz2D(int, int, size_t);
void liberarMemoriaMatriz2D(void **, int);
```

```
/* misFunciones.c */
#include <stdio.h>
#include <stdlib.h>
#include <memory.h>
#include "misFunciones.h"

void visualizar(double **x, int filas, int cols)
{
  // ...
}

void **asignarMemoriaMatriz2D(int nFilas, int nCols, size_t tamElemento)
{
  // ...
}

void liberarMemoriaMatriz2D(void **pm, int nFilas)
{
  // ...
}
```

Supongamos que el planteamiento que hacemos para esta nueva versión del programa, de forma esquemática, es así:

```
int main(void)
{
  tmatriz2D m = {NULL, 2, 3}; // estructura m
  AsignarMem2D(m);
  Visualizar(m);
  LiberarMem2D(m);
}
```

```
void AsignarMem2D(tmatriz2D x)
{
  x.p = (double **)asignarMemoriaMatriz2D(filas, cols, sizeof(double));
  // ...
}

void LiberarMem2D(tmatriz2D x)
{
  // ...
}

void Visualizar(tmatriz2D x)
{
  // ...
}
```

Analicemos esta versión del programa. Cuando **main** invoca a la función *AsignarMem2D*, ¿cómo se pasa el argumento *m*? Evidentemente por valor, porque cuando se ejecuta la llamada se realiza la operación *x* = *m*. Esto hace que la estructura *m* se copie miembro a miembro en la estructura *x* del mismo tipo. Como *m.p* vale **NULL**, *x.p* inicialmente también valdrá **NULL**.

Se ejecuta la función *AsignarMem2D* y *x.p* toma un nuevo valor: la dirección del bloque de memoria reservado por **malloc**. ¿Ha cambiado *m.p* en el mismo valor? Evidentemente no, ya que *x* es una copia de *m*; ambas son estructuras locales a sus respectivas funciones y no guardan ninguna relación una con la otra. Por lo tanto, *m.p* sigue valiendo **NULL**, por lo que el programa no funciona. Además, cuando la función *AsignarMem2D* finalice, la estructura *x* será destruida y quedará un bloque de memoria sin referenciar y sin liberar, generándose una laguna de memoria. ¿Cómo solucionamos este problema? Pues haciendo que *AsignarMem2D* pueda acceder al contenido del miembro *p* de *m* para modificarlo con la dirección del bloque de memoria reservado por ella. Para ello, necesita conocer el lugar en la memoria donde está ubicada la estructura *m*, esto es, su dirección, lo que implica pasar *m* por referencia. Realizando estos cambios, el programa definitivo quedaría así:

```
// punteros4.c. La aplicación incluye también misFunciones.c
//
#include <stdio.h>
#include <stdlib.h>
#include <memory.h>
#include "misFunciones.h"

typedef struct
{
  double **p; // dirección de comienzo de la matriz
  int filas;  // número de filas
```

```
  int cols;   // número de columnas
} tmatriz2D;  // tipo

void AsignarMem2D(tmatriz2D *);
void LiberarMem2D(tmatriz2D);
void Visualizar(tmatriz2D);
void AsignarDatos(tmatriz2D);

int main(void)
{
  tmatriz2D m = { NULL, 2, 3 }; // estructura m

  // Crear una matriz bidimensional dinámicamente
  AsignarMem2D(&m);
  if (m.p == NULL)
  {
    printf("Insuficiente memoria\n");
    return -1;
  }

  // Operaciones con la matriz
  // ...

  // Visualizar la matriz
  Visualizar(m);

  // Liberar la memoria asignada a la matriz
  LiberarMem2D(m);
  return 0;
}

void AsignarMem2D(tmatriz2D *x)
{
  x->p = (double **)asignarMemoriaMatriz2D(x->filas, x->cols, sizeof(double));
}

void LiberarMem2D(tmatriz2D x)
{
  liberarMemoriaMatriz2D(x.p, x.filas);
}

void Visualizar(tmatriz2D x)
{
  visualizar(x.p, x.filas, x.cols);
}
```

Observar que cuando **main** invoca a la función *AsignarMem2D* pasa el argumento *m* por referencia (*x* = *&m*). Por lo tanto, *AsignarMem2D* puede ahora acceder a los miembros de *m*, puesto que conoce su dirección. Esto es, cuando *AsignarMem2D* quiera acceder al miembro *p* de *m* lo hará a través de la expresión *x->p* o a través de esta otra expresión equivalente *(*x).p* (el contenido de la dirección *x* es *m*, puesto que *x* es la dirección de *m*).

En cambio, las funciones *LiberarMem2D* y *Visualizar* son invocadas pasando *m* por valor, lo que es totalmente correcto porque ninguna de esas funciones necesita modificar los miembros de *m*. Ahora, si cualquiera de esas funciones ejecutara, por ejemplo, una operación como *x.p[0][0] = -1*, ¿el elemento *m.p[0][0]* sería modificado en el mismo sentido? Evidentemente sí, porque *x.p* y *m.p* apuntan a la misma matriz, puesto que *x* es una copia de *m*. Según esto, sería totalmente correcto añadir una función como la siguiente para permitir al usuario asignar a la matriz datos desde el teclado:

```
void AsignarDatos(tmatriz2D x)
{
  for (int f = 0; f < x.filas; f++)
  {
    for (int c = 0; c < x.cols; c++)
    {
      printf("elemento[%d][%d] = ", f, c);
      scanf("%lf", &x.p[f][c]);
    }
    printf("\n");
  }
}
```

Obsérvese que cuando **main** invoque a la función *AsignarDatos* pasará el argumento *m* por valor (*x = m*). Por lo tanto, *AsignarDatos* no podrá modificar los miembros de *m*, puesto que no conoce su dirección, pero sí podrá modificar los elementos de la matriz puesto que *x.p* y *m.p* apuntan a la misma matriz, ya que *x* es una copia de *m*. En otras palabras, la estructura *m* es pasada por valor (se pasa una copia) pero la matriz apuntada por *p* es pasada por referencia (se pasa su dirección, la que se copia en *x.p*).

DATOS RETORNADOS POR UNA FUNCIÓN

Una función puede retornar cualquier valor de un tipo primitivo o derivado, excepto una matriz (no dinámica) o una función. Cuando una función retorna un valor, lo que realmente devuelve es una copia de ese valor que, generalmente, se almacenará en una variable de su mismo tipo. Por lo tanto, se puede devolver un entero, una estructura, un puntero, etc., pero no una matriz porque si estas se pasan por referencia, también se devolverían por referencia; esto quiere decir que la función retornaría su dirección de comienzo y no una copia de sus elementos; después de lo expuesto, quizás esté pensando, si devuelve la dirección de comienzo, ¿podríamos utilizarla para acceder a sus datos? Pues no, porque lógicamente, la matriz que tratamos de devolver habrá sido definida como una estructura de datos local a la misma y, por lo tanto, será destruida cuando la función finalice. Este mismo error se producirá siempre que devolvamos la dirección de cualquier variable local con la intención de acceder más tarde al valor que almacenaba.

Según lo expuesto, una función deberá devolver:

- Una copia de los datos.
- La dirección de un bloque de memoria reservado dinámicamente para contener los datos.
- La dirección de una variable declarada **static**.

Retornar una copia de los datos

Como ejemplo vamos a realizar otra versión del programa anterior. Con respecto a la versión anterior, en esta solo modificaremos la función *AsignarMem2D* para adaptarla al prototipo siguiente:

```
tmatriz2D AsignarMem2D(int, int);
```

Observamos que ahora *AsignarMem2D* tiene dos parámetros (el número de filas y de columnas de la matriz) y que devuelve una estructura de tipo *tmatriz2D*. Según esto, la función **main** y la función *AsignarMem2D* serán modificadas como se puede ver a continuación:

```
int main(void)
{
  int filas = 2, cols = 3;
  tmatriz2D m; // estructura m

  // Crear una matriz bidimensional dinámicamente
  m = AsignarMem2D(filas, cols);
  if (m.p == NULL)
  {
    printf("Insuficiente memoria\n");
    return -1;
  }

  // Operaciones con la matriz
  // ...

  // Visualizar la matriz
  Visualizar(m);

  // Liberar la memoria asignada a la matriz
  LiberarMem2D(m);
  return 0;
}
```

```
tmatriz2D AsignarMem2D(int filas, int cols)
{
  tmatriz2D x = { NULL, filas, cols };
  // Crear una matriz bidimensional dinámicamente
  x.p = (double **)asignarMemoriaMatriz2D(filas, cols, sizeof(double));
  return x;
}
```

Se puede observar que ahora la función *AsignarMem2D* define una variable local *x* de tipo *tmatriz2D* y asigna a cada uno de sus miembros el valor correspondiente; esto es, a *p* el bloque de memoria reservado para la matriz (este bloque de memoria existirá mientras no sea liberado, operación que se puede realizar desde cualquier función que conozca su dirección), a *filas* el número de filas de la matriz y a *cols* el número de columnas. Por otra parte, la función **main** invoca a *AsignarMem2D* para almacenar en *m* la estructura devuelta por dicha función. Como puede observar, no importa que *x* sea una variable local de *AsignarMem2D*, porque cuando vaya a ser destruida, una vez finalizada la ejecución de la función, ya ha sido copiada en *m*.

Retornar un puntero al bloque de datos

Continuando con el problema planteado en el apartado anterior, sí estaríamos cometiendo un error grave si hubiéramos escrito *AsignarMem2D* así:

```
int main(void)
{
  int filas = 2, cols = 3;
  tmatriz2D *m = NULL; // puntero a una estructura tmatriz2D
  // Crear una matriz bidimensional dinámicamente
  m = AsignarMem2D(filas, cols);
  // ...
  return 0;
}

tmatriz2D *AsignarMem2D(int filas, int cols)
{
  tmatriz2D x = { NULL, filas, cols };
  // Crear una matriz bidimensional dinámicamente
  x.p = (double **)asignarMemoriaMatriz2D(filas, cols, sizeof(double));
  return &x;
}
```

Ahora, la función *AsignarMem2D* devuelve la dirección de la estructura *x*, que será almacenada por **main** en *m* una vez ejecutada esa función. Pero, ¿a qué apuntará *m* cuando *x* sea destruida una vez finalizada la ejecución de la función?

La palabra "destruida" quiere decir que el espacio ocupado por los miembros de *x* es liberado, quedando dicho espacio disponible para el siguiente requerimiento de memoria que tenga el programa (en nuestro caso puede ser requerido, por ejemplo, cuando haya que definir otra variable local), por lo tanto, *m* almacenará una dirección que ya no es válida. También, al ser destruida *x*, se genera una laguna de memoria, ya que la memoria asignada para la matriz no ha sido liberada.

El error planteado puede ser subsanado si se reserva memoria dinámicamente para una variable de tipo *tmatriz2D* y se devuelve su dirección. No olvidar liberar ese bloque de memoria cuando la variable ya no sea necesaria. Con este nuevo planteamiento, la función **main** y la función *AsignarMem2D* quedarían así:

```
int main(void)
{
  int filas = 2, cols = 3;
  tmatriz2D *m = NULL; // puntero a una estructura tmatriz2D
  // Crear una matriz bidimensional dinámicamente
  m = AsignarMem2D(filas, cols);
  if (m == NULL)
  {
    printf("Insuficiente memoria\n");
    return -1;
  }

  // Operaciones con la matriz
  // ...

  // Visualizar la matriz
  Visualizar(*m);

  // Liberar la memoria asignada a la matriz
  LiberarMem2D(*m);
  // Liberar la memoria asignada a la estructura
  free(m);
  return 0;
}

tmatriz2D *AsignarMem2D(int filas, int cols)
{
  tmatriz2D *x = (tmatriz2D *)malloc(sizeof(tmatriz2D));
  if (x == NULL) return NULL;
  x->p = NULL; x->filas = filas; x->cols = cols;
  // Crear una matriz bidimensional dinámicamente
  x->p = (double **)asignarMemoriaMatriz2D(filas, cols, sizeof(double));
  return x;
}
```

Ahora, la función *AsignarMem2D* devuelve un puntero *x* a una estructura *tmatriz2D* creada dinámicamente, puntero que será almacenado por **main** en *m* una vez ejecutada esa función. Pero, ¿a qué apuntará *m* cuando *x* sea destruida una vez finalizada la ejecución de la función? La respuesta es a la misma estructura *tmatriz2D* que apuntaba *x*. En este caso, destruir *x* significa liberar los cuatro *bytes* que ocupaba esta variable tipo puntero, no liberar el bloque de memoria apuntado; de esto se encargará la función **main** al final del programa invocando a la función **free**.

Retornar la dirección de una variable declarada static

Un usuario que utilice la última versión de *AsignarMem2D* deducirá, simplemente por el nombre y por el prototipo de la función, que la utilidad de dicha función es reservar memoria dinámicamente para una matriz de *filas* filas por *cols* columnas, lo cual deja claro también que dicha memoria hay que liberarla cuando ya no se necesite la matriz. En cambio, solo con ver el prototipo no puede saber si dicha función utiliza también una estructura dinámica de datos de tipo *tmatriz2D* (lógicamente, este tipo de información deberá aparecer en la documentación de la función). En cualquier caso, resulta evidente que esto puede ser una fuente de errores, en el sentido de que si no se libera esa memoria se producirán lagunas de memoria. Para superar este inconveniente, podemos hacer que la función devuelva la dirección de una variable de tipo *tmatriz2D* declarada **static**, ya que este tipo de variables persisten durante toda la ejecución del programa. Este mecanismo es el mismo que utiliza la función **localtime** de la biblioteca de C (ver apéndice B).

Aplicando la teoría expuesta en el párrafo anterior, la función **main** y la función *AsignarMem2D* quedarían así:

```
int main(void)
{
  int filas = 2, cols = 3;
  tmatriz2D *m = NULL; // estructura m

  // Crear una matriz bidimensional dinámicamente
  m = AsignarMem2D(filas, cols);
  if (m == NULL)
  {
    printf("Insuficiente memoria\n");
    return -1;
  }

  // Operaciones con la matriz
  // ...

  // Visualizar la matriz
```

```
  Visualizar(*m);

  // Liberar la memoria asignada a la matriz
  LiberarMem2D(*m);

  return 0;
}

tmatriz2D *AsignarMem2D(int filas, int cols)
{
  static tmatriz2D x;
  x.p = NULL; x.filas = filas; x.cols = cols;
  // Crear una matriz bidimensional dinámicamente
  x.p = (double **)asignarMemoriaMatriz2D(filas, cols, sizeof(double));
  return &x;
}
```

Ahora, la función *AsignarMem2D* devuelve la dirección de la estructura *x* de tipo *tmatriz2D* declarada **static**, puntero que será almacenado por **main** en *m* una vez ejecutada esa función. En este caso, cuando finalice el programa, la función **main** no tiene que liberar nada más que la memoria asignada para la matriz.

ARGUMENTOS EN LA LÍNEA DE ÓRDENES

Muchas veces, cuando invocamos a un programa desde el sistema operativo, necesitamos escribir uno o más argumentos a continuación del nombre del programa, separados por un espacio en blanco. Por ejemplo, piense en la orden *ls -l* del sistema operativo UNIX o en la orden *dir /p* de la consola de Windows. Tanto *ls* como *dir* son programas; *-l* y */p* son opciones o argumentos en la línea de órdenes que pasamos al programa para que tenga un comportamiento diferente al que tiene de forma predeterminada; es decir, cuando no se pasan argumentos.

De la misma forma, nosotros podemos construir programas que admitan argumentos a través de la línea de órdenes. ¿Qué función recibirá esos argumentos? Lógicamente la función **main**, ya que es por esta función por donde empieza a ejecutarse un programa C. Quiere esto decir que la función **main** tiene que tener parámetros formales donde se almacenen los argumentos pasados, igual que ocurre con cualquier otra función. Así, el prototipo de la función **main** en general es de la forma siguiente:

```
int main(int argc, char *argv[]);
```

El argumento *argc* es un entero que indica el número de argumentos pasados a través de la línea de órdenes, incluido el nombre del programa. El argumento *argv* es una matriz de punteros a cadenas de caracteres. Cada elemento de esta matriz apunta a un argumento, de manera que *argv[0]* apunta al nombre del programa, *argv[1]* al primer argumento de la línea de órdenes, *argv[2]* al segundo argumento, etc. La función **main** retorna un **int** con el que podemos expresar el éxito o no de la ejecución de dicha función.

Por ejemplo, supongamos que tenemos un programa C denominado *test* que acepta como argumentos *-n* y *-l*. Entonces, podríamos ejecutar este programa escribiendo en la línea de órdenes del sistema operativo la siguiente orden:

```
test -n -l
```

Esto hace que *argc* tome automáticamente el valor 3 (nombre del programa más dos argumentos) y que el primer elemento de la matriz de punteros apunte al nombre del programa y los dos siguientes, a cada uno de los argumentos. Puede imaginarse esta matriz de la forma siguiente:

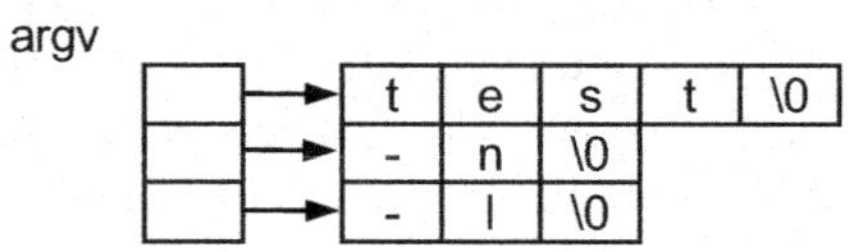

Para clarificar lo expuesto vamos a realizar un programa que simplemente visualice los valores de los argumentos que se le han pasado en la línea de órdenes. Esto nos dará una idea de cómo acceder desde un programa a esos argumentos. Supongamos que el programa se denomina *args* y que solo admite los argumentos *-n*, *-k* y *-l*. Esto quiere decir que podremos especificar de cero a tres argumentos. Los argumentos repetidos y no válidos se desecharán. Por ejemplo, la siguiente línea invoca al programa *args* pasándole los argumentos *-n* y *-l*:

```
args -n -l
```

El código del programa propuesto se muestra a continuación.

```
/*************** Argumentos en línea de órdenes ***************/
/* args.c
 */
#include <stdio.h>
#include <string.h>
#include <stdbool.h>

int main(int argc, char *argv[])
{
  // Código común a todos los casos
  printf("Argumentos:\n");
  if (argc == 1)
  {
    // Escriba aquí el código que solo se debe ejecutar cuando
```

```
    // no se pasan argumentos
    printf("    ninguno\n");
  }
  else
  {
    bool argumento_k = false, argumento_l = false,
        argumento_n = false;

    // ¿Qué argumentos se han pasado?
    for (int i = 1; i < argc; i++)
    {
      if (strcmp(argv[i], "-k") == 0) argumento_k = true;
      if (strcmp(argv[i], "-l") == 0) argumento_l = true;
      if (strcmp(argv[i], "-n") == 0) argumento_n = true;
    }

    if (argumento_k) // si se pasó el argumento -k:
    {
      // Escriba aquí el código que solo se debe ejecutar cuando
      // se pasa el argumento -k
      printf("    -k\n");
    }
    if (argumento_l) // si se pasó el argumento -l:
    {
      // Escriba aquí el código que solo se debe ejecutar cuando
      // se pasa el argumento -l
      printf("    -l\n");
    }
    if (argumento_n) // si se pasó el argumento -n:
    {
      // Escriba aquí el código que solo se debe ejecutar cuando
      // se pasa el argumento -n
      printf("    -n\n");
    }
  }
  // Código común a todos los casos
  return 0;
}
```

Al ejecutar este programa, invocándolo como se ha indicado anteriormente, se obtendrá el siguiente resultado:

```
Argumentos:
    -l
    -n
```

REDIRECCIÓN DE LA ENTRADA Y DE LA SALIDA

Redireccionar la entrada significa que los datos pueden ser obtenidos de un medio diferente a la entrada estándar; por ejemplo, de un archivo en el disco. Si suponemos que tenemos un programa denominado *redir.c* que admite datos de la entrada estándar, la orden siguiente ejecutaría el programa *redir* y obtendría los datos de entrada de un archivo en el disco denominado *fdatos.ent*.

```
redir < fdatos.ent
```

Igualmente, redireccionar la salida significa enviar los resultados que produce un programa a un dispositivo diferente a la salida estándar; por ejemplo, a un archivo en disco. Tomando como ejemplo el programa *redir.c*, la orden siguiente ejecutaría el programa *redir* y escribiría los resultados en un archivo *fdatos.sal*.

```
redir > fdatos.sal
```

Observe que el programa se ejecuta desde la línea de órdenes, que para redireccionar la entrada se utiliza el símbolo "<" y que para redireccionar la salida se utiliza el ">". También es posible redireccionar la entrada y la salida simultáneamente. Por ejemplo:

```
redir < fdatos.ent > fdatos.sal
```

Como aplicación de lo expuesto, vamos a realizar un programa que lea un conjunto de números y los escriba con un formato o con otro, en función de los argumentos pasados a través de la línea de órdenes. Esto es, si el programa se llama *redir.c*, la orden *redir* visualizará el conjunto de números sin más, pero la orden *redir –l* visualizará el conjunto de números escribiendo a continuación de cada uno de ellos un mensaje que indique si es par o impar. Por ejemplo:

```
 24 es par
345 es impar
  7 es impar
... ...
```

El código de este programa se muestra a continuación.

```
/************** Redirección de la entrada-salida **************/
/* redir.c
 */
#include <stdio.h>

int main( int argc, char *argv[] )
{
  int n;
```

```
  while (scanf("%d", &n) != EOF)
  {
    printf("%6d", n);
    if (argc > 1 && argv[1][0] == '-' && argv[1][1] == 'l')
      printf((n%2) ? " es impar" : " es par");
    printf("\n");
  }
  return 0;
}
```

La solución que se obtiene al ejecutar este programa desde la línea de órdenes introduciendo los datos por el teclado es análoga a alguna de las dos siguientes:

```
redir[Entrar]
24 345 7 41 89 -72 5[Entrar]
    24
   345
     7
    41
    89
   -72
     5
[Ctrl+Z]


redir -l[Entrar]
24 345 7 41 89 -72 5[Entrar]
    24 es par
   345 es impar
     7 es impar
    41 es impar
    89 es impar
   -72 es par
     5 es impar
[Ctrl+Z]
```

Observamos que si no se introduce el argumento *-l* simplemente se visualizan los valores tecleados y si se introduce, se visualizan los valores tecleados seguidos cada uno de ellos de la cadena " es par" o " es impar", dependiendo de que el número sea par o impar.

También, podemos editar un archivo *fdatos.ent* que contenga, por ejemplo, los datos:

```
24 345 7 41 89 -72 5
```

e invocar al programa *redir* de alguna de las formas siguientes:

```
redir [-l] < fdatos.ent
redir [-l] > fdatos.sal
redir [-l] < fdatos.ent > fdatos.sal
```

Los [] indican que opcionalmente se puede especificar el argumento *–l* (en lugar de a continuación de *redir*, puede especificarse también al final de la línea). La primera orden leería los datos del archivo *fdatos.ent* y visualizaría los resultados por la pantalla, la segunda orden leería los datos del teclado y escribiría los resultados en el archivo *fdatos.sal* y la tercera orden leería los datos del archivo *fdatos.ent* y escribiría los resultados en el archivo *fdatos.sal*.

FUNCIONES EN LÍNEA

Cuando una *función* se califica *en línea* (**inline**) el compilador tiene la facultad de reemplazar cualquier llamada a la función en el programa fuente por el cuerpo actual de la función. Quiere esto decir que el compilador puede tomar la iniciativa de no expandir la función; por ejemplo, por tener muchas líneas de código.

Para poder asignar el calificativo de *en línea* a una *función*, dicha función debe estar definida antes de que sea invocada, de lo contrario el compilador no lo tendrá en cuenta. Ésta es la razón por la que las funciones **inline** son normalmente definidas en archivos de cabecera.

Calificar a una función *en línea* implica anteponer el calificativo **inline** al tipo retornado por la función. Por ejemplo:

```
inline extern int menor( int x, int y )
{
  return ( (x < y) ? x : y );
}
```

Con las funciones **inline** se obtienen tiempos de ejecución más bajos, ya que se evitan las llamadas a cada una de estas funciones. No obstante, el abuso de este calificador en ocasiones puede no ser bueno. Por ejemplo, la modificación de una función **inline** obligaría a volver a compilar todos los módulos en los que ésta apareciera. Por otra parte, el tamaño del código puede aumentar extraordinariamente. Por todo ello, se recomienda utilizar el calificador **inline** cuando la función es muy pequeña o si se llama desde pocos lugares. Véase también el apartado *Funciones en línea* del apéndice *A*.

FUNCIONES RECURSIVAS

Se dice que una función es recursiva si se llama a sí misma. El compilador C permite cualquier número de llamadas recursivas a una función. Cada vez que la función es llamada, los parámetros formales y las variables **auto** y **register** son iniciadas. Notar que las variables **static** solamente son iniciadas una vez, en la primera llamada.

¿Cuándo es eficaz escribir una función recursiva? La respuesta es sencilla: cuando el proceso a programar sea por definición recursivo. Por ejemplo, el cálculo del factorial de un número, *n! = n(n–1)!*, es por definición un proceso recursivo que se enuncia así: *factorial(n) = n * factorial(n–1)*.

Por lo tanto, la forma idónea de programar este problema es implementando una función recursiva. Como ejemplo, a continuación se muestra un programa que visualiza el factorial de un número. Para ello, se ha escrito una función *factorial* que recibe como parámetro un número entero positivo y devuelve como resultado el factorial de dicho número.

```
/************* Cálculo del factorial de un número *************/
/* factorial.c
 */
#include <stdio.h>

unsigned long long factorial(int n);

int main(void)
{
  int numero;
  unsigned long long fac;

  do
  {
    printf("¿Número (0 a 20)?  ");
    scanf("%d", &numero);
  }
  while (numero < 0 || numero > 20);
  fac = factorial(numero);
  printf("\nEl factorial de %d es %lld\n", numero, fac);
}

unsigned long long factorial(int n)
{
  if (n == 0)
    return 1;
  else
    return n*factorial(n-1);
}
```

En la tabla siguiente se ve el proceso seguido por la función *factorial*, durante su ejecución para *n = 4*.

Nivel de recursión	**Proceso de ida (pila de llamadas)**	**Proceso de vuelta**
0	factorial(4)	24
1	4 * factorial(3)	4 * 6
2	3 * factorial(2)	3 * 2
3	2 * factorial(1)	2 * 1
4	1 * factorial(0)	1 * 1

Cada llamada a la función factorial aumenta en una unidad el nivel de recursión. Cuando se llega a *n = 0*, se obtiene como resultado el valor *1* y se inicia la vuelta hacia el punto de partida, reduciendo el nivel de recursión en una unidad cada vez. La columna del centro especifica cómo crece la pila de llamadas hasta obtener un resultado que permita iniciar el retorno por la misma, dando solución a cada una de las llamadas pendientes. Gráficamente podemos representar este proceso así:

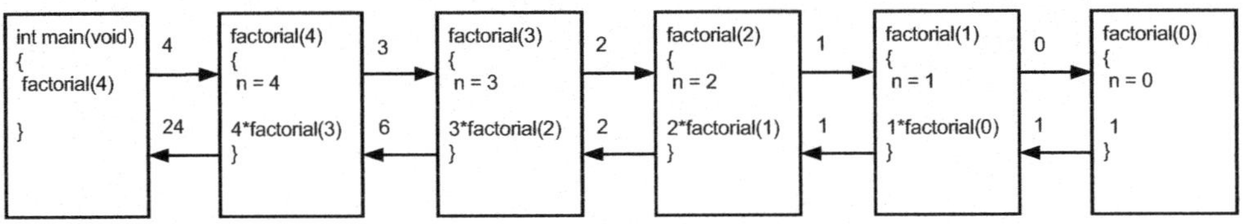

Observar que la ejecución de *factorial* se inicia cinco veces; cuando se resuelve *factorial(0)* hay todavía cuatro llamadas pendientes de resolver; cuando se resuelve *factorial(1)* hay todavía tres llamadas pendientes de resolver; etc. Observar también que el parámetro *n* es una variable local a la función, por eso está presente con su valor local en cada una de las ejecuciones.

Conclusión, por cada ejecución recursiva de la función, se necesita cierta cantidad de memoria para almacenar las variables locales y el estado en curso del proceso de cálculo con el fin de recuperar dichos datos cuando se acabe una ejecución y haya que reanudar la anterior. Por este motivo, en aplicaciones prácticas es imperativo demostrar que el nivel máximo de recursión es, no solo finito, sino realmente pequeño.

Según lo expuesto, los algoritmos recursivos son particularmente apropiados cuando el problema a resolver o los datos a tratar se definen en forma recursiva. Sin embargo, el uso de la recursión debe evitarse cuando haya una solución obvia por iteración.

PUNTEROS A FUNCIONES

Igual que sucedía con las matrices, el nombre de una función representa la dirección donde se localiza esa función; quiere esto decir que, como tal dirección, puede pasarse como argumento a una función, almacenarla en un puntero (que puede ser un elemento de una matriz), etc. La sintaxis para declarar un puntero a una función es así:

```
tipo (*p_identif)();
```

donde *tipo* es el tipo del valor devuelto por la función y *p_identif* es el nombre de una variable de tipo puntero. Esta variable almacenará la dirección de comienzo de una función, dada por el propio nombre de la función. Por ejemplo:

```
double (*pfn)();
```

indica que *pfn* es un puntero a una función que devuelve un valor de tipo **double**. Observe en la declaración los paréntesis que envuelven al identificador; son fundamentales. Si no los ponemos, el significado cambia completamente. Veamos:

```
double *pfn();
```

indica que *pfn* es una función que devuelve un puntero a un valor de tipo **double**.

Siguiendo con la declaración de *pfn*, sabemos que la función apuntada tiene que devolver un valor de tipo **double**, pero, ¿qué argumentos tiene? La respuesta es: cualquier número y tipo de argumentos porque en C la ausencia de argumentos indica eso, cualquier número y tipo de argumentos, en cambio si entre los paréntesis escribimos **void**, significa sin argumentos (en C++, ambas formas, paréntesis vacíos o paréntesis con **void**, significan lo mismo: función sin argumentos).

Como ejemplo, supongamos que en un programa tenemos definidas dos funciones cuyos prototipos son así:

```
double cuadrado(double);
double pot(double, double);
```

Según lo expuesto, cualquiera de esas funciones puede ser asignada a *pfn* como se muestra a continuación:

```
pfn = cuadrado;
pfn = pot;
```

Finalmente, para invocar a la función apuntada por *pfn*, puede utilizarse cualquiera de las dos formas siguientes:

```
(*pfn)(argumentos);
pfn(argumentos);
```

De acuerdo con lo explicado, *pfn*, según se ha definido, podemos utilizarlo con distintas funciones independientemente de su número y tipo de parámetros. Lo que no es posible es utilizar dicho puntero para invocar a una función con un tipo del resultado diferente al especificado al declarar dicho puntero. Por ejemplo, si hubiéramos declarado la función *pot* así:

```
int pot(int, int);
```

la asignación *pfn = pot* daría lugar a un error porque el puntero representa a una función que devuelve un **double** y *pot* es una función que devuelve un **int**.

Análogamente, también podemos definir un puntero para un tipo específico de funciones. Por ejemplo, para funciones con un argumento de tipo **double** y que devuelven un valor de tipo **double**, la declaración sería así:

```
double (*pfn)(double);
```

En este caso, la asignación a *pfn* de la función *cuadrado* sería correcta, pero no lo sería la asignación de la función *pot* porque tiene dos argumentos.

También puede ser interesante operar con matrices unidimensionales de punteros a funciones. Esto ofrece la posibilidad de seleccionar una función utilizando un índice. Por ejemplo:

```
// matpuntfuns.c
//
#include <stdio.h>
#include <math.h>
double cuadrado(double);
double pot(double, double);
typedef double (*t_ptFuncion)();

int main(void)
{
  // Definir una matriz de punteros a funciones de tipo t_ptFuncion
  t_ptFuncion ptFuncion[10];

  // Asignar las direcciones de las funciones cuadrado y pot
  ptFuncion[0] = cuadrado;
  ptFuncion[1] = pot;
  /* Otras asignaciones */

  // Llamar a las funciones referenciadas por la matriz
  printf("%g\n", ptFuncion[0](12.0));
  printf("%g\n", ptFuncion[1](12.0, 2.0));
}
```

```
double cuadrado(double a)
{
  return (a * a);
}

double pot(double x, double y)
{
  return exp(y * log(x));
}
```

A continuación, vamos a exponer con un ejemplo más real cómo se utilizan los punteros a funciones. En el apartado *Ejercicios resueltos* del capítulo *Sentencias de control* hicimos un programa que simulaba una calculadora elemental. Vamos a reescribir este programa, pero utilizando ahora una matriz de punteros que haga referencia a las funciones *sumar*, *restar*, *multiplicar* y *dividir*. Si, además, establecemos una correspondencia entre la operación a realizar y el índice de la matriz, evitaremos tener que escribir la sentencia **switch** que identificaba la operación seleccionada. El programa completo se muestra a continuación:

```
// calculadora.c
//
#include <stdio.h>
#include <stdlib.h>

// Declaración de funciones
double sumar(double dato1, double dato2);
double restar(double dato1, double dato2);
double multiplicar(double dato1, double dato2);
double dividir(double dato1, double dato2);
int menu(void);
double ejecutar(double (*pfn)(), double a, double b);

int main(void)
{
  double dato1 = 0, dato2 = 0, resultado = 0;
  int op = 0;
  // Definir e iniciar la matriz de punteros
  double (*operacion[])(double, double) =
             {sumar, restar, multiplicar, dividir};

  while (1)
  {
    op = menu();

    if (op != 5)
    {
      // Leer datos
      printf("Dato 1: "); scanf("%lf", &dato1);
      printf("Dato 2: "); scanf("%lf", &dato2);
```

```
      // Limpiar el buffer del flujo de entrada
      while (getchar() != '\n');

      // Realizar la operación
      resultado = operacion[op-1](dato1, dato2);

      // Escribir el resultado
      printf("Resultado = %g\n", resultado);
      // Hacer una pausa
      printf("Pulse <Entrar> para continuar ");
      getchar();
    }
    else
      break;
  }
}

int menu()
{
  int op;
  do
  {
    system("cls");
    printf("\t1. sumar\n");
    printf("\t2. restar\n");
    printf("\t3. multiplicar\n");
    printf("\t4. dividir\n");
    printf("\t5. salir\n");
    printf("\nSeleccione la operación deseada: ");
    scanf("%d", &op);
  }
  while (op < 1 || op > 5);
  return op;
}

double sumar(double a, double b)
{
  return a + b;
}

double restar(double a, double b)
{
  return a - b;
}

double multiplicar(double a, double b)
{
  return a * b;
}
```

```
double dividir(double a, double b)
{
  return a / b;
}
```

Resumiendo, un puntero a función es un nuevo tipo que hace referencia a una función. ¿Qué función puede asignarse a un puntero a función? Cualquier función que coincida con el tipo del puntero a función o sea compatible con este. Por ejemplo, la siguiente línea define el tipo de puntero a función *t_comparar*:

```
typedef int (*t_comparar)(double, double);
```

A una variable del tipo *t_comparar* se le podrán asignar funciones con dos parámetros de tipo **double** y tipo **int** como valor retornado. Por ejemplo:

```
int compararDosElementos(double x, double y)
{
  return x > y;
}

t_comparar delegado = CompararDosElementos;
```

En este ejemplo, la asignación expuesta de una función a un puntero a función especifica que la función *compararDosElementos* delega en el puntero *delegado* para ser ejecutada. Esto permite el cambio mediante programación de las llamadas a funciones y la incorporación de nuevo código en las existentes. Por ejemplo, centrémonos en el problema de ordenar una matriz unidimensional, con la intención de escribir una función (que denominaremos *ordenar*) que permita ordenar los elementos almacenados en dicha matriz. La ordenación se hará según indique la función asignada al puntero a función pasado como argumento. Según esto, podríamos escribir dicha función *ordenar* así:

```
void ordenar(double vector[], int nElementos, t_comparar comparar)
{
  // Método de inserción
  int i, k;
  double x;
  // Desde el segundo elemento
  for (i = 1; i < nElementos; i++)
  {
    x = vector[i];
    k = i - 1;
    // Para k=-1, se ha alcanzado el extremo izquierdo.
    while (k >= 0 && comparar(x, vector[k]))
    {
      vector[k + 1] = vector[k]; // hacer hueco para insertar
      k--;
```

```
    }
    vector[k + 1] = x; // insertar x en su lugar
  }
}
```

Cuando se asigna una función a un puntero a función, este se comporta exactamente como la función. En el ejemplo anterior, se puede observar que la forma de utilizar el puntero *comparar* es la misma que utilizaríamos para invocar a la función que tiene asignada. El valor devuelto será el que devuelva la función.

La implementación de la función *ordenar* exigirá incluir en la unidad de programación donde se vaya a utilizar la declaración del tipo *t_comparar*:

```
// Tipo puntero a función
typedef int (*t_comparar)(double, double);
```

Supongamos ahora que en un programa creamos una matriz *x* y la queremos ordenar en orden descendente. Según el código de *ordenar*, el puntero a función *comparar* debe hacer referencia a una función que defina el tipo de comparación que deseamos hacer con respecto a dos elementos de la matriz. Según esto, añada al programa la función *compararDosElementos* y cuando se invoque a la función *ordenar* haga que su parámetro *comparar* reciba un puntero de tipo *t_comparar* que tenga asignado la función *compararDosElementos*. Obsérvese que el código de *compararDosElementos* es parte del algoritmo de ordenación.

```
/******************* Punteros a funciones *******************/
/* ordenar.c
*/
#include <stdio.h>

// Tipo puntero a función
typedef int (*t_comparar)(double, double);

int compararDosElementos(double x, double y)
{
  return x > y;
}

void ordenar(double v[], int nElementos, t_comparar comparar);
void visualizar(double v[], int ne);

int main(void)
{
  double x[] = { 1, 3, 5, 7, 2, 4, 6 }; // matriz x
  // Definir un puntero a función de tipo t_comparar
  t_comparar delegado = compararDosElementos;
  ordenar(x, sizeof(x)/sizeof(double), delegado);
```

```
  visualizar(x, sizeof(x)/sizeof(double));
}

void ordenar(double vector[], int nElementos, t_comparar comparar)
{
  // Método de inserción
  int i, k;
  double x;
  // Desde el segundo elemento
  for (i = 1; i < nElementos; i++)
  {
    x = vector[i];
    k = i - 1;
    // Para k = -1, se ha alcanzado el extremo izquierdo
    while (k >= 0 && comparar(x, vector[k]))
    {
      vector[k + 1] = vector[k]; // hacer hueco para insertar
      k--;
    }
    vector[k + 1] = x; // insertar x en su lugar
  }
}

void visualizar(double v[], int ne)
{
  int i;
  for (i = 0; i < ne; i++)
    printf("%g ", v[i]);
  printf("\n");
}
```

Como ejercicio, piense qué modificación habría que hacer en el programa anterior para que la ordenación fuera ascendente o descendente en función del argumento pasado a través de la línea de órdenes: *-a* o nada: ascendente, y *-d*: descendente.

EJERCICIOS RESUELTOS

1. Utilizando la función **rnd** siguiente (**prandom* es un valor entre 0 y 65535):

```
double rnd(long *prandom)
{
  *prandom = (25173 * *prandom + 13849) % 65536;
  return((double)*prandom / 65536); // valor >=0 y <1
}
```

realizar un programa que muestre seis números aleatorios diferentes entre 1 y 49 ordenados ascendentemente.

Para producir enteros aleatorios en un intervalo dado puede utilizar la fórmula: *Parte_entera_de((límiteSup – límiteInf + 1) × random + límiteInf)*.

La solución al problema planteado puede ser de la siguiente forma:

- Definimos el rango de los números que deseamos obtener, así como una matriz para almacenar los seis números aleatorios.

```
int limiteSup = 49, limiteInf = 1;
int n[6], i, k;
```

- Obtenemos el siguiente número aleatorio y verificamos si ya existe en la matriz, en cuyo caso lo desechamos y volvemos a obtener otro. Este proceso lo repetiremos hasta haber generado todos los números solicitados.

```
for (i = 0; i < c; i++)
{
  // Obtener un número aleatorio
  n[i] = (int)((limiteSup - limiteInf + 1) * rnd(&random) + limiteInf);
  // Verificar si ya existe el último número obtenido
  for (k = 0; k < i; k++)
    if (n[k] == n[i]) // ya existe
    {
      i--;    // i será incrementada por el for externo
      break; // salir de este for
    }
}
```

La sentencia **for** externa define cuántos números se van a generar. Cuando se genera un número se almacena en la siguiente posición de la matriz. Después, la sentencia **for** interna compara el último número generado con todos los anteriormente generados. Si ya existe, se decrementa el índice *i* de la matriz para que cuando sea incrementado de nuevo por el **for** externo apunte al elemento repetido y sea sobrescrito por el siguiente número generado.

- Una vez obtenidos todos los números, ordenamos la matriz y la visualizamos.

```
ordenar(n, c);
for (i = 0; i < c; i++)
  printf("%d ", n[i]);
```

El programa completo se muestra a continuación.

```
/************ Números aleatorios en un intervalo dado ************/
/* primi.c
 */
#include <stdio.h>
```

```
#include <time.h>
#include <stdlib.h>
#define C 6

void ordenar(int [], int);
double rnd(long *);

int main(void)
{
  long random = time(NULL) % 65536;  // semilla
  int limiteSup = 49, limiteInf = 1;
  int n[C];
  for (int i = 0; i < C; i++)
  {
    // Obtener un número aleatorio
    n[i] = (int)((limiteSup - limiteInf + 1) * rnd(&random) + limiteInf);
    // Verificar si ya existe el último número obtenido
    for (int k = 0; k < i; k++)
      if (n[k] == n[i]) // ya existe
      {
        i--;   // i será incrementada por el for externo
        break; // salir de este for
      }
  }

  // Ordenar la matriz
  ordenar(n, C);
  // Mostrar la matriz
  for (int i = 0; i < C; i++)
    printf("%d ", n[i]);
  printf("\n");
}

void ordenar(int a[], int ne)
{
  int aux = 0;  // variable auxiliar
  int i = 0, s = 1;
  while ((s == 1) && (--ne > 0))
  {
    s = 0;  // no permutación
    for (i = 1; i <= ne; i++)
      if (a[i-1] > a[i])
      {
        aux = a[i-1];
        a[i-1] = a[i];
        a[i] = aux;
        s = 1;  // permutación
      }
  }
}
```

```
double rnd(long *prandom)
{
  *prandom = (25173 * *prandom + 13849) % 65536;
  return((double)*prandom / 65536); // valor >=0 y <1
}
```

2. Realizar un programa que:

   a) Almacene en una matriz el número de matrícula, apellidos, nombre y dirección de cada uno de los alumnos de un determinado curso. La estructura de cada uno de los elementos de la matriz será del siguiente tipo:

```
typedef struct
{
  char matricula[10];
  char apellidos[30];
  char nombre[20];
  char direccion[30];
} ficha;
```

   b) Lea las fichas correspondientes a los alumnos. Para esto escribiremos una función con el prototipo siguiente:

```
void leer(ficha *, int *, const int);
```

   El primer parámetro representa el puntero que recibirá la dirección de comienzo de la matriz, el segundo parámetro es el número actual de alumnos almacenados en la matriz y el tercer parámetro es una constante entera que indicará el número máximo de elementos de la matriz. La función *leer* no devuelve nada.

   c) Busque la ficha correspondiente a un alumno por su número de matrícula o por sus apellidos. Para ello, escribiremos otra función con este prototipo:

```
void buscar(ficha *, char *, int, int);
```

   El primer parámetro representa un puntero que recibirá la dirección de comienzo de la matriz, el segundo parámetro es un puntero a la cadena de caracteres que se desea buscar (*matrícula* o *nombre*), el tercer parámetro es el número de alumnos almacenados en la matriz por la función *leer* y el cuarto parámetro es un entero que especifica qué opción del menú se ha elegido (buscar por matrícula o buscar por apellidos).

d) La operación a realizar, es decir, leer los datos para los elementos de la matriz, buscar por el número de matrícula, buscar por apellido y finalizar, será elegida de un menú visualizado por una función con el siguiente prototipo:

```
int menu(void);
```

La función *menu* devuelve como resultado la opción elegida.

El programa completo se muestra a continuación.

```
/********************** Programa alumnos **********************/
/* alumnos.c
 */
#include <stdio.h>
#include <stdlib.h>
#include <string.h>
#include <ctype.h>
#include <stdbool.h>
#define N 100  // número máximo de alumnos

typedef struct
{
  char matricula[10];
  char apellidos[30];
  char nombre[20];
  char direccion[30];
} ficha;

void leer(ficha *, int *, const int);
void buscar(ficha *, char *, int, int);
int menu(void);
char *leerCadena(char *str, int n);

int main(void)
{
  static ficha lista[N];
  char dato[30];  // dato a buscar
  int opcion;     // opción elegida en el menú
  int n = 0;      // número de alumnos leídos

  while (1)       // bucle infinito. Se sale con break
  {
    opcion = menu();
    if (opcion != 4)
    {
      switch (opcion)
      {
        case 1:    // entrada de los datos de los alumnos
          leer(lista, &n, N);
```

```
          break;
        case 2:    // búsqueda por el número de matrícula
          system("cls");
          printf("Número de matrícula ");
          leerCadena(dato, sizeof(dato));
          buscar(lista, dato, n, opcion);
          break;
        case 3:    // Búsqueda por los apellidos
          system("cls");
          printf("Apellidos......... ");
          leerCadena(dato, sizeof(dato));
          buscar(lista, dato, n, opcion);
          break;
      }
    }
    else
      break;
  }
}

char *leerCadena(char *str, int n)
{
  char *fin, *c = 0;
  fin = fgets(str, n, stdin);
  if (c = strchr(str, '\n'))
    *c = 0; // reemplazar '\n'
  else if (!feof(stdin))
    while (getchar() != '\n'); // limpiar buffer stdin
  return fin;
}

/****************************************************************
                Función para visualizar el menú
****************************************************************/
int menu(void)
{
  int op;

  do
  {
    system("cls");
    printf("\t1. Entrada de datos de alumnos\n");
    printf("\t2. Búsqueda por nro. de matrícula\n");
    printf("\t3. Búsqueda por apellidos\n");
    printf("\t4. Fin\n");
    printf("\nTeclee la opción deseada  ");
    scanf("%d", &op);
    while (getchar() != '\n');
  }
  while (op < 1 || op > 4);
```

```
  return (op);
}

/************************************************************
          Función para leer los datos de los alumnos
************************************************************/
void leer(ficha *lista, int *n, const int NMAX)
{
  int i = *n;
  char resp = 's';

  while (tolower(resp) == 's' && i < NMAX)
  {
    do
    {
      system("cls");
      printf("Alumno número %d\n\n", i+1);
      printf("Número de matrícula ");
      leerCadena(lista[i].matricula, sizeof(lista[i].matricula));
      printf("Apellidos.......... ");
      leerCadena(lista[i].apellidos, sizeof(lista[i].apellidos));
      printf("Nombre............. ");
      leerCadena(lista[i].nombre, sizeof(lista[i].nombre));
      printf("Dirección.......... ");
      leerCadena(lista[i].direccion, sizeof(lista[i].direccion));
      printf("\n\n¿ Datos correctos ? s/n ");
      resp = getchar();
      while (getchar() != '\n');
    }
    while (tolower(resp) != 's');
    i++;

    printf("\n¿ Más datos a introducir ? s/n ");
    resp = getchar();
    while (getchar() != '\n');
  }
  *n = i; // actualizar n
}

/************************************************************
       Función para buscar si existe o no un dato
************************************************************/
void buscar(ficha *lista, char *x, int alumnos, int opcion)
{
  int i = 0;
  bool existe = false;

  switch (opcion)
  {
    case 2: // búsqueda por número de matrícula
```

```
        while (!existe && i < alumnos)
          if (strcmp(lista[i++].matricula, x) == 0)
            existe = true;
        break;
      case 3: // búsqueda por apellidos
        while (!existe && i < alumnos)
          if (strcmp(lista[i++].apellidos, x) == 0)
            existe = true;
        break;
    }
    if (existe)
      printf("\n%s\n%s %s\n%s\n", lista[i-1].matricula,
                                  lista[i-1].apellidos,
                                  lista[i-1].nombre,
                                  lista[i-1].direccion);
    else
      printf("\n%s no existe", x);

    printf("\n\nPulse <Entrar> para continuar ");
    while (getchar() != '\n');
  }
```

3. Realizar un programa que, partiendo de dos matrices de cadenas de caracteres ordenadas en orden ascendente, construya y visualice una tercera matriz también ordenada en orden ascendente. La idea que se persigue es construir la tercera lista ordenada; no construirla y después ordenarla mediante una función.

   Para ello, la función **main** proporcionará las dos matrices e invocará a una función cuyo prototipo será el siguiente:

```
int fusionar(char **, int, char **, int, char **);
```

   El primer parámetro de la función *fusionar* es una de las matrices de partida y el segundo parámetro indica su número de elementos; el parámetro tercero es otra de las matrices de partida y el cuarto parámetro su número de elementos; y el quinto parámetro es la matriz que almacenará los elementos de las dos anteriores.

   El proceso de fusión consiste en:

   a) Partiendo de que ya están construidas las dos matrices de partida, tomar un elemento de cada una de las matrices.

   b) Comparar los dos elementos (uno de cada matriz) y almacenar en la matriz resultado el menor.

   c) Tomar el siguiente elemento de la matriz a la que pertenecía el elemento almacenado en la matriz resultado y volver al punto b).

d) Cuando no queden más elementos en una de las dos matrices de partida, se copian directamente en la matriz resultado todos los elementos que queden en la otra matriz.

El programa completo se muestra a continuación.

```
/************** Fusionar dos listas clasificadas **************/
/* fusionar.c
 */
#include <stdio.h>
#include <stdlib.h>
#include <string.h>

int fusionar(char **, int,
             char **, int,
             char **);
void Error(void);

int main(void)
{
  // Iniciamos las listas a clasificar con el fin de no tener
  // que leer los datos y realizar así una prueba rápida.
  static char *listaActual[] =
          { "Ana", "Carmen", "David",
            "Francisco", "Javier", "Jesús",
            "José", "Josefina", "Luís",
            "María", "Patricia", "Sonia" };

  static char *listaNueva[] =
          { "Agustín", "Belén",
            "Daniel", "Fernando", "Manuel",
            "Pedro", "Rosa", "Susana" };

  // Calcular el número de elementos de las matrices anteriores
  const int dimA = sizeof(listaActual)/sizeof(listaActual[0]);
  const int dimN = sizeof(listaNueva)/sizeof(listaNueva[0]);
  // Definir la matriz resultante de fusionar las anteriores
  static char **listaFinal; // referencia la matriz resultante
  int ind, r;

  // Asignar memoria para la matriz de punteros listaFinal
  listaFinal = (char **)malloc((dimA+dimN)*sizeof(char *));
  if (listaFinal == NULL) Error();
  // Inicia la matriz de punteros. Esto evita problemas al
  // liberar memoria, en el supuesto de un error por falta de
  // memoria.
  for (ind = 0; ind < dimA+dimN; ind++)
    listaFinal[ind] = NULL;

  // Fusionar listaActual y listaNueva y almacenar el resultado en
```

```
    // listaFinal. La función "fusionar" devuelve un 0 si no se
    // pudo realizar la fusión

    r = fusionar(listaActual, dimA, listaNueva, dimN, listaFinal);

    // Escribir la matriz resultante
    if (r)
    {
      for (ind = 0; ind < dimA+dimN; ind++)
        printf("%s\n", listaFinal[ind]);
    }
    else
      Error();
    // Liberar la memoria ocupada por la matriz listaFinal
    for (ind = 0; ind < dimA+dimN; ind++)
      free(listaFinal[ind]);
    free(listaFinal);

}

/*****************************************************************
                         F U S I O N A R
*****************************************************************/
int fusionar(char **listaA, int dimA,
             char **listaN, int dimN,
             char **listaF)
{
  int ind = 0, indA = 0, indN = 0, indF = 0;

  while (indA < dimA && indN < dimN)
    if (strcmp(listaA[indA], listaN[indN]) < 0)
    {
      listaF[indF] = (char *)malloc(strlen(listaA[indA]) + 1);
      if (listaF[indF] == NULL) return 0;
      strcpy(listaF[indF++], listaA[indA++]);
    }
    else
    {
      listaF[indF] = (char *)malloc(strlen(listaN[indN]) + 1);
      if (listaF[indF] == NULL) return 0;
      strcpy(listaF[indF++], listaN[indN++]);
    }

  // Los dos lazos siguientes son para prever el caso de que,
  // lógicamente, una lista finalizará antes que la otra

  for (ind = indA; ind < dimA; ind++)
  {
    listaF[indF] = (char *)malloc(strlen(listaA[ind]) + 1);
    if (listaF[indF] == NULL) return 0;
```

```
      strcpy(listaF[indF++], listaA[ind]);
    }

    for (ind = indN; ind < dimN; ind++)
    {
      listaF[indF] = (char *)malloc(strlen(listaN[ind]) + 1);
      if (listaF[indF] == NULL) return 0;
      strcpy(listaF[indF++], listaN[ind]);
    }

    return(1);
  }
  void Error(void)
  {
    puts("Longitud no válida de la lista resultante");
    exit(1);
  }
```

4. El calendario gregoriano actual obedece a la reforma del calendario juliano que ordenó el papa Gregorio XIII en 1582. Se decidió, después de algunas modificaciones, que en lo sucesivo fuesen bisiestos todos los años múltiplos de 4, pero que de los años seculares (los acabados en dos ceros) solo fuesen bisiestos aquellos que fuesen múltiplos de 400. Según estos conceptos, construir un programa para que dada una fecha (día, mes y año) devuelva como resultado el día correspondiente de la semana.

   La estructura del programa estará formada, además de por la función **main**, por las funciones:

```
void LeerFecha(int *dia, int *mes, int *anyo);
void EntradaDatos(int *dia, int *mes, int *anyo);
int DatosValidos(int dia, int mes, int anyo);
int AnyoBisiesto(int anyo);
void EscribirFecha( int dd, int mm, int aa);
int DiaSemana(int dia, int mes, int anyo);
```

   La función *LeerFecha* llama a la función *EntradaDatos* para leer los datos día, mes y año, y a la función *DatosValidos* para asegurar que los datos introducidos se corresponden con una fecha correcta.

   La función *EntradaDatos* llama a su vez a la función *AnyoBisiesto* para verificar si el año es o no bisiesto.

   La función *EscribirFecha* llama a la función *DiaSemana* para calcular el día de la semana al que corresponde la fecha introducida y visualiza el resultado.

   El programa completo se muestra a continuación.

```
/*****************************************************************
                     CALENDARIO PERPETUO
*****************************************************************/
/* Dada una fecha (día, mes, año)
 * indicar el día correspondiente de la semana.
 *
 * calendar.c
 */
#include <stdio.h>
#include <stdlib.h>

void LeerFecha (int *dia, int *mes, int *anyo);
void EntradaDatos(int *dia, int *mes, int *anyo);
int  DatosValidos(int dia, int mes, int anyo);
int  AnyoBisiesto(int anyo);
void EscribirFecha( int dd, int mm, int aa);
int DiaSemana(int dia, int mes, int anyo);

int main(void)  // Función Principal
{
  int dia, mes, anyo;
  LeerFecha(&dia, &mes, &anyo);
  EscribirFecha(dia, mes, anyo);
}

/*****************************************************************
                          FUNCIONES
*****************************************************************/
void LeerFecha(int *dia, int *mes, int *anyo)
{
  int datos_validos;
  do
  {
    EntradaDatos(dia, mes, anyo);
    datos_validos = DatosValidos(*dia, *mes, *anyo);
  }
  while (!datos_validos);
}

void EntradaDatos(int *dia, int *mes, int *anyo)
{
  printf("Día (1 - 31)   "); scanf("%d", dia);
  printf("Mes (1 - 12)   "); scanf("%d", mes);
  printf("Año (1582 -->) "); scanf("%d", anyo);
}

int DatosValidos(int dia, int mes, int anyo)
{
  int r, anyoB, mesB, diaB;
  anyoB = (anyo >= 1582);
```

```
  mesB = (mes >= 1) && (mes <= 12);

  switch (mes)
  {
    case 2:
      if (r = AnyoBisiesto(anyo))
        diaB = (dia >= 1) && (dia <= 29);
      else
        diaB = (dia >= 1) && (dia <= 28);
      break;
    case 4: case 6: case 9: case 11:
      diaB = (dia >= 1) && (dia <= 30);
      break;
    default:
      diaB = (dia >= 1) && (dia <= 31);
  }

  if (!(diaB && mesB && anyoB))
  {
    printf("\nDATOS NO VÁLIDOS\n\n");
    printf("Pulse <Entrar> para continuar ");
    r = getchar(); while (getchar() != '\n');
    return 0;
  }
  else
    return 1;
}

int AnyoBisiesto(int anyo)
{
  int verdad = 1, falso = 0;
  if ((anyo % 4 == 0) && (anyo % 100 != 0) || (anyo % 400 == 0))
    return (verdad);
  else
    return (falso);
}

void EscribirFecha(int dd, int mm, int aa)
{
  int d;
  static char dia[7][10] =  { "Sábado", "Domingo", "Lunes",
                              "Martes", "Miércoles", "Jueves",
                              "Viernes" };
  static char mes[12][11] = { "Enero", "Febrero", "Marzo",
                              "Abril", "Mayo", "Junio", "Julio",
                              "Agosto", "Septiembre", "Octubre",
                              "Noviembre", "Diciembre" };
  d = DiaSemana(dd, mm, aa);
  printf("\n%s %d de %s de %d\n",dia[d], dd, mes[mm-1], aa);
}
```

```
int DiaSemana(int dia, int mes, int anyo)
{
  if (mes <= 2)
  {
    mes = mes + 12;
    anyo = anyo - 1;
  }
  return ((dia+2*mes+3*(mes+1)/5+anyo+anyo/4-anyo/100+
           anyo/400+2)%7);
}
```

```
Ejecución del programa:

Día (1 - 31)    11
Mes (1 - 12)    5
Año (1582 -->) 2021

Martes 11 de Mayo de 2021
```

5. La transformada discreta de Fourier (DFT) de una secuencia de números (*x[n]*) se define así:

$$X[k]=\sum_{n=0}^{N-1} x[n].\mathrm{e}^{-\mathrm{jk}\frac{2\pi}{\mathrm{N}}n}; \qquad n=0,1,\ldots,N-1; \qquad k=0,1,\ldots,N-1$$

$x[n]\in R$. (Cuerpo de los números reales)

$x[k]\in C$. (Cuerpo de los números complejos)

Se desea escribir un programa que calcule la DFT de una secuencia de números reales. Para ello se pide:

a) Escribir las funciones:

```
complejo sumar(complejo a, complejo b);
complejo multiplicar(complejo a, complejo b);
```

para trabajar con números complejos definidos de la forma:

```
typedef struct
{
  double r, i; // Partes real e imaginaria del número
} complejo;
```

La función *sumar* devuelve un complejo resultado de sumar el complejo *a* y el complejo *b* pasados como argumentos, y la función *multiplicar* devuelve el producto.

b) Escribir una función que calcule la DFT. La declaración de esta función es:

```
void DFT(complejo *X, double *x, int N);
```

Tenga en cuenta las siguientes consideraciones:

1. $e^{jx} = \cos(x) + j\ \text{sen}(x)$.
2. Para efectuar los cálculos se pueden utilizar las siguientes funciones declaradas en el archivo de cabecera *math.h*: exp(x), cos(x) y sin(x).
3. $\pi = 3.141592654$.

c) Escribir un programa que lea del archivo estándar de entrada una secuencia de números reales y escriba en el archivo estándar de salida la secuencia correspondiente a la DFT.

El programa completo se muestra a continuación.

```
/*************** Transformada discreta de Fourier ***************/
/* fourier.c
 */
#include <stdio.h>
#include <stdlib.h>
#include <math.h>

typedef struct
{
  double real, imag;
} complejo;

complejo sumar( complejo a, complejo b )
{
  complejo temp;
  temp.real = a.real + b.real;
  temp.imag = a.imag + b.imag;
  return temp;
}

complejo multiplicar( complejo a, complejo b )
{
  complejo temp;
  temp.real = a.real * b.real - a.imag * b.imag;
  temp.imag = a.real * b.imag + a.imag * b.real;
  return temp;
}

void DFT( complejo *X, double *x, int N )
{
  double t, pi = 3.141592654;
```

```
  complejo a, b;

  for ( int k = 0; k < N; k++ )
  {
    X[k].real = 0; X[k].imag = 0;

    for ( int n = 0; n < N; n++ )
    {
      a.real = x[n]; a.imag = 0;
      t = k * 2 * pi / N * n;
      b.real = cos( -t ); b.imag = sin( -t );
      b = multiplicar( a, b );
      X[k] = sumar( X[k], b );
    }
  }
}

int main(void)
{
  complejo *X;
  double *x;
  int N;

  printf( "Cuántos valores reales desea introducir\n" );
  scanf( "%d", &N );
  // Asignar memoria para la matriz de complejos
  if ((X = (complejo *)malloc(N * sizeof(complejo))) == NULL)
  {
    printf( "Insuficiente memoria para asignación\n" );
    exit( 1 );
  }

  // Asignar memoria para la matriz que almacenará la secuencia
  // de números reales
  if ((x = (double *)malloc(N * sizeof(double))) == NULL)
  {
    printf( "Insuficiente memoria para asignación\n" );
    exit( 1 );
  }
  // Introducir la secuencia de números reales
  printf( "Introduzca los valores\n" );
  for ( int n = 0; n < N; n++ )
    scanf( "%lf", &x[n] );

  // Calcular la transformada discreta de Fourier
  DFT(X, x, N);

  printf("Resultado:\n");
  for ( int n = 0; n < N; n++ )
    printf( "%g%+g j\n", X[n].real, X[n].imag );
```

```
}
```

6. El cálculo de los números de Fibonacci es un ejemplo de una definición matemática recursiva que se enuncia así: el número de Fibonacci *f(i)*, siendo *i* el número de orden (0, 1, 2, 3, 4, 5,...) del número a calcular, es igual al número de Fibonacci *f(i–1)* más el número de Fibonacci *f(i–2)*, sabiendo que *f(0)* es 0 y *f(1)* 1.

```
f(0) = 0
f(1) = 1
f(2) = f(1) + f(0)
f(3) = f(2) + f(1)
...
f(i) = f(i-1) + f(i-2)
```

Realizar un programa que pregunte: ¿cuántos números de Fibonacci, a partir del primero, se quiere calcular?, almacene esos números en una matriz del tamaño necesario y finalmente los muestre. Para ello se deberá utilizar una función recursiva con el prototipo indicado a continuación:

```
int fibonacci(int n);
```

La función *fibonacci* devolverá como resultado el número de Fibonacci cuyo número de orden (0, 1, 2,...) sea *n*.

El programa completo se muestra a continuación.

```
// fibonacci.c
//
#include <stdio.h>
#include <stdlib.h>

int fibonacci(int);

int main(void)
{
  int n = 0, i = 0, *f;

  printf("¿Cuántos números de Fibonacci, a partir del ");
  printf("primero, se quieren calcular?\n");
  do
  {
    printf("n = ");
    i = scanf("%d", &n);
    while (getchar() != '\n');
  }
  while ( i == 0 || n < 1);

  // Crear una matriz dinámicamente
```

```
  f = (int *)malloc(n * sizeof(int));
  if (f == NULL)
  {
    printf("Insuficiente memoria\n");
    return -1;
  }

  // Obtener los números de la serie
  for (i = 0; i < n; i++)
    f[i] = fibonacci(i);

  // Visualizar la matriz
  for (i = 0; i < n; i++)
    printf("%5d", f[i]);
  printf("\n");
  // Liberar la memoria asignada a la matriz
  free(f);
  return 0;
}

int fibonacci(int n)
{
  if ( n == 0 )
    return 0;
  else if ( n == 1 )
    return 1;
  else
    return fibonacci(n-1) + fibonacci(n-2);
}
```

Ejecución del programa:

```
¿Cuántos números de Fibonacci, a partir del primero, se quieren
calcular?
n = 10
    0    1    1    2    3    5    8   13   21   34
```

Este es un ejemplo donde el uso de la recursión puede evitarse porque hay una solución obvia por iteración, que dará lugar a una ejecución más rápida y con un coste de recursos de memoria bastante inferior, ejercicio que se propone a continuación.

EJERCICIOS PROPUESTOS

1. Responda a las siguientes preguntas:

   1) ¿Cuál es el resultado del siguiente programa?

```
#include <stdio.h>
int [] test();

int main(void)
{
  int *p = NULL, i = 0;
  p = test();
  for (i = 0; i < 3; i++)
    printf("%d ", p[i]);
}

int [] test()
{
  static int a[] = {1, 2, 3};
  return a;
}
```

a) 0 0 0.
b) 1 2 3.
c) No se puede ejecutar porque hay errores durante la compilación.
d) No se puede ejecutar porque hay errores durante la ejecución.

2) ¿Cuál es el resultado del siguiente programa?

```
#include <stdio.h>
int *test();

int main(void)
{
  int *p = NULL, i = 0;
  p = test();
  for (i = 0; i < sizeof(p)/sizeof(int); i++)
    printf("%d ", p[i]);
}

int *test()
{
  static int a[] = {1, 2, 3};
  return a;
}
```

a) 1.
b) 1 2 3.
c) Imprime basura (valor no predecible).
d) Produce un error durante la ejecución.

3) ¿Cuál es el resultado del siguiente programa?

```
#include <stdio.h>
```

```
void test(void *, int);

int main(void)
{
  int a[] = {1, 2, 3};
  test(a, sizeof(a)/sizeof(int));
}

void test(void *a, int n)
{
  int i = 0;
  float *p = a;
  for (i = 0; i < n; i++)
    printf("%g ", p[i]);
}
```

a) 1 2 3.
b) Escribe tres valores en el formato IEEE 754 de 32 bits.
c) Produce un error durante la compilación.
d) Ninguno de los anteriores.

4) ¿Cuál es el resultado del siguiente programa?

```
#include <stdio.h>
#include <stdlib.h>
#include <memory.h>
void test(int *, int);

int main(void)
{
  int *p = NULL, n = 3, i = 0;
  test(p, n);
  for (i = 0; i < n; i++)
    printf("%d ", p[i]);
  free(p);
}

void test(int *x, int n)
{
  x = (int *)malloc(n * sizeof(int));
  if (x != NULL)
    memset(x, 0, n * sizeof(int));
}
```

a) 0 0 0.
b) Imprime basura (valores no predecibles).
c) El programa produce un error durante la compilación.
d) El programa produce un error durante la ejecución.

5) ¿Cuál es el resultado del siguiente programa?

```
#include <stdio.h>
#include <stdlib.h>
#include <memory.h>

typedef struct
{
  int *p;
  int n;
} tmatriz1D;

void test(tmatriz1D);

int main(void)
{
  int i;
  tmatriz1D s = {NULL, 3};
  test(s);
  for (i = 0; i < s.n; i++)
    printf("%d ", s.p[i]);
  free(s.p);
}

void test(tmatriz1D s)
{
  s.p = (int *)malloc(s.n * sizeof(int));
  if (s.p != NULL)
    memset(s.p, 1, s.n * sizeof(int));
}
```

a) 0 0 0.
b) 1 1 1.
c) El programa produce un error durante la compilación.
d) El programa produce un error durante la ejecución.

6) ¿Cuál es el resultado del siguiente programa?

```
#include <stdio.h>

int *test();

int main(void)
{
  int *p = NULL, i = 0;
  p = test();
  for (i = 0; i < 3; i++)
    printf("%d ", p[i]);
}
```

```
int *test()
{
  int a[] = {1, 2, 3};
  return a;
}
```

a) 1 2 3.
b) Imprime basura (valores no predecibles).
c) El programa produce un error durante la compilación.
d) El programa produce un error durante la ejecución.

7) ¿Cuál es el valor de los parámetros *argc* y *argv* cuando se invoque a este programa mediante la orden *nombre_programa test.txt*?

```
int main(int argc, char *argv[])
{
  // ..
}
```

a) argc = 1, argv[0] = nombre_programa.
b) argc = 1, argv[0] = text.txt.
c) argc = 2, argv[0] = nombre_programa, argv[1] = text.txt.
d) Ninguna de las anteriores.

8) ¿Cuál es el resultado del siguiente programa?

```
#include <stdio.h>
void test(int);

int main(void)
{
  test(5);
}

void test(int x)
{
  if (x) test(x-1);
  printf("%d ", x);
}
```

a) 5 4 3 2 1 0.
b) 0 1 2 3 4 5.
c) 0 2 4.
d) 1 3 5.

9) ¿Cuál es el resultado del siguiente programa?

```
#include <stdio.h>
#include <memory.h>
```

```
void test(char *, char *);

int main(void)
{
  char cad1[80], cad2[] = "hola";
  test(cad1, cad2);
  printf("%s\n", cad1);
}

void test(char *c1, char *c2)
{
  if (*c2)
  {
    *c1++ = *c2++;
    test(c1, c2);
  }
  else
    *c1 = 0;
}
```

a) hola.
b) aloh.
c) Bucle infinito.
d) Produce un error durante la ejecución.

10) ¿Cuál es el resultado del siguiente programa?

```
#include <stdio.h>
#include <string.h>
void test(char []);

int main(void)
{
  char cad[5];
  strcpy(cad, "hola");
  test(cad);
}

void test(char c[])
{
  int n = strlen(c);
  while (--n != -1)
    printf("%c", *c++);
}
```

a) aloh.
b) hola.
c) Produce un error porque no se puede realizar la operación c++.
d) Ninguna de las anteriores.

2. Calcular números de Fibonacci. El número de Fibonacci *f(i)*, siendo *i* el número de orden (0, 1, 2, 3,...), es igual al número de Fibonacci *f(i–1)* más el número de Fibonacci *f(i–2)*, partiendo de que *f(0)* vale 0 y *f(1)* vale 1.

```
f(0) = 0
f(1) = 1
f(2) = f(1) + f(0)
f(3) = f(2) + f(1)
...
f(i) = f(i-1) + f(i-2)
```

Realizar un programa que pregunte: ¿cuántos números de Fibonacci, a partir del primero, se quiere calcular?, almacene esos números en una matriz del tamaño necesario y finalmente los muestre. Para ello se deberá utilizar una función NO RECURSIVA con el prototipo indicado a continuación:

```
int fibonacci(int n);
```

La función *fibonacci* devolverá como resultado el número de Fibonacci cuyo número de orden (0, 1, 2,...) sea *n*.

3. Realizar un programa que:

a) Lea dos cadenas de caracteres denominadas *cadena1* y *cadena2* y un número entero *n*.

b) Llame a una función:

```
int compcads(cadena1, cadena2, n);
```

que compare los *n* primeros caracteres de *cadena1* y de *cadena2* y devuelva como resultado un valor entero (no utilizar **strncmp**):

0	si *cadena1* y *cadena2* son iguales.
1	si *cadena1* es mayor que *cadena2* (los *n* primeros caracteres).
–1	si *cadena1* es menor que *cadena2* (los *n* primeros caracteres).

Si *n* es menor que 1 o mayor que la longitud de la menor de las cadenas, la comparación se hará sin tener en cuenta este parámetro.

c) Escriba la cadena que sea menor según los *n* primeros caracteres (esto es, la que esté antes por orden alfabético).

4. Suponiendo un texto escrito en minúsculas y sin signos de puntuación, es decir, una palabra estará separada de otra por un espacio en blanco, realizar un programa

que lea texto de la entrada estándar (del teclado) y dé como resultado la frecuencia con que aparece cada palabra leída del texto. El resultado se almacenará en una matriz en la que cada elemento será una estructura del tipo siguiente:

```
typedef struct
{
  char *palabra; // palabra
  int contador;  // número de veces que aparece en el texto
} telem;
```

La estructura del programa estará formada por la función **main** y por las funciones siguientes:

```
int BuscarPalabra(telem *a, char *palabra);
void InsertarPalabra(telem *a, char *palabra);
void VisualizarMatriz(telem *a);
```

La función **main** asignará memoria para una matriz de *n* elementos, iniciará los elementos de la matriz a cero, utilizando las funciones anteriores calculará la frecuencia con la que aparece cada una de las palabras y visualizará el resultado.

La función *BuscarPalabra* verificará si la palabra leída de la entrada estándar está en la matriz *a*. Esta función devolverá un valor distinto de 0 si la palabra está en la matriz y un 0 en caso contrario.

La función *InsertarPalabra* permitirá añadir una nueva palabra al final de la matriz *a*. Tenga en cuenta que cada palabra en la matriz está referenciada por un puntero.

La función *VisualizarPalabra* visualizará cada una de las palabras de la matriz seguida del número de veces que apareció.

5. Modificar el programa anterior para que la función *InsertarPalabra* inserte cada nueva palabra en el orden que le corresponde alfabéticamente, moviendo los elementos necesarios un lugar hacia atrás. De esta forma, cuando finalice la lectura del texto, la matriz estará ordenada.

6. Realizar un programa que lea un conjunto de valores reales a través del teclado, los almacene en una matriz dinámica de *m* filas por *n* columnas y, a continuación, visualice la matriz por filas.

   La estructura del programa estará formada, además de por la función **main**, por las funciones siguientes:

```
void Leer(float **m, int fi, int co);
```

El parámetro *m* de la función *Leer* hará referencia a la matriz de *fi* filas por *co* columnas, cuyos elementos deseamos leer. Esta matriz se creará dinámicamente invocando a la función:

```
float **AsigMem(int fi, int co);
```

La función *AsigMem* devolverá una matriz de *fi* filas por *co* columnas.

7. Escribir un programa para evaluar la expresión $(ax + by)^n$. Para ello, tenga en cuenta las siguientes expresiones:

$$(ax+by)^n = \sum_{k=0}^{n} \binom{n}{k} (ax)^{n-k} (by)^k$$

$$\binom{n}{k} = \frac{n!}{k!(n-k)!}$$

$$n! = n*(n-1)*(n-2)*...*2*1$$

a) Escribir una función cuyo prototipo sea:

```
long factorial(int n);
```

La función *factorial* recibe como parámetro un entero y devuelve el factorial del mismo.

b) Escribir una función con el prototipo:

```
long combinaciones(int n, int k);
```

La función *combinaciones* recibe como parámetros dos enteros, *n* y *k*, y devuelve como resultado el valor de $\binom{n}{k}$.

c) Escribir una función que tenga el prototipo:

```
double potencia(double base, int exponente);
```

La función *potencia* recibe como parámetros dos enteros, *base* y *exponente*, y devuelve como resultado el valor de $base^{exponente}$.

d) La función **main** leerá los valores de *a*, *b*, *n*, *x* e *y*, y utilizando las funciones anteriores escribirá como resultado el valor de $(ax + by)^n$.

CAPÍTULO 9

TRABAJAR CON ARCHIVOS

Todos los programas realizados hasta ahora obtenían los datos necesarios para su ejecución de la entrada estándar y visualizaban los resultados en la salida estándar. Por otra parte, una aplicación podrá retener los datos que manipula en su espacio de memoria solo mientras esté en ejecución; es decir, cualquier dato introducido se perderá cuando la aplicación finalice.

Por ejemplo, si hemos realizado un programa con la intención de construir una agenda, lo ejecutamos y almacenamos los datos *nombre*, *apellidos* y *teléfono* de cada uno de los componentes de la agenda en una matriz esos datos estarán disponibles mientras el programa esté en ejecución. Si finalizamos la ejecución del programa y lo ejecutamos de nuevo, tendremos que volver a introducir de nuevo todos los datos.

La solución para hacer que los datos persistan de una ejecución para otra es almacenarlos en un archivo en el disco en vez de en una matriz en memoria. Entonces, cada vez que se ejecute la aplicación que trabaja con esos datos, podrá leer del archivo los que necesite y manipularlos. Nosotros procedemos de forma análoga en muchos aspectos de la vida ordinaria: almacenamos los datos en fichas y guardamos el conjunto de fichas en lo que generalmente denominamos archivo o fichero.

Desde el punto de vista informático, un archivo o fichero es una colección de información que almacenamos en una unidad (magnética, óptica, de estado sólido, etc.), para poderla manipular en cualquier momento. Esta información se almacena como un conjunto de registros, conteniendo todos ellos, generalmente, los mismos campos. Cada campo almacena un dato de un tipo predefinido o de un tipo definido por el usuario. El registro más simple estaría formado por un carácter.

Por ejemplo, si quisiéramos almacenar en un archivo los datos relativos a la agenda de teléfonos a la que nos hemos referido anteriormente, podríamos diseñar cada registro con los campos *nombre*, *dirección* y *teléfono*. Según esto y desde un punto de vista gráfico, puede imaginarse la estructura del archivo así:

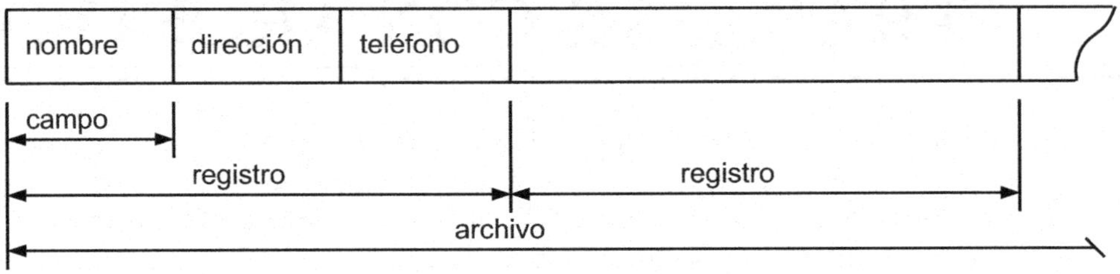

Cada campo almacenará el dato correspondiente. El conjunto de campos descritos forma lo que hemos denominado registro, y el conjunto de todos los registros forman un archivo que almacenaremos bajo un nombre, por ejemplo, en el disco.

Por lo tanto, para manipular un archivo que identificamos por un nombre, son tres las operaciones que tenemos que realizar: abrir el archivo, escribir o leer registros del archivo y cerrar el archivo. En la vida ordinaria hacemos lo mismo: abrimos el cajón que contiene las fichas (archivo), cogemos una ficha (registro) para leer datos o escribir datos y, finalizado el trabajo con la ficha, la dejamos en su sitio, continuando con otras fichas; una vez terminado el trabajo, cerramos el cajón de fichas (archivo).

Podemos agrupar los archivos en dos tipos: archivos de la aplicación (son los archivos *.c*, *.h*, etc., que forman la aplicación) y archivos de datos (son los que proveen de datos a la aplicación). A su vez, C ofrece dos tipos diferentes de acceso a los archivos de datos: secuencial y aleatorio.

Para dar soporte al trabajo con archivos, la biblioteca de C proporciona varias funciones de entrada/salida (E/S) que permiten leer y escribir datos a, y desde, archivos y dispositivos (en los capítulos anteriores trabajamos con algunas de ellas, las relativas a los dispositivos estándar de E/S). No obstante, para tener una independencia del dispositivo sobre el que estemos operando, estas funciones no trabajan directamente sobre el archivo, sino sobre un elemento software intermedio, conectado al archivo, que se denomina flujo (en inglés *stream*).

VISIÓN GENERAL DE LOS FLUJOS DE E/S

La comunicación entre el programa y el origen o el destino de cierta información se realiza mediante un *flujo* de información (en inglés *stream*) que no es más que una estructura de datos que hace de intermediaria entre el programa y el origen o el destino de la información. Esto es, el programa leerá o escribirá en el *flujo* sin importarle desde dónde viene la información o a dónde va y tampoco importa el tipo de los datos que se leen o escriben. Este nivel de abstracción hace que el programa no tenga que saber nada ni del dispositivo ni del tipo de información, lo que se traduce en una facilidad más a la hora de escribir programas.

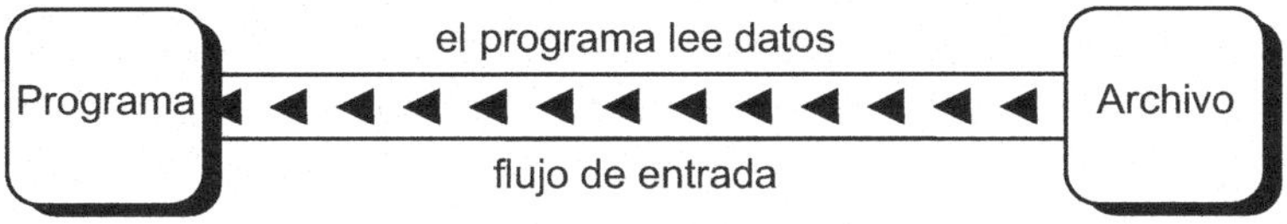

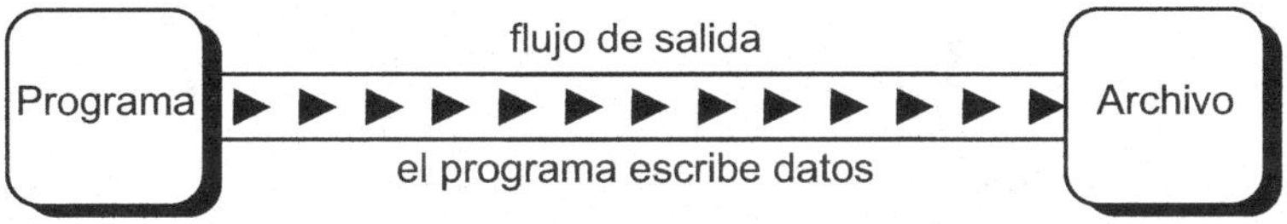

Entonces, para que un programa pueda obtener información desde un archivo tiene que abrir un flujo y leer la información en él almacenada. Análogamente, para que un programa pueda enviar información a un archivo tiene que abrir un flujo y escribir la información en el mismo.

Los algoritmos para leer y escribir datos son siempre más o menos los mismos:

Leer	**Escribir**

Abrir un flujo desde un archivo
Mientras haya información
    Leer información
Cerrar el flujo
	Abrir un flujo hacia un archivo
	Mientras haya información
	    Escribir información
	Cerrar el flujo

En C abrir un flujo supone crear una estructura de datos de tipo **FILE**; este tipo está declarado en la biblioteca de C así:

```
struct _iobuf
{
  char *_ptr;        // Puntero a la posición en el buffer sobre la
                     // que se hará la siguiente operación de E/S.
  int   _cnt;        // Contador que indica los bytes que quedan por
                     // leer o por escribir en el buffer de E/S.
  char *_base;       // Puntero al buffer de E/S.
  char  _flag;       // Máscara para contener el modo de acceso al
                     // archivo y los errores que se produzcan al
                     // acceder a él.
  char  _file;       // Descriptor del archivo.
  int   _charbuf;    // (Normalmente es 0)
  int   _bufsiz;     // Tamaño del buffer.
  char *_tmpfname;   // (Normalmente es NULL)
};
typedef struct _iobuf FILE;
```

Esta estructura define un *buffer* y los miembros necesarios para movernos por el mismo, característica muy interesante de la que se benefician todas las funciones de E/S. Un *buffer* es un bloque de memoria que actúa como intermediario para operaciones de E/S. Para entender el porqué de su utilización, observe la figura siguiente:

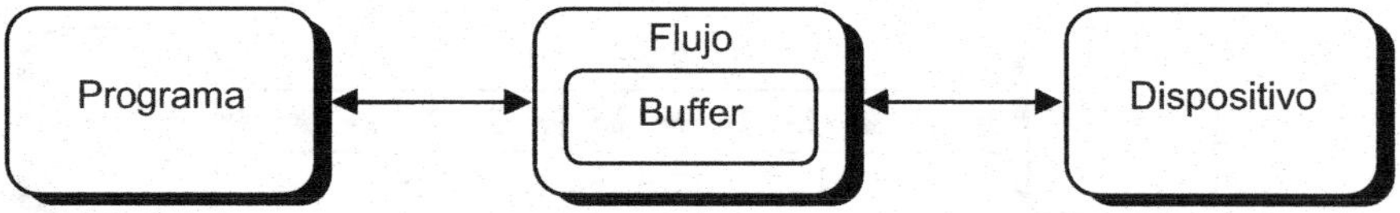

El esquema anterior indica que cuando un programa ejecute una sentencia de entrada (que solicite datos) los datos obtenidos del dispositivo pueden ser depositados en el *buffer* en bloques más grandes que los que realmente está leyendo el programa (por ejemplo, cuando se leen datos de un disco la cantidad mínima de información transferida es un bloque equivalente a una unidad de asignación). Esto aumenta la velocidad de ejecución porque la siguiente vez que el programa necesite más datos no tendrá que esperar por ellos porque ya los tendrá en el *buffer*. Por otra parte, cuando se trate de una operación de salida, los datos no serán enviados al destino hasta que no se llene el *buffer* (o hasta que se fuerce el vaciado del mismo implícita o explícitamente), lo que reduce el número de accesos al dispositivo físico vinculado que siempre resulta mucho más lento que los accesos a memoria, aumentando por consiguiente la velocidad de ejecución.

Según lo expuesto, antes de abrir un flujo desde un archivo será necesario definir una estructura de tipo **FILE** sobre la que se creará el flujo. Una vez creado el flujo, el programa realizará todas sus operaciones de E/S sobre él, el cual mantiene un vínculo con el archivo a través del miembro *_file* de la estructura **FILE**.

Después de haber finalizado el trabajo con un flujo, este debe cerrarse. Si un flujo no se cierra explícitamente, será cerrado automáticamente cuando finalice el programa. Sin embargo, es aconsejable cerrar cada flujo cuando se finalice con él, para romper el vínculo que mantenía con el archivo desde el que se había abierto, lo que permitirá utilizar dicho archivo por cualquier otra aplicación.

Así mismo, saber que cuando un programa C/C++ comienza su ejecución, son abiertos automáticamente tres flujos, vinculados con otros tres dispositivos. Estos flujos y los dispositivos vinculados por defecto son los siguientes:

Flujo	Dispositivo al que está vinculado
stdin	dispositivo de entrada estándar (teclado).
stdout	dispositivo de salida estándar (pantalla).
stderr	dispositivo de error estándar (pantalla).

■ En las aplicaciones bajo el sistema operativo Windows, además de estos tres flujos, dependiendo de la configuración de la máquina, pueden estar presentes dos más, el dispositivo serie y el dispositivo de impresión paralelo:

stdaux	dispositivo auxiliar estándar (puerto serie).
stdprn	dispositivo de impresión estándar (puerto paralelo para la impresora).

VISIÓN GENERAL DE UN ARCHIVO

Un archivo, independientemente de su tipo, es una secuencia de *bytes* almacenada en binario en un dispositivo de almacenamiento. Por ejemplo, si abrimos el código fuente de un supuesto programa *holamundo.c* con un editor de texto, se mostrarán cada una de las líneas que lo forman así:

```
/* holamundo.c */
#include <stdio.h>
#include <stdlib.h>

int main()
{
  printf("¡Hola mundo!\n");
  system("pause");
  return 0;
}
```

Ahora bien, si lo abrimos con otro tipo de editor capaz de mostrarlo *byte* a *byte* en hexadecimal se mostraría lo siguiente:

```
00000000  2f 2a 20 68 6f 6c 61 6d 75 6e 64 6f 2e 63 20 2a  /* holamundo.c *
00000010  2f 0d 0a 23 69 6e 63 6c 75 64 65 20 3c 73 74 64  /..#include <std
```

```
00000020  69 6f 2e 68 3e 0d 0a 23 69 6e 63 6c 75 64 65 20  io.h>..#include
00000030  3c 73 74 64 6c 69 62 2e 68 3e 0d 0a 0d 0a 69 6e  <stdlib.h>....in
00000040  74 20 6d 61 69 6e 28 29 0d 0a 7b 0d 0a 20 20 70  t main()..{..  p
00000050  72 69 6e 74 66 28 22 a1 48 6f 6c 61 20 6d 75 6e  rintf(".Hola mun
00000060  64 6f 21 5c 6e 22 29 3b 0d 0a 20 20 73 79 73 74  do!\n");..  syst
00000070  65 6d 28 22 70 61 75 73 65 22 29 3b 0d 0a 20 20  em("pause");..
00000080  72 65 74 75 72 6e 20 30 3b 0d 0a 7d 0d 0a        return 0;..}..
```

Según podemos observar, el editor utilizado muestra el contenido del archivo en líneas de 16 *bytes*. En la columna de la izquierda se indica la posición del primer *byte* de cada fila, en la central aparecen los 16 *bytes* en hexadecimal y a la derecha aparecen los caracteres correspondientes a estos *bytes*. Solo se muestran los caracteres imprimibles de los 128 primeros caracteres ASCII; el resto aparecen representados por un punto. El código ASCII coincide con los códigos ANSI y UNICODE solo en los 128 primeros caracteres; en cambio, ANSI y UNICODE coinciden en los caracteres 0 a 255.

Por ejemplo, en la última línea los *bytes 72 65 74 75 72 6e* son los caracteres pertenecientes a la palabra clave **return**. A continuación aparecen los *bytes 20 30 3b* (espacio en blanco, el 0 y el punto y coma) y luego *0d 0a*. Los *bytes 0d 0a* son el salto al principio de la línea siguiente, que en Windows se representa con dos caracteres. El *0d* es el ASCII *CR* (*Carriage **R**eturn*: retorno de carro) y el *0a* es el ASCII *LF* (***L**ine **F**eed*: avance de línea).

A pesar de que toda la información del archivo está escrita en 0 y 1 (en bits – en binario), cada *byte* (cada ocho bits) del archivo se corresponde con un carácter de la tabla de códigos de caracteres utilizada (ASCII, ANSI, etc.); por eso, estos archivos son denominados *archivos de texto*. Cuando no existe esta correspondencia hablamos de *archivos binarios* sin más.

Las aplicaciones Windows, casi en su totalidad, utilizan el código de caracteres ANSI. Esto significa que, si utilizamos una aplicación como el bloc de notas para escribir en un archivo el carácter '*á*', en dicho archivo se almacenará el *byte* '*e1*' (código 225). Si ahora, utilizando esa misma aplicación u otra, mostramos el contenido de ese archivo, se visualizará el carácter de código '*e1*' que será '*á*' si la aplicación trabaja con ANSI (caso del bloc de notas, *WordPad*, *Word*, *Visual C++*, etc.) o '*ß*' si utiliza el código ASCII (caso de una consola de Windows; véase el apartado *Matrices* del capítulo *Fases en el desarrollo de un programa*). Esto es, el carácter correspondiente a un determinado código depende de la tabla de códigos utilizada por la aplicación. Algunos ejemplos son:

Código Hex.	ASCII	ANSI	UNICODE
61	a	a	a
e1	ß	á	á
f1	±	ñ	ñ

En Linux, actualmente, se usa UTF-8 y poco a poco va tomando presencia el UNICODE (código de 16 bits por carácter). Además, en Linux, y en UNIX en general, el carácter '*\n*', empleado por C para situar el punto de inserción al principio de la línea siguiente, se codifica con un solo carácter: el *0a* (*LF*). Según esto, para que los programas escritos en C se puedan utilizar en Linux y en Windows (recuerde que el lenguaje C originalmente se diseñó justamente para escribir UNIX en este lenguaje en vistas a su transportabilidad a otras máquinas), los compiladores de C para Windows han sido escritos para que traduzcan el carácter '*\n*' en la secuencia *0d 0a* al escribir texto en un dispositivo y viceversa, de *0d 0a* a solo *0a*, al leer texto de un dispositivo.

Para entender lo expuesto vamos a realizar un pequeño ejemplo. Como veremos un poco más adelante, para escribir texto en un archivo se puede utilizar la función **fprintf** (una versión generalizada de **printf**). Esta función se utiliza igual que **printf**, pero tiene un parámetro más, el primero, que se corresponde con el flujo que define el archivo en el que se quiere escribir. Previamente hay que abrir el archivo (obsérvese la *t* en **fopen**) y al final hay que cerrarlo.

```
// crlf-t.c
#include <stdio.h>

int main ()
{
  FILE *pf; // flujo
  // Abrir el archivo
  pf = fopen("miarchivo-t.txt", "wt"); // w: write, t: archivo de texto
  // Escribir en el archivo
  fprintf(pf, "¡Hola mundo!\n");
  fprintf(pf, "%d * %d = %d\n", 9, 256, 9*256);
  // Cerrar el archivo
  fclose(pf);

  return 0;
}
```

Cuando ejecute este programa se creará el archivo *miarchivo-t.txt* con el contenido "*¡Hola mundo!\n*" más los números *9*, *256* y *2304*. Muestre el contenido de este archivo en hexadecimal:

```
00000000  a1 48 6f 6c 61 20 6d 75 6e 64 6f 21 0d 0a 39 20  .Hola mundo!..9
00000010  2a 20 32 35 36 20 3d 20 32 33 30 34 0d 0a        * 256 = 2304..
```

Observe que el texto se ha escrito en ASCII, los caracteres '*\n*' se han codificado como *0d 0a* y los números se han codificado también en ASCII, empleando un *byte* para cada dígito.

Modifique el programa poniendo una *b* en **fopen** (archivo binario) en lugar de la *t* (archivo de texto) y cambie el nombre para que ahora se llame *miarchivo-b.txt*:

```
pf = fopen("miarchivo-b.txt", "wb");  // b = archivo binario
```

Ejecute este programa. Se creará el archivo *miarchivo-b.txt*. Muestre el contenido de este archivo en hexadecimal:

```
00000000  a1 48 6f 6c 61 20 6d 75 6e 64 6f 21 0a 39 20 2a  .Hola mundo!.9 *
00000010  20 32 35 36 20 3d 20 32 33 30 34 0a               256 = 2304.
```

Comparando este resultado con el anterior vemos que ahora los caracteres '*\n*' no se han traducido a *0d 0a*, sino que se han dejado como en UNIX: *0a*. El resto del contenido no ha cambiado; esto es, el texto y los números se siguen representando en ASCII.

Un ejemplo más, pero ahora utilizando la función **fwrite**, que estudiaremos un poco más adelante, en lugar de **fprintf**:

```
// binario-b.c
#include <stdio.h>

int main()
{
  int n = 0;
  char *s = "¡Hola mundo!\n";
  FILE *pf; // flujo
  // Abrir el archivo
  pf = fopen("miarchivo-b.bin", "wb");  // b = archivo binario
  // Escribir en el archivo
  fwrite(s, strlen(s), 1, pf);
  n = 9;        fwrite(&n, sizeof(int), 1, pf);
  n = 256;      fwrite(&n, sizeof(int), 1, pf);
  n = 17432583; fwrite(&n, sizeof(int), 1, pf);
  // Cerrar el archivo
  fclose(pf);

  return 0;
}
```

Cuando ejecute este programa se creará el archivo *miarchivo-b.bin* con el contenido "*¡Hola mundo!\n*" más los números *9*, *256* y *17432583* (0x010a0007). Muestre el contenido de este archivo en hexadecimal:

```
00000000  a1 48 6f 6c 61 20 6d 75 6e 64 6f 21 0a 09 00 00  .Hola mundo!....
00000010  00 00 01 00 00 07 00 0a 01                        .........
```

Observe que el texto se ha escrito en ASCII, el carácter '*\n*' se ha codificado como *0a* (no hay conversión) porque se trata de un archivo binario y los números se han codificado en binario: cuatro *bytes* por cada **int** escritos de menor a mayor peso. Fíjese también que el último número tiene un *byte* que es *0a* que por formar parte de un número de cuatro *bytes* no tiene ningún significado especial (cuando se lea el número se leerán los cuatro *bytes*). De aquí se deduce que los números pueden escribirse en ASCII (**fprintf**) o en binario (**fwrite**).

Si ahora intenta abrir el archivo *miarchivo-b.bin* con un editor de texto, por ejemplo con el bloc de notas, observará que solo es legible la información escrita en ASCII: el texto.

Modifique el programa poniendo una *t* (archivo de texto) en lugar de la *b* (archivo binario), cambie el nombre al archivo para que ahora se llame *miarchivo-t.bin* y cambie el tercer número por este otro: 17435911 (0x010a0d07):

```
pf = fopen("miarchivo-t.bin", "wt");  // t = archivo de texto
```

Ejecute este programa. Se creará el archivo *miarchivo-t.bin*. Muestre el contenido de este archivo en hexadecimal:

```
00000000  a1 48 6f 6c 61 20 6d 75 6e 64 6f 21 0d 0a 09 00  .Hola mundo!....
00000010  00 00 00 01 00 00 07 0d 0d 0a 01                 ...........
```

Comparando este resultado con el anterior vemos que ahora el carácter '*\n*' se ha traducido a *0d 0a* porque se trata de un archivo de texto y, por lo tanto, el *byte* *0a* del tercer número también se ha traducido a *0d 0a* (por eso el número tiene cinco *bytes* en lugar de cuatro), para que en el proceso de lectura (abriendo el archivo para leer como archivo de texto), estos *bytes* vuelvan a ser traducidos en *0a* y el número quede inalterado. El resto del contenido no ha cambiado.

Una vez descritos los mecanismos en los que se basa la E/S, es el momento de estudiar las funciones de la biblioteca de C que podemos utilizar para este tipo de operaciones.

ABRIR UN ARCHIVO

Para poder escribir en un archivo o leer de un archivo, primeramente, hay que crear un flujo vinculado con él. Esto se hace invocando bien a la función **fopen**, o bien a **freopen**. Una vez realizada esta operación, se dice que "el archivo está abierto". Un archivo puede abrirse para leer, para escribir o para leer y escribir.

fopen

Esta función permite crear un flujo desde un archivo, hacia un archivo, o bien desde y hacia un archivo. En términos más simplificados, permite abrir un archivo para leer, para escribir o para leer y escribir. Su prototipo es el siguiente:

```
#include <stdio.h>
FILE *fopen(const char *restrict nomfi, const char *restrict modo);
```

La función **fopen** abre el archivo especificado por *nomfi*; el nombre del archivo debe cumplir las reglas impuestas por el sistema operativo. Y el argumento *modo* especifica cómo se va a abrir el archivo. La tabla siguiente muestra los distintos modos en los que puede abrirse un archivo:

Modo	Descripción
"r"	Abrir un archivo para leer. Si el archivo no existe o no se encuentra, se obtiene un error.
"w"	Abrir un archivo para escribir. Si el archivo no existe, se crea; y si existe, su contenido se destruye para ser creado de nuevo.
"a"	Abrir un archivo para añadir información al final del mismo. Si el archivo no existe, se crea.
"r+"	Abrir un archivo para leer y escribir. El archivo debe existir.
"w+"	Abrir un archivo para escribir y leer. Si el archivo no existe, se crea; y si existe, su contenido se destruye para ser creado de nuevo.
"a+"	Abrir un archivo para leer y añadir. Si el archivo no existe, se crea.

Nada más abrir un archivo, el puntero de L/E (recuerde que este puntero siempre indica a partir de qué posición debe hacerse la siguiente lectura o escritura) se supone colocado automáticamente al principio del archivo, excepto para el modo añadir que se supone colocado al final.

■ Cuando estemos trabajando con un compilador C bajo el sistema operativo Windows hay que tener en cuenta las consideraciones descritas a continuación; por lo tanto, si es usuario de UNIX sáltese la letra pequeña. A diferencia de UNIX, en Windows un archivo puede ser abierto como archivo de *texto* o como archivo *binario*. La necesidad de dos formas diferentes es por las incompatibilidades existentes entre C y Windows ya que C fue diseñado originalmente para UNIX. Con dispositivos o archivos de *texto*, el carácter '*\n*', utilizado en C para cambiar de línea, es traducido en dos caracteres (*CR+LF*) en una operación de salida y a la inversa, la combinación *CR+LF* es traducida en un único carácter '*\n*' (*LF*) cuando se trata de una entrada de datos. Esto significa que, en Windows, cuando un programa C escribe en un archivo traduce el carácter '*\n*' en los caracteres *CR+LF*; y cuando C lee desde un archivo y encuentra los caracteres *CR+LF*, los traduce a '*\n*'; y cuando encuentra un *Ctrl+Z* lo interpreta como un **EOF** (carácter final de archivo). Esta traducción puede ocasionar problemas cuando nos desplacemos en el archivo un número de *bytes* determinado (función **fseek**). Para evitar este tipo de problemas utilice archivos *binarios*, en los que las traducciones indicadas no tienen lugar.

- Según lo expuesto en el párrafo anterior, a las formas de acceso mencionadas se les puede añadir un carácter *t* o *b* (por ejemplo, *rb*, *a+b* o *ab+*) para indicar si el archivo es de *texto* o *binario*. La opción *t* no pertenece al lenguaje C estándar, sino que es una extensión de Microsoft C. Si *t* o *b* no se especifican, se utiliza el valor almacenado en la variable global *_fmode* de C (archivo de texto por defecto).

- En UNIX, la opción *b* es ignorada, aunque sintácticamente es aceptada. Esto permite la transportabilidad de un programa hecho en Windows a UNIX.

La función **fopen** devuelve un puntero a una estructura de tipo **FILE** que da soporte al flujo de datos. Un puntero nulo indica un error. Este flujo será utilizado por las funciones de E/S de la biblioteca de C siempre que se necesite realizar operaciones de leer y/o escribir datos en un archivo. Por eso, antes de invocar a la función **fopen** debe haberse definido un puntero a una estructura de tipo **FILE** (esta estructura es la que mantiene el puntero de L/E). Por ejemplo:

```
#include <stdio.h>
#include <stdlib.h>

int main(void)
{
  FILE *pf;
  pf = fopen("datos", "w"); // abrir el archivo datos para escribir
  if (pf == NULL)
  {
    printf("Error: el archivo no se puede abrir\n");
    exit(EXIT_FAILURE); // o bien exit(1) o return(EXIT_FAILURE)
  }
  // ...

  fclose(pf); // cerrar el archivo
  return EXIT_SUCCESS; // o bien return 0 o nada
}
```

Este ejemplo crea un flujo referenciado por *pf* hacia el archivo *datos*. Esto se traduce en que se ha abierto el archivo *datos* para escribir (si el archivo ya existe, se destruye y si no existe, se crea). Una vez abierto, las funciones utilizadas para leer y escribir lo harán sobre *pf* (por facilidad, podemos pensar en *pf* como si del archivo se tratara). *EXIT_SUCCESS* (0, éxito) y *EXIT_FAILURE* (1, fracaso) están definidas en *stdlib.h*.

Véase también la función **fopen_s** en el apéndice *A*.

freopen

La función **freopen** desvincula el dispositivo o archivo actualmente asociado con el flujo referenciado por *pflujo* y reasigna *pflujo* al archivo identificado por *nomfi*. Normalmente se utiliza para redireccionar **stdin**, **stdout** o **stderr** a archivos especificados por el usuario. La descripción para el argumento *modo* es la misma que la dada en la función **fopen**.

```
#include <stdio.h>
FILE *freopen(const char *restrict nomfi,
              const char *restrict modo, FILE *pflujo);
```

La función **freopen** devuelve un puntero al mismo flujo de datos, o bien un puntero nulo si ocurriera un error, en cuyo caso, el flujo original quedaría cerrado.

El siguiente ejemplo muestra la forma de utilizar esta función:

```
#include <stdio.h>

int main(void)
{
  FILE *pf;
  pf = freopen("datos", "w", stdout);
  if (pf == NULL)
  {
    perror("El archivo no se puede abrir");
    exit(EXIT_FAILURE);
  }

  printf("hola\n"); // se escribe en el archivo "datos"
  fclose(pf); // cerrar el archivo
}
```

Este ejemplo reasigna **stdout** al archivo llamado *datos* de forma que todo lo que ahora escribamos en **stdout** será redirigido a *datos* (*pf* y **stdout** hacen referencia al mismo flujo de datos).

CERRAR UN ARCHIVO

Después de haber finalizado el trabajo con un flujo, este debe cerrarse invocando a la función **fclose**. Una vez realizada esta operación, se dice que "el archivo está cerrado". Si un archivo no se cierra explícitamente, es cerrado automáticamente cuando finaliza el programa. Sin embargo, es aconsejable cerrar un archivo cuando se ha finalizado con él, ya que un archivo abierto por una aplicación generalmente no está disponible para otra hasta que no se cierre.

fclose

La función **fclose** cierra el flujo referenciado por *pf* y por lo tanto libera el archivo vinculado con el mismo. De forma resumida podemos decir que cierra el archivo. Cualquier dato en el *buffer* asociado se escribe en el archivo antes de ser cerrado.

```
#include <stdio.h>
int fclose(FILE *pf);
```

Si la operación de cerrar el archivo se ejecuta satisfactoriamente, la función **fclose** devuelve un 0; en otro caso, devuelve un **EOF**.

MANIPULACIÓN DE ERRORES

Cuando en una operación sobre un archivo ocurre un error, este puede ser detectado interrogando al indicador de error asociado con ese archivo, que permanecerá en ese estado, hasta que sea ejecutada la función **clearerr**.

ferror

Cuando se realiza una operación sobre un archivo, por ejemplo leer o escribir, se puede verificar si ocurrió un error invocando a esta función. Lo que hace **ferror** es observar los bits de error agrupados bajo el miembro *_flag* del flujo sobre el que se ejecutó la operación de E/S (eche una ojeada a la estructura **FILE**); cada tipo de error viene dado por un bit en una posición determinada dentro de *_flag*; si el bit está a 1 es que ocurrió ese error; en otro caso estará a 0. Los bits de error activados permanecerán en ese estado hasta que se cierre el archivo, o bien hasta que se invoque a alguna de las funciones **clearerr** o **rewind**.

```
#include <stdio.h>
int ferror(FILE *pf);
```

La función **ferror** devuelve un 0 si no ha ocurrido un error y un valor distinto de 0 en caso contrario.

clearerr

La función **clearerr** pone a 0 los bits de error que estén a 1, incluido el bit de fin de archivo, en el miembro *_flag* del flujo especificado.

```
#include <stdio.h>
void clearerr(FILE *pf);
```

El siguiente ejemplo muestra cómo utilizar algunas de las funciones explicadas hasta ahora. Lo que intenta hacer el ejemplo es abrir un archivo llamado *datos* en el directorio o carpeta actual y escribir en él una cadena de caracteres. Cuando el programa finaliza, el archivo se cierra.

```
// ferror.c
//
#include <stdio.h>
#include <stdlib.h>

int main(void)
{
  FILE *pf;
  char *cadena = "Esta cadena nunca será escrita";

  if ((pf = fopen("datos", "r")) == NULL)
  {
    printf("Error: no se puede abrir el archivo\n");
    return EXIT_FAILURE;
  }
  fprintf(pf, "%s\n", cadena);
  if (ferror(pf))
  {
    printf("Error al escribir en el archivo\n");
    clearerr(pf);
  }
  fclose(pf);
}
```

Ejecución del programa: (suponemos que "datos" existe)

Error al escribir en el archivo

En el ejemplo anterior, se invoca a la función **fopen** para abrir el archivo *datos* para leer (*r*); para abrir un archivo para leer, el archivo debe existir. A continuación, si la operación de abrir el archivo *datos* ocurre satisfactoriamente, se intenta escribir en él una cadena de caracteres y se verifica si la operación se ha efectuado correctamente. Para ello, la función **ferror** interroga al miembro *_flag* del flujo vinculado con el archivo, detectando, en este caso, que ocurrió un error en la última operación de escritura. La función **printf** manda un mensaje por la consola y la función **clearerr** pone a 0 los bits de error que estaban a 1. Este error se debe a que el archivo estaba abierto para leer, no para escribir. Si no hubiéramos hecho esta verificación, no nos hubiéramos enterado del error ya que el sistema no envía ningún mensaje.

feof

Cuando se crea un archivo el sistema añade automáticamente al final del mismo una marca de fin de archivo. De esta forma, cuando en una operación de lectura sobre un archivo se intenta leer más allá de la marca de fin de archivo, automáticamente el sistema pone a 1 el bit de "fin de archivo" del miembro *_flag* del flujo asociado. Un programa puede conocer el estado de este indicador invocando a la función **feof**, cuyo prototipo es:

```
#include <stdio.h>
int feof(FILE *pf);
```

La función **feof** devuelve un valor distinto de 0 cuando se intenta leer más allá de la marca *eof* (*end of file* - fin de archivo), no cuando se lee el último registro. En otro caso devuelve un 0. Por ejemplo:

```
// ...
// Leer aquí el primer registro del archivo
while (!ferror(pf) && !feof(pf)) // mientras no se llegue al final del archivo
{
  // ...
  // Leer aquí el siguiente registro del archivo
}
fclose(pf);
```

O bien:

```
// ...
while (!ferror(pf))
{
  // Leer aquí el siguiente registro del archivo
  if (feof(pf)) break; // si es el final del archivo...
  // ...
}
fclose(pf);
```

El bucle **while** del ejemplo anterior permite leer información del archivo referenciado por *pf* mientras no se llegue al final del archivo. Cuando se intente leer más allá del final del archivo, el bit *eof* del miembro *_flag* del flujo asociado con ese archivo se pondrá a 1, estado que **feof** detectará la siguiente vez que se invoque devolviendo un valor distinto de 0, lo que hará que el bucle finalice.

perror

La función **perror** escribe en la salida estándar de mensajes de error, **stderr**, el mensaje especificado seguido por dos puntos, seguidos del mensaje de error dado por el sistema terminado con *\n*. Su prototipo es:

```
#include <stdio.h>
void perror(const char *mensaje);
```

El siguiente ejemplo muestra cómo utilizar esta función. Observar que se trata del mismo ejemplo anterior, pero utilizando ahora la función **perror**, en lugar de **printf**, para visualizar el mensaje de error.

```
// perror.c
//
#include <stdio.h>
#include <stdlib.h>

int main(void)
{
  FILE *pf;
  char *cadena = "Esta cadena nunca será escrita";
  if ((pf = fopen("datos", "r")) == NULL)
  {
    perror("datos");
    return EXIT_FAILURE;
  }

  fprintf(pf, "%s\n", cadena);
  if (ferror(pf))
  {
    perror("Error al escribir en el archivo");
    clearerr(pf);
  }

  fclose(pf);
}
```

Por ejemplo, si cuando se ejecute este programa el archivo *datos* no existe, se visualizará el mensaje:

```
datos: No such file or directory
```

¿Dónde están almacenados estos mensajes? La variable de la biblioteca de C **sys_errlist** es una matriz que contiene los mensajes de error ordenados por el número de error. El número de elementos de esta matriz viene dado por la variable del sistema **sys_nerr**. La función **perror** busca el mensaje de error en esta matriz utilizando el valor de la variable **errno** como índice, ya que esta variable almacena el número del error que se haya producido.

Las variables del sistema **errno**, **sys_errlist** y **sys_nerr** están declaradas en el archivo de cabecera *stdlib.h*. No obstante, si no se incluye este archivo, podemos declararlas a nivel externo como se indica a continuación. Los números de error puede verlos en el archivo de cabecera *errno.h*. El siguiente código le permitirá visualizar todos los mensajes de error.

```
// errno.c
//
#include <stdio.h>
#include <stdlib.h>

// extern int errno;            // número de error
// extern char *sys_errlist[]; // mensajes de error
// extern int sys_nerr;         // elementos de la matriz sys_errlist

int main(void)
{
  for (int i = 0; i < sys_nerr; i++)
  {
    printf("Error: %d, %s\n", i, sys_errlist[i]);
    getchar();
  }
}
```

Por compatibilidad, se aconseja utilizar la función **stderror**, declarada en *string.h*, en lugar de **sys_errlist** y **sys_nerr** (GNU/Linux las declara obsoletas). Como ejemplo, podemos reemplazar la llamada a la función **printf** del ejemplo anterior por esta otra y se obtendrán los mismos resultados:

```
printf("Error: %d, %s\n", i, strerror(i));
```

POSICIÓN DEL PUNTERO DE L/E

Cuando sobre un archivo se realizan operaciones de E/S (leer y/o escribir), cada una de estas operaciones siempre tiene lugar a partir de la posición en el archivo definida por el miembro *_ptr* de la estructura **FILE**, puntero que es automáticamente actualizado cuando finaliza dicha operación. En lo sucesivo nos referiremos a él por *puntero de lectura/escritura* (L/E).

La posición del puntero de L/E puede ser obtenida y modificada a voluntad, utilizando la función adecuada de las que se exponen a continuación. Inicialmente, cuando se abre un archivo, este puntero apunta siempre al principio del *buffer*.

ftell

Esta función permite obtener la posición en el archivo del puntero de L/E. Su prototipo es:

```
#include <stdio.h>
long ftell(FILE *pf);
```

La función **ftell** devuelve la posición actual en el archivo asociado con *pf* del puntero de L/E, o bien el valor −1L si ocurre un error. Esta posición es relativa al principio del archivo. Por ejemplo:

```
long pos = 0;
pos = ftell(pf); // posición actual del puntero de L/E
```

fseek

Esta función permite fijar la posición donde se realizará la siguiente operación de L/E. Su prototipo es:

```
#include <stdio.h>
int fseek(FILE *pf, long desp, int pos);
```

La función **fseek** mueve el puntero de L/E del archivo asociado con *pf* a una nueva localización desplazada *desp bytes* (un valor positivo avanza el puntero y un valor negativo lo retrocede) de la posición especificada por el argumento *pos*, la cual puede ser una de las siguientes:

pos	significado
SEEK_SET	Hace referencia a la primera posición en el archivo.
SEEK_CUR	Hace referencia a la posición actual del puntero de L/E.
SEEK_END	Hace referencia a la última posición en el archivo.

La función **fseek** devuelve un 0 si se ejecuta satisfactoriamente y un valor distinto de 0 en caso contrario. Por ejemplo:

```
fseek(pf, 0L, SEEK_END);
```

Esta sentencia sitúa el puntero de L/E al final del archivo asociado con *pf* (observar que el desplazamiento es 0 *bytes* desde el final).

■ En Windows, para archivos abiertos como archivos de texto, **fseek** puede producir un resultado inesperado debido a la traducción de '\n' en CR+LF. Por lo tanto, las operaciones con la función **fseek** en un archivo de texto serán buenas con un desplazamiento 0 (ir al principio o al final) o con un desplazamiento devuelto por la función **ftell** a partir del comienzo del archivo. Para evitar este tipo de problemas, es aconsejable trabajar con un archivo binario.

rewind

La función **rewind** mueve el puntero de L/E al principio del archivo asociado con *pf*. Su prototipo es:

```
#include <stdio.h>
void rewind(FILE *pf);
```

Una llamada a esta función equivale a una llamada a **fseek** como la indicada a continuación, con la excepción de que **rewind** pone a 0 los bits de error y el bit de fin de archivo y **fseek** no.

```
fseek(pf, 0L, SEEK_SET);
```

E/S CARÁCTER A CARÁCTER

Los datos pueden ser escritos carácter a carácter en un archivo o dispositivo, o bien leídos, utilizando las funciones **fputc** y **fgetc**, respectivamente.

fputc

Esta función escribe un carácter *car* en la posición indicada por el puntero de lectura/escritura (L/E) del archivo o dispositivo asociado con *pf*.

```
#include <stdio.h>
int fputc(int car, FILE *pf);
```

La función **fputc** devuelve el carácter escrito, o bien un **EOF** si ocurre un error. No obstante, ya que **EOF** es un valor aceptado por *car*, es mejor utilizar la función **ferror** para verificar si ha ocurrido un error.

Por ejemplo, el siguiente programa crea un archivo denominado *texto* y escribe en él la cadena de caracteres almacenada en la matriz *buffer*. La escritura sobre el archivo se hace carácter a carácter utilizando la función **fputc**.

```
/****** Escribir datos en un archivo carácter a carácter *******/
/* fputc.c
 */
#include <stdio.h>
#include <stdlib.h>
```

```
#include <string.h>

int main(void)
{
  FILE *pf;
  char buffer[81];
  int i = 0;

  // Abrir el archivo "texto" para escribir
  if ((pf = fopen("texto", "w")) == NULL)
  {
    perror("El archivo no se puede abrir");
    exit(EXIT_FAILURE);
  }
  strcpy(buffer, "Este es un texto escrito por fputc!!\n");

  while (!ferror(pf) && buffer[i])
    fputc(buffer[i++], pf);

  if (ferror(pf))
    perror("Error durante la escritura");

  fclose(pf);
}
```

Obsérvese que cada vez que se realiza una operación de escritura sobre el archivo, se invoca a la función **ferror** para verificar si ha ocurrido un error.

fgetc

Esta función lee un carácter de la posición indicada por el puntero de L/E del archivo o dispositivo asociado con *pf* y avanza la posición de L/E al siguiente carácter a leer.

```
#include <stdio.h>
int fgetc(FILE *pf);
```

La función **fgetc** devuelve el carácter leído o un **EOF**, si ocurre un error o se detecta el final del archivo. No obstante, ya que **EOF** es un valor aceptado, utilizar la función **ferror** o **feof** para distinguir si se ha detectado el final del archivo o si ha ocurrido un error.

Por ejemplo, el siguiente programa lee carácter a carácter toda la información escrita en un archivo llamado *texto* y la almacena en una matriz denominada *buffer*.

```
/****** Leer datos de un archivo carácter a carácter *******/
```

```
/* fgetc.c
 */
#include <stdio.h>
#include <stdlib.h>

int main(void)
{
  FILE *pf = NULL;
  char buffer[81];
  int i = 0;
  // Abrir el archivo "texto" para leer
  if ((pf = fopen("texto", "r")) == NULL)
  {
    perror("El archivo no se puede abrir");
    exit(EXIT_FAILURE);
  }

  while (!ferror(pf) && !feof(pf))
    buffer[i++] = fgetc(pf);
  buffer[--i] = '\0';

  if (ferror(pf))
    perror("Error durante la lectura");
  fclose(pf);
    printf("%s", buffer);
}
```

Como aplicación, vamos a realizar un programa, *copiar*, que copie un archivo cualquiera del disco en otro y visualice el número de caracteres copiados. Los archivos en cuestión serán pasados como argumentos en la línea de órdenes cuando se ejecute el programa *copiar*. Por ejemplo, para copiar *archivo1* en *archivo2* escribiríamos:

```
copiar archivo1 archivo2
```

Esta orden ejecutará el programa *copiar*, que copiará el *archivo1* en el *archivo2* y visualizará el número de caracteres copiados. El proceso básicamente consiste en leer un carácter del *archivo1*, escribirlo en el *archivo2*, incrementar un contador una unidad y repetir el proceso hasta que se llegue al final del archivo origen de los datos. El programa completo se muestra a continuación:

```
/********** Copiar el contenido de un archivo en otro **********/
/* copiar.c
 */
#include <stdio.h>
#include <stdlib.h>

int main(int argc, char *argv[])
{
```

```
    FILE *des = NULL, *org = NULL;
    int conta = 0, car = 0;

    // Comprobar el número de argumentos pasados
    // en la línea de órdenes
    if (argc != 3)
    {
      printf("Sintaxis: copiar origen destino\n");
      exit(1);
    }

    // Abrir el archivo indicado por argv[1] para leer
    // y el indicado por argv[2] para escribir
    if ( (org = fopen(argv[1], "rb")) == NULL ||
         (des = fopen(argv[2], "wb")) == NULL )
    {
      printf("No se puede realizar la copia\n");
      exit(2);
    }

    // Copiar
    while (!ferror(org) && !ferror(des))
    {
      car = fgetc(org);
      if (feof(org)) break;
      conta++;    // contar caracteres
      fputc(car, des);
    }

    // Verificar si la copia se hizo con éxito
    if (ferror(org) || ferror(des))
      perror("Error durante la copia");
    else
      printf("Se han copiado %d caracteres\n", conta-1);

    fclose(org);
    fclose(des);
  }
```

Abriendo los archivos como archivos binarios se asegura la exactitud de la copia de cualquier tipo de archivo.

Hay otra pareja de funciones, **putw** y **getw**, cuya sintaxis y comportamiento es idéntico a **fputc** y **fgetc**, respectivamente.

E/S DE CADENAS DE CARACTERES

Los datos pueden ser escritos en bloques de caracteres en un archivo o dispositivo, o bien leídos, utilizando las funciones **fputs** y **fgets**, respectivamente.

fputs

Esta función permite copiar una cadena de caracteres en un archivo o dispositivo. Su prototipo es el siguiente:

```
#include <stdio.h>
int fputs(const char *restrict cadena, FILE *restrict pf);
```

La función **fputs** copia la cadena de caracteres almacenada en *cadena*, en el archivo o dispositivo asociado con *pf*. La terminación '\0' con la que finaliza toda cadena C no se copia. Devuelve un valor no negativo si se ejecuta satisfactoriamente; en caso contrario, devuelve **EOF**. Por ejemplo, la siguiente sentencia muestra en la pantalla la cadena de caracteres especificada:

```
fputs("esta cadena se muestra en la pantalla\n", stdout);
```

Para recuperar de una forma sencilla la información escrita en un archivo, es aconsejable copiar el carácter '*\n*' después de cada cadena (línea) escrita en dicho archivo. Por ejemplo:

```
while (fgets(buffer, sizeof(cadena), stdin) != NULL)
{
  fputs(cadena, pf); // escribir la cadena en el archivo
  // fgets incluye el carácter \n
}
```

fgets

Esta función permite leer una cadena de caracteres de un archivo o dispositivo. Su prototipo es el siguiente:

```
#include <stdio.h>
char *fgets(char *restrict cadena, int n, FILE *restrict pf);
```

La función **fgets** lee una cadena de caracteres del archivo o dispositivo asociado con *pf* y la almacena en *cadena*. Se entiende por cadena la serie de caracteres que va desde la posición indicada por el puntero de L/E hasta el primer carácter nueva línea ('*\n*') incluido este, o bien hasta el final del archivo, o hasta que el número de caracteres leídos sea igual a *n – 1*. El carácter '*\n*', si lo hay, no es eliminado, se lee como un carácter más, y la terminación '*\0*' es añadida automáticamente al final de la cadena leída.

Devuelve un puntero al principio de la cadena leída. Si el valor devuelto es **NULL**, quiere decir que ha ocurrido un error o que se ha detectado la marca de fin de archivo; para determinar lo que ha ocurrido invocar a la función **feof** o **ferror**.

La función **fgets** ya fue expuesta en el apartado *Leer y escribir una cadena de caracteres* del capítulo *Tipos estructurados de datos*.

Como aplicación, el siguiente programa leerá líneas de texto de la entrada estándar y las almacenará en un archivo, cuyo nombre también será introducido desde el teclado. Para hacer fácil la recuperación asegurarse de que cada una de las cadenas almacenadas en el archivo va seguida del carácter '*\n*' (si para leer de **stdin** utilizamos **fgets** no nos tendremos que preocupar de este detalle). Finalmente, el programa visualizará el contenido del archivo creado.

```
/*********** Entrada/salida de cadenas de caracteres ***********/
/* fgets.c
 */
#include <stdio.h>
#include <stdlib.h>
#define N 81

int main(void)
{
  FILE *pf = NULL;
  char buffer[N], nomfi[13];

  printf("Nombre del fichero: ");
  scanf("%s", nomfi);

  // Abrir el fichero nomfi para escribir y leer
  if ((pf = fopen(nomfi, "w+")) == NULL)
  {
    printf("El fichero %s no puede abrirse.", nomfi);
    exit(1);
  }

  printf("Fichero %s abierto\n", nomfi);
  printf("Introducir datos. Finalizar cada línea con <Entrar>\n");
  printf("Para terminar introduzca la marca eof\n\n");
  while (fgets(buffer, sizeof(buffer), stdin) != NULL)
  {
    // Escribir la cadena en el fichero seguida de \n
    fputs(buffer, pf);
```

```
      if (ferror(pf))
      {
        perror("Error al escribir");
        exit(2);
      }
    }

    // Visualizar el contenido del fichero
    rewind(pf);  // situarse al principio del fichero

    // leer hasta un '\n' o hasta N-1 caracteres
    while (fgets(buffer, N, pf) != NULL)
      printf("%s", buffer);

    if (ferror(pf))
      perror("Error durante la lectura");

    fclose(pf);
  }
```

Sabemos que cuando la función **fgets** lee más allá de la marca de fin de archivo, devuelve el valor **NULL**. Otra forma de detectar el final del archivo, como puede verse a continuación, es utilizando la función **feof**. Por lo tanto, para interrogar si se ha alcanzado el final del archivo es necesario hacer antes una lectura.

```
fgets(buffer, sizeof(buffer), pf);
while (!ferror(pf) && !feof(pf))
{
  printf("%s", buffer);
  fgets(buffer, sizeof(buffer), pf);
}
```

O bien:

```
while (!ferror(pf))
{
  fgets(buffer, N, pf);
  if (feof(pf)) break;
  printf("%s", buffer);
}
```

ENTRADA/SALIDA CON FORMATO

Los datos pueden ser escritos con formato en un archivo o dispositivo, o bien leídos, utilizando las funciones **fprintf** y **fscanf**, respectivamente.

fprintf

Esta función permite escribir sus argumentos, con el formato especificado, en un archivo o dispositivo. Su prototipo es el siguiente:

```
#include <stdio.h>
int fprintf(FILE *restrict pf,
            const char *restrict formato[, arg]...);
```

La función **fprintf** escribe sus argumentos, *arg*, con el formato especificado, en el archivo asociado con *pf*. La descripción de *formato* es la misma que se especificó para **printf**. Devuelve el número de caracteres escritos o un valor negativo si ocurre un error.

Cuando el flujo especificado en la función **fprintf** sea **stdout**, el resultado es el mismo que si hubiéramos invocado a la función **printf**. Esto es, las sentencias siguientes son equivalentes:

```
printf("n = %d\n", n);
fprintf(stdout, "n = %d\n", n);
```

Esto demuestra que un dispositivo físico recibe el mismo tratamiento que un archivo en el disco.

fscanf

Esta función permite leer sus argumentos, con el formato especificado, desde un archivo o dispositivo. Su prototipo es el siguiente:

```
#include <stdio.h>
int fscanf(FILE *restrict pf,
           const char *restrict formato[, arg]...);
```

La función **fscanf** lee sus argumentos, *arg*, del archivo asociado con *pf*, con el formato especificado. La descripción de formato es la misma que se especificó para **scanf**. Cada argumento *arg* debe corresponderse con la dirección de la variable en la que queremos almacenar el valor leído. El tipo de cada una de estas variables debe coincidir con la especificación de formato indicada para cada una de ellas. Devuelve el número de argumentos que han sido leídos y asignados. Si el valor devuelto es un 0, significa que no se han asignado valores; y si es un **EOF**, significa que se ha detectado el final del archivo.

Si el flujo especificado en la función **fscanf** es **stdin**, el resultado es el mismo que si hubiéramos invocado a la función **scanf**. Esto es, las sentencias siguientes son equivalentes:

```
scanf("%d", &n);
fscanf(stdin, "%d", &n);
```

El siguiente ejemplo muestra cómo utilizar las funciones **fprintf** y **fscanf**. No obstante, es importante conocer cómo **fprintf** almacena los datos sobre el disco. Los caracteres son almacenados uno por *byte* y los números enteros y reales en lugar de ocupar dos, cuatro, ocho, ... *bytes* dependiendo del tipo, requieren un *byte* por cada dígito. Por ejemplo, el número −105.56 ocuparía siete *bytes*. Por lo tanto, salvo excepciones, esta no es la forma idónea de almacenar valores numéricos ya que se ocupa mucho espacio en el disco.

```
/******* Escribir y leer datos con formato en un archivo *******/
/* fprintf.c
 */
#include <stdio.h>
#include <stdlib.h>

int main(void)
{
  char buffer[128];
  FILE *ptabla = NULL;
  long entl = 0, total_entl = 0;
  float real = 0.0F, total_real = 0.0F;
  int i = 0, c = 'A';

  // Abrir un archivo para leer. Si no existe lo creamos (else)
  if ((ptabla = fopen("tabla.d", "r")) != NULL)
  {
    // Leer datos del archivo y totalizarlos
    printf("RESULTADOS:\n\n");
    for (i = 0, total_entl = 0, total_real = 0.0F; i < 10; i++)
    {
      fscanf(ptabla, "%s %c: %ld %f", buffer, &c, &entl, &real);
      total_entl += entl;
      total_real += real;
      printf("\t%s %c: %7ld %9.2f\n", buffer, c, entl, real);
    }
    printf("\n\tTotal:   %7ld %9.2f\n", total_entl, total_real);
  }
  else
  {
    // Si el archivo no existe lo creamos
    if ((ptabla = fopen( "tabla.d", "w" )) == NULL)
      exit(EXIT_FAILURE);
```

```
    // Se escribe la tabla deseada en el archivo
    for (i = 0, entl = 99999, real = 3.14F; i < 10; i++)
      fprintf(ptabla, "\tLínea %c: %7ld %9.2f\n",
                      c++, entl /= 2, real *= 2);
    printf("El archivo no existía y lo hemos creado.\n");
    printf("\nEjecute de nuevo el programa.\n");
  }
  fclose(ptabla);
}
```

```
Ejecución del programa:

RESULTADOS:

        Línea A:   49999      6.28
        Línea B:   24999     12.56
        Línea C:   12499     25.12
        Línea D:    6249     50.24
        Línea E:    3124    100.48
        Línea F:    1562    200.96
        Línea G:     781    401.92
        Línea H:     390    803.84
        Línea I:     195   1607.68
        Línea J:      97   3215.36

        Total:     99895   6424.44
```

E/S UTILIZANDO REGISTROS

Los datos pueden ser escritos y leídos en bloques denominados registros con las funciones **fwrite** y **fread**; esto es, como un conjunto de datos de longitud fija, tales como estructuras o elementos de una matriz. No obstante, aunque lo más habitual sea que un registro se corresponda con una estructura de datos, es factible también que un registro se corresponda con una variable de tipo **char**, **int**, **float** o con una cadena de caracteres, entre otros, lo que significa que estas funciones pueden sustituir a las funciones estándar de E/S estudiadas hasta ahora.

fwrite

Esta función permite escribir un bloque de *bytes* visto *byte* a *byte*; esto es, sin tener en cuenta el tipo de los datos que están almacenados en el mismo.

```
#include <stdio.h>
size_t fwrite(const void *restrict buffer, size_t n, size_t c,
              FILE *restrict pf);
```

De acuerdo con el prototipo presentado, la función **fwrite** permite escribir *c* elementos de longitud *n bytes* (*c* × *n bytes*) almacenados en el *buffer* especificado, en el archivo asociado con *pf*. Devuelve el número de elementos actualmente escritos. Si este número es menor que *c*, entonces es que ha ocurrido un error. Veamos un ejemplo:

```
FILE *pf1 = NULL, *pf2 = NULL;
char car, cadena[36];
pf1 = fopen("f1.txt", "wb");
pf2 = fopen("f2.txt", "wb");
fgets(cadena, 36, stdin);
car = getchar();
// ...
fwrite(&car, sizeof(char), 1, pf1);
fwrite(cadena, strlen(cadena), 1, pf2);
```

Las dos últimas sentencias son equivalentes a las que se exponen a continuación:

```
fputc(car, pf1);
fputs(cadena, pf2);
```

La función **fwrite** almacena los datos numéricos en formato binario. Esto quiere decir que un **int** ocupa cuatro *bytes*, un **long** ocupa cuatro *bytes*, un **float** ocupa cuatro *bytes*, un **double** ocupa ocho *bytes*, etc.

■ En Windows, no hay que confundir el formato binario empleado para almacenar un dato numérico, con la forma binario (*b*) en la que se puede abrir un archivo para evitar que ocurra la traducción del carácter '\n' a CR+LF y viceversa.

fread

Esta función permite leer un bloque de *bytes*, *byte* a *byte*; el tipo de los datos a que dan lugar dependerá de la variable que los almacene.

```
#include <stdio.h>
size_t fread(void *restrict buffer, size_t n, size_t c,
             FILE *restrict pf);
```

De acuerdo con el prototipo presentado, la función **fread** permite leer *c* elementos de longitud *n bytes* (*c* × *n bytes*) del archivo asociado con *pf* y los almacena en el *buffer* especificado. Devuelve el número de elementos actualmente leídos; si este valor es menor que *c*, es que ocurrió un error o que se llegó al final del archivo. Para distinguir si se ha detectado el final del archivo o si ha ocurrido un error, tendremos que utilizar las funciones **feof** o **ferror**. Si *n* o *c* son 0, **fread** devuelve un 0 y el contenido del *buffer* permanece igual. Veamos un ejemplo:

```
FILE *pf1 = NULL, *pf2 = NULL;
char car, cadena[36];
pf1 = fopen("f1.txt", "rb");
pf2 = fopen("f2.txt", "rb");
// ...
fread(&car, sizeof(char), 1, pf1);
fread(cadena, sizeof(cadena)-1, 1, pf2);
```

Las dos últimas sentencias son equivalentes a las que se exponen a continuación (en el ejemplo, **fread** leerá *sizeof(cadena)-1* caracteres o hasta el fin del archivo; igual que **fgets** en el ejemplo siguiente):

```
car = fgetc(pf1);
fgets(cadena, sizeof(cadena), pf2);
```

Los ejemplos expuestos en los apartados **fwrite** y **fread** demuestran que estas funciones permiten escribir y leer, respectivamente, variables de tipo **char**, **int**, **float**, matrices, estructuras (esto lo veremos a continuación), etc. Esto es, pueden reemplazar perfectamente a **fputc** y **fgetc**, a **fputs** y **fgets**, etc.

ABRIENDO ARCHIVOS PARA ACCESO SECUENCIAL

El tipo de acceso más simple a un archivo de datos es el secuencial: los registros que se escriben en el archivo son colocados automáticamente uno a continuación de otro, y cuando se leen, se empieza por el primero, se continúa con el siguiente, y así sucesivamente hasta alcanzar el final. Esta forma de proceder posibilita que los registros puedan ser de cualquier longitud, incluso de un solo *byte*.

Este tipo de acceso generalmente se utiliza con archivos de texto en los que se escribe toda la información desde el principio hasta el final y se lee de la misma forma. En cambio, los archivos de texto no son los más apropiados para almacenar grandes series de números, porque cada número es almacenado como una secuencia de *bytes*; esto significa que un número entero de nueve dígitos ocupa nueve *bytes* en lugar de los cuatro requeridos para un entero. De ahí que para el tratamiento de información numérica se sugiera utilizar **fwrite** y **fread**.

Un ejemplo de acceso secuencial

Después de la teoría expuesta hasta ahora acerca del trabajo con archivos, habrá observado que la metodología de trabajo se repite. Es decir, para escribir datos en un archivo:

- Definimos un flujo hacia el archivo en el que deseamos escribir datos.

- Leemos los datos del dispositivo de entrada o de otro archivo, realizamos las operaciones que sean precisas y los escribimos en nuestro archivo. Los datos normalmente serán escritos registro a registro utilizando la función **fwrite**.
- Y finalmente, cerramos el flujo.

Y para leer datos de un archivo existente:

- Abrimos un flujo desde el archivo del cual queremos leer los datos.
- Leemos los datos del archivo y los almacenamos en variables de nuestro programa con el fin de trabajar con ellos. Los datos normalmente serán leídos registro a registro utilizando la función **fread**.
- Y finalmente, cerramos el flujo.

Esto pone de manifiesto que un archivo no es más que un medio permanente de almacenamiento de datos, que deja esos datos disponibles para cualquier programa que necesite manipularlos. Lógicamente, los datos deben ser recuperados del archivo con el mismo formato con el que fueron escritos, de lo contrario los resultados serán inesperados. Por ejemplo, si en el ejercicio siguiente los datos son guardados en el orden: una cadena, otra cadena y un **long**, deben ser recuperados en ese orden y con ese mismo formato. Sería un error recuperar primero un **long**, después una cadena y finalmente la otra cadena, o recuperar primero una cadena, después un **float** y finalmente la otra cadena; etc.

El siguiente ejemplo lee de la entrada estándar grupos de datos (registros) definidos de la forma que se indica a continuación y los almacena en un archivo.

```
typedef struct
{
  char nombre[40];
  char direccion[40];
  long telefono;
} registro;     // tipo registro
```

Para realizar este ejemplo, escribiremos un programa *fwrite* con tres funciones: *existe*, *crearArchivo* y **main**.

La función *existe* recibe como parámetro el nombre de un archivo y devuelve **false** si el archivo no existe o **true** si existe.

La función *crearArchivo* recibe como parámetro el nombre del archivo que se desea crear y realiza las tareas siguientes:

- Crea un flujo hacia el archivo especificado.

- Lee grupos de datos *nombre*, *dirección* y *teléfono* de la entrada estándar y los escribe en el archivo.
- Y si durante su ejecución ocurre alguna anomalía que impide la continuación de la misma, se lanza un mensaje y se sale del programa.

La función **main**:

- Obtiene el nombre del archivo desde la entrada estándar.
- Verifica si ese archivo existe.
- Si no existe, o bien si existe y se desea sobrescribir, invoca a la función *crearArchivo* pasando como argumento el nombre del archivo.

```
/*** Escribir datos en un archivo registro a registro ***/
/* fwrite.c
 */
#include <stdio.h>
#include <stdlib.h>
#include <string.h>
#include <stdbool.h>

typedef struct
{
  char nombre[40];
  char direccion[40];
  long telefono;
} registro;      // tipo registro

bool existe(char *nombreArchivo);
void crearArchivo(char *nombreArchivo);
void fflushstdin(void);
char *leerCadena(char *, int);

int main(void)
{
  char nombreArchivo[30]; // nombre del archivo
  char resp = 's';

  // Solicitar el nombre del archivo
  printf("Nombre del archivo: ");
  leerCadena(nombreArchivo, sizeof(nombreArchivo));

  // Verificar si el archivo existe
  if (existe(nombreArchivo))
  {
    printf("El archivo existe ¿desea sobrescribirlo? (s/n) ");
    resp = getchar();
    fflushstdin();
  }
```

```
  if (resp == 's')
  {
    crearArchivo(nombreArchivo);
  }
}

bool existe(char *nombreArchivo)
{
  FILE *pf = NULL;
  // Verificar si el archivo existe
  bool exis = false; // no existe
  if ((pf = fopen(nombreArchivo, "r")) != NULL)
  {
    exis = true;   // existe
    fclose(pf);
  }
  return exis;
}

void crearArchivo(char *nombreArchivo)
{
  FILE *pf = NULL;    // identificador del archivo
  registro reg;       // definir un registro
  char resp;

  // Abrir el archivo nombreArchivo para escribir "w"
  if ((pf = fopen(nombreArchivo, "wb")) == NULL)
  {
    printf("El archivo no puede abrirse.");
    exit(1);
  }

  // Leer datos de la entrada estándar y escribirlos
  // en el archivo
  do
  {
    printf("nombre:    ");
    leerCadena(reg.nombre, sizeof(reg.nombre));
    printf("dirección: ");
    leerCadena(reg.direccion, sizeof(reg.direccion));
    printf("teléfono:  ");
    scanf("%ld", &reg.telefono);
    fflushstdin();
    // Almacenar un registro en el archivo
    fwrite(&reg, sizeof(reg), 1, pf);
    if (ferror(pf))
    {
      perror("Error durante la escritura");
      exit(2);
    }
```

```
    printf("¿desea escribir otro registro? (s/n) ");
    resp = getchar();
    fflushstdin();
  }
  while (resp == 's');
}

void fflushstdin(void)
{
  if (!feof(stdin) && !ferror(stdin))
    while ((getchar()) != '\n');
}

char *leerCadena(char *str, int n)
{
  char *fin, *c = 0;
  fin = fgets(str, n, stdin);
  if (c = strchr(str, '\n'))
    *c = 0; // reemplazar '\n'
  else if (!feof(stdin))
    while (getchar() != '\n'); // limpiar buffer stdin
  return fin;
}
```

Para leer el archivo creado por el programa anterior, vamos a escribir otro denominado *fread*, compuesto por la misma función *existe*, por una función **main** análoga y por una nueva función *mostrarArchivo*.

La función *mostrarArchivo* recibe como parámetro el nombre del archivo que se desea leer y realiza las tareas siguientes:

- Crea un flujo que permite leer datos desde el archivo pasado como argumento.
- Lee un grupo de datos *nombre*, *dirección* y *teléfono* desde el archivo y lo muestra, repitiendo esta operación hasta alcanzar el final del archivo.
- Y si durante su ejecución ocurre alguna anomalía que impide la continuación de la misma, se lanza un mensaje y se sale del programa.

La función **main**:

- Obtiene el nombre del archivo desde la entrada estándar.
- Verifica si ese archivo existe, en cuyo caso, invoca a la función *mostrarArchivo* y si no existe, finaliza el programa.

```
/*** Leer datos de un archivo registro a registro ***/
/* fread.c
 */
#include <stdio.h>
```

```
#include <stdlib.h>
#include <stdbool.h>

typedef struct
{
  char nombre[40];
  char direccion[40];
  long telefono;
} registro;        // tipo registro

bool existe(char *nombreArchivo);
void mostrarArchivo(char *nombreArchivo);

int main(void)
{
  char nombreArchivo[30]; // nombre del archivo

  // Solicitar el nombre del archivo
  printf("Nombre del archivo: ");
  scanf("%s", nombreArchivo);
  while (getchar() != '\n'); // limpiar buffer stdin
  // Verificar si el archivo existe
  if (existe(nombreArchivo))
    mostrarArchivo(nombreArchivo);
  else
    printf("El archivo no existe.");
}

bool existe(char *nombreArchivo)
{
  FILE *pf = NULL;
  // Verificar si el archivo existe
  bool exis = false; // no existe
  if ((pf = fopen(nombreArchivo, "r")) != NULL)
  {
    exis = true;    // existe
    fclose(pf);
  }
  return exis;
}

void mostrarArchivo(char *nombreArchivo)
{
  FILE *pfe = NULL; // identificador del archivo de entrada
  // stdout: identificador del dispositivo de salida
  registro reg;     // definir un registro

  // Abrir el archivo nombreArchivo para leer "r"
  if ((pfe = fopen(nombreArchivo, "rb")) == NULL)
  {
    printf("El archivo no puede abrirse.");
```

```
    exit(EXIT_FAILURE);
  }

  // Leer datos del archivo y mostrarlos en la salida estándar
  fread(&reg, sizeof(reg), 1, pfe);
  while (!ferror(pfe) && !feof(pfe))
  {
    system("cls"); // limpiar la pantalla
    fprintf(stdout, "Nombre:    %s\n", reg.nombre);
    fprintf(stdout, "Dirección: %s\n", reg.direccion);
    fprintf(stdout, "Teléfono:  %ld\n\n", reg.telefono);

    // Hacer una pausa
    printf("Pulse <Entrar> para continuar ");
    while (getchar() != '\n');

    // Leer el siguiente registro del archivo
    fread(&reg, sizeof(reg), 1, pfe);
  }

  if (ferror(pfe))
    perror("Error durante la lectura");
  fclose(pfe);
  fclose(stdout);
}
```

ESCRIBIR DATOS EN UNA IMPRESORA

La salida de un programa puede también ser enviada a un dispositivo de salida que no sea el disco o la pantalla; por ejemplo, a una impresora. Pero sucede que los lenguajes como C y C++ no definen una forma estándar de imprimir ya que la impresión es una tarea específica de la plataforma sobre la que se ejecuta el programa, lo que nos conducirá a tener que utilizar alguna biblioteca u órdenes del sistema operativo para realizar esta operación.

Si estamos trabajando con Windows, la mejor forma de imprimir un documento es usar la API de Windows para que sea el propio Windows el que se encargue de hacer esta tarea. No obstante, existen otras alternativas, dependiendo de si la impresora está conectada a un puerto paralelo o a un puerto USB.

Supongamos que se dispone de una impresora conectada al puerto paralelo. Si su sistema no tiene definido un flujo estándar para el puerto paralelo, la solución es definir uno y vincularlo a dicho dispositivo.

Una forma de realizar lo expuesto es crear un flujo hacia el dispositivo *lpt1*, *lpt2* o *prn* y escribir en ese flujo (los nombres indicados son los establecidos por Windows para nombrar a la impresora; en UNIX la primera impresora tiene asociado el nombre */dev/lp0*, la segunda */dev/lp1*, etc.). Las siguientes líneas de código muestran cómo crear un flujo hacia una impresora:

```
FILE *pfs = NULL;
if ((pfs = fopen("lpt1", "w")) == NULL)
   // en UNIX/LINUX utilizar "/dev/lp0"
{
  printf("La impresora no está disponible");
  exit(EXIT_FAILURE);
}
fprintf(pfs, "Esta cadena se escribe en la impresora");
fprintf(pfs, "\f"); // avanzar una página
```

Como ejercicio, podemos modificar la función *mostrarArchivo* del programa anterior para que permita elegir al usuario mostrar los datos por la pantalla o por la impresora. Si la impresora no estuviera disponible, se asumirá la presentación de los datos por la pantalla.

```
void mostrarArchivo(char *nombreArchivo)
{
  FILE *pfe = NULL; // identificador del archivo de entrada
  FILE *pfs = NULL; // identificador del dispositivo de salida
  registro reg;     // definir un registro
  char resp = 0;

  // Abrir el archivo nombreArchivo para leer "r"
  if ((pfe = fopen(nombreArchivo, "rb")) == NULL)
  {
    printf("El archivo no puede abrirse.");
    exit(EXIT_FAILURE);
  }

  // Leer datos del archivo y mostrarlos en la salida estándar,
  // o bien por la impresora
  printf("¿desea escribir los datos por la impresora? (s/n) ");
  resp = getchar();
  while (getchar() != '\n');
  if (resp == 's')
  {
    if ((pfs = fopen("lpt1", "w")) == NULL)
    {
      printf("La impresora no está disponible");
      pfs = stdout; // asumimos la pantalla
    }
  }
  else
    pfs = stdout; // pantalla

  fread(&reg, sizeof(reg), 1, pfe);
```

```
  while (!ferror(pfe) && !feof(pfe))
  {
    system("cls"); // limpiar la pantalla
    fprintf(pfs, "Nombre:    %s\n", reg.nombre);
    fprintf(pfs, "Dirección: %s\n", reg.direccion);
    fprintf(pfs, "Teléfono:  %ld\n\n", reg.telefono);
    // Hacer una pausa (solo cuando los datos se muestran
    // por pantalla)
    if (pfs == stdout)
    {
      printf("Pulse <Entrar> para continuar ");
      while (getchar() != '\n');
    }

    // Leer el siguiente registro del archivo
    fread(&reg, sizeof(reg), 1, pfe);
  }

  if (pfs != stdout)
    fprintf(pfs, "\f"); // avanzar una página en la impresora

  if (ferror(pfe))
    perror("Error durante la lectura");
  fclose(pfe);
  fclose(pfs);
}
```

Escribir en una impresora USB

Si lo que tenemos es una impresora de red o USB en Windows, podemos redirigir el puerto LPT1 al puerto USB. Para ello:

1. Lo primero que hay que hacer es compartir la impresora: *panel de control > dispositivos e impresoras*; elegir la impresora a utilizar y hacer que sea la impresora predeterminada; después, hacer clic con el botón secundario del ratón sobre la impresora elegida y seleccionar *propiedades de la impresora > compartir > compartir impresora > (poner un nombre a la impresora compartida - sin espacios en blanco) > aceptar*.

2. Redirigir el puerto LPT1 al puerto USB (a la impresora). Para ello, ejecute la siguiente orden Windows (ejecutar como administrador):

   ```
   NET USE LPT1: \\%COMPUTERNAME%\NOMBRE_IMPRESORA /persistent:yes
   ```

   Una vez realizada la impresión, para deshacer la redirección ejecute:

   ```
   NET USE LPT1: /delete
   ```

3. Si después de haber redirigido el puerto LPT1 al USB salen hojas en blanco o llenas de caracteres, hay que cambiar el procesador de impresión. Para ello, *propiedades de la impresora > opciones avanzadas > procesador de impresión > winprint > TEXT.*

Como ejercicio, vamos a modificar de nuevo la función *mostrarArchivo* anterior y la función **main** como se indica a continuación:

```
int main(void)
{
  ...

  system("net use LPT1: /d");  // liberar el puerto
}

...

void mostrarArchivo(char *nombreArchivo)
{
  ...

  // Leer datos del archivo y mostrarlos en la salida estándar,
  // o bien por la impresora

  printf("¿desea escribir los datos por la impresora? (s/n) ");
  resp = getchar();
  while (getchar() != '\n');
  if (resp == 's')
  {
    system("net use LPT1: \\\\%computername%\\DCP-7010 /persistent:yes");
    system("pause");
    if ((pfs = fopen("LPT1:", "w")) == NULL)
    {
      printf("La impresora no está disponible");
      pfs = stdout; // asumimos la pantalla
    }
  }
  else
    pfs = stdout; // pantalla
  ...

  fclose(pfe);
  fclose(pfs);
}
```

CONTROL DEL BUFFER ASOCIADO CON UN FLUJO

Según hemos visto, las funciones utilizadas para realizar las operaciones de E/S utilizan un *buffer* con el fin de hacer estas más eficientes. Un *buffer* no es más que un área de datos en la memoria del sistema (memoria RAM) asignada por el programa cuando crea un flujo asociado con un archivo. ¿Cuál es el cometido de este *buffer*? Si un flujo no tuviera asociado un *buffer*, cada *byte* escrito en, o leído desde, el archivo sería físicamente transferido en el momento de la operación. En cambio, cuando un flujo tiene asociado un *buffer*, todas las operaciones de E/S requeridas son servidas desde ese *buffer*, y la transferencia física de datos se hace en bloques de tamaño arbitrario limitado por tamaño del *buffer*.

Por omisión, cuando un programa crea un flujo le asigna un *buffer* de un tamaño específico (por ejemplo, de 4.096 *bytes*). No obstante, la biblioteca de C proporciona funciones que permiten controlar la existencia o no de un *buffer*, así como su tamaño; por ejemplo, **setvbuf**.

setvbuf

Esta función permite al usuario controlar la existencia o no de un *buffer* y el tamaño del mismo. La función **setvbuf** debe ejecutarse una vez abierto el archivo y antes de cualquier operación de lectura o escritura, o bien después de haber llamado a la función **fflush**. El prototipo de esta función es así:

```
#include <stdio.h>
int setvbuf(FILE *restrict pf, char *restrict buffer,
            int modo, size_t n);
```

El argumento *buffer* es una matriz de caracteres de longitud *n bytes* que desempeña la función de *buffer* o memoria intermedia asociada con el flujo *pf*; el argumento *modo* puede ser: _IOFBF (*full buffering*), _IOLBF (*line buffering*) o _IONBF (*no buffering*). Los caracteres escritos o leídos desde un flujo sin *buffer* se transmiten individualmente hacia o desde el archivo tan pronto como sea posible. Los caracteres escritos en un flujo *line buffered* se transmiten al archivo en bloques cuando se encuentra un carácter NL (nueva línea). Y los caracteres escritos o leídos desde un flujo *fully buffered* se transmiten hacia o desde el archivo en bloques de tamaño arbitrario. Normalmente se emplea el modo *full*, excepto cuando el flujo está conectado con un dispositivo interactivo, como un terminal, que se emplea el modo *line*.

Si *buffer* es un puntero nulo, entonces **setvbuf** asignará automáticamente un *buffer* utilizando **malloc** del tamaño especificado que se liberará cuando se cierre el flujo.

La función **setvbuf** devuelve un 0 si se ejecuta satisfactoriamente y un valor distinto de 0 en caso contrario.

El siguiente programa cuenta el número de líneas leídas desde un archivo que se lee una o más veces. La cuenta la realiza utilizando tres *buffers* diferentes:

- Utilizando un *buffer* de tamaño *BUFSIZ bytes* (tamaño predeterminado).
- Utilizando un *buffer* de tamaño 2.048 *bytes*.
- Sin utilizar un *buffer*.

El programa da como resultado el tiempo, expresado en segundos, empleado en la lectura o lecturas que se realizan sobre el archivo pasado como argumento en la línea de órdenes.

El programa completo se muestra a continuación.

```
/********** Control del buffer asociado a un archivo **********/
/* setvbuf.c
*/
#include <stdio.h>
#include <stdlib.h>
#include <time.h>
#define MIBUFFER 2048

int cuenta_lineas(FILE *pf, int lecturas);
FILE *abrir(char *);
// BUFSIZ es una constante definida en stdio.h
char buf1[BUFSIZ], buf2[MIBUFFER];  // buffers para el archivo

int main(int argc, char *argv[])
{
  time_t t_inicial;
  FILE *pf;
  int  c, lecturas;

  if (argc != 2)  // verificar el número de argumentos
  {
    printf("Sintaxis: nombre_programa nombre_archivo.\n");
    exit(1);
  }
  printf("¿Cuántas veces consecutivas desea leer el archivo %s? ", argv[1]);
  scanf("%d", &lecturas);
  if (lecturas < 1) lecturas = 1;

  /***********************************************************
  Utilizando el buffer buf1, de tamaño BUFSIZ
  ***********************************************************/
  pf = abrir(argv[1]);
```

```
  setvbuf(pf, buf1, _IOFBF, BUFSIZ);
  t_inicial = clock();
  c = cuenta_lineas(pf, lecturas);
  printf("Tiempo: %5.1f\tTamaño del Buffer: %4d\n",
    ((float)clock() - t_inicial) / CLOCKS_PER_SEC, BUFSIZ);

  /**************************************************************
  Utilizando el buffer buf2, de tamaño MIBUFFER
  **************************************************************/
  pf = abrir(argv[1]);
  setvbuf(pf, buf2, _IOFBF, sizeof(buf2));
  t_inicial = clock();
  c = cuenta_lineas(pf, lecturas);
  printf("Tiempo: %5.1f\tTamaño del Buffer: %4d\t  mi buffer\n",
    ((float)clock() - t_inicial) / CLOCKS_PER_SEC, MIBUFFER);

  /**************************************************************
  Sin utilizar un buffer
  **************************************************************/
  pf = abrir(argv[1]);
  setvbuf(pf, NULL, _IONBF, 0);
  t_inicial = clock();
  c = cuenta_lineas(pf, lecturas);
  printf("Tiempo: %5.1f\tTamaño del Buffer: %4d\n",
    ((float)clock() - t_inicial) / CLOCKS_PER_SEC, 0);

  printf("\nSe han procesado %d líneas\n", c);

  return 0;
}

/****************************************************************
Contar líneas en un archivo de texto
****************************************************************/
int cuenta_lineas(FILE *pf, int lecturas)
{
  #define N 81
  char linea_buf[N];
  int c = 0;
  for (int i = 0; i < lecturas; ++i)
  {
    while (!ferror(pf) && !feof(pf))
    {
      fgets(linea_buf, N, pf);      // lee una línea
      c++;                          // contar líneas
      (c % 2) ? printf("\\\r") : printf("/\r");
    }
    rewind(pf);
  }
  if (ferror(pf))
  {
```

```
    printf("Ha ocurrido un error de lectura.");
    fclose(pf);
    exit(3);
  }
  putchar('\n');
  fclose(pf);
  return c;
}

/****************************************************************
Abrir el archivo indicado por argv[1]
****************************************************************/
FILE *abrir(char *archivo)
{
  FILE *pf;
  if ((pf = fopen(archivo, "r")) == NULL)
  {
    printf("El archivo %s no puede abrirse.\n", archivo);
    exit(2);
  }
  return pf;
}
```

Este programa, en primer lugar, asigna un *buffer* al archivo apuntado por *pf*, de tamaño fijado por el sistema; en segundo lugar, asigna un *buffer* de tamaño fijado por el usuario y, en tercer lugar, no asigna un *buffer* al archivo. La prueba más satisfactoria es la segunda; en ella el tamaño del *buffer* es mayor. Esto no significa que cuanto más grande sea el *buffer* más satisfactoria es la respuesta, ya que a partir de un tamaño y en función del sistema que estemos utilizando, las diferencias utilizando un *buffer* son mínimas o ninguna.

fflush

La función **fflush**, para los flujos de salida, escribe los datos no escritos desde el *buffer* del flujo al medio de salida asociado con dicho flujo.

```
#include <stdio.h>
int fflush(FILE *pf);
```

Para los flujos de entrada, el comportamiento no está definido. Si el flujo *pf* es un puntero nulo, todos los flujos de salida abiertos se vacían, incluidos los manipulados dentro de los paquetes de la biblioteca o que el programa no puede acceder directamente a ellos.

La función **fflush** devuelve el valor 0 si se ejecuta con éxito; en otro caso, devuelve un **EOF**.

ARCHIVOS TEMPORALES

Un archivo temporal es aquel que se crea durante la ejecución del programa y se destruye, como muy tarde, al finalizar la ejecución del mismo. La función siguiente permite crear archivos temporales.

tmpfile

La función **tmpfile** crea un archivo temporal. Este archivo es automáticamente borrado cuando el archivo es cerrado o cuando el programa termina normalmente. El archivo temporal es abierto en modo *w+b*.

```
#include <stdio.h>
FILE *tmpfile(void);
```

La función **tmpfile** devuelve un puntero al archivo temporal creado, o un puntero nulo si no es posible crearlo. Por ejemplo:

```
FILE *pf;
if ((pf = tmpfile()) == NULL)
  printf("No se puede crear un archivo temporal\n");
```

ABRIENDO ARCHIVOS PARA ACCESO ALEATORIO

Hasta este punto, hemos trabajado con archivos de acuerdo con el siguiente esquema: abrir el archivo, leer o escribir hasta el final del mismo y cerrar el archivo. Pero no hemos leído o escrito a partir de una determinada posición dentro del archivo. Esto es particularmente importante cuando necesitamos modificar algunos de los valores contenidos en el archivo o cuando necesitemos extraer una parte concreta dentro del archivo.

Un archivo accedido aleatoriamente es comparable a una matriz. En una matriz para acceder a uno de sus elementos utilizamos un índice. En un archivo accedido aleatoriamente el índice es sustituido por un puntero de L/E. Dicho puntero es situado automáticamente al principio del archivo cuando este se abre para leer y/o escribir, y también puede ser movido a cualquier otra posición en el archivo invocando a la función **fseek** expuesta anteriormente en este mismo capítulo. Recordar que una operación de lectura o de escritura comienza en la posición donde esté el puntero de L/E y que cuando esa operación finaliza, su posición coincidirá con el *byte* justo a continuación del último leído o escrito.

Al principio de este apartado dijimos que el acceso aleatorio a archivos es particularmente importante cuando necesitemos modificar algunos de los valores contenidos en el archivo, o bien cuando necesitemos extraer una parte concreta del mismo. Esto puede resultar bastante complicado si las unidades de grabación que hemos denominado registros no son todas iguales, ya que intervienen los factores de: posición donde comienza un registro y longitud del registro. Tenga presente que, cuando necesite reemplazar el registro *n* de un archivo por otro, no debe sobrepasarse el número de *bytes* que actualmente tiene. Todo esto es viable llevando la cuenta en una matriz de la posición de inicio de cada uno de los registros y de cada uno de los campos si fuera preciso (esta información se almacenaría en un archivo índice para su utilización posterior), pero resulta mucho más fácil si todos los registros tienen la misma longitud.

Como ejemplo, vamos a escribir un programa *fseek.c* que permita modificar la lista de teléfonos creada con el programa *fwrite.c* realizado anteriormente. Este nuevo programa abre un archivo que contiene registros de tipo *registro* (creado por el programa *fwrite.c*), calcula su número de registros, solicita el número de registro que se desea modificar, lo presenta en pantalla y pregunta si se desea modificar; en caso afirmativo, solicita del teclado los nuevos datos para ese registro y lo almacena en la misma posición dentro del archivo reescribiendo el registro primitivo. A continuación, vuelve a preguntar por el número del siguiente registro a modificar; un valor 0 finaliza el programa.

Para calcular el número de registros de un archivo procederemos así:

```
fseek(pf, 0L, SEEK_END);
totalreg = ftell(pf)/sizeof(registro);
```

Primero situamos el puntero de L/E al final del archivo para poder calcular con **ftell** la longitud del mismo y después dividimos la longitud del archivo entre la longitud de un registro.

Para modificar un registro lo habitual es:

- Preguntar por el número de registro a modificar, situar el puntero de L/E en ese registro, leerlo y visualizarlo en la pantalla para asegurarse de que se trata del registro requerido.

```
printf("N.º registro entre 1 y %d (0 para salir): ",totalreg);
scanf("%d", &nreg);
/* Cálculo del desplazamiento. El desplazamiento desde el
   principio al primer registro son 0 bytes. Como el primer
   registro es el 1, tenemos que utilizar la expresión: */
desp = (long)(nreg - 1) * sizeof(registro);
fseek(pf, desp, SEEK_SET);
fread(&reg, sizeof(registro), 1, pf);
// Mostrar los campos de reg
```

```
// ...
```

- Preguntar si se desea modificar el registro. En caso afirmativo, solicitar del teclado los nuevos datos, situar el puntero de L/E en ese registro puesto que la lectura anterior hizo que se avanzara un registro y escribir el registro modificado de nuevo en el archivo.

```
// Leer los nuevos datos
// ...
// Posicionarse sobre el registro a reescribir
fseek(pf, -sizeof(registro), SEEK_CUR);
// Reescribir el registro con los nuevos datos
fwrite (&reg, sizeof(registro), 1, pf);
```

El programa completo se muestra a continuación.

```
/*************** Acceso aleatorio a un archivo ***************/
/* fseek.c
 */
#include <stdio.h>
#include <stdlib.h>
#include <string.h>
#include <ctype.h>

typedef struct
{
  char nombre[40];
  char direccion[40];
  long telefono;
} registro;        // tipo registro

void mostrarReg(FILE *pf, int nreg);
void modificarReg(FILE *pf, int nreg);
void fflushstdin(void);
char *leerCadena(char *, int);

int main(void)
{
  FILE *pf = NULL;             // puntero a un flujo
  int totalreg = 0;            // número total de registros
  int nreg = 0;                // número de registro
  char nombreArchivo[30];      // nombre del archivo
  int c = 0, respuesta = 0;

  // Solicitar el nombre del archivo
  printf("Nombre del archivo: ");
  leerCadena(nombreArchivo, sizeof(nombreArchivo));

  // Abrir el archivo para leer y escribir "r+"
```

```
  if ((pf = fopen(nombreArchivo, "r+b")) == NULL)
  {
    printf("Error: no se puede abrir el archivo\n");
    exit(EXIT_FAILURE);
  }

  // Calcular el n.º total de registros del archivo
  fseek(pf, 0L, SEEK_END);
  totalreg = (int)ftell(pf)/sizeof(registro);

  // Presentar un registro en pantalla y modificarlo si procede
  do
  {
    printf("Nº registro entre 1 y %d (0 para salir): ", totalreg);
    c = scanf("%d", &nreg);
    fflushstdin();
    if (c && (nreg >= 1) && (nreg <= totalreg))
    {
      mostrarReg(pf, nreg);
      // Preguntar si se desea modificar el registro seleccionado
      do
      {
        printf ("¿Desea modificar este registro? (s/n)  ");
        respuesta = getchar();
        fflushstdin();
      }
      while (tolower(respuesta != 's') && tolower(respuesta) != 'n');

      if (respuesta == 's')
        modificarReg(pf, nreg);
    }
  }
  while (nreg);
  fclose(pf);
}

void mostrarReg(FILE *pf, int nreg)
{
  long desp = 0; // desplazamiento en bytes
  registro reg;  // variable de tipo registro
  int bytesPorReg = sizeof(registro);

  // Visualizar un registro
  desp = (long)(nreg - 1) * bytesPorReg;
  fseek(pf, desp, SEEK_SET);
  fread(&reg, bytesPorReg, 1, pf);
  if (ferror(pf))
  {
    printf("Error al leer un registro del archivo.\n");
    return;
  }
```

```
  printf("Nombre:    %s\n", reg.nombre);
  printf("Dirección: %s\n", reg.direccion);
  printf("Teléfono:  %ld\n\n", reg.telefono);
}

void modificarReg(FILE *pf, int nreg)
{
  registro reg; // variable de tipo registro
  int bytesPorReg = sizeof(registro);

  printf("Nombre:    ");
  leerCadena(reg.nombre, sizeof(reg.nombre));
  printf("Dirección: ");
  leerCadena(reg.direccion, sizeof(reg.direccion));
  printf("Teléfono:  ");
  scanf("%ld", &reg.telefono);
  fflushstdin();
  // Escribir un registro en el archivo
  fseek(pf, -bytesPorReg, SEEK_CUR);
  fwrite (&reg, bytesPorReg, 1, pf);
  if (ferror(pf))
  {
    printf("Error al escribir un registro en el archivo.\n");
    return;
  }
}

void fflushstdin(void)
{
  if (!feof(stdin) && !ferror(stdin))
    while ((getchar()) != '\n');
}

char *leerCadena(char *str, int n)
{
  char *fin, *c = 0;

  fin = fgets(str, n, stdin);
  if (c = strchr(str, '\n'))
    *c = 0; // reemplazar '\n'
  else if (!feof(stdin))
    while (getchar() != '\n'); // limpiar buffer stdin
  return fin;
}
```

Ejecución del programa:

```
Nombre del archivo: datos
N.º registro entre 1 y 4 (0 para salir): 3
Nombre:    Javier
```

```
Dirección: Barcelona
Teléfono:  935554444

¿Desea modificar este registro? (s/n)  s
Nombre:    Javier
Dirección: Barcelona
Teléfono:  935554433
N.º registro entre 1 y 4 (0 para salir): 0
```

EJERCICIOS RESUELTOS

1. Queremos escribir un programa denominado *grep* que permita buscar palabras en uno o más archivos de texto. Como resultado se visualizará, por cada uno de los archivos, su nombre, el número de línea y el contenido de la misma para cada una de las líneas del archivo que contenga la palabra buscada.

   El programa, *grep*, deberá contener al menos las siguientes funciones:

   a) *BuscarCadena* para buscar una cadena de caracteres dentro de otra. El prototipo de esta función será:

   ```
   int BuscarCadena(char *cadena1, char *cadena2);
   ```

   La función devolverá 1 si *cadena2* se encuentra dentro de *cadena1*; en otro caso, devolverá 0.

   b) *BuscarEnFich* para buscar una cadena de caracteres en un archivo de texto e imprimir el número y el contenido de la línea que contiene a la cadena. El prototipo de esta función será:

   ```
   void BuscarEnFich(char *nombrefich, char *cadena)
   ```

   c) **main** para que utilizando las funciones anteriores permita buscar una palabra en uno o más archivos.

   La forma de invocar a la aplicación será así:

```
grep palabra archivo_1 archivo_2 ... archivo_n
```

   A continuación se muestra la aplicación completa.

```
/********** Buscar cadenas de caracteres en archivos **********/
/* grep.c
 */
#include <stdio.h>
#include <stdlib.h>
```

```
#include <string.h>

int BuscarCadena(char *cadena1, char *cadena2)
{
    // ¿cadena2 está contenida en cadena1?
    return strstr(cadena1, cadena2) != 0;
}

void BuscarEnFich(char *nombrefich, char *cadena)
{
  FILE *pf;
  char linea[256];
  int nrolinea = 0;

  // Abrir el archivo nombrefich
  if ((pf = fopen(nombrefich, "r")) == NULL)
  {
    perror(nombrefich);
    return;
  }

  // Buscar cadena en el archivo asociado con pf
  while (fgets(linea, sizeof(linea), pf) != NULL)
  {
    nrolinea++;
    if (BuscarCadena(linea, cadena))
      printf("%s[%d]: %s", nombrefich, nrolinea, linea);
  }
  fclose(pf);
}

int main(int argc, char *argv[])
{
  // Verificar el número de argumentos
  if (argc < 3)
  {
    printf("Sintaxis: %s palabra f1 f2 ... fn\n", argv[0]);
    exit(-1);
  }
  // Llamar a la función BuscarEnFich por cada archivo
  for (int i = 2; i < argc; i++)
    BuscarEnFich(argv[i], argv[1]);
}
```

Ejecución del programa:

```
grep argc copiar.c grep.c
copiar.c[7]: main(int argc, char *argv[])
copiar.c[14]:    if (argc != 3)
grep.c[40]: main(int argc, char *argv[])
```

```
grep.c[45]:    if (argc < 3)
grep.c[52]:    for (i = 2; i < argc; i++)
```

2. En un archivo disponemos de los resultados obtenidos después de medir las temperaturas en un punto geográfico durante un intervalo de tiempo. El archivo consta de una cabecera que se define de acuerdo a la siguiente estructura:

```
struct cabecera
{
  struct posicion
  {
    int grados, minutos;
    float segundos;
  } latitud, longitud; // posición geográfica del punto

  int total_muestras;
};
```

A continuación de la cabecera vienen especificadas todas las temperaturas. Cada una de ellas es un número **float**. Se pide lo siguiente:

a) Escribir una función con la siguiente declaración:

```
struct temperaturas
{
  int total_temp; // tamaño de la matriz de temperaturas
  float *temp; // puntero a una matriz con las temperaturas
};

struct temperaturas leer_temperaturas(char *nombrefich);
```

Esta función recibe el nombre del archivo donde están las temperaturas y devuelve una estructura que indica el total de muestras que hay y un puntero a un bloque de memoria donde se localizan las temperaturas obtenidas del archivo.

b) Escribir una función con la siguiente declaración:

```
float calcular_media(struct temperaturas temp);
```

Esta función calcula la media del conjunto de temperaturas especificado por el parámetro *temp*. Recordamos que la media de un conjunto de muestras se define como sigue:

$$\eta_x = \frac{1}{n}\sum_{i=1}^{n} x_i \qquad \begin{cases} \eta_x & \text{media de las } x_i \text{ muestras} \\ n & \text{total muestras} \\ x_i & \text{cada una de las muestras} \end{cases}$$

c) Escribir una función con la siguiente declaración:

```
float calcular_varianza(struct temperaturas temp);
```

Esta función calcula la varianza del conjunto de temperaturas especificado por el parámetro *temp*. Recordamos que la varianza de un conjunto de muestras se define como sigue:

$$\sigma_x^2 = \frac{1}{n}\sum_{i=1}^{n}(x_i - \eta_x)^2 \qquad \begin{cases} \sigma_x^2 & \text{varianza de las } x_i \text{ muestras} \\ \eta_x & \text{media de las } x_i \text{ muestras} \\ n & \text{total muestras} \\ x_i & \text{cada una de las muestras} \end{cases}$$

d) Escribir un programa que pida el nombre de un archivo con el formato anterior y que muestre por pantalla, a partir de los datos almacenados en él, la media y la varianza de las temperaturas recogidas.

Para probar el funcionamiento de este programa habrá que realizar otro que permita construir el archivo de acuerdo al formato especificado.

El programa completo se muestra a continuación.

```
/*************** Estadística de temperaturas ***************/
/* temperaturas.c
 */
#include <stdio.h>
#include <stdlib.h>

struct cabecera  // tipo del registro de cabecera del archivo
{
  struct posicion
  {
    int grados, minutos;
    float segundos;
  } latitud, longitud; // Posición geográfica del punto

  int total_muestras;
};
```

```
struct temperaturas // tipo de la estructura para almacenar las
{                   // temperaturas guardadas en el archivo
  int total_temp;
  float *temp;
};

struct temperaturas leer_temperaturas(char *nombrefich)
{
  // Almacenar las temperaturas en una estructura de
  // tipo struct temperaturas
  FILE *pf;
  struct cabecera cab;
  struct temperaturas temp;

  if ((pf = fopen(nombrefich, "rb")) == NULL)
  {
    printf("No se puede abrir el archivo: %s\n", nombrefich);
    exit(-1);
  }

  // leer el registro de cabecera
  fread(&cab, 1, sizeof(struct cabecera), pf);

  // construir la estructura de temperaturas
  temp.total_temp = cab.total_muestras;
  temp.temp = (float *)malloc(temp.total_temp * sizeof(float));
  if (temp.temp == NULL)
  {
    printf("Insuficiente memoria.\n");
    exit(-1);
  }
  fread(temp.temp, temp.total_temp, sizeof(float), pf);
  fclose(pf);

  return temp;
}

float calcular_media(struct temperaturas temp)
{
  // Media del conjunto de temperaturas
  float suma = 0;

  for (int i = 0; i < temp.total_temp; i++)
    suma += temp.temp[i];

  return suma/temp.total_temp;
}

float calcular_varianza(struct temperaturas temp)
{
  // Varianza del conjunto de temperaturas
```

```
  float suma = 0, media = calcular_media(temp), aux;

  for (int i = 0; i < temp.total_temp; i++)
  {
    aux = temp.temp [i] - media;
    suma += aux*aux;
  }
  return suma / temp.total_temp;
}

int main(void)
{
  char nombrefich[30];
  struct temperaturas temp;

  printf("Nombre del archivo: ");
  scanf("%s", nombrefich);

  // Construir la estructura temp
  temp = leer_temperaturas(nombrefich);
  printf("Temperatura media = %g grados\n", calcular_media(temp));
  printf("Desviación = %g\n", calcular_varianza(temp));

  // Liberar la memoria asignada
  free(temp.temp);
}
```

Ejecución del programa:

```
Nombre del archivo: temperaturas.dat
Temperatura media = 13.9286 grados
Desviación = 33.0663
```

3. Se quiere escribir una aplicación para comprimir y descomprimir archivos binarios con información gráfica.

   Cada archivo gráfico se compone de un conjunto de *bytes*. Cada *byte* es un valor de 0 a 255 que representa el nivel de gris de un píxel del gráfico.

   El algoritmo de compresión es el siguiente: "cada secuencia de uno o más *bytes del mismo valor* que haya en el archivo origen se va a representar con dos *bytes*, de tal forma que el primero representa el nivel de gris leído del archivo origen y el segundo, el número total de *bytes* que hay en la secuencia". Si la secuencia es superior a los 255 *bytes*, utilizar repetidamente la representación de dos *bytes* que sea necesaria.

   Para implementar esta aplicación se pide:

a) Escribir una función que genere un archivo comprimido a partir de un archivo gráfico, en el que cada registro sea de la forma:

```
typedef struct
{
  char pixel;
  char total_bytes;
} registro;
```

El prototipo de esta función es:

```
void comprimir(FILE *forigen, FILE *fcomprimido);
```

donde *forigen* es el flujo que referencia al archivo gráfico que deseamos comprimir y *fcomprimido* es el flujo que referencia al archivo donde almacenaremos los datos comprimidos.

b) Escribir una función con el prototipo siguiente:

```
void descomprimir(FILE *fcomprimido, FILE *fdestino);
```

Esta función descomprimirá los datos que hay en el archivo referenciado por *fcomprimido* y los depositará en el archivo referenciado por *fdestino*.

c) Escribir un programa de nombre *compdesc* que pueda ser utilizado de la forma siguiente:

```
compdesc -c forigen fdestino        para comprimir
compdesc -d forigen fdestino        para descomprimir
```

El programa completo se muestra a continuación.

```
/************* Comprimir/descomprimir un archivo *************/
/* compdesc.c
 */

#include <stdio.h>
#include <stdlib.h>

typedef struct
{
  unsigned char pixel;
  unsigned char total_bytes;
} registro;

void comprimir( FILE *forigen, FILE *fcomprimido )
{
```

```
  unsigned char byte = 0, byteanterior = 0, total = 0;
  registro reg;
  int bytesreg = sizeof(registro);

  // Leer los bytes del archivo
  byte = fgetc( forigen );
  while ( !ferror( forigen ) && !feof( forigen ) )
  {
    total = 0;
    byteanterior = byte;

    // Contar bytes consecutivos repetidos
    do
    {
      total++;
      byte = fgetc( forigen );
    }
    while ( byteanterior == byte && total < 255 &&
            !ferror( forigen ) && !feof( forigen ) );

    // Escribir el byte y el número de apariciones consecutivas
    reg.pixel = byteanterior;
    reg.total_bytes = total;
    fwrite( &reg, bytesreg, 1, fcomprimido );
  }
  if ( ferror( forigen ) )
    perror( "Error durante la lectura" );
}

void descomprimir( FILE *fcomprimido, FILE *fdestino )
{
  registro reg;
  int bytesreg = sizeof(registro);

  // Leer los datos del archivo comprimido
  fread( &reg, bytesreg, 1, fcomprimido );
  while ( !ferror( fcomprimido ) && !feof( fcomprimido ) )
  {
    // Descomprimir
    for ( unsigned char i = 0; i < reg.total_bytes; i++ )
      fputc( reg.pixel, fdestino );
    fread( &reg, bytesreg, 1, fcomprimido );
  }
  if ( ferror( fcomprimido ) )
    perror( "Error durante la lectura" );
}

int main( int argc, char *argv[] )
{
  FILE *forigen = NULL, *fdestino = NULL;
```

```
  if ( argc != 4 )
  {
    printf( "Sintaxis: comp {-c|-d} forigen fdestino\n" );
    exit( 1 );
  }

  if ( (forigen = fopen( argv[2], "rb" )) == NULL )
  {
    printf( "El archivo %s no puede abrirse\n", argv[2] );
    exit( 1 );
  }

  if ( (fdestino = fopen( argv[3], "wb" )) == NULL )
  {
    printf( "El archivo %s no puede abrirse\n", argv[3] );
    exit( 1 );
  }

  if ( argv[1][0] == '-' && argv[1][1] == 'c' )
    comprimir( forigen, fdestino );
  else if ( argv[1][0] == '-' && argv[1][1] == 'd' )
    descomprimir( forigen, fdestino );
  else
    printf( "Opción incorrecta\n" );

  fclose( forigen );
  fclose( fdestino );
  return 0;
}
```

4. Realizar un programa que permita crear un archivo nuevo, abrir uno existente, añadir, modificar o eliminar registros y visualizar el contenido del archivo. El nombre del archivo será introducido a través del teclado. Cada registro del archivo estará formado por los datos *referencia* y *precio* según la estructura siguiente:

```
// Definición del tipo registro
typedef struct
{
  char referencia[20];
  double precio;
} registro;
```

Así mismo, para que el usuario pueda elegir cualquiera de las operaciones enunciadas, el programa visualizará en pantalla un menú similar al siguiente:

```
Nombre del archivo: artículos

1. Abrir archivo
2. Añadir registro
3. Modificar registro
```

```
4. Eliminar registro
5. Visualizar registros
6. Salir

   Opción:
```

Cuando se abra un archivo y exista, se le permitirá al usuario sobrescribirlo si así lo desea. El resto de las opciones realizarán la tarea especificada por su título, excepto la opción *Visualizar registros* que visualizará aquellos cuya referencia sea una especificada, o bien contenga una subcadena especificada; cuando la subcadena sea "*" se visualizarán todos.

Se deberá realizar al menos una función para cada una de las opciones; la opción *Salir* invocará a una función que cerrará la base de datos con las operaciones que este proceso conlleve.

Por otra parte, un archivo abierto quedará definido por los atributos siguientes: una cadena que almacene el nombre del archivo, un flujo vinculado con el archivo, el número de registros del archivo, la longitud de cada registro y un miembro que indique si se eliminó algún registro. Agrupemos estos atributos en una estructura:

```
typedef struct
{
  char nomArchivo[20]; // nombre del archivo
  FILE *fes;           // flujo hacia/desde el archivo
  int nregs;           // número de registros
  int tamreg;          // tamaño del registro en bytes
  int regsEliminados;  // 1 cuando se haya borrado algún registro
} baseDeDatos;
```

Siguiendo con el ejemplo, el trabajo con un archivo deberá permitir, iniciar, verificar si existe, insertar, obtener, buscar y eliminar un registro, así como actualizar el archivo cuando sea preciso. Este trabajo será realizado por las funciones siguientes:

- *IniciarRegistro*. Esta función iniciará a cero los miembros de una estructura de tipo *registro*.

- *IniciarBaseDeDatos*. Esta función iniciará a cero los miembros de una estructura de tipo *baseDeDatos*.

- *Existe*. Esta función devolverá un **true** si el archivo cuyo nombre se pasa como argumento existe y un **false** en caso contrario.

- *EscribirRegistro*. Permitirá sobrescribir un registro en una posición cualquiera dentro del archivo.

- *AnyadirRegistro*. Permitirá añadir un registro al final.
- *LeerRegistro*. Devuelve el registro solicitado del archivo.
- *BuscarRegistro*. Permitirá localizar un determinado registro en el archivo. Devolverá la posición del registro (el primer registro es el 0) o bien –1 si el registro buscado no se encuentra.
- *EliminarRegistro*. Permitirá marcar un registro del archivo como borrado.
- *ActualizarBaseDeDatos*. Permitirá eliminar físicamente del archivo los registros marcados por la función *EliminarRegistro*.
- *CerrarBaseDeDatos*. Invocará a la función *ActualizarBaseDeDatos* si se eliminó algún registro (miembro *regsEliminados* distinto de 0) y cerrará el archivo.

Según lo expuesto, la definición de las funciones para manipular el archivo o base de datos puede ser como se muestra a continuación. Los comentarios introducidos son suficientes para entender el código sin necesidad de tener que abundar en más explicaciones.

```
/////////////////////////////////////////////////////////////////
// Definición de las funciones para manipular la base de datos:
//    1. iniciar un registro
//    2. ¿existe el archivo sobre el que se desea trabajar?
//    3. escribir un registro
//    4. añadir un registro al final
//    5. leer un registro i
//    6. buscar un registro específico
//    7. eliminar un registro
//    8. iniciar base de datos
//    9. cerrar base de datos
//   10. actualizar la base de datos
//

void IniciarRegistro(registro *reg)
{
  *(reg->referencia) = 0;
  reg->precio = 0.0;
}

bool Existe(char *nombreArchivo)
{
  FILE *pf = NULL;
  int exis = false; // no existe
  // ¿Existe el archivo?
  if ((pf = fopen(nombreArchivo, "r")) != NULL)
  {
    exis = true;    // existe
```

```
    fclose(pf);
  }
  return exis;
}

int EscribirRegistro( int i, registro reg, baseDeDatos bd )
{
  if (i >= 0 && i <= bd.nregs)
  {
    // Situar el puntero de L/E en el registro i
    fseek(bd.fes, i * bd.tamreg, SEEK_SET);
    // Sobrescribir el registro con la nueva información
    fwrite(&reg, bd.tamreg, 1, bd.fes);
    if (!ferror(bd.fes)) return 1;
    printf("Error al escribir en el archivo\n");
  }
  else
    printf("Número de registro fuera de límites\n");
  return 0;
}

void AnyadirRegistro( registro reg, baseDeDatos *bd )
{
  // Añadir un registro al final del archivo e incrementar
  // el número de registros
  if (EscribirRegistro( bd->nregs, reg, *bd )) bd->nregs++;
}

registro LeerRegistro( int i, baseDeDatos bd )
{
  registro reg;
  IniciarRegistro(&reg);

  if (i >= 0 && i < bd.nregs)
  {
    // Situar el puntero de L/E en el registro i
    fseek(bd.fes, i * bd.tamreg, SEEK_SET);
    // Leer la información correspondiente al registro i
    fread(&reg, bd.tamreg, 1, bd.fes);
  }
  else
    printf("Número de registro fuera de límites\n");
  // Devolver el registro correspondiente
  return reg;
}

int BuscarRegistro( char *str, int nreg, baseDeDatos bd )
{
  // Buscar un registro por una subcadena de la referencia
  // a partir de un registro determinado. Si se encuentra,
  // se devuelve el número de registro, o -1 en otro caso
```

```
  registro reg;

  if (str == NULL) return -1;
  if (nreg < 0) nreg = 0;
  for ( int reg_i = nreg; reg_i < bd.nregs; reg_i++ )
  {
    // Obtener el registro reg_i
    reg = LeerRegistro(reg_i, bd);
    // ¿str está contenida en referencia?
    if (strstr(reg.referencia, str))
      return reg_i; // devolver el número de registro
  }
  return -1; // la búsqueda falló
}

int EliminarRegistro( char *ref, baseDeDatos *bd)
{
  registro reg;
  // Buscar la referencia y marcar el registro correspondiente
  // para poder eliminarlo cuando se requiera
  for ( int reg_i = 0; reg_i < bd->nregs; reg_i++ )
  {
    // Obtener el registro reg_i
    reg = LeerRegistro(reg_i, *bd);
    // ¿Tiene la referencia ref?
    if (strcmp(ref, reg.referencia) == 0)
    {
      // Marcar el registro con la referencia "borrar"
      strcpy(reg.referencia, "borrar");
      // Grabarlo
      EscribirRegistro( reg_i, reg, *bd );

      bd->regsEliminados = 1;
      return 1;
    }
  }
  return 0;
}

void IniciarBaseDeDatos(baseDeDatos *bd)
{
  *(bd->nomArchivo) = 0;
  bd->fes = NULL;
  bd->nregs = 0;
  bd->tamreg = sizeof(registro);
  bd->regsEliminados = 0;
}

int ActualizarBaseDeDatos( baseDeDatos *bd );
void CerrarBaseDeDatos( baseDeDatos *bd )
{
```

```
  if (bd->regsEliminados)
  {
    bd->regsEliminados = 0;
    ActualizarBaseDeDatos(bd);
  }
  if (bd->fes) fclose(bd->fes); // cerrar el archivo actual
  bd->fes = NULL;
  bd->nregs = 0;       // poner a cero el n.º de registros
}

int ActualizarBaseDeDatos( baseDeDatos *bd )
{
  registro reg;
  baseDeDatos bdtemp;
  IniciarBaseDeDatos(&bdtemp);

  // Crear una bd temporal.
  bdtemp.fes = tmpfile();
  if (bdtemp.fes == NULL)
  {
    printf("Error: No se puede crear un archivo temporal\n");
    return 0;
  }
    // Copiar en el archivo temporal todos los registros del
  // archivo actual que no estén marcados para "borrar"
  for ( int reg_i = 0; reg_i < bd->nregs; reg_i++ )
  {
    reg = LeerRegistro(reg_i, *bd);
    if (strcmp(reg.referencia, "borrar") == 0) continue;
    AnyadirRegistro(reg, &bdtemp);
  }
  // Copiar en el archivo actual todos los registros del temporal.
  // Para ello, creamos de nuevo el actual
  CerrarBaseDeDatos(bd);
  if ((bd->fes = fopen(bd->nomArchivo, "w+b")) == NULL)
  {
    printf("Error: No se puede crear el archivo\n");
    return 0;
  }
  rewind(bdtemp.fes); // volver al principio del archivo temporal
  for ( int reg_i = 0; reg_i < bdtemp.nregs; reg_i++ )
  {
    reg = LeerRegistro(reg_i, bdtemp);
    AnyadirRegistro(reg, bd);
  }
  return 1;
}
/////////////////////////////////////////////////////////////////
```

Obsérvese que cuando una función es invocada y se le pasa por referencia una estructura de tipo *registro* o *baseDeDatos* es porque dicha función modifica algún miembro de dicha estructura.

Volviendo al enunciado del programa, este tiene que permitir, a través de un menú, abrir un archivo nuevo o existente, añadir, modificar o eliminar un registro del archivo y visualizar un conjunto determinado de registros. La función *menú* presentará todas estas opciones en pantalla y devolverá como resultado un entero (*1*, *2*, *3*, *4*, *5* o *6*) correspondiente a la opción elegida por el usuario. Este menú, junto con el esqueleto del programa que utilizará las funciones anteriormente expuestas, se muestra a continuación:

```
/////////////////////////////////////////////////////////////////
// Funciones que responderán a cada una de las opciones del menú
//
int menuAbrirBaseDeDatos(baseDeDatos *bd)
{
  // ...
}

void menuAnyadirReg(baseDeDatos *bd)
{
  // ...
}

void menuModificarReg(baseDeDatos bd)
{
  // ...
}

int menuEliminarReg(baseDeDatos *bd)
{
  // ...
}

void menuVisualizarRegs(baseDeDatos bd)
{
  // ...
}

int menu(baseDeDatos bd)
{
  int op;

  printf("\n\n");
  printf("1. Abrir archivo\n");
  printf("2. Añadir registro\n");
  printf("3. Modificar registro\n");
  printf("4. Eliminar registro\n");
```

```
    printf("5. Visualizar registros\n");
    printf("6. Salir\n\n");
    printf("   Opción: ");
    do
    {
      scanf("%d", &op); while (getchar() != '\n');
      if (op < 1 || op > 6)
        printf("Opción no válida. Elija otra: ");
    }
    while (op < 1 || op > 6);

    if (op > 1 && op < 6 && !bd.fes)
    {
      printf("No hay un archivo abierto.\n");
      return 0;
    }
    return op;
  }

  int main(void)
  {
    int opcion = 0;
    baseDeDatos articulos;
    IniciarBaseDeDatos(&articulos);

    do
    {
      opcion = menu(articulos);
      switch (opcion)
      {
        case 1: // abrir archivo
          menuAbrirBaseDeDatos(&articulos);
          break;
        case 2: // añadir registro al final del archivo
          menuAnyadirReg(&articulos);
          break;
        case 3: // modificar registro
          menuModificarReg(articulos);
          break;
        case 4: // eliminar registro
          menuEliminarReg(&articulos);
          break;
        case 5: // visualizar registros
          menuVisualizarRegs(articulos);
          break;
        case 6: // salir
          CerrarBaseDeDatos(&articulos);
      }
    }
    while(opcion != 6);
  }
```

Obsérvese que la función **main** define la estructura *articulos* que representa a la base de datos (archivo) y que a continuación invoca a la función *IniciarBaseDeDatos* para iniciar esa estructura.

Cada una de las opciones del menú, excepto la opción *Salir*, se resuelve ejecutando una función de las expuestas a continuación.

Finalmente, cuando se seleccione la opción *Salir*, se cerrará la base de datos, actualizándola previamente solo si se marcó algún registro para borrar. El resto de las operaciones (añadir y modificar) realizan los cambios directamente sobre el archivo, que genéricamente hemos denominado base de datos.

Abrir archivo

La función *menuAbrirBaseDeDatos* tiene como misión crear un archivo vacío cuyo nombre especificaremos a través del teclado, o abrir uno existente. Si el archivo existe, se le permitirá al usuario sobrescribirlo si lo desea. Esta función tiene como parámetro un puntero a una estructura de tipo *baseDeDatos*. ¿Por qué un puntero? Para tener acceso a los miembros de la estructura definida en **main**, en nuestro caso a *articulos*, y almacenar en los mismos los valores relacionados con el archivo, una vez abierto.

```
int menuAbrirBaseDeDatos(baseDeDatos *bd)
{
  char resp = 'n';
  char *modo;
  if (bd->fes)
  {
    printf("Ya hay un archivo abierto.\n");
    return 0;
  }
  printf("Nombre del archivo: ");
  leerCadena(bd->nomArchivo, sizeof(bd->nomArchivo)); // nombre archivo
  modo = "w+b";
  if (Existe(bd->nomArchivo))
  {
    do
    {
      printf("Este archivo existe ¿Desea sobrescribirlo? (s/n) ");
      resp = tolower(getchar());
      fflushstdin();
    }
    while (resp != 's' && resp != 'n');
    if (resp == 'n')
      modo = "r+b";
  }
```

```
  if ((bd->fes = fopen(bd->nomArchivo, modo)) == NULL)
  {
    printf("Error: No se puede crear el archivo\n");
    bd->fes = 0; // archivo no abierto
    return 0;
  }
  // Establecer los datos longitud del registro y n.º de registros
  bd->tamreg = sizeof(registro);
  fseek(bd->fes, 0, SEEK_END);
  bd->nregs = ftell(bd->fes)/sizeof(registro);
  rewind(bd->fes);
  printf("Archivo %s abierto\n", bd->nomArchivo);
  return 1;
}
```

Añadir un registro al archivo

La función *menuAnyadirReg* permitirá añadir un registro al final del archivo. Para ello, solicitará los datos a través del teclado e invocará a la función *AnyadirRegistro* pasando como argumento el registro a añadir y un puntero a la base de datos con el fin de que esta función pueda actualizar el contador de registros.

```
void menuAnyadirReg(baseDeDatos *bd)
{
  registro reg;

  printf("Referencia:    ");
  leerCadena(reg.referencia, sizeof(reg.referencia));
  printf("Precio:        ");
  scanf("%lf", &reg.precio); fflushstdin();
  AnyadirRegistro( reg, bd );
}
```

Modificar un registro del archivo

La función *menuModificarReg* tiene como finalidad permitir modificar cualquier registro del archivo con el que estamos trabajando. Para ello, solicitará el número de registro a modificar, lo leerá, visualizará los campos correspondientes y presentará un menú que permita modificar cualquiera de esos campos:

```
Modificar el dato:
1. Referencia
2. Precio
3. Salir y salvar los cambios
4. Salir sin salvar los cambios

   Opción:
```

Finalmente, solo si se eligió la opción 3, invocará a la función *EscribirRegistro* pasando como argumento el registro obtenido a partir de los nuevos datos leídos, su posición y la base de datos donde va a ser escrito.

En este caso no es necesario pasar la base de datos por referencia porque no se modifica ningún dato de la estructura *baseDeDatos*.

```
void menuModificarReg(baseDeDatos bd)
{
  registro reg;
  int op = 3, nreg = 0;

  if (bd.nregs == 0)
  {
    printf("archivo vacío\n");
    return;
  }

  // Solicitar el número de registro a modificar
  printf("Número de registro entre 0 y %d: ", bd.nregs - 1);
  scanf("%d", &nreg); fflushstdin();

  // Leer el registro
  reg = LeerRegistro(nreg, bd);
  if (strcmp(reg.referencia, "") == 0 && reg.precio == 0.0) return;
  // Visualizarlo
  printf("%s\n", reg.referencia);
  printf("%g\n", reg.precio);

  // Modificar el registro
  do
  {
    printf("\n\n");
    printf("Modificar el dato:\n");
    printf("1. Referencia\n");
    printf("2. Precio\n");
    printf("3. Salir y salvar los cambios\n");
    printf("4. Salir sin salvar los cambios\n\n");
    printf("   Opción: ");
    scanf("%d", &op); fflushstdin();

    switch( op )
    {
      case 1: // modificar referencia
        printf("Referencia:     ");
        leerCadena(reg.referencia, sizeof(reg.referencia));
        break;
      case 2: // modificar precio
        printf("Precio:         ");
        scanf("%lf", &reg.precio); fflushstdin();
```

```
        break;
      case 3: // guardar los cambios
        break;
      case 4: // salir sin guardar los cambios
        break;
    }
  }
  while( op != 3 && op != 4);

  if (op == 3) EscribirRegistro(nreg, reg, bd);
}
```

Eliminar un registro del archivo

La función *menuEliminarReg* permitirá marcar un registro del archivo como borrado. Para marcar un registro esta invocará a la función *EliminarRegistro* pasando como argumento su *referencia*, así como la base de datos. Esta función devolverá el mismo valor retornado por *EliminarRegistro*: 1 si la operación se realiza satisfactoriamente y 0 en caso contrario.

```
int menuEliminarReg(baseDeDatos *bd)
{
  char referencia[20];
  int eliminado = 0;

  if (bd->nregs == 0)
  {
    printf("archivo vacío\n");
    return 0;
  }

  printf("Referencia: ");
  leerCadena(referencia, sizeof(referencia));
  eliminado = EliminarRegistro(referencia, bd);
  if (eliminado)
    printf("registro eliminado\n");
  else
    if (bd->nregs != 0)
      printf("referencia no encontrada\n");
    else
      printf("lista vacía\n");
  return eliminado;
}
```

Visualizar registros del archivo

La función *menuVisualizarRegs* se diseñará para que visualice el conjunto de registros cuyo campo *referencia* coincida o contenga la cadena/subcadena solicitada a través del teclado; cuando el contenido de esta subcadena sea un * se visualizarán todos los registros. Para ello, invocará a la función *BuscarRegistro* pasando como argumentos la cadena/subcadena a buscar, el número de registro donde debe empezar la búsqueda (inicialmente el 0) y la base de datos, proceso que se repetirá utilizando el siguiente número de registro al último encontrado, mientras la búsqueda no falle.

```
void menuVisualizarRegs(baseDeDatos bd)
{
  registro reg;
  char str[20];
  int nreg = -1;

  IniciarRegistro(&reg);

  if (bd.nregs == 0)
  {
    printf("archivo vacío\n");
    return;
  }

  printf("conjunto de caracteres a buscar: ");
  leerCadena(str, sizeof(str));
  // str igual a * visualiza todos
  do
  {
    if ( *str != '*' )
      nreg = BuscarRegistro(str, nreg+1, bd);
    else
      if (++nreg == bd.nregs) break;
    if (nreg > -1)
    {
      reg = LeerRegistro(nreg, bd);
      printf("Registro: %d\n", nreg);
      printf("%s\n", reg.referencia);
      printf("%g\n\n", reg.precio);
    }
  }
  while (nreg != -1);

  if (strcmp(reg.referencia, "") == 0 && reg.precio == 0.0)
    printf("no se encontró ningún registro\n");
}
```

EJERCICIOS PROPUESTOS

1. Responda a las siguientes preguntas:

1) ¿Qué es un archivo?

   a) Una matriz de estructuras.
   b) Una estructura dinámica de datos residente en memoria.
   c) Un conjunto de registros almacenados en el disco bajo un nombre.
   d) Ninguna de las anteriores.

2) ¿Qué es un flujo?

   a) Un conjunto de registros almacenados en el disco bajo un nombre.
   b) Una estructura de datos que da acceso a un archivo en disco.
   c) Una matriz de estructuras.
   d) Una función.

3) ¿Qué es un *buffer*?

   a) Un espacio de memoria para almacenamiento de datos.
   b) Una función.
   c) Un archivo.
   d) Ninguna de las anteriores.

4) En términos generales, ¿qué operaciones se repiten a la hora de trabajar con cualquier archivo y en qué orden?

   a) Leer datos de o escribir datos en el archivo, abrirlo y cerrarlo.
   b) Abrir el archivo, leer datos de o escribir datos en el archivo y cerrarlo.
   c) Leer datos de o escribir datos en el archivo y cerrarlo.
   d) Ninguna de las anteriores.

5) ¿Cuál es el resultado del siguiente programa?

```
#include <stdio.h>
int main(void)
{
  char m[3][10] = {"abc", "defgh", "ijkl"};
  FILE *pf = NULL;

  pf = fopen("datos", "w");
  fwrite(m, sizeof(m), 1, pf);
}
```

   a) Un archivo *datos* con las direcciones de las cadenas contenidas en la matriz *m*.
   b) El archivo *datos* no se crea correctamente porque el segundo parámetro de **fwrite** está mal especificado.
   c) El archivo *datos* no se crea correctamente porque los parámetros primero y segundo de **fwrite** están mal especificados.
   d) Un archivo *datos* con las cadenas contenidas en la matriz *m*.

6) Suponiendo que existe un archivo llamado *datos* que almacena las cadenas procedentes de *m[3][10] = {"abc", "defgh", "ijkl"}* escritas con **fwrite**, ¿cuál es el resultado del siguiente programa?

```
#include <stdio.h>
int main(void)
{
  char m[3][10];
  FILE *pf = NULL;
  int i = 0;

  pf = fopen("datos", "r");
  fread(m, sizeof(m), 1, pf);
  for (i = 0; i < 3; i++)
    printf("%s ", m[i]);
  fclose(pf);
}
```

a) abc defgh ijkl.
b) Basura porque el archivo *datos* no se lee correctamente debido a que el primer parámetro de **fread** está mal especificado.
c) Basura porque el archivo *datos* no se lee correctamente debido a que los parámetros primero y segundo de **fread** están mal especificados.
d) Basura porque el archivo *datos* no se lee correctamente debido a que los parámetros primero, segundo y tercero de **fread** están mal especificados.

7) ¿Cuál es el resultado del siguiente programa?

```
#include <stdio.h>
int main(void)
{
  char m[10] = "abc";
  FILE *pf = NULL;
  int i = 0;

  pf = fopen("datos", "w");

  for (i = 0; m[i]; i++)
    fwrite(&m[i], sizeof(char), 1, pf);
  fclose(pf);
}
```

a) Un archivo *datos* con *a*.
b) Un archivo *datos* con basura porque no se puede emplear **fwrite** para escribir datos de tipo **char**, uno a uno, en un archivo.
c) Un archivo *datos* con *abc*.
d) Un archivo *datos* con basura porque el primer parámetro de **fwrite** está mal especificado.

8) ¿Cuál es el resultado del siguiente programa suponiendo que el archivo *datos* fue escrito con **fwrite** y contiene "abc"?

```
#include <stdio.h>
int main(void)
{
  static char m[10];
  FILE *pf = NULL;
  int i = 0;

  pf = fopen("datos", "r");
  while (!feof(pf))
    fread(&m[i++], sizeof(char), 1, pf);
  printf("%s ", m);
  fclose(pf);
}
```

a) *a*.
b) Basura porque el archivo *datos* no se lee correctamente debido a que el primer parámetro de **fread** está mal especificado.
c) *abc*.
d) Ninguno de los anteriores.

9) ¿Cuál es el resultado del siguiente programa?

```
#include <stdio.h>
int main(void)
{
  double m[3] = {1, 1.5, 2};
  FILE *pf = NULL;
  int i = 0;

  pf = fopen("datos", "wb");
  for (i = 0; i < 3; i++)
    fwrite(&m[i], sizeof(double), 1, pf);
  fclose(pf);
}
```

a) Un archivo *datos* con basura porque el primer parámetro de **fwrite** está mal especificado.
b) Un archivo *datos* con 1 1.5 2.
c) Un archivo *datos* con basura porque no se puede emplear **fwrite** para escribir datos de tipo **double**, uno a uno, en un archivo.
d) Un archivo *datos* con 1 1.5 2 x.x (siendo x.x un dato impredecible).

10) ¿Cuál es el resultado del siguiente programa suponiendo que el archivo *datos* fue escrito con **fwrite** y contiene los valores de tipo **double** *1 1.5 2*?

```
#include <stdio.h>
```

```
int main(void)
{
  static double m[3];
  FILE *pf = NULL;
  int i = 0;

  pf = fopen("datos", "rb");
  while (!feof(pf))
  {
    fread(&m[i], sizeof(double), 1, pf);
    printf("%g ", m[i++]);
  }
  fclose(pf);
}
```

a) Nada, porque inicialmente se da la condición de fin de archivo.
b) 1 1.5 2.
c) 1 1.5 2 x.x (siendo x.x un dato impredecible).
d) Basura porque el archivo *datos* no se lee correctamente debido a que el primer parámetro de **fread** está mal especificado.

2. Suponga que disponemos de un archivo en disco llamado *alumnos*, donde cada registro se corresponde con los miembros de una estructura como la siguiente:

```
typedef struct
{
  unsigned int n_matricula;
  char nombre[40];
  char calificacion[2];
} registro;
```

La calificación viene dada por dos caracteres: *SS* (suspenso), *AP* (aprobado), *NT* (notable) y *SB* (sobresaliente). Realizar un programa que permita visualizar el tanto por ciento de los alumnos suspendidos, aprobados, notables y sobresalientes.

3. Suponga que disponemos en el disco de dos archivos denominados *notas* y *modifi*. La estructura de cada uno de los registros para ambos archivos se corresponde con la especificada a continuación:

```
typedef struct
{
  unsigned char nombre[LONG];
  float nota;
} alumno;
```

Suponga también que ambos archivos están *ordenados ascendentemente* por el campo *nombre*.

En el archivo *modifi* se han grabado las modificaciones que posteriormente realizaremos sobre el archivo *notas*. En *modifi* hay como máximo un registro por alumno y se corresponden con:

- Registros que también están en el archivo *notas* pero que han variado en su campo *nota*.
- Registros nuevos; esto es, registros que no están en el archivo *notas*.
- Registros que también están en el archivo *notas* y que deseamos eliminar. Estos registros se distinguen porque su campo *nota* vale –1.

Se pide realizar un programa que permita obtener a partir de los archivos *notas* y *modifi* un tercer archivo siguiendo los criterios de actualización anteriormente descritos. El archivo resultante terminará llamándose *notas*.

4. En un archivo disponemos de las cotas de altitud procedentes de la digitalización de un terreno realizada mediante fotografía aérea. Este archivo tiene una cabecera que se ajusta al siguiente formato:

```
typedef struct
{
  unsigned int total_cotas_eje_x;
  unsigned int total_cotas_eje_y;
  float resolucion; // expresada en metros
} cabecera;
```

El resto de la información del archivo está constituida por las cotas de altitud, en metros, cada una de las cuales es un número **float**.

Por ejemplo, si hemos digitalizado un terreno de 20 km de ancho por 10 km de largo, con una resolución de 100 m de separación entre cotas, los datos de la cabecera del archivo serán:

```
total de cotas del eje x = 201
total de cotas del eje y = 101
resolución = 100.0
```

A continuación vendrán un total de 201 × 101 = 20.301 cotas de altitud.

Se pide realizar un programa que pida el nombre de un archivo con el formato anterior y presente por pantalla:

- Ancho y largo, en metros, del terreno digitalizado.
- Alturas máxima, mínima y media, en metros, del terreno digitalizado.

CAPÍTULO 10

EL PREPROCESADOR DE C

El *preprocesador* de C es un procesador de texto que manipula el texto de un archivo fuente como parte de la primera fase de traducción del código fuente de un programa C y antes de que la compilación propiamente dicha comience. La parte de texto manipulada se conoce como *directrices para el preprocesador.*

Una *directriz* es una instrucción para el preprocesador de C. Las directrices indican al preprocesador qué acciones específicas tiene que ejecutar y generalmente son utilizadas para hacer programas fáciles de modificar y de compilar en diferentes entornos de ejecución. Por ejemplo, reemplazar elementos en el texto, insertar el contenido de otros archivos en el archivo fuente o suprimir la compilación de partes del archivo fuente.

El preprocesador de C reconoce las siguientes directrices:

```
#define          #endif          #ifdef          #line
#elif            #error          #ifndef         #pragma
#else            #if             #include        #undef
```

El símbolo # debe ser el primer carácter, distinto de espacio en blanco, en la línea que contiene a la directriz; entre el símbolo # y la primera letra de la directriz pueden aparecer caracteres espacio en blanco. Una directriz que ocupe más de una línea física puede ser continuada en una línea siguiente, colocando el carácter \ inmediatamente antes de cambiar a la línea siguiente. Por ejemplo:

```
#define T_INICIAL(descripcion) \
        printf("\n\npara : %s", #descripcion);\
        inicial = clock();
```

Cualquier texto que siga a una directriz, excepto un argumento o un valor que forma parte de la directriz, tiene que ser incluido como un comentario (/* */).

```
#define T_INICIAL(descripcion) /* descripcion es un parámetro */ \
        printf("\n\npara : %s", #descripcion);\
        inicial = clock();
```

Una directriz puede escribirse en cualquier parte del archivo fuente, pero solamente se aplica desde su punto de definición hasta el final de dicho archivo.

DIRECTRIZ #define

La directriz **#define** se utiliza para asociar identificadores con palabras clave, constantes, sentencias y expresiones. Cuando un identificador representa una constante se denomina *constante simbólica*; en cambio, cuando un identificador representa sentencias o expresiones se denomina *macro*. La sintaxis para esta directriz puede ser de dos formas: sin parámetros y con parámetros:

```
#define identificador texto
#define identificador(parámetros) texto
```

La directriz **#define** sustituye todas las apariciones de *identificador* o *identificador(parámetros)* en el archivo fuente por *texto*. *Parámetro*s representa una lista de parámetros formales entre paréntesis y separados por comas, que, en la sustitución, serán reemplazados por sus correspondientes parámetros actuales, llamados también argumentos. Entre el *identificador* y el paréntesis abierto no puede haber un espacio en blanco, para no confundir los parámetros con el *texto*.

Para mayor claridad del programa, las constantes simbólicas suelen expresarse en mayúsculas con el fin de distinguirlas de las otras variables.

A continuación se presentan algunos ejemplos para clarificar lo expuesto.

```
#define ANCHO 70
#define LONGITUD (ANCHO + 10)
```

Estas directrices definen una constante simbólica *ANCHO* de valor *70* y otra *LONGITUD* de valor *ANCHO + 10*; esto es, *70 + 10*. Cada aparición de *ANCHO* en el archivo fuente es sustituida por *70* y cada aparición de *LONGITUD*, por (*70 + 10*). Los paréntesis en muchos casos son necesarios para obtener los resultados esperados; en cualquier caso, hacen más comprensible la definición de la constante o de la macro. Por ejemplo, supongamos la siguiente sentencia:

```
var = LONGITUD * 15;
```

Después de la sustitución sería:

```
var = (70 + 10) * 15;
```

· En el caso de no haber utilizado paréntesis en la definición de *LONGITUD*, el resultado sería:

```
var = 70 + 10 * 15
```

que daría lugar a un resultado diferente.

La siguiente línea de código es un ejemplo de una macro con dos parámetros:

```
#define MENOR(a, b) ((a) < (b) ? (a) : (b))
```

Esta directriz define la macro denominada *MENOR*, con el fin de obtener el valor menor entre los parámetros actuales, cuando se realice la sustitución. Por ejemplo, una ocurrencia en el programa fuente como:

```
m = MENOR(1, 2) + n;
```

donde los parámetros actuales son 1 y 2, sería sustituida por:

```
m = ((1) < (2) ? (1) : (2)) + n;
```

Se insiste, una vez más, en el uso de los paréntesis para evitar resultados inesperados. Obsérvese como los paréntesis externos son necesarios. Por ejemplo, la siguiente macro da como resultado el producto de sus dos parámetros:

```
#define MULT(a, b) ((a) * (b))
```

Una ocurrencia como:

```
MULT(1 + 2, 3 + 4);
```

sería sustituida por:

```
((1 + 2) * (3 + 4));
```

De no haber puesto *a* y *b* entre paréntesis el resultado sería:

```
(1 + 2 * 3 + 4);
```

que da un valor diferente al esperado.

Macros predefinidas

El lenguaje C reconoce cinco macros predefinidas. El nombre de cada una de ellas va precedido y seguido por dos guiones de subrayado. Estas macros son (ver también un poco más adelante la directriz **line**):

Macro	Descripción
__DATE__	Esta macro es sustituida por una cadena de caracteres de la forma *Mmm dd aaaa* (nombre del mes, día y año). Por ejemplo: `printf("%s\n", __DATE__);`
__TIME__	Esta macro es sustituida por una cadena de caracteres de la forma *hh:mm:ss* (hora, minutos y segundos). Por ejemplo: `printf("%s\n", __TIME__);`
__FILE__	Esta macro es sustituida por el nombre del archivo fuente actual. Por ejemplo: `printf("%s\n", __FILE__);`
__LINE__	Esta macro es sustituida por el entero correspondiente al número de línea actual. Por ejemplo: `int nlinea = __LINE__;`
__STDC__	Esta macro es sustituida por el valor 1 si la opción */Za* o *–std1* ha sido especificada. Esta opción verifica que todo el código esté conforme a las normas del estándar C. Por ejemplo: `int std = __STDC__;`

Funciones en línea frente a macros

El comportamiento de las macros declaradas con la directriz **#define** es similar al de las funciones **inline**. Sin embargo, es mejor utilizar funciones **inline** que macros, ya que sus parámetros son chequeados automáticamente y no presentan los problemas de las macros parametrizadas. Por ejemplo:

```
// inline.c - Una macro comparada con una función en línea
#include <stdio.h>
#define MENOR( X, Y ) ((X) < (Y) ? (X) : (Y))

inline extern int menor( int x, int y )
{
  return x < y ? x : y;
}
```

```
int main()
{
  int m, a = 10, b = 20;
  // Utilizando la macro
  m = MENOR( a--, b-- ); // efecto colateral
                         // el valor menor se decrementa dos veces
  printf("menor = %d, a = %d, b = %d\n", m, a, b);
  // Llamando a la función
  a = 10; b = 20;
  m = menor( a--, b-- );
  printf("menor = %d, a = %d, b = %d\n", m, a, b);
}
```

Este ejemplo da lugar al siguiente resultado:

```
menor = 9, a = 8, b = 19
menor = 10, a = 9, b = 19
```

Después de la sustitución de la macro, la sentencia resultante es así:

```
m = ((a--) < (b--) ? (a--) : (b--));
```

La ejecución de esta sentencia se desarrolla de la forma siguiente:

1. $((a--) < (b--)) \begin{cases} a < b \\ a-- \\ b-- \end{cases}$

2. $Si \;\; fue \;\; a < b, \;\; m = a-- \;\; \begin{cases} m = a \\ a-- \end{cases}$

3. $Si \;\; no \;\; fue \;\; a < b, \;\; m = b-- \;\; \begin{cases} m = b \\ b-- \end{cases}$

Aplicando lo expuesto a nuestro ejemplo, se compara 10 y 20; el resultado es menor; se decrementa *a* a 9 y *b* a 19; como *a* fue menor que *b*, se asigna *a* a *m*, valor 9, y se decrementa *a* a 8. El resultado es $m = 9$, $a = 8$ y $b = 19$, y no es el resultado que esperábamos; sí lo es el resultado obtenido utilizando la función **inline**.

El operador

El operador # es utilizado solamente con *macros* que tienen parámetros. Cuando este operador precede al nombre de un parámetro formal en la definición de la macro, el parámetro actual correspondiente será incluido entre comillas dobles y tratado como un literal. Por ejemplo:

```
#define LITERAL(s) printf(#s "\n")
```

Una ocurrencia como:

```
LITERAL(Pulse una tecla para continuar);
```

sería sustituida por:

```
printf("Pulse una tecla para continuar" "\n"); equivalente a:
printf("Pulse una tecla para continuar\n");
```

El operador

El operador ## es utilizado solamente con macros que tienen parámetros. Permite la concatenación de dos identificadores. Por ejemplo:

```
#define SALIDA(n) printf("elemento " #n " = %d\n", elemento##n)
```

Una ocurrencia como:

```
SALIDA(1);
```

sería sustituida por:

```
printf("elemento " "1" " = %d\n", elemento1); equivalente a:
printf("elemento 1 = %d\n", elemento1);
```

DIRECTRIZ #undef

Como su nombre indica, la directriz **#undef** borra la definición de un identificador previamente creado con **#define**. Su sintaxis es:

```
#undef identificador
```

La directriz **#undef** borra la definición actual de *identificador*. Consecuentemente, cualquier ocurrencia de *identificador* que pueda aparecer a continuación es ignorada por el preprocesador.

```
#define SUMA(a, b) ((a) + (b))
.
.
.
#undef SUMA /* la definición de SUMA es borrada */
```

DIRECTRIZ #include

La directriz **#include** le indica al preprocesador que incluya el archivo especificado en el programa fuente, en el lugar donde aparece la directriz. La sintaxis es:

```
#include "archivo"
```

Cuando se utiliza esta sintaxis, el archivo se busca en primer lugar en el directorio actual de trabajo y posteriormente en los directorios estándar definidos. Es útil para incluir archivos de cabecera definidos por el usuario en el directorio de trabajo. Otra forma de escribir esta directriz es:

```
#include <archivo>
```

Si se utiliza esta otra forma, el archivo a incluir solamente es buscado en los directorios estándar definidos. Por ejemplo:

```
#include "misfuncs.h"
#include <stdio.h>
```

Estas sentencias añaden los contenidos de los archivos *misfuncs.h* y *stdio.h* al programa fuente. El archivo *misfuncs.h* es buscado primero en el directorio actual y si no se encuentra, se busca en el directorio estándar definido para los archivos de cabecera. El archivo *stdio.h* se busca directamente en el directorio estándar.

COMPILACIÓN CONDICIONAL

Las directrices **#if**, **#elif**, **#else** y **#endif** permiten compilar o no partes seleccionadas del archivo fuente. Su sintaxis es la siguiente:

```
 #if expresión
  [grupo-de-líneas;]
[#elif expresión 1
   grupo-de-líneas;]
[#elif expresión 2
   grupo-de-líneas;]
 .
 .
 .
[#elif expresión N
   grupo-de-líneas;]
[#else
   grupo-de-líneas;]
 #endif
```

donde *grupo-de-líneas* representa cualquier número de líneas de texto de cualquier tipo.

El preprocesador selecciona un único *grupo-de-líneas* para pasarlo al compilador. El *grupo-de-líneas* seleccionado será aquel que se corresponda con un valor *verdadero* de la expresión que sigue a **#if** o **#elif**. Si todas las expresiones son falsas, entonces se ejecutará el *grupo-de-líneas* a continuación de **#else**. Por ejemplo:

```
/****** Compilación condicional ******/
/* compcon.c
 */
#include <stdio.h>

#define USA 1    // Estados Unidos
#define ESP 2    // España
#define JPN 3    // Japón

#define PAIS_ACTIVO ESP

int main(void)
{
  #if PAIS_ACTIVO == USA
     char moneda[] = "dólar";
  #elif PAIS_ACTIVO == ESP
     char moneda[] = "euro ";
  #elif PAIS_ACTIVO == JPN
     char moneda[] = "yen  ";
  #endif

  printf("%s", moneda);
}
```

Este programa define una matriz de caracteres con el nombre de la moneda a utilizar, que es función del valor de la constante simbólica *PAIS_ACTIVO*. Para el programa expuesto, el compilador compilará la siguiente función **main**:

```
int main(void)
{
  char moneda[] = "euro ";
  printf("%s", moneda);
}
```

Cada directriz **#if** en un archivo fuente debe emparejarse con su correspondiente **#endif**.

Las *expresiones* deben ser de tipo entero y pueden incluir solamente constantes enteras, constantes de un solo carácter y el operador **defined**.

Operador defined

El operador **defined** puede ser utilizado en una expresión de constantes enteras, de acuerdo con la siguiente sintaxis:

```
defined(identificador)
```

La expresión constante a que da lugar este operador es considerada *verdadera* (distinta de 0) si el *identificador* está actualmente definido y es considerada *falsa*, en caso contrario. Por ejemplo:

```
#if defined(CREDIT)
   credit();
#elif defined(DEBIT)
   debit();
#else
   fnerror();
#endif
```

En este ejemplo, se compila la llamada a la función *credit* si el identificador *CREDIT* está definido, se compila la llamada a *debit* si el identificador *DEBIT* está definido y se compila la llamada a *fnerror* si no está definido ninguno de los identificadores anteriores.

En este otro ejemplo, las directrices **#if !defined** y **#define** previenen de que el archivo de cabecera, en el ejemplo *entrada-salida.h*, se pueda incluir accidentalmente dos o más veces en una misma unidad de traducción (en un archivo *.c*).

```
/* entrada-salida.h */
#if !defined _INC_ENTRADA_SALIDA
#define _INC_ENTRADA_SALIDA

int leerInt(int *);
int leerDouble(double *);

#endif
```

Esto resulta más sencillo utilizando la directriz **#pragma**.

DIRECTRIZ #pragma

Un *pragma* instruye al compilador para realizar una acción particular durante la compilación. Los *pragmas* varían de compilador a compilador. Pues bien, la directriz **#pragma** permite pasar al compilador distintas acciones para que sean realizadas durante la compilación, como **message**, **pack** o **once**. Por ejemplo, la directriz **#pragma once** se utiliza al principio de un archivo de cabecera para especificar que este sólo será incluido una vez:

```
// stdio.h
#pragma once
// Código fuente del archivo stdio.h
```

es equivalente a:

```
// stdio.h
#if !defined( _ID_H_ )        // equivale a: #ifndef _ID_H_
#define _ID_H_
// Código fuente del archivo stdio.h
#endif
```

Véase también el apartado *Operador de preprocesamiento _Pragma* del apéndice *A*.

CONSTANTE DEFINIDA EN LA ORDEN DE COMPILACIÓN

La opción **–D***id*[=[*valor*]] en UNIX o **/D***id*[=[*valor*]] en Windows define la constante simbólica *id* para el preprocesador. Si *valor* no se especifica, el valor de *id* se supone que es 1 (*verdadero*). La forma de utilizar esta opción es:

```
cc -DTIEMPO nomprog.c en UNIX
cl /DTIEMPO nomprog.c en Windows
```

Como aplicación vamos a diseñar una utilidad sencilla que permita medir el tiempo de ejecución de cualquier parte de nuestro programa C.

En primer lugar crearemos un archivo *tiempo.h* para que contenga las macros *T_INICIAL(descripción)* y *T_FINAL*. Además, diseñaremos el archivo *tiempo.h* para que el código fuente incluido por él en un programa solo sea compilado como parte de dicho programa si la orden de compilación define la constante simbólica *TIEMPO*; en otro caso, las referencias a *T_INICIAL* y a *T_FINAL* no harán nada. Edite el código que ve a continuación y guárdelo con el nombre *tiempo.h*.

```
/** Definición de las macros: T_INICIAL(descripcion) y T_FINAL **/
/* tiempo.h
 */
#if !defined(TIEMPO_DEFINIDO)
  #if defined(TIEMPO)
    #define TIEMPO_DEFINIDO

    #include <stdio.h>
    #include <time.h>
```

```
    clock_t inicial, final;
    #define T_INICIAL(descripcion) \
      printf("\n\npara    : %s", #descripcion);\
      inicial = clock();

    #define T_FINAL final = clock();\
      printf("\ntiempo  : %g miliseg\n",\
    (double)(final-inicial));
  #else
    #define T_INICIAL(descripcion)
    #define T_FINAL
  #endif
#endif
```

En primer lugar, observamos la directriz indicada a continuación. Si la constante *TIEMPO_DEFINIDO* está definida, la expresión **!defined** devolverá un valor falso y no se tendrá en cuenta el código entre **#if** y **#endif**. Esto sucederá siempre que se intente compilar este código una segunda vez (por ejemplo, suponga que incluye el archivo *tiempo.h* dos veces).

```
#if !defined(TIEMPO_DEFINIDO)
  // ...
#endif
```

Si la constante *TIEMPO_DEFINIDO* aún no está definida, el código escrito en el archivo *tiempo.h* será compilado solo si la constante simbólica *TIEMPO* se ha definido; esto es, como se observa a continuación, el código entre **#if** y **#endif** solo será tenido en cuenta si la constante *TIEMPO* está definida:

```
  #if defined(TIEMPO)
    // ...
  #endif
```

Resumiendo, si *TIEMPO_DEFINIDO* no está definida y *TIEMPO* sí, el código siguiente pasará a formar parte del programa fuente:

```
#define TIEMPO_DEFINIDO

#include <stdio.h>
#include <time.h>

clock_t inicial, final;
#define T_INICIAL(descripcion) \
  printf("\n\npara    : %s", #descripcion);\
  inicial = clock();

#define T_FINAL final = clock();\
```

```
  printf("\ntiempo  : %g miliseg\n",\
  (double)(final-inicial));
```

Observar el carácter de continuación \ en cada una de las líneas que definen las macros *T_INICIAL* y *T_FINAL*. Así mismo, notar que el argumento *descripción* de la macro *T_INICIAL* sustituye a una cadena de caracteres (observar el operador #).

Si la constante simbólica *TIEMPO* no está definida, las macros *T_INICIAL* y *T_FINAL* serán definidas para no ejecutar ningún código; es decir, así:

```
#define T_INICIAL(descripcion)
#define T_FINAL
```

Un programa ejemplo que utilice las macros *T_INICIAL* y *T_FINAL* puede ser el siguiente:

```
/**************** Medir tiempos de ejecución ****************/
/* tiempo.c
 */
#include "tiempo.h"

int main(void)
{
  register unsigned long i;
  float k;

  T_INICIAL(bucle con variable register unsigned long);
    for (i = 0; i < 10000000; i++);
  T_FINAL;

  T_INICIAL(bucle con variable float);
    for (k = 0; k < 10000000; k++);
  T_FINAL;
}
```

Este programa mide el tiempo empleado por dos bucles que se ejecutan un mismo número de veces; uno con una variable entera y otro con una variable real. Cuando ejecute este programa obtendrá una solución similar a la siguiente:

```
para    : bucle con variable register unsigned long
tiempo  : 3 miliseg

para    : bucle con variable float
tiempo  : 33 miliseg
```

DIRECTRICES #ifdef e #ifndef

La sintaxis correspondiente a estas directrices es:

```
#ifdef identificador
#ifndef identificador
```

La directriz **#ifdef** comprueba si el *identificador* está definido (es equivalente a **#if defined**) e **#ifndef** comprueba si el *identificador* no está definido (es equivalente a **#if !defined**).

Estas directrices simplemente garantizan la compatibilidad con versiones anteriores de C, ya que su función es ejecutada perfectamente por el operador **defined(***identificador***)**.

DIRECTRIZ #line

Cuando se compila un archivo los mensajes de error empiezan indicando el nombre del archivo que se está compilando (definido por la macro _ _*FILE*_ _) seguido del número de línea encerrado entre paréntesis donde se detectó el error (definido por la macro _ _*LINE*_ _), el cual se incrementa cada vez que una línea termina de compilarse:

```
nombre_archivo.c(23) : ...
```

Estos valores, nombre del archivo y número de línea, pueden fijarse por la directriz **#line**, la cual tiene la sintaxis siguiente:

```
#line cte-entera ["identificador"]
```

Una línea de la forma indicada pone las macros predefinidas _ _*LINE*_ _ y _ _*FILE*_ _ a los valores indicados por *cte-entera* e *identificador*, respectivamente, lo cual hace que el compilador cambie su contador interno y su nombre de archivo de trabajo por los nuevos valores especificados. Si se omite el *identificador* se utiliza el que tenga la constante _ _*FILE*_ _ que coincide, lógicamente, con el nombre del archivo fuente que se está compilando.

La información proporcionada por la directriz **#line** se utiliza simplemente con el objeto de dar mensajes de error más informativos. El compilador utiliza esta información para referirse a los errores que encuentra durante la compilación. Por ejemplo, cuando se compilen las sentencias siguientes (observar que la llamada a **printf** tiene un error porque falta la *f*):

```
// ...
```

```
#line 30 "xxxx"
print("%s\n", cad);
```

se visualizará el siguiente mensaje de error:

```
xxxx(30) : warning C4013: 'print' undefined; assuming extern ...
```

Observe como el número de línea especificado se aplica a la sentencia siguiente a la directriz (a partir de esta sentencia, las demás tendrán números correlativos) y como en el mensaje de error se utiliza el identificador especificado (parece razonable entonces que el identificador sea el nombre del archivo que se está compilando, valor por omisión).

DIRECTRIZ #error

La directriz **#error** es utilizada para abortar una compilación, al mismo tiempo que se visualiza el mensaje de error especificado a continuación de la misma. Su sintaxis es:

```
#error mensaje
```

Esta directriz tiene utilidad cuando en un programa incluimos un proceso de compilación condicional. Si se detecta una condición anormal, podemos abortar la compilación utilizando esta directriz, al mismo tiempo que se visualiza el mensaje de error especificado. Por ejemplo:

```
#if !defined(PAIS_ACTIVO)
  #error PAIS_ACTIVO no definido.
#endif
```

Cuando se compile el programa fuente que contiene las directrices anteriores, si la macro o constante *PAIS_ACTIVO* no está definida, se emitirá el mensaje de error "PAIS_ACTIVO no definido".

EJERCICIOS RESUELTOS

1. Escribir una macro ASSERT(*expresión*) cuyo comportamiento sea el siguiente: si al evaluar la *expresión* el resultado es 0, la macro imprimirá un mensaje de diagnóstico y abortará el programa; en otro caso, no hará nada.

   Realizar un programa que utilice la macro anterior para verificar que los índices de una matriz estén dentro de los límites permitidos.

```
/********************* Macro ASSERT **********************/
/* assert.c
 */
#include <stdio.h>
#include <stdlib.h>
#define N 10

#define ASSERT(expresion_de_bool) \
                        \
if( !(expresion_de_bool) )\
{ \
  printf("%s(%d): índice fuera de límites.\n", \
  __FILE__, __LINE__);\
  exit(1);\
}

int main(void)
{
  int a[N], i = 0;
  // ...

  printf("Índice del elemento que desea modificar: ");
  scanf("%d", &i);
  ASSERT(i >= 0 && i < N);

  printf("a[i] = "); scanf("%d", &a[i]);
  // ...
}
```

2. Realizar un programa que solicite introducir un carácter por el teclado y dé como resultado el carácter reflejado en binario. La solución del problema será análoga a la siguiente.

```
Introducir un carácter: A
01000001

Carácter reflejado: é
10000010
```

La estructura del programa constará de las funciones siguientes:

a) Una función principal **main** que llamará a una macro *ReflejarByte* que invierta el orden de los bits (el bit 0 pasará a ser el bit 7, el bit 1 pasará a ser el bit 6, el bit 2 pasará a ser el bit 5, etc.) y a una función *Visualizar* para mostrar el carácter introducido y el reflejado de la forma expuesta anteriormente (simbólicamente en hexadecimal y en binario).

b) Una macro *ReflejarByte*:

```
#define ReflejarByte( b )
```

Esta macro recibirá como parámetro un *byte b* y dará como resultado el *byte* reflejado.

c) Una función *Visualizar* con el prototipo siguiente:

```
void Visualizar( unsigned char c );
```

Esta función recibirá como parámetro el carácter que se quiere visualizar y lo presentará simbólicamente, en hexadecimal y en binario.

El programa completo se muestra a continuación.

```
/**************** Reflejar un byte ****************/
/* refejar.c
 */
#include <stdio.h>

#define ReflejarByte( c )\
        ((((c)&0x01) << 7) | (((c)&0x02) << 5) |\
         (((c)&0x04) << 3) | (((c)&0x08) << 1) |\
         (((c)&0x10) >> 1) | (((c)&0x20) >> 3) |\
         (((c)&0x40) >> 5) | (((c)&0x80) >> 7))

void Visualizar( unsigned char c );

int main(void)
{
  unsigned char c;

  printf("Introducir un carácter: ");
  c = getchar();
  Visualizar(c);
  c = ReflejarByte(c);
  printf("\nCarácter reflejado: %c\n", c);
  Visualizar(c);
}

void Visualizar( unsigned char c )
{
  int i = 0;
  for (i = 7; i>=0; i--)
  {
    printf("\ni = %d ", i);
    printf("%d", (c & (1 << i)) ? 1 : 0);
  }
  printf("\n");
}
```

EJERCICIOS PROPUESTOS

1. Responda a las siguientes preguntas:

   1) ¿Qué es el preprocesador de C?

      a) Un compilador.
      b) Un procesador de texto para procesar las directrices de C.
      c) Un editor de código fuente.
      d) Ninguna de las anteriores.

   2) ¿Qué es una directriz?

      a) Una instrucción para el preprocesador de C.
      b) Una función de la biblioteca de C.
      c) Una opción del compilador.
      d) Ninguna de las anteriores.

   3) En el código fuente, ¿cómo se identifica una directriz?

      a) Porque aparece al principio del código fuente.
      b) Porque su nombre siempre aparece en mayúsculas.
      c) Porque va encabezada por el carácter #.
      d) Ninguna de las anteriores.

   4) ¿Qué directriz permite definir una macro?

      a) #include.
      b) #define.
      c) #ifdef.
      d) Ninguna de las anteriores.

   5) ¿Cuál es el resultado del siguiente programa?

```
#include <stdio.h>
#define M(a, b) a * b

int main(void)
{
  double a = 3.14, b = 2;
  printf("%g\n", M(a+1, b));
}
```

      a) 8.28.
      b) No hay resultado porque la macro no está bien definida.
      c) 6.28.
      d) 5.14.

6) Completar la macro NO_NEGATIVO para que el resultado del siguiente programa sea 4 3 2 1 0.

```
#include <stdio.h>
#define NO_NEGATIVO(a) (......)

int main(void)
{
  int i = 0, n = 4;
  do
   printf("%d ", n--);
  while(NO_NEGATIVO(n));
}
```

a) a == 0.
b) a > 0.
c) a <= 0.
d) a >= 0.

7) Completar la macro VERIFICAR del programa siguiente:

```
#include <stdio.h>
#include <stdlib.h>
#include <math.h>
#define VERIFICAR(cond) \
        if (........) \
        { \
          printf("error: valor negativo\n"); \
          exit(1); \
        }

int main(void)
{
  double n = 0;

  printf("Valor de n: ");
  scanf("%lf", &n);
  VERIFICAR(n >= 0);
  printf("%g\n", sqrt(n));
}
```

a) cond.
b) !cond.
c) !(cond).
d) cond < 0.

8) Completar la directriz **#if** del programa siguiente para que el resultado sea 4 (tamaño de un **int**).

```
#include <stdio.h>
#define TIPO
int main(void)
{
  #if ...........
    int n = 0;
  #else
    double n = 0.0;
  #endif

  printf("%d", sizeof(n));
}
```

a) !defined(TIPO).
b) defined(TIPO).
c) TIPO == 1.
d) TIPO == 0.

9) ¿Cuál es el resultado del siguiente programa?

```
#include <stdio.h>
#define STR(s) #s

int main(void)
{
  double precio = 0;

  precio = 1100.25;

  printf("%s = %g", STR(precio), precio);
}
```

a) precio = 1100.25.
b) 1100.25 = 1100.25.
c) precio1100.25.
d) = 1100.25.

10) ¿Cuál es el resultado del siguiente programa?

```
#include <stdio.h>

#define MOSTRAR(s) \
      printf("Precio 1 = %g, precio 2 = %g\n", s ## 1, s ## 2);

int main(void)
{
  double precio1 = 0, precio2 = 0;

  precio1 = 1100.25;
```

```
    precio2 = 900;

    MOSTRAR(precio);
}
```

a) Error: precio no está definido.
b) Precio 1 = 0, precio 2 = 0.
c) Precio 1 = 1100.25, precio 2 = 900.
d) Ninguno de los anteriores.

2. Escribir un programa que permita cifrar un archivo de texto, de acuerdo con las siguientes especificaciones.

El programa se invocará desde la línea de órdenes así:

```
cifrar -c clave
```

donde *–c clave* indica al programa cuál es la clave que se va a emplear para realizar el cifrado. La clave será un valor entero entre 0 y 255.

El texto a cifrar se leerá del archivo estándar de entrada y el texto cifrado se visualizará en el archivo estándar de salida.

El cifrado del texto se realizará *byte* a *byte* utilizando el siguiente algoritmo:

- Se calculará la OR exclusiva entre los *bytes* de entrada y la *clave*.
- Los *bytes* resultantes de la operación anterior se reflejarán; esto es, el bit 0 pasará a ser el bit 7, el bit 1 pasará a ser el bit 6, el bit 2 pasará a ser el bit 5, etc.
- Los *bytes* resultantes de la operación anterior serán complementados a 1 y estos serán los *bytes* cifrados.

Por ejemplo, si el *byte* de entrada es *b* = *0x9a* (10011010) y la clave es *0x49* (01001001) el proceso sería:

```
b XOR c:              (10011010) XOR (01001001) = (11010011)
Reflejar              (11001011)
Complemento a 1       (00110100)
```

El *byte* cifrado resultante es *0x34*.

Se pide realizar un programa denominado *cifrar* con las macros y funciones que se indican a continuación:

a) Escribir una macro *ReflejarByte*:

```
#define ReflejarByte( b )
```

Esta macro recibirá como parámetro un *byte* y dará como resultado el *byte* reflejado.

b) Escribir una función *cifrar* de acuerdo con el siguiente prototipo:

```
unsigned char cifrar(unsigned char byte, unsigned char clave);
```

Esta función recibe como parámetros el *byte* a cifrar y la *clave* y devuelve como resultado el *byte* cifrado.

c) Escribir una función *descifrar* de acuerdo con el siguiente prototipo:

```
unsigned char descifrar(unsigned char byte, unsigned char clave);
```

Esta función recibe como parámetros el *byte* cifrado y la *clave* y devuelve como resultado el *byte* sin cifrar.

d) Escribir una función **main** que utilizando las funciones anteriores permita cifrar o descifrar un texto.

¿Cómo invocaría desde la línea de órdenes del sistema operativo al programa *cifrar* para redirigir la E/S y trabajar con archivos distintos a los estándar?

3. Elegir un programa cualquiera de los realizados hasta ahora y añadir el código que supuestamente se necesitaría para visualizar resultados intermedios en un proceso de depuración de dicho programa.

El programa se invocará desde la línea de órdenes así:

`nombre_programa -DDEBUG` en UNIX
`nombre_programa /DDEBUG` en Windows

Por ejemplo, la siguiente función incluye código de depuración que solo se incluirá en el caso de que al compilar el programa se especifique la constante simbólica *DEBUG*.

```
void Visualizar( unsigned char c )
{
  int i = 0;
  for (i = 7; i>=0; i--)
  {
    #if defined(DEBUG)
      printf("\ni = %d ", i);
    #endif
```

```
    printf("%d", (c & (1 << i)) ? 1 : 0);
  }
  printf("\n");
}
```

CAPÍTULO 11

ESTRUCTURAS DINÁMICAS

La principal característica de las estructuras dinámicas es la facultad que tienen para variar su tamaño y hay muchos problemas que requieren de este tipo de estructuras. Esta propiedad las distingue claramente de las estructuras estáticas fundamentales como las matrices. Cuando se crea una matriz su número de elementos se fija en ese instante y después no puede agrandarse o disminuirse elemento a elemento, conservando el espacio actualmente asignado; en cambio, cuando se crea una estructura dinámica eso sí es posible.

Por tanto, no es posible asignar una cantidad fija de memoria para una estructura dinámica, y como consecuencia un compilador no puede asociar direcciones explícitas con los elementos de tales estructuras. La técnica que se utiliza más frecuentemente para resolver este problema consiste en realizar una asignación dinámica para los elementos individuales, al tiempo que son creados durante la ejecución del programa, en vez de hacer la asignación de una sola vez para un número de elementos determinado.

Cuando se trabaja con estructuras dinámicas, el compilador asigna una cantidad fija de memoria para mantener la dirección del elemento asignado dinámicamente, en vez de hacer una asignación para el elemento en sí. Esto implica que debe haber una clara distinción entre datos y referencias a datos, y que consecuentemente se deben emplear tipos de datos cuyos valores sean referencias a otros datos; nos estamos refiriendo a las variables de tipo "puntero a".

Cuando se asigna memoria dinámicamente para un objeto de un tipo cualquiera, se devuelve un puntero a la zona de memoria asignada. Para realizar esta operación disponemos en C de la función **malloc** (vea en el capítulo *Punteros*, el apartado *Asignación dinámica de memoria*).

Este capítulo introduce varios algoritmos para construir estructuras abstractas de datos. Una vez que haya trabajado los ejemplos de este capítulo, será capaz de explotar en sus aplicaciones la potencia de las listas enlazadas, pilas, colas y árboles binarios.

LISTAS LINEALES

Hasta ahora hemos trabajado con matrices que como sabemos son colecciones de elementos todos del mismo tipo, ubicados en memoria uno a continuación de otro; el número de elementos es fijado en el instante de crear la matriz. Si más adelante, durante la ejecución del programa, necesitáramos modificar su tamaño para que contenga más o menos elementos, la única alternativa posible sería asignar un nuevo espacio de memoria del tamaño requerido y, además, copiar en él los datos que necesitemos conservar de la matriz original. La nueva matriz pasaría a ser la matriz actual y la matriz origen se destruiría, si ya no fuera necesaria.

Es evidente que cada vez que necesitemos añadir o eliminar un elemento a una colección de elementos, la solución planteada en el párrafo anterior no es la más idónea; seguro que estamos pensando en algún mecanismo que nos permita añadir un único elemento a la colección, o bien eliminarlo. Este mecanismo es viable si en lugar de trabajar con matrices lo hacemos con listas lineales. Una lista lineal es una colección, originalmente vacía, de elementos de cualquier tipo no necesariamente consecutivos en memoria, que durante la ejecución del programa puede crecer o decrecer elemento a elemento según las necesidades previstas en el mismo.

Según la definición dada surge una pregunta: si los elementos no están consecutivos en memoria, ¿cómo pasaremos desde un elemento al siguiente cuando recorramos la lista? La respuesta es que cada elemento debe almacenar información de dónde está el siguiente elemento o el anterior, o bien ambos. En función de la información que cada elemento de la lista almacene respecto a la localización de sus antecesores y/o predecesores, las listas pueden clasificarse en: listas simplemente enlazadas, listas circulares, listas doblemente enlazadas y listas circulares doblemente enlazadas.

Listas lineales simplemente enlazadas

Una *lista lineal simplemente enlazada* es una colección de objetos (elementos de la lista), cada uno de los cuales contiene datos o un puntero a los datos y un puntero al siguiente objeto en la colección (elemento de la lista). Gráficamente puede representarse de la forma siguiente:

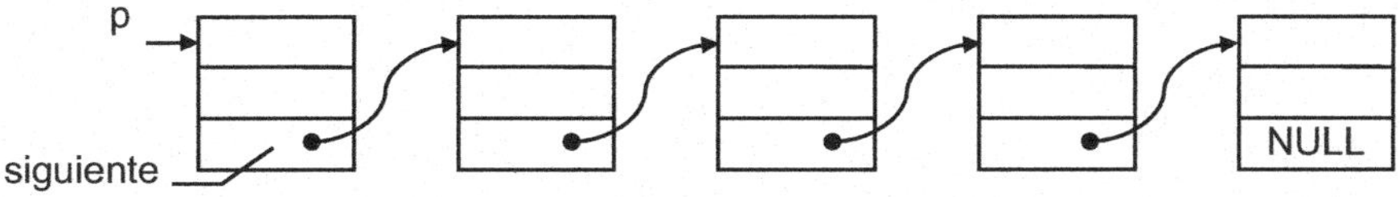

Lista lineal

Para construir una lista lineal, primero tendremos que definir el tipo de los elementos que van a formar parte de la misma. Por ejemplo, cada elemento de la lista puede definirse como una estructura de datos con dos o más miembros, de los cuales uno será un puntero al elemento siguiente y el resto se corresponderá con el área de datos. El área de datos puede ser de un tipo predefinido o de un tipo definido por el usuario. Según esto, el tipo de cada elemento de una lista puede venir definido de la forma siguiente:

```
typedef struct s
{
  // Miembros:
  // Defina aquí los datos o un puntero a los datos
  // ...
  struct s *siguiente; // puntero al siguiente elemento
} ElementoLse;
```

Se puede observar que la estructura *ElementoLse* definirá una serie de miembros correspondientes a los datos que deseemos manipular, además de un miembro especial, denominado *siguiente*, para permitir que cada elemento pueda apuntar a su sucesor formando así una lista enlazada.

Una vez definida la estructura *ElementoLse* la asignación de memoria para un elemento se haría así:

```
#include <stdio.h>
#include <stdlib.h>

typedef struct s
{
  // Área de datos
  // ...
  struct s *siguiente; // puntero al siguiente elemento
} ElementoLse;

void error()
{
  printf("Insuficiente memoria\n");
  exit(1);
}
```

```
ElementoLse *nuevoElemento() // crear un nuevo elemento
{
  ElementoLse *q = (ElementoLse *)malloc(sizeof(ElementoLse));
  return q;
}

int main(void)
{
  ElementoLse *p = NULL; // puntero a un elemento
  // Asignar memoria para un elemento
  p = nuevoElemento();
  if (!p) error();
  // Este elemento no tiene un sucesor
  p->siguiente = NULL;
  // Operaciones cualesquiera
  // Liberar la memoria ocupada por el elemento p
  free(p);
  p = NULL;
}
```

El código *ElementoLse *p* define un puntero *p* a un objeto del tipo *ElementoLse*. La sentencia *p = nuevoElemento()* crea (asigna memoria para) un objeto de tipo *ElementoLse*, devuelve un puntero (dirección de memoria) que direcciona este nuevo objeto y asigna este puntero a la variable *p*. La sentencia *p->siguiente* = **NULL** asigna al miembro *siguiente* del objeto apuntado por *p* el valor **NULL**, indicando así que después de este elemento no hay otro; esto es, que este elemento es el último de la lista.

El valor **NULL**, puntero nulo, permite crear listas de objetos finitas. Así mismo, suponiendo que *p* apunta al principio de la lista, diremos que dicha lista está vacía si *p* vale **NULL**. Por ejemplo, después de ejecutar las sentencias:

```
p = NULL;                  // lista vacía
p = nuevoElemento();       // elemento p
p->siguiente = NULL;       // no hay siguiente elemento
```

tenemos una lista de un elemento:

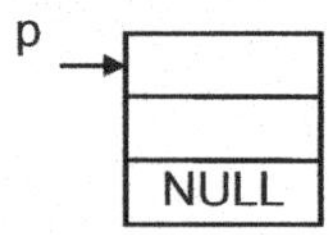

Para añadir un nuevo elemento a la lista anterior, procederemos así:

```
q = nuevoElemento(); // crear un nuevo elemento
q->siguiente = p;    // localización del elemento siguiente
p = q;               // p apunta al principio de la lista
```

donde *q* es un puntero a un objeto de tipo *ElementoLse*. Ahora tenemos una lista de dos elementos. Observe que los elementos nuevos se añaden al principio de la lista.

Para verlo con claridad analicemos las tres sentencias anteriores. Partimos de que tenemos una lista apuntada por *p* con un solo elemento. La sentencia *q = nuevoElemento()* crea un nuevo elemento:

La sentencia *q->siguiente = p* hace que el sucesor del elemento creado sea el anteriormente creado. Observe que ahora *q->siguiente* y *p* tienen el mismo valor; esto es, la misma dirección, por lo tanto, apuntan al mismo elemento:

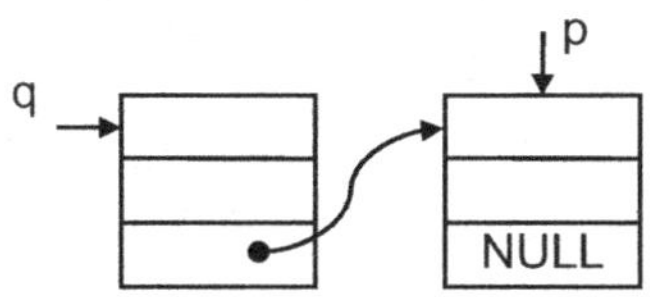

Por último, la sentencia *p = q* hace que la lista quede de nuevo apuntada por *p*; es decir, para nosotros *p* es siempre el primer elemento de la lista.

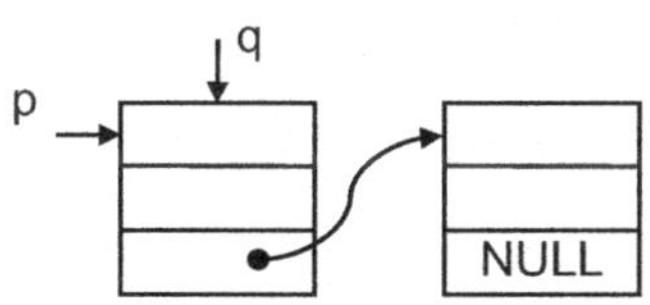

Ahora *p* y *q* apuntan al mismo elemento, al primero. Si ahora se ejecutara una sentencia como la siguiente, ¿qué sucedería?

```
q = q->siguiente;
```

¿Quién es *q->siguiente*? Es el miembro *siguiente* del elemento apuntado por *q* que contiene la dirección de memoria donde se localiza el siguiente elemento al apuntado por *p*. Si este valor se lo asignamos a *q*, entonces *q* apuntará al mismo elemento al que apuntaba *q->siguiente*:

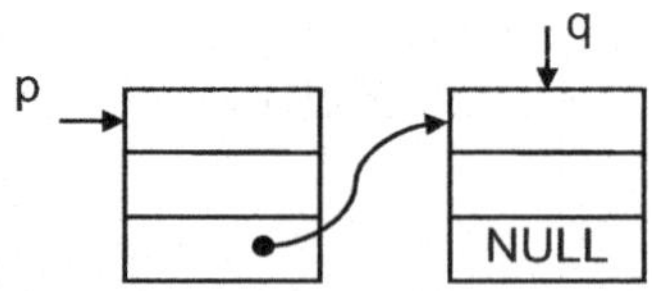

El resultado es que *q* apunta ahora al siguiente elemento como se puede ver en la figura anterior. Esto nos da una idea de cómo avanzar elemento a elemento sobre una lista. Si ejecutamos de nuevo la misma sentencia:

```
q = q->siguiente;
```

¿qué sucede? Sucede que como *q->siguiente* vale **NULL**, a *q* se le ha asignado el valor **NULL**. Conclusión, cuando en una lista utilizamos un puntero para ir de un elemento al siguiente, en el ejemplo anterior *q*, diremos que hemos llegado al final de la lista cuando ese puntero toma el valor **NULL**.

Operaciones básicas

Las operaciones que podemos realizar con listas incluyen fundamentalmente las siguientes:

1. Insertar un elemento en una lista.
2. Buscar un elemento en una lista.
3. Borrar un elemento de una lista.
4. Recorrer los elementos de una lista.
5. Borrar todos los elementos de una lista.

Partiendo de las definiciones:

```
#include <stdio.h>
#include <stdlib.h>

typedef struct s
{
  int dato;             // área de datos
  struct s *siguiente;  // puntero al siguiente elemento
} ElementoLse;

void error()
{
  printf("Insuficiente memoria\n");
  exit(1);
}
```

```
ElementoLse *nuevoElemento()
{
  ElementoLse *q = (ElementoLse *)malloc(sizeof(ElementoLse));
  return q;
}

int main(void)
{
  ElementoLse *p = NULL, *q = NULL, *r = NULL;
  // ...
}
```

vamos a exponer en los siguientes apartados cómo realizar cada una de las operaciones básicas. Por sencillez, vamos a trabajar con una lista de enteros.

Inserción de un elemento al comienzo de la lista

Supongamos una lista lineal apuntada por *p*. Para insertar un elemento al principio de la lista, primero se crea el elemento y después se reasignan los punteros, tal como se indica a continuación:

```
q = nuevoElemento();
```

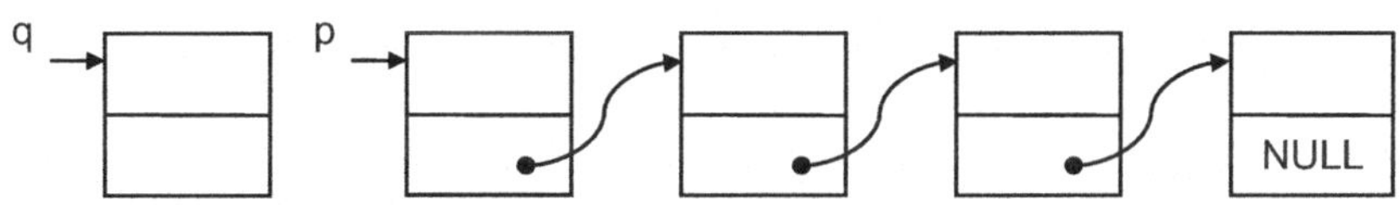


```
q->dato = n;        // asignación de valores
q->siguiente = p; // reasignación de punteros
p = q;
```

El orden en el que se realizan estas operaciones es esencial. El resultado es:

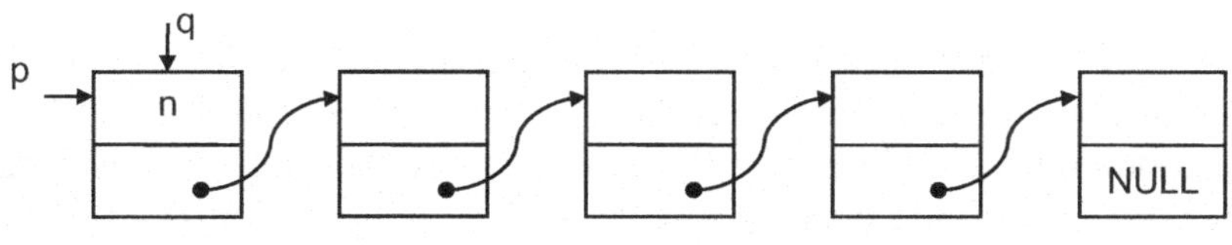

Esta operación básica nos sugiere cómo crear una lista. Para ello, y partiendo de una lista vacía, no tenemos más que repetir la operación de insertar un elemento al comienzo de una lista, tantas veces como elementos deseemos que tenga dicha lista. Veámoslo a continuación:

```
/////////////////////////////////////////////////////////////////
// Crear una lista lineal simplemente enlazada
//
```

```
int main(void)
{
  ElementoLse *p = NULL, *q = NULL;
  int n = 0;
  // Crear una lista de enteros
  printf("Introducir datos. Finalizar con eof.\n");

  printf("dato: ");
  while (scanf("%d", &n) != EOF)
  {
    q = nuevoElemento();
    if (!q) { /* Liberar memoria */; error(); }
    q->dato = n;
    q->siguiente = p;
    p = q;
    printf("dato: ");
  }
  // ...
}
```

Notar que el orden de los elementos en la lista es inverso al orden en el que han llegado. Así mismo, para no complicar el código, suponemos que los datos son leídos correctamente desde el teclado.

Buscar en una lista un elemento con un valor x

Supongamos que queremos buscar un determinado elemento en una lista cuyo primer elemento está apuntado por *p*. La búsqueda es secuencial y termina cuando se encuentra el elemento, o bien cuando se llega al final de la lista.

```
r = p;               // r apunta al primer elemento de la lista
printf("dato a buscar: "); scanf("%d", &x);
while (r != NULL && r->dato != x)
  r = r->siguiente; // r apunta al siguiente elemento
```

Observe el orden de las expresiones que forman la condición del bucle **while**. Sabemos que en una operación **&&** (AND), cuando una de las expresiones es falsa la condición ya es falsa, por lo que el resto de las expresiones no necesitan ser evaluadas. De ahí que cuando *r* valga **NULL**, la expresión *r->dato* no será evaluada, de lo contrario se produciría un error. Finalmente, la variable *r* quedará apuntando al elemento buscado o valdrá **NULL** si el elemento no se encuentra.

Inserción de un elemento en general

La inserción de un elemento en la lista, a continuación de otro elemento cualquiera apuntado por *r*, es de la forma siguiente:

```
q = nuevoElemento();
q->dato = x; // valor insertado
q->siguiente = r->siguiente;
r->siguiente = q;
```

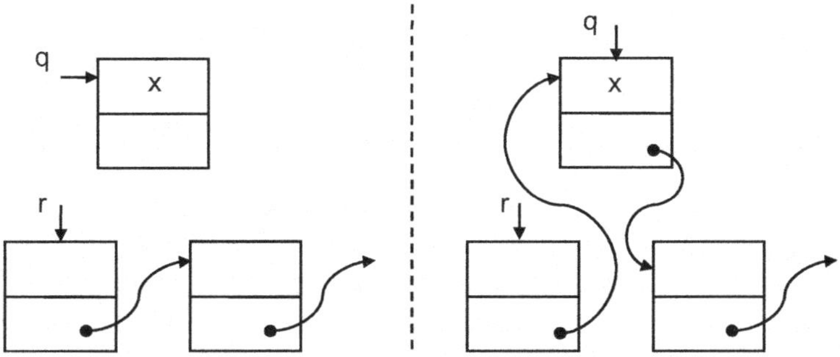

Inserción en la lista detrás del elemento apuntado por r

La inserción de un elemento en la lista antes de otro elemento apuntado por *r* se hace insertando un nuevo elemento detrás del elemento apuntado por *r*, intercambiando previamente los valores del nuevo elemento y del elemento apuntado por *r*.

```
q = nuevoElemento();
*q = *r;            // copiar miembro a miembro un elemento en otro
r->dato = x;        // valor insertado
r->siguiente = q;
```

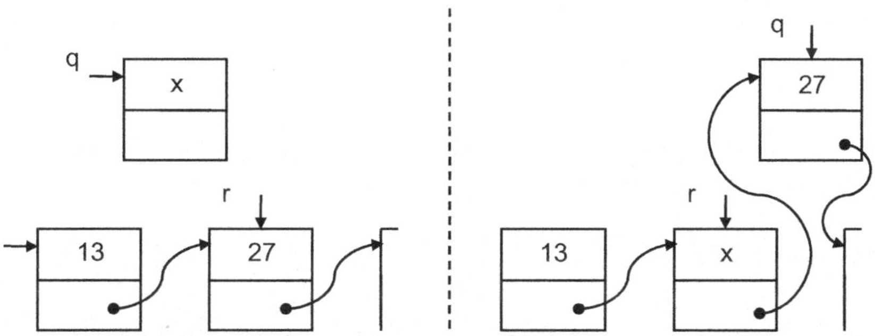

Inserción en la lista antes del elemento apuntado por r

Borrar un elemento de la lista

Para borrar el sucesor de un elemento apuntado por *r*, las operaciones a realizar son las siguientes:

```
q = r->siguiente;               // q apunta al elemento a borrar.
```

```
r->siguiente = q->siguiente; // enlazar los elementos anterior
                             // y posterior al borrado.
free(q); // borrar el elemento apuntado por q
```

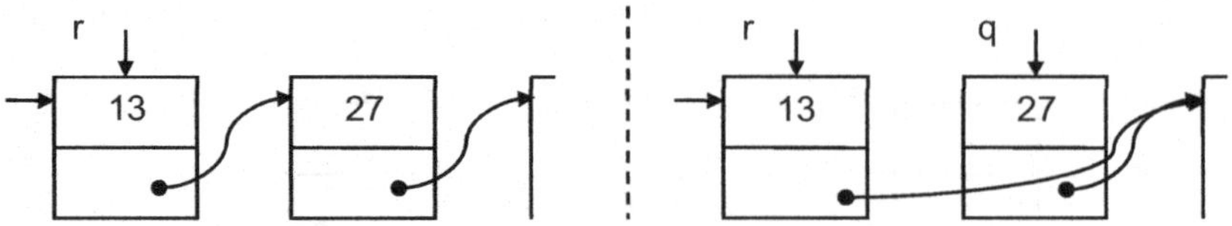

Borrar el sucesor del elemento apuntado por r

Observe que para acceder a los miembros de un elemento, este tiene que estar apuntado por una variable. Por esta razón, lo primero que hemos hecho ha sido apuntar el elemento a borrar por *q*.

Para borrar un elemento apuntado por *r*, las operaciones a realizar son las siguientes:

```
q = r->siguiente;
*r = *q;          // copiar miembro a miembro un objeto en otro
free(q);          // objeto apuntado por q a la basura (borrar)
```

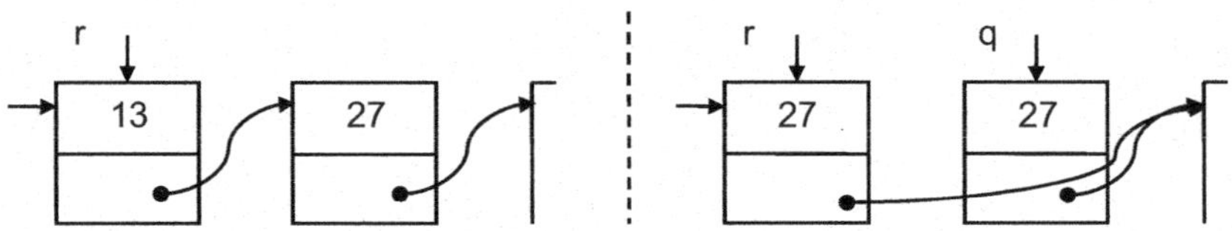

Borrar el elemento apuntado por r

Como ejercicio, escribir la secuencia de operaciones que permita borrar el último elemento de una lista.

Recorrer una lista

Supongamos que hay que realizar una operación con todos los elementos de una lista, cuyo primer elemento está apuntado por *p*. Por ejemplo, escribir el valor de cada elemento de la lista. La secuencia de operaciones sería la siguiente:

```
q = p; // salvar el puntero al primer elemento de la lista
while (q != NULL)
{
  printf("%d ", q->dato);
  q = q->siguiente;
}
```

Borrar todos los elementos de una lista

Borrar todos los elementos de una lista equivale a liberar la memoria asignada a cada uno de los elementos de la misma. Supongamos que queremos borrar una lista, cuyo primer elemento está apuntado por *p*. La secuencia de operaciones es la siguiente:

```
while (p != NULL)
{
  q = p;             // q apunta al mismo elemento que p
  p = p->siguiente; // p apunta al siguiente elemento
  free(q);           // objeto apuntado por q liberado
}
```

Observe que antes de borrar el elemento apuntado por *q*, hacemos que *p* apunte al siguiente elemento, porque si no perderíamos el resto de la lista (la apuntada por *q->siguiente*). Y, ¿por qué perderíamos la lista? Porque se pierde la única referencia que nos da acceso a la misma.

UN EJEMPLO CON LISTAS LINEALES

Basándonos en las operaciones básicas sobre listas lineales descritas anteriormente, vamos a escribir a continuación una aplicación que permita crear una lista lineal simplemente enlazada (*llse*) en la que cada elemento conste de dos miembros: un valor real de tipo **double** y un puntero a un elemento del mismo tipo.

La estructura que definirá un elemento de la lista, que denominaremos *Elemento*, según hemos indicado anteriormente será así:

```
typedef struct s
{
  double dato;            // área de datos
  struct s *siguiente; // puntero al siguiente elemento
} Elemento;
```

Para crear y manipular la lista lineal, en una primera aproximación, vamos a escribir las siguientes funciones: *error*, *nuevoElemento*, *anyadirAlPrincipio*, *mostrarTodos* y *borrarTodos*. Este conjunto de funciones forman lo que se denomina interfaz: medio utilizado por un objeto para comunicarse con otro; por ejemplo, la interfaz que ahora intentamos escribir será el medio que utilizará una aplicación, que realicemos después, para comunicarse con la lista lineal, en general con una estructura de datos. ¿Por qué una interfaz? Porque es una forma de reutilizar código, ya que distintas aplicaciones que vayan a trabajar con un determinado tipo de estructura de datos pueden utilizar todas la misma interfaz; evidentemente, si ya disponemos de ella, no será necesario escribirla de nuevo para cada aplicación.

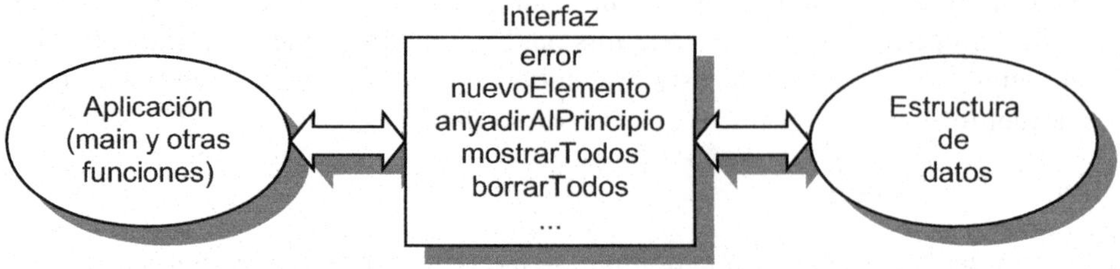

La función *nuevoElemento* asignará memoria para un nuevo elemento de la lista; cuando esto no sea posible, devolverá **NULL**, valor devuelto por **malloc**. La función *anyadirAlPrincipio* permitirá añadir un nuevo elemento al principio de la lista y devolverá un valor 1 o 0 en función de si la operación se realizó con éxito o no; *mostrarTodos* permitirá visualizar por pantalla todos los elementos de la lista y *borrarTodos* borrará todos los elementos de la lista liberando la memoria asignada para cada uno de ellos.

Según lo expuesto, la interfaz a la que nos hemos referido en el párrafo anterior será así:

```
// Interfaz para manipular una llse ///////////////////////////////
//
// Mostrar un mensaje de error y abortar el programa
void error()
{
  printf("Insuficiente memoria\n");
  exit(1);
}

// Crear un nuevo elemento
Elemento *nuevoElemento()
{
  Elemento *q = (Elemento *)malloc(sizeof(Elemento));
  return q;
}

// Borrar todos los elementos de la lista
void borrarTodos(Elemento *p)
{
  Elemento *q = NULL;

  // Recorrer la lista
  while (p != NULL)
  {
    q = p;
    p = p->siguiente;
```

```
      free(q);
    }
}

// Añadir un elemento al principio de la lista
int anyadirAlPrincipio(double n, Elemento **lista)
{
  Elemento *p = *lista;

  Elemento *q = nuevoElemento();
  if (!q) return 0;
  q->dato = n;       // asignación de valores
  q->siguiente = p; // reasignación de punteros
  p = q;
  *lista = p;
  return 1;
}

// Mostrar todos los elementos de la lista
void mostrarTodos(Elemento *p)
{
  // Recorrer la lista
  Elemento *q = p; // puntero al primer elemento

  while (q != NULL)
  {
    printf("%g ", q->dato);
    q = q->siguiente;
  }
}
/////////////////////////////////////////////////////////////////
```

¿Por qué el parámetro *lista* de *anyadirAlPrincipio* es un puntero a puntero? Porque el valor que va a recibir va a ser la dirección del puntero al primer elemento de la lista, ya que esta función modifica ese puntero cada vez que añade un elemento, modificación necesaria para el resto del programa, razón por la que hay que pasar dicho puntero por referencia. Esta forma de proceder será utilizada con frecuencia en el resto del capítulo.

Apoyándonos en esta interfaz, vamos a escribir una aplicación *ListaLinealSE* que cree una lista lineal simplemente enlazada para almacenar una serie de valores de tipo **double** introducidos por el teclado. Finalmente, para verificar que todo ha sucedido como esperábamos, mostraremos la lista de valores.

Para llevar a cabo lo expuesto, la función **main** de esta aplicación realizará fundamentalmente cuatro cosas:

1. Definirá un puntero *llse* para apuntar al principio de la lista.

2. Solicitará datos de tipo **double** del teclado y los añadirá a la lista, para lo cual invocará a la función *anyadirAlPrincipio* por cada dato que añada.
3. Mostrará la lista de datos invocando a la función *mostrarTodos*.
4. Borrará la lista, para lo cual invocará a la función *borrarTodos*.

```
// Aplicación ListaLinealSE ////////////////////////////////////////
int main(void)
{
  // Lista lineal vacía
  Elemento *llse = NULL;

  // Leer los datos y añadirlos a la lista
  double n;

  printf("Introducir datos. Finalizar con eof.\n");
  printf("dato: ");
  while (scanf("%lf", &n) != EOF)
  {
    if (!anyadirAlPrincipio(n, &llse))
    {
      borrarTodos(llse);
      error();
    }
    printf("dato: ");
  }

  // Mostrar la lista de datos
  printf("\n");
  mostrarTodos(llse);

  // Borrar la lista
  borrarTodos(llse);
}
```

Otro detalle a tener en cuenta es qué hacer si al crear un nuevo elemento no hay memoria suficiente (*anyadirAlPrincipio* devolverá 0); en este ejemplo hemos optado por liberar la memoria asignada hasta este momento (para no dejar lagunas de memoria), notificarlo con un mensaje de error y finalizar el programa.

Con el fin de acercarnos más a la realidad de cómo debe ser la interfaz para manipular una lista lineal simplemente enlazada (*llse*), vamos a sustituir la función *mostrarTodos* por otra *obtener* que devuelva un puntero al elemento *i* de la lista. De esta forma, será la aplicación que utilice esa interfaz la que decida qué hacer con el valor retornado (imprimirlo, acumularlo, etc.).

La función *obtener* recibirá como parámetro la posición del elemento que se desea obtener (la primera posición es la cero), además de la lista, y devolverá como resultado un puntero a este elemento, o bien el valor **NULL** si la lista está vacía o la posición especificada está fuera de límites.

```
Elemento *obtener(int i, Elemento *q)
{
  int n = 0;

  if (q == NULL)
  {
    printf("lista vacía\n");
    return NULL;
  }
  if (i >= 0)
  {
    // Posicionarse en el elemento i
    for (n = 0; q != NULL && n < i; n++)
      q = q->siguiente;

    // Retornar el elemento
    if (q != NULL) return q;
  }

  // Índice fuera de límites
  return NULL;
}
```

Ahora, para que la función **main** de la aplicación anterior muestre los datos utilizando esta función, tenemos que reescribir la parte de la misma que realizaba este proceso, como se indica a continuación:

```
int main(void)
{
  int i = 0;
  // Definir una lista lineal vacía: llse
  Elemento *llse = NULL, *q = NULL;

  // Leer los datos y añadirlos a la lista
  double n;
  printf("Introducir datos. Finalizar con eof.\n");
  printf("Valor double: ");
  while (scanf("%lf", &n) != EOF)
  {
    if (!anyadirAlPrincipio(n, &llse))
    {
      borrarTodos(llse);
      error();
    }
    printf("Valor double: ");
  }
```

```
  // Mostrar la lista de datos
  printf("\n");
  i = 0;
  q = obtener(i, llse);
  while (q != NULL)
  {
    printf("%g ", q->dato);
    i++;
    q = obtener(i, llse);
  }
  // Borrar la lista
  borrarTodos(llse);
}
```

Lo que hace el segmento de código sombreado es obtener y visualizar los valores de los elementos 0, 1, 2,... de la lista *llse* hasta que la función *obtener* devuelva el valor **NULL**, señal de que se ha llegado al final de la lista. La función *obtener* nos abstrae de saber cómo se recorre una lista.

Interfaz genérica para listas lineales

La interfaz implementada anteriormente ha sido diseñada para manipular listas de un tipo específico de elementos: datos de tipo **double**. No cabe duda de que esta interfaz tendría un mayor interés para el usuario si estuviera diseñada para permitir listas de objetos de cualquier tipo. Esta es la dirección en la que vamos a trabajar a continuación. En C esto se hace utilizando un puntero genérico (**void** *) para apuntar a lo que hemos llamado área de datos.

Sabemos que C permite convertir implícitamente un puntero a un objeto de cualquier tipo en un puntero genérico; en cambio, la conversión en el sentido opuesto está permitida en C pero no en C++ que requiere que se haga explícitamente (ver el apartado *Punteros genéricos* en el capítulo *Punteros*).

Según esto, para que la interfaz desarrollada en el apartado anterior permita listas de objetos de cualquier tipo, basta con que la estructura *Elemento* (tipo de cada uno de los elementos de la lista) tenga, en lugar de un miembro de un tipo específico de datos, un miembro que sea un puntero de tipo **void** *. Un miembro así definido puede apuntar a cualquier objeto de cualquier tipo.

```
typedef struct s
{
  void *dato;            // área de datos
  struct s *siguiente; // puntero al siguiente elemento
} Elemento;
```

Esta modificación implica dos cambios más: el primer parámetro de la función *anyadirAlPrincipio* tiene que ser ahora de tipo **void *** y la función *obtener* tiene que devolver ahora un puntero de tipo **void *** con el fin de que se pueda acceder al área de datos del elemento accedido.

```
// Interfaz para manipular una llse ///////////////////////////////
//
// Mostrar un mensaje de error y abortar el programa
void error()
{
  printf("Insuficiente memoria\n");
  exit(1);
}

// Crear un nuevo elemento
Elemento *nuevoElemento()
{
  Elemento *q = (Elemento *)malloc(sizeof(Elemento));
  return q;
}

// Añadir un elemento al principio de la lista
int anyadirAlPrincipio(void *e, Elemento **lista)
{
  Elemento *p = *lista;
  Elemento *q = nuevoElemento();
  if (!q) return 0;
  q->dato = e;      // asignación de datos
  q->siguiente = p; // reasignación de punteros
  p = q;
  *lista = p;
  return 1;
}

// Obtener el elemento i de la lista
void *obtener(int i, Elemento *q)
{
  int n = 0;
  if (q == NULL)
  {
    printf("lista vacía\n");
    return NULL;
  }
  if (i >= 0)
  {
    // Posicionarse en el elemento i
    for (n = 0; q != NULL && n < i; n++)
      q = q->siguiente;

    // Retornar el elemento
```

```
    if (q != NULL) return q->dato;
  }
  // Índice fuera de límites
  return NULL;
}

// Borrar todos los elementos de la lista
void borrarTodos(Elemento *lista)
{
  Elemento *q = NULL;
  // Recorrer la lista
  while (lista != NULL)
  {
    q = lista;
    lista = lista->siguiente;
    free(q); // eliminar el elemento apuntado por q
  }
}
//////////////////////////////////////////////////////////////////
```

Veamos ahora en qué se modifica la función **main** de la aplicación desarrollada anteriormente. Esta función realizará ahora las siguientes tareas:

1. Definirá un objeto *llse* para apuntar al principio de la lista.

2. Solicitará datos de tipo **double** del teclado y los añadirá a la lista, para lo cual invocará a la función *anyadirAlPrincipio* por cada dato que añada. Pero como el primer parámetro de *anyadirAlPrincipio* es de tipo **void ***, el argumento pasado tiene que ser un puntero; en este caso a un bloque de memoria que almacene un valor de tipo **double**.

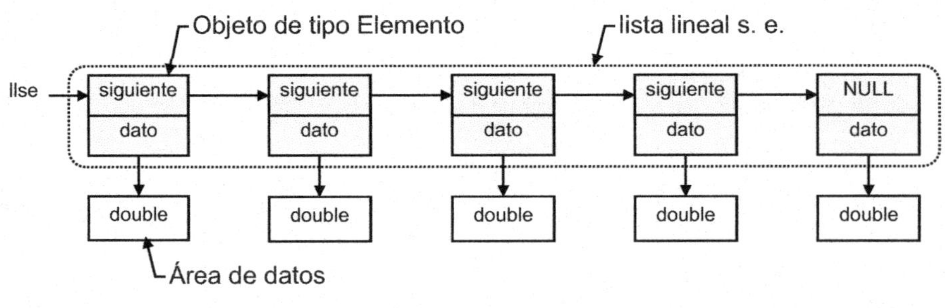

3. Mostrará la lista de valores, para lo cual invocará a la función *obtener* por cada uno de los elementos de la lista. La función *obtener* devuelve un puntero genérico que, en nuestro caso, apunta a un **double**; por lo tanto, por compatibilidad con C++, convertiremos este puntero genérico explícitamente en un puntero al tipo del objeto apuntado (en nuestro caso un puntero a **double**).

4. Borrará la lista invocando a la función *borrarTodos*. Tenga presente que esta función libera solo la memoria asignada para cada elemento de la lista, no la memoria asignada al área de datos referenciada por cada uno de estos elementos, operación que debe ser realizada por el usuario de esta interfaz (función *liberarMemoria*, por ejemplo) que fue quien la asignó (si es que la asignó).

A continuación se muestran las funciones *liberarMemoria* y **main** modificada. Puesto que cada elemento de la *llse* lo que mantiene es un puntero a los datos, es necesario crear dinámicamente el espacio de memoria para almacenar cada dato de tipo **double**.

```
void liberarMemoria(Elemento *llse)
{
  int i = 0;
  double *n = (double *)obtener(i, llse);
  while (n != NULL)
  {
    free(n);
    i++;
    n = (double *)obtener(i, llse);
  }
  // Borrar la lista
  borrarTodos(llse);
}

int main(void)
{
  int i = 0;
  // Definir una lista lineal vacía: llse
  Elemento *llse = NULL;

  // Leer los datos y añadirlos a la lista
  double *n = NULL, d = 0;

  printf("Introducir datos. Finalizar con eof.\n");
  printf("Valor double: ");
  while (scanf("%lf", &d) != EOF)
  {
    n = (double *)malloc(sizeof(double));
    if (!n) { liberarMemoria(llse); error(); }
    *n = d;
    if (!anyadirAlPrincipio(n, &llse))
    {
      free(n); // último dato creado dinámicamente y no añadido
      liberarMemoria(llse);
      error();
    }
    printf("Valor double: ");
  }
```

```
  // Mostrar la lista de datos
  printf("\n");
  n = (double *)obtener(i, llse);
  i = 0;
  while (n != NULL)
  {
    printf("%g ", *n);
    i++;
    n = (double *)obtener(i, llse);
  }
  printf("\n");

  // Borrar las áreas de datos y los elementos de la lista
  liberarMemoria(llse);
}
```

Desde un punto de vista más profesional, puede escribir la interfaz en un archivo *interfaz_llse.c* y la aplicación (función **main**) en otro archivo *ListaLinealSE.c*. Necesitará dos archivos de cabecera: uno, *elemento.h*, que incluya el tipo *Elemento*, y otro, *interfaz_llse.h*, que incluya el tipo *Elemento* y los prototipos de las funciones de la interfaz (vea *Utilización de archivos de cabecera* en el capítulo 10, así como el apartado *Programa C formado por múltiples archivos* en el capítulo *Estructura de un programa* y el apéndice B). En el ZIP que se proporciona con el libro, en la carpeta *cap11\llse* puede encontrar este trabajo resuelto.

Para finalizar, vamos a completar la interfaz *llse* con la variable *numeroDeElementos* y otras funciones de interés. Resumimos todas ellas en la tabla siguiente:

Función	**Significado**
error	Muestra un mensaje de error cuando hay insuficiente memoria para asignación y aborta el programa en curso. `void error();`
nuevoElemento	Asigna memoria para un objeto de tipo *Elemento*. Devuelve un puntero al bloque de memoria asignado o **NULL** si no hay memoria suficiente. `Elemento *nuevoElemento();`
iniciarLlse	Inicia los parámetros de una lista: *pllse* a **NULL** y *numeroDeElementos* a cero. `void iniciarLlse(tllse *lista);`
anyadir	Añade un elemento en la posición *i* (la primera posición es la 0). Tiene tres parámetros: posición *i*, un puntero al objeto a añadir y la lista. Devuelve 1 si la operación se ejecuta satisfactoriamente, -1 si el índice *i* está fuera de límites y 0 si no hay memoria suficiente para un nuevo elemento.

	`int anyadir(int i, void *e, tllse *lista);`
anyadirAlPrincipio	Añade un elemento al principio. Tiene dos parámetros: un puntero al objeto a añadir y la lista. Devuelve 1, -1 o 0, igual que *anyadir*. `int anyadirAlPrincipio(void *e, tllse *lista);`
anyadirAlFinal	Añade un elemento al final. Tiene dos parámetros: un puntero al objeto a añadir y la lista. Devuelve 1, -1 o 0, igual que *anyadir*. `int anyadirAlFinal(void *e, tllse *lista);`
borrar	Borra el elemento de la posición *i*. Tiene dos parámetros: la posición *i* del objeto a borrar y la lista. Devuelve un puntero al área de datos del elemento borrado o **NULL** si la lista está vacía o el índice *i* está fuera de límites. `void *borrar(int i, tllse *lista);`
borrarPrimero	Borra el primer elemento. Devuelve lo mismo que *borrar*. `void *borrarPrimero(tllse *lista);`
borrarUltimo	Borra el último elemento. Devuelve lo mismo que *borrar*. `void *borrarUltimo(tllse *lista);`
obtener	Devuelve un puntero a los datos del elemento de la posición *i*, o bien **NULL** si la lista está vacía o el índice está fuera de límites. Tiene dos parámetros: posición *i* y la lista. `void *obtener(int i, tllse lista);`
obtenerPrimero	Devuelve un puntero a los datos del primer elemento, o bien **NULL** si la lista está vacía. `void *obtenerPrimero(tllse lista);`
obtenerUltimo	Devuelve un puntero a los datos del último elemento, o bien **NULL** si la lista está vacía. `void *obtenerUltimo(tllse lista);`

Las funciones de la interfaz que vamos a implementar trabajarán sobre los parámetros *pllse* y *numeroDeElementos*. El parámetro *pllse* será un puntero que valdrá **NULL** cuando la lista esté vacía y cuando no, apuntará siempre a su primer elemento y *numeroDeElementos* es el número de elementos que tiene la lista. Esto sugiere definir una estructura de tipo *tllse* que agrupe estos parámetros:

```
typedef struct
{
  Elemento *pllse;        // apuntará siempre al primer elemento
  int numeroDeElementos; // número de elementos de la lista
} tllse;
```

A continuación se muestra el código completo de la interfaz para manipular una *llse*:

```
// Interfaz para manipular una llse ///////////////////////////////
//
// Mostrar un mensaje de error y abortar el programa
void error()
{
  printf("Insuficiente memoria\n");
  exit(1);
}

// Crear un nuevo elemento
Elemento *nuevoElemento()
{
  Elemento *q = (Elemento *)malloc(sizeof(Elemento));
  return q;
}

void iniciarLlse(tllse *lista)
{
  lista->pllse = NULL;
  lista->numeroDeElementos = 0;
}

int anyadir(int i, void *e, tllse *lista)
{
  int n = 0;
  Elemento *q = NULL, *p = lista->pllse; // cabecera
  Elemento *elemAnterior = p, *elemActual = p;

  // Añadir un elemento en la posición i
  if (i > lista->numeroDeElementos || i < 0)
    return -1; // índice fuera de límites

  // Crear el elemento a añadir
  q = nuevoElemento();
  if (!q) return 0;
  q->dato = e; // asignar el puntero que referencia los datos
  q->siguiente = NULL;

  // Si la lista apuntada por p está vacía, añadirlo sin más
  if (lista->numeroDeElementos == 0)
  {
    // Añadir el primer elemento
    lista->pllse = q;
    lista->numeroDeElementos++;
    return 1;
  }

  // Si la lista no está vacía, encontrar el punto de inserción.
  // Posicionarse en el elemento i
  for (n = 0; n < i; n++)
  {
```

```
      elemAnterior = elemActual;
      elemActual = elemActual->siguiente;
    }
    // Dos casos:
    // 1) Insertar al principio de la lista
    // 2) Insertar después del anterior (incluye insertar al final)
    if ( elemAnterior == elemActual ) // insertar al principio
    {
      q->siguiente = p;
      p = q; // cabecera
    }
    else // insertar después del anterior
    {
      q->siguiente = elemActual;
      elemAnterior->siguiente = q;
    }
    lista->pllse = p;
    lista->numeroDeElementos++;
    return 1;
  }

  int anyadirAlPrincipio(void *e, tllse *lista)
  {
    // Añadir un elemento al principio
    return anyadir(0, e, lista);
  }

  int anyadirAlFinal(void *e, tllse *lista)
  {
    // Añadir un elemento al final
    return anyadir(lista->numeroDeElementos, e, lista);
  }

  void *borrar(int i, tllse *lista)
  {
    int n = 0;
    Elemento *p = lista->pllse; // cabecera
    Elemento *elemAnterior = p, *elemActual = p;
    void *datos = NULL;

    // Borrar el elemento de la posición i
    if (i >= lista->numeroDeElementos || i < 0)
      return NULL; // índice fuera de límites

    // Entrar en la lista y encontrar el índice del elemento.
    // Posicionarse en el elemento i
    for (n = 0; n < i; n++)
    {
      elemAnterior = elemActual;
      elemActual = elemActual->siguiente;
    }
```

```
  // Dos casos:
  // 1) Borrar el primer elemento de la lista
  // 2) Borrar el siguiente a elemAnterior (elemActual)
  if ( elemActual == p ) // 1)
    p = p->siguiente; // cabecera
  else // 2)
    elemAnterior->siguiente = elemActual->siguiente;
  datos = elemActual->dato; // datos del elemento a borrar
  free(elemActual);

  lista->pllse = p;
  lista->numeroDeElementos--;

  // Devolver los datos del elemento borrado
  return datos;
}

void *borrarPrimero(tllse *lista)
{
  // Borrar el primer elemento
  return borrar(0, lista);
}

void *borrarUltimo(tllse *lista)
{
  // Borrar el último elemento
  return borrar(lista->numeroDeElementos - 1, lista);
}

void *obtener(int i, tllse lista)
{
  int n = 0;
  Elemento *q = lista.pllse; // apunta al primer elemento
  // Obtener el elemento de la posición i
  if (i >= lista.numeroDeElementos || i < 0)
    return NULL; // índice fuera de límites

  // Posicionarse en el elemento i
  for (n = 0; n < i; n++)
    q = q->siguiente;

  // Retornar los datos
  return q->dato;
}

void *obtenerPrimero(tllse lista)
{
  // Retornar el primer elemento
  return obtener(0, lista);
}
```

```
void *obtenerUltimo(tllse lista)
{
  // Retornar el último elemento
  return obtener(lista.numeroDeElementos - 1, lista);
}
//////////////////////////////////////////////////////////////////
```

Como ejercicio, supongamos que deseamos crear una lista lineal simplemente enlazada con la intención de almacenar los nombres de los alumnos de un determinado curso y sus notas de la asignatura de Programación. Según este enunciado, ¿a qué tipo de objeto hará referencia cada elemento de la lista? Pues, a objetos cuya estructura interna sea capaz de almacenar un nombre (dato de tipo **char[]**) y una nota (dato de tipo **double**). La estructura representativa de los objetos descritos la vamos a denominar *Datos* y puede escribirse de la forma siguiente:

```
typedef struct
{
  char nombre[50];
  double nota;
} Datos;
```

Solo nos queda realizar una aplicación que utilizando la interfaz *llse* y la estructura *Datos* cree una lista lineal y ponga en práctica las distintas operaciones que sobre ella pueden realizarse. La figura siguiente muestra de forma gráfica la estructura de datos que queremos construir.

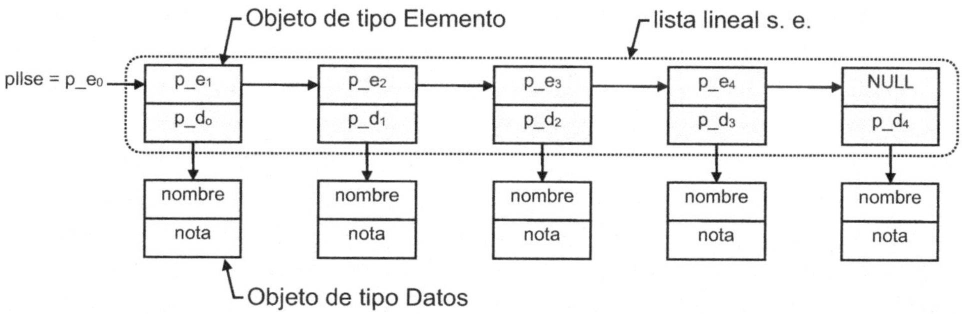

Observe que, en realidad, la lista lo que mantiene son punteros a los datos (objetos de tipo *Datos*) y no los datos en sí, aunque, por sencillez, también resulta aceptable pensar que estos forman parte de la lista lineal. La variable *pllse* es un puntero (p_e_0) al elemento de índice 0; este elemento mantiene un puntero (p_e_1) al elemento de la lista de índice 1 y un puntero (p_d_0) al objeto de datos correspondiente, y así sucesivamente.

El código de la función **main** que se muestra a continuación enseña cómo crear y manipular una estructura de datos como la de la figura anterior:

```
void mostrarLista(tllse lista)
{
  // Mostrar todos los elementos de la lista
  int i = 0;
  Datos *alumno = NULL;
  while (i < lista.numeroDeElementos)
  {
    alumno = (Datos *)obtener(i, lista);
    printf("%s %g\n", alumno->nombre, alumno->nota);
    i++;
  }
}

void liberarMemoria(tllse *lista)
{
  // Borrar todos los elementos de la lista
  Datos *alumno = NULL;
  alumno = (Datos *)borrarPrimero(lista); // borrar elemento de la lista
  while (alumno)
  {
    free(alumno); // borrar el área de datos del elemento eliminado
    alumno = (Datos *)borrarPrimero(lista); // borrar elemento de la lista
  }
}

void error1(tllse *lista)
{
  liberarMemoria(lista);
  error();
}

void error2(Datos *alumno, tllse *lista)
{
  free(alumno); // último creado y no asignado
  liberarMemoria(lista);
  error();
}

int main(void)
{
  char nombre[50];
  double nota;
  Datos *alumno = NULL;
  int r, pos;

  // Definir una lista lineal vacía: llse
  tllse llse;
```

```
iniciarLlse(&llse);

// Leer los datos y añadirlos a la lista
printf("Introducir datos. Finalizar con eof.\n");
printf("Nombre: ");
while (scanf("%[^\n]", nombre) != EOF)
{
  printf("Nota:   ");
  scanf("%lf", &nota); while (getchar() != '\n');
  // Crear un objeto de tipo Datos
  alumno = (Datos *)malloc(sizeof(Datos));
  if (!alumno) error1(&llse);
  strcpy(alumno->nombre, nombre);
  alumno->nota = nota;
  if (!anyadirAlFinal(alumno, &llse)) error2(alumno, &llse);
  printf("\nNombre: ");
}

// Añadir un objeto al principio
alumno = (Datos *)malloc(sizeof(Datos));
if (!alumno) error1(&llse);
strcpy(alumno->nombre, "alumno x");
alumno->nota = 10;
if (!anyadirAlPrincipio(alumno, &llse)) error2(alumno, &llse);

// Añadir un objeto en la posición pos
pos = 1;
alumno = (Datos *)malloc(sizeof(Datos));
if (!alumno) error1(&llse);
strcpy(alumno->nombre, "alumno y");
alumno->nota = 9.5;
if (!(r = anyadir(pos, alumno, &llse)))
  error2(alumno, &llse);
else if (r == -1)
  printf("Índice fuera de límites\n");

printf("\n\n");
// Mostrar el primero
alumno = (Datos *)obtenerPrimero(llse);
if (alumno)
  printf("Primero: %s %g\n", alumno->nombre, alumno->nota);

// Mostrar el último
alumno = (Datos *)obtenerUltimo(llse);
if (alumno)
  printf("Último: %s %g\n", alumno->nombre, alumno->nota);

// Mostrar todos
printf("\nLista:\n");
mostrarLista(llse);
```

```
  // Borrar el elemento de índice 2
  if (alumno = (Datos *)borrar(2, &llse))
  {
    free(alumno); // borrar área de datos
  }
  else
    printf("Índice fuera de límites\n");

  // Modificar el elemento de índice 1
  alumno = (Datos *)obtener(1, llse);
  if (alumno) alumno->nota = 9;

  // Mostrar todos
  printf("\nLista:\n");
  mostrarLista(llse);

  // Borrar la lista
  liberarMemoria(&llse);
}
```

Observar que es la función **main** la que asigna memoria para almacenar los datos que van a formar parte de la lista (objetos de tipo *Datos*). Por lo tanto, tiene que ser la propia función **main** la que se encargue de liberar esta memoria cuando ya no se necesiten los datos; por ejemplo, cuando se borra un elemento de la lista, o bien al final del programa, cuando hay que borrar toda la lista. Esta última operación es la que hace la función *liberarMemoria* expuesta anteriormente; esta función sería también llamada si la ejecución del programa no pudiera continuar por falta de memoria en un intento de añadir un nuevo elemento, para no dejar lagunas de memoria.

En el ZIP que se proporciona con el libro, en la carpeta *cap11\llse\interfaz_generica*, puede encontrar este programa resuelto. Todo el código se ha agrupado en cuatro archivos: las funciones de la interfaz *llse* en un archivo *interfaz_llse.c*, el tipo *tllse* y los prototipos de las funciones de la interfaz en *interfaz_llse.h*, el tipo *Elemento* en *elemento.h* y la aplicación (función **main**, etc.) en *ListaLinealSE.c*.

LISTAS CIRCULARES

Una *lista circular* es una lista lineal en la que el último elemento apunta al primero. Entonces es posible acceder a cualquier elemento de la lista desde cualquier punto dado. Las operaciones sobre una lista circular resultan más sencillas, ya que se evitan casos especiales. Por ejemplo, la función *anyadir* de la interfaz *llse* expuesta anteriormente contempla dos casos: insertar al principio de la lista e insertar a continuación de un elemento. Con una lista circular, estos dos casos se reducen a uno. La siguiente figura muestra cómo se ve una lista circular simplemente enlazada.

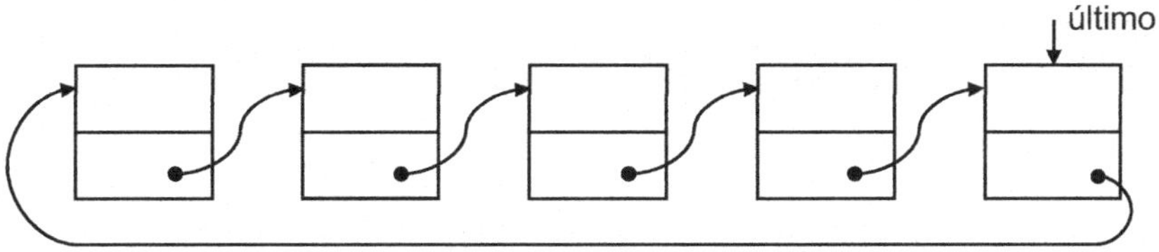

Cuando recorremos una lista circular, diremos que hemos llegado al final de la misma cuando nos encontremos de nuevo en el punto de partida, suponiendo, desde luego, que el punto de partida se guarda de alguna manera en la lista; por ejemplo, con un puntero fijo al mismo. Este puntero puede ser al primer elemento de la lista; también puede ser al último elemento, en cuyo caso también es conocida la dirección del primer elemento. Otra posible solución sería poner un elemento especial identificable en cada lista circular como lugar de partida. Este elemento especial recibe el nombre de elemento de *cabecera* de la lista. Esto presenta, además, la ventaja de que la lista circular no estará nunca vacía.

Como ejemplo, vamos a construir una lista circular con un puntero fijo al último elemento. Una lista circular con un puntero al último elemento es equivalente a una lista lineal recta con dos punteros, uno al principio y otro al final.

Para construir una lista circular, primero tendremos que definir el tipo de los objetos que van a formar parte de la misma. Por ejemplo, cada elemento de la lista puede definirse como una estructura de datos con dos miembros: un puntero al elemento siguiente y otro al área de datos. El área de datos puede ser de un tipo predefinido o de un tipo definido por el usuario. Según esto, el tipo de cada elemento de la lista puede venir definido de la forma siguiente:

```
typedef struct s
{
  void *dato;           // área de datos
  struct s *siguiente; // puntero al siguiente elemento
} Elemento;
```

Vemos que, por tratarse de una lista lineal simplemente enlazada, aunque sea circular, la estructura de sus elementos no varía con respecto a lo estudiado anteriormente.

Podemos automatizar el proceso de implementar una lista circular diseñando una interfaz *lcse* (*l*ista *c*ircular *s*implemente *e*nlazada) que agrupe las funciones necesarias para crear cada elemento de la lista, así como para permitir el acceso a los mismos. Esta interfaz nos permitirá posteriormente obtener otras interfaces que sean más específicas; por ejemplo, una interfaz para manipular *pilas* o una interfaz para manipular *colas*. Estas estructuras de datos las estudiaremos un poco más adelante.

Interfaz para manipular una lcse

Las funciones de la interfaz *lcse* que a continuación vamos a implementar trabajarán sobre un puntero *ultimo* que valdrá **NULL** cuando la lista esté vacía y cuando no, apuntará siempre a su último elemento. Este puntero, más el número de elementos de la lista, estarán definidos por una estructura de tipo *tlcse*:

```
typedef struct
{
  Elemento *ultimo;       // apuntará siempre al último elemento
  int numeroDeElementos; // número de elementos de la lista
} tlcse;
```

Resumimos las funciones aludidas en la tabla siguiente:

Función	Significado
error	Muestra un mensaje de error cuando hay insuficiente memoria para asignación y aborta el programa en curso. `void error();`
nuevoElemento	Asigna memoria para un objeto de tipo *Elemento*. Devuelve un puntero al bloque de memoria asignado o **NULL** si no hay memoria suficiente. `Elemento *nuevoElemento();`
iniciarLcse	Inicia los parámetros de una lista circular: *ultimo* a **NULL** y *numeroDeElementos* a cero. `void iniciarLcse(tlcse *lista);`
anyadirAlPrincipio	Añade un elemento al principio (el primer elemento es el apuntado por *ultimo->siguiente*). Tiene dos parámetros: un puntero de tipo **void *** al objeto a añadir y la lista. Devuelve 1 si la operación se ejecuta satisfactoriamente y 0 si no hay memoria suficiente para un nuevo elemento. `void anyadirAlPrincipio(void *e, tlcse *lista);`
anyadirAlFinal	Añade un elemento al final (el último elemento siempre estará apuntado por *último*). Tiene dos parámetros: un puntero de tipo **void *** al objeto a añadir y la lista. Devuelve 1 si la operación se ejecuta satisfactoriamente y 0 si no hay memoria suficiente para un nuevo elemento. `void anyadirAlFinal(void *e, tlcse *lista);`

borrar	Borra el elemento primero, el apuntado por *ultimo->siguiente*. Devuelve un puntero al área de datos del elemento borrado o **NULL** si la lista está vacía. `void *borrar(tlcse *lista);`
obtener	Devuelve el elemento de la posición *i*, o bien **NULL** si la lista está vacía o el índice está fuera de límites. Tiene dos parámetros: posición *i* del objeto que se desea obtener y la lista. `void *obtener(int i, tlcse lista);`

A continuación se presenta el código correspondiente a la definición de la interfaz *lcse*:

```
// Interfaz para manipular una lcse ////////////////////////////////
//
// Mostrar un mensaje de error y abortar el programa
void error()
{
  printf("Insuficiente memoria\n");
  exit(1);
}

// Crear un nuevo elemento
Elemento *nuevoElemento()
{
  Elemento *q = (Elemento *)malloc(sizeof(Elemento));
  return q;
}

void iniciarLcse(tlcse *lista)
{
  lista->ultimo = NULL;
  lista->numeroDeElementos = 0;
}

int anyadirAlPrincipio(void *e, tlcse *lista)
{
  // Añade un elemento al principio de la lista.
  Elemento *ultimo = lista->ultimo;

  // Crear el nuevo elemento
  Elemento *q = nuevoElemento();
  if (!q) return 0;
  q->dato = e;
  q->siguiente = NULL;

  if( ultimo != NULL ) // existe una lista
  {
```

```
    q->siguiente = ultimo->siguiente;
    ultimo->siguiente = q;
  }
  else  // inserción del primer elemento
  {
    ultimo = q;
    ultimo->siguiente = q;
  }

  lista->numeroDeElementos++;
  lista->ultimo = ultimo;
  return 1;
}

int anyadirAlFinal(void *e, tlcse *lista)
{
  // Añade un elemento al final de la lista.
  // Por lo tanto, último referenciará este nuevo elemento.
  Elemento *ultimo = lista->ultimo;

  // Crear el nuevo elemento.
  Elemento *q = nuevoElemento();
  if (!q) return 0;
  q->dato = e;
  q->siguiente = NULL;

  if( ultimo != NULL ) // existe una lista
  {
    q->siguiente = ultimo->siguiente;
    ultimo = ultimo->siguiente = q;
  }
  else  // inserción del primer elemento
  {
    ultimo = q;
    ultimo->siguiente = q;
  }

  lista->numeroDeElementos++;
  lista->ultimo = ultimo;
  return 1;
}

void *borrar(tlcse *lista)
{
  // Borra el primer elemento de la lista.
  // Devuelve NULL si la operación de borrar fracasa.
  Elemento *q = NULL, *ultimo = lista->ultimo;
  void *datos = NULL;

  if( ultimo == NULL )
    return NULL; // lista vacía
```

```
  q = ultimo->siguiente;
  if( q == ultimo ) // solo hay un elemento
    lista->ultimo = NULL;
  else
    ultimo->siguiente = q->siguiente;
  datos = q->dato;
  free(q);

  lista->numeroDeElementos--;
  return datos;
}

void *obtener(int i, tlcse lista)
{
  // Obtener el elemento de la posición i
  int n = 0;
  Elemento *q = NULL;

  if (i >= lista.numeroDeElementos || i < 0)
    return NULL; // índice fuera de límites

  q = lista.ultimo->siguiente; // primer elemento
  // Posicionarse en el elemento i
  for (n = 0; n < i; n++)
    q = q->siguiente;
  // Retornar los datos
  return q->dato;
}
/////////////////////////////////////////////////////////////////
```

Una vez que hemos escrito la interfaz *lcse*, vamos a realizar una aplicación para que utilizándola cree una lista circular y ponga a prueba las distintas operaciones que sobre ella pueden realizarse. Los elementos de esta lista serán objetos del tipo *Datos* utilizado en ejemplos anteriores. El código de esta aplicación puede ser el siguiente:

```
typedef struct
{
  char nombre[50];
  double nota;
} Datos;

void mostrarLista(tlcse lista)
{
  // Mostrar todos los elementos de la lista
  int i = 0;
  Datos *alumno = NULL;
  while (i < lista.numeroDeElementos)
  {
    alumno = (Datos *)obtener(i, lista);
```

```
    printf("%s %g\n", alumno->nombre, alumno->nota);
    i++;
  }
  if (lista.numeroDeElementos == 0) printf("lista vacía\n");
}

void liberarMemoria(tlcse *lista)
{
  // Borrar todos los elementos de la lista
  Datos *alumno = NULL;
  // borrar: borra siempre el primer elemento
  alumno = (Datos *)borrar(lista);
  while (alumno)
  {
    free(alumno); // borrar el área de datos del elemento eliminado
    alumno = (Datos *)borrar(lista);
  }
}

void error1(tlcse *lista)
{
  liberarMemoria(lista);
  error();
}

void error2(Datos *alumno, tlcse *lista)
{
  free(alumno); // último creado y no asignado
  liberarMemoria(lista);
  error();
}

int main(void)
{
  char nombre[50];
  double nota;
  Datos *alumno = NULL;

  // Lista circular vacía
  tlcse lcse;
  iniciarLcse(&lcse);

  // Leer datos y añadirlos a la lista
  printf("Introducir datos. Finalizar con eof.\n");
  printf("Nombre: ");
  while (scanf("%[^\n]", nombre) != EOF)
  {
    printf("Nota: ");
    scanf("%lf", &nota); while (getchar() != '\n');
    // Crear un objeto de tipo Datos
    alumno = (Datos *)malloc(sizeof(Datos));
```

```
    if (!alumno) error1(&lcse);
    strcpy(alumno->nombre, nombre);
    alumno->nota = nota;
    if (!anyadirAlFinal(alumno, &lcse)) error2(alumno, &lcse);
    printf("\nNombre: ");
  }

  // Añadir un objeto al principio
  alumno = (Datos *)malloc(sizeof(Datos));
  if (!alumno) error();
  strcpy(alumno->nombre, "alumno x");
  alumno->nota = 10;
  if (!anyadirAlPrincipio(alumno, &lcse)) error2(alumno, &lcse);

  printf("\n\n");
  // Mostrar todos
  printf("\nLista:\n");
  mostrarLista(lcse);

  // Borrar el elemento primero
  if (alumno = (Datos *)borrar(&lcse))
    free(alumno); // borrar área de datos

  // Mostrar todos
  printf("\nLista:\n");
  mostrarLista(lcse);
  // Borrar la lista
  liberarMemoria(&lcse);
}
```

PILAS

Una *pila* es una lista lineal en la que todas las inserciones y supresiones se hacen en un extremo de la lista. Un ejemplo de esta estructura es una pila de platos. En ella, el añadir o quitar platos se hace siempre por la parte superior de la pila. Este tipo de listas recibe también el nombre de listas *LIFO* (*last in first out* - último en entrar, primero en salir).

Las operaciones de meter y sacar en una pila son conocidas en los lenguajes ensambladores como *push* y *pop*, respectivamente. La operación de sacar un elemento de la pila suprime dicho elemento de la misma.

Para trabajar con pilas podemos diseñar una interfaz, derivada de la interfaz que hemos diseñado para manipular listas circulares (*lcse*). Según esto, una pila vendrá definida por una variable de tipo *tpila* sinónimo de *tlcse*:

```
typedef tlcse tpila;
```

y soportará, además, las siguientes funciones:

Función	Significado
iniciarPila	Inicia los parámetros de una pila: puntero al inicio de la pila a **NULL** y *numeroDeElementos* a cero. `void iniciarPila(tpila *lista);`
meterEnPila	Mete un elemento en la cima de la pila (todas las inserciones se hacen por el principio de la lista). Tiene dos parámetros: un puntero de tipo **void** * al objeto a añadir y la lista. Devuelve 1 si la operación se ejecuta satisfactoriamente y 0 si no hay memoria suficiente para un nuevo elemento. `void meterEnPila(void *e, tpila *lista);`
sacarDePila	Saca el primer elemento de la cima de la pila, eliminándolo de la misma (todas las supresiones se hacen por el principio de la lista). Devuelve un puntero al área de datos del elemento sacado o un valor **NULL** si la pila está vacía. `void *sacarDePila(tpila *lista);`

Según lo expuesto, la definición de esta interfaz puede ser así:

```
/////////////////////////////////////////////////////////////////
// Pila: lista en la que todas las inserciones y supresiones se
// hacen en un extremo de la misma.
//
// Invoca a las funciones anyadirAlPrincipio y borrar
// de interfaz_lcse.c.
//
void iniciarPila(tpila *lista)
{
  iniciarLcse(lista);
}

int meterEnPila(void *e, tpila *lista)
{
  return anyadirAlPrincipio(e, lista);
}

void *sacarDePila(tpila *lista)
{
  return borrar(lista);
}
/////////////////////////////////////////////////////////////////
```

Para iniciar una pila, la función *iniciarPila* invoca a la función *iniciarLcse* de la interfaz *lcse*; para meter el elemento referenciado por el parámetro *e* en la pila, *meterEnPila* invoca a la función *anyadirAlPrincipio* de la interfaz *lcse* y para sacar el elemento de la cima de la pila y eliminarlo de la misma, *sacarDePila* invoca a la función *borrar* de la misma interfaz.

COLAS

Una *cola* es una lista lineal en la que todas las inserciones se hacen por un extremo de la lista (por el final) y todas las supresiones se hacen por el otro extremo (por el principio). Por ejemplo, una fila en un banco. Este tipo de listas recibe también el nombre de listas *FIFO* (*first in first out* - primero en entrar, primero en salir). Este orden es la única forma de insertar y recuperar un elemento de la cola. Una cola no permite acceso aleatorio a un elemento específico. Tenga en cuenta que la operación de sacar elimina el elemento de la cola.

Para trabajar con colas podemos diseñar una interfaz, derivada de la interfaz que hemos diseñado para manipular listas circulares (*lcse*). Según esto, una cola vendrá definida por una variable de tipo *tcola* sinónimo de *tlcse*:

```
typedef tlcse tcola;
```

y soportará, además, las siguientes funciones:

Función	Significado
iniciarCola	Inicia los parámetros de una cola: puntero al inicio de la cola a **NULL** y *numeroDeElementos* a cero. `void iniciarCola(tcola *lista);`
meterEnCola	Mete un elemento al final de la cola (todas las inserciones se hacen por el final de la lista). Tiene dos parámetros: un puntero de tipo **void** * al objeto a añadir y la lista. Devuelve 1 si la operación se ejecuta satisfactoriamente y 0 si no hay memoria suficiente para un nuevo elemento. `void meterEnCola(void *e, tcola *lista);`
sacarDeCola	Saca el primer elemento de la cola, eliminándolo de la misma (*todas* las supresiones se hacen por el principio de la lista). Devuelve un puntero al área de datos del elemento sacado o un valor **NULL** si la cola está vacía. `void *sacarDeCola(tcola *lista);`

Según lo expuesto, la definición de esta interfaz puede ser así:

```
//////////////////////////////////////////////////////////////////
// Cola: lista en la que todas las inserciones se hacen por un
// extremo de la lista (por el final) y todas las supresiones se
// hacen por el otro extremo (por el principio).
//
```

```
// Invoca a las funciones anyadirAlFinal y borrar
// de interfaz_lcse.c
//
void iniciarCola(tcola *lista)
{
  iniciarLcse(lista);
}

int meterEnCola(void *e, tcola *lista)
{
  return anyadirAlFinal(e, lista);
}

void *sacarDeCola(tcola *lista)
{
  return borrar(lista);
}
/////////////////////////////////////////////////////////////////
```

Para iniciar una cola, la función *iniciarCola* invoca a la función *iniciarLcse* de la interfaz *lcse*; para meter el elemento referenciado por el parámetro *e* en la cola, *meterEnCola* invoca a la función *anyadirAlFinal* de la interfaz *lcse* y para sacar el elemento de la cola y eliminarlo de la misma, *sacarDeCola* invoca a la función *borrar* de la misma interfaz.

Ejemplo

El siguiente ejemplo muestra cómo utilizar la interfaz desarrollada para trabajar con pilas y con colas. Para ello, crea una pila y una cola de objetos del tipo *Datos*. Para comprobar que las listas se han creado correctamente, mostramos a continuación su contenido. Además, para certificar que cuando se saca un elemento de una pila o de una cola este es eliminado, intentaremos mostrar por segunda vez el contenido de las mismas; el resultado será un mensaje de que están vacías.

En este ejemplo la función *mostrarLista* utiliza un segundo parámetro entero para discriminar si lo que hay que mostrar es una pila (0) o una cola (1). Cuando se trate de una pila invocará a la función *sacarDePila* y cuando se trate de una cola invocará a la función *sacarDeCola*.

```
typedef struct
{
  char nombre[50];
  double nota;
} Datos;

void mostrarLista(void *lista, int tipo)
{
```

```
  // Mostrar todos los elementos de la lista
  Datos *alumno = NULL;
  do
  {
    if (tipo == 0) // pila
      alumno = (Datos *)sacarDePila(lista);
    else // cola
      alumno = (Datos *)sacarDeCola(lista);
    if (alumno)
    {
      printf("%s %g\n", alumno->nombre, alumno->nota);
      free(alumno);
    }
  }
  while (alumno != NULL);
  if (alumno == NULL && tipo == 0)
    printf("pila vacía\n");
  if (alumno == NULL && tipo == 1)
    printf("cola vacía\n");
}

void liberarMemoria(void *lista)
{
  // Borrar todos los elementos de la lista
  Datos *alumno = NULL;
  // borrar: borra siempre el primer elemento
  alumno = borrar(lista);
  while (alumno)
  {
    free(alumno); // borrar el área de datos del elemento eliminado
    alumno = borrar(lista); // borrar elemento de la lista
  }
}

void error1(void *pila, void *cola)
{
  liberarMemoria(pila);
  liberarMemoria(cola);
  error();
}

void error2(Datos *alumno, void *pila, void *cola)
{
  free(alumno); // último creado y no asignado
  liberarMemoria(pila);
  liberarMemoria(cola);
  error();
}

int main(void)
{
```

```
    char nombre[50];
    double nota;
    Datos *alumno = NULL;

    // Pila y cola vacías
    tpila pila;
    tcola cola;
    iniciarPila(&pila);
    iniciarCola(&cola);

    // Leer datos y añadirlos a la pila y a la cola
    printf("Introducir datos. Finalizar con eof.\n");
    printf("Nombre: ");
    while (scanf("%[^\n]", nombre) != EOF)
    {
      printf("Nota:   ");
      scanf("%lf", &nota); while (getchar() != '\n');
      // Crear un objeto de tipo Datos para la pila
      alumno = (Datos *)malloc(sizeof(Datos));
      if (!alumno) error1(&pila, &cola);
      strcpy(alumno->nombre, nombre);
      alumno->nota = nota;
      if (!meterEnPila(alumno, &pila)) error2(alumno, &pila, &cola);
      // Crear un objeto de tipo Datos para la cola
      alumno = (Datos *)malloc(sizeof(Datos));
      if (!alumno) error1(&pila, &cola);
      strcpy(alumno->nombre, nombre);
      alumno->nota = nota;
      if (!meterEnCola(alumno, &cola)) error2(alumno, &pila, &cola);
      printf("\nNombre: ");
    }
    printf("\n");
    // Mostrar la pila
    printf("\nPila:\n");
    mostrarLista(&pila, 0);
    // Mostrar la pila por segunda vez
    printf("\nPila:\n");
    mostrarLista(&pila, 0);

    printf("\n");
    // Mostrar la cola
    printf("\nCola:\n");
    mostrarLista(&cola, 1);
    // Mostrar la cola por segunda vez
    printf("\nCola:\n");
    mostrarLista(&cola, 1);

    // Borrar la pila y la cola
    liberarMemoria(&pila);
    liberarMemoria(&cola);
  }
```

Si ejecutamos esta aplicación e introducimos los siguientes datos:

```
Introducir datos. Finalizar con eof.
nombre: Alumno 1
nota:   7.5
nombre: Alumno 2
nota:   8.5
nombre: Alumno 3
nota:   9.5
nombre: [Ctrl+Z]
```

se mostrarán los siguientes resultados:

```
Pila:
Alumno 3   9.5
Alumno 2   8.5
Alumno 1   7.5

Pila:
lista vacía

Cola:
Alumno 1   7.5
Alumno 2   8.5
Alumno 3   9.5

Cola:
lista vacía
```

Se puede observar en estos resultados, que en las pilas el último objeto en entrar es el primero en salir y en las colas, el primero en entrar es el primero en salir y que las operaciones de sacar en las pilas y colas eliminan el objeto sacado de las mismas.

En el ZIP que se proporciona con el libro, en la carpeta *cap11\pila_cola*, puede encontrar este programa junto con la interfaz que utiliza. Todo el código se ha agrupado en seis archivos: las funciones de la interfaz *lcse* en *interfaz_lcse.c*, los prototipos de las funciones de la interfaz *lcse* en *interfaz_lcse.h*, el tipo *Elemento* en *elemento.h*, las funciones de la interfaz de la pila y de la cola en un archivo *interfaz_pila_cola.c*, los prototipos de las funciones de la interfaz de la pila y de la cola en *interfaz_pila_cola.h* y la aplicación (función **main**, etc.) en *pila_cola.c*.

LISTA DOBLEMENTE ENLAZADA

En una lista doblemente enlazada, a diferencia de una lista simplemente enlazada, cada elemento tiene información de dónde se encuentra el elemento posterior y el elemento anterior. Esto permite leer la lista en ambas direcciones. Este tipo de listas es útil cuando la inserción, borrado y movimiento de los elementos son operaciones frecuentes. Una aplicación típica es un procesador de textos, donde el acceso a cada línea individual se hace a través de una lista doblemente enlazada.

Las operaciones sobre una lista doblemente enlazada normalmente se realizan sin ninguna dificultad. Sin embargo, casi siempre es mucho más fácil la manipulación de las mismas cuando existe un doble enlace entre el último elemento y el primero, estructura que recibe el nombre de *lista circular doblemente enlazada*. Para moverse sobre una lista circular, es necesario almacenar de alguna manera un punto de referencia; por ejemplo, mediante un puntero al último elemento de la lista.

En el apartado siguiente se expone la forma de construir y manipular una lista circular doblemente enlazada.

Lista circular doblemente enlazada

Una *lista circular doblemente enlazada* (*lcde*) es una colección de objetos, cada uno de los cuales contiene datos o un puntero a los datos, un puntero al elemento siguiente en la colección y un puntero al elemento anterior. Gráficamente puede representarse de la forma siguiente:

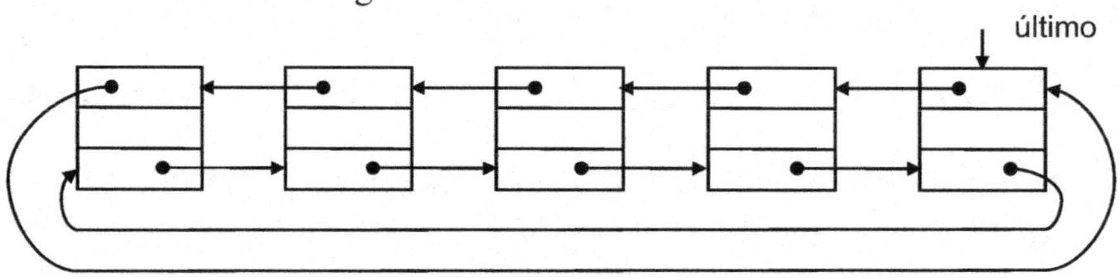

Para construir una lista de este tipo, primero tendremos que definir el tipo de objetos que van a formar parte de la misma. Por ejemplo, cada elemento de la lista puede definirse como una estructura de datos con tres miembros: un puntero al elemento siguiente, otro al elemento anterior y otro al área de datos. El área de datos puede ser de un tipo predefinido o de un tipo definido por el usuario. Según esto, el tipo de cada elemento de la lista puede venir definido de la forma siguiente:

```
typedef struct s
{
  void *dato;             // área de datos
  struct s *anterior;  // puntero al elemento anterior
  struct s *siguiente; // puntero al elemento siguiente
} Elemento;
```

Podemos automatizar el proceso de implementar una lista circular doblemente enlazada, diseñando una interfaz que proporcione las funciones necesarias para crear cada elemento de la lista, así como para permitir el acceso a los mismos. La interfaz que diseñamos a continuación cubre estos objetivos.

Interfaz para manipular una lcde

Las funciones de la interfaz que vamos a implementar trabajarán sobre los parámetros *último*, *actual*, *numeroDeElementos* y *posición*. El parámetro *último* será un puntero que valdrá **NULL** cuando la lista esté vacía y cuando no, apuntará siempre a su último elemento; *actual* apuntará al último elemento accedido; *numeroDeElementos* es el número de elementos que tiene la lista y *posición* indica el índice del elemento apuntado por *actual*. Esto sugiere definir una estructura de tipo *tlcde* que agrupe todos estos parámetros:

```
typedef struct
{
  Elemento *ultimo;      // apuntará siempre al último elemento
  Elemento *actual;      // apuntará siempre al elemento accedido
  int numeroDeElementos; // número de elementos de la lista
  int posicion;          // índice del elemento apuntado por actual
} tlcde;
```

La tabla siguiente resume las funciones que van a formar parte de la interfaz que se desea implementar:

Función	**Significado**
error	Muestra un mensaje de error cuando hay insuficiente memoria para asignación y aborta el programa en curso. `void error();`
nuevoElemento	Asigna memoria para un objeto de tipo *Elemento*. Devuelve un puntero al bloque de memoria asignado o **NULL** si no hay memoria suficiente. `Elemento *nuevoElemento();`
iniciarLcde	Inicia los parámetros de la lista: *último* y *actual* a **NULL**, *numeroDeElementos* a 0 y *posición* a –1 (lista vacía); la posición del primer elemento de la lista es la 0. `void iniciarLcde(tlcde *lcde);`
insertar	Añade un elemento a continuación del apuntado por *actual*. El elemento añadido pasa a ser el elemento *actual*. Tiene dos parámetros: un puntero al objeto a añadir y la lista. Devuelve 1 si la operación se ejecuta satisfactoriamente y 0 si no hay memoria suficiente para un nuevo elemento. `void insertar(void *e, tlcde *lcde);`

borrar Borra el elemento apuntado por *actual*. Devuelve un puntero al área de datos del objeto borrado o **NULL** si la lista está vacía.

```
void *borrar(tlcde *lcde);
```

irAlSiguiente Avanza la posición *actual* al siguiente elemento. Si esta posición coincide con *numeroDeElementos–1*, permanece en ella. No devuelve ningún valor.

```
void irAlSiguiente(tlcde *lcde);
```

irAlAnterior Retrasa la posición *actual* al elemento anterior. Si esta posición coincide con la *0*, permanece en ella. No devuelve ningún valor.

```
void irAlAnterior(tlcde *lcde);
```

irAlPrincipio Hace que la posición *actual* sea la *0*. No devuelve ningún valor.

```
void irAlPrincipio(tlcde *lcde);
```

irAlFinal Hace que la posición *actual* sea la *numeroDeElementos–1* (la primera posición es la 0). No devuelve ningún valor.

```
void irAlFinal(tlcde *lcde);
```

irAl Avanza la posición *actual* al elemento de índice *i* (el primer elemento tiene índice 0). Tiene dos parámetros: posición *i* y la lista. Devuelve 1 si la operación de mover se realiza con éxito o 0 si la lista está vacía o el índice está fuera de límites.

```
int irAl(int i, tlcde *lcde);
```

obtenerActual Devuelve un puntero al área de datos del elemento apuntado por *actual* o bien **NULL** si la lista está vacía.

```
void *obtenerActual(tlcde *lcde);
```

obtener Devuelve un puntero al área de datos del elemento de la posición *i* o bien **NULL** si la lista está vacía o el índice está fuera de límites. Tiene dos parámetros: posición *i* del elemento y la lista.

```
void *obtener(int i, tlcde *lcde);
```

modificar Establece nuevos datos para el elemento *actual*. Tiene dos parámetros: un puntero a los nuevos datos y la lista. No devuelve ningún valor.

```
void modificar(void *pNuevosDatos, tlcde *lcde);
```

A continuación se presenta el código correspondiente a las funciones de la interfaz que acabamos de describir:

```
// Interfaz para manipular una lcde ///////////////////////////////
//
// Mostrar un mensaje de error y abortar el programa
```

```
void error()
{
  printf("Insuficiente memoria\n");
  exit(1);
}

// Crear un nuevo elemento
Elemento *nuevoElemento()
{
  Elemento *q = (Elemento *)malloc(sizeof(Elemento));
  return q;
}

void iniciarLcde(tlcde *lcde)
{
  lcde->ultimo = lcde->actual = NULL;
  lcde->numeroDeElementos = 0;
  lcde->posicion = -1;
}

int insertar(void *e, tlcde *lcde)
{
  // Obtener los parámetros de la lcde
  Elemento *ultimo = lcde->ultimo;
  Elemento *actual = lcde->actual;
  int numeroDeElementos = lcde->numeroDeElementos;
  int posicion = lcde->posicion;

  // Añadir un nuevo elemento a la lista a continuación
  // del elemento actual; el nuevo elemento pasa a ser el
  // actual
  Elemento *q = NULL;
  if (ultimo == NULL) // lista vacía
  {
    ultimo = nuevoElemento();
    if (!ultimo) return 0;
    // Las dos líneas siguientes inician una lista circular
    ultimo->anterior = ultimo;
    ultimo->siguiente = ultimo;
    ultimo->dato = e;      // asignar datos
    actual = ultimo;
    posicion = 0;          // ya hay un elemento en la lista
  }
  else // existe una lista
  {
    q = nuevoElemento();
    if (!q) return 0;

    // Insertar el nuevo elemento después del actual
    actual->siguiente->anterior = q;
    q->siguiente = actual->siguiente;
```

```
      actual->siguiente = q;
      q->anterior = actual;
      q->dato = e;

      // Actualizar parámetros.
      posicion++;

      // Si el elemento actual es el último, el nuevo elemento
      // pasa a ser el actual y el último.
      if( actual == ultimo )
        ultimo = q;

      actual = q; // el nuevo elemento pasa a ser el actual
    } // fin else
    numeroDeElementos++; // incrementar el número de elementos

    // Actualizar parámetros de la lcde
    lcde->ultimo = ultimo;
    lcde->actual = actual;
    lcde->numeroDeElementos = numeroDeElementos;
    lcde->posicion = posicion;
    return 1;
  }

  void *borrar(tlcde *lcde)
  {
    // Obtener los parámetros de la lcde
    Elemento *ultimo = lcde->ultimo;
    Elemento *actual = lcde->actual;
    int numeroDeElementos = lcde->numeroDeElementos;
    int posicion = lcde->posicion;

    // La función borrar devuelve los datos del elemento
    // apuntado por actual y lo elimina de la lista.
    Elemento *q = NULL;
    void *datos = NULL;

    if( ultimo == NULL ) return NULL;  // lista vacía.
    if( actual == ultimo ) // se trata del último elemento.
    {
      if( numeroDeElementos == 1 ) // hay un solo elemento
      {
        datos = ultimo->dato;
        free(ultimo);
        ultimo = actual = NULL;
        numeroDeElementos = 0;
        posicion = -1;
      }
      else // hay más de un elemento
      {
        actual = ultimo->anterior;
```

```
        ultimo->siguiente->anterior = actual;
        actual->siguiente = ultimo->siguiente;
        datos = ultimo->dato;
        free(ultimo);
        ultimo = actual;
        posicion--;
        numeroDeElementos--;
      } // fin del bloque else
    }   // fin del bloque if( actual == ultimo )
    else // el elemento a borrar no es el último
    {
      q = actual->siguiente;
      actual->anterior->siguiente = q;
      q->anterior = actual->anterior;
      datos = actual->dato;
      free(actual);
      actual = q;
      numeroDeElementos--;
    }
    // Actualizar parámetros de la lcde
    lcde->ultimo = ultimo;
    lcde->actual = actual;
    lcde->numeroDeElementos = numeroDeElementos;
    lcde->posicion = posicion;

    return datos;
  }

  void irAlSiguiente(tlcde *lcde)
  {
    // Avanza la posición actual al siguiente elemento.
    if (lcde->posicion < lcde->numeroDeElementos - 1)
    {
      lcde->actual = lcde->actual->siguiente;
      lcde->posicion++;
    }
  }

  void irAlAnterior(tlcde *lcde)
  {
    // Retrasa la posición actual al elemento anterior.
    if ( lcde->posicion > 0 )
    {
      lcde->actual = lcde->actual->anterior;
      lcde->posicion--;
    }
  }

  void irAlPrincipio(tlcde *lcde)
  {
    // Hace que la posición actual sea el principio de la lista.
```

```
  lcde->actual = lcde->ultimo->siguiente;
  lcde->posicion = 0;
}

void irAlFinal(tlcde *lcde)
{
  // El final de la lista es ahora la posición actual.
  lcde->actual = lcde->ultimo;
  lcde->posicion = lcde->numeroDeElementos - 1;
}

int irAl(int i, tlcde *lcde)
{
  int n = 0;
  if (i >= lcde->numeroDeElementos || i < 0) return 0;

  irAlPrincipio(lcde);
  // Posicionarse en el elemento i
  for (n = 0; n < i; n++)
    irAlSiguiente(lcde);
  return 1;
}

void *obtenerActual(tlcde *lcde)
{
  // La función obtenerActual devuelve el puntero a los datos
  // asociados con el elemento actual.
  if ( lcde->ultimo == NULL ) return NULL; // lista vacía
  return lcde->actual->dato;
}

void *obtener(int i, tlcde *lcde)
{
  // La función obtener devuelve el puntero a los datos
  // asociados con el elemento de índice i.
  if (!irAl(i, lcde)) return NULL;
  return obtenerActual(lcde);
}

void modificar(void *pNuevosDatos, tlcde *lcde)
{
  // La función modificar establece nuevos datos para el
  // elemento actual.
  if(lcde->ultimo == NULL) return; // lista vacía
  lcde->actual->dato = pNuevosDatos;
}
//////////////////////////////////////////////////////////////////////
```

La función *insertar* de la interfaz *lcde* añade un elemento a la lista a continuación del elemento *actual*. Contempla dos casos: que la lista esté vacía o que la lista ya exista. El elemento insertado pasa a ser el elemento *actual* y si se añade al final, este pasa a ser el *último* y el *actual*. Añadir un elemento implica realizar los enlaces con el anterior y siguiente elementos y actualizar los parámetros *actual*, *numeroDeElementos* y *último*, si procede.

La función *borrar* devuelve un puntero al objeto de datos asociado con el elemento *actual*, elemento que será eliminado después de obtener el puntero a los datos. Contempla dos casos: que el elemento a borrar sea el último o que no lo sea. Si el elemento a borrar es el *último*, y solo quedaba este, los atributos de la lista deben iniciarse igual que lo hizo la función *iniciarLcde*; si quedaba más de uno, el que es ahora el nuevo *último* pasa a ser también el elemento *actual*. Si el elemento a borrar no era el último, el elemento siguiente al eliminado pasa a ser el elemento *actual*. La función devuelve **NULL** si la lista está vacía.

Para el resto de las funciones es suficiente con la explicación dada al principio de este apartado, además de en el código.

Ejemplo

El siguiente ejemplo muestra cómo utilizar la interfaz *lcde*. Primeramente se crea un objeto *lcde*, lista circular doblemente enlazada, y se inicia invocando a *iniciarLcde*. Cada elemento de la lista almacenará un puntero a un objeto de tipo *Datos*. A continuación, realizamos varias operaciones de inserción, movimiento y borrado, para finalmente visualizar los elementos de la lista y comprobar si los resultados son los esperados.

```
typedef struct
{
  char nombre[50];
  double nota;
} Datos;

void mostrarLista(tlcde *lista)
{
  // Mostrar todos los elementos de la lista
  int i = 0 , tam = lista->numeroDeElementos;
  Datos *alumno = NULL;
  while (i < tam)
  {
    alumno = (Datos *)obtener(i, lista);
    printf("%s %g\n", alumno->nombre, alumno->nota);
    i++;
  }
  if (tam == 0) printf("lista vacía\n");
}
```

```
void liberarMemoria(tlcde *lista)
{
  // Borrar todos los elementos de la lista
  Datos *alumno = NULL;
  // borrar: borra siempre el elemento actual
  irAlPrincipio(lista);
  alumno = (Datos *)borrar(lista);
  while (alumno)
  {
    free(alumno); // borrar el área de datos del elemento eliminado
    alumno = (Datos *)borrar(lista);
  }
}

Datos *leerDatosAlumno()
{
  Datos *alumno = NULL;
  char nombre[50];
  double nota;

  printf("\nNombre: ");
  scanf("%[^\n]", nombre);
  printf("Nota:   ");
  scanf("%lf", &nota); while (getchar() != '\n');
  // Crear un objeto de tipo Datos
  alumno = (Datos *)malloc(sizeof(Datos));
  if (!alumno) return 0;
  strcpy(alumno->nombre, nombre);
  alumno->nota = nota;
  return alumno;
}

void error1(tlcde *lista)
{
  liberarMemoria(lista);
  error();
}

void error2(Datos *alumno, tlcde *lista)
{
  free(alumno); // último creado y no asignado
  liberarMemoria(lista);
  error();
}

int main(void)
{
  char resp = 's';
  Datos *alumno = NULL; // datos a almacenar

  tlcde lcde; // lista circular doblemente enlazada
```

```
  iniciarLcde(&lcde); // iniciar la lista

  // Leer datos y añadirlos a la lista
  while (resp == 's')
  {
    if (!(alumno = leerDatosAlumno())) error1(&lcde);
    if (!insertar(alumno, &lcde)) error2(alumno, &lcde);

    printf("¿desea insertar otro alumno? (s/n) ");
    resp = getchar(); while (getchar() != '\n');
  }
  printf("\nEl elemento de la posición 2 será el actual:\n");
  if (!irAl(2, &lcde))
    printf("Índice fuera de límites\n");

  printf("Borrar el elemento actual.\n");
  if (alumno = (Datos *)borrar(&lcde))
    free(alumno); // borrar área de datos
  else
    printf("No es posible borrar el elemento\n");

  printf("\nIr al elemento 1 e insertar uno nuevo:\n");
  if (!irAl(1, &lcde))
    printf("Índice fuera de límites\n");
  printf("Posición actual: %d\n", lcde.posicion);
  if (!(alumno = leerDatosAlumno())) error1(&lcde);
  if (!insertar(alumno, &lcde)) error2(alumno, &lcde);

  printf("Ir al final e insertar un nuevo alumno:\n");
  irAlFinal(&lcde);
  if (!(alumno = leerDatosAlumno())) error1(&lcde);
  if (!insertar(alumno, &lcde)) error2(alumno, &lcde);

  printf("Ir al anterior e insertar un nuevo alumno:\n");
  irAlAnterior(&lcde);
  if (!(alumno = leerDatosAlumno())) error1(&lcde);
  if (!insertar(alumno, &lcde)) error2(alumno, &lcde);

  // Mostrar la lista
  printf("\nLista:\n");
  mostrarLista(&lcde);

  // Borrar la lista
  liberarMemoria(&lcde);
}
```

Ejecute esta aplicación y analice los resultados.

ÁRBOLES

Un árbol es una estructura no lineal formada por un conjunto de nodos y un conjunto de ramas.

En un árbol existe un nodo especial denominado *raíz*. Así mismo, un nodo del que sale alguna rama recibe el nombre de *nodo de bifurcación* o *nodo rama* y un nodo que no tiene ramas recibe el nombre de *nodo terminal* o *nodo hoja*.

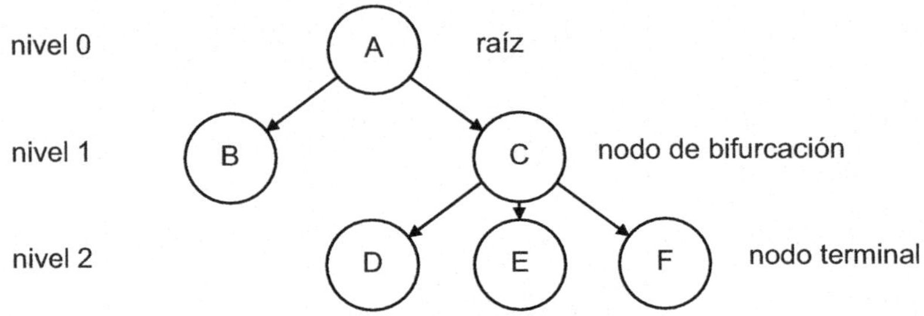

Árbol

De un modo más formal, diremos que un árbol es un conjunto finito de uno o más nodos tales que:

a) Existe un nodo especial llamado *raíz* del árbol, y

b) los nodos restantes están agrupados en n > 0 conjuntos disjuntos $A_1,..., A_n$, cada uno de los cuales es a su vez un árbol que recibe el nombre de *subárbol de la raíz*.

Evidentemente, la definición dada es recursiva; es decir, hemos definido un árbol como un conjunto de árboles, que es la forma más apropiada de definirlo.

De la definición se desprende que cada nodo de un árbol es la raíz de algún subárbol contenido en la totalidad del mismo.

El número de ramas de un nodo recibe el nombre de *grado* del nodo.

El nivel de un nodo respecto al nodo raíz se define diciendo que la raíz tiene nivel 0 y cualquier otro nodo tiene un nivel igual a la distancia de ese nodo al nodo raíz. El máximo de los niveles se denomina *profundidad* o *altura* del árbol.

Es útil limitar los árboles en el sentido de que cada nodo sea a lo sumo de grado 2. De esta forma cabe distinguir entre subárbol izquierdo y subárbol derecho de un nodo. Los árboles así formados se denominan *árboles binarios*.

Árboles binarios

Un árbol binario es un conjunto finito de nodos que consta de un *nodo raíz* que tiene dos subárboles binarios denominados *subárbol izquierdo* y *subárbol derecho*.

Las expresiones algebraicas, debido a que los operadores que intervienen son operadores binarios, nos dan un ejemplo de estructura en árbol binario. La figura siguiente nos muestra un árbol que corresponde a la expresión aritmética:

*(a + b * c) / (d - e / f)*

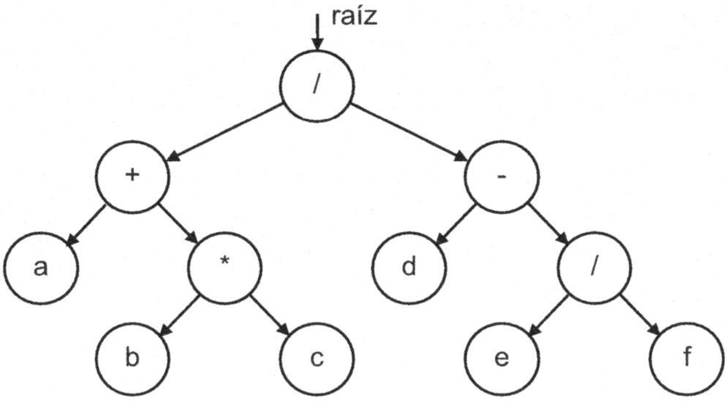

Expresión algebraica

El árbol binario es una estructura de datos muy útil cuando: el tamaño de la estructura no se conoce, se necesita acceder a sus elementos ordenadamente, la velocidad de búsqueda es importante o el orden en el que se insertan los elementos es casi aleatorio.

En definitiva, un árbol binario es una colección de objetos (nodos del árbol) cada uno de los cuales contiene datos o un puntero a los datos, un puntero a su subárbol izquierdo y un puntero a su subárbol derecho. Según lo expuesto, la estructura de datos representativa de un nodo puede ser de la forma siguiente:

```
// Nodo de un árbol binario
typedef struct s
{
  void *datos;           // área de datos
  struct s *izquierdo;   // raíz del subárbol izquierdo
  struct s *derecho;     // raíz del subárbol derecho
} Nodo;
```

La definición dada de árbol binario sugiere una forma natural de representar árboles binarios en un ordenador. Una variable *raíz* referenciará el árbol y cada nodo del árbol será un objeto del tipo *Nodo*. Esto es, la declaración genérica de un árbol binario puede ser así:

```
Nodo *raíz;          // raíz del árbol
```

Si el árbol está vacío, *raíz* es igual a **NULL**; en otro caso, *raíz* es un puntero al nodo raíz del árbol y según se puede observar en la estructura anterior, este nodo tiene tres atributos: un puntero a los datos y dos punteros más, uno a su subárbol izquierdo y otro a su subárbol derecho.

Formas de recorrer un árbol binario

Observe la figura "Expresión algebraica" mostrada anteriormente. Partiendo del nodo raíz, ¿qué orden seguimos para poder evaluar la expresión que representa el árbol? Hay varios algoritmos para el manejo de estructuras en árbol y un proceso que generalmente se repite en estos algoritmos es el de recorrido de un árbol. Este proceso consiste en examinar sistemáticamente los nodos de un árbol, de forma que cada nodo sea visitado solamente una vez.

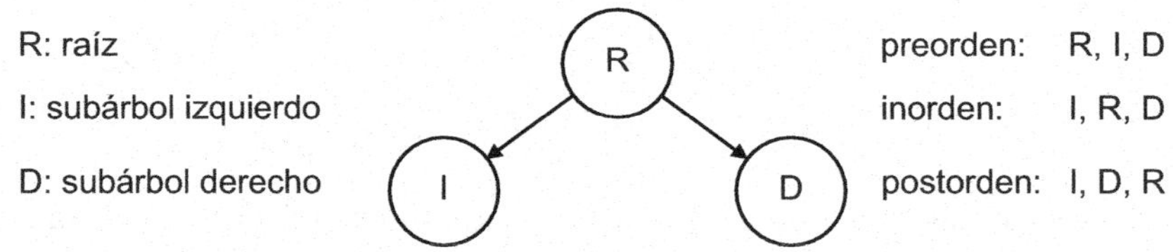

Formas de recorrer un árbol

Básicamente se pueden utilizar tres formas para recorrer un árbol binario: *preorden*, *inorden* y *postorden*. Cuando se utiliza la forma *preorden*, primero se visita la raíz, después el subárbol izquierdo y por último el subárbol derecho; en cambio, si se utiliza la forma *inorden*, primero se visita el subárbol izquierdo, después la raíz y por último el subárbol derecho; y si se utiliza la forma *postorden*, primero se visita el subárbol izquierdo, después el subárbol derecho y por último la raíz.

Evidentemente, las definiciones dadas son definiciones recursivas, ya que recorrer un árbol utilizando cualquiera de ellas implica recorrer sus subárboles empleando la misma definición.

Si se aplican estas definiciones al árbol binario de la figura "Expresión algebraica" mostrada anteriormente, se obtiene la siguiente solución:

```
Preorden:        / + a * b c - d / e f
Inorden:         a + b * c / d - e / f
```

```
Postorden:      a b c * + d e f / - /
```

El recorrido en preorden produce la notación *prefija*; el recorrido en inorden produce la notación *convencional* y el recorrido en postorden produce la notación *postfija* o *inversa*.

Los nombres de preorden, inorden y postorden derivan del lugar en el que se visita la raíz con respecto a sus subárboles. Estas tres formas se exponen a continuación como tres funciones recursivas con un único parámetro *r* que representa la raíz del árbol cuyos nodos se quiere visitar.

```
void preorden(Nodo *r)
{
  if ( r != NULL )
  {
    // Escribir aquí las operaciones a realizar
    // con el nodo apuntado por r
    preorden( r->izquierdo); // se visita el subárbol izquierdo
    preorden( r->derecho);   // se visita el subárbol derecho
  }
}
```

```
void inorden(Nodo *r)
{
  if ( r != NULL )
  {
    inorden( r->izquierdo); // se visita el subárbol izquierdo
    // Escribir aquí las operaciones a realizar
    // con el nodo apuntado por r
    inorden( r->derecho);   // se visita el subárbol derecho
  }
}
```

```
void postorden(Nodo *r)
{
  if ( r != NULL )
  {
    postorden( r->izquierdo); // se visita el subárbol izquierdo
    postorden( r->derecho);   // se visita el subárbol derecho
    // Escribir aquí las operaciones a realizar
    // con el nodo apuntado por r
  }
}
```

ÁRBOLES BINARIOS DE BÚSQUEDA

Un *árbol binario de búsqueda* es un árbol ordenado; esto es, las ramas de cada nodo están ordenadas de acuerdo con las siguientes reglas: para todo nodo a_i, todas las claves del subárbol izquierdo de a_i son menores que la clave de a_i y todas las claves del subárbol derecho de a_i son mayores que la clave de a_i.

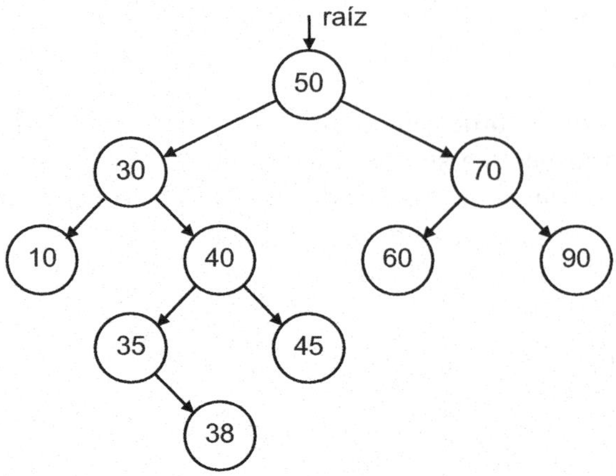

Árbol binario de búsqueda

Con un árbol de estas características, encontrar si un nodo de una clave determinada existe o no es una operación muy sencilla. Por ejemplo, observando la figura anterior, localizar la clave 35 es aplicar la definición de árbol de búsqueda; esto es, si la clave buscada es menor que la clave del nodo en el que estamos, pasamos al subárbol izquierdo de este nodo para continuar la búsqueda, y si es mayor, pasamos al subárbol derecho. Este proceso continúa hasta encontrar la clave o hasta llegar a un subárbol vacío, árbol cuya raíz tiene un valor **NULL**.

En C podemos automatizar el proceso de implementar un árbol binario de búsqueda (*abb*) diseñando una interfaz que proporcione las funciones necesarias para crear cada nodo del árbol, así como para permitir el acceso a los mismos. La interfaz que diseñamos a continuación cubre estos objetivos.

Interfaz para manipular un árbol binario de búsqueda

Las funciones de la interfaz *abb* que vamos a implementar trabajarán sobre un parámetro *raíz* para referenciar la raíz del árbol. El parámetro *raíz* valdrá **NULL** cuando el árbol esté vacío. La tabla siguiente resume estas funciones:

Función	**Significado**
error	Muestra un mensaje de error cuando hay insuficiente memoria para asignación y aborta el programa en curso. `void error();`

nuevoNodo Asigna memoria para un objeto de tipo *Nodo*. Devuelve un puntero al bloque de memoria asignado o **NULL** si no hay memoria suficiente.

```
Nodo *nuevoNodo();
```

buscar Busca un nodo determinado en el árbol. Tiene dos parámetros: un puntero de tipo **void *** a los datos que permitirán localizar el nodo en el árbol y la raíz del árbol. Devuelve un puntero al área de datos del nodo o bien **NULL** si el árbol está vacío o no existe un nodo con esos datos.

```
void *buscar(void *datos, Nodo *raiz);
```

Invoca a *comparar*.

insertar Inserta un nodo en el árbol binario basándose en la definición de árbol binario de búsqueda. Tiene dos parámetros: un puntero de tipo **void *** a los datos a añadir y la raíz del árbol. Devuelve un *1* si la operación de inserción se realiza satisfactoriamente, o un valor: *0* si no se puede crear un nuevo elemento, *-1* si el puntero al bloque de datos es igual a **NULL** y *2* si el nodo con esos datos ya existe.

```
int insertar(void *datos, Nodo **raiz);
```

Invoca a *comparar*.

borrar Borra un nodo de un árbol binario de búsqueda. Tiene dos parámetros: un puntero de tipo **void *** a los datos que permitirá localizar el nodo que se desea borrar y la raíz del árbol. Devuelve un puntero al área de datos del nodo borrado o bien **NULL** si el árbol está vacío o no existe un nodo con esos datos.

```
void *borrar(void *datos, Nodo **raiz);
```

Invoca a *comparar*.

inorden Función recursiva que recorre un árbol binario utilizando la forma *inorden*. No devuelve ningún valor.

```
void inorden(Nodo *raiz);
```

Invoca a *procesar*.

borrarArbol Función recursiva que permite liberar la memoria asignada a cada nodo del árbol, recorriéndolo según la forma *postorden*. No libera la memoria asignada al área de datos de cada nodo, tarea que corresponde a la aplicación que utilice esta interfaz.

```
void borrarArbol(Nodo **raiz);
```

Invoca a *liberarmem*.

comparar Función que debe ser definida por el usuario en la aplicación que utilice esta interfaz para especificar el tipo de

comparación que se desea realizar con dos nodos del árbol. Debe devolver un entero indicando el resultado de la comparación (–1, 0 o 1 si *nodo1<nodo2*, *nodo1==nodo2* o *nodo1>nodo2*, respectivamente). Esta función es invocada por las funciones *insertar*, *borrar* y *buscar*.
`int comparar(void *datos1, void *datos2);`

copiar Función que debe ser definida por el usuario en la aplicación que utilice esta interfaz para permitir copiar los datos de un nodo en otro (**datos1=*datos2*). Es invocada por la función *borrar*.
`void copiar(void *datos1, void *datos2);`

procesar Función que debe ser definida por el usuario en la aplicación que utilice esta interfaz para especificar las operaciones que se desea realizar con el nodo visitado. Es invocada por la función *inorden*.
`void procesar(void *datos);`

liberarmem Función que debe ser definida por el usuario en la aplicación que utilice esta interfaz para liberar la memoria asignada para almacenar los datos, por ejemplo. Es invocada por la función *borrarArbol*.
`void liberarmem(void *datos);`

A continuación se presenta el código correspondiente a la definición de esta interfaz:

```
/////////////////////////////////////////////////////////////////
// Interfaz abb: árbol binario de búsqueda. Para utilizar las
// funciones proporcionadas por esta interfaz, tendremos que
// definir en la aplicación que la utilice las funciones:
// comparar, copiar, procesar y liberarmem.
//
// Mostrar un mensaje de error y abortar el programa
void error()
{
  printf("Insuficiente memoria\n");
  exit(1);
}

// Crear un nuevo elemento
Nodo *nuevoNodo()
{
  Nodo *q = (Nodo *)malloc(sizeof(Nodo));
  return q;
}
```

```
void *buscar(void *datos, Nodo *raiz)
{
  // ...
}

int insertar(void *datos, Nodo **raiz)
{
  // ...
}

void *borrar(void *datos, Nodo **raiz)
{
  // ...
}

void inorden(Nodo *raiz)
{
  // La función recursiva inorden visita los nodos del árbol
  // utilizando la forma inorden; esto es, primero visita
  // el subárbol izquierdo, después visita la raíz y, por
  // último, el subárbol derecho.

  Nodo *actual = raiz;

  if ( actual != NULL )
  {
    inorden( actual->izquierdo ); // visitar el subárbol izquierdo
    // Procesar los datos del nodo visitado
    procesar( actual->datos );
    inorden( actual->derecho );   // visitar el subárbol derecho
  }
}

void borrarArbol(Nodo **raiz)
{
  // La función recursiva borrarArbol visita los nodos del árbol
  // utilizando la forma postorden para liberar la memoria
  // asignada a cada uno de ellos.
  Nodo *actual = *raiz;

  if ( actual != NULL )
  {
    borrarArbol( &actual->izquierdo ); // subárbol izquierdo
    borrarArbol( &actual->derecho );   // subárbol derecho
    liberarmem( actual->datos );
    free( actual );
  }
  *raiz = NULL;
}
/////////////////////////////////////////////////////////////////
```

Buscar un nodo en el árbol

La función *buscar* cuyo código se muestra a continuación permite acceder a los datos de un nodo determinado del árbol.

Por la definición de árbol de búsqueda, sabemos que sus nodos tienen que estar ordenados utilizando como clave alguno de los atributos que forman el área de datos. Según esto, la función *buscar* se escribe aplicando estrictamente esa definición; esto es, si la clave buscada es menor que la clave del nodo en el que estamos, continuamos la búsqueda en su subárbol izquierdo y si es mayor, entonces continuamos la búsqueda en su subárbol derecho. Este proceso continúa hasta encontrar la clave o bien hasta llegar a un subárbol vacío (subárbol cuya raíz tiene un valor **NULL**). Cuando la búsqueda finaliza, devolverá un puntero al área de datos del nodo encontrado o **NULL** si la búsqueda falló.

Para saber si una clave correspondiente a un nodo es igual, menor o mayor que otra, invocaremos a la función *comparar* pasando como argumentos los objetos de datos que contienen los atributos que se desea comparar. Como tales atributos, dependiendo de la aplicación, pueden ser bien de algún tipo numérico o bien de tipo alfanumérico o alfabético, la implementación de esta función hay que posponerla al diseño de la aplicación que utilice esta interfaz.

```
void *buscar(void *datos, Nodo *raiz)
{
  // La función buscar permite acceder a un nodo determinado
  Nodo *actual = raiz;
  int nComp = 0;

  // Buscar un nodo que tenga asociados los datos especificados
  while ( actual != NULL )
  {
    if (( nComp = comparar( datos, actual->datos )) == 0)
      return( actual->datos ); // nodo encontrado
    else if ( nComp < 0 )      // buscar en el subárbol izquierdo
      actual = actual->izquierdo;
    else                       // buscar en el subárbol derecho
      actual = actual->derecho;
  }
  return NULL; // no existe
}
```

Insertar un nodo en el árbol

La función *insertar* cuyo código se muestra a continuación permite añadir un nodo que aún no existe en el árbol.

Lo primero que hace esta función es verificar si existe un nodo con estos datos en el árbol (para realizar esta operación se sigue el mismo proceso descrito en la función *buscar*), en cuyo caso lo notificará devolviendo un valor 2. Si ese nodo no se encuentra, el proceso de búsqueda nos habrá conducido hasta un nodo terminal, posición donde lógicamente debe añadirse el nuevo nodo que almacenará el puntero a los datos.

```
int insertar(void *datos, Nodo **raiz)
{
  // La función insertar permite añadir un nodo que aún no está
  // en el árbol
  Nodo *nuevo = NULL, *ultimo = NULL, *actual = *raiz;
  int nComp = 0;
  if ( datos == NULL ) return -1; // no datos

  // Comienza la búsqueda para verificar si existe un nodo con
  // estos datos en el árbol
  while (actual != NULL)
  {
    if ((nComp = comparar( datos, actual->datos )) == 0)
      break; // se encontró el nodo
    else
    {
      ultimo = actual;
      if ( nComp < 0 )  // buscar en el subárbol izquierdo
        actual = actual->izquierdo;
      else              // buscar en el subárbol derecho
        actual = actual->derecho;
    }
  }

  if ( actual == NULL ) // no se encontró el nodo, añadirlo
  {
    nuevo = nuevoNodo();
    if (!nuevo) return 0; // memoria insuficiente
    nuevo->datos = datos;
    nuevo->izquierdo = nuevo->derecho = NULL;
    // El nodo a añadir pasará a ser la raíz del árbol total si
    // este está vacío, del subárbol izquierdo de "último" si la
    // comparación fue menor o del subárbol derecho de "último" si
    // la comparación fue mayor
    if ( ultimo == NULL ) // árbol vacío
      *raiz = nuevo;
    else if ( nComp < 0 )
      ultimo->izquierdo = nuevo;
    else
      ultimo->derecho = nuevo;
    return 1; // correcto
  } // fin del bloque if ( actual == NULL )
```

```
    else // el nodo ya existe en el árbol
      return 2; // ya existe
}
```

Borrar un nodo del árbol

A continuación se estudia el problema de borrar un determinado nodo de un árbol que tiene las claves ordenadas. Este proceso es una tarea fácil si el nodo a borrar es un nodo terminal o si tiene un único descendiente. La dificultad se presenta cuando deseamos borrar un nodo que tiene dos descendientes (en la figura, 17), ya que con un solo puntero no se puede apuntar en dos direcciones. En este caso, el nodo a borrar será reemplazado, bien por el nodo más a la derecha (13) de su subárbol izquierdo (nodo raíz, 13) o bien por el nodo más a la izquierda (18) de su subárbol derecho (nodo raíz, 21). Obsérvese que la forma en la que se ha elegido el nodo empleado en la sustitución, que después se eliminará, conserva la definición de árbol de búsqueda en el árbol resultante.

En la figura siguiente, la variable *actual* apunta a la raíz del subárbol en el que continúa la búsqueda; inicialmente su valor es *raíz*. La variable *marcado* apunta al nodo a borrar una vez localizado. La variable *ultimo* apunta finalmente al último nodo visitado antes del nodo a borrar.

Para encontrar el nodo a borrar (17), se desciende por el árbol aplicando los criterios que lo definen. Una vez localizado, comprobamos si se corresponde con:

1. Un nodo terminal (no tiene descendientes).
2. Un nodo que no tiene subárbol izquierdo.
3. Un nodo que no tiene subárbol derecho.
4. Un nodo que tiene subárbol izquierdo y derecho.

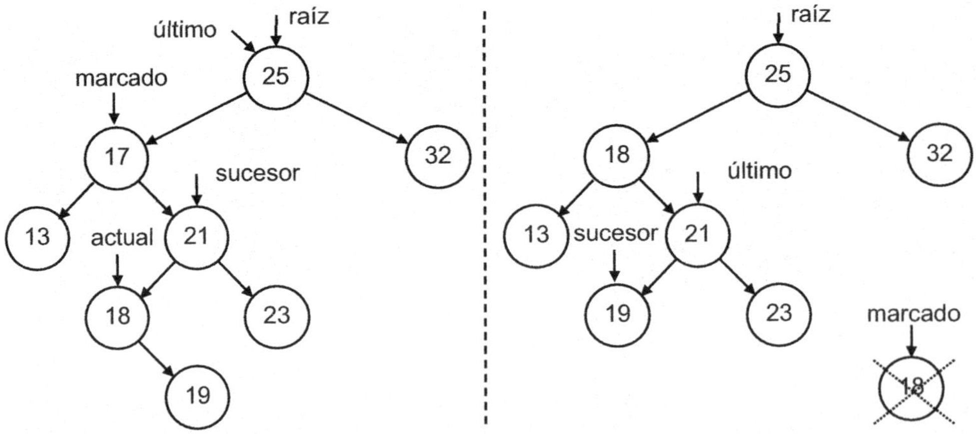

Borrar el nodo con clave 17

En los casos 1, 2 y 3 se elimina el nodo apuntado por *marcado* y se actualizan los enlaces del nodo apuntado por *ultimo* para establecer sus descendientes.

En el caso 4, decidimos aplicar el algoritmo de sustitución a partir del subárbol derecho del nodo a borrar. Esto significa descender por este subárbol buscando el nodo más a la izquierda (18), que quedará apuntado por *actual*. Después se copian los datos de *actual* en *marcado*, con la intención de que *actual* pase a ser el nodo a borrar y convertir, de esta forma, el caso 4 en un caso 2 que es más sencillo de tratar; por lo tanto, si *actual* no tiene subárbol derecho, el puntero *marcado->derecho* debe pasar a valer 0, *marcado* debe apuntar al nuevo nodo a borrar; *ultimo*, al nodo anterior y *sucesor*, al descendiente de *marcado*. A partir de aquí, la ejecución del método continúa como si se tratara de un caso 2. Finalmente, el nodo apuntado por *marcado* es eliminado.

```
void *borrar(void *datos, Nodo **raiz)
{
  // La función borrar permite eliminar un nodo del árbol
  Nodo *ultimo = NULL, *actual = *raiz;
  Nodo *marcado = NULL, *sucesor = NULL;
  int nAnteriorComp = 0, nComp = 0;
  void *datosNodoBorrado = NULL;
  if (datos == NULL) return NULL; // no datos

  // Comienza la búsqueda para verificar si hay un nodo con
  // estos datos en el árbol
  while ( actual != NULL )
  {
    nAnteriorComp = nComp; // resultado de la comparación anterior
    if (( nComp = comparar( datos, actual->datos )) == 0)
      break; // se encontró el nodo
    else
    {
      ultimo = actual;
      if ( nComp < 0 )    // buscar en el subárbol izquierdo
        actual = actual->izquierdo;
      else                // buscar en el subárbol derecho
        actual = actual->derecho;
    }
  } // fin del bloque while ( actual != NULL )

  if ( actual != NULL ) // se encontró el nodo
  {
    marcado = actual;
    if (( actual->izquierdo == NULL && actual->derecho == NULL ))
      // se trata de un nodo terminal (no tiene descendientes)
      sucesor = NULL;
    else if ( actual->izquierdo == NULL ) // nodo sin subárbol izq.
      sucesor = actual->derecho;
```

```
      else if ( actual->derecho == NULL ) // nodo sin subárbol dcho.
        sucesor = actual->izquierdo;
      else  // nodo con subárbol izquierdo y derecho
      {
        // Puntero al subárbol derecho del nodo a borrar
        sucesor = actual = actual->derecho;
        // Descender al nodo más a la izquierda en el subárbol
        // derecho de este nodo (el de valor más pequeño)
        while (actual->izquierdo != NULL)
          actual = actual->izquierdo;
        // Sustituir el nodo a borrar por el nodo más a la izquierda
        // en el subárbol derecho que pasará a ser el nodo a borrar
        copiar(marcado->datos, actual->datos);
        if (actual->derecho == NULL) marcado->derecho = NULL;
        // Identificar el nuevo nodo a borrar
        marcado = actual; // este es ahora el nodo a borrar
        ultimo = sucesor;
        sucesor = actual->derecho;
      }
      // Eliminar el nodo y rehacer los enlaces
      if ( ultimo != NULL )
      {
        if ( nAnteriorComp < 0 )
          ultimo->izquierdo = sucesor;
        else
          ultimo->derecho = sucesor;
      }
      else
        *raiz = sucesor;

      datosNodoBorrado = marcado->datos;
      free(marcado); // eliminar el nodo
      return datosNodoBorrado; // correcto
    }
    else // el nodo buscado no está en el árbol
      return NULL; // no existe
}
```

Utilización de la interfaz abb

Según hemos indicado anteriormente, para utilizar en una aplicación la interfaz *abb* para la construcción y manipulación de árboles binarios de búsqueda, tendremos que definir en la misma las funciones: *comparar*, *copiar*, *procesar* y *liberarmem*. La definición de estas funciones está condicionada a la clase de datos que formarán parte del árbol.

Como ejemplo, vamos a construir un árbol binario de búsqueda en el que cada nodo apunte a un objeto del tipo *Datos* ya utilizado anteriormente en este mismo capítulo. Esto sugiere pensar en la clave de ordenación que se utilizará para construir el árbol. En nuestro ejemplo vamos a ordenar los nodos del árbol por el atributo *nombre* de *Datos*. Se trata entonces de una ordenación alfabética; por tanto, la función *comparar* debe ser redefinida para que devuelva *–1*, *0* o *1* según sea el *nombre* de un objeto *Datos* menor, igual o mayor, respectivamente, que el *nombre* del otro con el que se compara.

Pensemos ahora en el proceso que deseamos realizar con cada nodo accedido. En el ejemplo, simplemente nos limitaremos a mostrar los datos *nombre* y *nota*. Según esto, la función *procesar* obtendrá los datos *nombre* y *nota* del objeto *Datos* pasado como argumento y los mostrará.

Finalmente, escribiremos la función *liberarmem* para que permita liberar la memoria asignada para los objetos de tipo *Datos* cuando eliminemos el árbol.

```
/////////////////////////////////////////////////////////////////
// Definir las funciones: comparar, copiar, procesar y liberarmem,
// según los prototipos especificados en interfaz_abb.h, para
// adaptarlas a nuestras necesidades.
//
// Permite comparar los datos de dos nodos.
int comparar(void *datos1, void *datos2)
{
  char *nom1 = ((Datos *)datos1)->nombre;
  char *nom2 = ((Datos *)datos2)->nombre;
  return strcmp(nom1, nom2);
}

// Copiar los datos de un nodo en otro
void copiar(void *datos1, void *datos2)
{
  *((Datos *)datos1) = *((Datos *)datos2);
}

// Permite mostrar los datos del nodo visitado.
void procesar(void *datos)
{
  Datos *alumno = (Datos *)datos;
  if (!alumno) return;
  printf("%s %g\n", alumno->nombre, alumno->nota);
}

// Liberar la memoria del área de datos del nodo visitado.
void liberarmem(void *datos)
{
  free((Datos *)datos);
}
/////////////////////////////////////////////////////////////////
```

Ahora puede comprobar de una forma clara que las funciones *comparar*, *copiar*, *procesar* y *liberarmen* dependen del tipo de objetos que almacenemos en el árbol que construyamos. Por esta razón no pudieron ser implementadas en la interfaz *abb*, sino que hay que implementarlas para cada caso particular.

Observe que como los parámetros de estas funciones son genéricos, punteros de tipo **void ***, es aconsejable, y en la mayoría de los casos necesario, convertirlos explícitamente en punteros del tipo de objetos que realmente representan; en nuestro caso a punteros a objetos de tipo *Datos*.

Finalmente, escribiremos una aplicación *ArbolBinB.c* que, utilizando la interfaz mencionada, cree un árbol binario de búsqueda en el que cada nodo apunte a una estructura de tipo *Datos* que encapsule el nombre de un alumno y la nota de una determinada asignatura que está cursando. Con el fin de probar que todas las funciones, las de la interfaz y las de la aplicación, funcionan adecuadamente, la aplicación realizará las operaciones siguientes:

1. Definirá un puntero *raíz*, iniciado a **NULL**, para apuntar a la raíz del árbol.

2. Solicitará parejas de datos *nombre* y *nota*, a partir de las cuales construirá los objetos *Datos* que añadiremos como nodos en el árbol.

3. Durante la construcción del árbol, permitirá modificar la nota de un alumno ya existente o bien eliminarlo. Para discriminar una operación de otra tomaremos como referencia la nueva nota: si es positiva, entenderemos que deseamos modificar la nota del alumno especificado y si es negativa, que hay que eliminarlo.

4. Finalmente, mostrará los datos almacenados en el árbol para comprobar que todo ha sucedido como esperábamos y lo borrará al finalizar la aplicación.

```
typedef struct
{
  char nombre[50];
  double nota;
} Datos;

// Insertar aquí las definiciones de comparar, copiar, procesar
// y liberarmem

void mostrarArbol(Nodo *raiz)
{
  inorden(raiz);
}

void error1(Nodo *raiz)
{
```

```
  borrarArbol(&raiz);
  error();
}

void error2(Datos *alumno, Nodo *raiz)
{
  free(alumno); // último creado y no asignado
  borrarArbol(&raiz);
  error();
}

int main(void)
{
  int cod = 0;
  char nombre[50];
  double nota;

  Nodo *raiz = NULL; // árbol binario de búsqueda
  Datos *alumno = NULL, *aux = NULL;

  printf("Introducir datos. Finalizar con eof.\n");
  printf("nombre: ");
  while (scanf("%[^\n]", nombre) != EOF)
  {
    printf("nota:   ");
    scanf("%lf", &nota); while (getchar() != '\n');
    // Crear un objeto de tipo Datos
    alumno = (Datos *)malloc(sizeof(Datos));
    if (!alumno) error1(raiz);
    strcpy(alumno->nombre, nombre);
    alumno->nota = nota;
    cod = insertar(alumno, &raiz);
    if (cod == 0) error2(alumno, raiz);
    if (cod == 2) // ya existe
    {
      // Si ya existe, distinguimos dos casos:
      // 1. nota nueva >= 0; cambiamos la nota
      // 2. nota nueva < 0; borramos el nodo
      if (nota >= 0)
      {
        aux = (Datos *)buscar(alumno, raiz);
        aux->nota = nota;
      }
      else
      {
        aux = borrar(alumno, &raiz);
        free(aux);
        printf("nodo borrado\n");
      }
      free(alumno); // ya existe
    }
```

```
    printf("nombre: ");
  }
  printf("\n");

  // Mostrar el árbol
  printf("\nArbol:\n");
  mostrarArbol(raiz);

  // Borrar el árbol
  borrarArbol(&raiz);
}
```

En el ZIP que se proporciona con el libro, en la carpeta *cap11\arbolBinB*, puede encontrar este programa junto con la interfaz que utiliza. Todo el código se ha agrupado en cuatro archivos: las funciones de la interfaz *abb* en *interfaz_abb.c*, los prototipos de las funciones de la interfaz *abb* en *interfaz_abb.h*, el tipo *Nodo* en *nodo.h* y la aplicación (función **main**, etc.) en *ArbolBinB.c*.

ÁRBOLES BINARIOS PERFECTAMENTE EQUILIBRADOS

Un árbol binario está perfectamente equilibrado si, para todo nodo, el número de nodos en el subárbol izquierdo y el número de nodos en el subárbol derecho difieren como mucho en una unidad.

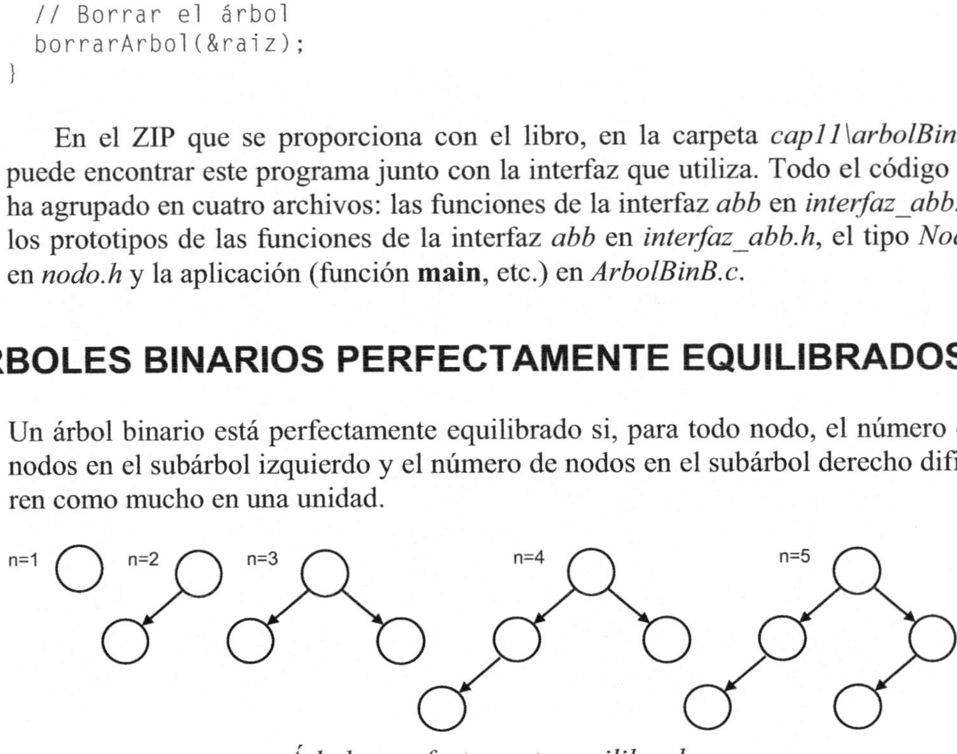

Árboles perfectamente equilibrados

Como ejemplo, considere el problema de construir un árbol perfectamente equilibrado siendo los valores de los nodos *n* punteros del tipo **void** *, lo que permitirá más adelante direccionar objetos del tipo de datos que necesitemos en cada caso.

Esto puede realizarse fácilmente distribuyendo los nodos, según se leen, equitativamente a la izquierda y a la derecha de cada nodo. El proceso recursivo que se indica a continuación es la mejor forma de realizar esta distribución. Para un número dado *n* de nodos y siendo *ni* (nodos a la izquierda) y *nd* (nodos a la derecha) dos enteros, el proceso es el siguiente:

1. Utilizar un nodo para la raíz.
2. Generar el subárbol izquierdo con *ni* = *n/2* nodos utilizando la misma regla.

3. Generar el subárbol derecho con *nd = n–ni–1* nodos utilizando la misma regla.

Cada nodo del árbol consta de los siguientes miembros: *numeroDeNodos*, número de nodos del árbol que tiene a este nodo por raíz, *datos*, datos almacenados en el nodo, puntero al subárbol *izquierdo* y puntero al subárbol *derecho*.

```
typedef struct s
{
  int numeroDeNodos;     // nodos del subárbol que tiene esta raíz
  void *datos;           // área de datos
  struct s *izquierdo;   // raíz del subárbol izquierdo
  struct s *derecho;     // raíz del subárbol derecho
}
```

En C podemos automatizar el proceso de implementar un árbol binario perfectamente equilibrado diseñando una interfaz que proporcione las funciones necesarias para crear cada nodo del árbol, así como para permitir el acceso a los mismos.

Interfaz para manipular un árbol perfectamente equilibrado

Las funciones de la interfaz *abe* que vamos a implementar trabajarán sobre un parámetro *raíz* para referenciar la raíz del árbol. El parámetro *raíz* valdrá **NULL** cuando el árbol esté vacío. La tabla siguiente resume estas funciones:

Función	Significado
nuevoNodo	Asigna memoria para un objeto de tipo *Nodo*. Devuelve un puntero al bloque de memoria asignado o **NULL** si no hay memoria suficiente. `Nodo *nuevoNodo();`
construirArbol	Es una función que permite construir un árbol binario perfectamente equilibrado. Tiene un parámetro de tipo **int** que se corresponde con el número de nodos que va a tener el árbol. Devuelve un puntero a la raíz del árbol o *0* si no se puede crear un nuevo elemento. `Nodo *construirArbol(int n);`
obtenerNodo	Busca un nodo determinado en el árbol por posición. Tiene dos parámetros: el índice 0, 1, 2,..., según el orden de acceso seguido por la forma *inorden* (consideramos que la primera posición es la 0) del nodo al que se desea acceder y la raíz del árbol. Devuelve un puntero al área de datos del nodo o **NULL** si el árbol está vacío o el índice está fuera de los límites.

```
void *obtenerNodo(int nodo_i, Nodo *raiz);
```

buscar Busca un nodo determinado en el árbol por contenido. Tiene tres parámetros: un puntero de tipo **void *** a los datos que se quiere localizar en el árbol, la raíz del árbol y un entero pasado por referencia correspondiente, inicialmente, a la posición del nodo, según el orden de acceso seguido por la forma *inorden* (consideramos que la primera posición es la 0) donde se desea iniciar la búsqueda y, finalmente, a la posición del nodo encontrado. Devuelve un puntero al área de datos del nodo encontrado o bien **NULL** si el árbol está vacío o no existe un nodo con los datos buscados.

```
void *buscar(void *datos, Nodo *raiz, int *pos);
```

inorden Función recursiva que recorre un árbol binario utilizando la forma *inorden*. No devuelve ningún valor.

```
void inorden(Nodo *raiz);
```

Invoca a *procesar*.

borrarArbol Función recursiva que permite liberar la memoria asignada a cada nodo del árbol, recorriéndolo según la forma *postorden*. No libera la memoria asignada al área de datos de cada nodo, tarea que corresponde a la aplicación que utilice esta interfaz.

```
void borrarArbol(Nodo **raiz);
```

Invoca a *liberarmem*.

leerDatos Función que debe ser definida por el usuario en la aplicación que utilice esta interfaz para permitir leer los datos que serán referenciados por un nodo del árbol. Devuelve un puntero al área de datos o *0* si no se puede crear un nuevo elemento de datos.

```
void *leerDatos();
```

Invocada por la función *construirArbol*.

comparar Función que debe ser definida por el usuario en la aplicación que utilice esta interfaz para especificar el tipo de comparación que se desea realizar con dos nodos del árbol. Debe devolver un entero indicando el resultado de la comparación (–1, 0 o 1 si *nodo1<nodo2*, *nodo1==nodo2* o *nodo1>nodo2*, respectivamente). Esta función es invocada por las funciones *insertar*, *borrar* y *buscar*.

```
int comparar(void *datos1, void *datos2);
```

procesar Función que debe ser definida por el usuario en la aplicación que utilice esta interfaz para especificar las operaciones que se desea realizar con el nodo visitado. Es invocada por la función *inorden*.

	`void procesar(void *datos);`
liberarmem	Función que debe ser definida por el usuario en la aplicación que utilice esta interfaz para liberar la memoria asignada para almacenar los datos, por ejemplo. Es invocada por la función *borrarArbol*. `void liberarmem(void *datos);`

A continuación se presenta el código correspondiente a esta interfaz:

```
//////////////////////////////////////////////////////////////////////
// Interfaz abe: árbol binario equilibrado. Para utilizar las
// funciones proporcionadas por esta interfaz, tendremos que
// definir en la aplicación que la utilice las funciones:
// leerDatos, comparar, procesar y liberarmem.
//
// Crear un nuevo elemento
Nodo *nuevoNodo()
{
  Nodo *q = (Nodo *)malloc(sizeof(Nodo));
  if (!q) printf("Insuficiente memoria\n");
  return q;
}

Nodo *construirArbol(int n)
{
  // Construye un árbol de n nodos perfectamente equilibrado.
  // Los datos se almacenan en los nodos según el orden en el
  // que son accedidos con la forma "inorden".
  Nodo *nodo = NULL;
  int ni = 0, nd = 0;
  if ( n == 0 )
    return NULL;
  else
  {
    ni = n / 2;       // nodos del subárbol izquierdo
    nd = n - ni - 1; // nodos del subárbol derecho
    nodo = nuevoNodo();
    if (!nodo) return 0;
    nodo->numeroDeNodos = n;
    nodo->izquierdo = construirArbol(ni);
    nodo->datos = leerDatos();
    nodo->derecho = construirArbol(nd);
    return nodo;
  }
}

void *obtenerNodo(int nodo_i, Nodo *raiz)
{
  // Esta función permite devolver los datos del nodo i.
```

```
  // Los nodos se consideran numerados (0, 1, 2, ...) según
  // el orden en el que son accedidos con la forma "inorden".
  int ni = 0, n = 0;
  if (raiz) n = raiz->numeroDeNodos;
  if (raiz == NULL || nodo_i < 0 || nodo_i > n) return NULL;
  ni = n / 2;       // nodos del subárbol izquierdo
  if ( nodo_i == ni )
    return raiz->datos; // nodo actual (raíz subárbol)
  else if ( nodo_i < ni )
    // Subárbol izquierdo
    return obtenerNodo(nodo_i, raiz->izquierdo);
  else
    // Subárbol derecho; ajustar el índice en este subárbol
    // descontando los nodos del subárbol izquierdo y el actual
    return obtenerNodo(nodo_i - ni - 1, raiz->derecho);
  return NULL;
}

void *buscar(void *datos, Nodo *raiz, int *pos)
{
  // Buscar un determinado nodo en el árbol. Llama a buscarNodo
  // asegurando así que inicialmente el valor de res sea NULL.
  int i = 0; // nodo inicial
  void *res = NULL;
  buscarNodo(datos, raiz, &res, pos, &i);
  return res;
}

void buscarNodo(void *datos, Nodo *raiz, void **res, int *pos, int *i)
{
  // La función buscar permite acceder a un determinado nodo.
  // Si los datos especificados por "datos" se localizan en el
  // árbol apuntado por "raíz", a partir de la posición *pos,
  // "buscar" devuelve en *res un puntero a esos datos;
  // en otro caso, devuelve NULL.
  // Los nodos se consideran numerados (0, 1, 2, ...) según
  // el orden en el que son accedidos con la forma "inorden".
  // *i es la posición del nodo en proceso.
  // *pos devuelve la posición del nodo encontrado.
  Nodo *actual = raiz;

  if ( actual != NULL && *res == NULL )
  {
    buscarNodo(datos, actual->izquierdo, res, pos, i);
    if (*res == NULL && (*pos)-- <= 0)
    {
      // La primera condición que aparece en el if anterior es
      // necesaria para que, una vez encontrado el nodo, en el
      // camino de retorno por la pila de llamadas no se
      // decremente *pos (segunda condición) ya que almacena
      // la posición del nodo encontrado.
```

```
      if ( comparar( datos, actual->datos ) == 0 )
      {
        *res = actual->datos;  // nodo encontrado
        *pos = *i;
      }
    }
    (*i)++; // posición del siguiente nodo que será accedido
    buscarNodo(datos, actual->derecho, res, pos, i);
  }
}

void inorden(Nodo *raiz)
{
  // La función recursiva inorden visita los nodos del árbol
  // utilizando la forma inorden; esto es, primero visita
  // el subárbol izquierdo, después visita la raíz y, por
  // último, el subárbol derecho.
  Nodo *actual = raiz;
  if ( actual != NULL )
  {
    inorden( actual->izquierdo ); // visitar el subárbol izquierdo
    // Procesar los datos del nodo visitado
    procesar( actual->datos );
    inorden( actual->derecho );   // visitar el subárbol derecho
  }
}

void borrarArbol(Nodo **raiz)
{
  // La función recursiva borrarArbol visita los nodos del árbol
  // utilizando la forma postorden para liberar la memoria
  // asignada a cada uno de ellos.
  Nodo *actual = *raiz;
  if ( actual != NULL )
  {
    borrarArbol( &actual->izquierdo ); // subárbol izquierdo
    borrarArbol( &actual->derecho );   // subárbol derecho
    liberarmem( actual->datos );
    free( actual );
  }
  *raiz = NULL;
}
/////////////////////////////////////////////////////////////////
```

El proceso de construcción lo lleva a cabo la función recursiva denominada *construirArbol*, la cual construye un árbol de *n* nodos. Esta función tiene un parámetro entero que se corresponde con el número de nodos del árbol y devuelve un puntero al nodo raíz del árbol construido. En realidad diremos que devuelve un puntero a cada subárbol construido lo que permite realizar los enlaces entre nodos. Observe que para cada nodo se ejecutan las dos sentencias siguientes:

```
nodo->izquierdo = construirArbol(ni);
nodo->derecho = construirArbol(nd);
```

que asignan a los atributos *izquierdo* y *derecho* de cada nodo los punteros a sus subárboles izquierdo y derecho, respectivamente.

Los datos se almacenan en los nodos según el orden en el que son accedidos con la forma *inorden*. Así, recorriendo el árbol de esta forma, podemos recuperar los datos en el mismo orden en el que los hayamos introducido. Si además introducimos los datos ordenados ascendentemente, el árbol construido sería equilibrado y de búsqueda.

La función *obtenerNodo* permite acceder a un nodo por posición. Esto es, los nodos se consideran numerados (0, 1, 2,...) según el orden en el que son accedidos con la forma inorden. Utilizando esta forma, el nodo más a la izquierda es el primero accedido y por lo tanto el de índice 0. Según esto, los índices virtuales que estamos asignando a los nodos del árbol cumplen el algoritmo que define un árbol de búsqueda, algoritmo que empleamos por lo tanto para acceder al nodo *i*: todos los índices de los nodos del subárbol izquierdo de un nodo son menores que el índice de este nodo y los del subárbol derecho mayores.

La función *buscar* permite acceder a unos datos determinados, recorriendo el árbol desde el nodo raíz y comenzando la búsqueda desde cualquier nodo. El árbol se recorre en la forma *inorden*. Para facilitar la labor del usuario de la interfaz, se ha añadido a la misma una función *buscarNodo* que es invocada por *buscar*; de esta forma se asegura que el puntero a los datos buscados, tercer parámetro de *buscarNodo*, valga inicialmente **NULL**, condición requerida según se ha escrito esta función. El cuarto parámetro indica la posición del nodo a partir de la cual se quiere realizar la búsqueda (independientemente de que el árbol se empiece a recorrer desde el nodo raíz); de esta forma se puede buscar un nodo aunque su clave de búsqueda esté repetida. Y el quinto parámetro permite almacenar la posición del nodo actual; de esta forma se puede devolver la posición del nodo encontrado.

```
void buscarNodo(void *datos, Nodo *raiz, void **res, int *pos, int *i);
```

La función *buscarNodo* es recursiva y tiene cinco parámetros. Analicemos sus tres últimos para ver por qué son pasados por referencia: el tercero, para poder devolver a la función que llama un puntero al área de datos; el cuarto, para poder devolver la posición del nodo donde están esos datos y el quinto, para que todas las ejecuciones de esta función en curso puedan actualizar la posición del nodo actual en proceso. Esto es, este último parámetro se ha definido así para disponer de una región de almacenamiento que pueda ser compartida por las distintas ejecuciones en curso de *buscarNodo* (piense que es una función recursiva y que cada llamada a sí misma genera una nueva ejecución de dicha función). Con una variable local a la función no podríamos evidentemente realizar la función que tiene **i* (por ser local a la función, su valor no podría ser alterado por cualquiera de las ejecuciones en curso). Una variable estática, en lugar de una local, sí puede ser modificada por todas las ejecuciones en curso, pero ponerla a 0 al finalizar una búsqueda y antes de iniciar la siguiente complica excesivamente el código. Lo explicado es aplicable también a *pos*.

Utilización de la interfaz abe

Para hacer uso del soporte que proporciona la interfaz diseñada para construir y manipular árboles binarios perfectamente equilibrados, tendremos que definir en la aplicación las funciones: *leerDatos*, *comparar*, *procesar* y *liberarmem*. La definición de estas funciones está condicionada al tipo de los objetos de datos que vayan a formar parte del árbol.

Como ejemplo, vamos a construir un árbol binario perfectamente equilibrado en el que cada nodo apunte a un objeto del tipo *Datos* ya utilizado anteriormente en este mismo capítulo. Recuerde que cada objeto de este tipo encapsula el nombre de un alumno y la nota de una determinada asignatura que está cursando. Según esto, la función *leerDatos* obtendrá los datos *nombre* y *nota*, a partir de ellos construirá una estructura de tipo *Datos* y devolverá un puntero a dicha estructura para su inserción en el árbol. Las funciones *comparar*, *procesar* y *liberarmem* se definirán igual que en la interfaz diseñada para los árboles binarios de búsqueda.

Según lo expuesto, estas funciones pueden escribirse así:

```
// Leer los datos que serán referenciados por un nodo del árbol.
void *leerDatos()
{
  char nombre[50];
  double nota;
  Datos *alumno = NULL;

  printf("nombre: ");
  scanf("%[^\n]", nombre);
  printf("nota:   ");
  scanf("%lf", &nota); while (getchar() != '\n');
  // Crear un objeto de tipo Datos
  alumno = (Datos *)malloc(sizeof(Datos));
  if (!alumno) return 0;
  strcpy(alumno->nombre, nombre);
  alumno->nota = nota;
```

```
  return (void *)alumno;
}

// Permite comparar los datos de dos nodos.
int comparar(void *datos1, void *datos2)
{
  char *nom1 = ((Datos *)datos1)->nombre;
  char *nom2 = ((Datos *)datos2)->nombre;
  return strcmp(nom1, nom2);
}

// Permite mostrar los datos del nodo visitado.
void procesar(void *datos)
{
  Datos *alumno = (Datos *)datos;
  if (!alumno) return;
  printf("%s %g\n", alumno->nombre, alumno->nota);
}

// Liberar la memoria del área de datos del nodo visitado.
void liberarmem(void *datos)
{
  if (datos) free((Datos *)datos);
}
//////////////////////////////////////////////////////////////////
```

Finalmente, escribiremos la aplicación *ArbolBinE.c* que, utilizando estas funciones y la interfaz anteriormente descrita, cree un árbol binario perfectamente equilibrado en el que cada nodo apunte a una estructura de tipo *Datos*. De forma resumida esta aplicación hará lo siguiente:

1. Definirá un puntero *raíz*, iniciado a **NULL**, para apuntar a la raíz del árbol.
2. Construirá el árbol equilibrado de *n* nodos invocando a la función *construirArbol*.
3. Mostrará los datos almacenados en el árbol para comprobar que se creó como esperábamos.
4. Obtendrá el nodo *i* del árbol invocando a la función *obtenerNodo*.
5. Buscará en el árbol todas las ocurrencias de un nombre dado invocando a la función *buscar*.
6. Finalmente, liberará la memoria asignada para construir el árbol así como para almacenar los datos.

```
typedef struct
{
  char nombre[50];
```

```
  double nota;
} Datos;

//////////////////////////////////////////////////////////////////////
// Definir las funciones: leerDatos, comparar, procesar y
// liberarmem, según los prototipos especificados en
// interfaz_abe.h, para adaptarlas a nuestras necesidades.
//
// Definirlas aquí

void mostrarArbol(Nodo *raiz)
{
  inorden(raiz);
}

int main(void)
{
  Nodo *raiz = NULL; // árbol binario equilibrado
  Datos *alumno = NULL, *alumBuscado;
  int numeroDeNodos = 0, pos = 0;

  printf("Número de nodos: ");
  scanf("%d", &numeroDeNodos); while (getchar() != '\n');
  raiz = construirArbol(numeroDeNodos);
  if (raiz == NULL) return 0; // árbol vacío

  // Mostrar el árbol
  printf("\nArbol:\n");
  mostrarArbol(raiz);

  // Obtener los datos del nodo i
  printf("Nodo (0,1,2,...):   ");
  scanf("%d", &pos); while (getchar() != '\n');
  alumno = obtenerNodo(pos, raiz);
  if ( alumno == NULL )
    printf("La búsqueda falló\n");
  else
    printf("Alumno %s, nota es %g\n", alumno->nombre, alumno->nota);

  // Buscar datos
  printf("Buscar todas las ocurrencias de nombre en el árbol.\n");
  alumno = leerDatos();
  if (alumno)
  {
    alumBuscado = buscar(alumno, raiz, &pos);
    if (alumBuscado == NULL) printf("La búsqueda falló\n");
    while (alumBuscado != NULL)
    {
      printf("Nodo %2d, nota es %g\n", pos, alumBuscado->nota);
      pos++;
      alumBuscado = buscar(alumno, raiz, &pos);
```

```
    }
    free(alumno);
  }
  else
    printf("Insuficiente memoria\n");

  // Borrar el árbol
  borrarArbol(&raiz);

  return 0;
}
```

En el ZIP que se proporciona con el libro, en la carpeta *cap11\arbolBinE*, puede encontrar este programa junto con la interfaz que utiliza. Todo el código se ha agrupado en cuatro archivos: las funciones de la interfaz *abe* en *interfaz_abe.c*, los prototipos de las funciones de la interfaz *abe* en *interfaz_abe.h*, el tipo *Nodo* en *nodo.h* y la aplicación (función **main**, etc.) en *ArbolBinE.c*.

EJERCICIOS RESUELTOS

1. Realizar una aplicación que permita crear una lista lineal que soporte objetos de datos de cualquier tipo clasificados ascendentemente. La lista vendrá definida por una estructura de tipo *tllseo* (*t*ipo *l*ista *l*ineal *s*implemente *e*nlazada *o*rdenada):

```
typedef struct
{
  Elemento *p = NULL;              // elemento de cabecera
  Elemento *elemAnterior = NULL; // elemento anterior
  Elemento *elemActual = NULL;    // elemento actual
} tllseo;
```

y cada elemento de la lista por una estructura del tipo *Elemento*:

```
typedef struct s
{
  void *datos;            // área de datos
  struct s *siguiente; // puntero al siguiente elemento
} Elemento;
```

El miembro *elemActual* de la lista apuntará al último elemento accedido y *elemAnterior*, al anterior al actual, excepto cuando el elemento actual sea el primero, en cuyo caso ambos punteros señalarán a ese elemento. La interfaz para manipular una lista de este tipo incluirá las funciones:

```
// Mostrar un mensaje de error y abortar el programa
void error();
```

```
// Crear un nuevo elemento
Elemento *nuevoElemento();

// Iniciar una lista
void iniciarLista(tllseo *lista);

// Indicar si la lista está o no vacía
int listaVacia(tllseo *lista);

// La función siguiente debe ser definida en la aplicación que
// utilice esta interfaz para que permita comparar dos elementos
// de la lista por el atributo que necesitemos en cada momento.
int comparar(void *datos1, void *datos2);

// Añadir un elemento en orden ascendente según una clave
void anyadir(void *e, tllseo *lista);

// Buscar un elemento en la lista
int buscar(void *e, tllseo *lista);

// Borrar un elemento determinado de la lista
void *borrar(void *e, tllseo *lista);

// Borrar el elemento primero de la lista
void *borrarPrimero(tllseo *lista);

// Obtener el primer elemento de la lista
void *obtenerPrimero(tllseo *lista);

// Obtener el siguiente elemento al actual
void *obtenerSiguiente(tllseo *lista);
```

La función *listaVacia* devuelve un valor distinto de cero si la lista está vacía y 0 en caso contrario.

La función *iniciarLista* asigna el valor **NULL** (lista vacía) a los elementos de una estructura de tipo *tllseo*.

La función *comparar* debe ser definida en la aplicación que utilice esta interfaz para que permita comparar dos elementos de la lista por el atributo que necesitemos en cada momento.

La función *anyadir* inserta un elemento en la lista en orden ascendente según una clave seleccionada del área de datos. Para localizar el punto de inserción invocará a la función *buscar*. La inserción se hará entre los elementos apuntados por *elemAnterior* y *elemActual*. Tiene dos parámetros: un puntero de tipo **void *** a los datos a añadir y la lista. Devuelve un *0* si no hay memoria suficiente para un nuevo elemento.

La función *buscar* localiza el punto de inserción de un elemento en una lista ordenada y almacena en *elemActual* un puntero al elemento buscado, si existe, o al siguiente, si no existe, y en *elemAnterior* un puntero al elemento anterior. Tiene dos parámetros: un puntero de tipo **void** * a los datos que permitirá localizar el elemento y la lista. Devuelve un entero que será 0 si el elemento buscado no está en la lista y distinto de 0 en caso contrario.

La función *borrar* borra un elemento de la lista. Para buscarlo, invoca a la función *buscar*. Tiene dos parámetros: un puntero de tipo **void** * a los datos del elemento a borrar y la lista. Devuelve un puntero al área de datos del elemento borrado o bien **NULL** si la lista está vacía.

La función *borrarPrimero* borra el elemento primero de la lista. Devuelve un puntero al área de datos del elemento borrado o bien **NULL** si la lista está vacía.

La función *obtenerPrimero* devuelve un puntero al área de datos del elemento primero o bien **NULL** si la lista está vacía.

La función *obtenerSiguiente* devuelve un puntero al área de datos del elemento siguiente al actual o bien **NULL** si la lista está vacía.

Según el enunciado, la interfaz *llseo* puede ser como se muestra a continuación:

```
// Interfaz para manipular una llseo ///////////////////////////////
//
// Mostrar un mensaje de error y abortar el programa
void error()
{
  printf("Insuficiente memoria\n");
  exit(1);
}

// Crear un nuevo elemento
Elemento *nuevoElemento()
{
  Elemento *q = (Elemento *)malloc(sizeof(Elemento));
  return q;
}

// Iniciar una lista
void iniciarLista(tllseo *lista)
{
  lista->p = lista->elemActual = lista->elemAnterior = NULL;
}

// Indicar si la lista está o no vacía
```

```
int listaVacia(tllseo *lista)
{
  return lista->p == NULL;
}

int buscar(void *e, tllseo *lista)
{
  int r = 0;

  // Buscar el punto de inserción de un elemento en una lista
  // ordenada. La función almacena en elemActual un puntero al
  // elemento buscado, si existe, o al siguiente, si no existe,
  // y en elemAnterior un puntero al elemento anterior.

  // Si la lista apuntada por p está vacía, retornar.
  if ( listaVacia(lista) ) return 0;

  // Si la lista no está vacía, encontrar el elemento.
  lista->elemAnterior = lista->p;
  lista->elemActual = lista->p;

  // Posicionarse en el elemento buscado.
  while (lista->elemActual != NULL &&
         (r = comparar(e, lista->elemActual->datos)) > 0)
  {
    lista->elemAnterior = lista->elemActual;
    lista->elemActual = lista->elemActual->siguiente;
  }
  return !r; // 1 = encontrado, 0 = no encontrado
}

int anyadir(void *e, tllseo *lista)
{
  // Añadir un elemento en orden ascendente según una clave
  // proporcionada por e.
  Elemento *q = nuevoElemento(); // crear el elemento
  if (!q) return 0;
  q->datos = e;
  q->siguiente = NULL;

  // Si la lista apuntada por p está vacía, añadirlo sin más
  if ( listaVacia(lista) )
  {
    // Añadir el primer elemento
    lista->p = lista->elemAnterior = lista->elemActual = q;
    return 1;
  }

  // Si la lista no está vacía, encontrar el punto de inserción.
  // Buscar establece los valores de elemAnterior y elemActual.
  buscar(e, lista);
```

```
  // Dos casos:
  // 1) Insertar al principio de la lista
  // 2) Insertar después del anterior (incluye insertar al final)
  if ( lista->elemAnterior == lista->elemActual )
  {
    // Insertar al principio
    q->siguiente = lista->p;
    lista->p = q; // cabecera
    // Actualizar punteros
    lista->elemAnterior = lista->elemActual = lista->p;
  }
  else // insertar después del anterior
  {
    q->siguiente = lista->elemActual;
    lista->elemAnterior->siguiente = q;
    lista->elemActual = q; // actualizar puntero
  }
  return 1;
}

void *borrar(void *e, tllseo *lista)
{
  // Borrar un determinado elemento.
  void *datosElemBorrado = NULL;

  // Si la lista está vacía, retornar.
  if ( listaVacia(lista) ) return NULL;

  // Si la lista no está vacía, buscar el elemento y
  // establecer los valores de elemAnterior y elemActual.
  if (buscar(e, lista) == 0) return NULL; // no está
  // Dos casos:
  // 1) Borrar el primer elemento de la lista
  // 2) Borrar el siguiente a elemAnterior (elemActual)
  if ( lista->elemActual == lista->p ) // 1)
    lista->elemAnterior = lista->p = lista->p->siguiente; // cabecera
  else // 2)
    lista->elemAnterior->siguiente = lista->elemActual->siguiente;
  // Borrar
  datosElemBorrado = lista->elemActual->datos;
  free(lista->elemActual);

  // Actualizar puntero
  if (lista->p == NULL) // había un solo elemento
    iniciarLista(lista);
  else
    lista->elemActual = lista->elemAnterior->siguiente;

  // Retornar los datos del elemento borrado
  return datosElemBorrado;
}
```

```
void *borrarPrimero(tllseo *lista)
{
  void *datosElemBorrado = NULL;
  // Si la lista está vacía, retornar.
  if ( listaVacia(lista) ) return NULL;

  // Borrar el primer elemento de la lista
  lista->elemActual = lista->p;
  lista->p = lista->p->siguiente; // cabecera
  datosElemBorrado = lista->elemActual->datos;

  // Borrar
  free(lista->elemActual);
  // Actualizar punteros
  lista->elemAnterior = lista->elemActual = lista->p;
  // Retornar los datos del elemento borrado
  return datosElemBorrado;
}

void *obtenerPrimero(tllseo *lista)
{
  // Devolver un puntero a los datos del primer elemento
  // Si la lista está vacía, devolver NULL
  if ( listaVacia(lista) ) return NULL;
  lista->elemActual = lista->elemAnterior = lista->p;
  return lista->p->datos;
}

void *obtenerSiguiente(tllseo *lista)
{
  // Devolver un puntero a los datos del elemento siguiente
  // al actual y hacer que este sea el actual.
  // Si la lista está vacía o se intenta ir más allá del último,
  // devolver NULL.
  if ( listaVacia(lista) || lista->elemActual == NULL)
    return NULL;

  // Avanzar un elemento
  lista->elemAnterior = lista->elemActual;
  lista->elemActual = lista->elemActual->siguiente;
  if ( lista->elemActual != NULL )
    return lista->elemActual->datos;
  else
    return NULL;
}
//////////////////////////////////////////////////////////////////
```

En la lista que crearemos a partir de la interfaz anterior vamos a almacenar objetos del tipo:

```
typedef struct
{
  char nombre[50];
  double nota;
} Datos;
```

Pero, para utilizar la interfaz *llseo* tenemos que definir la función *comparar* para que permita comparar dos objetos *Datos* por el atributo *nombre*:

```
// Permite comparar los datos de dos elementos.
int comparar(void *datos1, void *datos2)
{
  char *nom1 = ((Datos *)datos1)->nombre;
  char *nom2 = ((Datos *)datos2)->nombre;
  return strcmp(nom1, nom2);
}
```

Finalmente, realizamos una aplicación que utilizando la interfaz anterior cree una lista lineal simplemente enlazada y ordenada, de objetos de tipo *Datos*:

```
typedef struct
{
  char nombre[50];
  double nota;
} Datos;

/////////////////////////////////////////////////////////////////
// Definir la función comparar según el prototipo especificado
// en interfaz_llseo.h, para adaptarlas a nuestras necesidades.
//
// Permite comparar los datos de dos elementos.
int comparar(void *datos1, void *datos2)
{
  char *nom1 = ((Datos *)datos1)->nombre;
  char *nom2 = ((Datos *)datos2)->nombre;
  return strcmp(nom1, nom2);
}

void mostrarLista(tllseo *lista)
{
  // Mostrar todos los elementos de la lista
  Datos *alumno = (Datos *)obtenerPrimero(lista);
  while (alumno)
  {
    printf("%s %g\n", alumno->nombre, alumno->nota);
    alumno = (Datos *)obtenerSiguiente(lista);
  }
}
```

```
void liberarMemoria(tllseo *lista)
{
  // Borrar todos los elementos de la lista
  Datos *alumno = (Datos *)borrarPrimero(lista);
  while (alumno)
  {
    free(alumno); // borrar el área de datos
    alumno = (Datos *)borrarPrimero(lista); // borrar elemento
  }
}

Datos *leerDatosAlumno()
{
  Datos *alumno = NULL;
  char nombre[50];
  double nota;

  printf("\nNombre: ");
  scanf("%[^\n]", nombre);
  printf("Nota:   ");
  scanf("%lf", &nota); while (getchar() != '\n');
  // Crear un objeto de tipo Datos
  alumno = (Datos *)malloc(sizeof(Datos));
  if (!alumno) return 0;
  strcpy(alumno->nombre, nombre);
  alumno->nota = nota;

  return alumno;
}

void error1(tllseo *lista)
{
  liberarMemoria(lista);
  error();
}

void error2(Datos *alumno, tllseo *lista)
{
  free(alumno); // último creado y no asignado
  liberarMemoria(lista);
  error();
}

int main(void)
{
  char resp = 's';
  Datos *alumno = NULL;

  // Definir una lista lineal vacía
  tllseo llseo;
  iniciarLista(&llseo);
```

```
  // Leer datos y añadirlos a la lista
  while (resp == 's')
  {
    alumno = leerDatosAlumno();
    if (!alumno) error1(&llseo);
    if (!anyadir(alumno, &llseo)) error2(alumno, &llseo);

    printf("¿desea insertar otro alumno? (s/n) ");
    resp = getchar(); while (getchar() != '\n');
  }

  // Borrar un elemento
  printf("\nBorrar el alumno:");
  alumno = leerDatosAlumno();
  if (alumno)
  {
    free(borrar(alumno, &llseo));
    free(alumno);
  }
  else
    printf("Insuficiente memoria\n");

  // Obtener siguiente
  alumno = (Datos *)obtenerSiguiente(&llseo);
  if (alumno)
    printf("%s %g\n", alumno->nombre, alumno->nota);

  // Mostrar todos
  printf("\nLista:\n");
  mostrarLista(&llseo);

  // Borrar la lista
  liberarMemoria(&llseo);
}
```

2. Escribir una aplicación para que, utilizando una pila, simule una calculadora capaz de realizar las operaciones de +, –, * y /. La mayoría de las calculadoras aceptan la notación *infija* y unas pocas, la notación *postfija*. En estas últimas, para sumar 10 y 20 introduciríamos primero 10, después 20 y por último el +. Cuando se introducen los operandos, se colocan en una pila y cuando se introduce el operador, se sacan dos operandos de la pila, se calcula el resultado y se introduce en la pila. La ventaja de la notación postfija es que expresiones complejas pueden evaluarse fácilmente sin mucho código. La calculadora del ejemplo propuesto utilizará la notación *postfija*.

   De forma resumida, el programa realizará las siguientes operaciones:

   a) Leerá un dato, operando u operador, y lo almacenará en la variable *oper*.

b) Analizará *oper*; si se trata de un operando, lo meterá en la pila y si se trata de un operador, sacará los dos últimos operandos de la pila, realizará la operación indicada por dicho operador y meterá el resultado en la pila para poder utilizarlo como operando en una posible siguiente operación.

Para realizar esta aplicación utilizaremos las interfaces *pila_cola* y *lcse* realizadas en este capítulo, por lo que en este ejercicio nos limitaremos simplemente a utilizarlas sin más explicación.

El programa completo se muestra a continuación:

```
////////////////////////////////////////////////////////////////////
// Utilizar una pila para simular una calculadora capaz de
// realizar las operaciones +, -, * y /, utilizando la
// notación postfija.
//
// calculadora.c
//
#include <stdio.h>
#include <stdlib.h>
#include "interfaz_pila_cola.h"

void liberarMemoria(tpila *pila)
{
  // Borrar todos los elementos de la pila
  double *pdouble = NULL;

  // borrar: borra siempre el primer elemento
  pdouble = borrar(pila);
  while (pdouble)
  {
    free(pdouble); // borrar el área de datos
    pdouble = borrar(pila); // borrar elemento
  }
}

void *nuevoDouble(double d)
{
  // Reservar memoria para un double
  double *p = (double *)malloc(sizeof(double));
  if (!p) return 0;
  *p = d;
  return p;
}

int obtenerOperandos(double operando[], tpila *pila)
{
  // Obtener los dos operandos de la cima de la pila
  double *pdouble = NULL;
```

```
  if (pila->numeroDeElementos < 2)
  {
    printf("Error: teclee %d operando(s) más\n",
           2 - pila->numeroDeElementos);
    return 0;
  }
  pdouble = (double *)sacarDePila(pila);
  if (!pdouble) return 0;
  operando[0] = *pdouble;
  free(pdouble);
  pdouble = (double *)sacarDePila(pila);
  operando[1] = *pdouble;
  free(pdouble);
  return 1;
}

void error1(tpila *pila)
{
  liberarMemoria(pila);
  error();
}

int main(void)
{
  int m = 0; // controlar errores
  double *p = 0;
  // oper almacena la entrada realizada desde el teclado
  char oper[20];
  // operando almacena los dos operandos
  double operando[2];

  // Pila vacía
  tpila pila;
  iniciarPila(&pila);

  printf("Operaciones: + - * /\n\n");
  printf("Forma de introducir los datos:\n");
  printf(">operando 0 [Entrar]\n");
  printf(">operando 1 [Entrar]\n");
  printf(">operador [Entrar]\n\n");
  printf("Para salir pulse q\n\n");

  do
  {
    printf("> ");
    scanf("%s", oper);        // leer un operando o un operador
    switch (oper[0])  // verificar el primer carácter
    {
      case '+':
        if (!obtenerOperandos(operando, &pila)) break;
        printf("%g\n", operando[0] + operando[1]);
```

```
          if (p = nuevoDouble(operando[0] + operando[1]))
            m = meterEnPila(p, &pila);
          break;
        case '-':
          if (!obtenerOperandos(operando, &pila)) break;
          printf("%g\n", operando[0] - operando[1]);
          if (p = nuevoDouble(operando[0] - operando[1]))
            m = meterEnPila(p, &pila);
          break;
        case '*':
          if (!obtenerOperandos(operando, &pila)) break;
          printf("%g\n", operando[0] * operando[1]);
          if (p = nuevoDouble(operando[0] * operando[1]))
            m = meterEnPila(p, &pila);
          break;
        case '/':
          if (!obtenerOperandos(operando, &pila)) break;
          if (operando[1] == 0)
          {
            printf("\nError: división por cero");
            break;
          }
          printf("%g\n", operando[0] / operando[1]);
          if (p = nuevoDouble(operando[0] / operando[1]))
            m = meterEnPila(p, &pila);
          break;
        case 'q':
          // salir
          break;
        default :  // es un operando
          if (p = nuevoDouble(atof(oper)))
            m = meterEnPila(p, &pila);
      }
      if (oper[0] != 'q' && (m == 0 || p == 0))
      {
        if (p) free(p);
        error1(&pila);
      }
    }
    while (oper[0] != 'q');

    // Borrar la pila
    liberarMemoria(&pila);
}
```

3. Escribir una aplicación que permita calcular la frecuencia con la que aparecen las palabras en un archivo de texto. La forma de invocar al programa será:

```
palabras archivo_de_texto
```

donde *archivo_de_texto* es el nombre del archivo de texto del cual deseamos obtener la estadística.

El proceso de contabilizar las palabras que aparezcan en el texto de un determinado archivo lo podemos realizar de la forma siguiente:

a) Se lee la información del archivo y se descompone en palabras, entendiendo por palabra una secuencia de caracteres delimitada por espacios en blanco, tabuladores, signos de puntuación, etc.

b) Cada palabra deberá insertarse por orden alfabético ascendente junto con un contador que indique su número de apariciones, en el nodo de una estructura en árbol. Esto facilitará la búsqueda.

c) Una vez construido el árbol de búsqueda, se presentará por pantalla una estadística con el siguiente formato:

```
...
nombre = 1
obtener = 1
palabras = 1
permita = 1
programa = 1
que = 2
queremos = 1
será = 1
estadística = 1
texto = 2
un = 1
una = 1

Total palabras: 44
Total palabras diferentes: 35
```

Según lo expuesto, cada nodo del árbol tendrá que hacer referencia a un área de datos que incluya tanto la palabra como el número de veces que apareció en el texto. Estos datos serán los miembros de una estructura *Datos* definida así:

```
typedef struct
{
  char *palabra;
  int contador;
} Datos;
```

El árbol de búsqueda que tenemos que construir utilizará la interfaz *interfaz_abb* realizada anteriormente en este mismo capítulo, al hablar de árboles binarios de búsqueda. Cada nodo de este árbol apuntará a una estructura de tipo *Datos*.

Pero, para utilizar esa interfaz tenemos que definir las funciones *comparar*, para que permita comparar dos objetos de tipo *Datos* por el atributo *nombre*, así como *procesar* y *liberarmem*:

```
/////////////////////////////////////////////////////////////////
// Definir las funciones: comparar, procesar y liberarmem, según
// los prototipos especificados en interfaz_abb.h, para
// adaptarlas a nuestras necesidades.
//
// Permite comparar los datos de dos nodos.
int comparar(void *datos1, void *datos2)
{
  return strcmp(((Datos *)datos1)->palabra,
                ((Datos *)datos2)->palabra);
}

// Copiar los datos de un nodo en otro
void copiar(void *datos1, void *datos2)
{
  *((Datos *)datos1) = *((Datos *)datos2);
}

// Permite mostrar los datos del nodo visitado.
void procesar(void *datos)
{
  Datos *ocurrencia = (Datos *)datos;
  if (!ocurrencia) return;
  printf("%s = %d\n", ocurrencia->palabra, ocurrencia->contador);
}

// Liberar la memoria del área de datos del nodo visitado.
void liberarmem(void *datos)
{
  free(((Datos *)datos)->palabra);
  free((Datos *)datos);
}
/////////////////////////////////////////////////////////////////
```

La función **main**, de forma resumida, realiza las siguientes operaciones: verifica si se ha pasado como parámetro el nombre de un archivo de texto (cuando no se pase, los datos se tomarán de la entrada estándar); utilizando la función *leerPalabra*, extrae las palabras que componen el texto y construye un árbol de búsqueda; y finalmente, una vez construido el árbol, lo recorre para calcular y visualizar los resultados pedidos.

El código completo de la aplicación que hemos denominado *palabras* se muestra a continuación:

```
//////////////////////////////////////////////////////////////////
// Frecuencia con la que aparecen las palabras en un texto.
// palabras.c
//
#include <stdio.h>
#include <stdlib.h>
#include <string.h>
#include "interfaz_abb.h"

typedef struct
{
  char *palabra;
  int contador;
} Datos;

int totalPalabras = 0;
int totalPalabrasDiferentes = 0;

//////////////////////////////////////////////////////////////////
// Definir las funciones: comparar, procesar y liberarmem, según
// los prototipos especificados en interfaz_abb.h, para
// adaptarlas a nuestras necesidades.
//
// Definirlas aquí
// ...

void mostrarArbol(Nodo *raiz)
{
  inorden(raiz);
}

int esAlfa(int c) // es una letra entre la A - Z o a - z
{
  return (tolower(c) >= 'a' && tolower(c) <= 'z');
}

int esVocalAc(int c) // c ¿es una vocal acentuada?
{
  // Valores ASCII de á, é, í, ó, ú: 160, 130, ...
  return c == 160 || c == 130 || c == 161 || c == 162 || c == 163;
}

char *leerPalabra(FILE *pf)
{
  // Leer una palabra del archivo referenciado por pf. La palabra
  // queda finalmente apuntada por "palabra"
  int c;
  char *palabra = NULL, *inicio = NULL;

  // Eliminar los caracteres que no forman parte de la palabra
  while ((c = fgetc(pf)) != EOF && !esAlfa(c) && !esVocalAc(c));
```

```
  if (c == EOF) return NULL;

  // Leer una palabra
  palabra = (char *)malloc(256);
  if (!palabra) return 0;
  inicio = palabra;
  *palabra++ = c;
  while ((c = fgetc(pf)) != EOF && esAlfa(c) || esVocalAc(c))
    *palabra++ = c;
  *palabra = '\0';

  // Ajustar el tamaño del bloque de memoria a la palabra
  palabra = realloc(inicio, palabra - inicio + 1);

  // Incrementar el contador de palabras leídas
  totalPalabras++;
  return palabra;
}

void error1(Nodo *raiz)
{
  borrarArbol(&raiz);
  error();
}

int main(int argc, char *argv[])
{
  Nodo *raiz = NULL; // árbol binario de búsqueda
  Datos *ocurrencia = NULL, *encontrado = NULL;
  char *palabra = NULL;
  FILE *pf = NULL;

  // Analizar la línea de órdenes y abrir el archivo
  if (argc < 2)
    pf = stdin;
  else if ((pf = fopen(argv[1], "r")) == NULL)
  {
    perror(argv[1]);
    return -1;
  }

  // Leer las palabras del archivo y construir el árbol binario de
  // búsqueda
  while (palabra = leerPalabra(pf))
  {
    // Crear una estructura de tipo Datos
    ocurrencia = (Datos *)malloc(sizeof(Datos));
    if (!ocurrencia) error1(raiz);
    ocurrencia->palabra = palabra;
    encontrado = (Datos *)buscar(ocurrencia, raiz);
    ocurrencia->contador = 1;
```

```
      if (!encontrado)
      {
        if (!insertar(ocurrencia, &raiz))
        {
          free(ocurrencia->palabra);
          free(ocurrencia);
          error1(raiz);
        }
        totalPalabrasDiferentes++;
      }
      else
      {
        encontrado->contador++;
        free(ocurrencia->palabra);
        free(ocurrencia);
      }
    }

    // Mostrar el árbol
    printf("\nArbol:\n");
    mostrarArbol(raiz);
    printf("\nTotal palabras = %d\n", totalPalabras);
    printf("Total palabras diferentes = %d\n", totalPalabrasDiferentes);

    // Borrar el árbol
    borrarArbol(&raiz);
    // Cerrar el archivo
    fclose(pf);
    return 1;
  }
```

EJERCICIOS PROPUESTOS

1. Responda a las siguientes preguntas:

   1) Una lista lineal simplemente enlazada es:

      a) Una matriz dinámica de *n* elementos.
      b) Un conjunto de elementos, cada uno de los cuales mantiene un puntero al siguiente, si existe.
      c) Un conjunto de elementos, cada uno de los cuales mantiene un puntero al siguiente y otro al anterior, si existe.
      d) Ninguna de las anteriores.

   2) En una pila:

      a) Se puede insertar un elemento entre otros dos.
      b) Se puede insertar un elemento en la cima de la pila.

c) Se puede borrar un elemento entre otros dos.
d) Ninguna de las anteriores.

3) En una pila:

a) Se puede obtener un elemento entre otros dos.
b) Se puede obtener el elemento de la cima de la pila sin eliminarlo de la misma.
c) Cuando se obtiene el elemento de la cima de la pila también es eliminado.
d) Ninguna de las anteriores.

4) En un árbol ordenado:

a) Todas sus ramas están ordenadas lo que permitirá acceder a sus nodos como si de una lista lineal ordenada se tratara.
b) Todas sus ramas están ordenadas lo que le convierte en un árbol perfectamente equilibrado.
c) El número de nodos del subárbol izquierdo y el número de nodos del subárbol derecho difieren como mucho en 1.
d) Ninguna de las anteriores.

5) Partiendo del siguiente código:

```
typedef struct s
{
  double dato;
  struct s *siguiente;
} Elemento;

void insertar(Elemento **lista, Elemento *e)
{
  Elemento *p;

  // código pedido

  if (*lista != NULL)
  {
    p = *lista;
    while (p->siguiente != NULL) p = p->siguiente;
    p->siguiente = e;
  }
  else
    *lista = e;
}
```

¿Qué código tenemos que escribir en el lugar del comentario para insertar el elemento apuntado por *e*, suponiendo que está perfectamente iniciado?

a) `e->siguiente = lista.`
b) `e->siguiente = *lista.`
c) `e->siguiente = **lista.`
d) `e->siguiente = NULL.`

6) Partiendo del siguiente código:

```
typedef struct s
{
  double dato;
  struct s *siguiente;
} Elemento;

void mostrar(Elemento *p)
{
  if (p != NULL)
  {
    mostrar(p->siguiente);
    printf("%d ", p->dato);
  }
}
```

¿Qué visualizará la función *mostrar* cuando reciba como argumento una lista con los valores 1, 3, 5, 7, 9 (el primer elemento es el 1)?

a) 1, 5, 3, 9, 7.
b) 1, 3, 5, 7, 9.
c) 9, 7, 5, 3, 1.
d) 7, 9, 5, 1, 3.

7) Partiendo del siguiente código:

```
typedef struct s
{
  double dato;
  struct s *siguiente;
} Elemento;

void borrarPrimero(Elemento **lista)
{
  Elemento *p = *lista;
  if (p != NULL)
  {
    // código pedido
  }
}
```

¿Cómo completaría la función *borrarPrimero* para que borre el primer elemento de la lista pasada como argumento?

a) `free(p); *lista = p->siguiente;`
b) `*lista = p->siguiente; free(p);`
c) `*lista = p->siguiente; free(*lista);`
d) `free(*p); *lista = p->siguiente;`

8) Partiendo del siguiente código:

```
typedef struct s
{
  double dato;
  struct s *siguiente;
} Elemento;

Elemento *irA(Elemento **lista)
{
  Elemento *p = *lista;
  while (p->siguiente != NULL) p = p->siguiente;
  return p;
}
```

¿Qué devuelve la función *irA*?

a) Un puntero al último elemento.
b) NULL.
c) Un puntero al penúltimo elemento.
d) Un puntero al primer elemento.

9) ¿Qué almacena en el archivo "notas" el programa siguiente?

```
typedef struct
{
  char nombreAsig[40];
  double nota;
} tAsignatura;

typedef struct s
{
  char nombre[40];
  int numerosAsignaturas;
  tAsignatura *asignatura;
  struct s *siguiente;
} tAlumno;

int main(void)
{
  FILE *pf = fopen("notas", "w");
  tAsignatura as[3] = {"as01", 5, "as02", 6, "as01", 7};
  tAlumno alumno = {"alu01", 3, as, NULL};
  fwrite(&alumno, sizeof(tAlumno), 1, pf);
```

```
  fclose(pf);
}
```

a) Nombre, número de asignaturas, los datos de la matriz *as* y NULL.
b) Nombre, número de asignaturas, la dirección *as* y NULL.
c) Nombre y número de asignaturas.
d) Ninguna de las respuestas anteriores es válida.

10) Cuando se recorre un árbol utilizando la forma *inorden*:

a) Primero se visita la raíz, después el subárbol izquierdo y, por último, el subárbol derecho.
b) Primero se visita el subárbol izquierdo, después el subárbol derecho y, por último, la raíz.
c) Primero se visita el subárbol izquierdo, después la raíz y, por último, el subárbol derecho.
d) Primero se visita el subárbol derecho, después la raíz y, por último, el subárbol izquierdo.

2. Se quiere escribir un programa para manipular ecuaciones algebraicas o polinómicas dependientes de las variables *x* e *y*; por ejemplo:

$$2x^3y - xy^3 + 8.25 \text{ más } 5x^5y - 2x^3y + 7x^2 - 3 \text{ igual a } 5x^5y + 7x^2 - xy^3 + 5.25$$

para lo que se aconseja utilizar la interfaz *llseo*, lista lineal simplemente enlazada ordenada, que fue implementada en el primer ejercicio del apartado *Ejercicios resueltos*.

Cada término del polinomio será representado por una estructura de tipo *Termino* y cada polinomio, por una lista lineal simplemente enlazada ordenada, de elementos de este tipo. La estructura *Termino* puede escribirse así:

```
// Tipo Termino: define una expresión de la forma a.x^n.y^m
//               a es el coeficiente de tipo double.
//               n y m son los exponentes enteros de x e y.
typedef struct
{
  double coeficiente; // coeficiente
  int exponenteDeX    // exponente de x
  int exponenteDeY;   // exponente de y
} Termino;
```

Los términos de un polinomio estarán ordenados ascendentemente primero por *x* y después por *y*. El algoritmo que emplearemos será el siguiente: a cada unidad del exponente de *x* le damos un peso *k* y a cada unidad del exponente de *y*, un peso de *1*; la suma de ambas cantidades nos da el valor utilizado para efectuar la ordenación requerida. El valor de *k* es la potencia de 10 que sea igual o mayor que el mayor de los exponentes de *x* e *y* del término a insertar.

La función encargada de comparar dos términos será:

```
int comparar(void *datos1, void *datos2);
```

La estructura *Termino* representa un término del polinomio, el cual queda perfectamente definido cuando se conoce su coeficiente, el grado de la variable *x* y el grado de la variable *y*: *coeficiente*, *exponenteDeX* y *exponenteDeY*. Es evidente que extender esta estructura a términos de polinomios dependientes de más de dos variables no entraña ninguna dificultad; es cuestión de añadir más miembros.

A continuación, implementar las funciones siguientes:

- *mostrarTermino* para visualizar un término en la pantalla.

  ```
  void mostrarTermino(Termino t);
  ```

- *mostrarPolinomio* para que invocando a la función *mostrarTermino* visualice un polinomio (el tipo *tllseo* fue definido en la interfaz *llseo*).

  ```
  void mostrarPolinomio(tllseo *poli);
  ```

- *liberarMemoria* para liberar la memoria asignada al construir un polinomio.

  ```
  void liberarMemoria(tllseo *poli);
  ```

- *sumar* para sumar dos polinomios. La idea básica es construir un tercer polinomio que contenga los términos de los otros dos, pero sumando los coeficientes de los términos que se repitan en ambos. Los términos en el polinomio resultante también quedarán ordenados ascendentemente por el mismo criterio que se expuso anteriormente. Se eliminarán los términos que resulten nulos (coeficiente 0).

  ```
  tllseo sumar(tllseo pA, tllseo pB);
  ```

- *leerTermino* para crear dinámicamente una estructura del tipo *Termino* y asignar datos solicitados a través del teclado a la misma.

  ```
  Termino *leerTermino();
  ```

Finalmente, la función **main**, utilizando la interfaz *llseo* y las funciones anteriores, leerá dos polinomios y dará como resultado su suma.

3. En un archivo en disco disponemos del *nombre* y del *dni* de un conjunto de alumnos. La estructura de cada registro del archivo es así:

```
typedef struct
{
  char nombre[60];
  unsigned long dni;
} alumno;
```

Se desea escribir un programa para visualizar los registros del archivo, ordenados por el miembro *dni*. Para ello leeremos los registros desde el archivo y los almacenaremos en un árbol binario de búsqueda ordenado por el *dni*. Cada nodo del árbol será de la forma siguiente:

```
typedef struct elem
{
  alumno datos;       // datos del nodo
  struct elem *izdo; // raíz del subárbol izquierdo
  struct elem *dcho; // raíz del subárbol derecho
} nodo;
```

Se pide:

a) Escribir una función *insertar* que permita añadir nodos a una estructura en árbol binario de búsqueda. Los nodos estarán ordenados por el miembro *dni*.

```
nodo *insertar(nodo **raiz, alumno a);
```

El parámetro *raíz* es la raíz del árbol y *a* es el registro, leído del archivo, que hay que añadir al árbol.

b) Escribir una función *visu_ascen* para que recorra el árbol apuntado por *raíz* y visualice los datos en orden ascendente del miembro *dni*.

```
void visu_ascen(nodo *raiz);
```

c) Escribir una función *visu_descen* para que recorra el árbol apuntado por *raíz* y visualice los datos en orden descendente del miembro *dni*.

```
void visu_descen(nodo *raiz);
```

Utilizando las funciones anteriores, escribir un programa *listar* que reciba a través de la línea de órdenes el nombre de un archivo y el orden de presentación y visualice los registros del archivo en el orden especificado:

```
listar -a archivo
```

```
listar -d archivo
```

donde *archivo* es el nombre del archivo cuyos registros queremos visualizar, *a* significa ascendentemente y *d* significa descendentemente.

4. El filtro *sort* de Windows lee líneas de texto del archivo estándar de entrada y las muestra en orden alfabético en el archivo estándar de salida. El ejemplo siguiente aclara cómo funciona el filtro *sort*:

```
sort[Entrar]
lo que puede hacerse
en cualquier momento
no se hará
en ningún momento.
(eof)
en cualquier momento
en ningún momento.
lo que puede hacerse
no se hará
```

Se desea escribir un programa que actúe como el filtro *sort*. Para ordenar las distintas líneas vamos a ir insertándolas en un árbol binario de búsqueda, de tal forma que al recorrerlo podamos presentar las líneas en orden alfabético. Cada nodo del árbol se ajustará a la definición siguiente:

```
typedef struct datos
{
  char *linea; // puntero a una línea de texto
  struct datos *izq, *der;
} nodo;
```

Para realizar esta aplicación se pide escribir al menos las funciones siguientes:

a) Una función que lea líneas del archivo estándar de entrada y genere un árbol binario de búsqueda. El prototipo de esta función será así:

```
nodo *crear_arbol(void);
```

La función devolverá un puntero al nodo raíz del árbol creado.

b) Una función que recorra un árbol de las características anteriores y presente las líneas de texto que referencian sus nodos. El prototipo de esta función será:

```
void imprimir_arbol(nodo *a, char orden);
```

Los valores posibles del parámetro *orden* son: *a*, mostrar las líneas en orden alfabético ascendente, y *b*, mostrar las líneas en orden alfabético descendente.

Escribir un programa que responda a la funcionalidad siguiente:

- Leer líneas del archivo estándar de entrada y presentarlas en el archivo estándar de salida en orden alfabético ascendente:

```
nombre_programa
```

- Leer líneas del archivo estándar de entrada y presentarlas en el archivo estándar de salida en orden alfabético descendente:

```
nombre_programa -r
```

CAPÍTULO 12

ALGORITMOS DE USO COMÚN

En este capítulo vamos a exponer cómo resolver problemas muy comunes en programación. El primero que nos vamos a plantear es la recursión; se trata de un problema cuyo planteamiento forma parte de su solución. El segundo problema que vamos a abordar es la ordenación de objetos en general; la ordenación es tan común que no necesita explicación; algo tan cotidiano como una guía telefónica es un ejemplo de una lista ordenada. El localizar un determinado teléfono exige una búsqueda por algún método; el problema de búsqueda será el último que resolveremos.

RECURSIVIDAD

Se dice que un proceso es recursivo si forma parte de sí mismo, o sea que se define en función de sí mismo. Ejemplos típicos de recursión los podemos encontrar frecuentemente en problemas matemáticos, en estructuras de datos y en muchos otros problemas.

La recursión es un proceso extremadamente potente, pero consume muchos recursos, razón por la que la analizaremos detenidamente, para saber cuándo y cómo aplicarla. De este análisis deduciremos que, aunque un problema por definición sea recursivo, no siempre será el método de solución más adecuado.

En las aplicaciones prácticas, antes de poner en marcha un proceso recursivo es necesario demostrar que el nivel máximo de recursión, esto es, el número de veces que se va a llamar a sí mismo, es no solo finito, sino realmente pequeño. La razón es que se necesita cierta cantidad de memoria para almacenar el estado del proceso cada vez que se abandona temporalmente, debido a una llamada para ejecutar otro proceso que es él mismo. El estado del proceso de cálculo en curso hay que almacenarlo para recuperarlo cuando se acabe la nueva ejecución del proceso y haya que reanudar la antigua.

En términos de un lenguaje de programación, una función es recursiva cuando se llama a sí misma.

Un ejemplo es la función de Ackerman, *A*, la cual está definida para todos los valores enteros no negativos *m* y *n* de la forma siguiente:

```
A(0,n) = n+1
A(m,0) = A(m-1,1)              (m > 0)
A(m,n) = A(m-1,A(m,n-1))       (m,n > 0)
```

El seudocódigo que especifica cómo solucionar este problema aplicando la recursión es el siguiente:

```
<función A(m,n)>
  IF (m es igual a 0) THEN
    devolver como resultado n+1
  ELSE IF (n es igual a 0) THEN
    devolver como resultado A(m-1,1)
  ELSE
    devolver como resultado A(m-1,A(m,n-1))
  ENDIF
END <función A(m,n)>
```

A continuación presentamos esta función como parte de un pequeño ejemplo:

```
/* ackerman.c
 */
#include <stdio.h>

int Ackerman(int m, int n)
{
  // Función recursiva de Ackerman:
  //   A(0,n) = n+1
  //   A(m,0) = A(m-1,1)              (m > 0)
  //   A(m,n) = A(m-1,A(m,n-1))       (m,n > 0)
  if (m == 0)
    return n+1;
  else if (n == 0)
    return Ackerman(m-1, 1);
  else
    return Ackerman(m-1, Ackerman(m,n-1));
}

int main(void)
{
```

```
  int m, n, a;
  printf("Cálculo de A(m,n)=A(m-1,A(m,n-1))\n\n");
  printf("Valores de m y n : ");
  scanf("%d %d", &m, &n);
  a = Ackerman(m,n);
  printf("\n\nA(%d,%d) = %d\n",m,n,a);
}
```

Supongamos ahora que nos planteamos el problema de resolver la función de Ackerman, pero sin aplicar la recursión. Esto nos exigirá salvar las variables necesarias del proceso en curso, cada vez que la función se llame a sí misma, con el fin de poder reanudarlo cuando finalice el nuevo proceso invocado.

La mejor forma de hacer esto es utilizar una pila, con el fin de almacenar los valores *m* y *n* cada vez que se invoque la función para una nueva ejecución y tomar estos valores de la cima de la pila, cuando esta nueva ejecución finalice, con el fin de reanudar la antigua.

El seudocódigo para esta función puede ser el siguiente:

```
<función A(m,n)>
  Utilizar una pila para almacenar los valores de m y n
  Iniciar la pila con los valores m,n
  DO
    Tomar los datos de la parte superior de la pila
    IF (m es igual a 0) THEN
      Amn = n+1
      IF (pila no vacía)
        sacar de la pila los valores: m, n
        meter en la pila los valores: m, Amn
      ELSE
        devolver como resultado Amn
      ENDIF
    ELSE IF (n es igual a 0) THEN
      meter en la pila los valores: m-1,1
    ELSE
      meter en la pila los valores: m-1, Amn
      meter en la pila los valores: m,n-1
    ENDIF
  WHILE (true)
END <función A(m,n)>
```

A continuación, presentamos el código correspondiente a esta función que hemos denominado *AckermanNR*. Dicha función se ha incluido como parte de un pequeño ejemplo que también implementa la interfaz para acceder a la pila necesaria para realizar los cálculos.

```
/* ackermanNR.c
 */
#include <stdio.h>
#include <stdlib.h>

typedef struct datos elemento;
typedef elemento * pelemento;
struct datos
{
  int m,n;
  pelemento siguiente;
};

void error(void)
{
  perror("error: no hay suficiente espacio en la pila\n\n");
  exit(1);
}

pelemento NuevoElemento()
{
  pelemento q = (pelemento)malloc(sizeof(elemento));
  if (!q) error();
  return (q);
}

int Ackerman(int, int);
void mete_pila(pelemento *, int, int);
void saca_pila(pelemento *, int *, int *);

int main(void)
{
  int m, n, a;
  printf("Cálculo de A(m,n)=A(m-1,A(m,n-1))\n\n");
  printf("Valores de m y n : ");
  scanf("%d %d", &m, &n);
  a = Ackerman(m,n);
  printf("\n\nA(%d,%d) = %d\n",m,n,a);
}

// Función de Ackerman implementada como una función no recursiva
int Ackerman(int m, int n)
{
  pelemento pila = NULL;  // pila de elementos (m,n)
  int Ackerman_m_n = 0;

  mete_pila(&pila, m, n);

  while (1)
  {
    // Tomar los datos de la cima de la pila
```

```
      saca_pila(&pila, &m, &n);
      if (m == 0) // resultado para un elemento A(m,n) calculado
      {
        Ackerman_m_n = n+1;
        if (pila)
        {
          saca_pila(&pila, &m, &n);
          mete_pila(&pila, m, Ackerman_m_n);
        }
        else
          return (Ackerman_m_n);
      }
      else if (n == 0)
        mete_pila(&pila, m-1, 1);
      else
      {
        mete_pila(&pila,m-1,Ackerman_m_n); // n=Ackerman(m,n-1)
        mete_pila(&pila, m, n-1);
      }
    }
}

// Función para meter m y n en la pila
void mete_pila(pelemento *p, int m, int n)
{
  pelemento q;
  q = NuevoElemento();
  q->m = m, q->n = n;
  q->siguiente = *p;
  *p = q;
}

// Función para sacar m y n de la pila
void saca_pila(pelemento *p, int *pm, int *pn)
{
  pelemento q = *p; // cima de la pila
  if (q == NULL)
  {
    printf("\nPila vacía\n");
    exit(2);
  }
  else
  {
    *pm = q->m, *pn = q->n;
    *p = q->siguiente;
    free(q);
  }
}
```

Un proceso en el que es realmente eficaz aplicar la recursión es el problema de las *torres de Hanoi*. Este problema consiste en tres barras verticales *A*, *B* y *C* y *n* discos, de diferentes tamaños, apilados inicialmente sobre la barra *A*, en orden de tamaño decreciente.

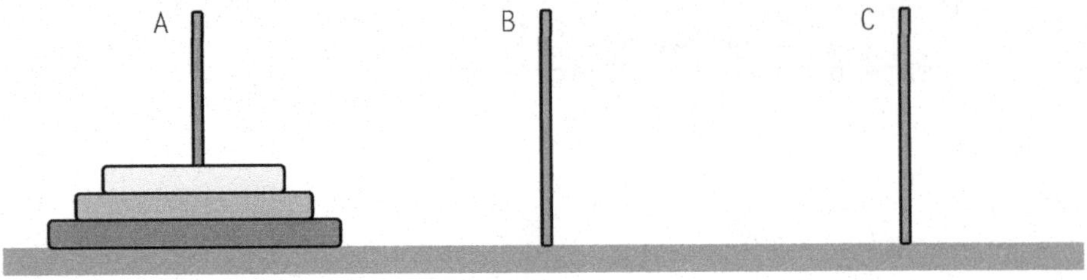

El objetivo es mover los discos desde la barra *A* a la *C*, conservando su orden, bajo las siguientes reglas:

1. Se moverá solo un disco cada vez.
2. Un disco no puede situarse sobre otro más pequeño.
3. Se utilizará la barra *B* como pila auxiliar.

Una posible solución es el algoritmo recursivo que se muestra a continuación:

1. Mover *n–1* discos de la barra *A* a la *B* (el disco *n* es el del fondo).
2. Mover el disco *n* de la barra *A* a la *C*, y
3. mover los *n–1* discos de la barra *B* a la *C*.

Resumiendo estas condiciones en un cuadro obtenemos:

	n.º discos	**origen**	**otra torre**	**destino**
inicialmente	n	A	B	C
1	n–1	A	C	B
2	1	A	B	C
3	n–1	B	A	C

La función a realizar será mover *n discos* de *origen* a *destino*:

```
mover(n_discos, origen, otratorre, destino);
```

El seudocódigo para este programa puede ser el siguiente:

```
<función mover(n_discos, A, B, C)>
  IF (n_discos es mayor que 0) THEN
    mover(n_discos-1, A, C, B)
    mover(disco_n, A, B, C)
    mover(n_discos-1, B, A, C)
```

```
  ENDIF
END <función mover>
```

A continuación presentamos la función correspondiente a este problema como parte de un pequeño ejemplo. El resultado será los movimientos realizados y el número total de movimientos.

```
/* hanoi.c
 */
#include <stdio.h>

int mover(int, char, char, char);

// Ejemplo de las Torres de Hanoi
int main(void)
{
  int n_discos, movimientos;

  printf("Número de discos : ");
  scanf("%d", &n_discos);
  movimientos = mover(n_discos, 'A', 'B', 'C');
  printf("\nmovimientos efectuados: %d\n", movimientos);
}

// Función para mover discos de una torre a otra
int mover(int n_discos, char a, char b, char c)
{
  static int movimientos = 0;

  if (n_discos > 0)
  {
    mover(n_discos-1, a, c, b);
    printf("mover disco de %c a %c\n", a, c);
    movimientos++;
    mover(n_discos-1, b, a, c);
  }
  return movimientos;
}
```

Si ejecuta la aplicación anterior para *n_discos = 3*, el resultado será el siguiente:

```
Número de discos : 3
mover disco de A a C
mover disco de A a B
mover disco de C a B
mover disco de A a C
mover disco de B a A
mover disco de B a C
```

```
mover disco de A a C

movimientos efectuados: 7
```

Como ejercicio se propone realizar la función *mover* sin utilizar recursión.

ORDENACIÓN DE DATOS

Uno de los procedimientos más comunes y útiles en el procesamiento de datos es la ordenación de los mismos. Se considera ordenar al proceso de reorganizar un conjunto dado de objetos en una secuencia determinada. El objetivo de este proceso generalmente es facilitar la búsqueda de uno o más elementos pertenecientes a un conjunto. Son ejemplos de datos ordenados las listas de los alumnos matriculados en una cierta asignatura, las listas del censo, los índices alfabéticos de los libros, las guías telefónicas, etc. Esto quiere decir que muchos problemas están relacionados de alguna forma con el proceso de ordenación. Es por lo que la ordenación es un problema importante a considerar.

La ordenación, tanto numérica como alfanumérica, sigue las mismas reglas que empleamos nosotros en la vida normal. Esto es, un dato numérico es mayor que otro cuando su valor es más grande, y una cadena de caracteres es mayor que otra cuando está después por orden alfabético.

Podemos agrupar los métodos de ordenación en dos categorías: ordenación de matrices u ordenación interna (cuando los datos se guardan en memoria interna) y ordenación de archivos u ordenación externa (cuando los datos se guardan en memoria externa; generalmente en discos).

En este apartado no se trata de analizar exhaustivamente todos los métodos de ordenación y ver sus prestaciones de eficiencia, rapidez, etc., sino que simplemente analizaremos desde el punto de vista práctico los métodos más comunes para ordenación de matrices y de archivos.

Método de la burbuja

Hay muchas formas de ordenar datos, pero una de las más conocidas es la ordenación por el método de la burbuja.

Veamos a continuación el algoritmo correspondiente a este método para ordenar una lista de menor a mayor, partiendo de que los datos a ordenar están almacenados en una matriz de *n* elementos:

1. Comparamos el primer elemento con el segundo, el segundo con el tercero, el tercero con el cuarto, etc. Cuando el resultado de una comparación sea "mayor que", se intercambian los valores de los elementos comparados. Con esto conseguimos llevar el valor mayor a la posición *n*.

2. Repetimos el punto 1, ahora para los *n–1* primeros elementos de la lista. Con esto conseguimos llevar el valor mayor de estos a la posición *n–1*.

3. Repetimos el punto 1, ahora para los *n–2* primeros elementos de la lista y así sucesivamente.

4. La ordenación estará finalizada cuando al repetir el *iésimo* proceso de comparación no haya habido ningún intercambio o, en el peor de los casos, después de repetir el proceso de comparación descrito *n–1* veces.

   El seudocódigo para este algoritmo puede ser el siguiente:

```
<función ordenar(matriz "a" de "n" elementos)>
["a" es un matriz cuyos elementos son a0, a1, ..., an-1]
  n = n-1
  DO WHILE ("a" no esté ordenado y n > 0 )
    i = 1
    DO WHILE ( i <= n )
      IF ( a[i-1] > a[i] ) THEN
        permutar a[i-1] con a[i]
      ENDIF
      i = i+1
    ENDDO
    n = n-1
  ENDDO
END <función ordenar>
```

El ejemplo siguiente incluye la función *ordenar* que utiliza este algoritmo para ordenar una matriz de tipo **double** o un conjunto de cadenas de caracteres referenciadas por una matriz de punteros.

```
/////////////////////////////////////////////////////////////////////
// Ordenación por el método de la burbuja. La función "ordenar"
// se presenta en dos versiones: una para ordenar una matriz de
// tipo double y otra para ordenar una matriz de cadenas.
//
void ordenar_n(double m[], int n_elementos)
{
  // Ordenación numérica
  double aux;
  int s = 1;
```

```
  while (s && (--n_elementos > 0))
  {
    s = 0; // no permutación
    for (int i = 1; i <= n_elementos; i++)
      // ¿ el elemento (i-1) es mayor que el (i) ?
      if (m[i-1] > m[i])
      {
        // permutar los elementos (i-1) e (i)
        aux = m[i-1];
        m[i-1] = m[i];
        m[i] = aux;
        s = 1; // permutación
      }
  }
}

void ordenar_a(char *m[], int n_elementos)
{
  // Ordenación alfabética
  char *aux;
  int s = 1;

  while (s && (--n_elementos > 0))
  {
    s = 0; // no permutación
    for (int i = 1; i <= n_elementos; i++)
      // ¿ el elemento (i-1) es mayor que el (i) ?
      if (strcmp(m[i-1], m[i]) > 0)
      {
        // permutar los elementos (i-1) e (i)
        // (se permutan sus direcciones)
        aux = m[i-1];
        m[i-1] = m[i];
        m[i] = aux;
        s = 1; // permutación
      }
  }
}
//////////////////////////////////////////////////////////////////////
```

Observe que *s* inicialmente vale 0 para cada iteración y toma el valor 1 cuando al menos se efectúa un cambio entre dos elementos. Si en una exploración a lo largo de la lista no se efectúa cambio alguno, *s* permanecerá valiendo 0, lo que indica que la lista está ordenada, terminando así el proceso.

Cuando se analiza un método de ordenación, hay que determinar cuántas comparaciones e intercambios se realizan para el caso más favorable, para el caso medio y para el caso más desfavorable.

En el método de la burbuja se realizan $(n-1)(n/2)=(n^2-n)/2$ comparaciones en el caso más desfavorable, donde n es el número de elementos a ordenar. Para el caso más favorable (la lista está ordenada), el número de intercambios es 0. Para el caso medio es $3(n^2-n)/4$, hay tres intercambios por cada elemento desordenado. Y para el caso menos favorable, el número de intercambios es $3(n^2-n)/2$. El análisis matemático que conduce a estos valores queda fuera del propósito de este libro. El tiempo de ejecución es un múltiplo de n^2 y está directamente relacionado con el número de comparaciones y de intercambios.

La siguiente función **main** permite poner a prueba de una forma rápida y sencilla las dos funciones anteriores.

```
int main(void)
{
  int n_elementos = 5;
  // Matriz numérica
  double m[] = {3,2,1,5,4};
  // Matriz de punteros a cadenas de caracteres
  char *s[] = {"ccc","bbb","aaa","eee","ddd"};
  ordenar_n(m, n_elementos);
  for (int i = 0; i < n_elementos; i++)
    printf("%g ", m[i]);
  printf("\n");
  ordenar_a(s, n_elementos);
  for (int i = 0; i < n_elementos; i++)
    printf("%s ", s[i]);
  printf("\n");
}
```

Método de inserción

El algoritmo para este método de ordenación es el siguiente: inicialmente, se ordenan los dos primeros elementos de la matriz, luego se inserta el tercer elemento en la posición correcta con respecto a los dos primeros, a continuación se inserta el cuarto elemento en la posición correcta con respecto a los tres primeros elementos ya ordenados y así sucesivamente hasta llegar al último elemento de la matriz. El seudocódigo para este algoritmo puede ser el siguiente:

```
<función inserción(matriz "a" de "n" elementos)>
["a" es un matriz cuyos elementos son a0, a1, ..., an-1]
  i = 1
  DO WHILE ( i < n )
    x = a[i]
    insertar x en la posición correcta entre a0 y ai
  ENDDO
END <inserción>
```

La siguiente figura muestra el resultado que se obtiene al aplicar este algoritmo sobre una lista de números:

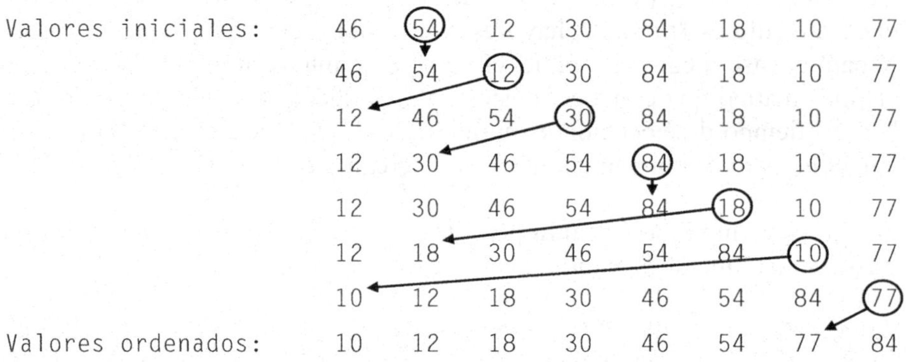

Una función que implemente este algoritmo, para el caso concreto de ordenar numéricamente una lista de valores, es la siguiente:

```
void insercion(double m[], int n_elementos)
{
  double x;
  // Desde el segundo elemento
  for (int i = 1; i < n_elementos; i++)
  {
    x = m[i];
    int k = i-1;
    // Para k=-1, se ha alcanzado el extremo izquierdo.
    while (k >=0 && x < m[k])
    {
      m[k+1] = m[k]; // hacer hueco para insertar
      k--;
    }
    m[k+1] = x; // insertar x en su lugar
  }
}
```

Análisis del método de inserción directa:

	comparaciones	**intercambios**
caso más favorable	n–1	2(n–1)
caso medio	$(n^2+n-2)/4$	$(n^2+9n-10)/4$
caso menos favorable	$(n^2+n)/2-1$	$(n^2+3n-4)/2$

Para el método de inserción, el tiempo de ejecución es función de n^2 y está directamente relacionado con el número de comparaciones y de intercambios.

Método quicksort

El método de ordenación *quicksort* está generalmente considerado como el mejor algoritmo de ordenación disponible actualmente. El proceso seguido por este algoritmo es el siguiente:

1. Se selecciona un valor perteneciente al rango de valores de la matriz. Este valor se puede escoger aleatoriamente o haciendo la media de un pequeño conjunto de valores tomados de la matriz. El valor óptimo sería la mediana (el valor que es menor o igual que los valores correspondientes a la mitad de los elementos de la matriz y mayor o igual que los valores correspondientes a la otra mitad). No obstante, incluso en el peor de los casos (el valor escogido está en un extremo), *quicksort* funciona correctamente.

2. Se divide la matriz en dos partes: una con todos los elementos menores que el valor seleccionado y otra con todos los elementos mayores o iguales.

3. Se repiten los puntos 1 y 2 para cada una de las partes en las que se ha dividido la matriz, hasta que esté ordenada.

El proceso descrito es esencialmente recursivo. Según lo expuesto, el seudocódigo para este algoritmo puede ser el siguiente:

```
<función qs(matriz "a")>
  Se elige un valor x de la matriz
  DO WHILE ( "a" no esté dividido en dos partes )
    [dividir "a" en dos partes: a_inf y a_sup]
    a_inf con los elementos ai < x
    a_sup con los elementos ai >= x
  ENDDO
  IF ( existe a_inf ) THEN
    qs( a_inf )
  ENDIF
  IF ( existe a_sup ) THEN
    qs( a_sup)
  ENDIF
END <qs>
```

A continuación se muestra una versión de este algoritmo, que selecciona el elemento medio de la matriz para proceder a dividirla en dos partes. Esto resulta fácil de implementar, aunque no siempre da lugar a una buena elección. A pesar de ello, funciona correctamente.

```
// Función recursiva basada en el algoritmo quicksort
// que permite ordenar una lista de números.
```

```
void qs(int lista[], int inf, int sup)
{
  int izq = 0, der = 0;
  int mitad = 0, x = 0;

  izq = inf; der = sup;
  mitad = lista[(izq+der)/2];
  do
  {
    while (lista[izq] < mitad && izq < sup) izq++;
    while (mitad < lista[der] && der > inf) der--;
    if (izq <= der)
    {
      x = lista[izq], lista[izq] = lista[der], lista[der] = x;
      izq++; der--;
    }
  }
  while (izq <= der);
  if (inf < der) qs(lista, inf, der);
  if (izq < sup) qs(lista, izq, sup);
}

// Función quicksort
void quicksort(int lista[], int n_elementos)
{
  qs(lista, 0, n_elementos - 1);
}
```

Observamos que cuando el valor *mitad* se corresponde con uno de los valores de la lista, las condiciones *izq < sup* y *der > inf* de las sentencias:

```
while (lista[izq] < mitad && izq < sup) izq++;
while (mitad < lista[der] && der > inf) der--;
```

no serían necesarias. En cambio, si el valor mitad es un valor no coincidente con un elemento de la lista, pero que está dentro del rango de valores al que pertenecen los elementos de la misma, esas condiciones son necesarias para evitar que se puedan sobrepasar los límites de los índices de la matriz. Para experimentarlo, pruebe como ejemplo la lista de valores *1 1 3 1 1* y elija *mitad* = *2* fijo.

En el método *quicksort*, en el caso más favorable, esto es, cada vez que se selecciona la mediana obteniéndose dos particiones iguales, se realizan $n \times log\ n$ comparaciones y $n/6 \times log\ n$ intercambios, donde n es el número de elementos a ordenar; en el caso medio, el rendimiento es inferior al caso óptimo en un factor de $2 \times log\ 2$; y en el caso menos favorable, esto es, cada vez se selecciona el valor mayor obteniéndose una partición de $n-1$ elementos y otra de un elemento, el rendimiento es del orden de $n \times n = n^2$. Con el fin de mejorar el caso menos favorable, se sugiere elegir, cada vez, un valor aleatoriamente o un valor que sea la mediana de un pequeño conjunto de valores tomados de la matriz.

La función *qs* sin utilizar la recursión puede desarrollarse de la forma siguiente:

```
/* quicksortNR.c
 */
#include <stdio.h>
#include <stdlib.h>
#define NE 100

typedef struct
{
  int inf, sup;
} elemento_pila;

// Función no recursiva qs
void qs(int lista[], int inf, int sup)
{
  elemento_pila pila[NE];
  int izq, der;
  int mitad, x, p;

  // Inicializar la pila con los valores: inf, sup
  p = 1, pila[p].inf = inf, pila[p].sup = sup;
  do
  {
    // tomar los datos inf, sup de la parte superior de la pila
    inf = pila[p].inf, sup = pila[p].sup, p--;
    do
    {
      // División de la matriz en dos partes
      izq = inf; der = sup;
      mitad = lista[(izq+der)/2];
      do
      {
        while (lista[izq] < mitad && izq < sup) izq++;
        while (mitad < lista[der] && der > inf) der--;
        if (izq <= der)
        {
          x=lista[izq], lista[izq]=lista[der], lista[der]=x;
          izq++; der--;
        }
      }
      while (izq <= der);

      if (izq < sup)
      {
        // meter en la pila los valores: izq, sup
```

```
          p++, pila[p].inf = izq, pila[p].sup = sup;
        }
        /* inf = inf; */  sup = der;
      }
      while (inf < der);
    }
    while (p);
}

// Función quicksort
void quicksort(int lista[], int n_elementos)
{
  qs(lista, 0, n_elementos - 1);
}

int main(void)
{
  int lista[] = { 10, 3, 7, 5, 12, 1, 27, 3, 8, 13 };
  int n_elementos = sizeof(lista)/sizeof(int);

  quicksort(lista, n_elementos);

  printf("Lista ordenada:\n");
  for (int i = 0; i < n_elementos; i++)
    printf("%6d", lista[i]);
  printf("\n");
}
```

En esta solución observamos que después de cada paso se generan dos nuevas sublistas. Una de ellas la tratamos en la siguiente iteración y la otra la posponemos, guardando sus límites *inf* y *sup* en una pila.

Comparación de los métodos expuestos

Si medimos los tiempos consumidos por los métodos de ordenación estudiados anteriormente, observaremos que el método de la burbuja es el peor de los métodos; el método de inserción directa mejora considerablemente y el método *quicksort* es el más rápido y mejor método de ordenación de matrices con diferencia.

BÚSQUEDA DE DATOS

El objetivo de ordenar un conjunto de objetos es, generalmente, facilitar la búsqueda de uno o más elementos pertenecientes a ese conjunto, aunque es posible realizar dicha búsqueda sin que el conjunto de objetos esté ordenado, pero esto trae como consecuencia un mayor tiempo de proceso.

Búsqueda secuencial

Este método de búsqueda, aunque válido, es el menos eficiente. Se basa en comparar el valor que se desea buscar con cada uno de los valores de la matriz. La matriz no tiene porqué estar ordenada.

El seudocódigo para este método de búsqueda puede ser el siguiente:

```
<función búsqueda_S( matriz a, valor que queremos buscar)>
  i = 0
  DO WHILE ( no encontrado )
    IF ( valor = a[i] )
      encontrado
    ENDIF
    i = i+1
  ENDDO
END <búsqueda_S>
```

Como ejercicio, escribir el código correspondiente a una función que permita buscar un valor, previamente leído, en una matriz.

Búsqueda binaria

Un método eficiente de búsqueda, que puede aplicarse a las matrices ordenadas, es la *búsqueda binaria*. Si partimos de que los elementos de la matriz están almacenados en orden ascendente, el proceso de búsqueda binaria puede describirse así: se selecciona el elemento del centro o aproximadamente del centro de la matriz. Si el valor a buscar no coincide con el elemento seleccionado y es mayor que él, se continúa la búsqueda en la segunda mitad de la matriz. Si, por el contrario, el valor a buscar es menor que el valor del elemento seleccionado, la búsqueda continúa en la primera mitad de la matriz. En ambos casos, se halla de nuevo el elemento central, correspondiente al nuevo intervalo de búsqueda, repitiéndose el ciclo. El proceso se repite hasta que se encuentra el valor a buscar o bien hasta que el intervalo de búsqueda sea nulo, lo que querrá decir que el elemento buscado no figura en la matriz.

El seudocódigo para este algoritmo puede ser el siguiente:

```
<función busquedaBin( matriz a, valor que queremos buscar )>
  DO WHILE ( no encontrado y exista un intervalo donde buscar )
    x = elemento mitad del intervalo de búsqueda
    IF ( valor > x ) THEN
      buscar "valor" en la segunda mitad del intervalo de búsqueda
    ELSE
      buscar "valor" en la primera mitad del intervalo de búsqueda
```

```
    ENDIF
  ENDDO
  IF ( se encontró valor ) THEN
    retornar su índice
  ELSE
    retornar -1
  ENDIF
END <búsquedaBin>
```

A continuación se muestra el código correspondiente a esta función.

```
int busquedaBin(double m[], double v, int n_elementos)
{
  // El método busquedaBin devuelve como resultado la posición
  // del valor v en m. Si el valor no se localiza devuelve -1.
  int mitad, inf = 0, sup = n_elementos - 1;

  if (n_elementos == 0) return -1;

  do
  {
    mitad = (inf + sup) / 2;
    if (v > m[mitad])
      inf = mitad + 1;
    else
      sup = mitad - 1;
  }
  while ( m[mitad] != v && inf <= sup);

  if (m[mitad] == v)
    return mitad;
  else
    return -1;
}
```

Búsqueda de cadenas

Uno de los métodos más eficientes en la búsqueda de cadenas dentro de un texto es el algoritmo *Boyer y Moore*. La implementación básica de este método construye una tabla *delta* que se utilizará en la toma de decisiones durante la búsqueda de una subcadena. Dicha tabla contiene un número de entradas igual al número de caracteres del código que se esté utilizando. Por ejemplo, si se está utilizando el código de caracteres ASCII, la tabla será de 256 entradas. Cada entrada contiene el valor *delta* asociado con el carácter que representa. Por ejemplo, el valor *delta* asociado con *A* estará en la entrada *65* y el valor *delta* asociado con el *espacio en blanco*, en la entrada *32*. El valor *delta* para un carácter es la posición de la ocurrencia más a la derecha de ese carácter respecto a la posición final en la cadena buscada. Las entradas correspondientes a los caracteres que no pertenecen a la cadena a buscar tienen un valor igual a la longitud de esta cadena.

Por lo tanto, para definir la tabla *delta* para una determinada subcadena a buscar, construimos una matriz con todos sus elementos iniciados a la longitud de dicha cadena y, luego, asignamos el valor *delta* para cada carácter de la subcadena, así:

```
for ( i = 0; i < longitud_cadena_patrón; i++ )
  delta[cadena_patrón[i]] = longitud_cadena_patrón - i - 1;
```

En el algoritmo de *Boyer y Moore* la comparación se realiza de derecha a izquierda, empezando desde el principio del texto. Es decir, se empieza comparando el último carácter de la cadena que se busca con el correspondiente carácter en el texto donde se busca; si los caracteres no coinciden, la cadena que se busca se desplaza hacia la derecha un número de caracteres igual al valor indicado por la entrada en la tabla *delta* correspondiente al carácter del *texto* que no coincide. Si el carácter no aparece en la cadena que se busca, su valor *delta* es la longitud de la cadena que se busca.

Veamos un ejemplo. Suponga que se desea buscar la cadena "cien" en el texto "Más vale un ya que cien después se hará". La búsqueda comienza así:

```
Texto:            Más vale un ya que cien después se hará
Cadena a buscar:  cien
```

El funcionamiento del algoritmo puede comprenderse mejor situando la cadena a buscar paralela al texto. La comparación es de derecha a izquierda; por lo tanto, se compara el último carácter en la cadena a buscar (*n*) con el carácter que está justamente encima en el texto (*espacio*). Como *n* es distinto de *espacio*, la cadena que se busca debe desplazarse a la derecha un número de caracteres igual al valor indicado por la entrada en la tabla *delta* que corresponde al carácter del *texto* que no coincide. Para la cadena "cien":

```
delta['c'] = 3
delta['i'] = 2
delta['e'] = 1
delta['n'] = 0
```

El resto de las entradas vale 4 (longitud de la cadena). Según esto, la cadena que se busca se desplaza cuatro posiciones a la derecha (el espacio en blanco no aparece en la cadena que se busca).

```
Texto:            Más vale un ya que cien después se hará
Cadena a buscar:      cien
```

Ahora, *n* no coincide con *e*; luego la cadena se desplaza una posición a la derecha (*e* tiene un valor asociado de 1).

```
Texto:            Más vale un ya que cien después se hará
Cadena a buscar:       cien
```

n no coincide con *espacio*; se desplaza la cadena cuatro posiciones a la derecha.

```
Texto:            Más vale un ya que cien después se hará
Cadena a buscar:           cien
```

n no coincide con *y*; se desplaza la cadena cuatro posiciones a la derecha.

```
Texto:            Más vale un ya que cien después se hará
Cadena a buscar:               cien
```

n no coincide con *u*; se desplaza la cadena cuatro posiciones a la derecha.

```
Texto:            Más vale un ya que cien después se hará
Cadena a buscar:                   cien
```

n no coincide con *i*; se desplaza la cadena dos posiciones a la derecha.

```
Texto:            Más vale un ya que cien después se hará
Cadena a buscar:                     cien
```

Todos los caracteres de la cadena coinciden con los correspondientes caracteres en el texto. Para encontrar la cadena se han necesitado solo 7+3 comparaciones (7 hasta que se dio la coincidencia del carácter *n* de "cien" más 3 para verificar que coincidían los tres caracteres restantes). El algoritmo directo habría realizado 20+3 comparaciones, que en el peor de los casos, serían $i \times longCadBuscar$, donde *i* es la posición más a la izquierda de la primera ocurrencia de la cadena a buscar en el texto (20 en el ejemplo anterior, suponiendo que la primera posición es la 1) y *longCadBuscar* es la longitud de la cadena a buscar (4 en el ejemplo anterior). En cambio, el algoritmo *Boyer y Moore* emplearía $k \times (i + longCadBuscar)$ comparaciones, donde $k < 1$.

El algoritmo *Boyer y Moore* es más rápido porque tiene información sobre la cadena que se busca, en la tabla *delta*. El carácter que ha causado la no coincidencia en el texto indica cómo mover la cadena respecto del texto. Si el carácter no coincidente en el texto no existe en la cadena, esta puede moverse sin problemas a la derecha un número de caracteres igual a su longitud, pues es un gasto de tiempo comparar la cadena con un carácter que ella no contiene. Cuando el carácter no coincidente en el texto está presente en la cadena, el valor *delta* para ese carácter alinea la ocurrencia más a la derecha de ese carácter en la cadena con el carácter en el texto.

A continuación se muestra el código correspondiente al algoritmo *Boyer y Moore*. La función *buscarCadena* es la que realiza el proceso descrito. Esta función devuelve la posición de la cadena en el texto o –1 si la cadena no se encuentra (la primera posición es la 0).

```
int buscarCadena(char *texto, char *cadena)
{
  // Algoritmo de Boyer y Moore.
  // Buscar una "cadena" en un "texto".
  int j, longTex = strlen(texto);

  // Construir la tabla "delta"
  int delta[256];
  int i, longCad = strlen(cadena);

  // Iniciar la tabla "delta"
  for (i = 0; i < 256; i++)
    delta[i] = longCad;

  // Asignar valores a la tabla
  for (i = 0; i < longCad; i++)
    delta[cadena[i]] = longCad - i - 1;

  // Algoritmo Boyer-Moore
  i = longCad - 1; // i es el índice dentro del texto
  while (i < longTex)
  {
    j = longCad - 1; // índice dentro de la cadena a buscar
    // Mientras haya coincidencia de caracteres
    while (cadena[j] == texto[i])
    {
      if ( j > 0 )
      {
        // Siguiente posición a la izquierda
        j--; i--;
      }
      else
      {
        // Se llegó al principio de la cadena, luego se encontró.
        return i;
      }
    }
    // Los caracteres no coinciden. Mover i lo que indique el
    // valor "delta" del carácter del texto que no coincide
    i += delta[texto[i]];
  }
```

```
    return -1;
}
```

ORDENACIÓN DE ARCHIVOS EN DISCO

Para ordenar un archivo, dependiendo del tamaño del mismo, podremos proceder de alguna de las dos formas siguientes. Si el archivo es pequeño, tiene pocos registros, se puede copiar en memoria en una matriz y utilizando las técnicas vistas anteriormente, ordenamos dicha matriz y, a continuación, copiamos la matriz ordenada de nuevo en el archivo. Sin embargo, muchos archivos son demasiado grandes y no cabrían en una matriz en memoria, por lo que para ordenarlos recurriremos a técnicas que actúen sobre el propio archivo.

Ordenación de archivos. Acceso secuencial

El siguiente programa muestra un algoritmo de ordenación de un archivo utilizando el acceso secuencial, denominado *mezcla natural*. La secuencia inicial de los elementos viene dada en el archivo *c* y se utilizan dos archivos auxiliares denominados *a* y *b*. Cada iteración consiste en una *fase de distribución* que reparte equitativamente los tramos ordenados del archivo *c* sobre los archivos *a* y *b*, y una *fase que mezcla* los tramos de los archivos *a* y *b* sobre el archivo *c*.

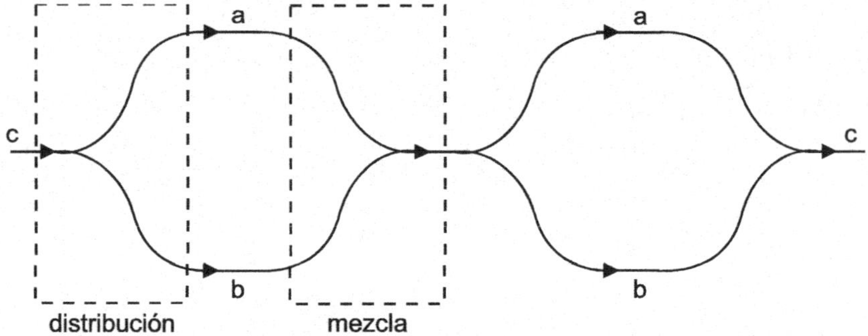

Este proceso se ilustra en el ejemplo siguiente. Partimos de un archivo *c*. Con el fin de clarificar el método de *mezcla natural*, separaremos los tramos ordenados en los archivos por un guión (-).

```
archivo c: 18 32 - 10 60 - 14 42 44 68 - 12 24 30 48
```

Fase de distribución:

```
archivo a: 18 32 - 14 42 44 68
archivo b: 10 60 - 12 24 30 48
```

Fase de mezcla:

```
archivo c: 10 18 32 60 - 12 14 24 30 42 44 48 68
```

Fase de distribución:

```
archivo a: 10 18 32 60
archivo b: 12 14 24 30 42 44 48 68
```

Fase de mezcla:

```
archivo c: 10 12 14 18 24 30 32 42 44 48 60 68
```

Para dejar ordenado el archivo del ejemplo hemos necesitado realizar dos iteraciones. El proceso finaliza tan pronto como el número de tramos ordenados del archivo *c* sea 1. Una forma de reducir el número de iteraciones es distribuir los tramos ordenados sobre más de dos archivos.

Según lo expuesto, el algoritmo de ordenación *mezcla natural* podría ser así:

```
<función mezclaNatural()>
  n_tramos = 0;
  DO
    [Crear y abrir los archivos temporales a y b]
    n_tramos = distribución();
    n_tramos = mezcla();
  WHILE (n_tramos != 1);
END <mezclaNatural()>
```

La estructura de la aplicación que permita ordenar un archivo utilizando el algoritmo descrito puede ser de la forma siguiente:

```
int distribuir(FILE *f, FILE *fa, FILE *fb)
{
  // Distribuir los tramos ordenados de f entre
  // fa y fb
}

int mezclar(FILE *fa, FILE *fb, FILE *f)
{
  // Fusionar ordenadamente los tramos de fa y fb
  // en f
}

void mezclaNatural(FILE *f)
{
  int nro_tramos = 0;
  // fa y fb son dos archivos temporales
```

```
  do
  {
    distribuir(fichFuente, fa, fb);
    nro_tramos = mezclar(fa, fb, fichFuente);
  }
  while (nro_tramos != 1);
}

int main(int argc, char *argv[])
{
  parchivo = fopen(argv[1], "r+");
  mezclaNatural(parchivo);
}
```

La aplicación completa y comentada se muestra a continuación.

```
// mezclaNatural.c
/////////////////////////////////////////////////////////////////
// Ordenar un archivo utilizando el método de mezcla natural.
// Se trata de un archivo de texto que almacena una lista de
// nombres.
// El nombre del archivo se recibe a través de la línea de órdenes.
// La ordenación se realiza en orden alfabético ascendente.
//    Funciones:
//      mezclaNatural
//      distribuir
//      mezclar
//      main
//
#include <stdio.h>
#include <stdlib.h>
#include <string.h>
#include <ctype.h>
#define MAX 256

void mezclaNatural(FILE *f);
int distribuir(FILE *f, FILE *fa, FILE *fb);
int mezclar(FILE *fa, FILE *fb, FILE *f);

int main(int argc, char *argv[])
{
  FILE *parchivo = NULL;
  char respuesta = 0, str[MAX];

  // Análisis de los parámetros de la línea de órdenes.
  if (argc != 2)
  {
    fprintf(stderr, "Sintaxis: %s archivo", argv[0]);
    exit(-1);
  }
```

```
  // Abrir el archivo.
  if ((parchivo = fopen(argv[1], "r+")) == NULL)
  {
    perror(argv[1]);
    exit(-1);
  }

  // Ordenación.
  mezclaNatural(parchivo);
  do
  {
    printf("¿Desea visualizar el archivo? (s/n)  ");
    respuesta = getchar();
    while (getchar() != '\n');
  }
  while (tolower(respuesta) != 's' && tolower(respuesta) != 'n');

  // Salida de datos
  if (respuesta == 's')
  {
    rewind(parchivo);
    while (fgets(str, MAX, parchivo))
      printf("%s", str);
  }
  if (ferror(parchivo))
    perror("Error durante la lectura");

  fclose(parchivo);
}

void mezclaNatural(FILE *f)
{
  // Mezcla natural
  FILE *fa = NULL, *fb = NULL;
  int nro_tramos = 0;
  do
  {
    fa = tmpfile(); // archivo temporal
    fb = tmpfile(); // archivo temporal
    rewind(f);
    // Fase de distribución
    nro_tramos = distribuir(f, fa, fb);
    if (nro_tramos <= 1)
    {
      rmtmp();
      return;
    }
    rewind(f),    rewind(fa), rewind(fb);
    // Fase de mezcla
    nro_tramos = mezclar(fa, fb, f);
    // Eliminar los archivos temporales
```

```
    fclose(fa);
    fclose(fb);
  }
  while (nro_tramos != 1);
} // fin de mezcla_natural

int distribuir(FILE *f, FILE *fa, FILE *fb)
{
  // Fase de distribución
  FILE *faux = fa;
  char str[MAX];
  char str_ant[MAX];
  int nro_tramos = 1;

  if (fgets(str_ant, MAX, f))
    fputs(str_ant, fa);
  else
    return 0;

  while (fgets(str, MAX, f))
  {
    if (strcmp(str, str_ant) < 0)
    {
      // Cambiar al otro archivo
      faux = (faux == fa) ? fb : fa;
      ++nro_tramos;
    }
    strcpy(str_ant, str);
    fputs(str, faux);
  }
  return (nro_tramos);
} // fin de distribuir

int mezclar(FILE *fa, FILE *fb, FILE *f)
{
  // Fase de mezcla
  char stra[256], strb[256], stra_ant[256], strb_ant[256];
  int nro_tramos = 1;

  // Leemos las dos primeras cadenas
  fgets(stra, MAX, fa); strcpy(stra_ant, stra);
  fgets(strb, MAX, fb); strcpy(strb_ant, strb);

  // Vamos leyendo y comparando hasta que se acabe alguno de los
  // archivos. La fusión se realiza entre pares de tramos
  // ordenados. Un tramo de fa y otro de fb darán lugar a un
  // tramo ordenado sobre f.
  while (!feof(fa) && !feof(fb))
  {
    if (strcmp(stra, strb) < 0)          // 1
    {
```

```
      if (strcmp(stra, stra_ant) < 0)  // 2
      // Encontrado el final del tramo de A
      {
        strcpy(stra_ant, stra);
        // Copiamos el tramo ordenado del archivo B
        do
        {
          fputs(strb, f);
          strcpy(strb_ant, strb);
        }
        while (fgets(strb,MAX,fb) && strcmp(strb,strb_ant) > 0);
        ++nro_tramos;
        strcpy(strb_ant, strb);
      }
      else // 2
      {
        // Copiamos la cadena leída del archivo A
        strcpy(stra_ant, stra);
        fputs(stra, f);
        fgets(stra, MAX, fa);
      }
    }
    else // 1
    {
      if (strcmp(strb, strb_ant) < 0)  // 3
      // Encontrado el final del tramo de B
      {
        strcpy(strb_ant, strb);
        // Copiamos el tramo ordenado del archivo A
        do
        {
          fputs(stra, f);
          strcpy(stra_ant, stra);
        }
        while (fgets(stra,MAX,fa) && strcmp(stra,stra_ant) > 0);
        ++nro_tramos;
        strcpy(stra_ant, stra);
      }
      else // 3
      {
        // Copiamos la cadena leída del archivo B.
        strcpy(strb_ant, strb);
        fputs(strb, f);
        fgets(strb, MAX, fb);
      }
    }
  } // while
  // Caso de acabarse primero el archivo B
  if (feof(fb))
  {
    fputs(stra, f);
```

```
    while (fgets(stra, MAX, fa))
      fputs(stra, f);
  }
  // Caso de acabarse primero el archivo A
  else if (feof(fa))
  {
    fputs(strb, f);
    while (fgets(strb, MAX, fb))
      fputs(strb, f);
  }

  return (nro_tramos);
} // fin de mezclar
```

Ordenación de archivos. Acceso aleatorio

El acceso aleatorio a un archivo, a diferencia del secuencial, permite ordenar la información contenida en el mismo sin tener que copiarla sobre otro archivo, para lo cual aplicaremos un proceso análogo al aplicado a las matrices, lo que simplifica enormemente el proceso de ordenación. Esto quiere decir que los métodos expuestos para ordenar matrices pueden ser aplicados también para ordenar archivos utilizando el acceso aleatorio.

Como ejemplo, vamos a escribir un programa que ordene un archivo pasado como argumento en la línea de órdenes; cada registro estará formado por dos campos: *nombre* y *nota*. El desarrollo del programa variará en función de la estructura de los datos y del tipo del campo (numérico o alfanumérico) que se utilice para la ordenación del archivo. En el ejemplo, vamos a ordenar el archivo por el campo *nombre*, de tipo alfabético, empleando el método *quicksort* explicado anteriormente en este mismo capítulo. La estructura del programa estará formada por las funciones:

```
void quicksort(FILE *pf, int n_elementos);
void permutarRegistros(FILE *pf, int izq, int der);
char *campo(FILE *pf, int n);
int main(int argc, char *argv[]);
```

La función *quicksort* realiza la ordenación de los *nregs* registros del archivo vinculado con el flujo *pf*. Para ello invoca a la función recursiva *qs*.

La función *permutarRegistros* es llamada por *qs* (*quicksort*) cuando hay que permutar dos registros del archivo para que queden correctamente ordenados.

La función *campo* es llamada por *qs* (*quicksort*) cada vez que es necesario obtener el campo *nombre* (utilizado para la ordenación) de un registro.

La función **main** recibe como parámetro el nombre del archivo a ordenar, llama a la función *quicksort* para ordenar el archivo y después de ordenarlo pregunta al usuario si desea visualizar el archivo.

```
/* Método de ordenación quicksort para archivos
 * accedidos aleatoriamente.
 *
 * qsParaArchivos.c
 */
#include <stdio.h>
#include <stdlib.h>
#include <string.h>
#include <ctype.h>

typedef struct
{
  char nombre[61];
  float nota;
} registro;

void quicksort(FILE *pf, int nregs);
void qs(FILE *pf, int inf, int sup);
void permutarRegistros(FILE *pf, int izq, int der);
char *campo(FILE *pf, int n);

int main(int argc, char *argv[])
{
  char respuesta;
  registro reg; // registro
  int t_reg = sizeof(registro);        // tamaño de un registro
  FILE *pf;                               // puntero al archivo
  int nregs;

  // Comprobar el número de argumentos pasados en la línea de
  // órdenes
  if (argc != 2)
  {
    printf("Sintaxis: nombre_programa nombre_archivo\n");
    exit(1);
  }
  // Abrir el archivo argv[1] para leer/escribir "r+b"
  if ((pf = fopen(argv[1], "r+b")) == NULL)
  {
    printf("El archivo %s no puede abrirse\n", argv[1]);
    exit(1);
  }
  fseek(pf, 0L, SEEK_END);
  nregs = (int)ftell(pf)/t_reg;
  rewind(pf);
  quicksort(pf, nregs);
```

```
  printf("Archivo ordenado\n");

  do
  {
    printf("¿Desea visualizar el archivo? (s/n)  ");
    respuesta = getchar();
    while (getchar() != '\n');
  }
  while (tolower(respuesta) != 's' && tolower(respuesta) != 'n');

  // Salida de datos
  if (respuesta == 's')
  {
    rewind(pf);
    // Leer el primer registro del archivo
    fread(&reg, t_reg, 1, pf);
    while (!ferror(pf) && !feof(pf))
    {
      printf("Nombre:    %s\n", reg.nombre);
      printf("Nota:      %g\n\n", reg.nota);

      // Leer el siguiente registro del archivo
      fread(&reg, t_reg, 1, pf);
    }
  }
  if (ferror(pf))
    perror("Error durante la lectura");

  fclose(pf);      // cerrar el archivo
}

// Función quicksort para ordenar un archivo
void quicksort(FILE *pf, int nregs)
{
  qs(pf, 0, nregs - 1);
}

// Función qs para ordenar un archivo
void qs(FILE *pf, int inf, int sup)
{
  register int izq, der;
  char mitad[20];

  izq = inf; der = sup;
  // Obtener el campo mitad por el que se va a ordenar,
  // del registro mitad
  strcpy(mitad, campo(pf, (int)(izq+der)/2));
  do
  {
    while (strcmp(campo(pf,izq), mitad) < 0 && izq < sup) izq++;
    while (strcmp(mitad, campo(pf,der)) < 0 && der > inf) der--;
```

```
    if (izq <= der)
    {
      permutarRegistros(pf, izq, der);
      izq++; der--;
    }
  }
  while (izq <= der);
  if (inf < der) qs(pf, inf, der);
  if (izq < sup) qs(pf, izq, sup);
}

// Permutar los registros de las posiciones izq y der
void permutarRegistros(FILE *pf, int izq, int der)
{
  int t_reg = sizeof(registro); // tamaño de un registro
  registro x, y;

  fseek(pf, (long)izq * t_reg, SEEK_SET);
  fread(&x, t_reg, 1, pf);
  fseek(pf, (long)der * t_reg, SEEK_SET);
  fread(&y, t_reg, 1, pf);

  fseek(pf, (long)izq * t_reg, SEEK_SET);
  fwrite(&y, t_reg, 1, pf);
  fseek(pf, (long)der * t_reg, SEEK_SET);
  fwrite(&x, t_reg, 1, pf);
}

// Leer el campo utilizado para ordenar
char *campo(FILE *pf, int n)
{
  int t_reg = sizeof(registro); // tamaño de un registro
  static registro reg; // registro

  fseek(pf, (long)n * t_reg, SEEK_SET);
  fread(&reg, t_reg, 1, pf);
  return reg.nombre;
}
```

ALGORITMOS HASH

Los algoritmos *hash* son métodos de búsqueda que proporcionan una longitud de búsqueda pequeña y una flexibilidad superior a la de otros métodos, como puede ser el método de *búsqueda binaria* que requiere que los elementos de la matriz estén ordenados.

Por *longitud de búsqueda* se entiende el número de accesos que es necesario efectuar sobre una matriz para encontrar el elemento deseado.

Este método de búsqueda permite, como operaciones básicas, además de la búsqueda de un elemento, insertar un nuevo elemento y eliminar un elemento existente.

Matrices hash

Una matriz con una estructura válida para la aplicación de un algoritmo *hash* se denomina *matriz hash*. Estas matrices son las que se utilizan con mayor frecuencia en los procesos donde se requiere un acceso rápido a los datos. Gráficamente estas matrices tienen la siguiente forma:

Clave	*Contenido*
5040	
3721	
...	
6375	

La matriz se organiza con elementos formados por dos miembros: *clave* y *contenido*. La *clave* constituye el medio de acceso a la matriz. Aplicando a la *clave* una función de acceso *fa*, previamente definida, obtenemos un número entero positivo *i* correspondiente a la posición del elemento en la matriz.

$$i = fa(clave)$$

Conociendo la posición, tenemos acceso al *contenido*. El miembro *contenido* puede albergar directamente la información o bien una referencia a dicha información, cuando esta sea muy extensa. El acceso, tal como lo hemos definido, recibe el nombre de *acceso directo*.

Como ejemplo, supongamos que la *clave* de acceso se corresponde con el número del documento nacional de identidad (*dni*) y que el contenido son los datos correspondientes a la persona que tiene ese *dni*. Una función de acceso, *i=fa(dni)*, que haga corresponder la posición del elemento en la matriz con el *dni*, es inmediata: *i = dni*. Esta función así definida presenta un inconveniente y es que el número de valores posibles de *i* es demasiado grande para utilizar una matriz. Para solucionar este problema, siempre es posible, dada una matriz de longitud *L*, crear una función de acceso, *fa*, que genere un valor comprendido entre *0* y *L*, más comúnmente entre *1* y *L*. En este caso puede suceder que dos o más claves den lugar a un mismo valor de *i*:

$$i = fa(clave_1) = fa(clave_2)$$

El método *hash* está basado en esta técnica; el acceso a la matriz es directo a través del número *i* y cuando se produce una *colisión* (dos claves diferentes dan un mismo número *i*) este elemento se busca en una zona denominada *área de desbordamiento*.

Método hash abierto

Este es uno de los métodos más utilizados. El algoritmo para acceder a un elemento de la matriz de longitud *L* es el siguiente:

1. Se calcula $i = fa(clave)$.

2. Si la posición *i* de la matriz está libre, se insertan la *clave* y el *contenido*. Si no está libre y la *clave* es la misma, error: "clave duplicada". Si no está libre y la clave es diferente, incrementamos *i* en una unidad y repetimos el proceso descrito en este punto 2. Como ejemplo, vea la tabla siguiente:

	Clave	Contenido	
	5040		0
	3721		1
			2
6883 →	4007		3
→	3900		4
→			5
			6
	6375		7

En la figura, se observa que se quiere insertar la clave *6383*. Supongamos que aplicando la función de acceso, obtenemos un valor *3*; esto es:

$$i = fa(6383) = 3$$

Como la posición *3* está ocupada y la clave es diferente, tenemos que incrementar *i* y volver de nuevo al punto 2 del algoritmo.

La *longitud media de búsqueda* en una *matriz hash abierta* viene dada por la expresión:

$$accesos = (2-k)/(2-2k)$$

siendo *k* igual al número de elementos existentes en la matriz dividido por *L*. Por ejemplo, si existen 60 elementos en una matriz de longitud *L=100*, el número medio de accesos para localizar un elemento será:

$$accesos = (2-60/100)/(2-2*60/100) = 1,75$$

En el método de *búsqueda binaria*, el número de accesos viene dado por el valor $log_2 N$, siendo *N* el número de elementos de la matriz.

Para reducir al máximo el número de colisiones y, como consecuencia, obtener una longitud media de búsqueda baja, es importante elegir bien la función de acceso. Una *función de acceso* o *función hash* bastante utilizada y que proporciona una distribución de las claves uniforme y aleatoria es la *función mitad del cuadrado* que dice: “dada una clave *C*, se eleva al cuadrado (C^2) y se cogen *n* bits del medio, siendo $2^n <= L$”. Por ejemplo, supongamos:

```
L = 256 lo que implica n = 8
C = 625
C² = 390625 ( 0 <= C² <= 2³²-1 )
390625₁₀ = 00000000000001011111010111100001₂
n bits del medio: 01011111₂ = 95₁₀
```

Otra función de acceso muy utilizada es la *función módulo* (resto de una división entera):

$$i = módulo(clave/L)$$

Cuando se utilice esta función es importante elegir un número primo para *L*, con la finalidad de que el número de colisiones sea pequeño. Esta función es llevada a cabo en C por medio del operador *%*.

Método hash con desbordamiento

Una alternativa al método anterior es la de disponer de otra matriz separada para insertar las claves que producen colisión, denominada *matriz de desbordamiento*, en la que se almacenan todas estas claves de forma consecutiva.

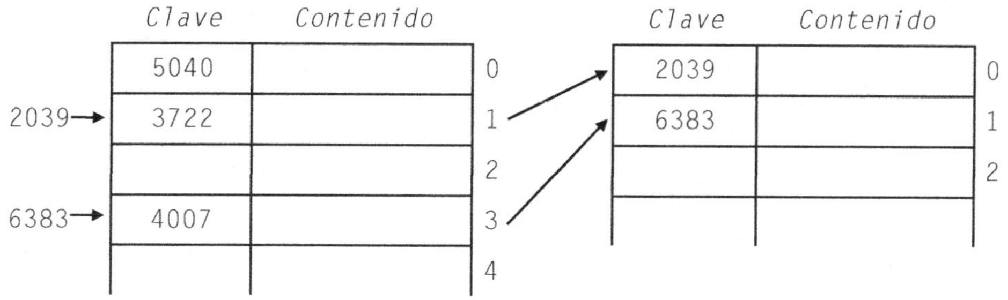

Otra forma alternativa más común es organizar una lista encadenada por cada posición de la matriz donde se produzca una colisión.

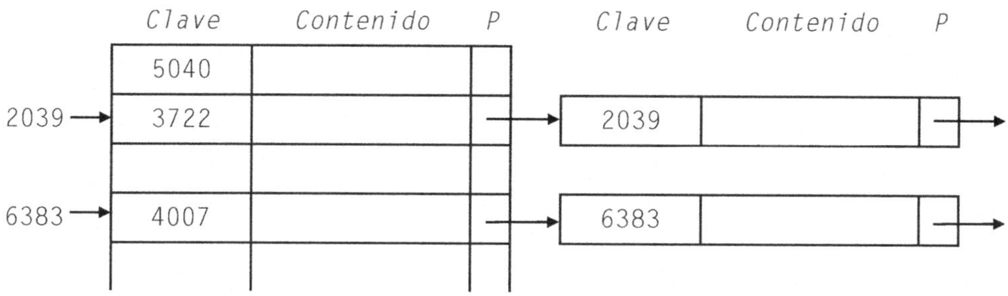

Cada elemento de esta estructura incorpora un nuevo miembro *P*, el cual es un puntero a la lista encadenada de desbordamiento.

Eliminación de elementos

En el método *hash* la eliminación de un elemento no es tan simple como dejar vacío dicho elemento, ya que esto daría lugar a que los elementos insertados por colisión no puedan ser accedidos. Por ello, se suele utilizar un miembro complementario que sirva para poner una marca de que dicho elemento está eliminado. Esto permite acceder a otros elementos que dependen de él por colisiones, ya que la clave se conserva y también permite insertar un nuevo elemento en esa posición cuando se dé una nueva colisión.

Interfaz hash abierto

Como ejercicio escribimos a continuación una interfaz denominada *hash abierto* que proporciona las funciones necesarias para trabajar con matrices *hash* utilizando el método *hash abierto*, cuyo seudocódigo se expone a continuación:

```
<función hash(matriz, elemento x)>
  [La matriz está iniciada a cero]
  i = clave módulo número_elementos
  DO WHILE (haya elementos libres)
    IF (elemento "i" está libre) THEN
      copiar elemento x en la posición i
    ELSE
      IF (clave duplicada) THEN
        error: clave duplicada
      ELSE
        [se ha producido una colisión]
        [avanzar al siguiente elemento]
        i = i+1
        IF (i = número_elementos) THEN
          i = 0
        ENDIF
      ENDIF
    ENDIF
  ENDDO
END <función hash>
```

La interfaz *hash abierto* que vamos a implementar incluirá una estructura con dos atributos: *matrizhash* para referenciar la *matriz hash* (una matriz de punteros genéricos) y *n_elementos* para almacenar el número de elementos de la matriz.

```
typedef struct
{
  void **matrizhash;
  int n_elementos;
} tMatrizHash;
```

Así mismo, incluye las funciones indicadas en la tabla siguiente:

Función	**Significado**
error	Muestra un mensaje de error cuando hay insuficiente memoria para asignación y aborta el programa en curso. `void error();`
numeroPrimo	Función que devuelve un número primo a partir de un número pasado como argumento. Siempre que se utilice la función de acceso *módulo* es importante elegir un número primo como longitud de la matriz, con la finalidad de que el número de colisiones sea pequeño. `int numeroPrimo(int n);`
IniciarMatrizHash	Permite crear una matriz con el número de elementos especificado; si este dato no es válido, se suponen 101 elementos. Los elementos son iniciados con el valor **NULL**. `IniciarMatrizHash(tMatrizHash *mh, int n_elementos);`

fa	Se trata de una función que tiene que ser definida por el usuario en la aplicación que utilice esta interfaz. Define la función de acceso que se desea aplicar. `int fa(void *arg, tMatrizHash mh);`
comparar	Función que tiene que ser definida por el usuario en la aplicación que utilice esta interfaz, para permitir comparar las claves de dos elementos de datos apuntados por la matriz. Debe devolver un entero indicando el resultado de la comparación (0 para ==). `int comparar(void *arg1, void *arg2);`
liberarmem	Función que debe ser definida por el usuario en la aplicación que utilice esta interfaz para liberar la memoria asignada para almacenar los datos. `void liberarmem(void *arg);`
hashIn	Método *hash abierto* para añadir un elemento a la matriz. Devuelve un 0 si el elemento no se puede añadir o un 1 en caso contrario. `int hashIn(void *x, tMatrizHash mh);` Invoca a *fa* y a *comparar*.
hashOut	Método *hash abierto* para buscar un elemento con una clave determinada. Si se encuentra, devuelve un puntero de tipo **void *** al mismo; en otro caso devuelve **NULL**. `void *hashOut(void *x, tMatrizHash mh);` Invoca a *fa* y a *comparar*.
borrarMatrizHash	Función que permite liberar la memoria asignada a la matriz *hash*. Invoca a la función *liberarmem* para permitir a la aplicación liberar la memoria asignada al área de datos de cada elemento. `void borrarMatrizHash(tMatrizHash mh);`

A continuación se presenta el código correspondiente a la definición de esta interfaz:

```
/////////////////////////////////////////////////////////////////
// Interfaz hash abierto: método hash abierto.
// Para utilizar las funciones proporcionadas por esta interfaz,
// tendremos que definir en la aplicación las funciones:
// fa (función de acceso) y comparar.
//
// Mostrar un mensaje de error y abortar el programa
void error()
{
  printf("Insuficiente memoria\n");
  exit(1);
}
```

```
// Buscar un número primo a partir de un número dado
int numeroPrimo(int n)
{
  int primo = 0;
  int i, r = (int)sqrt((double)n);

  if (n % 2 == 0) n++;
  while (!primo)
  {
    primo = 1;
    for (i = 3; i <= r; i += 2)
      if (n % i == 0) primo = 0;
    if (!primo) n += 2; // siguiente impar
  }
  return n;
}

// Iniciar la matriz hash
void IniciarMatrizHash(tMatrizHash *mh, int n_elementos)
{
  if (n_elementos < 1)
    mh->n_elementos = 101;
  else
    mh->n_elementos = numeroPrimo(n_elementos);
  mh->matrizhash = (void **)malloc(mh->n_elementos * sizeof(void *));
  if (mh->matrizhash == NULL) error();
  memset(mh->matrizhash, 0, mh->n_elementos * sizeof(void *));
}

// Añadir un elemento a la matriz hash
int hashIn(void *x, tMatrizHash mh)
{
  int i;          // índice para acceder a un elemento
  int conta = 0; // contador
  int insertado = 0;

  i = fa(x, mh);      // función de acceso
  while (conta < mh.n_elementos)
  {
    if (mh.matrizhash[i] == NULL) // elemento libre
    {
      mh.matrizhash[i] = x;
      insertado = 1;
      break;
    }
    else // ¿clave duplicada?
      if (comparar(x, mh.matrizhash[i]) == 0)
      {
        printf("error: clave duplicada\n");
        insertado = 0;
        break;
```

```
      }
      else // colisión
      {
        // Siguiente elemento libre
        i++; conta++;
        if (i == mh.n_elementos) i = 0;
      }
    }
    if (conta == mh.n_elementos)
    {
      printf("error: matriz llena\n");
      insertado = 0;
    }
    return insertado;
}

// Buscar un objeto con una clave determinada
void *hashOut(void *x, tMatrizHash mh)
{
  // x proporcionará el atributo utilizado para buscar. El resto
  // de los atributos no interesan (son los que se desea conocer)

  int i;            // índice para acceder a un elemento
  int conta = 0; // contador
  int encontrado = 0;

  i = fa(x, mh);        // función de acceso

  while (!encontrado && conta < mh.n_elementos)
  {
    if (mh.matrizhash[i] == NULL) return NULL;
    if (comparar(x, mh.matrizhash[i]) == 0)
    {
      x = mh.matrizhash[i];
      encontrado = 1;
    }
    else // colisión
    {
      // Siguiente elemento libre
      i++; conta++;
      if (i == mh.n_elementos) i = 0;
    }
  }
  if (conta == mh.n_elementos) // no existe
    return NULL;
  else
    return x;
}

void borrarMatrizHash(tMatrizHash mh)
{
```

```
  // Liberar la memoria ocupada por la matriz.
  for ( int i = 0; i < mh.n_elementos; i++ )
    if (mh.matrizhash[i]) liberarmem( mh.matrizhash[i] );
  free(mh.matrizhash);
}
/////////////////////////////////////////////////////////////////
```

Un ejemplo de una matriz hash

Como ya hemos indicado, para utilizar la interfaz que acabamos de escribir tenemos que definir en la aplicación las funciones *fa*, *comparar* y *liberarmem* en función de la información encapsulada por los objetos de datos que deseemos manipular. Por ejemplo, supongamos que deseamos construir una *matriz hash* de elementos del tipo *tAlumno*:

```
typedef struct
{
  int matricula;
  char nombre[50];
} tAlumno;
```

Los elementos *tAlumno* serán almacenados en la matriz utilizando como clave el número de matrícula. Según esto, definimos las funciones *fa*, *comparar* y *liberarmem* así:

```
/////////////////////////////////////////////////////////////////
// Para utilizar la interfaz hash abierto hay que definir las
// funciones: fa (función de acceso), comparar y liberarmem.
//
// Definir la función de acceso
int fa(void *arg, tMatrizHash mh)
{
  tAlumno *a = (tAlumno *)arg;
  return a->matricula % mh.n_elementos;
}

// Comparar dos elementos de la matriz hash
int comparar(void *arg1, void *arg2)
{
  tAlumno *a1 = (tAlumno *)arg1;
  tAlumno *a2 = (tAlumno *)arg2;

  if (a1->matricula == a2->matricula)
    return 0;
  else
    return 1;
}
```

```
// Liberar la memoria del área de datos de cada
// elemento de la matriz.
void liberarmem(void *arg)
{
  free((tAlumno *)arg);
}
/////////////////////////////////////////////////////////////////
```

Observe que para definir la función de acceso *módulo* (%) necesitamos utilizar un valor numérico. Esto no quiere decir que la clave tenga que ser numérica, como sucede en nuestro ejemplo, sino que puede ser alfanumérica. Cuando se trabaje con claves alfanuméricas o alfabéticas, por ejemplo *nombre*, antes de aplicar la función de acceso es necesario convertir dicha clave en un valor numérico utilizando un algoritmo adecuado.

Finalmente, escribiremos una aplicación *apHash* que permita crear una matriz del tipo *tMatrizHash*, envoltorio de la *matriz hash*. Para probar su correcto funcionamiento escribiremos código que permita tanto añadir como buscar objetos en dicha matriz.

```
typedef struct
{
  int matricula;
  char nombre[50];
} tAlumno;

// Definir aquí fa (función de acceso), comparar y liberarmem

int main(void)
{
  // Definición de variables
  int n_elementos = 101; // número de elementos por omisión
                         // de la matriz hash
  tAlumno *x = NULL, a = {0, ""};
  tMatrizHash mh = {NULL, 0};

  // Crear una estructura de tipo tMatrizHash
  // (encapsula la matriz hash)
  printf("Número de elementos:  ");
  scanf("%d", &n_elementos);
  IniciarMatrizHash(&mh, n_elementos);
  printf("Se construye una matriz de %d elementos\n", mh.n_elementos);

  // Introducir datos
  printf("Introducir datos. Para finalizar, matrícula = 0\n");
  printf("matrícula:  "); scanf("%d", &a.matricula);
  while (getchar() != '\n');
  while (a.matricula != 0)
  {
```

```
    printf("nombre:      "); scanf("%[^\n]", a.nombre);
    x = (tAlumno *)malloc(sizeof(tAlumno));
    if (x == NULL)
    {
      borrarMatrizHash(mh);
      error();
    }
    x->matricula = a.matricula;
    strcpy(x->nombre, a.nombre);
    if (!hashIn(x, mh)) free(x);
    printf("matrícula:  "); scanf("%d", &a.matricula);
    while (getchar() != '\n');
  }

  // Buscar datos
  printf("Buscar datos. Para finalizar, matrícula = 0\n");
  strcpy(a.nombre, "");
  printf("matrícula:  "); scanf("%d", &a.matricula);
  while (a.matricula != 0)
  {
    x = (tAlumno *)hashOut(&a, mh);
    if (x != NULL)
      printf("nombre: %s\n", x->nombre);
    else
      printf("No existe\n");
    printf("matrícula:  "); scanf("%d", &a.matricula);
  }
  borrarMatrizHash(mh);
}
```

EJERCICIOS RESUELTOS

1. Comparar las dos siguientes versiones del método *búsqueda binaria* e indicar cuál de ellas es más eficaz.

```
int busquedaBin1(double m[], int n, double v)
{
  // La función busquedaBin devuelve como resultado la posición
  // del valor. Si el valor no se localiza devuelve -1.

  int mitad, inf = 0, sup = n - 1;
  if (n == 0) return -1;

  do
  {
    mitad = (inf + sup) / 2;
    if (v > m[mitad])
      inf = mitad + 1;
    else
```

```
      sup = mitad - 1;
  }
  while( m[mitad] != v && inf <= sup);

  if (m[mitad] == v)
    return mitad;
  else
    return -1;
}

int busquedaBin2(double m[], int n, double v)
{
  // La función busquedaBin devuelve como resultado la posición
  // del valor. Si el valor no se localiza devuelve -1.

  int mitad, inf = 0, sup = n - 1;
  if (n == 0) return -1;

  do
  {
    mitad = (inf + sup) / 2;
    if (v > m[mitad])
      inf = mitad + 1;
    else
      sup = mitad;

  }
  while ( inf < sup );

  if (m[inf] == v)
    return inf;
  else
    return -1;
}
```

En cada iteración, en ambos casos, se divide en partes iguales el intervalo entre los índices *inf* y *sup*. Por ello, el número necesario de comparaciones es como mucho $log_2\ n$, siendo *n* el número de elementos de la matriz. Hasta aquí el comportamiento de ambas versiones es el mismo, pero, ¿qué pasa con la condición de la sentencia **while**? Se observa que en la primera versión dicha sentencia realiza dos comparaciones frente a una que realiza en la segunda versión, lo que se traducirá en un mayor tiempo de ejecución, resultando, por tanto, ser más eficiente la versión segunda.

La función **main** siguiente permite ver de una forma práctica que la versión segunda emplea menos tiempo de ejecución que la primera. Esta aplicación crea una matriz y, utilizando primero una versión y después la otra, realiza una búsqueda por cada uno de sus elementos y dos búsquedas más para dos valores no pertenecientes a la matriz, uno menor que el menor y otro mayor que el mayor. El tiempo de ejecución medido en milisegundos se obtiene por medio de las macros T_INICIAL y T_FINAL definidas en *tiempo.h* (este archivo fue creado en el apartado *Constante definida en la orden de compilación* del capítulo *El preprocesador de C*).

```
#include <stdio.h>
#include "tiempo.h"

int main(void)
{
  double a[125000];
  int n = 125000;
  int r = 0;

  for (int i = 0; i < n; i++)
    a[i] = i+1;

  // Versión 1
  T_INICIAL(Búsqueda binaria versión 1);
  r = busquedaBin1(a, n, 0);
  for (int i = 0; i < n; i++)
    r = busquedaBin1(a, n, i+1);
  r = busquedaBin1(a, n, n+1);
  T_FINAL;

  // Versión 2
  T_INICIAL(Búsqueda binaria versión 2);
  r = busquedaBin2(a, n, 0);
  for (int i = 0; i < n; i++)
    r = busquedaBin2(a, n, i+1);
  r = busquedaBin2(a, n, n+1);
  T_FINAL;
}
```

2. Un centro numérico es un número que separa una lista de números enteros (comenzando en 1) en dos grupos de números cuyas sumas son iguales. El primer centro numérico es el 6, el cual separa la lista (1 a 8) en los grupos: (1, 2, 3, 4, 5) y (7, 8) cuyas sumas son ambas iguales a 15. El segundo centro numérico es el 35, el cual separa la lista (1 a 49) en los grupos: (1 a 34) y (36 a 49) cuyas sumas son ambas iguales a 595. Escribir un programa que calcule los centros numéricos entre *1* y *n*.

   El ejemplo *(1 a 5) 6 (7 a 8)*, donde se observa que *6* es un centro numérico, sugiere ir probando si los valores *3, 4, 5, 6,..., cn,..., n–1* son centros numéricos. En general *cn* es un centro numérico si la suma de todos los valores enteros desde *1* a *cn–1* coincide con la suma desde *cn+1* a *lim_sup_grupo2* (límite superior del grupo segundo de números). Para que el programa sea eficiente, buscaremos el valor *lim_sup_grupo2* entre los valores *cn+1* y *n–1* utilizando el método de *búsqueda binaria*. Recuerde que la suma de los valores enteros entre *1* y *x* viene dada por la expresión *(x * (x + 1))/2*.

El programa completo se muestra a continuación:

```
// centronum.c
//
#include <stdio.h>

//////////////////////////////////////////////////////////////////
// Calcular los centros numéricos entre 1 y n.
//
// Método de búsqueda binaria
//
// cn: centro numérico
// (1 a cn-1) cn (cn+1 a mitad)
// suma_grupo1 = suma de los valores desde 1 a cn-1
// suma_grupo2 = suma de los valores desde cn+1 a mitad
//
// La función devuelve como resultado el valor mitad.
// Si cn no es un centro numérico devuelve un valor 0.
//
long busquedaBin(long cn, long n)
{
  long suma_grupo1 = 0;
  long suma_grupo2 = 0;
  long mitad = 0;
  long inf = 0;          // límite inferior del grupo 2
  long sup = 0;          // límite superior del grupo 2

  if (cn <= 0 || n <= 0) return 0;

  suma_grupo1 = ((cn-1) * ((cn-1) + 1)) / 2;
  inf = cn+1;
  sup = n;

  // Búsqueda binaria
  do
  {
    mitad = (inf + sup) / 2;
    suma_grupo2 = (mitad * (mitad + 1)) / 2 - suma_grupo1 - cn;
    if (suma_grupo1 > suma_grupo2)
      inf = mitad + 1;
    else
      sup = mitad - 1;
  }
  while ( suma_grupo1 != suma_grupo2 && inf <= sup);
```

```
  if (suma_grupo2 == suma_grupo1)
    return mitad;
  else
    return 0;
}

int main(void)
{
  long n;             // centros numéricos entre 1 y n
  long cn;            // posible centro numérico
  long lim_sup_grupo2; // límite superior del grupo 2

  printf("Centros numéricos entre 1 y ");
  scanf("%ld", &n);
  printf("\n");
  for (cn = 3; cn < n; cn++)
  {
    lim_sup_grupo2 = busquedaBin(cn, n);
    if (lim_sup_grupo2 != 0)
      printf("%ld es centro numérico de 1 a %ld y %ld a %ld\n",
             cn, cn-1, cn+1, lim_sup_grupo2);
  }
}
```

EJERCICIOS PROPUESTOS

1. Responda a las siguientes preguntas:

   1) ¿Cuál es el resultado del siguiente programa?

```
#include <stdio.h>
int digitos(int a[], int x)
{
  int i = 0;
  if (x)
  {
    a[i++] = x % 10;
    digitos(a, x / 10);
  }
  return i;
}

int main(void)
{
  int i = 2004, n = 0;
  int a[10] = {0,0,0,0,0,0,0,0,0,0};
  n = digitos(a, i);
  for (i = 0; i < n; i++)
    printf("%d ", a[i]);
```

```
  printf("\n");
}
```

a) 4 0 0 2.
b) 2.
c) 2 0 0 4.
d) 4.

2) ¿Cuál es el resultado del siguiente programa?

```
#include <stdio.h>
int digitos(int a[], int x)
{
  static int i = 0;
  if (x > 10)
    digitos(a, x / 10);
  a[i++] = x % 10;
  return i;
}

int main(void)
{
  int i = 2004, n = 0;
  int a[10] = {0,0,0,0,0,0,0,0,0,0};
  n = digitos(a, i);
  for (i = 0; i < n; i++)
    printf("%d ", a[i]);
  printf("\n");
}
```

a) 4 0 0 2.
b) 2.
c) 2 0 0 4.
d) 4.

3) Ordene los métodos de inserción, burbuja y *quicksort*, de menos a más rápido.

a) Burbuja, *quicksort*, inserción.
b) Inserción, *quicksort*, burbuja.
c) Burbuja, inserción, *quicksort*.
d) *Quicksort*, inserción, burbuja.

4) El método de búsqueda binaria permite:

a) Buscar un elemento en una matriz unidimensional ordenada.
b) Buscar un elemento en una matriz unidimensional ordenada o no.
c) Buscar un elemento en una matriz multidimensional ordenada.
d) Buscar un elemento en una matriz multidimensional ordenada o no.

5) El algoritmo de Boyer y Moore permite:

   a) Buscar un valor en una matriz ordenada.
   b) Buscar una subcadena en una matriz bidimensional de caracteres.
   c) Ordenar matrices de cadenas de caracteres.
   d) Buscar una subcadena en una matriz unidimensional de caracteres.

6) El método de mezcla natural permite:

   a) Buscar un registro en un archivo.
   b) Ordenar un archivo accedido secuencialmente.
   c) Buscar un elemento en una matriz.
   d) Ordenar un archivo accedido aleatoriamente.

7) Una matriz *hash* permite:

   a) Buscar un determinado elemento utilizando una clave.
   b) Ordenar una matriz utilizando claves.
   c) Ordenar un archivo utilizando claves.
   d) Ninguna de las anteriores.

8) La función siguiente se corresponde con:

```
void fn(double m[], int n)
{
  double a;
  int i, b = 1;

  while (b && (--n > 0))
  {
    b = 0;
    for (i = 1; i <= n; i++)
      if (m[i-1] > m[i])
      {
        a = m[i-1];
        m[i-1] = m[i];
        m[i] = a;
        b = 1;
      }
  }
}
```

   a) Método de la burbuja.
   b) Método de inserción.
   c) Método *quicksort*.
   d) Ninguno de los anteriores.

9) La función siguiente se corresponde con:

```
void fn(int lista[], int a, int b)
{
  int i = 0, d = 0;
  int m = 0, x = 0;

  i = a; d = b;
  m = lista[(i+d)/2];
  do
  {
    while (lista[i] < m && i < b) i++;
    while (m < lista[d] && d > a) d--;
    if (i <= d)
    {
      x = lista[i], lista[i] = lista[d], lista[d] = x;
      i++; d--;
    }
  }
  while (i <= d);

  if (a < d) fn(lista, a, d);
  if (i < b) fn(lista, i, b);
}
```

a) Método de la burbuja.
b) Método de inserción.
c) Método *quicksort*.
d) Ninguno de los anteriores.

10) La función siguiente se corresponde con:

```
void fn(double m[], int n)
{
  int i, k;
  double x;
  for (i = 1; i < n; i++)
  {
    x = m[i];
    k = i-1;
    while (k >=0 && x < m[k])
    {
      m[k+1] = m[k];
      k--;
    }
    m[k+1] = x;
  }
}
```

a) Método de la burbuja.
b) Método de inserción.

c) Método *quicksort*.
d) Ninguno de los anteriores.

2. Realizar un programa que utilice una función para ordenar un archivo almacenado en el disco, utilizando el método de inserción. El proceso de ordenación se realizará directamente sobre el archivo (no utilizar matrices ni archivos auxiliares). Los registros del archivo serán del tipo *registro* definido a continuación:

```
typedef struct
{
  char nombre[61];
  float nota;
} registro;
```

La ordenación será ascendente por el campo *nombre*.

3. Realizar una función para que, a partir de dos archivos ordenados *a* y *b*, obtenga como resultado un archivo *c* también ordenado, que sea fusión de los dos archivos anteriores. A continuación realizar un programa que utilizando esta función visualice los registros del archivo ordenado. Los archivos *a*, *b* y *c* serán pasados como argumentos en la línea de órdenes. Los registros del archivo serán del tipo *alumno* definido a continuación:

```
typedef struct
{
  char nombre[LONG];
  float nota;
} alumno;
```

La ordenación será ascendente por el campo *nombre*.

4. Realizar un programa para:

a) Crear una lista de elementos del tipo:

```
typedef struct
{
  char nombre[40];
  unsigned int matricula;
  unsigned int nota;
} registro;
```

b) Ordenar la lista por el número de matrícula utilizando el método de inserción.

c) Buscar una nota por el número de matrícula utilizando el método de búsqueda binaria.

5. Escribir una aplicación que permita:

   a) Crear un archivo con la información de elementos del tipo:

```
typedef struct
{
  char nombre[40];
  unsigned int matricula;
  unsigned int nota;
} tAlumno;
```

   b) Almacenar los registros en el archivo utilizando el *método hash abierto.*

   c) Obtener un registro por el número de matrícula utilizando el *método hash abierto.*

   En otras palabras, se trata de crear un archivo indexado.

   Para crear un archivo secuencial indexado los pasos son los siguientes:

1. Crear el archivo índice.
2. Crear el archivo de datos.

El acceso a los datos de un archivo secuencial indexado debe hacerse siempre en dos pasos:

1. Acceso al archivo índice para buscar la clave.
2. Acceso directo al archivo de datos.

APÉNDICE A

© F.J.Ceballos/RA-MA

NOVEDADES DE C

El desarrollo inicial del compilador C se debe a Dennis Ritchie (1972). En 1983, el comité X3J11 creado por ANSI (*American National Standards Institute*) fue el encargado de establecer una especificación estándar para C, la cual se terminó en 1989 y se ratificó como ANSI X3.159-1989. A esta versión del estándar se le conoce como ANSI C, o también C89. En 1990, ANSI C fue adoptado por la ISO/IEC (*International Organization for Standardization/International Electrotechnical Commission*) bajo la denominación ISO/IEC 9899:1990, conocida también como C90 (esta fue la primera versión de C, ya que, a efectos prácticos, C89 y C90 son lo mismo). Posteriormente, en 1999, fueron aprobados varios documentos de corrección lo que dio lugar al estándar ISO/IEC 9899:1999 (segunda versión de C o C99). Y correcciones posteriores dieron lugar al estándar ISO/IEC 9899:2011 (tercera versión de C o C11, año 2011). La política seguida es que cuando se da por finalizado un estándar, se inician los trabajos para el siguiente, y así sucesivamente. Esto es, el estándar C se seguirá corrigiendo y modificando, lo que dará lugar a nuevos CXX. Las modificaciones introducidas afectan tanto a la biblioteca estándar como al lenguaje. Entre las nuevas características que se incluyen, destacamos algunas como las siguientes:

- Nuevas características de C99:
    - Comentarios de una sola línea (C90 y C99).
    - Literales compuestos.
    - Iniciadores designados.
    - Nuevos ámbitos para declaraciones.
    - Soporte para tipos de datos.
    - Números en coma flotante en hexadecimal.
    - Matriz de longitud variable.
    - Identificador **__func__** predefinido.
    - Funciones **inline**.

  - Macros con un número variable de argumentos.
  - Operador de preprocesamiento **_Pragma**.
  - Números complejos.
  - Punteros restrictivos.
- Nuevas características de C11:
  - Funciones con comprobación de límites.
  - Se elimina la función **gets**.
  - Estructuras y uniones anónimas.
  - Expresiones de tipo genérico.
  - Control de alineación de memoria.
  - Especificador de función **_Noreturn**.
  - Soporte para Unicode.
  - Afirmaciones estáticas.
  - Nueva interfaz **fopen**.
  - Programación concurrente.

C11 intenta arreglar lo negativo de C99. Así mismo, hace que algunas de las características obligatorias de C99 (matrices flexibles, por ejemplo) sean opcionales, e introduce nuevas características que ya estaban disponibles en varias implementaciones. Así que, los compiladores compatibles con C11 pueden no implementar esas características opcionales, incluso, pueden no implementar otras. La documentación oficial de **gcc** es compatible con la mayoría de las características propuestas por la documentación estándar C11. La opción *-std=c11* de **gcc** compilará programas en C11 estándar. No menos importante, los diseñadores de C11 trabajaron estrechamente con el comité de estándares de C++ para garantizar que los dos lenguajes, C y C++, permanezcan compatibles tanto como sea posible.

La finalidad de todas estas nuevas características de C es mejorar el rendimiento de las aplicaciones, mejorar la usabilidad y funcionalidad del lenguaje y proporcionar una biblioteca estándar más completa y segura de forma que el software escrito en C11 sea más robusto en seguridad y ataques de *malware*.

COMENTARIOS DE UNA SOLA LÍNEA

En C99 se puede usar // para especificar el comienzo de un comentario de una línea, como en C++. En C90, también se puede usar // siempre que no se especifique la opción de compilación **--strict**. Por ejemplo:

```
#include <stdio.h>

int main(void)
{
  // La siguiente cadena:
```

```
  char str1[] = "\nHola,\n" "\"buenas\" " "tardes.\n";
  // es lo mismo que:
  char str2[] = {
    '\n', 'H', 'o', 'l', 'a', ',', '\n',
    '"', 'b', 'u', 'e', 'n', 'a', 's', '"',
    ' ', 't', 'a', 'r', 'd', 'e', 's', '.', '\n',
    '\0' };
  printf("%s%s\n", str1, str2);
}
```

LITERALES COMPUESTOS

C99 admite literales compuestos. Se trata de un iniciador para un objeto (por ejemplo, para una matriz) precedido del tipo del objeto entre paréntesis (como si se tratara de una conversión *cast*: **(***tipo***) {** *lista de iniciadores* **}**). Por ejemplo:

```
#include <stdio.h>
#define N 3
struct S
{
  int n;
  char *p;
};
void f(const struct S *t);

int main(void)
{
  // Literales compuestos
  int *a1 = (int[]) { 1, 2, 3 };
  int *a2 = (int[N]) { 1 };
  struct S st1 = (struct S) { 10, "azul" };
  f(&(struct S) { 12, "blanco" });
  // ...
  //int a1[] = (int[]) { 1, 2, 3 }; // error de compilación
  //int a1[] = { 1, 2, 3 }; // correcto
}

void f(const struct S *st)
{
  struct S x = *st;
  // ...
}
```

El resultado es un objeto del tipo especificado, que contiene los elementos especificados en el iniciador. Un literal compuesto es útil cuando una matriz, estructura o unión se necesita solo una vez.

INICIADORES DESIGNADOS

En C90, no hay forma de iniciar miembros específicos de matrices, estructuras o uniones. C99 admite la iniciación de miembros específicos de una matriz, estructura o unión por nombre o subíndice mediante el uso de los iniciadores designados. Por ejemplo:

```
#include <stdio.h>
#define N 5

typedef struct
{
  int n;
  char *p;
} S;

int main(void)
{
  S a[N] = {
    [1].n = 10, [1].p = "azul",
    [3].p = "blanco", [3].n = 20,
    [0].p = "negro"
  };

  // ...
}
```

El resultado es una matriz *a* con sus elementos de tipo *S* iniciados; si se especificó un valor para un miembro de un elemento específico, éste es el valor que se asignará; en otro caso se asignará 0 para el miembro *n* y **NULL** para *p*.

NUEVOS ÁMBITOS PARA DECLARACIONES

C99 permite insertar declaraciones después de sentencias y declaraciones dentro de sentencias, como en C++. Por ejemplo:

```
#include <stdio.h>
#define N 5

typedef struct
{
  int n;
  char *p;
} S;

int main(void)
{
```

```
  S a[N] = {
    [1].n = 10,[1].p = "azul",
    [3].n = 20,[3].p = "blanco",
    [0].p = "negro"
  };

  int x = a[0].n;
  // ...
  for (int i = 0; i < N; ++i)
    printf("%d, %s\n", a[i].n, a[i].p);
  printf("\n");
}
```

En este ejemplo, la variable *x* se ha declarado en el instante en el que se necesita (no necesariamente al principio) y la variable *i* justo en la sentencia **for** (fuera del **for** no existe).

SOPORTE PARA TIPOS DE DATOS

El tipo **long double** ya estaba presente en C90, pero el soporte fue mejorado en C99, el cual extendió la biblioteca estándar para incluir funciones como **sinl** (seno de un argumento) y **strtold** (conversión de cadena de caracteres a **long double**) que devuelven un **long double**. Un ejemplo:

```
#include <stdio.h>      // NULL
#include <stdlib.h>     // strtold

int main(void)
{
  char *str = "12345.678 987.65";
  char *pEnd;
  long double ld1, ld2;
  ld1 = strtold(str, &pEnd); // 12345.678
  // pEnd -> " 987.65"
  ld2 = strtold(pEnd, NULL); // 987.65

  // ...
  return 0;
}
```

La función **strtold** analiza la cadena *str* interpretando su contenido como un número de coma flotante (de acuerdo con la configuración regional actual) y devuelve su valor como un **long double**. Si *pEnd* no es un puntero nulo, la función también establece el valor de *pEnd* para apuntar al primer carácter después del número. Otra forma de acceder a los datos de *str*:

```
#include <stdio.h>      // printf, NULL
```

```
#include <stdlib.h>     // strtold

int main(void)
{
  char *str = "12345.678 987.65";
  char *pEnd;
  for (long double ld = strtold(str, &pEnd); str != pEnd;
       ld = strtold(str, &pEnd))
  {
    printf("'%.*s' -> ", (int)(pEnd - str), str);
    str = pEnd;
    printf("%Lf\n", ld);
  }
  // ...

  return 0;
}
```

En C99 también se puede usar el tipo **long long**; y en C90 también, siempre que no especifique la opción de compilación **--strict**.

```
long long l = 0;
```

También, a partir de C99 se admiten variables booleanas, esto es, variables de tipo **_Bool**, tipo definido en el archivo de cabecera *<stdbool.h>*. Este tipo también queda definido en este mismo archivo por medio de la macro **bool**.

```
bool b = true;
```

Además de la macro **bool**, el archivo de cabecera *<stdbool.h>* define también las macros **true y false** así:

```
#define bool      _Bool
#define true      1
#define false     0
```

Otros tipos básicos que se han añadido, así como sus macros de acceso, se resumen en la tabla siguiente:

Definidas en <stddef.h>

size_t	Tipo entero sin signo retornado por el operador **sizeof** (prefijo *z*, o sus equivalentes, para **printf**: *%zu*, *%I64u*, *%"PRIu64"*, *%I32u* o *%"PRIu32"*) Con *MinGW-w64* utilice también la macro: `#define __USE_MINGW_ANSI_STDIO 1` para los nuevos especificadores de formato como *%z*...

`ptrdiff_t`	Tipo entero con signo retornado cuando se restan dos punteros (prefijo *t* para **printf**: *%td*)
`NULL`	Valor para un puntero nulo (macro que define la constante 0)
`max_align_t` (C11)	Un tipo con requisito de alineación tan grande como cualquier otro tipo escalar (**typedef**)
`offsetof`	Desplazamiento en bytes desde el comienzo de un tipo de estructura al miembro especificado (macro)

Definidas en <stdalign.h>

`alignas` (C11)	Macro que se expande a la palabra clave **_Alignas**
`alignof` (C11)	Macro que se expande a la palabra clave **_Alignof**
`__alignas_is_defined` (C11)	Macro que se expande a la constante entera **1**
`__alignof_is_defined` (C11)	Macro que se expande a la constante entera **1**

Definidas en <stdnoreturn.h>

`noreturn` (C11)	Macro que se expande a la palabra clave **_Noreturn**

Alineación

Una UCP ejecuta instrucciones que operan sobre los datos almacenados en la memoria, datos que se identifican por sus direcciones de memoria. Pero, un dato individual, además de su dirección, tiene un tamaño.

Pues bien, se dice que un dato está alineado naturalmente si su dirección está alineada a su tamaño y desalineado si no lo está. Y, ¿cuándo la dirección *D* de un dato está alineada a su tamaño? Cuando *D mod L = 0* (*mod*: módulo o resto de una división entera), donde *L* es la alineación (expresada en bytes), que coincide, en el caso expuesto, con el tamaño en bytes del dato. En general, la alineación *L* es una propiedad de una dirección *D* de memoria expresada como el módulo de la dirección a una potencia de 2 que cumpla que *D mod L = 0.*

Con carácter general, los compiladores intentan asignar los datos de forma que se impida su desalineación. ¿Por qué? Pues para simplificar sustancialmente la comunicación entre la UCP y la memoria del ordenador, intentando así sacar el máximo partido de una arquitectura de hardware específica. Así, para los tipos de datos simples, el compilador asigna direcciones que son múltiplos del tamaño en bytes del tipo de datos. Según esto, el compilador asigna direcciones a variables de tipo **long** que son múltiplos de cuatro (los dos bits de menor peso a cero). Por ejemplo:

```
long dato = 0; // dato
unsigned int D = &dato; // dirección
printf("%X mod %zu = %zu\n", D, sizeof(dato), D % sizeof(dato));
```

Ejecutando el código anterior podremos observar un resultado análogo al siguiente, en el que se observa que la dirección del *dato* está alineada a su tamaño:

```
AFF830 mod 4 = 0
```

Esto es, un dato **long** (tamaño 4 bytes) se encuentra alineado si la dirección *D* que se utiliza para identificarlo está alineada a 4, esto es, si *D mod 4 = 0.*

Lo expuesto indica que **bool** y **char** se alinean en límites de un byte, **short** en dos bytes, **int** y **long** en cuatro bytes, **long long**, **double** en ocho bytes y **long double** en dieciséis bytes (algunos de estos valores pueden variar en función del compilador utilizado).

Cuando el dato sea de un tipo **struct**, el compilador, de forma predeterminada, alinea sus miembros de acuerdo al tamaño de cada uno, al mismo tiempo que alinea la estructura en su conjunto al tamaño del miembro de mayor tamaño, insertando, para ello, nuevos miembros donde sea preciso. Por ejemplo, una vez ejecutado el código siguiente, quizás nos extrañe observar que el tamaño de la estructura *dato*, de tipo *st*, es 12 bytes:

```
#define __USE_MINGW_ANSI_STDIO 1 // MinGW-w64 para %z…
#include <stdio.h>

typedef struct
{
  char a;     // 1 byte
  int b;      // 4 bytes
  short c;    // 2 bytes
  char d;     // 1 byte
} st;

int main(void)
{
  st dato = { 0 };
  printf("%zu\n", sizeof(dato)); // resultado: 12
}
```

¿Por qué el tamaño de la estructura *dato* es 12 si los tamaños de sus miembros suman 8? Porque el compilador alinea la estructura en su conjunto con el tamaño del miembro de mayor tamaño, que es *b* de tamaño 4 bytes. Esto quiere decir que el compilador colocará la estructura en memoria insertando en la misma los miembros necesarios que permitan la alineación requerida, según muestra el código siguiente:

```
typedef struct
{
  char a;        // 1 byte
  char _r0[3];  // relleno de 3 bytes (1+3 = 4)
  int b;         // 4 bytes (4+0 = 4)
  short c;       // 2 bytes
  char d;        // 1 byte
  char _r1[1];  // relleno de 1 byte (2+1+1 = 4)
} st;
```

En esta nueva definición de *st* se observan campos de relleno para obtener una alineación de 4 (tamaño del miembro *b*).

En la mayoría de los escenarios no tendrá que preocuparse jamás por la alineación, puesto que la alineación predeterminada ya es óptima. No obstante, en algunos casos se pueden conseguir importantes mejoras de rendimiento o ahorros de memoria al especificar una alineación personalizada para sus estructuras de datos. Es por lo que C11 permite especificar la alineación precisa de los datos de cualquier tipo en la memoria utilizando **alignof** y **alignas**, aumentando así al máximo la portabilidad del código.

La macro **alignof** devuelve la alineación requerida por el tipo/variable especificado como argumento. Si el tipo corresponde a una matriz, el resultado es la alineación requerida por el tipo del elemento de la matriz. El resultado es una constante entera de tipo **size_t**.

La macro **alignas**, cuando se usa en una declaración, establece en el objeto declarado la alineación indicada por el valor resultante de la expresión pasada como argumento (si el valor es cero, no se tiene en cuenta) o por la alineación del tipo pasado como argumento.

```
#include <stdio.h>
#include <stddef.h>    // size_t
#include <stdalign.h> // alignof, alignas

typedef struct
{
  char a;       // 1 byte
  int b;        // 4 bytes
```

```
  short c;     // 2 bytes
  char d;      // 1 byte
} st;

int main(void)
{
  float a[10] = { 0 };
  st dato = { 0 };
  alignas(double) unsigned char buf[sizeof(double)];
  // O bien:
  // alignas(alignof(double)) unsigned char buf[sizeof(double)];

  printf("Alineación de char = %zu\n", alignof(char));
  printf("Alineación de max_align_t = %zu\n", alignof(max_align_t));
  printf("Alineación de a = %zu\n", alignof(a));
  printf("Alineación de dato = %zu\n", alignof(dato));
  printf("Alineación de buf = %zu\n", alignof(buf));
}
```

Resultado:

```
Alineación de char = 1
Alineación de max_align_t = 16
Alineación de a = 4
Alineación de dato = 4
Alineación de buf = 8
```

En este ejemplo se puede observar que *buf* es una matriz de caracteres sin signo, cuyo tamaño y alineación serían adecuados para contener un **double**.

Una declaración que especifique *alignas(max_align_t)* solicita una alineación que sea adecuada para cualquier tipo en esa plataforma. Por ejemplo, la función **malloc** o **realloc** de la biblioteca de C, para asignar memoria, siempre la asignará con una alineación de *alignof(max_align_t)* bytes.

LITERALES EN COMA FLOTANTE EN HEXADECIMAL

C99 soporta números en coma flotante escritos en hexadecimal. Por ejemplo:

```
#include <stdio.h>

float float_en_hex()
{
  // 0x2C.AB exponente 3 (exponente de 2: p)
  return 0x2C.ABp3;
         // (2*16^1 + C*16^0 + 10/16^1 + 11/16^2) * 2^3 =
         // (32 + 12 + 0,625 + 0,04296875) * 8 = 357,34375
}
```

```
int main(void)
{
  printf("%f\n", float_en_hex()); // resultado: 357,34375
  printf("%a\n", float_en_hex()); // resultado: 0x1.655800p+8
}
```

C99 también proporciona el formato %a y %A para que **printf** convierta el número en coma flotante a la notación de exponente hexadecimal.

MATRIZ DE LONGITUD VARIABLE

A partir de C99 se permiten las matrices automáticas de longitud variable (matrices definidas a nivel local; se ubican en la pila o *stack*) .

Estas matrices se declaran como cualquier otra matriz automática, pero con una longitud que no es una expresión constante, lo que permite proporcionar tal longitud durante la ejecución justo antes de su punto de declaración. El espacio para el almacenamiento se asigna en el punto de declaración y se desasigna cuando sale del ámbito que define el bloque que contiene la declaración. Por ejemplo:

```
#include <stdio.h>
#include <locale.h>

int main(void)
{
  setlocale(0, "");
  int t;

  printf("Número de elementos: "); scanf("%d", &t);
  // Matriz de longitud variable: t
  int a[t];

  // Operar con la matriz
  for (int i = 0; i < t; ++i)
    a[i] = i+1;
  for (int i = 0; i < t; ++i)
    printf("%d ", a[i]);
  printf("\n");
}
```

Saltar o salir del ámbito del nombre de la matriz desasigna el almacenamiento, y saltar al ámbito de la matriz no está permitido; se generaría un mensaje de error. Este otro ejemplo que se muestra a continuación implementa una función, *generarValoresAleatorios*,

```
void generarValoresAleatorios(int n, int limInf, int limSup)
```

que permite generar *n* valores aleatorios distintos entre dos límites especificados, *limInf* y *limSup*. Después, los muestra ordenadamente. Como la matriz, *m*, es una variable local automática, no es posible que la función *generarValoresAleatorios* la pueda devolver como resultado para que pueda ser utilizada por otra función, ya que es destruida (desasignada) cuando la función finaliza su ejecución.

```
void mostrar(int m[], int n)
{
  for (int i = 0; i < n; i++)
    printf("%d ", m[i]);
  printf("\n");
}

int comparar_ints(const void *a, const void *b)
{
    int arg1 = *(const int *)a;
    int arg2 = *(const int *)b;

    if (arg1 < arg2) return -1;
    if (arg1 > arg2) return 1;
    return 0;
}

void generarValoresAleatorios(int n, int limInf, int limSup)
{
  srand((unsigned)time(NULL));
  int m[n];

  for (int i = 0; i < n; i++)
  {
    // Obtener un número aleatorio
    m[i] = (int)(rand() % (limSup - limInf + 1) + limInf);
    // Verificar si ya existe el último número obtenido
    for (int k = 0; k < i; k++)
      if (m[k] == m[i]) // ya existe
      {
        i--; // i será incrementada por el for externo
        break; // salir de este for
      }
  }
  qsort(m, sizeof(m)/sizeof(*m), sizeof(*m), comparar_ints);
  mostrar(m, n);
}

int main(void)
{
  generarValoresAleatorios(6, 1, 49);
}
```

Como extensión, C99 acepta una matriz de longitud variable como miembro de una estructura o unión. Por ejemplo:

```
void f(int n)
{
  struct s
  {
    int num;
    int m[n];
  };
  // ...
}
```

Incluso, tratándose de una estructura (**struct**) con más de un miembro, el último miembro puede ser de un tipo matriz incompleto, esto es, el tipo no especifica la dimensión. En este caso estaríamos hablando de un *matriz flexible como miembro de una estructura*. Como ejercicio, vamos a realizar otra versión del ejemplo que hicimos anteriormente para generar números aleatorios distintos entre dos límites. Ahora, la estructura de datos que va a almacenar los números aleatorios generados va a ser una estructura de tipo *flexArrayStruct* con una matriz flexible como miembro de la misma:

```
struct flexArrayStruct
{
  int num;
  int m[]; // matriz flexible
};
```

Cuando se construya una estructura de este tipo, tendremos que asignar memoria para el número de elementos que vaya a tener la matriz. Su poniendo que el número de elementos es *n*, esta operación se puede programar así:

```
struct flexArrayStruct *ps = (struct flexArrayStruct *)
  malloc(offsetof(struct flexArrayStruct, m) + n * sizeof(int));
```

El operador **sizeof** en una estructura de este tipo da el tamaño de la estructura como si se hubiera omitido la matriz flexible, excepto que esa omisión pudiera implicar algún campo de relleno posterior. Por ello, es preferible utilizar **offsetof** cuando se determina el tamaño para la asignación dinámica.

El ejercicio completo se muestra a continuación:

```
#include <stdio.h>
#include <stdlib.h>
#include <time.h>
#include <stddef.h> // offsetof
```

```
struct flexArrayStruct
{
  int num;
  int m[]; // matriz flexible
};

void mostrar(struct flexArrayStruct *mflex)
{
  for (int i = 0; i < mflex->num; i++)
    printf("%d ", mflex->m[i]);
  printf("\n");
}

int comparar_ints(const void *a, const void *b)
{
    int arg1 = *(const int *)a;
    int arg2 = *(const int *)b;

    if (arg1 < arg2) return -1;
    if (arg1 > arg2) return 1;
    return 0;
}

struct flexArrayStruct *generarValoresAleatorios(int n, int limInf, int limSup)
{
  srand((unsigned)time(NULL));
  // Asignar espacio para la estructura
  struct flexArrayStruct *ps = (struct flexArrayStruct *)
    malloc(offsetof(struct flexArrayStruct, m) + n * sizeof(int));
  if (ps == NULL)
  {
    // Manipular el error
  }
  ps->num = n;

  for (int i = 0; i < n; i++)
  {
    // Obtener un número aleatorio
    ps->m[i] = (int)(rand() % (limSup - limInf + 1) + limInf);
    // Verificar si ya existe el último número obtenido
    for (int k = 0; k < i; k++)
      if (ps->m[k] == ps->m[i]) // ya existe
      {
        i--; // i será incrementada por el for externo
        break; // salir de este for
      }
  }
  qsort(ps->m, n, sizeof(*ps->m), comparar_ints);
  return ps;
}
```

```
int main(void)
{
  struct flexArrayStruct *mflex = generarValoresAleatorios(6, 1, 49);
  mostrar(mflex);
  free(mflex);
  return 0;
}
```

IDENTIFICADOR __func__ PREDEFINIDO

El identificador predefinido **__func__** proporciona una forma de obtener el nombre de la función actual. Por ejemplo:

```
#include <stdio.h>
#include <locale.h>

void fnA(void)
{
    printf("Esta función se llama '%s'.\n", __func__);
}

int main(void)
{
  setlocale(0, "");
  fnA();
  return 0;
}
```

Resultado:

Esta función se llama 'fnA'.

FUNCIONES EN LINEA

Cuando una función se califica en línea (**inline**) el compilador tiene la facultad de reemplazar cualquier llamada a la función en el programa fuente por el cuerpo actual de la función. Quiere esto decir que el compilador puede tomar la iniciativa de no expandir la función; por ejemplo, por ser demasiado larga.

Para poder asignar el calificativo de en línea a una función, dicha función debe estar definida antes de que sea invocada, de lo contrario el compilador no lo tendrá en cuenta. Ésta es la razón por la que las funciones **inline** son normalmente definidas en archivos de cabecera.

Calificar a una función en línea implica anteponer el calificativo **inline** al tipo retornado por la función. Por ejemplo:

```
inline int menor(int x, int y)
{
  return ((x < y) ? x : y);
}
```

O bien:

```
inline static int menor(int x, int y)
{
  return ((x < y) ? x : y);
}
```

O bien:

```
inline extern int menor(int x, int y)
{
  return ((x < y) ? x : y);
}
```

Con las funciones **inline** se obtienen tiempos de ejecución más bajos, ya que se evitan las llamadas a cada una de estas funciones. No obstante, el abuso de este calificador en ocasiones puede no ser bueno. Por ejemplo, la modificación de una función **inline** obligaría a volver a compilar todos los módulos en los que ésta apareciera. Por otra parte, el tamaño del código puede aumentar extraordinariamente. Por todo ello, se recomienda utilizar el calificador **inline** cuando la función es muy pequeña o si se utiliza desde pocos lugares. Por ejemplo:

```
#include <stdio.h>

inline static int menor( int x, int y )
{
  return x < y ? x : y;
}

int main(void)
{
  int m, a = 10, b = 20;
  m = menor( a--, b-- );
  printf("menor = %d, a = %d, b = %d\n", m, a, b);
}
```

Este ejemplo da lugar al siguiente resultado:

```
menor = 10, a = 9, b = 19
```

MACROS CON UN NÚMERO VARIABLE DE ARGUMENTOS

En ciencias de la computación, se dice que un operador o una función es *variadic* cuando puede tomar un número variable de argumentos. Pues bien, como es sabido, C permite también funciones con un número variable de parámetros; tenemos un ejemplo en la función **printf** de la biblioteca de C.

Para declarar una función *variadic* se utiliza tres puntos (...) como último parámetro:

```
int printf(const char * restrict formato, ...);
```

En el ejemplo anterior se observa que **printf** tiene un argumento regular (el primero) y un conjunto de argumentos adicionales (...). Para acceder a todos esos argumentos desde el cuerpo de la función, la biblioteca de C proporciona las siguientes facilidades por medio del fichero de cabecera *<stdarg.h>*:

- **va_list**. Tipo para definir una variable que referenciará la información relativa al conjunto de argumentos adicionales.
- **va_start**. Macro/función que permite acceder al conjunto de argumentos adicionales.
- **va_arg**. Macro/función que permite acceder al siguiente argumento del conjunto de argumentos adicionales.
- **va_end**. Macro/función que finaliza el recorrido por el conjunto de argumentos adicionales. La ejecución de **va_start** (o de **va_copy**) debe ser finalizada con la ejecución de **va_end** cuando ya no se necesite la información referenciada por la variable de tipo **va_list**.
- **va_copy**. Macro/función para hacer una copia del conjunto de argumentos adicionales.

El ejemplo que se muestra a continuación define una función *media* que permite calcular la media de un conjunto de argumentos variable.

```
#include <stdio.h>
#include <stdarg.h>

double media(int num, ...)
{
  va_list valist;
  double sum = 0.0;
  int i;

  // Inicia valist con la dirección justo a continuación de 'num'
  va_start(valist, num);
  // Acceder a los argumentos de valist
```

```
  for (i = 0; i < num; i++)
  {
    sum += va_arg(valist, int);
  }
  // Liberar valist (valist ya no es válida)
  va_end(valist);
  return sum/num;
}

int main(void)
{
  printf("Media de 3, 4, 5, 6, 7 = %f\n", media(5, 3,4,5,6,7));
  printf("Media de 6, 12, 18, 24 = %f\n", media(4, 6,12,18,24));
}
```

La variable *valist* es un puntero que es iniciado por **va_start** con la dirección del argumento justo a continuación de *num*. Después, **va_arg** permite acceder al elemento de tipo **int** apuntado por *valist* y avanza este puntero al siguiente argumento de tipo **int**. Finalmente, **va_end** pone *valist* a **NULL** o simplemente lo deja apuntando a la siguiente posición en la pila, dependiendo esto del compilador.

Pues bien, además de las funciones *variadic*, C99 acepta también macros *variadic*, esto es, macros con un número variable de parámetros. La sintaxis empleada para definir una de estas macros es similar a la de una función:

```
#define idMacro( parámetros, ... ) texto de sustitución
#define idMacro( ... ) texto de sustitución
```

Para acceder a los argumentos adicionales se utiliza el identificador predefinido **__VA_ARGS__**, que será reemplazado por los argumentos que se proporcionen con el *idMacro* que se reemplazará.

Como ejemplo, podemos realizar otra versión del ejemplo anterior escribiendo una macro *MEDIA*:

```
#define MEDIA(N, ...) media(N, __VA_ARGS__)
#include <stdio.h>
#include <stdarg.h>
double media(int num, ...)
{
  // ...
}

int main(void)
{
  printf("Media de 3, 4, 5, 6, 7 = %f\n", MEDIA(5, 3,4,5,6,7));
  printf("Media de 6, 12, 18, 24 = %f\n", MEDIA(4, 6,12,18,24));
}
```

En la invocación a la macro se observa que se han especificado varios elementos de datos hasta el paréntesis de cierre que finaliza la invocación, incluidas las comas. Este conjunto de elementos reemplaza al identificador **__VA_ARGS__** en el cuerpo de la macro donde aparece.

Como aplicación vamos a escribir una macro con un número variable de parámetros para el registro de errores. La macro tendrá como parámetros regulares la prioridad del mensaje (por ejemplo, si el mensaje es una información (INF) o es un error (ERR)), el flujo de datos al que será enviado el mensaje (**stdout** o **stderr**), el mensaje y los parámetros adicionales. El texto de sustitución imprimirá en el flujo de datos especificado, la prioridad, seguida del nombre de archivo, del número de línea, y la información o del mensaje de error.

```
#include <stdio.h>

#define INF 1
#define ERR 2
#define STD_OUT stdout
#define STD_ERR stderr

#define LOG_MSJ(prioridad, flujo, msj, ...)\
        {\
          char *str;\
          if (prioridad == INF)\
            str = "INF";\
          else if (prioridad == ERR)\
            str = "ERR";\
          fprintf(flujo, "[%s] : %s : %d : "msj"\n", \
                  str, __FILE__, __LINE__, ##__VA_ARGS__);\
        }

int main(void)
{
  char *s = "funcion01";
  int a = 1, b = 2;
  // Mostrar un mensaje de error
  LOG_MSJ(ERR, STD_ERR, "El archivo no se puede abrir");
  // Información como argumento adicional
  LOG_MSJ(INF, STD_OUT, "Se ejecutó satisfactoriamente %s", s);
  // Información como argumentos adicionales
  LOG_MSJ(INF, STD_OUT, "%d + %d = %d", a, b, (a + b));
  return 0;
}
```

Resultado:

```
[ERR] : C:\Ejemplos\ApenA\main.c : 25 : El archivo no se puede abrir
[INF] : C:\Ejemplos\ApenA\main.c : 28 : Se ejecutó satisfactoriamente funcion01
[INF] : C:\Ejemplos\ApenA\main.c : 31 : 1 + 2 = 3
```

Sabemos que el operador ## permite la concatenación de dos cadenas, pero algunos compiladores ofrecen una extensión que permite que ## aparezca después de una coma y antes de **__VA_ARGS__**, caso del ejemplo, en cuyo caso el ## no hace nada cuando **__VA_ARGS__** no está vacío, pero elimina la coma cuando **__VA_ARGS__** está vacío; esto permite definir macros como:

```
fprintf(flujo, "[%s] : %s : %d : "msj"\n", \
        str, __FILE__, __LINE__, ##__VA_ARGS__);\
```

OPERADOR DE PREPROCESAMIENTO _Pragma

Un *pragma* instruye al compilador para realizar una acción particular durante la compilación. Los *pragmas* varían de compilador a compilador. Por ejemplo, la directriz **#pragma once** se utiliza al principio de un fichero de cabecera para especificar que este sólo será incluido una vez:

```
// stdio.h
#pragma once
// Código fuente del archivo stdio.h
```

es equivalente a:

```
// stdio.h
#if !defined( _ID_H_ )       // equivale a: #ifndef _ID_H_
#define _ID_H_
// Código fuente del archivo stdio.h
#endif
```

Pero sucede que la directriz **#pragma** no se puede utilizar en una definición de macro porque el compilador interpreta el carácter # de la directriz como el operador # empleado con las macros (véase el capítulo *El preprocesador de C*). Por ello, C99 introdujo el operador **_Pragma** que tiene la misma funcionalidad que la directiva **#pragma**, pero se puede usar en línea en una definición de macro.

Su sintaxis es *_Pragma(str)*, donde *str* puede ser un literal de cadena de caracteres. El resultado se procesa como si hubiera aparecido al lado derecho de una directiva **#pragma**. Por ejemplo:

```
// stdio.h
#pragma once
// Código fuente del archivo stdio.h
```

sería equivalente a:

```
// stdio.h
```

```
_Pragma("once")
// Código fuente del archivo stdio.h
```

NÚMEROS COMPLEJOS

El archivo de cabecera *<complex.h>* define macros y declara funciones para que el lenguaje C, a partir de C99, soporte la aritmética de números complejos. Echando una ojeada a ese archivo, podremos observar las macros y funciones a las que nos referimos.

Veamos a continuación un ejemplo muy simple con números complejos (hay tres tipos de complejos: **float complex**, **double complex** y **long double complex**) que nos ayude a conocer cómo utilizar las macros (**complex** e **I**, por ejemplo) y funciones (**creal** y **cimag**, por ejemplo) a las que nos hemos referido.

Los números complejos se pueden usar con los operadores aritméticos + - * y /, y es posible mezclarlos con números imaginarios y reales. Los operadores de incremento y decremento no están definidos para tipos complejos y los operadores relacionales tampoco.

```
#include <stdio.h>
#include <complex.h>

int main(void)
{
  double complex cx = 1.2 + 4.0*I;
  double complex cy = 1.0 - 3.5*I;
  printf("cx = %g%+gi\n", creal(cx), cimag(cx));
  printf("cy = %g%+gi\n\n", creal(cy), cimag(cy));

  double complex csum = cx + cy;
  printf("cx + cy = %.2f%+.2fi\n", creal(csum), cimag(csum));

  double complex cres = cx - cy;
  printf("cx - cy = %.2f%+.2fi\n", creal(cres), cimag(cres));
  double complex cpro = cx * cy;
  printf("cx * cy = %.2f%+.2fi\n", creal(cpro), cimag(cpro));

  double complex cdiv = cx / cy;
  printf("cx / cy = %.2f%+.2fi\n", creal(cdiv), cimag(cdiv));

  double complex cconj = conj(cx);
  printf("conjugado de cx = %.2f%+.2fi\n",
            creal(cconj), cimag(cconj));

  return 0;
}
```

```
Resultado:

cx = 1.2+4i
cy = 1-3.5i

cx + cy = 2.20+0.50i
cx - cy = 0.20+7.50i
cx * cy = 15.20-0.20i
cx / cy = -0.97+0.62i
conjugado de cx = 1.20-4.00i
```

Cada tipo complejo tiene los mismos requisitos de representación y alineación de objetos que una matriz de dos elementos del tipo real correspondiente (**float**, **double** o **long double**). El primer elemento de la matriz contiene la parte real, y el segundo elemento, la parte imaginaria. El siguiente ejemplo nos ayuda a entender esto:

```
float m[4] = {1, 2, 3, 4};
float complex c1, c2;
memcpy(&c1, m, sizeof(c1)); // c1 = 1.0 + 2.0i
memcpy(&c2, m+2, sizeof(c2)); // c2 = 3.0 + 4.0i
```

PUNTEROS RESTRICTIVOS

C99, por medio de la palabra clave **restrict**, da la posibilidad de indicar al compilador que diferentes punteros a objetos, o derivados de los mismos (como *puntero + 1*), no apuntarán a regiones de memoria superpuestas; esto es, un puntero puede ser calificado así cuando exista la seguridad de que su acceso va a estar limitado a un área de memoria que no será accedida por ningún otro puntero. Esto limita los efectos de los alias (*aliasing*: la misma zona de memoria es accedida por varios punteros), permitiendo al compilador realizar optimizaciones que redundarán en un mejor rendimiento. Si no se consigue esa declaración de intenciones, el resultado será un comportamiento indefinido.

La declaración de intenciones en el siguiente ejemplo es que el puntero *p1* no apuntará a la misma región de memoria que el puntero *p2*:

```
void copiar(int n, int *restrict p1, int *restrict p2)
{
  while (n-- > 0)
    *p1++ = *p2++;
}
```

En este código se puede observar que ninguno de los objetos modificados a través de **p1* es el mismo que cualquiera de los objetos leídos a través de **p2*, así que el compilador tiene vía libre para optimizar.

Ahora bien, mientras que el ejemplo siguiente cumple con la declaración de intenciones de la función *copiar*:

```
void test(int *m)
{
  copiar(n/2, m + n/2, m); // cumple la declaración de intenciones
}
```

en este otro ejemplo, *m[1]* es accedido a través de *p1* y *p2* en la función *copiar*:

```
void test(int *m)
{
  copiar(n/2, m + 1, m); // comportamiento indefinido
}
```

La responsabilidad de que se cumpla la declaración de intenciones recae sobre el desarrollador.

Si el objeto nunca se modifica, se puede acceder a él mediante diferentes punteros calificados como restrictivos.

La palabra clave **__restrict**, permitida en C90 y C++, es un sinónimo de **restrict**.

FUNCIONES SEGURAS

Tradicionalmente, la biblioteca de C ha proporcionado muchas funciones que confían en que el programador proporcionará matrices de caracteres lo suficientemente grandes como para mantener el resultado producido. Piense por ejemplo en la función **strcat**:

```
#include <string.h>
#include <stdio.h>
#include <stdlib.h>

int main(void)
{
  char str1[30] = "cadena 1 ";
  char str2[30] = "+ cadena 2 ";
  char str3[30] = "+ otra cadena";
  strcat(str1, str2);
  strcat(str1, str3);
  puts(str1);
  printf("sizeof(str1) = %d\n", sizeof(str1));
  printf("strlen(str1) = %d\n", strlen(str1));
}
```

Resultado:

```
cadena 1 + cadena 2 + otra cadena
sizeof(str1) = 30
strlen(str1) = 33
```

Estas funciones no solo no comprueban que las matrices sean lo suficientemente grandes, sino que, a menudo, carecen de la información necesaria para realizar dichas comprobaciones. Por lo tanto, los datos se pueden escribir más allá del final de la matriz (como ocurre en el ejemplo) sobrescribiendo otros datos y estructuras de programas. Además, el programa nunca recibe ninguna indicación de que exista un problema, por lo que nunca tiene la oportunidad de recuperarse o terminar con elegancia. Y lo que es peor, este estilo de programación ha comprometido la seguridad de los ordenadores y de las redes. Evidentemente, el programador puede escribir código que verifique durante la ejecución las longitudes antes de llamar a la biblioteca funciones, lo que no deja de ser un trabajo extra. Por eso, a partir de C11, la biblioteca de C proporciona funciones seguras, esto es, funciones con comprobación de límites. No obstante, hay que decir que estas funciones con comprobación de límites son opcionales en el estándar C11. Por ejemplo, las nuevas funciones seguras de **strcat** y **strcopy** son **strcat_s** y **strcopy_s**. Todos los nombres de las funciones seguras finalizan con **_s**.

```
#define INF 1
#define ERR 2
#define STD_OUT stdout
#define STD_ERR stderr

#define LOG_MSJ(prioridad, flujo, msj, ...)\
          {\
            char *str;\
            if (prioridad == INF)\
              str = "INF";\
            else if (prioridad == ERR)\
              str = "ERR";\
            fprintf(flujo, "[%s] : %s : %d : "msj"\n", \
                    str, __FILE__, __LINE__, ##__VA_ARGS__);\
          }

#include <string.h>
#include <stdio.h>
#include <stdlib.h>

int main(void)
{
  char str1[30] = "cadena 1 ";
  char str2[30] = "+ cadena 2 ";
  char str3[30] = "+ otra cadena";
  int error = 0; // no error
```

```
  error = strcat_s(str1, sizeof(str1), str2);
  if (error) LOG_MSJ(ERR, STD_ERR, "strcat_s");
  if (strcat_s(str1, sizeof(str1), str3))
    LOG_MSJ(ERR, STD_ERR, "strcat_s");
  puts(str1);
  printf("sizeof(str1) = %d\n", sizeof(str1));
  printf("strlen(str1) = %d\n", strlen(str1));
}
```

```
Resultado:

[ERR] : C:\Ejemplos\ApenA\main.c : 31 : strcat_s

sizeof(str1) = 30
strlen(str1) = 0
```

A modo de ejemplo, la función **strcat_s**, cuya sintaxis es la siguiente,

```
errno_t strcat_s(char *destino, size_t n, const char *origen);
```

añade a la cadena de caracteres *destino* la cadena de caracteres *origen*, y termina la cadena resultante con un carácter nulo. El carácter inicial de *origen* sobrescribe el carácter nulo de terminación de *destino*. El segundo parámetro, *n*, es el tamaño total de *destino*, no el tamaño restante. Devuelve *cero* si se ejecuta correctamente o un valor distinto de cero (un código de error) si se produce un error; en este último caso, *destino[0]* es puesto a *cero* (cadena vacía).

Las funciones seguras simplemente detectan si ocurre un error. Para ello, realizan comprobaciones adicionales de condiciones de error y, en caso de que se detecte algún error, devuelven un determinado código de error o bien, invocan a un controlador de errores. Por ejemplo, la función **strcat** no tiene ninguna manera de indicar si la cadena que se está añadiendo es demasiado grande para el tamaño en bytes de destino. Sin embargo, su equivalente, **strcat_s**, recibe en su segundo parámetro el tamaño del *buffer* destino de la información, lo que le permite determinar si el espacio disponible es suficiente; **strcat_s** no puede corregir este error, pero puede detectarlo e informar mediante un código de error para responder adecuadamente.

Al igual que con todas las funciones con comprobación de límites, **strcat_s** solo se garantiza que estará disponible si *__STDC_LIB_EXT1__* está definido por la implementación (lo cual se puede verificar como se muestra a continuación) y si el usuario define *__STDC_WANT_LIB_EXT1__* como la constante entera *1* antes de incluir *string.h* (o, en otros casos, antes de *stdio.h*). Si el usuario no define esa constante, las funciones seguras pueden o no estar disponibles, dependiendo del compilador.

```
#define __STDC_WANT_LIB_EXT1__ 1
#include <stdio.h>
#include <string.h>

int main(void)
{
#if defined __STDC_LIB_EXT1__
  printf("Funciones opcionales garantizadas.\n");
#else
  printf("Funciones opcionales no garantizadas.\n");
#endif
  return 0;
}
```

Otro ejemplo de funciones seguras lo tenemos con **scanf_s**. En este caso, para los formatos %c, %s, y %[se necesitan dos argumentos: el que apunta a la variable a leer y otro de tipo **rsize_t** (es un sinónimo de **size_t**) indicando el tamaño en bytes de la variable que va a almacenar la información. Por ejemplo, para leer una cadena de caracteres, *str*, se procedería así:

```
#include <stdio.h>
#include <string.h>

int main(void)
{
  char str[10];
  int r = 0;
  printf("Introduce una cadena: ");
  r = scanf_s("%s", str, sizeof(str));
  puts(str);
  printf("r = %d, longitud = %d\n", r, strlen(str));
}
```

Posibles resultados:

```
Introduce una cadena: 123
123
r = 1, longitud = 3
```

```
Introduce una cadena: 1234567890

r = 0, longitud = 0
```

Un ejemplo más es la nueva interfaz de **fopen_s**:

```
errno_t fopen_s(FILE * restrict * restrict streamptr,
                const char * restrict filename,
                const char * restrict mode);
```

Esta función abre el archivo especificado por *filename* con el modo de acceso especificado por *mode* y almacena el puntero al archivo obtenido en **streamptr* (puntero a **FILE** pasado por referencia). Si la operación tiene éxito, **fopen_s** devolverá cero; en otro caso devuelve un código de error (coincidente con la variable predefinida **errno**) y almacena en **streamptr* un puntero nulo.

```
#include <stdio.h>

int main(void)
{
  FILE *fp;
  char *archivo = "nombre.ext";
  int error = fopen_s(&fp, archivo, "rb");
  if (!fp)
  {
    fprintf(stderr, "Abriendo %s: %s\n", archivo, strerror(error));
    return error;
  }
  // Trabajar con 'fp' a partir de aquí...
  return 0;
}
```

SE ELIMINA LA FUNCIÓN gets

La función **gets** no realiza la comprobación de límites; por lo tanto, esta función es extremadamente vulnerable a los ataques de desbordamiento de *buffer*; esto es, por sí sola no se puede usar de forma segura. Por esta razón, la función ha quedado obsoleta en el estándar C99 y se eliminó por completo en el estándar C11. Para reemplazarla se puede utilizar la función **fgets** o **gets_s**.

```
char *fgets(char *restrict str, int n, FILE *restrict f);
char *gets_s(char *str, rsize_t n);
```

El parámetro *str* es un puntero a la matriz de caracteres que se quiere leer, *n-1* es el máximo número de caracteres que se pueden leer y *f* es el flujo de donde se van a leer los datos (por ejemplo, **stdin**). Por ejemplo:

```
#include <stdio.h>
#include <string.h>

int main(void)
{
  char str[10];
  printf("Introduce una cadena (fgets): ");
  fgets(str, sizeof(str), stdin);
  puts(str);
  printf("longitud = %d\n", strlen(str));
```

```
  printf("Introduce una cadena (gets_s): ");
  gets_s(str, sizeof(str));
  puts(str);
  printf("longitud = %d\n", strlen(str));
}

Resultado:

Introduce una cadena (fgets): 12345
12345

longitud = 6
Introduce una cadena (gets_s): 12345
12345
longitud = 5
```

La diferencia entre **fgets** y **gets_s** es que **fgets** incluye al final el carácter *'\n'* seguido de *'\0'*, mientras que **gets_s** reemplaza ese carácter *'\n'* por el carácter *'\0'*. También, para una entrada con un número de caracteres superior a los que caben en la matriz, **fgets** acepta la cantidad de caracteres que caben en la matriz y deja el resto en el *buffer* de entrada para próximas lecturas, mientras que **gets_s** pone el primer carácter de la matriz a *'\0'* y no deja nada en el *buffer* de entrada y, dependiendo del compilador, puede lanzar una excepción indicando que se ha sobrepasado el límite o puede devolver el valor **NULL**.

ESTRUCTURAS Y UNIONES ANÓNIMAS

Las estructuras y uniones anónimas se definen igual que las estándar, excepto que no tienen un nombre que las identifique. Son útiles, por ejemplo, para escribir un código más simplificado cuando se utilizan estructuras anidadas. Por ejemplo:

```
#include <stdio.h>

typedef struct
{
  union
  {
    struct
    {
      int d;
      int m;
      int a;
    };
    int dma[3];
  };
}tfecha;
```

```
int main(void)
{
  tfecha f;
  f.d = 4;
  f.dma[1] = 3; // equivalente f.m = 3
  f.a = 2020;
  // ...
}
```

En el código anterior se observa que al ser la unión y la estructura de *tfecha* anónimas no es necesario anteponer ningún nombre para acceder a sus campos, dando lugar a un código más legible.

ESPECIFICADOR DE FUNCIÓN _Noreturn

El especificador **_Noreturn**, o la macro **noreturn** equivalente definida en el archivo *stdnoretrun.h*, indica que la función no retornará a la función llamante utilizando el mecanismo normal de llamada/devolución (utilizado por los compiladores para hacer optimizaciones). Por ejemplo:

```
#include <stdio.h>
#include <stdnoreturn.h>

noreturn void salir()
{
  printf("Se inicia la función salir\n");
  printf("salir finaliza y no retorna\n");
}

int main(void)
{
  printf("Se inicia la función main\n");
  printf("Se invoca a la función salir\n");
  salir();
  printf("Esta línea no se ejecuta\n");
}
```

En la biblioteca de funciones de C hay funciones de este tipo como, por ejemplo, **abort** y **exit**.

SOPORTE PARA UNICODE

Unicode es un sistema estándar de codificación de caracteres diseñado para admitir el intercambio, el procesamiento y la visualización en todo el mundo de los textos escritos en los diversos idiomas y disciplinas técnicas del mundo moderno. Además, admite textos clásicos e históricos de muchas lenguas escritas. La idea es simple, incluir en un solo conjunto todos los caracteres necesarios para cualquier sistema de escritura del mundo, lo cual facilita mucho el trabajo con sistemas o páginas multilingües, respondiendo así mucho mejor, que los sistemas de codificación tradicionales, a las necesidades de los usuarios.

Se considera que las primeras 65.536 entradas en Unicode constituyen el plano plurilingüe básico (BMP - *Basic Multilingual Plane*).

Además, en Unicode existen distintas formas de codificar el mismo carácter: mediante dos bytes en una codificación o mediante cuatro bytes, en otra. Los formatos de codificación que se pueden usar con Unicode se denominan UTF-8, UTF-16 y UTF-32.

UTF-8 utiliza 1 byte para representar caracteres ASCII, 2 bytes para caracteres en otros bloques alfabéticos y 3 bytes para el resto del BMP; para los caracteres complementarios se utilizan 4 bytes. UTF-16 utiliza 2 bytes para cualquier carácter en el BMP y 4 bytes para los caracteres complementarios. Y UTF-32 emplea 4 bytes para todos los caracteres.

Pues bien, C11 añade nuevos tipos de datos para manejar cadenas Unicode. Hasta ahora, para manejar caracteres hemos venido utilizando tipos como **char**, **unsigned short** o **unsigned long**. El problema es que el tamaño de esos tipos de datos es dependiente de la plataforma y del compilador, por lo que no se puede garantizar que el código sea portable. Por ello, este nuevo estándar (al igual que el estándar C++), crea dos nuevos tipos de datos, **char16_t** y **char32_t**, declarados en el archivo de cabecera *uchar.h*, con el objetivo de representar caracteres en UTF-16 y UTF-32 respectivamente (UTF-8 seguirá usando un **char**). Además, se permite crear literales en las tres representaciones mencionadas marcando la cadena de caracteres con uno de los siguientes tres prefijos: **u8**, **u** o **U**. Por ejemplo:

```
#include <uchar.h>
#include <stdio.h>

int main(void)
{
  char32_t wc[] = U"w¶❀水🍌"; // o "w\u00b6\u2740\u6c34\U0001f34c"
  size_t n = sizeof wc / sizeof *wc;
  printf("%zu caracteres UTF-32: [ ", n);
  for (size_t i = 0; i < n; ++i) printf("%#x ", wc[i]);
  printf("]\n");
  // 6 caracteres UTF-32: [ 0x77 0xb6 0x2740 0x6c34 0x1f34c 0 ]
}
```

Para insertar caracteres Unicode en un texto utilizando un editor configurado para admitir este conjunto de caracteres (por ejemplo, *Wordpad*), active el teclado numérico y con la tecla *Alt* pulsada haga clic en los números correspondientes al carácter; cuando suelte la tecla *Alt* se mostrará.

AFIRMACIONES ESTÁTICAS

C11 añade una nueva palabra clave, **_Static_assert**, disponible también por medio de la macro **static_assert** definida en el archivo de cabecera *assert.h*, que permite añadir aserciones en el código (aserción: proposición en que se afirma o da por cierto algo).

Las aserciones se encargan de comprobar condiciones que tienen que cumplirse a la hora de ejecutar una sección de código. Lo especial de estas aserciones es que no se procesan durante la ejecución, sino que son comprobaciones que se realizan durante la fase de compilación (en una fase tardía, donde los tipos ya son conocidos); si la comprobación falla, se lanza un error de compilación con el mensaje especificado. Por ejemplo:

```
#include <stdio.h>
#include <assert.h>

typedef struct
{
  char a;      // 1 byte
  int b;       // 4 bytes
  short c;     // 2 bytes
  char d;      // 1 byte
} st;

static_assert(sizeof(st) == sizeof(char) +
                            sizeof(int) +
                            sizeof(short) +
                            sizeof(char),
  "La estructura no debe tener ningún relleno");

int main(void)
{
  st dato = { 0 };
  printf("%zu\n", sizeof(dato)); // resultado: 12
}
```

El primer argumento da como resultado un valor de tipo **bool**, y el segundo es el mensaje de error que se mostrará cuando ese valor es **false**. Este tipo de aserciones completa a las dos que ya existían: **assert**, procesada durante la ejecución,

```
#include <stdio.h>
#include <assert.h>
```

```
typedef struct
{
  char a;      // 1 byte
  int b;       // 4 bytes
  short c;     // 2 bytes
  char d;      // 1 byte
} st;

int main(void)
{
  assert(sizeof(st) == sizeof(char) +
                       sizeof(int) +
                       sizeof(short) +
                       sizeof(char));

  st dato = { 0 };
  printf("%zu\n", sizeof(dato)); // resultado: 12
}
```

y **#error**, ejecutada por el preprocesador,

```
#if !defined(_ID)
  #error "_ID no ha sido definido todavía".
#endif
```

MACROS GENÉRICAS

C11 permite crear macros genéricas, que permitan ejecutar un código u otro en función del tipo de los parámetros recibidos, utilizando la selección genérica:

_Generic (*expresión de control, lista de asociación* **)**

donde la *lista de asociación* es una lista separada por comas de asociaciones de la forma *tipo: expresión* y la *expresión de control* es cualquier expresión cuyo tipo debe ser compatible con alguno de los *tipos* especificados en la *lista de asociación*. Por ejemplo, el código mostrado a continuación incluye una macro genérica *MENOR*. El texto de sustitución para esta macro depende de una selección genérica, **_Generic**, de forma que cuando el tipo del parámetro *X* sea **int** la macro será sustituida por la llamada a la función *imenor*, cuando el tipo de *X* sea **char*** la macro será sustituida por la llamada a la función *smenor* y cuando el tipo no sea ninguno de estos dos, la macro será sustituida por la llamada a la función *menor*. Todas las funciones reciben, como argumentos, los valores *X* e *Y*.

```
#include <stdio.h>

#define MENOR(X, Y) _Generic((X), int:     imenor, \
```

```
                                  char*:    smenor, \
                                  default: menor)(X, Y)
int imenor(int a, int b);
char* smenor(char* a, char* b);
double menor(double a, double b);

int main(void)
{
  printf("%d\n", MENOR(5, 4));
  printf("%s\n", MENOR("hola", "adiós"));
  printf("%g\n", MENOR(9.0, 8.0));
}

int imenor(int a, int b)
{
  return a < b ? a : b;
}

char* smenor(char* a, char* b)
{
  return strcmp(a, b) < 0 ? a : b;
}

double menor(double a, double b)
{
  return a < b ? a : b;
}
```

PROGRAMACIÓN CONCURRENTE

Este es posiblemente el cambio más grande que nos da este nuevo estándar. Se ha añadido el soporte para hilos (*threads*) en la biblioteca estándar, sin necesidad de usar bibliotecas externas como, por ejemplo, la biblioteca *POSIX Threads*.

Se ha añadido un nuevo archivo, *threads.h*, que define nuevos tipos de datos y funciones para hacer posible la programación concurrente, incluyendo funcionalidad para la sincronización de *threads* (*mutex*, variables condicionales, etc.).

No obstante, el trabajo de concurrencia para los nuevos estándares se realizó bajo el paraguas de C++11, luego se importó a C11 con el objetivo explícito de ser compatible. Si bien hay algunas diferencias sintácticas (por ejemplo, debido a que C no tiene plantillas o sobrecarga de funciones), semánticamente no hay diferencias, por diseño. Según lo expuesto, quizás sea más sencillo, realizar este tipo de aplicaciones en C++ (eche una ojeada al capítulo *Programación concurrente* de mi otro libro *Programación orientada a objetos con C++*). ¿Por qué? Porque hay más documentación y porque en el momento de escribir esta obra los compiladores C11 aún no incluían esta funcionalidad, al menos en su totalidad, aunque si había alguna biblioteca como *TinyCThread* que implementaba un subconjunto bastante compatible de las funciones de gestión de hilos C11.

A continuación, se muestra un ejemplo de un programa que lanza un hilo secundario (función *th_func*) para realizar una determinada tarea paralelamente al hilo principal (función **main**):

```
#include <stdio.h>
#include "threads.h"

int th_func(void * arg) // hilo secundario
{
  puts("Se ejecuta el hilo secundario...");
  puts("Los hilos principal y secundario se ejecutan en paralelo...");
  ++*(int*)arg;
  return 0;
}

int main(void) // hilo principal
{
  thrd_t th;
  int n = 1;
  if (thrd_create(&th, th_func, &n) != thrd_success)
  {
    fprintf(stderr, "Error al crear el hilo.\n"); return -1;
  }
  puts("Hilo principal en ejecución...");
  thrd_join(th, NULL);
  printf("El valor final de n es %d\n", n); // n == 2
  return 0;
}
```

El tipo **thrd_t** permite definir variables para identificar hilos. La función **thrd_create** crea un hilo asociándolo con la función que tiene que ejecutar; si el hilo se crea satisfactoriamente, esta función devuelve el valor **thrd_success**. La función **thrd_join** deja en espera un hilo (aquel desde el que se hace la llamada a **thrd_join**) hasta que finaliza otro hilo diferente (aquel para el que se invoca **thrd_join**). Para más detalles eche una ojeada al libro al que nos hemos referido anteriormente, ya que, como hemos dicho, la biblioteca para el estándar C11 para trabajar con hilos se realizó bajo el paraguas de C++11.

APÉNDICE B

ALGUNAS FUNCIONES DE LA BIBLIOTECA DE C

Además de las funciones expuestas a lo largo de esta obra, hay otras muchas. Este apéndice muestra un resumen de las funciones más utilizadas de la biblioteca de C, cada una de ellas con sintaxis ligeramente diferentes dependiendo de la versión C90, C99 o C11, algunas de las cuales ya fueron expuestas. Todas estas funciones se pueden agrupar en las siguientes categorías:

- Funciones de E/S.
- Funciones de cadenas y de caracteres.
- Funciones matemáticas.
- Funciones de fecha y hora.
- Funciones de asignación dinámica.
- Otras funciones.

Antes de leer este apéndice, es recomendable leer el apéndice *A*, en especial los apartados *Punteros restringidos*, *Funciones seguras* y *Macros genéricas*.

FUNCIONES DE CADENAS Y DE CARACTERES

La biblioteca de C proporciona un amplio número de funciones que permiten realizar operaciones con cadenas de caracteres, como copiar una cadena en otra, añadir una cadena a otra, etc. A continuación, se describen las más utilizadas.

strcat

```
#include <string.h>
```

```
char *strcat(char *dest, const char *src);
char *strcat(char *restrict dest, const char *restrict src);
errno_t strcat_s(char *restrict dest, rsize_t destsz,
                 const char *restrict src);
```

La función **strcat** añade la cadena *src* a la cadena *dest*, finaliza la cadena resultante con el carácter nulo y devuelve un puntero a *dest* o un código de error.

strncat

```
#include <string.h>
char *strncat(char *dest, const char *src, size_t count);
char *strncat(char *restrict dest,
              const char *restrict src, size_t count);
errno_t strncat_s(char *restrict dest, rsize_t destsz,
                  const char *restrict src, rsize_t count);
```

La función **strncat** añade los primeros *count* caracteres de la cadena *src* a la cadena *dest*, termina la cadena resultante con el carácter nulo y devuelve un puntero a *dest* (o un código de error). Si *count* es mayor que la longitud de *src*, se utiliza como valor de *count* la longitud de *src*.

strcpy

```
#include <string.h>
char *strcpy(char *dest, const char *src);
char *strcpy(char *restrict dest, const char *restrict src);
errno_t strcpy_s(char *restrict dest, rsize_t destsz,
                 const char *restrict src);
```

La función **strcpy** copia la cadena *src*, incluyendo el carácter de terminación nulo, en la cadena *dest* y devuelve un puntero a *dest* o un código de error.

```
/* Este programa utiliza strcpy y strcat
 * strcpy.c
 */
#include <stdio.h>
#include <string.h>

int main(void)
{
  char cadena[81];
  strcpy(cadena, "Hola, ");
  strcat(cadena, "strcpy ");
  strcat(cadena, "y ");
  strcat(cadena, "strcat te saludan!");
```

```
  printf("cadena = %s\n", cadena);
}
```

Ejecución del programa:

cadena = Hola, strcpy y strcat te saludan!

Otra versión de este ejemplo utilizando la función **strcpy_s** y **strcat_s** es la siguiente:

```
#include <stdio.h>
#include <string.h>

int main(void)
{
  char cadena[81];
  int r = 0;
  r = strcpy_s(cadena, sizeof(cadena), "Hola, ");
  r = strcat_s(cadena, sizeof(cadena), "strcpy_s ");
  r = strcat_s(cadena, sizeof(cadena), "y ");
  r = strcat_s(cadena, sizeof(cadena), "strcat_s te saludan!");
  printf("cadena = %s\n", cadena);
}
```

En este caso, como ya explicamos en el apéndice *A*, si se detecta algún error, **strcpy_s** o **strcat_s** devolverán un determinado código de error (si no hay error, devuelven *0*) o bien, invocan a un controlador de errores.

strncpy

```
#include <string.h>
char *strncpy(char *dest, const char *src, size_t count);
char *strncpy(char *restrict dest, const char *restrict src,
              size_t count);
errno_t strncpy_s(char *restrict dest, rsize_t destsz,
                  const char *restrict src, rsize_t count);
```

La función **strncpy** copia *count* caracteres de la cadena *src* en la cadena *dest* (sobrescribiendo los caracteres de *dest*) y devuelve un puntero a *dest*. Si *count* es menor que la longitud de *src*, no se añade automáticamente un carácter nulo a la cadena resultante. Si *count* es mayor que la longitud de *src*, la *dest* es rellenada con caracteres nulos ('\0') hasta la longitud *count*.

strchr

```
#include <string.h>
```

```
char *strchr(const char *str, int ch);
```

La función **strchr** devuelve un puntero a la primera ocurrencia de *ch* en *str* o un valor **NULL** si el carácter no es encontrado. El carácter *ch* puede ser el carácter nulo ('\0').

strrchr

```
#include <string.h>
char *strrchr(const char *str, int ch);
```

La función **strrchr** devuelve un puntero a la última ocurrencia de *ch* en *str* o un valor **NULL** si el carácter no se encuentra. El carácter *ch* puede ser un carácter nulo ('\0').

```
/* Este programa ilustra cómo buscar un carácter con strchr
 * (hacia delante) o con strrchr (hacia atrás).
/* strchr.c
 */
#include <stdio.h>
#include <string.h>

int main(void)
{
  int  car = 'i';
  char cadena[] = "La biblioteca de C proporciona muchas funciones";
  char dec1[] =  "         1         2         3         4         5";
  char uni2[] =  "01234567890123456789012345678901234567890123456789 0";
  char *pdest;
  int resu;

  printf("Cadena en la que se busca: \n%s\n", cadena);
  printf("%s\n%s\n\n", dec1, uni2);
  printf("Buscar el carácter: %c\n\n", car);

  // Buscar de adelante hacia atrás
  pdest = strchr(cadena, car);
  resu = pdest - cadena;
  if (pdest != NULL)
    printf("La %c primera está en la posición %d\n", car, resu);
  else
    printf("%c no se encuentra en la cadena\n");

  // Buscar desde atrás hacia delante
  pdest = strrchr(cadena, car);
  resu = pdest - cadena;
  if (pdest != NULL)
    printf("La última %c está en la posición %d\n\n", car, resu);
```

```
  else
    printf("%c no se encuentra en la cadena\n");
}
```

```
Ejecución del programa:

Cadena en la que se busca:
La biblioteca de C proporciona muchas funciones
          1         2         3         4         5
012345678901234567890123456789012345678901234567890
Buscar el carácter: i

La i primera está en la posición 4
La última i está en la posición 42
```

Sabemos que los elementos de una matriz de caracteres, igual que los de cualquier otra matriz, ocupan posiciones sucesivas en memoria. También sabemos que el nombre de una matriz es la dirección de comienzo de la matriz y coincide con la dirección del primer carácter. Así mismo, observe que el valor retornado por **strchr** y **strrchr** está definido como un puntero a un **char**; esto es, una dirección que hace referencia al lugar donde está almacenado el carácter que se busca.

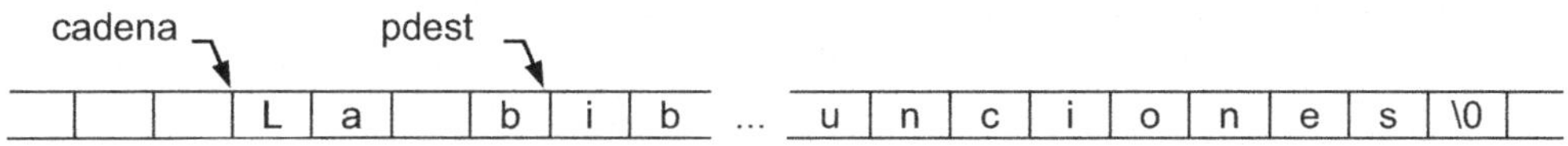

Por lo tanto, una sentencia como:

```
resu = pdest - cadena;
```

da como resultado la posición 0, 1, 2,... del carácter buscado dentro de la cadena, que es lo que hace el programa planteado.

strcmp

```
#include <string.h>
int strcmp(const char *str1, const char *str2);
```

La función **strcmp** compara la cadena *str1* con la cadena *str2* lexicográficamente y devuelve un valor:

<0 si la cadena *str1* es menor que la cadena *str2*,
=0 si la cadena *str1* es igual a la cadena *str2* y
>0 si la cadena *str1* es mayor que la cadena *str2*.

En otras palabras, la función **strcmp** nos permite saber si una cadena está en orden alfabético antes (es menor) o después (es mayor) que otra y el proceso que sigue es el mismo que nosotros ejercitamos cuando lo hacemos mentalmente: comparar las cadenas carácter a carácter.

La función **strcmp** diferencia las letras mayúsculas de las minúsculas. Las mayúsculas están antes por orden alfabético. Esto es así porque en la tabla ASCII las mayúsculas tienen asociado un valor entero menor que las minúsculas.

```
/* strcmp.c
 */
#include <stdio.h>
#include <string.h>

int main(void)
{
  char cadena1[] = "La Comunidad de Cantabria es muy bonita";
  char cadena2[] = "La Comunidad de CANTABRIA es muy bonita";
  char temp[20];
  int resu;

  // Se diferencian mayúsculas de minúsculas
  printf("Comparar las cadenas:\n\n%s\n%s\n\n", cadena1, cadena2);
  resu = strcmp(cadena1, cadena2);
  if (resu > 0)
    strcpy(temp, "mayor que");
  else if (resu < 0)
    strcpy(temp, "menor que");
  else
    strcpy(temp, "igual a");
  printf("strcmp: cadena 1 es %s cadena 2\n", temp);
}
```

Ejecución del programa:

```
Comparar las cadenas:

La Comunidad de Cantabria es muy bonita
La Comunidad de CANTABRIA es muy bonita

strcmp: cadena 1 es mayor que cadena 2
```

La solución de este problema es que la *cadena1* es mayor que la *cadena2* porque alfabéticamente *Cantabria* está después de *CANTABRIA*.

strncmp

```
#include <string.h>
int strncmp(const char *str1, const char *str2, size_t n);
```

La función **strncmp** compara lexicográficamente los primeros *n* caracteres de *str1* y de *str2*, distinguiendo mayúsculas y minúsculas, y devuelve un valor:

<0 si la cadena *str1* es menor que la cadena *str2*,
=0 si la cadena *str1* es igual a la cadena *str2* y
>0 si la cadena *str1* es mayor que la cadena *str2*.

strcspn

```
#include <string.h>
size_t strcspn(const char *dest, const char *src);
```

La función **strcspn** da como resultado la posición (subíndice) del primer carácter de *dest* que pertenece al conjunto de caracteres contenidos en *src*. Este valor corresponde a la longitud de la subcadena de *dest* formada por caracteres no pertenecientes a *str*. Si ningún carácter de *dest* pertenece a *str*, el resultado es la posición del carácter de terminación (\0) de *dest*; esto es, la longitud de *dest*.

```
/* strcspn.c
 */
#include <stdio.h>
#include <string.h>

int main(void)
{
  char cadena[] = "xyzabc";
  int  pos;
  pos = strcspn(cadena, "abc");
  printf("Primer a, b o c en %s es el carácter %d\n", cadena, pos);
}
```

Ejecución del programa:

Primer a, b o c en xyzabc es el carácter 3

strspn

```
#include <string.h>
size_t strspn(const char *dest, const char *src);
```

La función **strspn** da como resultado la posición (subíndice) del primer carácter de *dest*, que no pertenece al conjunto de caracteres contenidos en *src*. Esto es, el resultado es la longitud de la subcadena inicial de *dest*, formada por caracteres pertenecientes a *src*.

strlen

```
#include <string.h>
size_t strlen(const char *str);
size_t strnlen_s(const char *str, size_t strsz);
```

La función **strlen** devuelve la longitud en *bytes* de *str*, no incluyendo el carácter nulo de terminación. El comportamiento no está definido si *str* no termina con el carácter nulo, de ahí la función **strlen_s**, que, en este caso devolvería *strsz* si el carácter nulo no se encontró en los primeros *strsz* bytes de *str*, o bien *0* si *str* es un puntero nulo. El tipo **size_t** es sinónimo de **unsigned int**.

```
/* strlen.c
 */
#include <stdio.h>
#include <string.h>

int main(void)
{
  char cadena[80] = "Hola";
  printf("El tamaño de cadena es %d\n", strlen(cadena));
}
```

Ejecución del programa:

El tamaño de cadena es 4

strstr

```
#include <string.h>
char *strstr(const char* str, const char* substr);
```

La función **strstr** devuelve un puntero a la primera ocurrencia de *substr* en *str* o un valor **NULL** si la *substr* no se encuentra en la *str*.

strtok

```
#include <string.h>
char *strtok(char *str, const char *delim);
char *strtok(char *restrict str, const char *restrict delim);
```

```
char *strtok_s(char *restrict str, rsize_t *restrict strmax,
               const char *restrict delim, char **restrict ptr);
```

La función **strtok** permite obtener de la cadena *str* los elementos en los que se divide según los delimitadores especificados en la cadena *delim*.

Para obtener el primer elemento, **strtok** debe tener *str* como primer argumento y para obtener los siguientes elementos, debe tener **NULL**. Cada llamada a **strtok** devuelve un puntero al siguiente elemento o **NULL** si no hay más elementos.

Si un elemento finaliza con un delimitador, este es sustituido con un \0 y se guarda un puntero al siguiente carácter para la siguiente llamada a **strtok**. Puede ponerse más de un delimitador entre elemento y elemento, y también puede variarse el conjunto de caracteres que actúan como delimitadores, de una llamada a otra. Finalmente, tiene que saber que esta función modifica su primer argumento, por lo tanto, debe existir un espacio de memoria sobre el que la función pueda escribir. Por ejemplo, para *str* serían válidas cualesquiera de las dos definiciones siguientes:

```
char cadena1[] = "Una cadena de caracteres";
char *cadena1 = (char *)malloc(nBytes);
strcpy(cadena1, "Una cadena de caracteres");
```

En cambio, no sería válida la siguiente definición porque *cadena1* apunta a una zona de memoria sobre la que no se puede escribir (se trata de una constante).

```
char *cadena1 = "Una cadena de caracteres";
```

El ejemplo siguiente divide la cadena de caracteres especificada por *cadena* en los elementos definidos por los delimitadores, espacio en blanco y coma.

```
/* strtok.c
 */
#include <stdio.h>
#include <string.h>

int main(void)
{
  char cadena[] = "Esta cadena, está formada por varias palabras";
  char *elemento;
  elemento = strtok(cadena," ,");
  while (elemento != NULL)
  {
    printf("%s\n", elemento);
    elemento = strtok(NULL," ,");
  }
}
```

```
Ejecución del programa:

Esta
cadena
está
formada
por
varias
palabras
```

Funciones para conversión de datos

Las funciones de la biblioteca de C que se muestran a continuación permiten convertir cadenas de caracteres a números y viceversa, suponiendo que la conversión sea posible.

atoi

```
#include <stdlib.h>
int atoi(const char *str);
```

La función **atoi** convierte una cadena de caracteres a un valor de tipo **int**.

atol

```
#include <stdlib.h>
long atol(const char *str);
long long atoll(const char *str);
```

La función **atol** convierte una cadena de caracteres a un valor de tipo **long** (y **atoll**, a **long long**).

Cuando las funciones **atof**, **atoi** y **atol** toman de la variable *str* un carácter que no es reconocido como parte de un número, interrumpen la conversión.

```
/* Este programa muestra como los números almacenados como
 * cadenas de caracteres pueden ser convertidos a valores
 * numéricos utilizando las funciones atof, atoi y atol.
 * atof.c
 */
#include <stdio.h>
#include <stdlib.h>

int main(void)
{
```

```
  char *s = NULL; double x = 0; int i = 0; long l = 0;
  s = "  -3208.15E-13";      // para ver cómo trabaja atof
  x = atof(s);
  printf("atof: cadena ASCII: %-17s float: %e\n", s, x);
  s = "8.7195642337X120";  // para ver cómo trabaja atof
  x = atof(s);
  printf("atof: cadena ASCII: %-17s float: %e\n", s, x);
  s = "  -8995 libros";      // para ver cómo trabaja atoi
  i = atoi(s);
  printf("atoi: cadena ASCII: %-17s int  : %d\n", s, i);
  s = "89954 euros";         // para ver cómo trabaja atol
  l = atol(s);
  printf("atol: cadena ASCII: %-17s long : %ld\n", s, l);
}
```

Ejecución del programa:

```
atof: cadena ASCII:   -3208.15E-13     double: -3.208150e-010
atof: cadena ASCII: 8.7195642337X120   double: 8.719564e+000
atoi: cadena ASCII:   -8995 libros     int  : -8995
atol: cadena ASCII: 89954 euros        long : 89954
```

atof

```
#include <stdlib.h>
double atof(const char *str);
```

La función **atof** convierte una cadena de caracteres a un valor de tipo **double**.

sprintf

```
#include <stdio.h>
int sprintf(char *buffer, const char *formato [, argumento] ...);
```

La función **sprintf** convierte los valores de los argumentos especificados a una cadena de caracteres que almacena en *buffer*. La cadena de caracteres finaliza con el carácter nulo. Cada argumento es convertido y almacenado de acuerdo con el formato correspondiente que se haya especificado. La descripción de *formato* es la misma que la que se especificó para **printf**.

La función **sprintf** devuelve como resultado un entero correspondiente al número de caracteres almacenados en *buffer* sin contar el carácter nulo de terminación. Por ejemplo:

```
/* sprintf.c. Este programa utiliza sprintf para almacenar
 * en buffer la cadena de caracteres formada por:
```

```
 *
 *          Cadena:    ordenador
 *          Carácter:  /
 *          Entero:    40
 *          Real:      1.414214
 */
#include <stdio.h>

int main(void)
{
  char  buffer[200], s[] = "ordenador", c = '/';
  int   i = 40, j;
  float f = 1.414214F;

  j  = sprintf(buffer,     "\tCadena:    %s\n", s);
  j += sprintf(buffer + j, "\tCarácter:  %c\n", c);
  j += sprintf(buffer + j, "\tEntero:    %d\n", i);
  j += sprintf(buffer + j, "\tReal:      %f\n", f);
  printf("Salida:\n%s\nNúmero de caracteres = %d\n", buffer, j);
}
```

Ejecución del programa:

```
Salida:
        Cadena:    ordenador
        Carácter:  /
        Entero:    40
        Real:      1.414214

Número de caracteres = 72
```

Funciones de caracteres

Las funciones de la biblioteca de C que se exponen a continuación actúan sobre un entero para dar como resultado un carácter.

tolower

```
#include <ctype.h>
int tolower(int ch);
```

La función **tolower** convierte *ch* a una letra minúscula, si procede.

toupper

```
#include <ctype.h>
```

```
int toupper(int ch);
```

La función **toupper** convierte *ch* a una letra mayúscula, si procede.

```
/* tolower.c
 */
#include <stdio.h>
#include <ctype.h>

int main(void)
{
  char car;
  // ...
  do
  {
    printf("¿Desea continuar? s/n ");
    car = getchar();
    while (getchar() != '\n');
  }
  while (tolower(car) != 'n' && tolower(car) != 's');
  // ...
}
```

Este ejemplo admite una respuesta sí o no (s|S|n|N) en minúsculas o en mayúsculas, pero la comparación se hace en minúsculas.

FUNCIONES MATEMÁTICAS

Las declaraciones para las funciones matemáticas que a continuación se describen están en el archivo de cabecera *math.h*. Quiere esto decir que, cuando se utilice una función matemática en un programa, debe especificarse la directriz:

```
#include <math.h>
```

Hasta C99, los argumentos para estas funciones eran de tipo **double** y el resultado devuelto era también de tipo **double**. Pero, a partir de C99 se permiten otros tipos; veamos por ejemplo la función **acos**:

```
double      acos(double arg);
float       acosf(float arg);
long double acosl(long double arg);
#define acos(arg) // definida en tgmath.h
```

La última línea indica que la biblioteca de C define una macro genérica (véase *Macros genéricas* en el apéndice *A*), que permite ejecutar cualquiera de las funciones definidas (**acos**, **acosf** o **acosl**) en función del tipo de los parámetros recibidos. Esta macro y otras están definidas en el archivo de cabecera *tgmath.h*.

Como ejemplo, el siguiente programa utiliza esta macro genérica, **acos**, para calcular el arco coseno de valores de diferentes tipos. Si en algún momento se produce un error, la variable **errno** de la biblioteca de C, que inicialmente vale *0*, será modificada con el código de error correspondiente; el mensaje de error correspondiente a ese código puede obtenerse invocando a la función **strerror** pasando como argumento el código de error. Todos los valores de **errno** son constantes predefinidas en *errno.h*.

```
#include <stdio.h>
#include <tgmath.h> // macros genéricas
#include <errno.h>  // declara errno
#include <string.h> // declara strerror

void mostrar_error(int cod_err)
{
  if (cod_err != 0)
    printf("errno = %d: %s\n", errno, strerror(errno));
}

int main(void)
{
  double d = 0.5;
  float f = 0.5F;
  long double ld = 0.5L;
  printf("acos(%lg) = %lg\n", d, acos(d));
  printf("acos(%g) = %g\n", f, acos(f));
  printf("acos(%Lg) = %Lg\n", ld, acos(ld));
  printf("\n");
  // Manipular errores
  printf("acos(1) = %f\n", acos(1));
  if (errno != 0) mostrar_error(errno);
  printf("acos(1.1) = %f\n", acos(1.1));
  if (errno != 0) mostrar_error(errno);
}
```

Ejecución del programa:

```
acos(0.5) = 1.0472
acos(0.5) = 1.0472
acos(0.5) = 1.0472

acos(1) = 0.000000
acos(1.1) = nan
errno = 33: Domain error
```

Las funciones matemáticas las podemos clasificar en las siguientes categorías:

- Funciones trigonométricas.

- Funciones hiperbólicas.
- Funciones exponencial y logarítmica.
- Otras varias.

acos

La función **acos** da como resultado el arco, en el rango 0 a π, cuyo coseno es *x*. El valor de *x* debe estar entre –1 y 1; de lo contrario se obtiene un error (argumento fuera del dominio de la función).

```
#include <math.h>
double acos(double x);
float acosf(float x);
long double acosl(long double x);
#define acos(x) // definida en tgmath.h
```

asin

La función **asin** da como resultado el arco, en el rango –π/2 a π/2, cuyo seno es *x*. El valor de *x* debe estar entre –1 y 1; si no se obtiene un error (argumento fuera del dominio de la función).

```
#include <math.h>
double asin(double x);
float asinf(float x);
long double asinl(long double x);
#define asin(x) // definida en tgmath.h
```

atan

La función **atan** da como resultado el arco, en el rango –π/2 a π/2, cuya tangente es *x*.

```
#include <math.h>
double atan(double x);
float atanf(float x);
long double atanl(long double x);
#define atan(x) // definida en tgmath.h
```

atan2

La función **atan2** da como resultado el arco, en el rango $-\pi$ a π, cuya tangente es *y/x*. Si ambos argumentos son 0, se obtiene un error (argumento fuera del dominio de la función).

```
#include <math.h>
double atan2(double y, double x);
float atan2f(float y, float x);
long double atan2l(long double y, long double x);
#define atan2(x, y) // definida en tgmath.h
```

```
/* acos.c
 */
#include <stdio.h>
#include <math.h>

int main(void)
{
  double valor = 0;
  do
  {
    printf("%lf %lf\n", acos(valor), atan2(valor, 1.0));
    valor += 0.1;
  }
  while (valor <= 1.0);
}
```

cos

La función **cos** da como resultado el coseno de *x* (*x* en radianes).

```
#include <math.h>
double cos(double x);
float cosf(float x);
long double cosl(long double x);
#define cos(x) // definida en tgmath.h
```

sin

La función **sin** da como resultado el seno de *x* (*x* en radianes).

```
#include <math.h>
double sin(double x);
float sinf(float x);
long double sinl(long double x);
```

```
#define sin(x) // definida en tgmath.h
```

tan

La función **tan** da como resultado la tangente de *x* (*x* en radianes).

```
#include <math.h>
double tan(double x);
float tanf(float x);
long double tanl(long double x);
#define tan(x) // definida en tgmath.h
```

cosh

La función **cosh** da como resultado el coseno hiperbólico de *x* (*x* en radianes).

```
#include <math.h>
double cosh(double x);
float coshf(float x);
long double coshl(long double x);
#define cosh(x) // definida en tgmath.h
```

sinh

La función **sinh** da como resultado el seno hiperbólico de *x* (*x* en radianes).

```
#include <math.h>
double cosh(double x);
float coshf(float x);
long double coshl(long double x);
#define sinh(x) // definida en tgmath.h
```

tanh

La función **tanh** da como resultado la tangente hiperbólica de *x* (*x* en radianes).

```
#include <math.h>
double tanh(double x);
float tanhf(float x);
long double tanhl(long double x);
#define tanh(x) // definida en tgmath.h
```

exp

La función **exp** da como resultado el valor de e^x (e = 2.718282).

```
#include <math.h>
double exp(double x);
float expf(float x);
long double expl(long double x);
#define exp(x) // definida en tgmath.h
```

log

La función **log** da como resultado el logaritmo natural de *x*.

```
#include <math.h>
double log(double x);
float logf(float x);
long double logl(long double x);
#define log(x) // definida en tgmath.h
```

log10

La función **log10** da como resultado el logaritmo en base 10 de *x*.

```
#include <math.h>
double log10(double x);
float log10f(float x);
long double log10l(long double x);
#define log10(x) // definida en tgmath.h
```

ceil

La función **ceil** da como resultado un valor **double**, que representa el entero más pequeño que es mayor o igual que *x*.

```
#include <math.h>
double ceil(double x);
float ceilf(float x);
long double ceill(long double x);
#define ceil(x) // definida en tgmath.h

double x = 2.8, y = -2.8;
printf("%g %g\n", ceil(x), ceil(y)); // resultado: 3 -2
```

fabs

La función **fabs** da como resultado el valor absoluto de *x*. El argumento *x* es un valor real en doble precisión. Igualmente, **abs** y **labs** dan el valor absoluto de un **int** y un **long**, respectivamente.

```
#include <math.h>
double fabs(double x);
float fabsf(float x);
long double fabsl(long double x);
#define fabs(x) // definida en tgmath.h
```

floor

La función **floor** da como resultado un valor **double**, que representa el entero más grande que es menor o igual que *x*.

```
#include <math.h>
double floor(double x);
float floorf(float x);
long double floorl(long double x);
#define floor(x) // definida en tgmath.h

double x = 2.8, y = -2.8;
printf("%g %g\n", floor(x), floor(y)); // resultado: 2 -3
```

pow

La función **pow** da como resultado x^y. Si *x* es 0 e *y* negativo o si *x* e *y* son 0 o si *x* es negativo e *y* no es entero, se obtiene un error (argumento fuera del dominio de la función).

```
#include <math.h>
double pow(double x, double y);
float powf(float x, float y);
long double powl(long double x, long double y);
#define pow(x, y) // definida en tgmath.h

double x = 2.8, y = -2.8;
printf("%g\n", pow(x, y)); // resultado: 0.0559703
```

sqrt

La función **sqrt** da como resultado la raíz cuadrada de *x*. Si *x* es negativo, ocurre un error (argumento fuera del dominio de la función).

```
#include <math.h>
double sqrt(double x);
float sqrtf(float x);
long double sqrtl(long double x);
#define sqrt(x) // definida en tgmath.h
```

NÚMEROS SEUDOALEATORIOS

La biblioteca de C proporciona también, entre otras, funciones para generar números aleatorios.

rand

La función **rand** da como resultado un número seudoaleatorio entero, entre 0 y **RAND_MAX** (32767).

```
#include <stdlib.h>
int rand(void);
```

srand

La función **srand** fija el punto de comienzo para generar números seudoaleatorios; en otras palabras, inicia el generador de números seudoaleatorios en función del valor de su argumento. Cuando esta función no se utiliza, el valor del primer número seudoaleatorio generado siempre es el mismo para cada ejecución (corresponde a un argumento de valor 1).

```
#include <stdlib.h>
void srand(unsigned int arg);
```

FUNCIONES DE FECHA Y HORA

clock

La función **clock** indica el tiempo empleado por el procesador en el proceso en curso.

```
#include <time.h>
clock_t clock(void);
```

El tiempo expresado en segundos se obtiene al dividir el valor devuelto por **clock** entre la constante *CLOCKS_PER_SEC*. Si no es posible obtener este tiempo, la función **clock** devuelve el valor (**clock_t**)–1. El tipo **clock_t** está declarado así:

```
typedef long clock_t;
```

time

La función **time** retorna el número de segundos transcurridos desde una época predefinida (por ejemplo, las 0 horas del 1 de enero de 1970).

```
#include <time.h>
time_t time(time_t *seg);
```

El tipo **time_t** está definido así:

```
typedef long time_t;
```

El argumento puede ser **NULL**. Según esto, las dos sentencias siguientes, para obtener los segundos transcurridos, son equivalentes:

```
time_t segundos;
time(&segundos);
segundos = time(NULL);
```

ctime

La función **ctime** convierte un tiempo almacenado como un valor de tipo **time_t**, en una cadena de caracteres de la forma:

```
Fri Mar 22 18:16:34 2019\n\0
```

```
#include <time.h>
char* ctime(const time_t *time);
errno_t ctime_s(char *buffer, rsize_t bufsz, const time_t *time);
```

La función **ctime** devuelve un puntero a la cadena de caracteres resultante o un puntero nulo si *time* representa un dato anterior a la época predefinida. Por ejemplo, el siguiente programa presenta la fecha actual y, a continuación, genera cinco números seudoaleatorios, uno cada segundo. La función **ctime_s** hace lo mismo, pero lo almacena en *buffer*; devuelve *0* si no hay error.

```
/********** Generar un número aleatorio cada segundo **********/
/* time.c
 */
#include <stdio.h>
#include <stdlib.h>
#include <time.h>

int main(void)
{
  long x, tm;
  time_t segundos;

  time(&segundos);
  printf("\n%s\n", ctime(&segundos));
  srand((unsigned)time(NULL));

  for (x = 1; x <= 5; x++)
  {
    do      // tiempo de espera igual a 1 segundo
      tm = clock();
    while (tm/CLOCKS_PER_SEC < x);
    // Se genera un número aleatorio cada segundo
    printf("Iteración %ld: %d\n", x, rand());
  }
}
```

localtime

La función **localtime** convierte el número de segundos transcurridos desde las 0 horas del 1 de enero de 1970, valor obtenido por la función **time**, a la fecha y hora correspondiente (corregida en función de la zona horaria en la que nos encontremos). El resultado es almacenado en una estructura de tipo **tm**, definida en *time.h*.

```
#include <time.h>
struct tm *localtime(const time_t *time);
struct tm *localtime_s(const time_t *restrict time,
                       struct tm *restrict result);
```

La función **localtime** devuelve un puntero a la estructura que contiene el resultado, o un puntero nulo si el tiempo no puede ser interpretado. Los miembros de la estructura son los siguientes:

Campo	Valor almacenado
tm_sec	Segundos (0 - 59).
tm_min	Minutos (0 - 59).
tm_hour	Horas (0 - 23).
tm_mday	Día del mes (1 - 31).
tm_mon	Mes (0 - 11; enero = 0).
tm_year	Año (actual menos 1900).
tm_wday	Día de la semana (0 - 6; domingo = 0).
tm_yday	Día del año (0 - 365; 1 de enero = 0).

El siguiente ejemplo muestra cómo se utiliza esta función.

```
/* localtime.c
 */
#include <stdio.h>
#include <time.h>

int main(void)
{
  struct tm *fh;
  time_t segundos;
  time(&segundos);
  fh = localtime(&segundos);
  printf("%d horas, %d minutos\n", fh->tm_hour, fh->tm_min);
}
```

La función **localtime** utiliza una variable de tipo **static struct tm** para realizar la conversión y lo que devuelve es la dirección de esa variable.

La función **localtime_s** hace lo mismo, excepto que el resultado se copia en el espacio de almacenamiento proporcionado por el usuario, referenciado por *result*, y que los errores se detectan durante la ejecución (véase *Funciones seguras* en el apéndice *A*).

asctime

La función **asctime** convierte el valor almacenado en una estructura de tipo **struct tm** en una cadena de caracteres de la forma:

```
Fri Mar 22 18:16:34 2019\n\0

#include <time.h>
char* asctime(const struct tm* time_ptr);
errno_t asctime_s(char *buf, rsize_t bufsz,
                  const struct tm *time_ptr);
```

La función **asctime** devuelve un puntero a la cadena resultante. La función **asctime_s** hace lo mismo, excepto que el resultado se copia en el espacio de almacenamiento proporcionado por el usuario, que se garantiza que termina en nulo, y que los errores se detectan durante la ejecución.

```
#include <stdio.h>
#include <time.h>
#include <stdint.h> // typedef unsigned long long   uintmax_t

int main(void)
{
  time_t segundos = time(NULL);
  if(segundos != -1)
    printf("La fecha-hora actual es %s(%ju segundos desde la época)\n",
           asctime(localtime(&segundos)), (uintmax_t)segundos);
}
```

Ejecución del programa:

La fecha-hora actual es Fri Mar 22 18:16:34 2019
(1534872380 segundos desde la época)

FUNCIONES PARA MANIPULAR BLOQUES DE MEMORIA

C proporciona un conjunto de funciones para manipular bloques de *bytes* consecutivos en memoria. Comentamos a continuación las más utilizadas.

memset

La función **memset** permite iniciar un bloque de memoria.

```
#include <string.h>
void *memset(void *dest, int ch, size_t count);
errno_t memset_s(void *dest, rsize_t destsz, int ch,
                 rsize_t count);
```

El argumento *dest* es la dirección del bloque de memoria que se desea iniciar, *ch* es el valor empleado para iniciar cada *byte* del bloque y *count* es el número de *bytes* del bloque que se iniciarán. Por ejemplo, el siguiente código inicia a 0 la matriz *a*:

```
double a[10][10];
// ...
memset(a, 0, sizeof(a));
```

La función **memset_s** hace lo mismo, excepto que los errores se detectan durante la ejecución.

memcpy

La función **memcpy** copia un bloque de memoria en otro.

```
#include <string.h>
void* memcpy(void *dest, const void *src, size_t count);
void* memcpy(void *restrict dest, const void *restrict src,
             size_t count);
errno_t memcpy_s(void *restrict dest, rsize_t destsz,
                 const void *restrict src, rsize_t count);
```

El argumento *dest* es la dirección del bloque de memoria destino de los datos, *src* es la dirección del bloque de memoria origen de los datos y *count* es el número de *bytes* que se copiarán desde el origen al destino. Por ejemplo, el siguiente código copia la matriz *a* en *b*:

```
double a[10][10], b[10][10];
// ...
memcpy(b, a, sizeof(a));
```

La función **memcpy_s** hace lo mismo que **memcpy**, excepto que los errores se detectan durante la ejecución.

memcmp

La función **memcmp** compara *byte* a *byte* dos bloques de memoria.

```
#include <string.h>
int memcmp(void *bm1, const void *bm2, size_t nbytes);
```

Los argumentos *bm1* y *bm2* son las direcciones de los bloques de memoria a comparar y *nbytes* es el número de *bytes* que se compararán. El resultado devuelto por la función es el mismo que se expuso para **strcmp**. Por ejemplo, el siguiente código compara la matriz *a* con la *b*:

```
double a[10][10], b[10][10];
// ...
if (memcmp(a, b, sizeof(a)) == 0)
  printf("Las matrices a y b contienen los mismos datos\n");
else
  printf("Las matrices a y b no contienen los mismos datos\n");
```

APÉNDICE C

ENTORNOS DE DESARROLLO

Para escribir un programa la mejor alternativa es utilizar un entorno de desarrollo integrado (EDI o IDE en inglés: *Integrated Development Environment*). Se trata de una aplicación informática que proporciona servicios integrales para facilitarle al desarrollador o programador el desarrollo de software, en otras palabras, facilitarle, la edición, compilación, construcción y depuración de un programa.

Básicamente, un IDE consiste de un editor de código fuente, herramientas de construcción automáticas y un depurador. La mayoría de los EDI tienen autocompletado inteligente de código (*IntelliSense*) tales como o Microsoft Visual Studio. Y, también, algunos EDI incluyen un compilador, un intérprete, o ambos, tales como Microsoft Visual Studio, NetBeans o Eclipse; otros no, tales como Code::Blocks o SharpDevelop, pero se pueden vincular con uno.

MICROSOFT VISUAL STUDIO

Es un EDI que proporciona diseñadores, editores, depuradores y generadores de perfiles en una sola herramienta. La programación se puede realizar, además de en C y C++, en otros lenguajes como C# o Python. Hay varias versiones de este paquete, una de ellas, *Visual Studio Community* es gratuita con todas las características para estudiantes, desarrolladores de código abierto y desarrolladores individuales.

Instalación

La instalación es ligera y modular. A continuación, brevemente, se indica cómo se realiza.

1. Descargue el paquete de instalación de *Visual Studio Community* desde la página web https://www.visualstudio.com/es/downloads/

2. Ejecute el archivo *vs_community.exe* que acaba de descargar. Acepte los términos de la licencia y la declaración de privacidad y haga clic en *Instalar* para continuar.

3. Se trata de una instalación modular, esto es, usted elige los módulos que desea instalar en función del tipo de las aplicaciones que va a desarrollar. Esta elección la hará en la ventana siguiente:

Por ejemplo, si vamos a desarrollar aplicaciones utilizando el leguaje C o C++ para Windows, tendremos que elegir:

- De la sección *Windows*, los módulos siguientes:
  - o Desarrollo de la plataforma universal de Windows.
  - o Desarrollo para el escritorio con C++.

Si vamos a desarrollar aplicaciones con interfaz gráfica (aplicaciones de ventanas) para Windows (de escritorio y para Internet), tendremos que elegir:

- De la sección *Windows*, los módulos siguientes:
  - o Desarrollo de la plataforma universal de Windows.
  - o Desarrollo de escritorio de .NET.

- De la sección *Web y nube*, el módulo siguiente:
  - o Desarrollo de ASP.NET y web

Si más tarde quiere modificar la instalación, simplemente tiene que volver a ejecutar el programa de instalación y realizar las modificaciones que desee.

Escribir una aplicación

En la figura siguiente se puede observar la página de inicio del entorno de desarrollo integrado *Visual Studio Community*.

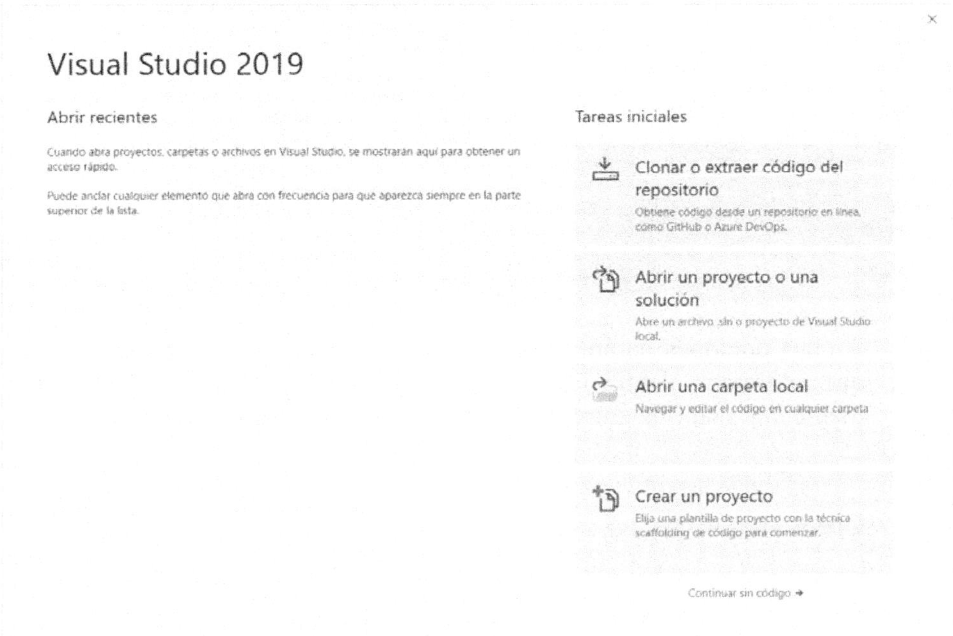

Para editar y ejecutar un programa cualquiera, por ejemplo, *progC.c*, los pasos a seguir son los siguientes:

1. Partiendo de la página de inicio de *Visual Studio*, hacemos clic en el botón *Crear un proyecto* para crear un proyecto nuevo. Este proyecto será desarrollado utilizando un determinado lenguaje (por ejemplo, C/C++), para una plataforma determinada (por ejemplo, Windows) y bajo una plantilla que nos facilite la construcción inicial (tipo de proyecto; por ejemplo, consola). Todas estas opciones las podremos elegir en la ventana *Crear un proyecto* que se mostrará después de hacer clic en el botón *Crear un proyecto*.

   Otra opción para llegar a la ventana *Crear un proyecto* es mostrar directamente el EDI haciendo clic en el enlace *Continuar sin código* que se muestra al fondo de la página de inicio (debajo de *Crear un proyecto*) y ejecutar la orden *Archivo > Nuevo > Proyecto*.

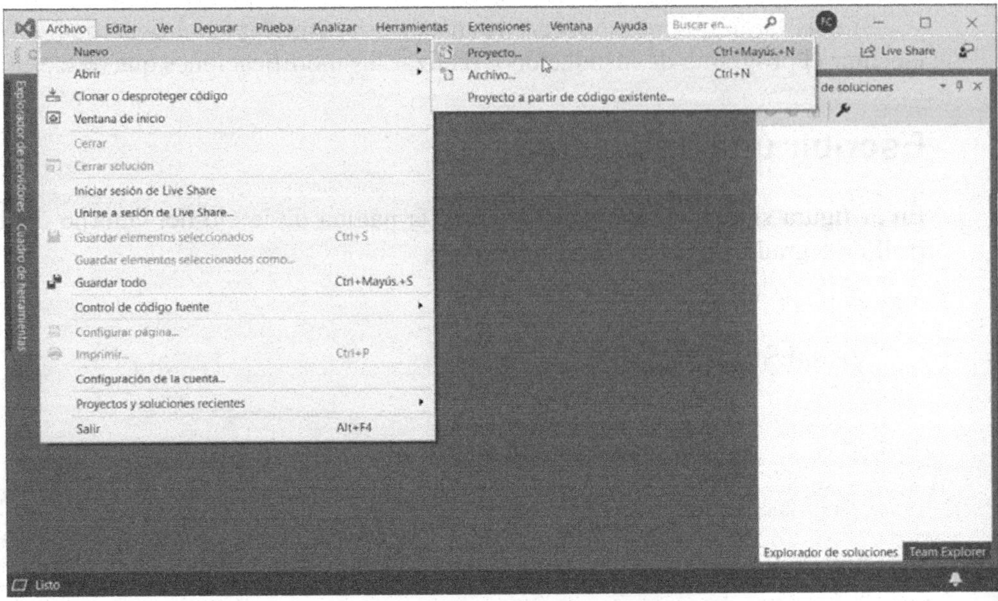

Ambas opciones harán que se visualice la ventana *Crear un proyecto* en la que podremos elegir el lenguaje, la plataforma, el tipo de proyecto y finalmente una plantilla entre todas las que cumplen esas opciones.

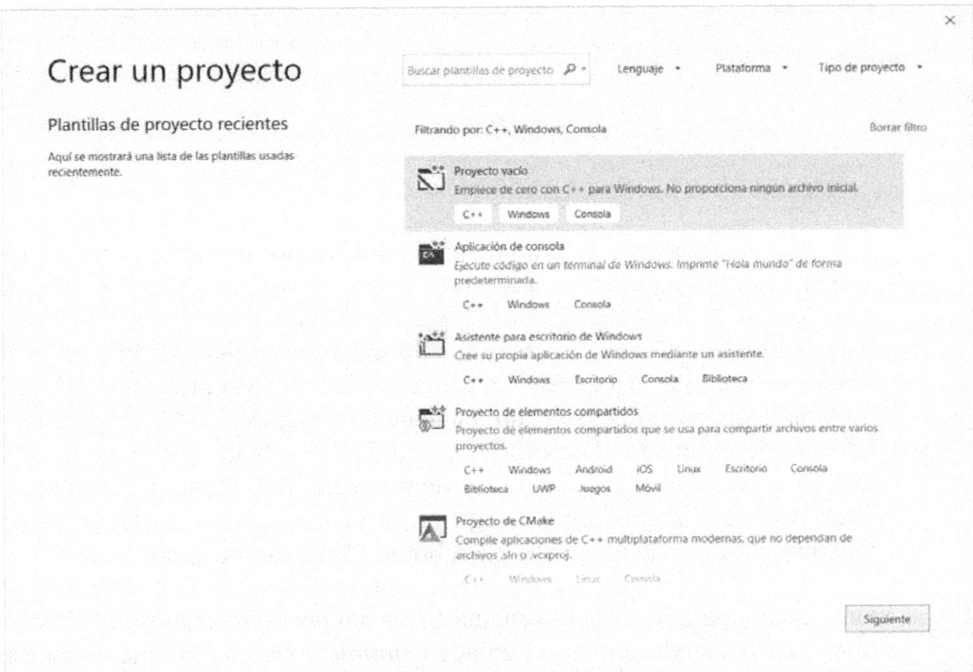

2. Para nuestro ejemplo, elegimos el lenguaje *C++*, la plataforma *Windows* y el tipo de proyecto *Consola*. Esta elección filtrará una serie de plantillas; de ellas, vamos a elegir la plantilla *Proyecto vacío* y hacemos clic en el botón *Siguiente*. Se mostrará el siguiente diálogo que podemos completar análogamente a como se muestra a continuación:

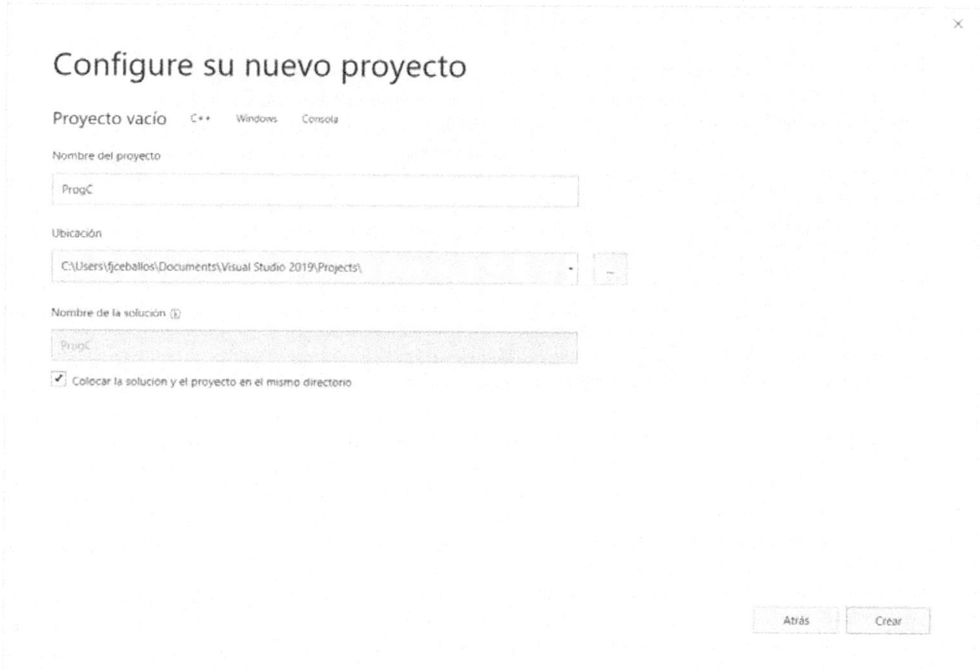

3. Observamos que hemos especificado el nombre del proyecto y su ubicación. También hemos especificado el nombre de la solución (una solución puede contener uno o más proyectos), que coincide con el nombre del proyecto. Además, como en nuestro caso, la solución sólo va a contener un proyecto (*ProgC*) hemos colocado la solución y el proyecto en la misma carpeta (sólo es una opción). A continuación, pulsamos el botón *Crear*. El resultado será un proyecto vacío al que podremos añadir archivos.

   Por ejemplo, para añadir al proyecto *ProgC* el archivo *main.c*, hacemos clic con el botón derecho del ratón sobre el nombre del proyecto y seleccionamos la orden *Agregar* > *Nuevo elemento...*.

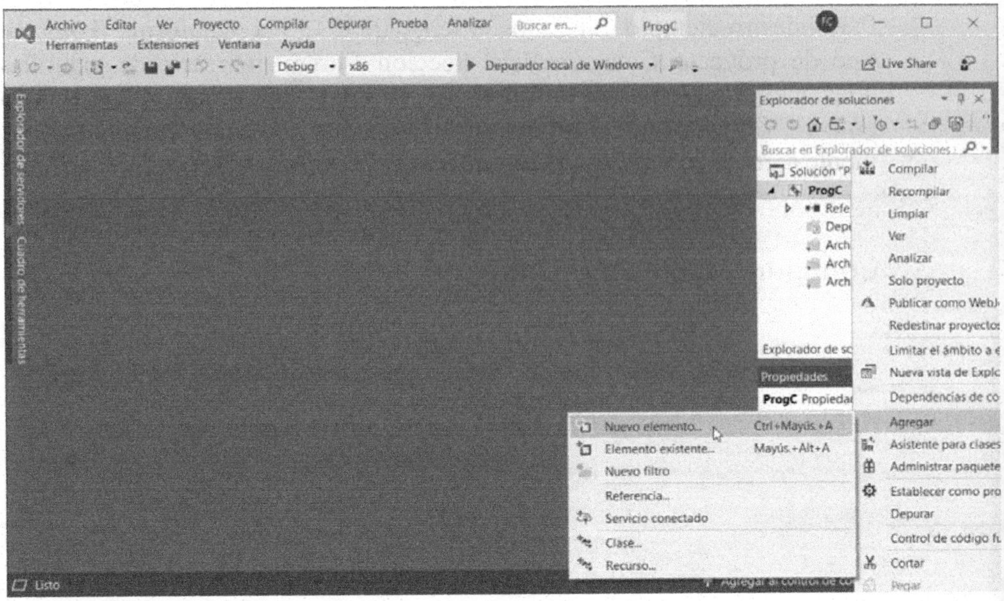

4. La acción ejecutada en el punto anterior muestra la ventana que se muestra a continuación, la cual nos permitirá elegir la plantilla para el archivo, en nuestro caso *Archivo C++ (.cpp)*, y especificar el nombre, en nuestro caso *main.c*, y la ubicación del mismo.

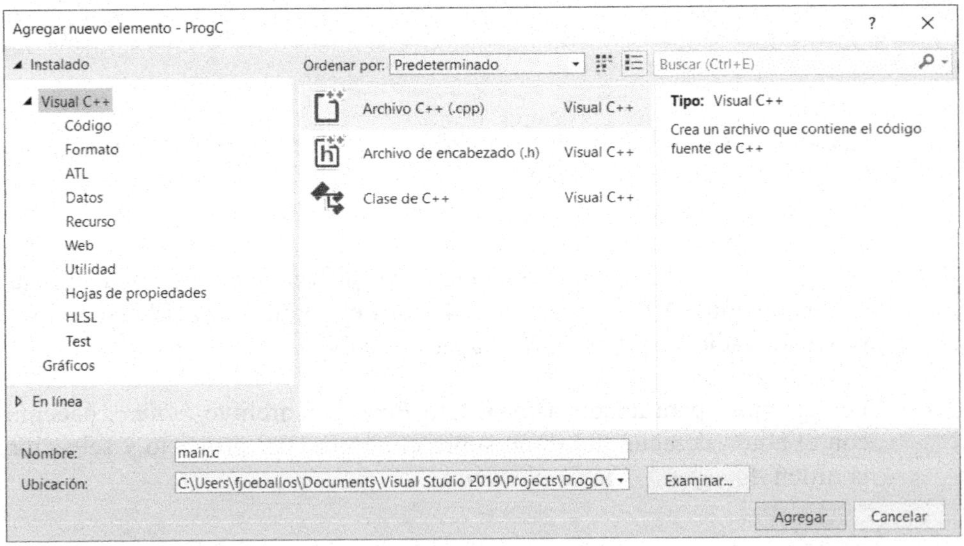

5. El siguiente paso es escribir el código que se almacenará en este archivo, según muestra la figura siguiente:

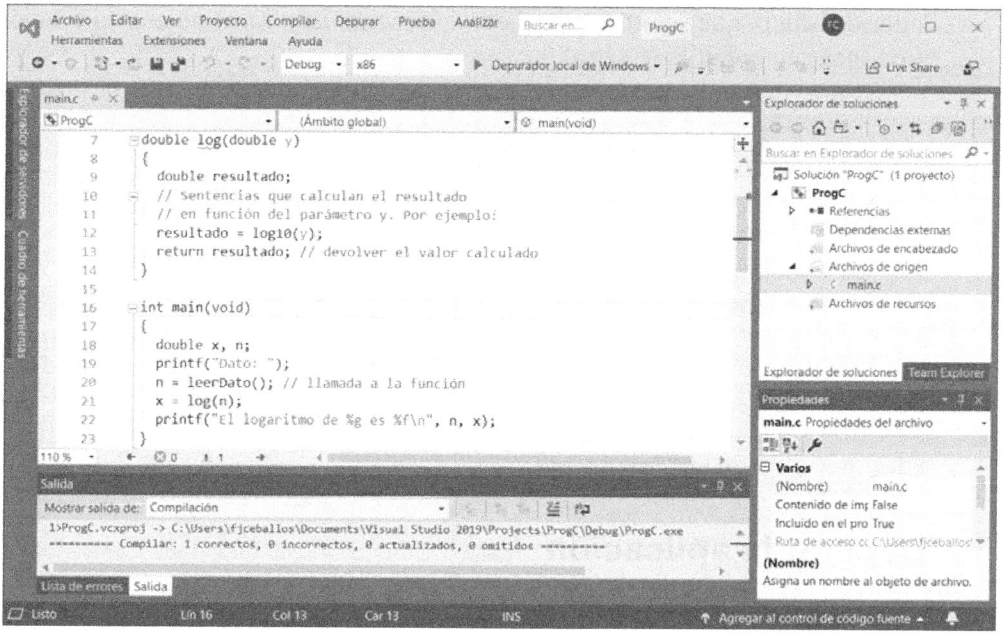

En esta figura observamos una ventana principal que contiene otras ventanas, algunas con varios paneles. La que está en la parte central-izquierda está mostrando la página de edición del archivo *main.c* que estamos editando. La que está en la parte derecha está mostrando el explorador de soluciones; éste lista el nombre de la solución (una solución puede contener uno o más proyectos), el nombre del proyecto o proyectos y el nombre de los archivos que componen el proyecto; en nuestro caso sólo tenemos el archivo *main.c* donde escribiremos el código de las acciones que tiene que llevar a cabo nuestro programa; el explorador de soluciones oculta otras vistas. La ventana que hay debajo muestra la página de propiedades. Y la ventana que hay debajo de la página de edición puede mostrar varios paneles, por ejemplo, el panel *Salida* para mostrar los resultados de la compilación o el panel *Lista de errores* para mostrar los errores de compilación y enlace.

6. Una vez editado el programa, para compilarlo ejecutamos la orden *Compilar solución* del menú *Compilar* y para ejecutarlo, seleccionamos la orden *Iniciar sin depurar* del menú *Depurar* o bien pulsamos las teclas *Ctrl+F5* (si no pudiéramos ver la ventana con los resultados porque desaparece, añadiríamos al final de la función **main**, antes de **return** si se especificó esta sentencia, la sentencia "`system("pause");`" y al principio del archivo *.c* la directriz `#include <stdlib.h>`, si fuera necesario).

Por ejemplo, cuando compilamos el programa que acabamos de escribir con *Visual Studio*, el panel *Lista de errores* muestra un error debido a que este compilador considera que **scanf** (utilizada en la función *leerDato*) no es una función segura (nos sugiere utilizar **scanf_s**):

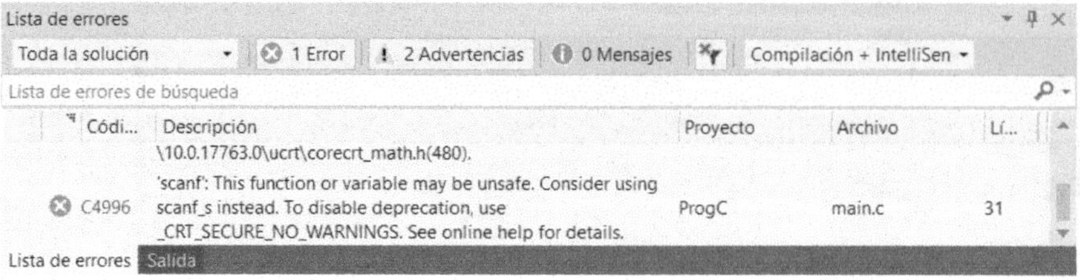

También nos indica que podemos pasar por alto este tipo de errores definiendo la constante indicada a continuación, al principio del programa:

```
#define _CRT_SECURE_NO_WARNINGS
```

Depurar la aplicación

¿Por qué se depura una aplicación? Porque los resultados que estamos obteniendo con la misma no son correctos y no sabemos por qué. El proceso de depuración consiste en ejecutar la aplicación paso a paso, indistintamente por sentencias o por funciones, con el fin de observar el flujo seguido durante su ejecución, así como los resultados intermedios que se van sucediendo, con la finalidad de detectar las anomalías que producen un resultado final erróneo. Para llevarlo a cabo es preciso compilar la aplicación indicando que va a ser depurada; de esta forma, el compilador añadirá el código que permitirá este proceso.

Hay dos configuraciones bajo las que se puede compilar una aplicación: *Release* y *Debug*. La primera permite obtener un programa ejecutable optimizado en código y en velocidad, y la segunda, un programa ejecutable con código extra necesario para depurar la aplicación.

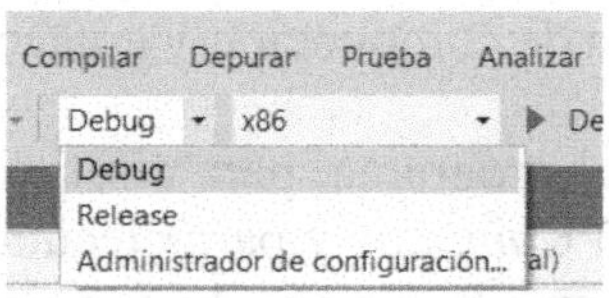

Por ejemplo, para depurar una aplicación utilizando el depurador del entorno de desarrollo de *Visual Studio*, debe activar la configuración *Debug* antes de iniciar su compilación. Para ello, proceda como muestra la figura anterior.

Una vez construida la aplicación bajo la configuración *Debug* podrá, si lo necesita, depurar la misma. Para ello, ejecute la orden *Depurar > Paso a paso por instrucciones* y utilice las órdenes del menú *Depurar* o los botones correspondientes de la barra de herramientas (para saber el significado de cada botón, ponga el puntero del ratón sobre cada uno de ellos).

De forma resumida, las órdenes disponibles para depurar una aplicación son las siguientes:

- *Continuar* o *F5*. Continúa la ejecución de la aplicación en modo depuración hasta encontrar un punto de parada o hasta el final si no hay puntos de parada.
- *Finalizar todo*. El depurador detendrá la ejecución de todos los programas que se ejecutan bajo su control.
- *Detener depuración* o *Mayús+F5*. Detiene el proceso de depuración.
- *Reiniciar* o *Ctrl+Mayús+F5*. Reinicia la ejecución de la aplicación en modo depuración.
- *Paso a paso por instrucciones* o *F11*. Ejecuta la aplicación paso a paso. Si la línea a ejecutar coincide con una llamada a una función definida por el usuario, dicha función también se ejecuta paso a paso.
- *Paso a paso por procedimientos* o *F10*. Ejecuta la aplicación paso a paso. Si la línea a ejecutar coincide con una llamada a una función definida por el usuario, dicha función no se ejecuta paso a paso, sino de una sola vez.
- *Paso a paso para salir* o *Mayús+F11*. Cuando una función definida por el usuario ha sido invocada para ejecutarse paso a paso, utilizando esta orden se puede finalizar su ejecución en un solo paso.
- *Alternar puntos de interrupción* o *F9*. Pone o quita un punto de parada en la línea sobre la que está el punto de inserción.
- *Ejecutar hasta el cursor* o *Ctrl+F10*. Ejecuta el código que hay entre la última línea ejecutada y la línea donde se encuentra el punto de inserción.
- *Inspección rápida* o *Mayús+F9*. Visualiza el valor de la variable que está bajo el punto de inserción o el valor de la expresión seleccionada (sombreada).

Para ejecutar la aplicación en un solo paso, seleccione la orden *Iniciar sin depurar* (*Ctrl+F5*) del menú *Depurar*.

Con otro entorno integrado de desarrollo, por ejemplo, *CodeBlocks*, los pasos a seguir para depurar una aplicación son similares.

A tener en cuenta

Visual Studio, a partir de su versión 2015, no reconoce **fflush(stdin)** para vaciar el buffer de la entrada estándar (mismo comportamiento que Linux/Unix) y presenta un problema a la hora de generar la marca EOF pulsando las teclas Ctrl+Z, hay que pulsar esta combinación de teclas tres veces (posiblemente sea corregido en futuras versiones). Puede experimentar lo expuesto con el código siguiente:

```
while (i < 20 && r != EOF)
{
  r = scanf("%d", &nro[i++]);
  printf("r = %d\n", r);
  if (r == 0) { --i; while (getchar() != '\n') continue; }
}
```

En este código se ha sustituido **fflush(stdin)** por **while (getchar() != '\n') continue** (se puede omitir **continue**).

Interfaz de línea de órdenes

Si no tuviéramos un EDI, los archivos que componen una aplicación C pueden ser escritos utilizando cualquier editor de texto ASCII; por ejemplo, el *Bloc de notas*. Una vez editados y guardados todos los archivos que componen la aplicación, el siguiente paso es compilarlos y enlazarlos para obtener el archivo ejecutable correspondiente a la misma. La orden para realizar estas operaciones utilizando la implementación *Microsoft C* es la siguiente:

```
cl archivo01.cpp [archivo02 [archivo03] ...]
```

El nombre del archivo ejecutable resultante será el mismo que el nombre del primer archivo especificado, pero con extensión *.exe*.

Previamente, para que el sistema operativo encuentre la utilidad *cl*, los archivos de cabecera (directriz **include**) y las bibliotecas dinámicas y estáticas, cuando son invocados desde la línea de órdenes, hay que definir en el entorno de trabajo las siguientes variables:

```
set path=%path%;ruta de los archivos .exe y .dll
set include=ruta de los archivos .h
set lib=ruta de los archivos .lib
```

La expresión *%path%* representa el valor actual de la variable de entorno *path*. Una ruta va separada de la anterior por un punto y coma. Estas variables también pueden ser establecidas ejecutando el archivo *vcvars32.bat* que aporta *Vi-*

sual Studio. Una vez establecidas estas variables, ya puede invocar al compilador C++ y al enlazador. En la figura siguiente se puede observar, como ejemplo, el proceso seguido para compilar *main.cpp*:

```
Símbolo del sistema
Microsoft Windows [Versión 10.0.17134.648]
(c) 2018 Microsoft Corporation. Todos los derechos reservados.

C:\Users\fcoja>"C:\Program Files (x86)\Microsoft Visual Studio\2019\Community\VC\Auxiliary\Build\vcvars32.bat"
**********************************************************************
** Visual Studio 2019 Developer Command Prompt v16.0.0
** Copyright (c) 2019 Microsoft Corporation
**********************************************************************
[vcvarsall.bat] Environment initialized for: 'x86'

C:\Users\fcoja>cd C:\Users\fcoja\Documents\Visual Studio 2019\Projects\ProgC

C:\Users\fcoja\Documents\Visual Studio 2019\Projects\ProgC>cl main.c
Compilador de optimización de C/C++ de Microsoft (R) versión 19.20.27508.1 para x86
(C) Microsoft Corporation. Todos los derechos reservados.

main.c
Microsoft (R) Incremental Linker Version 14.20.27508.1
Copyright (C) Microsoft Corporation.  All rights reserved.

/out:main.exe
main.obj

C:\Users\fcoja\Documents\Visual Studio 2019\Projects\ProgC>main
Dato: 2
El logaritmo de 2 es 0.301030

C:\Users\fcoja\Documents\Visual Studio 2019\Projects\ProgC>_
```

Observe que antes de invocar al compilador hemos cambiado al directorio de la aplicación (*cd*). Después invocamos al compilador C (*cl*). El resultado es *main.exe*. Para ejecutar este archivo, escriba *main* en la línea de órdenes y pulse *Entrar*.

CREAR UNA BIBLIOTECA

Visual Studio proporciona medios suficientes para crear una biblioteca de funciones o clases, estática o dinámica (archivos con extensión *.lib* o *.dll*), análoga a las proporcionadas por el compilador C++. Esto nos permitirá agrupar todas nuestras funciones y/o clases de interés general en un solo archivo y utilizarlas en cualquier aplicación igual que utilizamos las funciones y clases de la biblioteca C++. Eso sí, antes de compilar una aplicación que utilice las funciones y/o clases de nuestra biblioteca, debemos especificar en las opciones del enlazador (*linker*) el nombre se esa biblioteca, o bien incluir la biblioteca en el proyecto. Este proyecto también deberá incluir los archivos de cabecera correspondientes a las funciones y clases de la biblioteca.

Para crear una de estas bibliotecas siga los pasos indicados a continuación:

1. Abra el entorno de desarrollo de Visual Studio.

2. Seleccione la orden *Archivo > Nuevo > Proyecto*.

3. Seleccione el tipo de proyecto *Proyecto vacío C++*. Escriba el nombre del proyecto en la caja *Nombre* y en la caja *Ubicación* seleccione el directorio donde desea crear este proyecto.

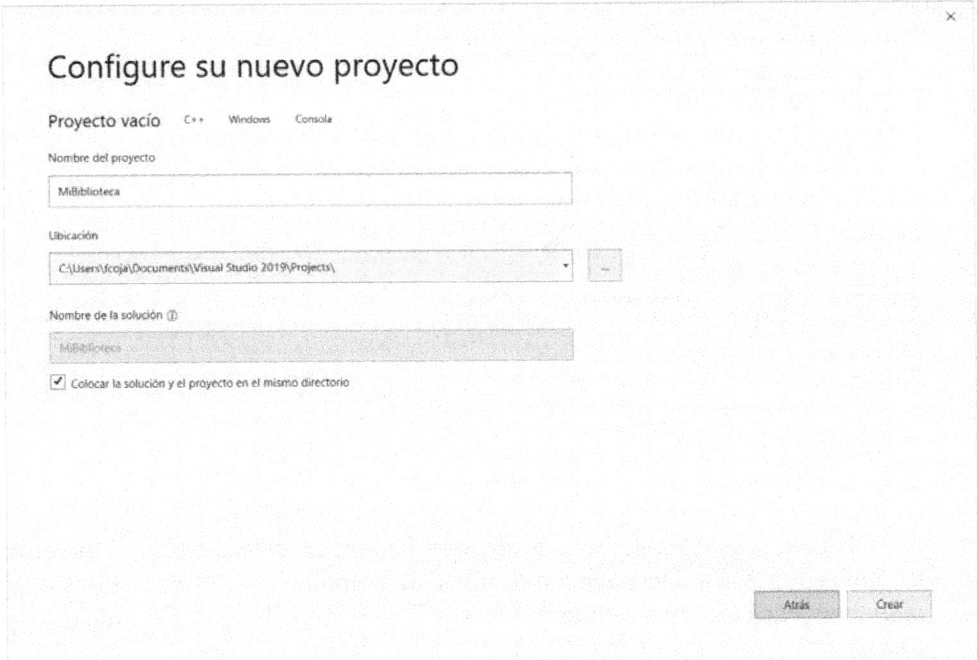

4. Pulse el botón *Crear*. Visual Studio mostrará un proyecto vacío.

5. Ejecute la orden *Proyecto > Propiedades* para acceder a la configuración del proyecto:

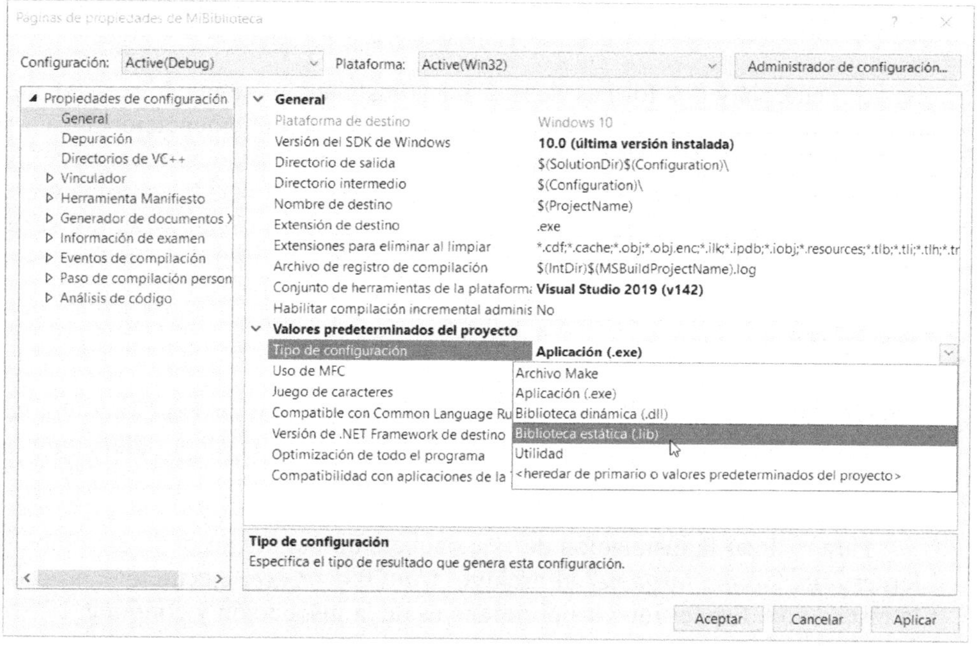

6. Seleccione *General > Tipo de configuración > Biblioteca estática (.lib)* y pulse el botón aceptar.

7. A continuación, ejecute la orden *Proyecto > Agregar nuevo elemento...* o *Agregar elemento existente...* y añada el archivo o los archivos que contengan las funciones y/o clases que desea incluir en su biblioteca, así como los archivos de cabecera necesarios para poder compilar el código escrito en cada una de las funciones.

8. Finalmente, ejecute la orden *Compilar > Compilar solución* para compilar el proyecto y generar el archivo *.lib*. Este archivo será el que hay que incluir en los proyectos donde se necesite utilizar las funciones de esta biblioteca, además de los archivos de cabecera que proporcionan los prototipos de esas funciones.

Para crear una biblioteca dinámica, el proceso es análogo.

CODEBLOCKS

Es un EDI libre para desarrollar aplicaciones escritas en C o C++, entre otros lenguajes. Es un entorno de desarrollo que puede ser extendido con complementos (*pluggins*).

Instalación

Básicamente, hay dos formas de realizar la instalación: se puede realizar una instalación personalizada instalando por una parte la implementación GCC, y por otra el entorno de desarrollo integrado (EDI) *CodeBlocks*, o bien se puede instalar una versión de *CodeBlocks* que ya incluye *MinGW*. En nuestro caso vamos a instalar la implementación *MinGW* y el entorno integrado *CodeBlocks* por separado. De esta forma podrá instalar otros EDI como *Eclipse* o *NetBeans* que necesitan de GCC.

MinGW

MinGW (*Minimalist GNU for Win32*) es un paquete que proporciona una versión nativa de Win32 de GCC (*gcc*, *g++*, *g77*, etc.), el depurador *gdb*, *make*, *win32api*, y otras utilidades.

Para realizar la instalación de este paquete descargue desde la dirección de Internet *http://sourceforge.net* el archivo *MinGW-???.exe*, ejecútelo y proceda con la instalación. Especifique las preferencias de la instalación y continúe.

La figura siguiente muestra un ejemplo de instalación:

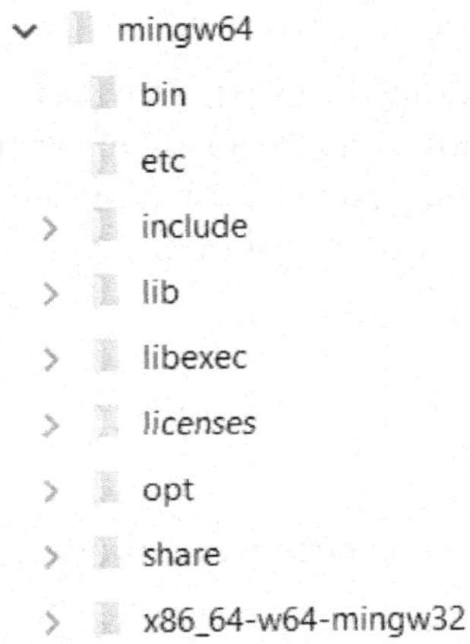

Observe la carpeta *bin*. En ella encontrará las utilidades *mingw32-gcc.exe* (compilador C), *mingw32-g++.exe* (compilador C++), *gdb.exe* (depurador) y *mingw32-make.exe* (para la construcción de proyectos), entre otras.

Esta instalación le permitirá editar, compilar, ejecutar y depurar sus programas C/C++ desde una ventana de consola. Para ello, una vez abierta la ventana debe establecer la siguiente variable de entorno:

```
SET PATH=%PATH%;C:\...\mingw64\bin
```

CodeBlocks

Una vez instalado el paquete de desarrollo de C/C++ puede instalar un entorno de desarrollo integrado (EDI) que integre el editor soportado por él y el compilador y el depurador anteriormente instalados. Para ello, descargue desde *http://www.codeblocks.org/* el archivo *codeblocks-xx.xx-setup.exe* y ejecútelo para proceder a la instalación. En nuestro caso hemos hecho la instalación en la carpeta C++ así:

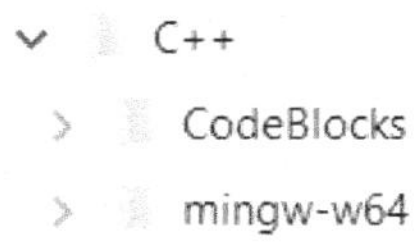

Al finalizar la instalación se le solicitará que seleccione el compilador que desea utilizar; en nuestro caso, *GNU GCC Compiler*. Después, abra el EDI y seleccione en la ventana que se muestra al ejecutar la orden *Compiler* del menú *Settings* la pestaña *Toolchain executables* y verifique que la ruta de *MinGW* es la especificada y que las utilidades seleccionadas están en la carpeta *MinGW\bin*.

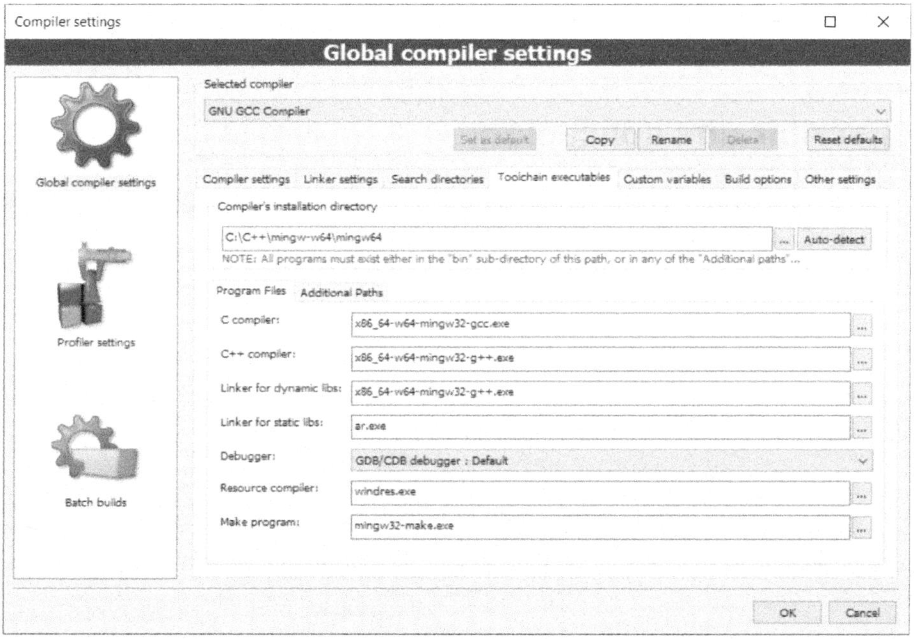

Finalmente, personalice la instalación a su medida a través de las órdenes *Editor...* y *Environment...* del menú *Settings*. Por ejemplo, active la casilla de verificación *Show line numbers* si quiere mostrar los números de las líneas del programa.

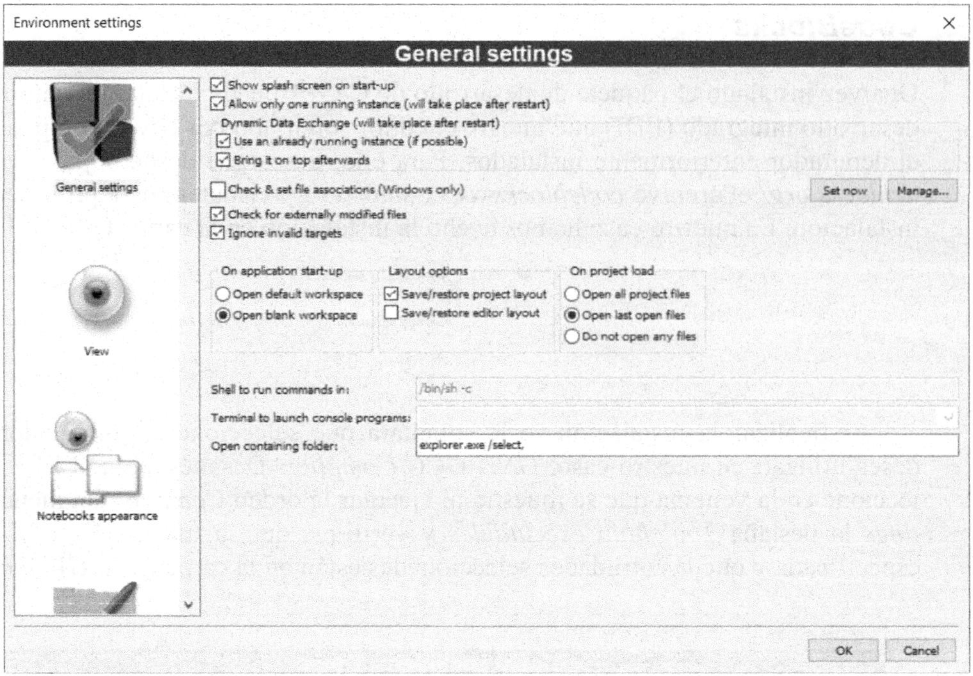

Escribir una aplicación

En la figura siguiente se puede observar el aspecto del entorno de desarrollo integrado *CodeBlocks*.

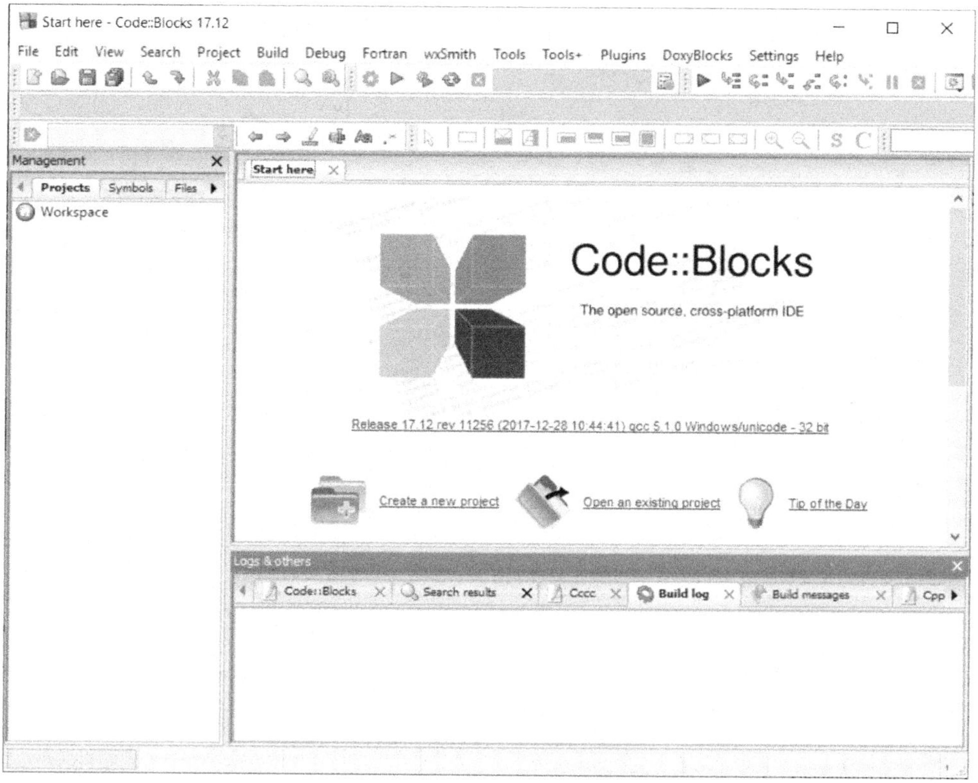

Para editar y ejecutar el programa *progC.c* visto anteriormente, o cualquier otro programa, utilizando este entorno de desarrollo integrado, los pasos a seguir se indican a continuación:

1. Suponiendo que ya está visualizado el entorno de desarrollo, creamos un nuevo proyecto C/C++ (*File*, *New*, *Project*). Se muestra la ventana siguiente:

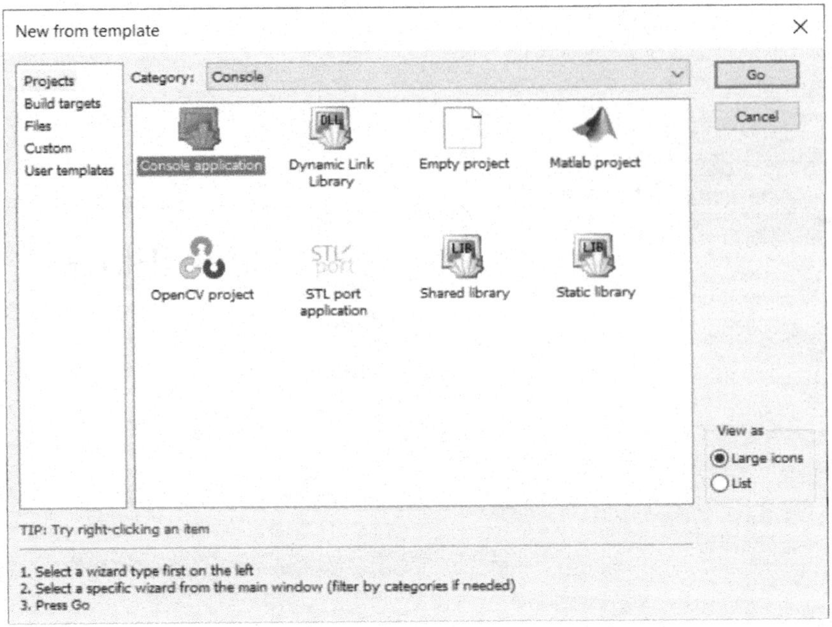

2. Elegimos la categoría consola (*Console*), la plantilla *Console application* y pulsamos el botón *Go*.

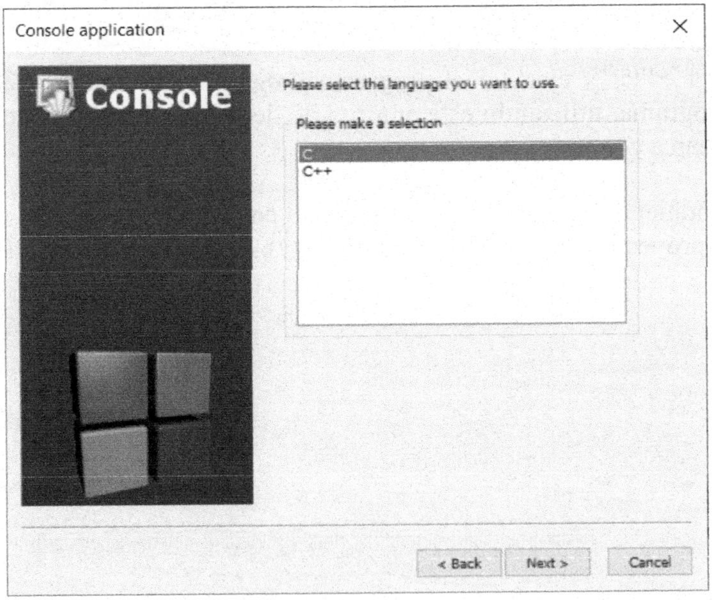

3. Seleccionamos el lenguaje C y hacemos clic en el botón *Next*.

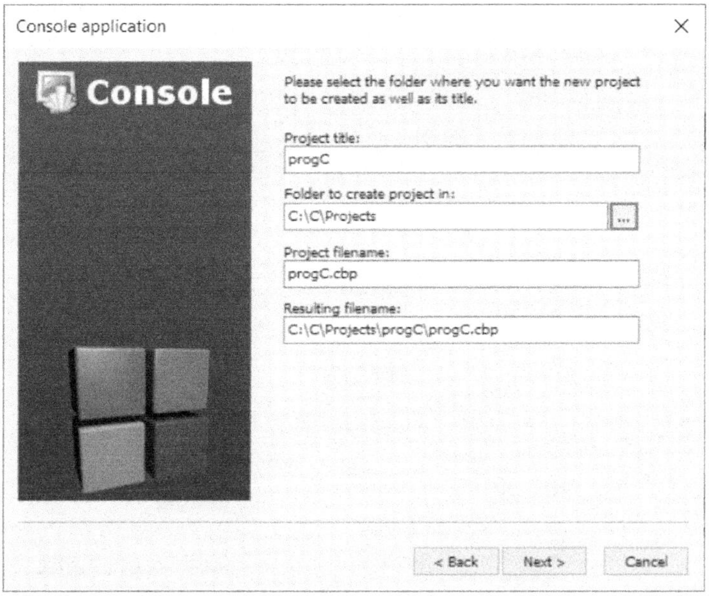

4. Especificamos el nombre del proyecto, la carpeta donde será guardado y hacemos clic en *Next*.

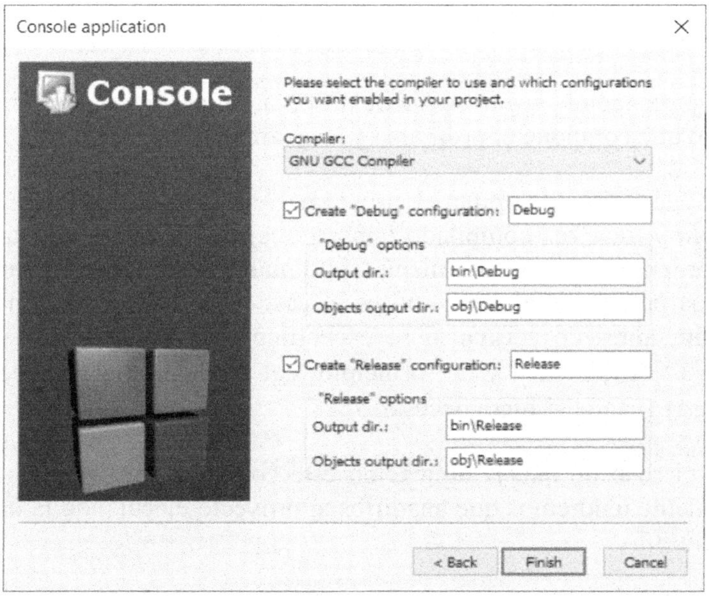

5. Si los datos presentados en la ventana anterior son correctos, hacemos clic en el botón *Finish*. El proyecto está creado; contiene un archivo *main.c* que incluye la función **main** por donde se iniciará y finalizará la ejecución del programa.

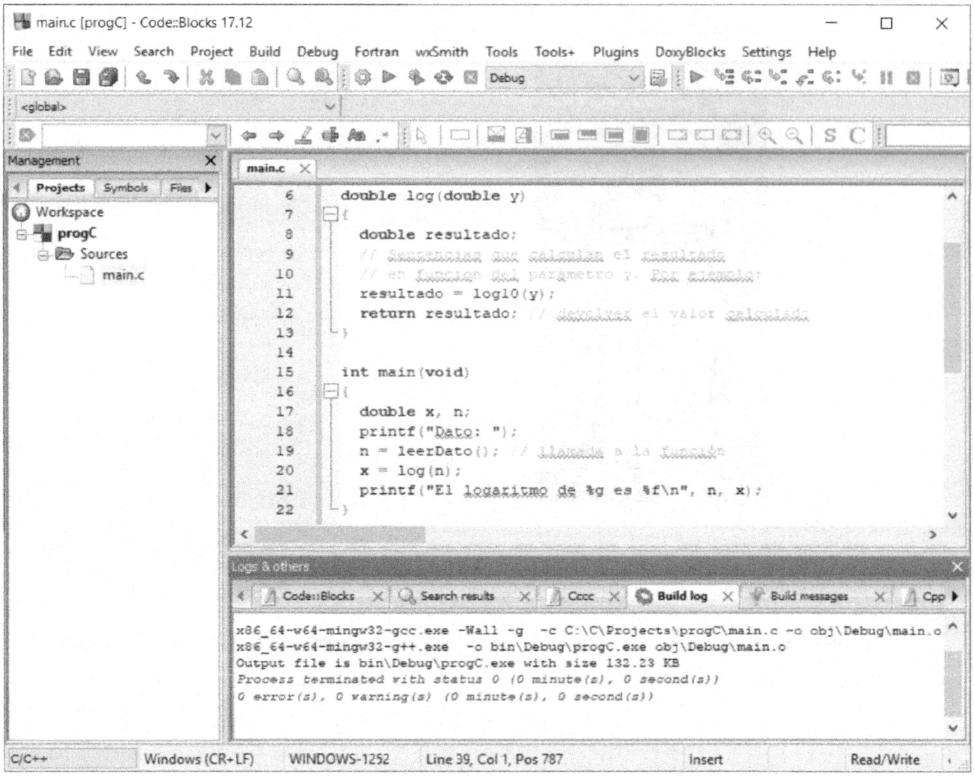

6. A continuación, según se puede observar en la figura anterior, editamos el código que compone el programa y lo guardamos.

7. Después, para compilar el programa, ejecutamos la orden *Build* del menú *Build* y, una vez compilado (sin errores), lo podemos ejecutar seleccionando la orden *Run* del mismo menú (si no pudiéramos ver la ventana con los resultados porque desaparece -no es el caso-, añadiríamos al final de la función **main**, antes de **return** si se especificó esta sentencia, la sentencia "`system("pause");`" y al principio del archivo *.c* la directriz `#include <stdlib.h>`, si fuera necesario).

En el caso de que la aplicación esté compuesta por varios archivos fuente, simplemente tendremos que añadirlos al proyecto ejecutando la orden *New > File* del menú *File*.

LINUX: INTERFAZ DE LÍNEA DE ÓRDENES

Los archivos que componen una aplicación C++ realizada bajo GNU-Linux pueden ser escritos utilizando cualquier editor de texto ASCII proporcionado por éste.

Una vez editados y guardados todos los archivos que componen la aplicación, el siguiente paso es compilarlos y enlazarlos para obtener el archivo ejecutable correspondiente a la misma. La orden para realizar estas operaciones es la siguiente:

```
g++ archivo01.cpp [archivo02 [archivo03] ...] -o archivo_ejecutable
```

En el caso de Linux, las rutas de acceso para que el sistema operativo encuentre la utilidad *g++*, los archivos de cabecera y las bibliotecas, cuando son invocados desde la línea de órdenes, ya están definidas en el entorno de trabajo.

En la figura siguiente se puede observar, como ejemplo, el proceso seguido para compilar *HolaMundo.cpp*:

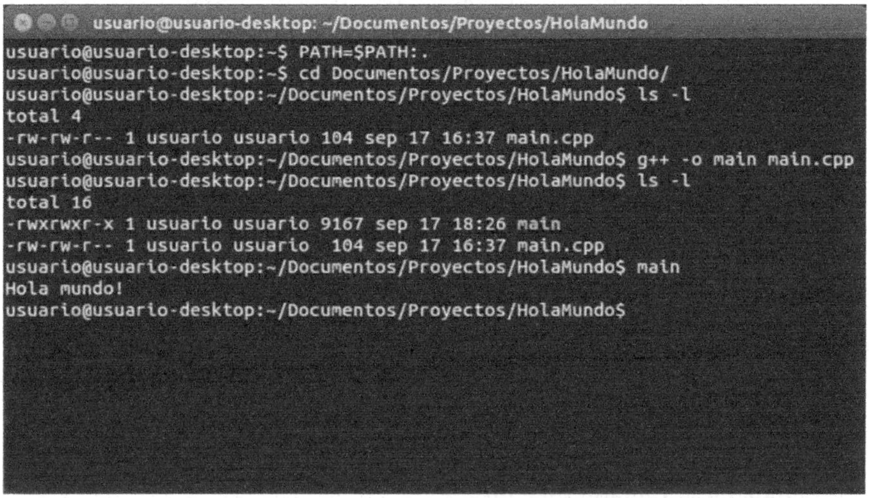

Observe que primero hemos cambiado al directorio de la aplicación (*cd*), después hemos visualizado el contenido de ese directorio (*ls -l*) y finalmente hemos invocado al compilador C++ (*g++*). El archivo ejecutable resultante es el especificado por la opción *–o*, en el ejemplo *main*, o *a.out* por omisión.

Para ejecutar la aplicación del ejemplo, escriba *main* en la línea de órdenes y pulse *Entrar*. Si al realizar esta operación se encuentra con que no puede hacerlo porque el sistema no encuentra el archivo especificado, tiene que añadir la ruta del directorio actual de trabajo a la variable de entorno PATH. Esto se hace así:

```
PATH=$PATH:.
```

La expresión *$PATH* representa el valor actual de la variable de entorno *PATH*. Una ruta va separada de la anterior por dos puntos (**:**). El directorio actual está representado por el carácter punto (**.**).

El depurador gdb de GNU

Cuando se tiene la intención de depurar un programa C escrito bajo GNU, en el momento de compilarlo se debe especificar la opción *–g* o *–g3*. Esta opción indica al compilador que incluya información extra para el depurador en el archivo objeto. Por ejemplo:

```
g++ -g3 prog01.cpp -o prog01.exe
```

La orden anterior compila y enlaza el archivo fuente *prog01.cpp*. El resultado es un archivo ejecutable *prog01.exe* con información para el depurador.

Una vez compilado un programa con las opciones necesarias para depurarlo, invocaremos a *gdb* para proceder a su depuración. La sintaxis es la siguiente:

gdb *archivo-ejecutable*

El siguiente ejemplo invoca al depurador *gdb* de GNU-Linux, que carga el archivo ejecutable *prog01* en memoria para depurarlo.

```
gdb prog01.exe
```

Una vez que se ha invocado el depurador, desde la línea de órdenes se pueden ejecutar órdenes como las siguientes:

- *break* [*archivo:*]*función*. Establece un punto de parada en la función indicada del archivo especificado. Por ejemplo, la siguiente orden pone un punto de parada en la función *escribir*.

  ```
  b escribir
  ```

- *break* [*archivo:*]*línea*. Establece un punto de parada en la línea indicada. Por ejemplo, la siguiente orden pone un punto de parada en la línea 10.

  ```
  b 10
  ```

- *delete punto-de-parada*. Elimina el punto de parada especificado. Por ejemplo, la siguiente orden elimina el punto de parada 1 (primero).

  ```
  d 1
  ```

- *run* [*argumentos*]. Inicia la ejecución de la aplicación que deseamos depurar. La ejecución se detiene al encontrar un punto de parada o al finalizar la aplicación. Por ejemplo:

```
run
```

- *print expresión*. Visualiza el valor de una variable o de una expresión. Por ejemplo, la siguiente orden visualiza el valor de la variable *total*.

```
p total
```

- *next*. Ejecuta la línea siguiente. Si la línea coincide con una llamada a una función definida por el usuario, no se entra a depurar la función. Por ejemplo:

```
n
```

- *continue*. Continúa con la ejecución de la aplicación. Por ejemplo:

```
c
```

- *step*. Ejecuta la línea siguiente. Si la línea coincide con una llamada a una función definida por el usuario, se entra a depurar la función. Por ejemplo:

```
s
```

- *list*. Visualiza el código fuente. Por ejemplo:

```
l
```

- *bt*. Visualiza el estado de la pila de llamadas en curso (las llamadas a funciones).

- *help* [*orden*]. Solicita ayuda sobre la orden especificada.

- *quit*. Finaliza el trabajo de depuración.

APÉNDICE D

© F.J.Ceballos/RA-MA

CÓDIGOS DE CARACTERES

Una tabla de códigos es un juego de caracteres donde cada uno tiene asignado un número utilizado para su representación interna. Algunos lenguajes como Java utilizan UNICODE para almacenar y manipular cadenas, y otros como C utilizan ANSI o ASCII.

UTILIZACIÓN DE CARACTERES ANSI CON WINDOWS

ANSI (*American National Standards Institute*) es el juego de caracteres estándar más utilizado por los equipos personales. Como el estándar ANSI solo utiliza un *byte* para representar un carácter, está limitado a un máximo de 256 caracteres. Aunque es adecuado para el inglés, no acepta totalmente muchos otros idiomas. Para escribir un carácter ANSI que no esté en el teclado:

1. Localice en la tabla que se muestra en la página siguiente el carácter ANSI que necesite y observe su código numérico.
2. Pulse la tecla *Bloq Núm* (Num Lock) para activar el teclado numérico.
3. Mantenga pulsada la tecla *Alt* y utilice el teclado numérico para pulsar el 0 y a continuación las teclas correspondientes al código del carácter.

Por ejemplo, para escribir el carácter ± en el entorno Windows, mantenga pulsada la tecla *Alt* mientras escribe 0177 en el teclado numérico (ver la tabla de códigos en la página siguiente).

JUEGO DE CARACTERES ANSI

DEC	CAR	DEC	CAR	DEC	CAR	DEC	CAR
33	!	89	Y	146	'	202	Ê
34	"	90	Z	147	``	203	Ë
35	#	91	[	148	"	204	Ì
36	$	92	\	149	o	205	Í
37	%	93	]	150	–	206	Î
38	&	94	¯	151	—	207	Ï
39	'	96	`	152	▒	208	Ð
40	(	97	a	153	▒	209	Ñ
41	)	98	b	154	▒	210	Ò
42	*	99	c	155	▒	211	Ó
43	+	100	d	156	▒	212	Ô
44	,	101	e	157	▒	213	Õ
45	-	102	f	157	▒	214	Ö
46	.	103	g	159	▒	215	×
47	/	104	h	160		216	Ø
48	0	105	i	161	¡	217	Ù
49	1	106	j	162	¢	218	Ú
50	2	107	k	163	£	219	Û
51	3	108	l	164	¤	220	Ü
52	4	109	m	165	¥	221	Ý
53	5	110	n	166	¦	222	Þ
54	6	111	o	167	§	223	ß
55	7	112	p	168	¨	224	à
56	8	113	q	169	©	225	á
57	9	114	r	170	ª	226	â
58	:	115	s	171	«	227	ã
59	;	116	t	172	¬	228	ä
60	<	117	u	173	-	229	å
61	=	118	v	174	®	230	æ
62	>	119	w	175	¯	231	ç
63	?	120	x	176	°	232	è
64	@	121	y	177	±	233	é
65	A	122	z	178	²	234	ê
66	B	123	{	179	³	235	ë
67	C	124	|	180	´	236	ì
68	D	125	}	181	µ	237	í
69	E	126	~	182	¶	238	î
70	F	127	▒	183	·	239	ï
71	G	128	▒	184	¸	240	ð
72	H	129	▒	185	¹	241	ñ
73	I	130	▒	186	º	242	ò
74	J	131	▒	187	»	243	ó
75	K	132	▒	188	¼	244	ô
76	L	133	▒	189	½	245	õ
77	M	134	▒	190	¾	246	ö
78	N	135	▒	191	¿	247	÷
79	O	136	▒	192	À	248	ø
80	P	137	▒	193	Á	249	ù
81	Q	138	▒	194	Â	250	ú
82	R	139	▒	195	Ã	251	û
83	S	140	▒	196	Ä	252	ü
84	T	141	▒	197	Å	253	ý
85	U	142	▒	198	Æ	254	þ
86	V	143	▒	199	Ç	255	ÿ
87	W	144	▒	200	È		
88	X	145	`	201	É		

UTILIZACIÓN DE CARACTERES ASCII

En MS-DOS y fuera del entorno Windows se utiliza el juego de caracteres ASCII. Para escribir un carácter ASCII que no esté en el teclado:

1. Busque el carácter en la tabla de códigos que coincida con la tabla activa. Utilice la orden **chcp** para saber qué tabla de códigos está activa.
2. Mantenga pulsada la tecla *Alt* y utilice el teclado numérico para pulsar las teclas correspondientes al número del carácter que desee.

Por ejemplo, si está utilizando la tabla de códigos 850, para escribir el carácter π mantenga pulsada la tecla *Alt* mientras escribe 227 en el teclado numérico (ver la tabla de códigos en la página siguiente).

JUEGO DE CARACTERES ASCII

VALOR DECIMAL	VALOR HEXA-DECIMAL	CONTROL CARACT	CARACT.	VALOR DECIMAL	VALOR HEXA-DECIMAL	CARACT.	VALOR DECIMAL	VALOR HEXA-DECIMAL	CARACT.	VALOR DECIMAL	VALOR HEXA-DECIMAL	CARACT.	VALOR DECIMAL	VALOR HEXA-DECIMAL	CARACT.	VALOR DECIMAL	VALOR HEXA-DECIMAL	CARACT.
000	00	NUL		043	2B	+	086	56	V	129	81	ü	172	AC	¼	215	D7	╫
001	01	SOH	☺	044	2C	,	087	57	W	130	82	é	173	AD	¡	216	D8	╪
002	02	STX	☻	045	2D	-	088	58	X	131	83	â	174	AE	«	217	D9	┘
003	03	ETX	♥	046	2E	.	089	59	Y	132	84	ä	175	AF	»	218	DA	┌
004	04	EOT	♦	047	2F	/	090	5A	Z	133	85	à	176	B0	░	219	DB	█
005	05	ENQ	♣	048	30	0	091	5B	[	134	86	å	177	B1	▒	220	DC	▄
006	06	ACK	♠	049	31	1	092	5C	\	135	87	ç	178	B2	▓	221	DD	▌
007	07	BEL	•	050	32	2	093	5D	]	136	88	ê	179	B3	│	222	DE	▐
008	08	BS	◘	051	33	3	094	5E	^	137	89	ë	180	B4	┤	223	DF	▀
009	09	HT	○	052	34	4	095	5F	_	138	8A	è	181	B5	╡	224	E0	α
010	0A	LF	◙	053	35	5	096	60	`	139	8B	ï	182	B6	╢	225	E1	ß
011	0B	VT	♂	054	36	6	097	61	a	140	8C	î	183	B7	╖	226	E2	Γ
012	0C	FF	♀	055	37	7	098	62	b	141	8D	ì	184	B8	╕	227	E3	π
013	0D	CR	♪	056	38	8	099	63	c	142	8E	Ä	185	B9	╣	228	E4	Σ
014	0E	SO	♫	057	39	9	100	64	d	143	8F	Å	186	BA	║	229	E5	σ
015	0F	SI	☼	058	3A	:	101	65	e	144	90	É	187	BB	╗	230	E6	µ
016	10	DLE	►	059	3B	;	102	66	f	145	91	æ	188	BC	╝	231	E7	τ
017	11	DC1	◄	060	3C	<	103	67	g	146	92	Æ	189	BD	╜	232	E8	Φ
018	12	DC2	↕	061	3D	=	104	68	h	147	93	ô	190	BE	╛	233	E9	Θ
019	13	DC3	‼	062	3E	>	105	69	i	148	94	ö	191	BF	┐	234	EA	Ω
020	14	DC4	¶	063	3F	?	106	6A	j	149	95	ò	192	C0	└	235	EB	δ
021	15	NAK	§	064	40	@	107	6B	k	150	96	û	193	C1	┴	236	EC	∞
022	16	SYN	▬	065	41	A	108	6C	l	151	97	ù	194	C2	┬	237	ED	∅
023	17	ETB	↨	066	42	B	109	6D	m	152	98	ÿ	195	C3	├	238	EE	∈
024	18	CAN	↑	067	43	C	110	6E	n	153	99	Ö	196	C4	─	239	EF	∩
025	19	EM	↓	068	44	D	111	6F	o	154	9A	Ü	197	C5	┼	240	F0	≡
026	1A	SUB	→	069	45	E	112	70	p	155	9B	¢	198	C6	╞	241	F1	±
027	1B	ESC	←	070	46	F	113	71	q	156	9C	£	199	C7	╟	242	F2	≥
028	1C	FS	∟	071	47	G	114	72	r	157	9D	¥	200	C8	╚	243	F3	≤
029	1D	GS	↔	072	48	H	115	73	s	158	9E	Pt	201	C9	╔	244	F4	⌠
030	1E	RS	▲	073	49	I	116	74	t	159	9F	ƒ	202	CA	╩	245	F5	⌡
031	1F	US	▼	074	4A	J	117	75	u	160	A0	á	203	CB	╦	246	F6	÷
032	20	SP	Space	075	4B	K	118	76	v	161	A1	í	204	CC	╠	247	F7	≈
033	21		!	076	4C	L	119	77	w	162	A2	ó	205	CD	═	248	F8	°
034	22		"	077	4D	M	120	78	x	163	A3	ú	206	CE	╬	249	F9	•
035	23		#	078	4E	N	121	79	y	164	A4	ñ	207	CF	╧	250	FA	·
036	24		$	079	4F	O	122	7A	z	165	A5	Ñ	208	D0	╨	251	FB	√
037	25		%	080	50	P	123	7B	{	166	A6	ª	209	D1	╤	252	FC	ⁿ
038	26		&	081	51	Q	124	7C	¦	167	A7	º	210	D2	╥	253	FD	²
039	27		'	082	52	R	125	7D	}	168	A8	¿	211	D3	╙	254	FE	■
040	28		(	083	53	S	126	7E	~	169	A9	⌐	212	D4	╘	255	FF	
041	29		)	084	54	T	127	7F	⌂	170	AA	¬	213	D5	╒			
042	2A		*	085	55	U	128	80	Ç	171	AB	½	214	D6	╓			

JUEGO DE CARACTERES UNICODE

UNICODE es un juego de caracteres en el que se emplean 2 *bytes* (16 bits) para representar cada carácter. Esto permite la representación de cualquier carácter en cualquier lenguaje escrito en el mundo, incluyendo los símbolos del chino, japonés o coreano.

Códigos UNICODE de los dígitos utilizados en español:

`\u0030-\u0039`	0-9 ISO-LATIN-1

Códigos UNICODE de las letras y otros caracteres utilizados en español:

`\u0024`	$ signo dólar
`\u0041-\u005a`	A-Z
`\u005f`	_
`\u0061-\u007a`	a-z
`\u00c0-\u00d6`	À Á Â Ã Ä Å Æ Ç È É Ê Ë Ì Í Î Ï Ð Ñ Ò Ó Ô Õ Ö
`\u00d8-\u00f6`	Ø Ù Ú Û Ü Ý Þ ß à á â ã ä å æ ç è é ê ë ì í î ï ð ñ ò ó ô õ ö
`\u00f8-\u00ff`	ø ù ú û ü ý þ ÿ

Dos caracteres son idénticos solo si tienen el mismo código Unicode.

ÍNDICE

E

F

G

H

I

L

M

Ra-Ma®

Del mismo autor

• Curso de programación con **PASCAL**	ISBN: 978-84-86381-36-3 224 págs.
• Curso de programación **GW BASIC/BASICA**	ISBN: 978-84-86381-87-5 320 págs.
• Manual para **TURBO BASIC** Guía del programador	ISBN: 978-84-86381-43-1 444 págs.
• Manual para **Quick C 2** Guía del programador	ISBN: 978-84-86381-65-3 540 págs.
• Manual para **Quick BASIC 4.5** Guía del programador	ISBN: 978-84-86381-74-5 496 págs.
• Curso de programación **Microsoft COBOL**	ISBN: 978-84-7897-001-8 480 págs.
• Enciclopedia del lenguaje **C**	ISBN: 978-84-7897-053-7 888 págs.
• Curso de programación **QBASIC y MS-DOS 5**	ISBN: 978-84-7897-059-9 384 págs.
• Curso de programación **RM/COBOL-85**	ISBN: 978-84-7897-070-4 396 págs.
• El abecé de **MS-DOS 6**	ISBN: 978-84-7897-114-5 224 págs.
• Microsoft **Visual C++** (ver. 1.5x de 16 bits) Aplicaciones para Windows	ISBN: 978-84-7897-180-0 846 págs. + 2 disquetes
• Microsoft **Visual C++** Aplicaciones para Win32 (2.ª edición)	ISBN: 978-84-7897-561-7 792 págs. + disquete
• Microsoft **Visual C++** Programación avanzada en Win32	ISBN: 978-84-7897-344-6 888 págs. + CD-ROM
• **Visual Basic 6** Curso de programación (2.ª edición)	ISBN: 978-84-7897-357-6 528 págs. + disquete
• Enciclopedia de Microsoft **Visual Basic 6**	ISBN: 978-84-7897-386-6 1.072 págs. + CD-ROM
• El lenguaje de programación **Java**	ISBN: 978-84-7897-485-6 320 págs. + CD-ROM
• El lenguaje de programación **C#**	ISBN: 978-84-7897-500-6 320 págs. + CD-ROM

INSTALACIÓN

Para instalar el kit de desarrollo de C/C++ y los ejemplos de este libro, descargue de Internet el paquete correspondiente al EDI preferido por usted (Microsoft Visual Studio, NetBeans, Code::Blocks, etc.) e instálelo. Después, proceda según se indica en el apéndice C.

SOBRE LOS EJEMPLOS DEL LIBRO

Los ejemplos del libro puede instalarlos en una carpeta de su gusto o los puede recuperar directamente desde el paquete de material adicional proporcionado por la editorial (véase el prólogo del libro).

LICENCIA

Al realizar el proceso de instalación del software utilizado en la edición de este libro, haga el favor de consultar el acuerdo de licencia para cada uno de los paquetes.

WEB DEL AUTOR: http://www.fjceballos.es

En esta Web podrá echar una ojeada a mis publicaciones más recientes.